Anonymus

Anthologia Graeca

Anonymus

Anthologia Graeca

ISBN/EAN: 9783741179228

Manufactured in Europe, USA, Canada, Australia, Japa

Cover: Foto ©Lupo / pixelio.de

Manufactured and distributed by brebook publishing software
(www.brebook.com)

Anonymus

Anthologia Graeca

ANTHOLOGIA GRAECA.

TOM. VI

COMMENTARIUS.

VOLUMINIS PRIMI PARS PRIOR.

FRIDERICI JACOBS

ANIMADVERSIONES

IN

EPIGRAMMATA

ANTHOLOGIAE

GRAECAE

SECUNDUM ORDINEM ANALECTORUM

BRUNCKII.

VOLUMINIS PRIMI
PARS PRIOR.

LIPSIAE
IN BIBLIOPOLIO DYCKIO
MDCCXCVIII.

LUDOVICO ERNESTO

GOTHANORUM ET ALTENBURGENSIUM

DUCI SERENISSIMO

PATRI PATRIAE

MUSARUM PATRONO

HUNC LIBRUM

LEVE PIETATIS SUAE DOCUMENTUM

SACRUM ESSE VOLUIT

AUCTOR.

Moore receptum fuit apud veteres, *Princeps Serenissime,*
ut, qui in laboribus suis praesens Deorum numen experti essent, operum suorum particulam, pii animi
testem, in Deorum immortalium aris positam, templisve
suspensam consecrarent. In quo officio non tam mu-
neris oblati praestantia, quam offerentis spectabatur
pietas. Hunc morem imitari ausus, quem librum
incredibili TUA beneficentia adjutus, tanquam sub
Dei cujusdam auspiciis, ad umbilicum perduxi, eum
TIBI dico et consecro. Ut autem olim ad curas meas
descendere dignatus es, ita nunc quoque leve hoc

hasque ut serena TUAque fronte accipias, rogo pre-
corque.   Qui cum beneficiorum, quibus me cumulasti,
magnitudinem nulla omnino gratia exaequare possim,
ad vota confugio, Deumque precor, ut TE diu, in
clvium TUORUM salutem, literarum, quarum pater
appellari meruisti, praesidium et incolumitatem, omni-
umque bonorum gaudium et oblectationem, salvum flo-
rentemque praestet.

———————

PRAEFATIO.

In primo hoc Commentarii in Anthologiam aditu duo inprimis agenda esse video: primum, ut suscepti operis rationem et consilium aperiam; alterum, ut, quibus illud subsidiis instructus perfecerim, indicem.

Ac primum quidem minime vereor, ne in hac, qua nunc fruimur, literarum luce quaerat aliquis, cujus tandem utilitatis commendatione haec levissimorum lusuum, nisi nugas potius appellaveris, collectio meruerit, ut in ea sive edenda, sive expolienda et explicanda bonas horas consumere velis. Quamvis enim, si huic operi pretium ex utilitate, sive ad vitam, sive ad literas et doctri-

a 4

nam inde redundante *), ſtatuendum ſit, multa
proferre poſſim, quae vel gravem ſententiam
praeceptumque ſalubre, vel rem quandam ſcitu
et notatu djgniſſimam, modo ad hiſtoriam,
modo ad mores veterum, univerſamque antiquitatem, contineant: non tamen ita de artium, cum ceterarum omnium, quae cum humanitate conjunctae ſunt, tum inprimis poëſeos praeſtantia exiſtimandum cenſeo; barbarorum
enim haec, et qui inter populos humanitate ex-
cultos barbaris ſimillimi ſunt, judicandi eſt ratio;
ſed potius ita, ut, quae pulcritudine, venuſta-
te et dignitate emineant, etiamſi nulla inde utilitas derivetur, maxime tamen admiremur et di-
ligamus et amplectamur. Jam nemo facile erit,
ex iis quidem, qui Anthologiam graecam paulo
propius inſpexerint, vel ſaltem ex theotiſcis et
Imitationibus et verſionibus, quales *Herderus*, Vir
Summus, aliique nonnulli, ſed *Herderus* praecipue, dederunt elegantiſſimas, cognoverint, qui
in ea pulcherrimos quosque Graeci ingenii, Grae-

*) Vide *Grosium* in Praefatione Anthologiae Planudeae, a Boſchio viro cl. edita.

cae elegantiae et venuſtatis flores contineri neget.
Non quidem is ſum, qui ſuscepti a me et diligenter traſtati operis amore occoecatus, ut parentes ſolent in liberorum ſuorum ingeniis moribus-
que cernendis, omnia in Anthologia laudanda, ad
unguem exaſta, perfeſtisque minimum diſtantia
exiſtimem; ſemper enim rationes meas ab eorum
vanitate ſejungere ſtudui, qui, quemcunque ſcri-
ptorem ſibi expoliendum ſumſerint, eum omnibus
numeris abſolutum, ſummis laudibus, ſumma admiratione dignum jaſtent; multa potius in copio-
ſa illa Collectione, ex ſerioribus praeſertim temporibus, conſervata eſſe video, quibus haud aegre ca-
ruiſſemus: ſed quae his ſubduſtis relinquuntur, et
plurima eſſe et quantivis pretii reſte mihi affirmare
videor. His igitur edendis, emendandis et explicandis qui otium et operam tribuunt, eos de bonis literis omnique adeo humanitate non male
mereri, dubitare noli.

Sed in hoc loco ne diutius immorer, efficit
magnus eorum numerus, qui Anthologiam graecam ſummis laudibus extulerunt. Hoc enim
opere magnam illam jaſturam, quam literas in

Lyricis et Elegiacis poëtis fecerunt, quodammodo refarciri, praeftantiffimi quique Literatores
intellexerunt.   Nam habet Epigrammaticum genus conjunctionem aliquam et quafi neceffitudi-
nem cum Lyrico et Elegiaco; et ut quisque in
Epigrammatis fcribendis excelluit, ita fe maxime
ad veterum Lyricorum imitationem compofuiffe
videtur.   Nec profecto defuerunt, qui, cum
fummam Anthologiae graecae praeftantiam in-
telligerent, eam, modo integram, modo dilectu
carminum habito; typis defcribendam curarent
et in latinum fermonem converterent; eandem
vero qui paulo intentiori ftudio a fordibus purgare
et criticae artis fubtilitate adhibita emendare fus-
ciperent, inde a renatis literis ufque ad noftra
tempora inventi funt pauciffimi.   Quid enim?
cum in prifcis fcriptoribus reftituendis primae
fine dubio partes Codicibus tribuendae fint, quo-
tusquisque editorum, fi ab Aldo difcefferis, usque ad Brunckium anthologiam ad Codd. manu-
fcriptos exegit? *Henricum* enim *Stephanum* quidquid hujus erat negotii paulo negligentius exfe-
cutum effe, infra docebimus. Quis porro, prae-

ter *Broderium* et *Opsopoeum*, cujus tamen labor intra quatuor librorum explicationem subflitit, obscuris Anthologiae locis perpetuae interpretationis lumen adhibuit? Sed quid ab illis, qui unquam his chartis manus et ingenium admoverunt, praestitum fit, in Prolegomenis noftris diferte docebitur; hic, quid ipfi praeftare voluerimus, fignificabimus.

Primum hujus Commentarii confilium paulo anguftioribus circumfcriptum fuit finibus. Brunckii enim opus, quamvis multis nominibus laudandum, quantas tamen difficultates legentibus objiciat, cum mature intellexiffem, fi, quos labores ipfe ad impedimenta illa aut removenda aut imminuenda exhaufiffem, ne aliis denuo fuscipiendi effent, efficerem, me aliquid gratiae apud harum literarum amantes initurum effe, fperabem. Anthologiae legendae et explicandae fubfidia, quae quidem in editis libris exftant, ftudiofe conquifiveram; ut quodammodo intelligerem, lectiones Brunckianae quantam veritatis partem haberent, quidque in clariffimi hujus viri textu, quem a vulgato innumeris in locis diffentire videbam, ex codicibus, quidve ex eruditorum homi-

num emendationibus manaverit. Hoc enim tum
temporis maxime fpectabam.   Cujus confilii ut
tantum efficerem, quantum ejus in fubfidiorum,
quibus utebar, conditione fieri poterat, diverfitatem lectionis Epigrammatum, ex fexcentis libris conquifitam, una cum conjecturis eruditorum hominum enotabam; unde Collectanea exfi-
ftebant, five Apparatus criticus, qualem *Beckius*
Vir Cl. ad Euripidem dedit, ad Pindarum dare inftituit.   Intra hujus igitur Apparatus fines omne
meum tum temporis fubfiftebat confilium.   De
commentario perpetuo notisque tam copiofa,
quam nunc edidi, non cogitaveram.

Sed, ut fieri folet, dum in aliorum animad-
verfionibus colligendis verfabar, re accuratius
perpenfa, confilium, quod mente conceperam,
immutandum effe vidi.   Corrafis enim omnibus,
quae alii ad Anthologiam illuftrandam confcri-
pferant, intelligebam, magnum locorum numerum relinqui, quibus nemo unquam facem adhi-
buiffet, nec fieri poffe, quin, illam viam fecutus,
opus efficerem, propter partium diverfitatem et
inaequalitatem, parum jucundam et fere mon-

 strosum.   Ad hanc autem cogitationem alia acce-
debat, quae animum, jam satis commotum, penitus inclinaret.   Quum enim Emendationibus quibusdam in Anthologiam graecam editis meum de
Anthologia confilium cum eruditis hominibus
communicaffem, plurimos effe vidi, qui rem ita
acciperent, ut me juftum in eam commentarium
editurum effe putarent.   Quod quamvis nunquam
prae me tuleram,   nescio tamen quomodo, iniquum effe putabam, si hominum qualemcunque
exspectationem penitus fallerem. Majus itaque
opus et difficilius, quam quod primum animo
finxeram,   inflituere coepi,   conscribendo commentario, qui omnia Analectorum Epigrammata,
cum aliis quibusdam carminibus et carminum
fragmentis,   complecteretur.

    In hoc autem commentario duo inprimis prae-
flanda erant: primum, ut fontes textus Brunckiani fedulo invefligarem; alterum, ut locos obscu-
riores, quantum id quidem a me fieri poterat,
illuftrarem.   Cum utroque conjuncta erat locorum, unde quodque carmen in Analecta veniffet,
diligens obfervatio.

De ea officii noſtri parte, quae ad criticam
ſpectat, primo loco dicendum eſt. In ea ſi me
aliquanto plus praeſtitiſſe dixero, quam pollici-
tus ſim, hoc nemo arrogantiae cuidam et vani-
tati tribuet, ubi, quam benignam in hac parte
fortunam expertus ſim, indicavero. Agebatur,
ut dixi, inprimis hoc, ut, quid lectionum in
Brunckii textu ex Codicibus, quid ex conjecturis, aliisve fontibus manaſſet, diligenter et
accurate diſtingueretur. At poſtquam multo cum
taedio ex criticis libris et aliunde magnam lectionum diverſarum copiam congeſſeram, in ſex-
centis tamen locis lectionis a Drunckio invectae
auctoritas latebat, nec ullo modo confici poterat,
utrum genuinam Codicis, an ſpuriam interpolati
apographi lectionem in illo contextu haberemus.
Hoc dum ignorabatur, omne ſtudium Anthologiae
tantum ad ſeveriores Criticae leges exigendi et
conſtituendi vanum erat et irritum. In illa autem lectionum farragine tam multae erant ineptae deſcribentium aberrationes, conjecturaeque
ex illis enatae tam parum probabiles, ut magnopere verendum eſſet, ne, ſi has omnes repeterem,

id quod in illa rerum conditione neceſſario faciendum erat, chartis et lectoribus pariter illuſiſſe viderer.		:

Haec res cum animum meum ſollicitum teneret, contigit, quod mihi omnem illam ſollicitudinem eximeret. *Hrynius*, in quo viro omnes, praeter ſummam doctrinam et eruditionem, admirantur illam promtam et paratam voluntatem, quoscunque bonarum artium amore imbutos viderit, ſummo opere ſublevandi, et *Heeremias*, *Hrynii* cum in aliis rebus, tum in hac humanitatis laude aemulus, mea cauſa rogabant *Guilielmum Uhdenum*, Regis Boruſſorum apud Romanos negotiorum geſtorem, Virum doctrina, ingenio, moribus excellentem, ut, ſi fieri poſſet, accuratam Codicis Vaticani notitiam nanciſceretur. Is cum ſibi opportunitatem videret oblatam, de bonis literis, quas, ut amicas et familiares, magno amore complectitur, bene merendi, rem alacriter ſuscepit, et intra breviſſimum tempus non id ſolum, quod duumviri illi ab eo petiverant, ſed longe plura praeſtitit. Nam praeter deſcriptionem illius Codicis longe accuratiſſimam multa

nobiscum communicavit Epigrammata, quae
nunquam edita essent, ex eodem Codice excerpta,
interque ea Cyzicena illa, quae nuper in secundo
Exercitationum criticarum Volumine illustravimus. Ab eo inde tempore, cum gratum meum
erga se animum cognovisset, nihil eum unquam
rogavi, quod negaverit, nihil unquam rogatus
fecit, cui non multa adjecerit, quae ipsum rogare non ausus essem. Is igitur cum, quod passim a doctis viris monitum est, sua sponte intelligeret, tum demum de Analectorum textu recte
statui posse, si quis eum cum Vat. Cod. compara-
verit, hanc comparationem, magnae patientiae
incredibilisque taedii opus, ultro suscepit; idque
procul dubio absolvisset, nisi contigisset aliquid,
quod taediosi illius laboris necessitatem tolleret.

Decesserat *Joannes Spalletti*, Bibliothecae Vaticanae, dum viveret, scriba, qui Anacreontis carminibus ad Cod. Vat. fidem edendis nomen suum
inter Graecarum literarum amantes professus est.
Hic vir, homo longe laboriosissimus, totum illum Codicem, qui Anthologiam Constantini Cephalae cum multis aliis carminibus complectitur,

tur, fumma cum fide et diligentia ita defcripferat,
ut fere fingulos Codicis ductus imitaretur; idque
fuum apographum, diverfis deinde temporibus,
bis iterum cum ipfo Codice contulerat. Hic liber, cui Vir doctiffimus fummum pretium ftatuere, quem in finu et oculis gerere, quem ut
pretiofiffimum κειμήλιον omnibus fuis commendare fuerat folitus, poft ejus obitum ad haeredes literarum expertes pervenerat. Qui cum emtorem
quaerunt, res ad Uhdeni aures pervenit, qui me
ejus per literas certiorem fecit. Ingens ab illis
hominibus pofcebatur pretium; ut, quamvis intelligebam, ejusmodi apographum quantum mihi
praefidii allaturum effet, ab eo tamen emendo pe-
cunias, quae poftulabatur, magnitudine facile
deterrerer. Et periiffet fane oblata illa opportu-
nitas, nifi Schlichtegrollus, collega mihi conjun-
ctiffimus, cum quo Uhdeni literas communicave-
ram, hujus Codicis apud Sereniffimum Ducem
mentionem feciffet. Hic Princeps, quo nemo
alius bonas literas majori cum fucceffu coluit,
nemo vehementiore amore complectitur, non
tam cito, quid rei effet, audivit, quam Bibliothe-

b

cam publicam, plurimis pretiofiffimisque libris
fumma liberalitate ab eo donatam, hoc quoque
munere mactare ftatuit. Rei conficiendae cura
Uldino mandata, brevi tempore ad finem perdu-
citur. Emitur Codex longo minori pretio; quam
quod illi ab initio popofcerant. Hic autem Uldini
de Anthologia merendi ftudium non fubftitit. Nam
cum ei liber Spallettianus traditus effet, quamvis
eum diligentiffime fcriptum effe agnofcebat, nullum tamen ejus rei dubium paffus eft relinqui;
fed, eum, ut ante dixi, Analetta ad Codicem Vaticanum comparare coepiffet, nunc telam retexuit
et illum Codicem cum libro Spallettiano diligentiffime contulit. Ea demum opera effectum eft,
ut hoc Apographum vel eandem, vel haud multo
minorem, quam ipfe Codex, auctoritatem habeat.

Huic igitur apographo, cujus infra in Prolegomenis uberiorem notitiam dabimus, lectiones
debentur Vat. Cod., quas ubique in notis noftris
diligenter commemoratas invenies. Quae res
quantum nobis profuerit ad ftabiliendum de Brunckiano textu judicium, ad editorum errores, praefertim circa auctores carminum, convincendos et

removendos, ad multos denique locos rectius constituendos, non est hujus loci ambitiose docere;
ex ipsius Commentarii usu cognoscendum est. Ut
autem iis, qui vel singula carmina, vel totam Anthologiam Brunckianam denuo ad Cod. Vat. cri-
gere volent, laboris compendium fieret, ad quodvis carmen, quod quidem ex Constantini Cephalae
Anthologia manaverit, Codicis paginam, in qua
legitur, diligenter notavimus.

Praeter hunc librum manuscriptis Codd. aliis
usus sum nullis, qui quidem alicujus momenti essent. Nam nec Schedae Vinarienses, de quibus
infra monebimus, nec Schedae Krohnianae, quas
passim in notis nostris laudatas invenies, multum
bonae frugis habebant. Krohnianae illae, quas
dixi, Schedae servabantur olim in Bibliotheca amplissima Bartholdi Nicolai Krohnii, Pastoris ad D.
Mariae Magd. Hamburgi, sub titulo: Reliquiae sex
(octo) foliorum ex Msto Cod. membranaceo Ἀνθολο-
γίας διαφόρων ἐπιγραμμάτων παλαιῶν. Haec folia Krohnii, ex cujus Bibliotheca anno 1796. pervenerunt in Bibliothecam Serenissimi Ducis Gotha-
ni, scripta esse censebat Seculo XIV. Continent Epi-

b 2

grammata XLVI. ex omnibus fere Planudeae libris, nullo ordine servato. Priora XX Epigrammata nec lemmata nec auctorum nomina adscripta habent; reliquorum plurima utroque instructa sunt. Paucas varietates habent, nec eas admodum memorabiles.

Ex veteribus Anthologiae Planudeae editionibus comparavi editionem principem *Jani Lascaris*, tres Aldinas, Juntinam, Ascensianam et Stephanianam. Harum nonnullas mihi suppeditabat Bibliotheca nostra publica, cujus custodibus, Viris clarissimis, pro eorum humanitate promtoque in laboribus meis adjuvandis studio gratias ago quam possum maximas; alias ex Bibliothecae Göttingensis thesauro mecum humaniter communicavit *Heynius*. Unam nancisci non potui, omnium rarissimam, quae Venetiis prodiit anno 1550. apud Petrum et Jo. Mariam Nicolinos Sabienses. Ea tanto aegrius carui, quanto probabilius erat, eam propriis quibusdam dotibus esse ornatam.

Praeterea autem subsidia quaedam inedita, interque ea nonnulla quantivis pretii, mihi Summorum quorundam Virorum benevolentia obtulit. Brevi postquam consilium meum de edendis in An-

thologiam commentariis in homines exierat;
Schneiderus, Profeffor Francofurtenfis, Vir eruditiffimus, qui humanitatis difciplinam cum naturae cognitione ita conjunxit et copulavit, ut difficile fit ftatuere, utra laude magis emineat;
Schneiderus Itaque ultro mihi obtulit, quaecunque
et olim et nuper in Anthologiam doctiffime notaverat. Harum notarum longe maximam partem
Vir clariffimus Analectorum margini eo tempore
alleverat, quo Argentorati Brunckii familiaritate
et confuetudine fruebatur, iisque *Brunckius*, quod
ex multis locis intellexi, cum Lectiones et Emendationes in Analecta confcriberet, faepe magno
cum fructu ufus eft. His adjunctae erant Schedae
quam plurimae, bonae frugis pleniffimae, quibus
disquifitiones in Poëtarum Anthologiae vitam
et fcripta continebantur, unde quae excerpfi,
nondum in *Schneideri* Periculo critico Analectis-
que criticis exhibita, ea omnia fumma cum fide
ad auctorem fuum retuli.

Reiskianum in Anthologiam apparatum et nan-
ciscerer, mature operam dedi. Cujus rei caufa
cum *Saxium*, Virum eruditionis laude non minus

quam generis nobilitate excellentem, in cujus Bibliothecam Schedas Reiskianas perveniſſe noveram,
per *Münterum*, Virum clariſſimum, adiiſſem,
magnus ille literarum patronus precibus meis ſtatim annuit, et quidquid iſtarum chartarum penes
eum erat, mihi mittendum curavit. Continoban-
tur illae volumine formae quadruplicatae, in quo
duae priores Apographi Lipſienſis partes (Muſa
Stratonis cum Epigrammatis vario metro conſcri-
ptis) continentur, cum multis *Reiskii* conjecturis
in margine. In fronte libri leguntur haec *Reiskii*
manu ſcripta: *Sed haec omnia curis formulis emen-*
data ipſe mea meu deſcripſi, ut his Codex nullus
amplius uſus ſit, et nolim quidquam ex eo tanquam
meum publicari. Alterum illud apographum, cujus in his verbis mentio injicitur, *Reiskius* miſit
ad Cardinalem Quirinum, unde illud nunquam
recepit. Ne igitur opera a Viro doctiſſimo in
hac Anthologiae parte, quam ipſe non edidit, collocata penitus periret, mihi licere putavi, ea, quae
bonae notae eſſent, excerpere, reliqua, quae ipſe
auctor improbaturus fuiſſe videretur, omittens, ne
ejus Manes irritarem, τὸ ἐν ὕμνῳ σοφῶι ἀνας αυόμε,

rev. *)   Cum illo autem volumine conjuncta erat
Collectio Epigrammatum XXXVI. quibus Apographum Lipsiense caret,   ex Schedis Lacrozianis et
recentiorum philologorum scriptis confecta.   Ea
carmina *Reiskius* Jensianis subjungere voluisse,
intelligitur ex verbis huic Syntagmati praefixis:
Pervenimus igitur propitio numine ad finem Jensia-
norum quoque carminum, quibus adjungentur aliqua,
nullo alio quam fortuito ordine, quae passim libro-
rum sparsa et a Viris doctis laudata, et ex Antholo-
gia deprompta, in aedita tamen juxta ineditaque nostra
et Jensiana farragine frustra quaesivimus.   Conti-
nuabimus coeptos numeros neque auctores nostros diss-
mulabimus. **) —   Tertia pars harum chartarum
continebatur notarum farragine, quam *Reiskius*
margini editionis Stephanianae adscripserat.   Magnam de his notis spem conceperam animo ex iis,
quae *Reiskius* commemorat in Praefat. ad Anth.

*) Hoc volumen descripsit Kalenkamphus, cujus apogra-
phum, amplissima ejus bibliotheca distracta, in Britanniam datum est. Ex Reiskiano illo libro varietatem
lect. apographi Lipsiensis, lectiones Tryllitschianas et
Lacrozianas excerpsi.

**) Hoc Syntagma Franckium usum fuisse suspicor.
Vide ejus Lectiones p. 84. XII. et quae notavimus ad
Philodemi Ep. XII. et XXIII.

b 4

C. C. p. XXXIII. et Brunckius in fine Praefat. Sed
hanc spem ipsa res penitus destituit. Nihil enim
in illis notis habetur, nisi locorum, ubi carmina
et versus Anthologiae laudantur aut illustrantur,
indicium. Quid igitur alteri illi notarum in Planudeam collectioni factum sit, utrum perierit, an
alicubi lateat, cum Ignorantissimis ignoro.

Quo tempore in concinnando commentario
cum maxime versabar, *Heynius* Vir Ill. libellum
ad me misit, qui praeter alia quaedam in Bibliotheca Bodlejana descripta notas quasdam in
Anthologiam continebat. Quem librum cum
evolvissem: quo me animo fuisse putas, cum virorum in hoc literarum genere longe principum,
Isaaci Casauboni et *Josephi Scaligeri*, nomina oculos meos ferirent? Et *Casauboni* quidem notae,
quae in Schedis nonnullis indigestis in Bibl. Bodl.
asservantur, in tertii libri fine deficiunt, nec
multae sunt numero. Quaedam ex iis vitiose
scriptae sunt, ita tamen, ut auctoris mentem per-
spicias, aliae nullum omnino sensum efficiunt;
unde eas in *Casauboni* αὐτογράφῳ intricata et difficili manu scriptas esse suspicor. *Scaligeri* autem

notae, adfcriptae margini edit. Aldinae 1521.
(vide *Harlef.* ad Fabr. Bibl. Gr. T. IV. p. 439.
fin.) numero plurimae funt.   Earum nonnullae
in fphalmatis editionis Aldinae corrigendis verfantur; aliae ex aliis editionibus excerptae videntur;
fed his fubductis plurimae reftant ipfius *Scaligeri*
conjecturae, nec *Huftio*, nec aliis cognitae.   Inter has fi multas egregie doctas et ingeniofas effe
dixero, facile fidem inveniam apud eos, qui *Scaligeri* ingenium et doctrinam non ignorant.   Cum
his conjunctae erant Notae *Anonymi*, editioni Stephanianae appictae, quae in *Fabricio* commemorantur p. 441. m.   Liber fuiffe putatur *Fr. Naafii.*
Sunt in iis perpaucae emendationes, fed nonnullae difficilium locorum verborumque interpretationes et verfiones metricae.   Ex illis ea, quae
prudenter et ingeniofe videbantur animadverfa, diligenter excerpfi.

  Ad haec fubfidia accefferunt conjecturae noftrae, ex quibus num quid utilitatis ad Anthologiam redundaverit, non noftrum eft ftatuere.
Hoc tantum profiteri poffum, me veritati dediffe
operam, non oftentationi.   In quo ftudio cum

non fieri poſſet, ut ubique, quod quaerebam, aſſe-
querer, facile feram aliter fentientium judicia. Quin
ne cum cavillatoribus quidem de hujusmodi rebus
unquam disputabo.   Has enim literas,. quae ab
humanitate nomen ducunt, me eam ob cauſam
amplexum eſſe fateor, quod in earum tractatione
quandam voluptatem fentiebam.   At hujus voluptatis fructus neceſſe eſt pereat, ubi in Muſarum virctis non tam flores, quibus delectemur,
decerpimus, quam lapides potius colligimus, quibus bonam aliorum exiſtimationem petamus, aut
nosmet ipſos ab aliorum impetu et iniquitate de-
fendamus.   Quodſi tamen alii hujusmodi alterca-
tionibus delectantur, illi fuo fruuntor judicio:
mihi τὰ σιγῆς ἔργα commiſſa putabo.   Quare
nunquam non paratus fui errores meos confiteri
et, ut ajunt, vineta mea caedere.   Idem etiam in
poſterum facturus, feveriſſimum me in fcriptiones
meas cenforem praeſtabo.

 Eſt autem, ut huc redeam, in Anthologia
Graeca fons emendationis longe uberrimus is, qui
ex ſimilium locorum comparatione oritur.   Quod
enim *Ruhnkenius* veriſſime monuit (in Praef. ad

Tim. p. XX.), post heroica illa summorum ingenio-
rum tempora vix quenquam ad scribendum acces-
sisse, quin se totum ad aliquem veterum expri-
mendum imitandumque daret, id in epigramma-
tico quoque genere, et haud scio an in nullo magis, locum habuit.   Longe plurimi enim eorum,
qui post Mnasalcam, Leonidam Tarentinum,
Callimachum, ingenium converterunt ad scribenda Epigrammata, hos praecipue spectasse videntur, ut superiorum poëtarum ἀνθέας, verbis va-
riatis, exprimerent sibique vindicarent.   Quorum haud pauci ita in hoc negotio versati sunt,
ut, quae ab illis pressius dicta essent, dilatarent et
amplificarent; alii vero ita, ut priscorum carmina quasi in compendium redigerent.   Quae igitur in hoc literarum genere haud minimi momenti est locorum similium diligens comparatio,
haec in Anthologia longe fructuosissima.   Ea nobis
quoque ad quosdam locos rectius constituendos,
ad alios rectius interpretandos plurimum profuit.

Sensim ad alterum locum, de quo nobis monendum esse dicebamus, delapsi sumus.   Paucis
defungar.   In interpretatione igitur hoc imprimis

spectavi, ne quid praeterirem, in quo lectores,
in Anthologia legenda, minus exercitati, haerere
possent.   Quorum locorum explicationem non
reperiebam, ea saltem indicavi, ut alii rem ten-
tarent.   Perspicuitati inprimis studui; sed ne in
omnibus tam perspicuus essem, quam nonnulli
fortasse desiderabunt, argumenti vetabat obscoe-
nitas.   Et cum ad rectam verborum intelligentiam nihil fere magis valeat, quam ut ante teneas,
de qua re agatur, singulis fere carminibus breve
argumentum praemisi, quod, ut Ariadnae quoddam filum, errori caveat.   Similis argumenti carmina sedulo comparavi, nec tamen ubique omnia,
sed ea tantum laudavi, quae ad sensum illustrandum plurimum conferre existimabam.   Sed singula, quae ad interpretis officium pertinere censen-
tur, enumerare longum est.   Quid effecerim,
aliorum judicium facio; efficere certe conatus
sum, ut Epigrammatum obscuritates tollerentur,
et via ad eorum intelligentiam, quae impeditissi-
ma fuit, planior et apertior fieret.   Cum multis
mihi in hac parte difficultatibus conflictandum
fuisse, facile credent, qui in Anthologia versati

funt. Magnus enim eft Epigrammatum numerus, quae nullus interpres ante me attigit; in aliis veritas inveftigari non poterat, nifi diffipatis priorum interpretum erroribus. Sed has aliasque difficultates ambitiofe defcribere, fupervacaneum fit. Aliter enim has literas non conftare, probe teneo. Mihi perfuafum habeo, me aditum ad Anthologiae vireta, fentibus et rubis obftructum, expeditiorem feciffe. Rem tamen inchoavi potius, quam perfeci. Alii eam ad exitum perducent, quibus plus otii, felicioris ingenii vena, uberioris lectionis et eruditionis copia contigerit. Talem interpretem ut Anthologia quam primum nancifcatur, bonarum literarum caufa vehementer opto. Hoc dum fiat, earum amantes hoc Catone contenti fint.

Ceterum primum hoc Commentarii in Anthologiam Volumen mox fequetur alterum, quod fecandi Analectorum Tomi carmina complectetur; tertium reliquorum Epigrammatum interpretationem abfolvet. Ei adjicietur, praeter indicem graecitatis, Hiftoria critica Epigrammatis, et poëtarum, qui Epigrammata confcripferunt, no-

titia. Hanc cum Prolegomenis, huic praefationi
subjectis, conjungere statueram; sed primi hujus
Voluminis amplitudo me hoc consilium coëgit ab-
jicere.

. Finem praefandi faciam, ubi pii gratique
animi officia peregero. Si quid aliud laboris a me
suscepti onus allevare potuit, summa fuit summorum Virorum benevolentia et humanitas, quam
cum in aliis, tum in hoc praecipue opere expertus sum. Quorum eximiam ergo me amicitiam
rerumque mearum studium cum apud me reputo,
ita commoveor, ut ne verba quidem, ad animi
sensus, non dicam exprimendos, sed indicandos,
idonea reperire possim. Nec tamen multis verbis
opus est apud eos, qui officio gaudent, et bene
agendo non tam laudem et gratiam, quam recte
factorum conscientiam petunt. Beneficiorum,
quae in me contulerunt, memoriam nulla unquam obliterabit oblivio; neque committam, ut
eos studii erga me sui poeniteat. Scribebam
Gothae, mense Aprili 1798.

PROLEGOMENA

IN QUIBUS

HISTORIA ANTHOLOGIAE

GRAECAE

NARRATUR.

PROLEGOMENA.

I.

De iis, qui primi Epigrammata collegerunt.

Ab eo inde tempore, quo scribendi ars per Graeciam frequentari coepit, id quod circa Olympiadum initia factum fuisse videtur, Epigrammata ad rerum gestarum hominumque illustrium memoriam conservandam in ἀναθήμασιν et tumulis usurpata sunt. Antiquissimi hujus Epigrammatum generis utilitas eruditos homines primum ad minora illa carmina colligenda invitasse videtur. Qui enim hominum in bello et pace clarorum vitas *), urbium origines, populorum res gestas literis mandabant, eos saepenumero ad Epigrammatum auctoritatem provocasse constat. Quod autem Herodotus fecerat, nec Thucydides a gravitate sua alienum esse putaverat, id posteriores

*) Vide tom Goens de Simonide p. 5. sq.

c

eo ſtudioſius fuciſſe, quo ~~magis in~~ hiſtoria ~~ſcriben~~-
da lectorum oblectationi ſtuderent, nullo modo
dubitari poteſt.   Antiquiorum exemplum ſecutus
eſt Diodorus, Plutarchus, alii; et ut quisque ele-
gantiorum literarum ſtudioſior fuit, ita poëtas
cum alios, tum Epigrammaticos in partes vocan-
do, perpetuae orationis taedium lenire conabatur.

Sed ubi primum intellectum eſt, hiſtoria
quantum non ornamenti ſolum, verum etiam
praeſidii ex Inſcriptionibus peteret, iis praeſertim,
quae publicis monimentis inſculptae eſſent, exſti-
terunt viri docti et literarum amantes, qui eas
ſtudioſe deſcriberent earumque quaſi theſauros
conderent.   Inter hos principem locum tenet,
propter operum quae reliquit multitudinem; *Polemo*, ex cujus libro περὶ τῶν κατὰ πόλεις ἐπιγραμμάτων *Athenaeus* Epigrammata quaedam laudavit
L. X. p. 436. D. et p. 442. E.   Scripſit idem
praeterea quatuor libros de donariis in Acropoli
poſitis, quos laudat *Strabo* L. IX. p. 607. A. aliſ-
que ſub titulo, περὶ τῆς ἀκροπόλεως.   His eum,
dum donaria enumerabat eorumque quaſi hiſtoriam condebat, Epigrammata illis appoſita inſe-
ruiſſe, dubitare noli.   Simile opus *Polemo* condiderat περὶ τῶν ἀναθημάτων ἐν Λακεδαίμονι, lauda-
tum ab *Athenaeo* L. XIII. p. 574. D. et aliud,
quod rerum ad antiquitatem et hiſtoriam ſpectan-
tium refertiſſimum fuiſſe oportet, περὶ τῶν ἐν

Δελφοῖς θησαυρὸν, cujus auctori docti et diligentis scriptoris laudem *Plutarchus* tribuit T. II. p. 675. B. Propter intentum hoc Inscriptiones de columnis, pilis, statuis, donariis describendi studium joculari cognomine στηλοκόπας vocatus est, ut quidem, non sine magna veritatis specie, suspicatur *Casaubonus* in Animadv. in Athen. p. 409. 39. Ex his *Polemonis* operibus, quibus fortasse et alia quaedam ejusdem hominis scripta accensenda sunt, sed ex his praecipue aliorumque similibus antiquissimum Anthologiae conditorem, *Meleagrum*; multa in collectionem suam transtulisse, probabile est. - In simili argumento versatus est *Alcetas*, cujus librum περὶ τῶν ἐν Δελφοῖς ἀναθημάτων *Athenaeus* excitat L. XIII. p. 591. C. ubi inscriptio ab *Alceta* commemorata profertur; *Menestor ἐν τῷ περὶ ἀναθημάτων* ap. *Athen.* p. 594. D. et *Apellas Ponticus*, qui Epigrammata donariis addita collegisse videtur *Dorvillio* in Misc. Obss. T. VII. p. 28.

Ut ii, quos hactenus enumeravimus, Inprimis donariorum inscriptiones collegerunt, ita alii alias. Thebana *Aristodemi* Epigrammata laudat *Scholiastes Apollonii Rhodii* L. II. 906. de quo conf. *Valckenar.* ad Phoeniss. p. 732. Ἐπιγράμματα Ἀττικὰ collegit *Philochorus*, ut *Suidas* testatur v. Φιλόχορος, si quidem vera est verborum distinctio, quam *Kusterus* secutus est. In Codicibus enim

ἐπιγράμματα ἀττικ. vocibus per punctum distinctis, legitur. Peculiarem de Epigrammate librum scripsit *Neoptolemus Parianus*, quem ita laudat *Athenaeus* L. X. p. 454. F. ut appareat, illum
Epigrammata operi suo intexuisse. Ipsum Epigrammata scripsisse, non satis caute asserit *Grod-
deck* in Bibl. Artium et Liter. Fasc. II. p. 92. not.
Silentio non praetereundus est, quem et *Fabricius*
laudavit T. IV. p. 416. ed. nov. nec *Reiskius* praetermisit in Praef. ad Anthol. p. IX. *Euhemerus*,
quem e titulis et inscriptionibus sacris deorum historiam contexuisse narrat *Lactantius* Instit. Div.
I, c. 9. cum quo conf. *Cicero de* Nat. Deor. I. 42.

II.

De Meleagro, Anthologiae conditore.

Primus autem Anthologiam non ex uno Epigrammatum genere, nec ex iis tantum, quae
publicis monimentis inscripta fuerunt, sed cum
ex his, tum ex poëtarum operibus collectam,
condidisse et concinnasse videtur *Meleager Gadarenus*, cujus nomen, olim non nisi doctioribus
cognitum, post repertam a Salmasio Constantini
Cephalae Anthologiam, omnium, qui vel levem
cum graecis literis contraxissent consuetudinem,
ore et laudibus celebrari coepit. Hujus viri memoriam servavit *Strabo* L. XVI. p. 1101. ἐκ δὲ τῶν

Γαδάρων Φιλόδημός τι ὁ Ἐπικούρειος γεγονὼς, καὶ Μιλίαγρος καὶ Μένιππος ὁ σπουδογέλοιος, καὶ Θεόδωρος ὁ καθ᾽ ἡμᾶς ῥήτωρ. Ex hoc loco Menippum Gadarenum commemorat *Stephanus Byz.* v. Γάδαρα. Cui Menippo Meleagrum noſtrum aequalem facit *Diogen Laërt.* VI. 99. τὰ δὲ βιβλία αὐτοῦ (Menippi) πολλοῦ καταγέλωτος γέμει, καί τι ἴσον ταῖς Μιλιάγρου τοῦ κατ᾽ αὐτὸν γενομένου. Cum quo loco comparandum Epigr. *Meleagri* CXXVII. ubi ſe πρῶτα Μενιππείαις συντροχάσαι χάρισιν ipſe poëta gloriatur; et Epigr. inter ἀδέσπ. DLXXII. Μοῦσαι Μιλίαγρον — Μενιππείαις ἠγλάϊσαν χάρισιν, ut hunc verſum certa emendatione reſtituerunt *L. Holſtenius* et *Emm. Martinus.* Non ſupervacaneum fuerit, hoc loco monere, illam carminum *Meleagri* cum *Menippi* ſcriptis ſimilitudinem, ſive ex imitatione ſive ſponte natam, in Epigrammatis quidem nulla ratione quaerendam eſſe, ſed in aliis quae interciderunt operibus, Satyris ſortaſſe Menippeis. Ex his derivata videntur, quae *Athenaeus* profert L. XI. p. 502. C. Μιλίαγρος ὁ Κυνικὸς ἐν τῷ Συμποσίῳ οὑτωσὶ γράφει Κἂν τοσού. τῳ πρόποσιν αὐτῷ βαρεῖαν δίδωσι, χυτρίδια βαθέα δίδεκα. et L. IV. p. 157. B. ubi Nicium meretrix ad Cynicos epulantes, οὐδεὶς, ait, ὑμῶν, ἄνδρες γενειοσυλλεκτάδαι, ἰχθὺν ἐσθίει. ἢ καθάπερ ὁ πρόγονος ὑμῶν Μιλίαγρος ὁ Γαδαρεὺς ἐν ταῖς Χάρισιν ἐπιγραφομέναις ἔφη, τὸν Ὅμηρον Σύρον ὄντα τὸ

c 3

γίνος - -; ἣ μόνω ἀνέγνωτι σύγγραμμα αὐτοῦ τὸ σε-
ρίχων λεκίθου καὶ Φακῆς σύγκρισις. quem
locum refpexit *Euftathius* ad Il. λ. p. 814. 40.
Ex his locis tres, ni fallor, Satyrarum, quas *Meleager* compofuit, titulos lucramur, Συμπόσιον,
Λεκίθου καὶ Φακῆς Σύγκρισις et Χάριτες, nifi fortaffe totum illud Satyrarum fyntagma χαρίτων titulo infcriptum fuit.   Qui titulos Satyrarum
Varronis meminerint, hanc conjecturam probabilitate non deftitutam effe fatebuntur.   Quod fi
vero *Meleager* ille, de quo agitur in duobus quae
fupra laudavimus Epigrammatis, non diverfus eft
ab eo,   qui Anthologiam condidit,   hic Cynicus
fuit, nec locum habet conjectura doctorum quorundam virorum ap. *Harlefium* in Fabr. Bibl. Gr.
T. IV. p. 417. fq. qui duos Meleagros fuiffe exi-
ftimarunt, utrumque Gadarenfem, alterum Cynicum, alterum Anthologiae patrem et conditorem.
Certe hoc mihi exploratum videtur, eum, quem
Gadarenfem appellat *Athen.* L. IV. p. 157. nihil
diverfum effe a Cynico, cujus mentionem facit in
altero loco L. XI. p. 502.   Epigrammata autem
illa, quae fupra dixi, Meleagri illius, qui Coronam contexuit, vitam enarrare, non eft quod du-
bitemus; nec certe dubitavit is, qui Scholion
fcripfit ad Prooemium Coronae in Vat. Cod. p. 81.
Οὗτος ὁ Μελέαγρος Φοῖνιξ ἦν τις ἀπὸ Παλαιστίνης
πόλεως· ἐποίησε δὲ τὸν θαυμάσιον τουτονὶ τῶν Ἐπι-

γεαμμάτων στίθασον. et iterum: ˙ὅτι ὁ Μελίαγρος
Γαδαρηὸς ἦν τὸ γίνες Σύρος˙ ἐτιλεύτησεν ἐν Κῷ τῇ
νήσῳ.

Quae cum ita se habeant, *Meleager* floruit
cum Menippo, item Gadareno et Cynico. Jam
vero Menippi aetas incertissima est. Ad conjecturam igitur confugere debemus. *Burettus* (Mémoires de l'Acad. des Inscript. Tom. XIX. p. 441.)
Meleagrum sub primis Alexandri successoribus vixisse suspicatur. *Martinus* in Epist. Tom. I. p.
167. eum sub Seleuco, Antiochi M. filio, floruisse
ait. Alii aliter. Sed verissima videtur sententia
Scholiastae in Vat. Cod. p. 52. Γαδαρηὸς ἦν, ὡς
ἐν τοῖς ἔμπροσθεν αὐτὸς ἑαυτοῦ ἰμπημόνευσεν· ἤκμασεν
ἐπὶ Σελεύκου τοῦ ἐσχάτου.

In hac sententia cur acquiescendum existimem,
paucis dicam. Inter *Meleagri* Epigrammata
unum est (CXXIII.) in Antipatri Sidonii tumulum,
quem aetatem usque ad Ol. CLX. produxisse, certis indiciis constat. Tenemus igitur hoc, Meleagrum floruisse post Ol. CLX. Jam vero primum
ejus aetatem ab Antipatri Sidonii temporibus non
valde remotam fuisse, colligas ex Nostri Prooemio
v. 42. ubi illius poëtae carmina his verbis circum-
scripsit: Φοίνισσάν τε νέαν κύπρον ἀπ᾿ Ἀντιπάτρου.
νέαν κύπρον appellat Antipatrum, ut recentem
poëtam. Ad hoc argumentum aliud accedit,
quod, quamvis longius petitum, satis tamen pon-

deris et gravitatis habet. Meleagri in Epigrammatis colligendis vestigia primus secutus est *Philippus Thessalonicensis*, ut ipse fatetur Ep. I. Tom.
II. p. 211. Is seculo post Christum natum primo, et quidem sub seculi exitum coronam contexuit ex poëtis σπλετέραις, i. e. ut contextus docet,
iis, qui post Meleagrum scripserunt. Inter hos
Philodemum recenset, poëtam in hoc Epigramma-
tico genere longe celeberrimum, Gadarensem.
Hunc floruisse circa Olymp. CLXXX. satis constat.
Jam hinc intelligitur, ejus in Meleagri Corona
carmina nulla fuisse. Num vero Meleagrum hunc
virum ignorasse putemus? Non probabile, civem
nimirum, eumque in illo genere, cui Meleager
praecipue studebat, nobilissimum. Nonne hinc
sequitur, eum Philodemi florem non vidisse, ut
multo junioris? Verum est igitur, quod Scholiastes affirmat, Meleagrum sub ultimo Seleucorum
vixisse. Is enim regnare coepit Ol. CLXX. 3. quo
tempore Antipater Sidonius defunctus erat, Philodemus nondum florebat.

Hic igitur vir, et Cynicus et Gadarensis, et
ipse Epigrammata conscripsit, de quibus tum di-
cetur, ubi poëtarum Epigrammatariorum vitas
enarrabimus, et aliorum Epigrammata collegit.
De hac collectione, Στέφανος inscripta, ante Codicem Palatinum repertum, id est, ante superio-
ris seculi initia, nihil plane constabat. In hoc

uno enim Codice fervatum eſt nobiliſſimum illud
Prooemium, in quo ſingulos poëtas, Coronae in-
textos, cum ſingulis floribus arboribusve comparatos reconſet. Sunt autem ii, quos nominatim
appellat, numero XLVI; quibus ſe haud paucos
alios, recentiores, (ἔρνεα πολλὰ νεόγραφα verſ.
55.) adjunxiſſe profitetur. Unde de illius operis
et amplitudine et praeſtantia exiſtimare poſſumus.
Nam ex illis poëtis, quorum ſe carmina in Collectionem ſuam retuliſſe ait, longe plurimi floren-
tiſſimi Graeciae temporibus vixerunt; interque
eos haud pauci tanta apud omnes fuerunt gloria,
ut, vel nominibus eorum auditis, ſummam tibi
artis poëticae perfectionem, ſummum faſtigium
animo fingas. Hoc utinam praeclarum opus aetatem tuliſſet! Sed bene tamen nobiscum actum
eſt, quod, in tanta optimorum et poëtarum et cujusvis generis ſcriptorum jactura, tam inſignes
Coronae illius reliquiae ad nos pervenerunt, quae
deſiderium, etſi non explerent, lenirent tamen et
minuerent. In hac Collectione ſingula carmina,
nulla argumenti ratione habita, ſecundum|lite-
ras initiales fuiſſe dispoſita, diſerte docet *Scholia-*
ſtes in Cod. Vat. p. 81. ubi verbis ſupra laudatis
adjicit haec: ἑκάστου δὲ τῶν θαυμασίων τουτωὶ τῶν
Ἐπιγραμμάτων ετίφανον· ſυντάξας δὲ αὐτὰ κατὰ
στοιχεῖον. Poſteriora haec verba male accepit *Sal-*
maſius in Exercitationibus Plin. p. 396. D. qui

c 5

etiam *Irichium* in Carm. Sepulcr. p. IV. et *Reiskium*
Praef. p. XIII. secum in errorem induxit, ut putarent, Meleagrum poëtarum nomina secundum
ordinem elementarem disposuisse. ' Non in his,
sed in ipsis Epigrammatis' illum ordinem observa-
tum fuisse,, ex iisdem *Scholiastae* verbis probe intellexit *Martinus* in Epist. ad Alexandrum Zonda-
darium Tom. I. p. 184. cujus Interpretatio Codicis Vaticani adspectu verissima esse intelligitur.
Meleagri enim Coronam quamvis dissolvit et dis-
cerpsit Constantinus Cephalas, carminibus secundum argumenta in capita quaedam descriptis, in
nova tamen dispositione prior ille ordo non ita
turbari potuit, ut omnia ejus obliterarentur vestigia. Quin idem elementaris ordo vel in Planudea,
in qua tamen longe artificiosior est distributio, in
multis locis apparet, ubi Planudes plura simul
Epigrammata ex Constantini Anthologia in suam
transtulit.

: Praeter hanc amplam Epigrammatum collectionem Meleager etiam aliam instituisse videtur
Reiskio in Notit. Poët. p. 243. solis puerorum
laudibus destinatam. Quod ut opinaretur, virum
doctissimum commovit Epigr. II. Meleagri, quod
pro praefatione peculiaris Anthologiae habuit.
At in hoc carmine nihil aliud egit, nisi ut pueros
sibi amatos recenseret, eosque tanquam in Coronam contexeret; unde hoc unum colligere licet,

Meleagrum pueros illos carminibus fuis celebraffe.
Idque res ipfa confirmat; nam in plurimos puerorum, quorum nomina in illo Carmine exftant,
Meleagri reperiuntur Epigrammata.   Non eft igitur, cur eum duplicem Anthologiam condidiffe dicamus. *)

III.
De Anthologia Philippi Theffalonicenfis.

Per Meleagri veftigia inceffit is, quem fupra
commemoravimus, *Philippus Theffalonicenfis*, novae Anthologiae conditor.   Is Meleagri imitationem in hoc inftituto difertis verbis profeffus eft
Epigrammate illo, quod praefationis loco praemi-
fit T. II. p. 211. ubi fe *recentiorum poetarum* carmina, tanquam flores, contexuiffe ait, quibus Coronam efficeret, Meleagricae illi fimillimam eique
opponendam: Καὶ σελίδος νεαρῆς θερίσας στάχυν,
ἀντεπέπλεξα Τοῖς Μελεαγρείοις ὡς ἴκελον στεφάνης.
Jam ex hac imitationis profeffione merito colligas,
Philippum etiam in disponendis carminibus ordinem a Meleagro probatum adoptaffe; eamque fufpicionem confirmat Vat. Codex, in quo ordinem
alphabeticum obfervatum videmus etiam in illis
carminibus, quae non aliunde quam ex Philippi

*) Vide Wyttenbachium in Bibl. Crit. T. I. P. II. p. 23.

Anthologia defuncta funt. Multo minor autem in hac nova Corona poëtarum numerus fuit; non enim ultra XIII. excurrit. His annumerandus eft cum ipfe Philippus, multorum Epigrammatum auctor, tum etiam alii, quorum nomina reticult.

Quo tempore Philippus vixerit, non fatis conftat. Ex indiciis quibusdam, in ejus Epigrammatis obviis, recte fibi colligere videbatur *Vavaffor* de Epigr. p. 184. et *Martinus* l. c. p. 191. eum Auguflo regnante vixiffe. In hanc fententiam conceffit *Reiskius*, eamque novis quibusdam argumentis firmare conatus eft. Verum enimvero cum inter poëtas a Philippo in ordinem redactos reperiantur nonnulli, quos poft Augufti tempora floruiffe conftat, ut Antiphilus et Automedon, quorum ille circa A. U. C. 806. hic Nerva regnante (A. U. C. 851.) floruiffe videtur, hanc difficultatem vir doctiffimus ita expediri poffe putavit (in Notit. Poët. p. 270.), ut duos Philippos fuiffe ftatueret, alterum antiquiorem, Julii Caefaris et Augufti aequalem, alterum fefquifeculo ferme juniorem, fecundae Anthologiae auctorem. De qua fententia quid ftatuendum fit, explicabimus.

Rem paulo altius repetam. In perfequendis veftigiis, unde poëtarum Anthologiae aetas cognofcatur, Reiskius ita plerumque verfatur, ut, fi qua carmina ad hiftoriam aliquam remve geftam pertinent, ea fere eodem tempore, quo illa eve-

nerit, composita putet, et ex iis adeo auctoris aetatem colligat. Quae colligendi ratio ut in quibusdam recte procedit, ita admodum fallax est in iis
poëtis, qui se totos ad imitationem composuerunt.
Quorum quam magnus sit numerus, in Praefatione monuimus. In ejusmodi igitur poëtis si qua
sit facti cujusdam, aut rei hominisve illustris mentio, nihil inde aliud colligi potest, nisi illos post ejus
facti hominisve scripsisse tempora. *) Jam vero
Philippus is est, qui paucissima ex sua penu protu-
lerit, plurima ex vetustiorum poëtarum imitatione traxerit. Qui cum Epigrammate LXXIV. molem Puteolanam, ab Agrippa A. U. C. 717. ex-
structam, commemorat, in quo carmine Reiskius:
p. 270. gravissimum ad definiendam Philippi aetatem momentum positum censet, non rem recens
factam et propter novitatem mirabilem celebrat,
sed expressit Epigramma Antiphili XVI. quod et
ipsum fortasse ex antiquiore carmine ductum est.
Hoc unum exemplum sententiam nostram abunde
probat. Quare vix dubito, quin reliqua quoque
carmina, ex quorum auctoritate Philippus ad Augusti aetatem referri solet, ex antiquiorum poëtarum imitatione profluxerint. Hinc vero simul-

*) Josephus Scaliger, idoneus auctor, ad Hieronymi
Chronicon p. 17. sq. Argumentum, ait, facile est,
scriptores floruisse tempore eorum, quorum mentio sitis fiat. Hoc modo Homerus vixerit Trojanis temporibus.

efficitur, nullam ejus aetatis definiendae fatis certam rationem eſſe, niſi eam, quae ex poëtarum,
quos Coronae ſuae intexuit, aetate ducitur. Haec
eum ad exitum ſeculi primi revocat. Quare fortaſſe non valde errabimus, ſi eum Anthologiam
Trajano regnante concinnaviſſe ſtatuerimus.

IV.

De Diogeniano et Stratone.

Brevi poſt tempore, Hadriano regnante, floruit Diogenianus Heracleota, Grammaticus ſuae
aetatis doctiſſimus, qui et alia quaedam, cum arte, quam profitebatur, proxime conjuncta, tum
etiam Ἀνθολόγιον Ἐπιγραμμάτων edidit, teſte Suida in Διογενιανός, Tom. I. p. 591. ſq. Idem eſſe
videtur, cujus Paroemiae exſtant, de quo inprimis
conſule Andr. Schottum in Praef. ad Proverb. p.
VIII. Hic autem quid in illa Anthologia ſecutus
ſit, quos in eam poëtas admiſerit, quo ordine
eos dispoſuerit, penitus ignoramus.

Hunc ſequutus eſt Strato Sardianus, (quem qui
Cardianum, ſive Cardiani filium vocant, prava
apographorum Vet. Codicis lectione in errorem
inducti ſunt,) et ipſe Anthologiae conditor, quam
Μοῦσαν παιδικὴν inſcripſiſſe videtur. Sic enim habet Praefatio a Conſtantino Cephala Stratonis Anthologiae praefixa: Καὶ τίς ἂν εἴη, ἢ πάντως εὖ

τῶν εἰρημένων τὴν γνῶσιν ἐκθέμενος, τὴν (Cod. τῶν)
Στρατωνος τοῦ Σαρδιανοῦ παιδικὴν Μοῦσαν, ἑταίρων
ὑμῖν, καὶ ὡς αὐτὸς παίζων πρὸς τοὺς πλησίον ἐπι-
δείκνυτο, τέρψιν, οἰκείαν τῆν ἀπαγγελίαν τῶν ἐπιγραμμάτων, οὐ τὸν νοῦν ποιούμενος· ἔχου ταίνυν τῶν
ἑξῆς. ἐν χορείαις γὰρ ἤ γε σώφρων, κατὰ τὸ τρα-
γικόν, οὐ διαφθαρήσεται. Retulerat Strato in
hanc Anthologiam ea tantum Epigrammata, quibus puerorum celebrantur amores, in quo argumento, inde a Platone, multi poëtae Epigram-
matarii versati sunt. In qua Collectione Stratohis-
cum legantur nomina antiquissimorum poëtarum,
eorum quoque, unde Meleager et Philippus suam
quisque Anthologiam locupletaverant, vix dubites,
Sardianum poëtam, ex prioribus Collectionibus
antiquiorum poëtarum carminibus delibatis iis,
quae ad pueriles amores facerent, posteriorum
haud pauca cum suis in hoc genere lusibus.*) addi-
disse. Revera itaque novam Anthologiam condidit;
nec audiendus est Reiskius p. 233, qui eum Meleagri Μοῦσαν παιδικὴν, quam nullam fuisse supra
docuimus, denuo edidisse et auxisse existimat. Ex
iis poëtis autem, ex quorum operibus Meleagrum
quoque flores delibasse constat, Strato recepit

---

*) Fallitur Harlesius V. Cl. cum carmina, quae Brunckius
    T. II. p. 319 sqq. sub Stratonis nomine dedit, non
    omnia ipsius Stratonis, sed tantum ex ejus Collectione
    petita existimat, ad Fabric. E. a. p. 424.

tredecim *); ex iis, quibus Philippus ufus fuerat,
ntonnifi duo, Tullium Lauream et Automedon-
tem; his decem alios addidit, Flaccum, Alpheum
Mitylenaeum, Julium Leonidam, Scythinum,
Numenium, Dionyfium, Frontonem, Thymo-
clem, Glaucum, Dioclem.   Inter hos poëtas
pauci funt, de quorum aetate fatis conftet.   Quod
fi vero fupra recte pofuimus, Philippum Theffalo-
nicenfem feculo primo exeunte vixiffe, Strato autem
Mufam fuam ex Philippi Corona locupletavit,
fponte fequitur, eum non ante fecundum poft
Chriftum feculum floruiffe.   Stratonem πανττὸν
ἐπιγραμμάτων laudat *Diogenes Laertius* L. V. 61.
p. 300.   Jam cum Diogenes primis tertii feculi
ineuntis annis vixiffe videatur, Stratonis aetas in
alterum feculum incidit.   Hanc fententiam con-
firmant, quae *Schneiderus* de Stratonis vita monuit in Peric. crit. p. 130.   „Dubitatum eft, qua
„aetate vixerit Strato.   Credo, me reperiffe argu-
„mentum fatis validum, quo lis omnis dirimatur.
„Quod enim perftringit Capitonem medicum (Ep.
„aft.), rem conficit.   Eft is Artemidorus Capito,
„qui fcripta Hippocratis recenfuerat, fuamque In-
                                              „docis

---

*) Sunt hi: ipfe Meleager, Diofcorides, Polyftratus,
Antipater, Aratus, Mnafalcus, Euenus, Alcaeus Mef-
fenius, Phanias, Afclepiades, Rhianus, Callimachus
et Pofidippus.

„*dam* Adriano imperatori aliisque probaverat;
„fed Galenus eum per totum fuum commentarium
„fub nomine Capitonis perfiringit. Inde appáret
„clariffimo aetas Stratonis. Diverfus eft Capito
„Alexandrinus poëta; cujus ἐρωτικὰ laudat Athe-
„naeus p. 427. ejusdem ad Philopappum commen-
„tarios p. 350. Ariflides orationem tertiam Pla-
„tonicam T. II. p. 315. ad Capitonem aliquem
„fcripfit. Qui omnes diverfi nec medici funt.“
Haec *Schneiderus* docte et probabiliter.

Stratonis Anthologia five *puerilis Mufa* ultimum caput eft Collectionis a Conflantino inflitu-
tae. Qui num integrum Stratonis opus receperit,
an carminum dilectum habuerit, ordinemque a
Sardiano poëta inflitutum utrum fervaverit, an
turbaverit, plane incompertum habeo. Certi
quidem ordinis vefligia in Vat. Cod. nulla funt.
Initio capitis collocata funt decem Stratonis Epigrammata, quibus alia aliorum poëtarum fub-
jecta funt, intermixtis Stratonis carminibus, cujus
LXXVII. Epigr. fere continua ferie pofita, hoc
caput claudunt. Reliquorum poëtarum carmina,
quae in hac Sectione leguntur, funt ad numerum
CLXV. Horum, ante Cod. Vat. repertum, nullum fuit editum.

V.

De Anthologia Agathiae Scholaſtici.

Poſt illa tempora cum poëtarum proventus admodum eſſet exiguus, Epigrammatum colligendo-
rum ſtudium refrixiſſe videtur. Quatuor enim
vel quinque ſecula effluxerunt, quibus nemo ejusmodi opus tentavit, donec Byzantii, neſcio quomodo, acre verſuum pangendorum ſtudium incenderetur. In hac enim urbe poſtquam imperii
ſedes collocata fuit, magnus poëtarum numerus
exſtitit, qui, ut *Reiskius* ait in Notis ad Conſtant.
Cerem. Aulae Byzantinae p. 85. ad omnes hilares
triſteſque caſus carmina in promtu haberent et
venderent; ita ut nihil ab Auguſto, nihil a proceribus aut ſuſciperetur aut cogitaretur, quin id
verſibus deſcriberent laudarentque. Inter hos tamen verſificatores unus et alter fuit, qui, cum ſe
ad melioris aevi poëtarum imitationem dediſſet,
carmina ſcriberet ſupra aetatis ſuae captum elegantia, qualia ſunt nonnulla in Epigrammatis
Agathiae, Pauli Silentiarii, Macedonii conſulis aliorumque, qui eadem aetate floruerunt *). Horum
unus, *Agathias Myrinaeus*, qui propter juris pro-
feſſionem *Scholaſticus* vocatur, ſub exitum ſeculi
ſexti recentiorum, ſui nimirum aevi poëtarum
Epigrammata collegit, eamque Collectionem ſuam

---

*) Vide *Reiskium.* Epiſt. crit. I. p. 75.

Κύκλω vocavit. *Suidas* v. Ἀγαθίας. - συνέταξε
δὲ καὶ ἕτερα βιβλία, ἔμμετρά τι καὶ καταλογάδην,
τά τι καλούμενα Δαφνιακά, καὶ τὸν Κύκλον τῶν
νέων ἐπιγραμμάτων, ὃν αὐτὸς συνῆξεν ἐκ τῶν κατὰ
καιρὸν ποιητῶν. συνέκμασε καὶ Παύλῳ τῷ Σιλεν-
τιαρίῳ καὶ Μακεδονίῳ τῷ ὑπάτῳ καὶ Τριβουνιανῷ ἐπὶ
τῶν Ἰουστινιανοῦ χρόνων. - Haec partim ducta sunt
ex ipsius *Agathiae* Historia L. 1. p. 2. ed. *Vulc.*
ubi, postquam de ceteris suis operibus exposuit,
ἔδοξέ, δέ μοι, ait, πρότερον κἀκεῖνο ἀξιέπαινόν τι
εἶναι καὶ οὐκ ἄχαρι, εἴγε τῶν ἐπιγραμμάτων τὰ
ἀρτιγενῆ καὶ νεώτερα διαλανθάνοντα ἔτι καὶ χύδην
οὑτωσὶ παρ' ἐνίοις ὑποψιθυριζόμενα, ἀγείραιμί τε
ὡς οἷόν τι εἰς ταὐτὸ καὶ ἀναγράψαιμι ἕκαστα κόσμῳ
ἀποκαρψιμένα. Consilium his verbis breviter indicatum, Epigrammata recentiorum poëtarum secundum ordinem quendam describendi et dispo-
nendi, disertius *Agathias* explicuit in Praefatione
praefixa illi Ἐπιγραμμάτων Κύκλῳ, quam, simul
cum *Meleagri* et *Philippi* Prooemiis In Cod. Vat.
servatam, cum nemo integram ediderit, hic adscribam, brevibus notulis illustratam. In Cod.
praefixa sunt haec: Ἀγαθίου Σχολαστικοῦ Ἀσιανοῦ
Μυριναίου Συλλογὴ νέων ἐπιγραμμάτων ἐκτεθεῖσα
ἐν Κωνσταντινοπόλει πρὸς Θεόδωρον Δεκουρίωνα τὸν
Κοσμᾶ· εἴρηται δὲ τὰ προοίμια μετὰ τὰς συνεχεῖς
ἀκροάσεις τὰς κατ' ἐκεῖνου καιροῦ γινομένας. Et
in margine haec habentur: Ἀγαθίου Σχολαστικοῦ

Ἀσιανοῦ Μυρσαίου οὐ Στέφανος, ἀλλὰ συναγωγὴ
νέων ἐπιγραμμάτων· ἥρμασεν δὲ οὕτος ὁ Ἀγαθίας
ἐπὶ Ἰουστινιανοῦ τοῦ μεγάλου. ἔγραψεν δὲ καὶ ἱστορίας καὶ τὰ ἐπονομαζόμενα Δαφνιακά. ἔγραψε δὲ
ταῦτα Ἐπιγράμματα πρὸς Θεόδωρον Δεκυριῶνα.
Ipsum Agathiae Prooemium huc est:

     Οἶμαι μὲν ὑμᾶς, ἄνδρες, ἐμπεπλησμένους
Ἐκ τῆς τοσαύτης τῶν λόγων πανδαισίας,
Ἔτι που τὰ σιτία προτέρως ἐρυγγάνειν·
Καὶ δὴ κάθησθε τῇ τρυφῇ σεσαγμένοι·

5   Λόγων γὰρ ὑμῖν πολυτελῶν καὶ ποικίλων
Πολλοὶ προθέντες σαμμιγεῖς εὐωχίας,
Περιρρανῶ σιζόντι τὸν εἰθισμένον.
Τί δαὶ νῦν ποιήσομαι τὰ περίξεις, σεμὲνα
Οὕτως ἰδεῖν εὐντετηχθαι κείμενα;

10   Ἢ καὶ προβλημα τῆς ἀγοράς ἐν τῷ μέσῳ,
Παλιγκαπήλοις εὐτελῶς ἀπεμπελῶν;
Καὶ τίς μετασχεῖν τῶν ἐμῶν ἀνέξεται;
Τίς δ' ἂν πρίαιτο τοὺς λόγους τριωβόλου,
Εἰ μὴ φέρω πᾶς ὦτα μὴ τετρημένα;

15   Ἀλλ' ἔστιν ἐλπὶς εὐμενῶς τῶν δρωμένων
Ὑμᾶς μεταλαβεῖν; καὶ κατειλλεπωμένος,
Ἔσθ'; γὰρ ὑμῖν τῇ προθυμίᾳ μόνῃ,
Τῇ τῶν καλούντων ἱμαστρεῖν τὰ σιτία.

V. 3. Cod. ἐρυγγάνειν. — V. 8. Legendum πεποα; μὰ
τὸ σφ. Agathias recentiorum more δαὶ corripuisse videtur. Fortasse tamen νῦν delendum. — V. 13. Fort.
τρίαιτ' ὁμοὺς λόγους.

Καὶ πρός γε τοῦτο λᾶμπον ἱερκτρμένον

20 Ἦσαν ἀγαθίσεν ἐν μέσω ἐλιστμέναι.
Ἔστι γὰρ οὐκ ἔνεστιν ἐξ ἐμοῦ μέρος
Ὑμᾶς μεταλαβεῖν, ἄνδρες, ἀξίας τροφῆς,
Πολλοὺς ἑτοῖσα συλλαβὼν μοι τοῦ τόπου
Καὶ συγκαταβαλὼν καὶ συνεστιῶν πλέον.

25 Καὶ δὴ παρέσχον ἀγαθῶς οἱ πλεῖσται·
Ἐξ ὧν τρυφᾶσι, καὶ παραλαβὼν γνησίας
Ἐν τοῖς ἰατῶν σήμασι φρονήσομαι.
Τοῦτο δὲ τις αὐτῶν προσφήσας, λοιπὸς ἐμὴ,
Ἴσως ἐρεῖ πρὸς ἄλλον, ἐρείης ἐμοῦ

30 Μέζων μεμαχότος μουσικόν τό καὶ νέαν·
Οὗτος παρῆλθεν τὴν ὑπ' ἐμοῦ μεμαχημένην.
Ταυτὶ μὲν οὖν ἐρεῖ τις οὐδὲ τῶν σεσωτάτων,
Τῶν ἐλυττοῦν, ὧν χάριν δοκεῖ μόνος
Εἶναι τοσοῦτος ἡγεμὴν παρασκευᾶς.

35 Θαἧῆν γὰρ αὐτοῖς λοιπὸν ἐκεῖθεν μέρος·
Καιτὸς παρίωξα, τοῦ δοκεῖν μὴ πεντελῶς
Εἶναι τις εἴναι τῶν ὑπ' ἐμοῦ συγγμέναι.
Ἀλλ' ἐξ ἑκάστου σμικρὸν λέξαν μέρος
Οὕτω ἐπεγγυῶται· τῶν δὲ λοιπῶν οἱ φίλοι

40 Τυχὼν τις ἀκόντων καὶ μετατρέπω εἰς κέρον.

V. 32. Fort. ἐρεῖ τις, οἶδα, τῶν σοφῶν —. Sic, ut mihi quidem persuadeo, dicet aliquis sapientiam illorum coquorum, per quos tam lautum convivium solus paravisse videar. — V. 36. τοῦ ἑαυτῶν. Ne nihil omnino ad illum apparatum contulisse videar. — V. 38. Fort. ἱλαρῷ μέρος:

Ἴστω γε ταῦτα κατ' ἀγαθὸν ζυγγενία.

Εἴκμτι δὲ φρασθεὶς ταῖς ἐμαῖς συνήμασι, ⁴

Ἐκ τοῦ βασιλέως τοὺς φυλάγους συνέσομαι·

Λυπῶτο γάρ μοι δεξιᾶς προθέσεται.

45   Καί μοι μεγίστων φραγμένων ὑπουρίων,

Εὐρεῖν γίνοιτο καὶ λόγους ἐπαμμένοι.

Μέ τις ὑπευκρίαιο λιπὼν ζωστῆρα λιτόλωο

Βάρβαρος ἐς βασιλέα βρίμαχον ὔμμα τατόσσχ.

Μηδ' ἔτι Παρθὶς ἄτολμις ἐπιστείλασα καλόστρχρ

50   Ὄρθιον ἀθρύσαιτ'· ἀπολάζουσα δὲ γαίχ,

Καὶ λόφον αὐχένστα κατ' ἐγκλίματ' οὖσα τούτοι,

Λόσσίαις ἅλωτος ὑπειλίνατο ταλάντοις.

Ἱστορίχ θεράπαινα, σὺ δ' ἐς ἐρατίζα Γαλήρου

Καὶ παρὰ πορθμὸν Ἴβηρα καὶ Ἀμεσίτιδα Θάλαρι,

55   Ἧκον ἀμειτόσσιας· ἀμαβαῖον δὲ τερόσσω

Κρδατα μετρήσασα τῇ προσθεῖττα κατίρ,

Θαρσαλέοις πελάμφει φίλην ἀγκάζει Ῥώρχη.

Καυκασίχ δὲ τίνοντι ἐπὶ ἐν βηγμῖνι τενταίχ

Οὐνεὶθ· τανφαίοιο πολὺς ἐπιτέτορι χαλαῷ

60   Σκληρὰ εὐφορύχι ἐλαείζετο κάτα κοσίχς.

V. 50. Cod. ὄρθιαν et γαίχ. — V. 54. Cod. Θάλλχι.' — V. 56. Nam μετρέασσα positum pro ἀπομέσασα, ut apud Theocrit. XVI. 60. an scribendum πρόσσ' ἐκαθρέσσω? — V. 57. Ῥώρχη, novam scil. i. e. Constantinopolin. — V. 58. Lege βηγμῖνι κυταίχ. Ad Caucasi radices et in Colchidis litore Nympha Phasidis choros cum Adriaticis Nymphis ducat. De κυταίχ vide Ruhnken. Epist. crit. p. 260. — V. 59. Conf. Apollon. Rhod. L. III. 1331 — 1339.

Εὔτομον Ἀλμάδεσσιν ἀναπλέξασα χερσὶν
Φασίας οἰλίσσετο φίλῳ σκιρτήματι νύμφῃ,
Καὶ καμάτους μίλψας πολυσκήπτρου βασιλῆος,
Μίχθεν ἀναβλύξασα Γιγαντείων τοκετοῖο.

65 Μηδὲ γὰρ αὐχήσειεν Ἰωλκίος Ἔμβολον Ἀργὼς,
Ὅττι κτένας ἥρωας ἀγασσαμένη Παγασαίον,
Οὐκέτι Κολχὶς ἔρωφα, γοῇ πλωθεῖσα γεγῶσαν,
Εὐστελλέως σταχύεσσι μαχήμονα βῶλον ἀνάγει.
Κεῖνο γὰρ ἢ μῦθός τις ἀνέπλασσεν, ἢ διὰ τέχνης

70 Οὐχ ὁσίης τετέλεστο, πόθεν ὅτι λόεσσαν ἱλαίην
Παρθενικὴ δολόεσσα μάγον εἰνρεσὶν ἀνάγκην.
Ἀλλὰ δόλον ἔντερθε καὶ ἀρχαῖον κυκεῶνα
Βάντρος ὑμετέροισι Γίγας ἱδρῶσι βελέμνοις.
Οὐκέτι μοι χήρος τις ἀνέμβατος· ἀλλ' ἐπὶ πόντῳ

75 Τρεμένων ἐλάτεια καὶ ἐς βυθὸν Αἰθισσέσα
Ἰταλικαῖς νήσεσσιν ἀριστεύται ἤμερι ἕλας.
Ἀλλ' ὦ τὸν ἀφόλκετος ὅλην ἥετερον ἔδεσαν,
Λάσιοι, σκίρτησιν, ἥπατέρῳ, Κασσαγέτην δὲ

V.61. Cod. διπνάλεσσιν. — V. 62. Fort. Φασίας· nisi fuit
Φασιὰς pro Φασιατίς. — V.63. βασιλ. Justiniani. —
V.64. Γιγαντείου. Γιγάντειον ἀνδρῶν στάχυν vocat Apollon.
Rh. III. 1339. — V.65. Fort. ἀυχήσειεν - Ἀργῶα. —
V. 66. Οὔτι κτένας. Heros Pagasaeus, Jason. — V. 69.
εἶχεν οὐχ ὁσίᾳ magica ars. Mox ἱλαίην scripsi pro
ἱλάειαν. — V. 73. Βάντρος Γίγας. Parthi. — V.74.
Romanum imperium loquitur. — V. 74-76. laudans Dorvill. in Sicul. T. I. p. 36. ad Charit. p. 425.
ἱκὶ exhibet. — V. 77. Nihil his similius Epigrammate inter ἄλλον CCCLXI.

d 4

Ἀμφϑίων ἀγαϑὰν καὶ ἄξιον τέμενος Σιὼσιν,

80 Ἰτλέης ἰτίϑυϑι κατοργάδος, ἐν δὲ καλεύϑοις,
Εἴνετι δεήύσιιας, ἠρίον δοῦλον Τέκεσιν·
Καὶ μὲν καὶ κακικινὸν ὑπὲρ δίην ἄγρικος ἄρται
Κύρβιας Ἀλκείδαο μετέρχεο· ϑαρσαλέυς δὲ
Ἴχνων ἀμπαύσιας ἐπὶ ψαμάϑυισιν Ἰβέρων,

85 Ὀττόϑι, καλλιρίϑρων ὑπὲρ βαϑῖδα ϑαλάσσις,
Αἰζωιις ὑτείροιις ϑυνατρήσικιτα κιραῖις
Ἀλκίδαις καϑήνιησι, βατῆς εὔνιοσι ποραίιας.
Ἐσχατιὴν δὲ Λιβύσσεριν ἰκοττίβοιν Νασαμώνιν
Ἄρχιν καὶ πορὰ Σύρτιν, ὅτῃ νοτίψιι ϑάλλαιις

90 Ἐς κλίσιν ἐντίσροισιν ἐνακλασϑεῖσα βορῆεις,
Καὶ ψαμαρὸν ἄμπιετιν ὑπὲρ ψιγμὸν ἁλίσλιμ
Ἀνέρσιι δίιι ϑάλασσα νέρον χιρσαῖον ἐπάγιι.
Οὐϑὶ γὰρ ἰϑρύιις σι δολίξιται ἤϑιι γαίιις,
Ἀλλὰ σοφιῦ κταλνικῶν ἐμιλέγισις βασιλῆος,

95 Ἔνϑα μιν ἐξίσιις· ἰσιὶ κοιιλλάσιτι κύσμιτι
Κιιρανίιγ· Τέταις δὲ μέτγιι ἕτιιρις ὑρίζιν
Ἐς Σκιϑίιιν κλάζιιτο καὶ ἐς Μισύτιδα λίμνγιν
Τύνικιιν, ὑσιπότι πάντι φίλιις σίσιλαϑι γαλήνγι,

.V. 81. Cod. Τακτιν. — V. 83. Κύρβιας. Columnas Herculis. — V. 86. κιραῖις. Extrema Europae et Africae
promontoria. — V. 89. Ubi mare australibus ventis
versus septentrionis regionem propulsum mortalibus
viam per arenosa vada aperit. Conf. Apollon. Rhod.
IV. 1239. sqq. Seneca de Vita Beat. 14. *Deprehensi
mari Syrtico, modo in sicco relinquuntur, modo tor-
rente unda fluctuantur.* — V. 96. Cod. κιιρανίιγ. Totum orbem terrarum imperio complectitur.

Ὁππότε καὶ ξείνοισι καὶ ἐνδαπίοισι κυδαμοῦ

100 Ἐλπίδος ἰθρωῖσθωσιν ὑφ' ἡμετέρῃ βασιλῆι,
Αὔρῳ, μάκαρ Θαλλῳ, τεῷν στέφαντες ὑγίνα
Παίγνια ἀπτόπωμεν ἐνδοστίλοις χαράκι.
Καὶ γὰρ ἐγὼ τὸν ἄεθλον ἀπέχθων· ὡς οὐ δὲ μῦθον
Ἐργασίην ἔσκηκα, μηδ' ὑπὸ σύζυγι βίβλῳ

105 Ἐκτορίην ἥδρωκα τελεξείμω μελίσσης,
Καὶ τούτων δὲ ἐλέγχω τελεστορὸς ἄνθος ἀγείρας,
Στίημα σου ὁφράδεσι καθύφματα Καλλότης,
Ὡς φυγὴν Κρονίωνι καὶ ἀκάλος Ἐπισσυγάῳ,
Ὡς Ἄρεϊ ζωστῆρα καὶ Ἀπέλλωνι φαρέτρην,

110 Ὡς χλίσσι Ἑρμάωνι καὶ ὑμερίδας Διωνύσῳ.
Οὐδὲ γὰρ, ὡς ἄλητον ἐμέϊε Πρῶτι μωρίστε
Εὔχος ἐκτατάξεων ἐκπωνίῳ Θαλάρνα.

Πρῶτα δὲ σοι ἄξιασι, παλαιγονίτοισιν ὁρίζων,
Ὁσσακις ὑγγέλωντι τόες γενετῆρος ἐκπδὲς,

115 Ὡς προτέρους μακάρεσσιν ἀντιφώνα· καὶ γὰρ ἐμὲ καὶ
Γράμματος ἀρχαίου σοφὸν μίμημα φυλάξαι.

Ἀλλὰ πάλιν μετεκλεῖνα παλαιότερον οὖρος ἀρήγει

V. 104 – 107. protulit Salmaſ. ad Solin. p. 596. D.
Cod. ὑπετύζων. — V. 105. μελίσσης. poëſeos. —
V. 107. Καλλιοπείης recte Salmaſ. — V. 113. usque
ad fin. edidit Vavaſſor de Epigr. p. 187. ſq. Fabricius in Bibl. Gr. T. II. p. 692. Reiske in Not. Poët.
p. 178. — V. 113. συλλέξαμι exhibet Vavaſſ. —
V. 115. προτέρους. Diis gentilium. Antiquitatis reve-
rentia ſe hanc morem ſervaſſe profitetur, a Chriſtia-
no homine alienam ſcil. — V. 117. Verbo ἀρήγω
ſuperſcriptum in Cod. ἀγείρω. Recte. Sed reliqua

'Όσσα τις ἢ γραφίδεσσι χαραξάμενος τοῖς χόρσς,
Εἶτο καὶ νέσσίγτον ἐπὶ βρέτας, εἶτο καὶ ἄλλας

120 Τίχτοσς ἐργατίναις τελεσσιφόρεσσιν ἐιθλοις.

Καὶ τριτάτον βιοβίλῳ τούτιλος ἄλλαχι μεβλονῇ
'Όσσα θήμες τύμβοισι· τάπερ θεὸς ἐν μὲν ἀοιδῇ
Καταλλεις νούσαιν, ἐν ἀτρεκίῃ δὲ διώκει.

'Όσσα δὲ καὶ βιότοις τελεσσιφόρεσσι καλλέθεις
125 Γρόψαμεν, ἀστατέος τε τύχης σφαλερῶσι τελέοντος,
Δέρκεό μοι βίβλοιο παρὰ σφετίδα νενόρτῃ.

Ναὶ τάχα καὶ πλεόνεσσι χάρις θιαβησιν ἀοιδῶν,
'Οσατίθι αορταρίεντες ἐπισβάλεν ἔχεν ἀοιδῆς
Γρόψαμεν· ἐκτᾶσιν δὲ μέλες κλάεντοισι Κυθήρῃ

130 Εἰς ὀρίσος ἐλέγοιο νερεστίλοισι πορείην
Καὶ γλυκερὸς δὲ ἔρωτας· ἐν ἐβθαμάτῃ δὲ μελίσσῃ
Βέρρεσύναις βέσγιον φιλακρότοισι τε χαρείαν
Καὶ μέλυ καὶ πρωτίρα καὶ ὀλβια βιότοις πιέσσις.

senfum non habent. Scribe: τὸ ἰούτιρον ἔρμε ἐγάφω, altera pars operis mei terminis fuis quafi fepimento quodam continet. Cf. Epigramma Artemidori T. I. p. 263. — V. 118. Lego χαράξαμεν ἢ τιῖ χ. quae confcripfimus in tabulas pictas (γραφίδεσσιν), aut in regiones. Jam vide, quomodo Vavaffor hunc locum acceperit. — V. 127. Fort. θιαβησι δ' ἀοιδῆς. Theodorum alloquitur. — V. 131. γλυκερὸς Cod. Nihil ineptius interpretatione, quam Vavaffor huic loco addidit. Senfus eft: Sextam hujus operis partem Venus fibi vindicans, elegos (ἐλέγοιο πορείην dixit eleganti periphrafi) convertat in fermones amatorios. ἔρωτες h. l. non funt καὶ ἴστερ, ut ille putavit, fed amantium jocandae confabulationes.

Ex posteriore hujus propemii parte apparet,
Agathiam illam novorum Epigrammatum Collectionem in septem libros descripsisse: quorum
primus complectebatur carmina dedicatoria; *secundus*, regionum, statuarum, tabularum, aliorumque artis operum descriptiones; *tertius*, sepulcralia; *quartus*, carmina in varios vitae humanae
casus; *quintus*, epigrammata satyrica; *sextus*,
amatoria; *septimus* denique ea, quae ad vitae
fructum et laetitiam exhortantur.

Quae cum ita se habeant, manifestum est,
primum, Agathiam Epigrammatum secundum argumenta disponendorum, Anthologiaeque in capita quaedam describendae initium fecisse; deinde,
errasse eos, qui Anthologiam in Vatic. Cod. servatam pro Agathiae Sylloge haberent; inter quos
princeps fuit *L. Holstenius*, qui quae Epigrammata ex illo Codice laudat, ea se ex Anthologia Agathiae proferre dicit *). At in Vat. Cod. antiquissimorum poëtarum carmina una cum recentissi-

---

*) Hujus erroris fons et origo praeclare patet ex
  iis, quae notavit Brunckius in Praef. p. XL. Cum
  enim in Indice Codicis Vat. Prooemio Agathiae
  praefixa sint verba: Ἀγαθίου σχολαστικοῦ — συλλογὴ
  νέων ἐπιγραμμάτων, deinde vero legantur haec: ἔστι
  δὲ ἡ τάξις ἐπιγραμμάτων, ἥγουν διαίρεσις αὕτη, quae
  verba sequitur Index Capitum Anthologiae Const.
  Cephalae: fuerunt, qui sibi persuaderent, ipsam
  Agathiae Anthologiam in illo Codice exhiberi.

mis leguntur; Agathiam autem nonnifi recentiora
collegiſſe conſtat. Vehementer trepidabat *Reiskius*
in Notis ad Anthol. C. C. p. 115. ſq. in expedien-
dis difficultatibus, quas ei objiciebant verba in
Cod. Lipſienſi ad finem τῶν ἀναθηματικῶν poſita:
τέλος τῶν ἀναθηματικῶν ἐπιγραμμάτων Ἀγαθίου
Σχολαστικοῦ. unde apparere ait, Anthologiam
Apographi Lipſienſis et Vaticani adeo Codicis ab
Agathiae Anthologia nihil diverſam eſſe *). In
quo egregie fallitur. Illa enim verba, quorum in
Vat. Cod. nullum veſtigium eſt, temere addita
ſunt ſive ab *Iſaaco Gruftero*, ſive ab alio, qui Anthologiam Vat. Codicis pro ipſa Agathiae haberet
Sylloge. Quam opinionem, nullo fundamento
ſubſtruftam, prorſus abjiciant neceſſe eſt, qui de
Anthologiae, quam nunc habemus, conditione
refte ſtatuere ſuscipiunt. Agathiae Κύκλος non
magis ſupereſt, quam Meleagri Philippique Στί-
Φανοι. Ne unum quidem ejus librum Vatic. Cod.
ſervavit integrum; ſed totum opus paulo poſt
Conſtantinum Cephalam interiiſſe probabile eſt.

———

*) A Reiskio ſe in errorem abripi paſſos eſt Harleſine
ad Fabr. l. c. p. 425. cum ſcribit, Agathiam Anthologiam, a Philippo Theſſalo auftam, proventu
tum ſuo tum aliorum, aut aeqoalium ſibi aut paulo retuſtiorum, locupletaſſe; ubi miror, Brunckium
laudari, qui ab hac ſententia longe alieniſſimus   ¬
fuit.

VI.

De Anthologia Conftantini Cephalae et Codice Vaticano.

Poft Agathiam, quatuor fere, ut videtur, feculis praeterlapfis, magnum opus molitus eft *Conftantinus Cephalas*, obfcurus homo, cujus nomen ne eruditiffimi quidem homines audiverant, antequam Salmafius illud e membranis Heidelbergenfibus eruiffet. Is igitur, quicunque tandem fuerit, cum, qui poft Meleagrum Epigrammatis colligendis operam dederant, nonnifi fupplementa Coronae illius edidiffent, majoris Collectionis fpeciem animo complexus, ipfius Meleagri veftigia preffit, et ex omnibus, qui ante illam aetatem Epigrammata fcripferant, poëtis novam Anthologiam condere inftituit. Haec eft ea, quam Salmafius in Codice Palatino five Vaticano reperit; una ex omnibus, quae fingulari quadam fortunae benignitate aetatem tulit. Hujus Anthologiae notitia cum tota ex Vaticano Cod. petenda fit, res ipfa poftulat, ut accuratam hujus Codicis defcriptionem huic ipfi capiti inferamus.

Claudius Salmafius, cum tenera adhuc aetate, ad finem anni 1606. Heidelbergam veniffet, incredibili bonarum literarum incenfus ftudio, Bibliothecam Palatinorum Electorum, cui tum Janus Gruterus praefectus erat, perfcrutatus, incidit in Codicem Epigrammatum graecorum, quem,

cum paulo accuratius tractasset, multa, quae a
Planudea collectione abessent, continere intellexit.
Hunc itaque Codicem diligenter excutere coepit *).
Quae Epigrammata in Planudea reperiebantur, ea
comparavit ad exemplar editionis Wechelianae,
quae paulo ante prodierat; quaecunque autem
inedita essent, ea separatim descripsit. Ab eo
inde tempore, cum Salmasius Excerpta sua cum
eruditis hominibus, Scaligero, Guieto, aliis, com-
municasset, *Anthologia inedita* Codicis Palatini celebrari et in omnium ore esse coepit.

Ipsius Codicis, quo illa continebatur, accuratam descriptionem Salmasius nusquam dedit. Brevi post tempore, anno 1623, in luctuosissimo illo
bello, quod Germaniam per triginta annos vasta-
vit, pretiosus ille Codex, cum plurimis aliis ejusdem Bibliothecae libris, Romam translatus, in
Bibliothecam Vaticanam venit **). Ibi cum late-
ret, paucissimis ejus cognoscendi potestas est facta;
nec quisquam eorum, a quibus postea tractatus

---

*) Salmasium hunc Cod. excussisse anno 1607. ap-
   paret ex Praef. ad Ecphraf. Pauli Silentiarii in
   Scriptor. Hist. Byzant. T. XI. P. II. p. 175. et ex
   Epistola Josephi Scaligeri anno 1607. ad Salmasium scripta.

**) Anno superiore huic Bibliothecae a Franco-Gallis
    victoribus ereptus et Lutetiam missus est.

est *), ejus descriptionem prodidit. Inde factum
est, ut doctissimi viri de Anthologia illius Codicis
falsam animo opinionem imbiberent, et suum quisque Apographum, quamvis ex Excerptis plus minus
truncatis descriptum, pro genuina Constantini Anthologia haberet. In his autem apographis cum plurimae essent diversitates, non in singulis locis tantum, sed etiam in Carminum ordine et dispositione, ut error errorem procreare solet, exstiterunt,
qui ista Apographa non ex uno, sed pluribus Auto-
graphis profluxisse sibi persuaderent. Quo nihil
falsius. Erroris tenebras primus discutere coepit
Brunckius, qui tamen, cum nec ipsum Codicem
tractasset, nec plenum ejus et integrum haberet
Apographum, rem egregie inchoatam perficere et
ad finem perducere non poterat.

Est igitur ille tam multorum sermonibus nobi-
litatus liber in membranis scriptus, foliis quadru-

*) Leo Allatius, cui mandatum fuit negotium Codd.
Heidelbergenses Romam transferendi, nostrum
librum non neglexit, ut apparet ex ejus Epist. ad
Gabr. Naudaeum, inter Liceti Responsa de Quae-
sitis per Epistolas Tom. I. p. 309. Idem ejus
meminit in Libro de Patria Homeri p. 249. —
Curiose eundem tractavit Emm. Martinus, cui
ejus inspiciendi potestas facta erat per Laurentium
Zaccagnam, Biblioth. Vat. Custodem. Vide Martini Epist. T. I. p. 184. ubi perperam tradit, in
Bibl. Barberini Meleagri Coronam exstare.

plicatis, forma longiore quam latiore, conſtans
paginis DCCX. praeter quatuor folia in fronte libri agglutinata, quae et ipſa Epigrammatis repleta
ſunt. Totus Codex non una manu ſcriptus, ſed
diverſis. Antiquiore manu ſcriptus eſt Index,
quem mox daturi ſumus, et deinceps paginae 453,
ubi recentior manus incipit, usque ad pag. 644.
Quae ſequuntur ab hac inde pagina, iterum antiquiore manu conſcripta ſunt, usque ad p. 705.
In reliquis conſpicitur manus recentior, diverſa
tamen a priore, quae in praecedentibus quaedam
explevit. Ab eadem tria illa folia, in fronte libri
agglutinata, et vacuae quaedam paginae 488. et
568. Epigrammatis perſcripta ſunt. Manus antiquior elegans eſt; ductus puri et exigui; verba
crebro conjuncta; diſtinctionis ſigna nusquam
poſita; accentus accurate additi; caeſura pentametri paſſim puncto notata. Compendia ſcribendi, in priore Cod. parte admodum frequentia,
rariora ſunt in altera, inde a p. 453 - 644. Re-
centiſſima manus valde rudis eſt, compendiorum
plena et obſcura. Hinc apparet, Codicem non
uno tempore totum exaratum eſſe. Pars antiquior
ſeculi XI. eſſe putatur. Quo tempore reliqua ac-
ceſſerint, vix certa ratione definiri poterit.

Index

Index Codici praefixus est hic:

Τάδε ἔνεστιν ἐν τῇδε τῇ βίβλῳ τῶν ἐπιγραμμάτων·

α. Νόννου ποιητοῦ Πανοπολίτου ἔκφρασις τοῦ κατὰ
Ἰωάννην ἁγίου εὐαγγελίου.

β. Παύλου ποιητοῦ Σιλεντιαρίου Κύρου ἔκφρασις εἰς
τὴν μεγάλην ἐκκλησίαν, ἤγουν τὴν ἁγίαν Σοφίαν.

γ. Συλλογαὶ Ἐπιγραμμάτων Χριστιανικῶν εἴς τε
ναοὺς καὶ εἰκόνας καὶ εἰς διάφορα ἀναθήματα.

δ. Χριστοδώρου ποιητοῦ Θηβαίου ἔκφρασις τῶν
ἀγαλμάτων τῶν εἰς τὸ δημόσιον γυμνάσιον τοῦ
ἐπικαλουμένου Ζευξίππου.

·κ· ε. Μελεάγρου ποιητοῦ Παλαιστῖνου στέφανος
διαφόρων ἐπιγραμμάτων.

·κ· ϛ. Φιλίππου ποιητοῦ Θεσσαλονικέως στέφανος
ὁμοίως διαφόρων ἐπιγραμμάτων.

·κ· ζ. Ἀγαθίου Σχολαστικοῦ Ἀσιανοῦ Μυριναίου
συλλογὴ νέων ἐπιγραμμάτων ἐκτεθέντων ἐν
Κωνσταντινουπόλει πρὸς Θεόδωρον Δεκουρίωνα.

·κ· Ἔστι δὲ ἡ τάξις τῶν ἐπιγραμμάτων ἤγουν
διαίρεσις οὕτως·

α. πρώτη μὲν ἡ τῶν χριστιανῶν. ·κ· β. δευτέρα δὲ
τὰ Χριστοδώρου περιέχουσα τοῦ Θηβαίου. ·κ· γ. τρί-
τη δὲ ἀρχὴν μὲν ἔχουσα τὴν τῶν ἐρωτικῶν ἐπιγραμμάτων ὑπόθεσιν. ·κ· δ. ἡ τῶν ἀναθηματικῶν. ·κ· ε.
πέμπτη ἡ τῶν ἐπιτυμβίων. ·κ· ϛ. τῶν ἐπιδεικτικῶν.
·κ· ζ. ἑβδόμη τῶν προτρεπτικῶν. ·κ· η. ἡ τῶν σκωπτικῶν. ·κ· θ. ἡ τῶν Στράτωνος τοῦ Σαρδιανοῦ. ·κ· ι.
διαφόρων μέτρων διάφορα ἐπιγράμματα. ·κ· ια. ἀρι-

e

Θματικα καὶ γρίφα σύμμικτα. ·x· ιβ. Ἰωάνσου
γραμματικοῦ Γάζης ἔκφρασις τοῦ κοσμικοῦ πίνα-
κος τοῦ ἐν χειμερίῳ λουτρῷ. ·x· ιγ. Σύριγξ Θεοκρίτου
καὶ πτέρυγες Σιμμίου. Δωσιάδα βωμός. Βησαντίνου
ωὸν καὶ πέλεκυς. ·x· ιδ. Ἀνακρίοντος Τηΐου συμπο-
σιακὰ ἡμιάμβια καὶ ἀνακρεόντια καὶ τρίμετρα.

ιε. Τοῦ ἁγίου Γρηγορίου τοῦ Θεολόγου ἐκ τῶν ἱπῶν
ἐκλογαὶ διάφοροι, ἐν αἷς καὶ τὰ Λήθα καὶ Ἀναστα-
σίου καὶ Ἰγνατίου καὶ Κωνσταντ. καὶ Θεοφάνους
πάντα ἐπιγράμματα.

Ceterum hic index, quem Brunckius cum paucis varietatibus ex apogr. Buheriano edidit Praef.
p. IX. et X. cum ipso Codice non omnino conspirat. Primum *Nonni Ecphrasis* non amplius reperitur, sed ejus locum tria folia, a rudi manu Epigrammatis impleta, occupaverunt. *Pauli Silentiarii Ecphrasis*, quae olim secunda pars Cod. erat,
nunc prima est, et in prima pagina incipit *).
Implet quadraginta paginas. Eam sequuntur non,
ut in Indice est, Epigrammata christiana, sed
Sancti Gregorii Eclogae, quae in Indice ultimo
loco habentur, usque ad p. 49. Has excipiunt
Epigrammata christiana — p. 63. nunquam edita **),

---

*) Paginarum numeri in Cod. a recentiore manu ad-
diti sunt.

**) Christianica illa quin Salmasius descripserit, du-
bitare non licet, quae ut secum communicaret,
flagitabat Jos. Scaliger Epist. ad illum scripta mense

cum titulo: Τὰ τῶν Χριστιανῶν προετάχθω τόνσε-
βῆ καὶ θεῖα ἐπιγράμματα κἄνα (κἂν οἱ) Ἕλληνες
ἀπαρέσκωνται. Proximum locum fibi vindicat
Chriſtodori Ephraſis, eadem, quae quintum librum
Planudeae implet, usque ad p. 76. eique conjuncta funt, in Indice penitus praetermiffa, Epigrammata Cyzicena p. 76 — 80. quae edidimus
in Exercitt. crit. T. II. p. 139. fqq. Sequuntur
Prooemia Meleagri, Philippi, Agathiae, ex eorum
Anthologis decerpta p. 81 — 87. Jam Brunckius
monuit p. XI. nemini fraudi effe debere elenchos
titulorum ε. ϛ. ζ. qui ipfas illas tam illuftres Epigrammatum Collectiones promittere videntur, fed
nihil omnino praeter earundem Prooemia prae-
ftant. Poft has Praefationes fequuntur fingula
Epigrammatum capita hoc ordine:

    Amatoria — 141.
    Dedicatoria — 207.
    Sepulcralia — 326.
    Epigrammata S. Gregorii — 351.
    Ἐπιδεικτικά — 488.

Decembri anni 1607. „Utinam χρήσιμα, quae
„funt ἀνέκδοτα, nobis aliquando mittas.“ Mififfe
Salmafium, verifimile eft, ut et ex illo habuiffe
Scaligerum Joannis Gazenfis Ecphrafin, quam
fequente epiftola fe optare fignificat, quamque e
Scaligeri Bibliotheca vulgavit Rutgerf. Var. Lect.
p. 95. *Brunckius* in Praef. p. XIII.

* *

Προτρεπτικά — 507.
Συμποτικά — 517...
Σκωπτικά — 569.
Stratonis Musa puerilis — 608.
Epigrammata variis metris conscripta — 615.
Problemata arithmetica et aenigmata — 644.
Joannis Gazae Ecphrasis — 665.
Syrinx Theocriti etc. 670 – 674.
Anacreontis carmina — 692.
Carmina quaedam Gregorii et aliorum — 707.
Epigrammata in Hippodromum — 710.

Ex discrepantia Indicis cum Codice ipso recte
collegeris, Indicem ex antiquiore codice fine mutatione descriptum, rerum autem in Codice ordinem ab eo, qui Vaticanum librum scripferit, paffim immutatum effe.

His praemiffis, unde Anthologia Codicis Vat.
originem duxerit, quo auctore fe jactet, invefli-
gandum eft. Quae quod ftudio et diligentiae Cpn-
ftantini Cephalae tribui folet, id ipfius Codicis nititur fide.   Nam p. 81. in Scholio ad Meleagri
Prooemium leguntur haec, quorum particulam
fupra attulimus: Οὗτος ὁ Μελίαγρος – ἐποίησε τὸν
θαυμάσιον τουτονὶ τῶν ἐπιγραμμάτων Στέφανον.
Συνέταξε δὲ αὐτὸν κατὰ στοιχεῖον. Ἀλλὰ Κωνσταντῖνος ὁ ἐπονομαζόμενος Κεφαλᾶς συνέχεεν
αὐτὸν ἀφορίσας εἰς κεφαλὰς διαφόρους ἤγουν ἐρωτικὰ ἰδίως καὶ ἀναθηματικὰ καὶ ἐπιτύμβια καὶ ἐπι-

δεικτικά· ὡς νῦν ὑποτέτακται ἐν τῷ παρόντι πτυκτίῳ.
Ad quae verba duo monenda sunt. Primum hoc
est: cum Scholiastes Constantinum Meleagri Coronam, Epigrammatis in capita descriptis, solvisse
dicit, haec non ita premenda sunt, ut illum idem
in Philippi et Agathiae operibus fecisse negemus *).
Carmina enim ex tribus illis Anthologiis petita
in Anthologia Vat. Cod. ita confusa sunt et commista, ut quintus aliquis auctor fingendus sit, qui
Cephalae Anthologiae, ex sola Meleagrica concin-
natae, Epigrammata ex duabus reliquis addiderit.
At de ejusmodi homine nemo ne fando quidem
audivit. Quod igitur Scholiastes de una Meleagri
Corona dixit, id de Philippi quoque et Agathiae
Anthologia accipiendum est, praecipue, cum causa
idonea reddi nequeat, cur Cephalas operam, a se
in Epigrammatis colligendis positam, tam angustis
finibus circumscripserit. Alterum, quod observa-
tione eget, hoc est: cum in illo Scholio Constantinus quatuor Anthologiae capita concinnasse diserte commemoretur, (Amatoria, Dedicatoria, Sepulcralia et ἐπιδεικτικά) num ille nonnisi haec,
reliqua autem alius composuisse et descripsisse putandus est? Non puto. Scholiastes enim quatuor
priora capita nominasse contentus, reliqua non

---

*) Hoc fecit Martinus in Epist. ad Zandadaram.
Recte ei obloquitur Leichius in Praef. Carm. Sepulcr. p. V.

apposuit, sed in verbis, ὡς νῦν ὑποτέτακται ἐν τῷ παρόντι πτυκτίῳ, intelligi voluit. Optandum tamen fuerit, eum rem disertius explicuisse, ut liquido constet, quae Codicis partes ex ipsa Constantini Anthologia descriptae, quae a serioribus librariis appositae sint. Tum demum certius quid de Constantini aetate statui posset.

Singulis hujus Anthologiae Sectionibus, inde a Dedicatoriis, brevis praefixa est praefatiuncula. Amatoriis additus est epilogus his verbis conceptus (p. 141.): Ἀρχὴ μὲν ἡμῖν, ὡς φησὶν, ἡ τῶν ἐρωτικῶν ἐπιγραμμάτων ἔκθεσις γεγένηται, σκοπὸν ἔχουσα τὴν σὴν ἐξάψαι διάνοιαν. εἰ τοίνυν γεγένηται τὸ προτεθὲν, ἐπὶ τὴν τῶν ἀναθηματικῶν ἀνάγνωσιν μετάβηθι. εἴη δὲ καὶ ἐπ᾽ αὐτῆς ἡμᾶς ἀνυσθῆναι τὸ σπουδαζόμενον. Non dubito, quin is, qui his verbis loquens inducitur, ipse sit Constantinus Cephalas, qui se initium ab amatoriis fecisse ait, ut lectoris animum incenderet, (ad reliqua legenda scil.). Hinc apparet, ea, quae in Codice amatoria carmina praecedunt, a Constantini Anthologia aliena fuisse. In fine τῶν ἀναθηματικῶν p. 207. idem scripsit haec: Καὶ ὁ τῶν ἀναθηματικῶν ἡμῖν ἐπιγραμμάτων χαρακτὴρ πεπλήρωται ἱκανῶς ἔχων, ὡς ἐμαυτόν πείθω. Quae verba declarare videntur, Constantinum ex Anthologiis, quas compilabat, multis relictis, ea tantum, quae in rem suam facerent, delibasse. Cum enim se tantum illorum

Epigrammatum deſcripſiſſe ait, quantum ſibi ad
cognoſcendum eorum characterem ſuſſicere viſum
ſit, nonne plura ſibi in promtu fuiſſe ſignificat?
Eadem verba repetuntur proximi capitis initio,
his additis: μετιτέω εὖν ἐφ' ἑτέρω εὖν ἄχρωστω,
οὐδ' ἀσφαλῆ, λελῆσαι δὲ (κᾶσαι δὲ ſuſpicatur
Reiskius in Not. p. 115.) καὶ πρὸς πάθος ἀγαγῖν
τοὺς ἐντυγχάνοντας δυνάμενον· ἔστι δὲ οὗτος ὁ τῶν
Ἐπιτυμβίων, ἀρχὴν ἔχων τοιάνδε. In margine Scholion habetur: ἀρχὴ τῶν ἐπιτυμβίων ἐπιγραμμάτων,
ὧν ἐσχεδίασεν ὁ κύρις (Κύριος) Κωνσταντῖνος ὁ Κεφαλᾶς, ὁ μακάριος καὶ ἀείμνηστος καὶ τριπόθητος
ἄνθρωπος. Hic igitur ſecundus eſt locus, ubi Cephalae fit mentio.   Obſcurum vocabulum ἐσχεδίασεν
Reiskius e contextu interpretatur in ſchedas depoſuit.
Schedas autem apud Graecos nunquam vocabantur
σχέδαι, quo verbo potius extemporalis opera ſigni-
ficabatur, ut ap. Anonym. Commen. in Alex. XV. 485.
Quod ſi igitur vulgaris verbi σχεδιάζειν ſignificatio
hoc quoque loco retineri debet, Conſtantinus Sepulcralia carmina ſubitanea et extemporali opera
concinnaſſe dicitur. Ceterum parum intereſt ſcire,
quid Scholiaſtes in mente habuerit. — Sequuntur
ἐπιδεικτικά cum Praefatione p. 358. ἀρχὴ τῶν
ἐπιδεικτικῶν ἐπιγραμμάτων. οὐδὲ τοῖς παλαιοῖς
ἠμέλητα τὸ ἐπιδεικτικὸν εἶδος, ἀλλ' ἔστι καὶ ἐν τοῖς
ἐπιγράμμασιν εὑρεῖν καὶ ἐρημίας ἐπίδειξα καὶ
πραγμάτων γενομένων ὅπως ἢ ὡς γενομένων ἀφήγη-

e 4

σπ. Initio τῶν προτρεπτικῶν p. 439. leguntur
haec: Οὐδὲ οὗτος ξένος οὐδ᾽ ὅτι τῶν ῥηθησομένων
ἐπιγεγραμμένων ὁ τρόπος, τοῦτο καὶ τῶν παλαιῶν
ἐπισημαινομένων πολλάκις· προτρεπτικὰ δὲ τοῦ
πρακτέου τὰς ἐντυγχάνουσιν ὧτα οὐ τέρψιν μόνον,
ἀλλὰ καὶ ὄφελος οὐ μικρὸν ἔχει καιρός τε καὶ τόπον
καὶ πρᾶξιν ὑφηγούμενα. Ei capiti, cui titulus
ἀρχὴ τῶν σκωπτικῶν, praefiguntur haec: Τὸ συμ-
ποτικὸν εἶδος ἐκ σκωμμάτων σύγκειται καὶ συμβου-
λῆς, τῶν παλαιῶν ἀεὶ παρὰ τὸν πότον ἀλλήλους
ἀποσχεδιαζόντων. Ἵνα οὖν μηδὲ τούτων ἀμοιρὲς
(f. ἄμοιρος ᾖς), καὶ ἐξ αὐτῶν ὑπέταξα τὰ ἐμπεσόντα.
Quis hic loquitur? Nonne is, qui et prioribus
libris praefatus est, Conſtantinus Cephalas? Ergo
hoc quoque caput et ſequentia ab eodem homine
concinnata ſunt. Notandum vero eſt in hac parte,
eam ex duobus capitibus conſtare, quorum prius
carmina συμποτικά, alterum ea, quae proprie
σκωπτικά vocantur, complectitur. Alteri parti
praemittuntur haec p. 517. Πολλὴ κατὰ τὸν βίον
τῶν σκωπτικῶν ἐπιγραμμάτων ἡ χρῆσις. φιλεῖ γάρ
πως ἄνθρωπος ἢ αὐτὸς εἴς τινας παίζειν ἢ ἑτέρου
πρὸς τοὺς πλησίον ἀποσκώπτοντος ἀκούειν, ὅπερ,
οἶμαι, διὰ τῶν ἑξῆς τοῖς παλαιοῖς γηνόμενον ἐπιδείξο-
μεν. In hoc capite carmina ſecundum argumentorum ſimilitudinem dispoſita ſunt; quod licet in
ceteris quoque capitibus quodammodo factum ſit,
in nullo tamen magis apparet, quam in hoc noſtro.

Quin margini appicta funt lemmata quaedam:
εἰς ῥήτορας. εἰς ἰατρούς. εἰς ἀπλήστους. εἰς δειλούς etc.
Hanc fectionem excipit denique *Mufa Stratonis*,
cujus praefationem in Capite de Stratonis Mufa
pofuimus.   Hoc caput Anthologiae Conftantini
ultimum fuiffe, fufpicor.   Quae enim fequuntur,
iis nihil praemittitur.   Ex aliis igitur libris corra-
fa Codici Anthologiae, ut fieri folebat, a librariis
videntur addita.   Non tamen negaverim, illud
τμῆμα, quod carmina variis metris confcripta continet, veteris illius Anthologiae partem effe.

Haec una ferie continuanda erant, ut interior
hujus operis conditio melius cognofceretur.   Sed
fuperfunt alia quaedam loca, in quibus Conftantini mentio injicitur; alia, quae ad Codicis hiftoriam faciunt.   Haec igitur adfcribenda et expen-
denda funt.

Primum tria loca reperio, in quibus Gregorii,
nefcio cujus, fit mentio.   Primus eft p. 254. ad
Epigr. αδέσπ. DCLV. quod lemma habet in Codice: Εἰς Κάσανδρον τὸν ὡραῖον ἐν Λαρίσσῃ κείμενον.
Μετεγράφη παρὰ Γρηγορίου τοῦ μακαρίτου διδασκά-
λου, ἐξ αὐτοῦ τοῦ Λαρισακος.   Alter p. 255. ad
Epigr. αδέσπ. DCLI. Εἰς Θρόνωνα υἱὸν Παλλίττης
εὑρέθη δὲ ἐν Κυζίκῳ· τὸν δὲ ποιήσαντα οὐ γινώσκει.
Ἐγράφη δὲ τοῦτο ὁμοίως παρὰ τοῦ μακαρίτου Γρηγορίου τὸν (τοῦ) καμψι .. ὅθεν αὐτὸ καὶ ὁ Κεφαλᾶς ἐν
ἐπιγράμμασιν ἔταξεν.   An hinc colligi debet,

e 5

Gregorium, Conftantini forte magiftrum, collectionem Epigrammatum feciffe, unde ejus difcipulus nonnulla defcripferit? Non puto. Gregorius hic illic Epigrammata ex cippis et monimentis defcripferat; quae Conftantinus, cum Anthologiam conderet, ab eo accipiens in fuum opus retulit, magiftri nomen commemorans, ut piura gratumque erga eum animum fignificaret. Tertium denique locus eft p. 273. ad Epigr. Alcaei Meff. XXI. τοῦτο τὸ Ἐπίγραμμα ὁ κεφαλᾶς προβάλετο ἐν τῇ σχολῇ τῆς Νέας Ἐκκλησίας ἐπὶ τοῦ μακαρίου Γρηγορίου τοῦ Μαγίστρος. Quis fuerit ille Gregorius Magifter, fruftra quaefivi. Sed eft in poftremis his verbis aevi, quo Conftantinus vixerit, quaedam fignificatio. *Nova Ecclefia*, in cujus Schola Cephalas illud Alcaei Epigramma propofuiffe dicitur, exftructa eft a Bafilio Macedone *), qui imperare coepit a. p. Chr. 867. imperiumque produxit usque ad ann. 876. Hinc fequitur, Conftantinum noftrum non ante exitum feculi IX. vixiffe. Quid autem verifimilius, quam eum Anthologiam concinnaffe feculo X. quo tempore fub regno Conftantini Porphyrogenetae literarum amor novum vigorem et incrementum ceperat, ipfo Augufto magnum undique librorum numerum conquirente, ex quibus, ne tanta mole obruerentur homines, Excerpta a doctis viris conficerentur?

*) Banduri Tom. I. P. II. p. 84.

Hoc exemplo invitatum Cephalam, quod in hiftoricis aliisque fcriptoribus vidiffet fieri, imitatum
effe veterefque Anthologias in capita defcripfiffe
et quafi in compendium redegiffe, omnino probabile eft. (Vide Heeren V. Cl. in Introd. in Hift.
Philologiae T. I. p. 152. fqq.) Id autem, quod non
conjectura ducti fufpicamur, Cephalam floruiffe feculo decimo, id Reiskius in Not. Poët. p. 225. confici poffe putabat carmine, a *Conftantino* quodam
Rhodio concinnato, quem Reiskius pro ipfo Anthologiae conditore habebat. Carmen, quod legitur in Cod. Vat. p. 668. (Anthol. Reisk. nr. 639.
p. 196.) hoc eft:

Τοῦ τοιούτου Κωνσταντίνου τοῦ Ῥοδίου εἰς τὴν σταυρὰς,
ἐν αὐτῆ ἐν τῇ Αὐλῆ.

Κωνσταντίνος Ἰσαυρία δ᾽ Ῥοδίτις με
τίμιος ὄντεφτι ἀγκαλωτία, ἐν Αὐλῆς μεγάλωτος
ὄντεφτι ἀρετίφτι γνωὴς προφερίττρον ἀνήρ
καὶ ταυτὰ θεεφωντα σταυρούζαι Λέοντος,
ᾧ Ἀλεξάνδρος ἀδελφὸς δ᾽ εἰς Κωνσταντίνα
σαβετρα θεετρήσατο συναξαντρον βασιλείας.

Qui fe Leonis imperatoris miniftrum appellat,
eum decimo feculo incunte vixiffe neceffe eft. Nolim tamen hoc argumento abuti. Nullum nomen
illis temporibus frequentius occurrit nomine Conftantini. Jam vero aliud indicium non exftat, quod
nobis perfuadeat, auctorem carminis, Conftantinum Rhodium, ab auctore Anthologiae, Conftantino Cephala, nihil diverfum fuiffe.

Superfunt loca nonnulla, a nemine, quod fciam, animadverfa, quae ad hiftoriam Codicis nonnihil momenti habent. Primus eft p. 193. ad nobiliffimum Ep. Sapphus, cui adfcripta funt haec: εἰς τὸ ἀντιβόλω οὐ κᾶται τοῦ κυρῶ Μιχαὴλ, πόθεν οὖν ἐγράφη, οὐκ οἶδα. Ejusdem Michaëlis fit mentio in lemmate Epigr. Dioscoridis XXVI. p. 257. νομίζω, ὅτι δισσῶς κᾶται τὸ ἐπίγραμμα· πλὴν ἐν τῇ τάξει τῶν ἐπιγραμμάτων τοῦ κυρίου Μιχαὴλ οὕτως κᾶται συνημένον μετὰ τοῦ Ἰαμβικοῦ. Confpecto nomine Michaelis non poteram non cogitare de *Michaële Sophiano*, penes quem vetuſtiſſimum Epigrammatum librum, praetextatis carminibus refertiſſimum, fuiſſe fcribit Jo. Scaliger ad Gruterum Ep. CDXXX. Hunc Sophianum Anthologiae codicem fecum e Graecia attuliſſe, fufpicatus eft Leichius in Praef. ad Sepulcr. p. IX. qui codicem illum, a Scaligero commemoratum, eundem eſſe ac Vaticanum librum cenfebat. Haec utcunque fe habeant, mox vidi, in illis Scholiis alium quendam Michaëlem fignificari, *Michaëlem* fcilicet *Maximum*, hominem mihi plane incognitum. Sic enim vocatur p. 274. ἕως ὦδε τὰ τοῦ κυρῶ Μιχαὴλ τοῦ Μαξίμου ἃ εἶχον ἐπιγράμματα, ἅτινα ἰδιοχείρως αὐτὸς ἔγραψεν ἐκ τῆς βίβλου τῆς Κεφαλᾶ. Ex hoc igitur loco apparet, eum, qui haec fcripferit, Codicem noſtrum comparaſſe cum Codice Michaë-

lis Maximi, qui eadem continebat, paucis exceptis. Michaelis autem codex transscriptus erat
ab ipso ejus possessore ex Cephalae libro; quod diserte dicunt verba: ἅτινα ἰδιοχείρως αὐτὸς ἔγραψεν
ἐκ τῆς βίβλου τῆς Κεφαλᾶ. Exactam esse Codicis
Vatic. partem ad illius librum, dicitur etiam p. 273.
ὡς οὐδὲ ἀντεβλήθη πρὸς τὸ ἀντίβλης τοῦ Κυροῦ Μιχαὴλ, καὶ διορθωθῆ τινά, πλὴν ὅτι ἀκριβῶς σφάλ-
ματα εἶχεν.

Jam Cephalae quomodo in veterum Anthologiis compilandis versatus sit, paucis explicandum
est. Quod si ordo carminum Vat. Codicis is est,
quem ille instituit, ab una ad alteram transiisse
videtur, ita ut nunc carmina quaedam ex Meleagri
Corona delibaret, nunc quaedam ex Philippi opere
excerperet, nunc se ad Agathiae Syllogen conver-
teret, iisque omnibus passim recentiorum poëtarum Epigrammata immisceret. Eundem gyrum
in eodem capite saepius percurrit. Ordinis elementaris, quo Epigrammata in Meleagri collectione dispositа fuisse constat, in plurimis locis manifesta reperiri vestigia, supra monuimus; in carminibus autem ex Agathiae Sylloge derivatis is plerumque ordo observatur, ut poëtae quasi in orbem
contexti sint*), raro duobus ejusdem auctoris car-

*) Hinc forrasse Anthologiam suam Κύκλον appellave-
rat Agathias.

minibus sese excipientibus. Hunc igitur ordinem
ab ipso Agathia, gratae varietatis causa, institu-
tum esse arbitror; quin probabile est, Constantinum nostrum Agathiae Syllogen pro fundamento
habuisse, cui suam Anthologiam superstrueret.
Quid enim? Eadem in utroque opere argumentorum divisio carminumque ad certos titulos descriptio; nisi quod Cephalas singulos libros alio
ordine posuit, et illud caput, quod statuarum aliorumque artis operum descriptiones continebat, plane omisisse videtur. Sed de hac omissione tum dicendi locus erit, ubi Anthologiam Constantini cum
Planudea comparabimus. Ceterum monendum
est hoc, Constantinum non solum Epigrammata
poëtarum quorundam, qui post Agathiam vixerunt, in Collectionem suam admisisse, verum
etiam haud pauca antiquiorum, quorum carmina
in nulla alia Anthologia fuisse videntur. Peculiare
Epigrammatum opus concinnaverat Diogenes Laër-
tius, insulsissimorum carminum plenum; idem
Palladam, idem Lucillium fecisse suspicor. Hi
omnes recentiores fuere Philippo; antiquiores
autem, quam qui inter τοὺς νέους ποιητὰς censeri
potuerint, ex quibus Agathias Anthologiam contexuit. Illorum itaque carmina non ex Anthologiis, sed ex ipsorum libris petiisse Constantinum, eo
verisimilius est, quod horum inprimis poëtarum
Epigrammata longa plerumque serie, nullis alio-

rum intermixtis carminibus, in Cod. Vat. leguntur.

Ex his, quae hactenus expofui, quanti facienda fit illa collectio, facile apparet. At, dixerit aliquis, nifi ille antiquiores Anthologias in compendium redegiffet, non periiffent Epigrammatum thefauri longe et pretiofiores et uberiores, quos prava Conftantini fedulitas in oblivionem adduxit. Verum enimvero quis fpondere aufit, illas antiquiores Collectiones absque Conftantino aetatem fuiffe laturas, cum tot nobiliffimorum fcriptorum opera, quae nemo in compendium redegerat, tamen perierint? Gratias igitur habendas duco homini, quicunque fuerit, quod tam multas optimorum poëtarum reliquias fervavit, et, quantum in ipfo erat pofitum, ab interitu vindicavit. Ceterum hac Epigrammatum collectione Brunckius (Praef. p. IV.) per quinque fere fecula ufos effe literatos homines monuit. Ex illa tot fragmenta decerpta funt, quae *Suidas* in Lexico fuo protulit *), quae unde defumta effent, diu latuit.

*) Ex Dedicatoriis inprimis (vid. Reisk. Mifc. L. T. IX. p. 83.). Saepe in depravatis lectionibus cum Cod. Vat. confpirat, ut in Ep. Hegefippi II. 4. ὡς λίγα σαφές. Ep. III. ἄγμαι pro ἦμαι. Antip. Sidon. XXII. 7. ᾕθεα' ludera. XXVII. 4. ἀβρὼν. etc. Saepe etiam meliores ejus lectiones, quas Planudes neglexerat, fervavit.

VII.

De Anthologia Maximi Planudis.

Jam de *Planude* dicendum est, ultimo eorum, qui
ante renatas literas bene de Anthologia meruerunt.
Hic vir, cujus nomen non ingenii judiciique praestantia, sed bonarum literarum studium et eruditio,
pro illis temporibus haud contemnenda, ad posteritatem commendavit, floruit Constantinopoli sub
diuturno regno Andronici majoris et nepotis ejus.
Huic debemus Anthologiam illam, inde a seculo
XV. sub Planudeae nomine cognitam, in septem
libros descriptam.   Singuli libri, quinto et septimo exceptis, in capita, secundum locos communes, divisi.   In quibus capitibus disponendis Planudes secutus est elementarem ordinem, ita ut
primum Caput Libri primi sit τὶς ἀγῶνας, secundum
εἰς ἀμπέλον, ultimum εἰς ὥρας.   Primus Liber, capitibus XCI., maximam partem complectitur Epigrammata ἐπιδεικτικά, i. e. de variis rebus ingenii
ostentandi causa conscripta; *alter*, Epigrammata
satyrica sive σκωπτικά, in capita LIII. descripta;
tertius, Carmina Sepulcralia, capitibus XXXII;
quartus inscriptionem habet hanc: Ἐν τῷ ἑξῆς τετάρ-
τῳ τμήματι ἐστὶ γράμματα εἰς θεῶν ἀγάλματα ἔχοντι,
καὶ ἀνδρῶν στέλας, καὶ ζώων μορφὰς, καὶ ἔτι εἰς τόπους,
περιέχεται κεφάλαια τάδε κ. τ. λ. Divisus est in Capita XXXIII.   *Quintus* complectitur Christodori
                                           Descri-

defcriptionem poëticam ftatuarum Zeuxippi, nec
non Epigrammata in ftatuas aurigarum in Hippodromo CPolitano. *Sextus*, capitibus XXVII. carmina continet dedicatoria; *feptimus* denique, quod
in capita non eft divifum, amatoria.   Huic libro
praefixa leguntur haec : Ἐν τῇδε τῷ ἰββλίμῳ τμήματι περιέχεται ἑταιρικά τινα ἀποφθέγματα· τὰ μὲν, ὡς
ἐγκώμια·τὰ δὲ, ὡς ἐπιστολαί· τὰ δὲ, ὡς ἂν ἕκαστον
ἔτυχεν, ὅσα μὴ πρὸς τὸ ἀσημότερον καὶ αἰσχρότερον
ἀποκλίνει.   Τὰ γὰρ τοιαῦτα πολλὰ ἐν τῷ ἀντιγράφῳ
ὄντα, παρέλιπε, φησὶν, ὁ Πλανούδης.

Ex hac operis Planudei defcriptione fponte apparet, illud, quamvis in feptem libros, ficut
Agathiae Anthologiam, defcriptum, argumentorum tamen ordine carminumque difpofitione
longe ab ea diverfum fuiffe.   Quare noli dubitare,
quid ftatuendum fit de fententia *Jani Lafcaris*, in
Praef. Anthologiae Planudis p. XII. *Illud unum
non praetermittam, hoc Epigrammatum ἀνθολόγιον
ab Agathia concinnatum effe, praeftantiffimo et poëta
et hiftorico fui temporis, non a Planude, ut nonnullis eft temere perfuafum.   Planudes enim monachus,
ut eos appellant, non magis difpofuit, quam mutila-
vit, et, ut ita dicam, caftravit hunc librum, detra-
ctis lafcivioribus Epigrammatis, ut ipfe glorietur;
quid tamen inde fit meritus, aliorum fit judicium. - -
Si qua vero Planudes his Epigrammatis interpofuit,
ea certe funt, quae, ut ineptiora, libentiffime abate-*

F

tum. In hac igitur fententia nihil veri effe, poft
ea, quae de Agathiae Anthologia disputavimus,
planiffime apparet. Illa fi Planudes in opere fuo
concinnando ufus eft, quod mihi tamen fecus videtur, nihil inde depromere potuit, nifi Byzanti-
norum poëtarum carmina, ipfius Agathiae, Pauli
Silentiarii, Macedonii aliorumque ejusdem aetatis hominum; plurima autem illa optimorum et
vetuftiffimorum poëtarum Epigrammata, quibus
in Agathiae Anthologia locus non fuit, aliunde
fumferit necesse eft. Agathiam autem carmina
uniuscujusque Libri fecundum rerum ordinem
dispofuisse, ejus rei nullum plane exftat vefligium.
Hinc fequitur, primum, ἀντίγϱαφα illud, de quo
Planudes loquitur in Praefatione Libri VII. plenio-
rem aliquam fuisse Anthologiam, quam Agathiae
fuit Sylloge; deinde, carminum fecundum argumenta in minora capita defcribendorum qualemcunque laudem Maximo Planudi propriam et peculiarem esse.

Aliam, fed non magis veram de Planudae
fontibus fententiam amplexus eft Reiskius. Hic
enim (in Praef. Anthol. C. C. p. XVIII.) non du-
bitasse videtur, quin Planudes ex veteribus Meleagri, Philippi, Agathiae, fortasse etiam Stratonis
Collectionibus, Epigrammata a Conftantino Cephala praetermissa, defcripferit et quasi fpicas ab illo
relictas collegerit. *Quare, ait, Cephalas tam poe-*

*ea folummodo e vetuftis Anthologiis excerperet, et
tantam meffim Planudae reliquam faceret, arduum
eft exputare.   Videtur quidem Planudes id egiffe, ut
Cephalae · omiffa fublegeret, · et in volumen cogeret
veterum Anthologiarum fragmenta.* In qua re virum
doctiffimum opinio egregie fefellit.   Quum enim,
quam amplum opus fit Anthologia Vet. Codicis,
ignoraret, et Lipfienfe Apographum, quod nonnifi
Epigrammata illa, quibus Planudea caret, complectitur, pro integra Conftantini collectione haberet, non fieri poterat, quin in graviffimos errores incideret.   Minori, quam Reiskius putavit,
opera Planudi Anthologiam, ab eo concinnatam,
conftitiffe, intellexerunt ii, quibus accuratior Anthologiae Vet. Codicis notitia contigiffet.   Inter
quos eminet Brunckius, qui recte judicavit Praef.
p. IV. nihil aliud egiffe Maximum, nifi ut Cephalae volumen ad minorem molem redigeret, et ex
hoc uno libro Epigrammata excerpta · per locos
communes in capita digereret.   De cujus fententiae
veritate ne quis in pofterum dubitet, agedum Planudeam cum Anthologia Cephalae comparemus.

Libri *primi* igitur pars longe maxima ducta eft
ea ἐκ ἐπιδεικτικοῖς Vaticani Codicis.   Cum autem genus epidicticum, cui hic liber deftinatus eft, longiffime pateat, neque certis circumfcribatur finibus, factum eft, ut Planudes multa ex προτρεπτι-
κοῖς, quaedam ex ἀναθηματικοῖς in hunc librum re-

f 2

ferret. Duodecim fere five quatuordecim ejus Epigrammata non comparent in Vat. Cod. quae tantum non omnia in ftatuarum commemoratione aut defcriptione verfantur, quod genus a Vat. Cod. penitus abeffe, fupra monuimus. — Liber *ftrundus*, Satyricis deftinatus carminibus, totus excerptus aft ex Cod. Vat. τμήματι Ζ. ita tamen, ut Cap. XLVII. εἰς συμποσία ἀστεῖσματα ductum fit ex τμήματι ΣΤ. quod revera unum eft cum συωστικῆς. Hoc igitur Caput, fex fere carminibus exceptis, totum ex illa Sectione Codicis a Planude ductum eft; et quidem ita, ut Epitomator primum, ordinem carminum in Planudea fecutus, quaedam excerperet, quae ei maxime ad rem facere viderentur; deinde, cum ad finem illius Sectionis pervenifet, iterum ad principium reverteretur, et, quae in primo delectu omiferat, in fecundo reciperet. In duabus his Sectionibus compilandis Planudes fe tam ftrenuum geffit, ut, cum illae circiter CDL Epigrammata contineant, vix XC relinqueret, quae non in fecundum hunc Anthologiae librum referret. — Liber *tertius* totus concinnatus eft ex Sepulcralibus Vat. Codicis. Nonnifi XIII. Epigrammata reperio, quae in illis non exftent, ex Hiftoricis nimirum, Diogene Laërtio potiffimum, excerpta. Vix ex alio veteris illius Anthologiae libro Planudes tot carmina affumfit; unde factum eft, ut in Anthologia Reiskii illud

caput, quod Sepulcralia continet, omnium breviſſimum ſit *). — Liber quartus, qui imaginum,
ſtatuarum, regionum deſcriptiones continet, plurima habet Planudi propria.   Nonnulla quidem
ejus Capita etiam in Vat. Cod. reperiuntur, ut
Cap. VII. quod Epigrammata in Myronis vaccam
habet; Cap. XVIII. in gemmas, ubi longe maxima
pars carminum eodem ordine legitur, quo in Vat.
Cod. poſita ſunt; Cap. XXII. εἰς οἶκους, cujus eadem eſt ratio; Cap. XXV. in fontes; Cap. XXVII. in
urbes; Cap. XXVIII. in fluvios; Cap. XXIX. in ſub-
urbia {!Cap. XXXI. in vaſa; Cap. XXXIII. in horolo-
gia. In hoc recenſu, nonne miraris, ea tantum Carmina ex Vat. Cod. ducta eſſe, quae nihil ad pictu-
ram, ſculpturam, cognatasque illis artes faciant?
et in tota Vat. Codicis Anthologia, ſi a pauciſſimis
carminibus diſceſſeris, inter τὰ ἐπιδεικτικά relatis,
nullum, quod ad illas artes pertineat, reperiri?
Quid in cauſa fuiſſe dicamus, ut Conſtantinus nihil
hujus generis in uberrimam Collectionem ſuam referret, et in hac tantum parte Planudi, non ſpi-
cilegium, ſed meſſem relinqueret? Sunt quidem
in illis permulta ſequioris aevi carmina, quae
nec orationis bonitas, nec ingenium atque venu-

*) In hoc praecipue libro carmina multis in locis
eodem ſeſe ordine excipiunt, quo in Vat. Cod.
habentur. Haec quoque res non leve momentum habet ad Brunckii ſententiam ſtabiliendam.

f 3

ftas magnopere commendet; fed ne Conftantinum
hac fola caufa, ut illa omitteret, commotum effe
dicamus, vetat hoc, quod illum hominem in reliquis Sectionibus minime tam acerbum delectum
inftituiffe videmus, ut nihil, nifi perfectiffimum
quodque et venuftiffimum, in ordinem redigeret.
Quid, quod in illis carminibus multa apud Planudem reperiuntur, quae optimae notae funt et
ab antiquiffimorum poëtarum ingeniis compofita?
Cur igitur ille ne haec quidem recepit et ad pofte-
ritatem propaganda curavit? Nihil video, quod
apte refponderi queat. · Non magis intelligitur,
Planudes, quem ceteras Anthologiae partes ex
fola Conftantini Sylloge derivaffe conftat, ubi illam tam largam quantivis pretii Epigrammatum
meffem fibi relictam invenerit. Unum relinquitur, quod ad utramque difficultatem expediendam
unice facit. Non integram habemus Conftantini
Anthologiam. Periit in Vat. Cod. caput, quod
carmina ad artes fpectantia continebat. · Pleniore
igitur Codice Planudes ufus eft; nofter in hac parte minus integer. In hujus autem jacturae caufas
fruftra fuerit inquirere.

De *quinto* Planudeo libro fupra diximus. Liber *fextus* nonnifi quatuor habet carmina, quae
inter Dedicatoria Vat. Codicis non reperiantur. In
hoc quoque libro plurima funt veftigia antiqui carminum ordinis, nec minus ex eo apparet, quam ve-

rum fit, quod Brunckius dixit, Planudem brevitatis ftudiofiffimum fuiffe. Longe enim plurima ex
priore parte τῶν ἀναθηματικῶν excerpfit; deinde,
ut fieri folet, ftudio refrigerato, ex altera parte
pauciffima felegit. — In feptimo denique libro
longe maxima pars Epigrammatum et Amatoriis
Vat. Codicis. Nonnifi XXVI. notavi aliunde ducta. Paffim fe eodem ordine excipiunt, quam
in Codice, in quo tamen varietati magis provifum
eft. Apud Planudem enim ejusdem auctoris carmina deinceps leguntur.

Quae cum ita fe habeant, dubitari non poteft,
quin verum fit, quod Brunckius, nullis argumentis prolatis, pofuit, Planudem in concinnanda Anthologia, fi pauca excipias, omnia ex Cephalae libro derivaffe eumque in compendium redegiffe.
Hunc fecutus eft in digerendis carminibus, quod
ad Librorum argumenta attinet; paffim etiam in
fingulis Capitibus. Nam Cephalae quoque carmina ejusdem argumenti multis in locis conjunxit.

Jam quid de Planudis opera ftatuendum, quae
laudis partes eidem tribuendae effent, paffim quae-
fiverunt Viri doctiffimi. Ex iis, quae hactenus disputavimus, fatis apparere puto, gratias Planudi
habendas effe, qui tam infignem Epigrammatum
numerum, et quidem eorum, quae ad artis hiftoriam egregie faciunt, unus ab interitu vindicave-
rit. Sunt tamen in ejus opere, quae merito re-

prehendas. Lascivioris quidem argumenti carmina quod omiserit, in reprehensionem cadere nequit. Illius enim seculi homo, isque monachus,
quomodo foeda Stratonis aliorumque Epigrammata
contrectare ausus sit? et si domi in penetralibus
suis contrectaverit, ea saltem denuo edere et sua
auctoritate quasi commendare lectoribus non poterat. Sed ab hoc quorundam crimine Planudem
satis verbose vindicavit Vavasfer de Epigrammate
p. 190. sqq. merito querens, quod ille, cum multa sustulisset obscoenissima, pauca, sublatis non
multum honestiora, reliquerit. Alia sunt, quae
eidem majore cum jure objicias. Quum enim
diligentiae et sedulitatis laude, ei a Vavassore, qui
fontes Planudeae penitus ignorabat, tributa, ca-
reat, quippe qui tantum non omnia ex uno libro
descripserit, merito exspectes, eum in deligendis
carminibus acre judicium adhibuisse, ut optima
quaeque eligeret, inepta omitteret, antiquiora recentioribus praeferret, et omnino nihil reciperet,
nisi quod pulcrum esset et elegans. At ejusmodi
delectum habere non cujusvis est hominis; Planudis certe non fuit. Nec valde miror, multo minus cum Brunckio indignor, hominem Constanti-
nopolitanum, seculi XIV., acri illo nativae venustatis sensu jamdudum exstincto, fucatis Agathiae, Macedonii aliorumque ejusdem farinae hominum Graiis magis quam incorrupta melioris

aevi simplicitate delectatum esse, eumque adeo,
optione data, ex illis multo plura quam ex anti-
quioribus in Collectionem suam recepisse.   Tertium, quod in Planude reprehenditur, prioribus
illis criminibus longe est gravius.   Qui cum sibi
eam Epigrammatum graecorum editionem propo-
suisset, in qua omnia lectu essent facilia, primum
multa carmina nullam aliam ob causam omisit, nisi quod in archetypo suo depravata legebantur, id
quod, si aequi esse volumus, non valde vituperan-
dum est; deinde multa exhibuit mutila, resectis
iis, quae emendare non poterat*), multa pro sui
ingenii modulo emendavit et interpolavit.   Inter-
polandi causa admodum frequens nascebatur ex
obscoenitate quorundam carminum, quae nec integra servare posset, nec penitus omittere et rese-
care vellet.   In his igitur ita plerumque versatus
est, ut mutationibus quibusdam factis scrupulos
eximeret, alia demeret, alia adjiceret, inepte
plerumque et sine venustatis sensu.   Sed hac de re
operae pretium est Brunckium audire querentem
Praef. p. V.   „Nonne satius fuisset, ubi minus
„castum occurrebat carmen, quale illi visum est
„Rufini Ep. II. illud omnino praeterire, quam ulti-
„mum assumere distichon a praecedentibus seclu-

---

*) Duo hujus generis exempla laudasse sufficiat; Phi-
lodemi Ep. XVIII. Palladae Ep. V.

f 5

„fum et Interpolatum, ita ut nullam in eo lumen
„fulgeat, nihilque praeter inanem fonitum re-
„manferit? Non deerat profecto materia, cujus de-
„lectu diftichi illius jacturam rependeret. Idem
„ftatuendum eft de carminibus non paucis, quale
„eft Stratonis Ep. XCVI. in quibus arguti fenfus
„concinno et profluenti rhythmo, elegantibus ver-
„bis expreffi, quos ille ineptis fententiis, elumbi
„conclufis verfu permutavit. Illa fani quis judi-
„cii omififfet, qui praefertim non omnia, fed e
„multis felecta dare conftituiffet.“

VIII.

De Planudeae editoribus et interpretibus.

a) De editione principe.

Breviarium illud Anthologiae Cephalae, a Maximo Planude concinnatum, plenius illud et prae-
ftantius opus, unde ductum eft, tantum non in
hominum oblivionem adduxiffe videtur. Hoc
enim mali Epitomae habebant, ut hominum igna-
viae fubvenirent, eosque inducerent, ut, fontibus relictis, rivulos, eosque haud raro turbidos et
lutulentos, fectarentur. Antiquioris certe illius
Anthologiae nulla, quod fciam, fit mentio, nifi
feculo decimo fexto, quo tempore eam a Fulvio
Urfino vifam effe, fufpicamur ex nota illi Planudis
ad L. VII. praefatiunculae, in qua fe obfcoena

refecuiffe gloriatur, adfcripta: *ἀλλὰ καὶ ταῦτα ἐ͂ν παλαιῷ τινι παρ' Ἀγγίλου τοῦ Κολλωτίου.* Planudeae codicem aliquem obfcoenis illis carminibus auctum exftitiffe, quem Urfinus viderit, parum eft probabile; probabilius, Angelum Collotium codicem habuiffe Anthologiae Cephalae, fortaffe illum ipfum, quem Salmafius reperit, ut Fabricius fufpicatur, Bibl. Gr. T. IV. p. 439. not. o. fortaffe alium.

Ante feculum XVII igitur doctos viros ad unam Planudeam adhaefiffe conftat. Edidit eam *Janus Lafcaris*, centum et quinquaginta fere annis poftquam a Planude fuerat confecta, hoc titulo:

Ἀνθολογία διαφόρων Ἐπιγραμμάτων, ἀρχαίοις συντιθεμένων σοφῶς, ἐπὶ διαφόροις ὑποθέσεσιν, ἑρμηνείας ἐχόντων ἐπίδειξιν καὶ πραγμάτων ἢ γενομένων, ἢ ὡς γενομένων ἀφήγησιν. Διαιρεῖται δὲ εἰς ἑπτὰ τμήματα τοῦ βιβλίου καὶ τούτων εἰς κεφάλαια κατὰ στοιχεῖα διηρτημένων, τάδε περιέχει τὸ πρῶτον· Εἰς ἀγῶνας . . . . . Sequuntur ipfa Epigrammata; in fine legitur carmen graecum *Jani Lafcaris*, ejusque Epiftola latina ad Petrum de Medicis, in feptem foliis, quae in multis exemplaribus defiderantur. Quam ob caufam et *Lafcaris* Epigramma et ejus Epiftolam, quae nihil fere habet, quod ad Anthologiam proprie faciat, recudenda curavit *Maittaire* in Annal. Typ. Tom. I. p. 272—283. ita ut fingula fingulis paginis verfi-

busque archetypi respondeant; et *Bandinus* in Catal.
Bibl. Laurent. Cod. Graec. T. II. p. 105. sqq. In
fine Epistolae Latinae habentur haec: *Impressum
Florentiae per Laurentium Francisci de Alopa Venetum. III. Idus Augusti.* MCCCCLXXXXIV. *)
Exscripta est haec editio literis uncialibus, paginis
DXLIV, forma quadruplicata. Nonnulla hujus
editionis exemplaria commemorat *Götz* in den
Merkwürdigkeiten der Königl. Bibliothek zu
Dresden, Tom. I. p. 29. *Clement* Bibl. curieuse,
T. I. p. 361. sq. *Harlesius* ad Fabric. Tom. IV.
p. 439. inter quae unum memoratu dignum, quod
descripsit *Iriarte* in Catal. Bibl. Matrit. p. 843. sq.
cui adjecta sunt Anecdota quaedam ab *Iriarte* edita
l. c. Ipse usus sum exemplari Bibliothecae Gothanae, in quo prima folia desiderantur, usque
ad p. 27. ed. Steph. In fine septem illa folia, de
quibus supra diximus, evulsa sunt. Quae ad libri
integritatem desunt, addidit, manu sua, ni fallor, descripta Vir Cl. *De Murr*, ex cujus Biblio

*) Haec subscriptio cum in multis exemplaribus deest, passim editio Florentina *sine loco et anno* esse
dicitur; alii annum perperam tradunt. Quidam
binas exstare putarunt editiones Jani Lascaris, alteram sine Epistola latina, alteram hac Epistola
instructam; cui sententiae fidem penitus abrogare non est ausus *Clement* dans la Bibliotheque
curieuse critique et historique, T. I. p. 362.
not. 65.

theca Gotham pervenit. Idem Vir doctissimus
aliud fibi exemplum esse mihi enuntiavit, quod
ipsius *Joni Lascaris* fuerit. *Lebldus* in Praef. ad
Carm. Sepulcr. p. VIII. sq. exemplar hujus editionis commemorat, quod servatur in Bibliotheca
Senatus Lipsiensis, graecis Scholiis instructum,
editis illis passim auctioribus.

Haec *Lascaris* editio, ut ordine princeps, sic
omnium, quae postea insecutae sunt, longe praestantissima est. Vitia typographica multo pau-
ciora, quam in Aldinis et in Wecheliana; et quod
gravissimum, Codicem, unde descripta est, cum fide reddit. Hoc intelligitur ex vitiosis lectionibus,
iis praesertim, quibus metrum laeditur, typographorum errori non tribuendis. Has cum *Lascaris* intactas reliquerit, iis quoque in locis, ubi
promta fuit et expedita emendatio, recte colligas,
eum operam dedisse, ut ne genuinus Codicis sui
textus pro lubidine mutaretur et interpolaretur.
Codex autem, quo usus est, bonae notae fuit,
multasque lectiones offert iis, quas posteriores editores recoperunt, praeferendas. Recte itaque *Rri-
marus* in Epistola ad Reiskium p. 102. „Lasca-
„riana editio, scribit, praestantior est, et vicem
„praestat optimi Msti Codicis. Miror profecto, qui
„potuerit Stephanus, vir graecarum literarum
„peritissimus et acris judicii, latentes in ea tot
„bonas lectiones, a fungo, qui Aldinam curavit,

tenore mutatas, infuper habuiffe. De denis Florentini libri variis lectionibus octonae pene ubique verae funt.

Ordo carminum in hac editione faepenumero
difcrepat ab eo, quem fecutus eft Stephanus. Hic
enim ejusdem argumenti epigrammata, ubi feparatim legebantur, arctius conjunxit, dum Lafcaris Codici fuo et Planudi adeo morem gerendum
effe exiftimaverat. Lemmata raro habet. Gentilia
poëtarum nomina faepe omittit. Carmina ἄδηλα,
quum plura deinceps funt pofita, conjungere folet;
nec novi carminis initium nifi litera initiali paulo
majori indicat.

b) *De editione Aldina princeps* 1503.

Lafcarin paucorum annorum intervallo fecutus eft Aldus, qui editionem Florentinam repetivit, hoc titulo praefixo: *Florilegium diverforum
Epigrammatum in feptem libros.* Ἀνθολογία διαφόρων ἐπιγραμμάτων etc. Reliqua fic leguntur, ut in
edit. pr. praeter verba: διαιροῦνται δὲ εἰς ἑπτὰ τμήματα τὸ βιβλίον· καὶ ταῦτα εἰς κεφάλαια κατὰ
στοιχεῖον διακρίθεται. In fine: *Venetiis, in aedibus
Aldi, menfe Novembri* MDIII. 8vo. In eadem pagina legitur Epiftola graeca *Scipionis Carteromachi* ad
Aldum Romanum, ubi Aldum laudat, quod Anthologiam habili forma ediderit, unde futurum fperat,
ut omnes hoc opus vehementer appetant. Ceterum

nulla est praefatio, sed statim post titulum, in pagina versa, legitur Index capitum primi libri. In fine libri VII. collocata sunt duo Epigrammata, quorum prius sic incipit: τίς πόθεν ᾖ τίνων –; alterum sic: ἵππον τόδ᾽ ἀρόωντι τί διέρχομαι. Haec excipit Pauli Silentiarii carmen de Thermis Pythicis, Epigramma Euclidis (Anal. Tom. I. p. 168.), versus εἰς τοὺς ἑπτὰ πλάντας (Anal. T. III. p. 4.), in Ptolemaeum (Anal. l. c.), et Ἑρμοῦ τοῦ Τρισμεγίστου περὶ σεισμῶν, in ἄλλῳ Ὀρφέως (Anal. III. p. 1.). Sequuntur XI foliis Corrigenda et Addenda cum inscriptione: Ἐπιδιόρθωσις τῶν ἐπιγεγραμμάτων καὶ διαφοραί τινες· ἅμα τε προσθήκη τῶν ἐπιγεγραμμάτων καὶ στίχων, ὅσοι ἐν ἄλλοις εὕρομεν ἀντιγράφοις. In his igitur lectionibus non solum errores typographici emendantur, sed etiam plurimae ex codicibus, quos Aldus consuluit [*]), varietates expromuntur, nec non Epigrammata quaedam, quibus editio Florentina caret. His Addendis Aldus optime de Anthologia meruit. Ipsum enim textum ex Lascaris editione exscriptum esse, nos dubitare non patitur summa in typographicis quoque vitiis conspiratio. Quamquam in contextu etiam nonnulla immutata sunt, cum adjuvante ingenio,

---

[*]) *Rivinus* In Praef. Florilegii Graeco-Latini p. 2. suspicatur, varias lectiones, quas Aldus editioni suae subjecerit, e Planude profectas esse. Non satis video, quem sensum haec habeant.

quod nobis in iis locis deprehendere videmur, ubi
quid ex grammaticis rationibus emendatum est,
tum ex Codicibus. Prioris generis est p. 142. ed.
Staph. ἐν ὁπῇ pro ἐνοπῆς, quae verior est lectio, et
ab Aldo temere mutata. p. 164. ἔχῃ pro ἔχει
p. 168. δράξωνται pro δράξονται. p. 171. ζυγός
pro ζυγόν. p. 178. μόσχοια pro μόσχια. p. 179.
ὑμᾶς pro ἡμᾶς. Alterius generis haec sunt: L. II.
p. 188. in Epigrammate Themistii (Palladae perperam inscribitur) depravata lectio, αὖθις δ᾽ ἡλίου
μέγα - - ex Themistii libris emendata est: ἀναβὰς
δ᾽ ἡλίου μέγα. L. III. p. 210. Epigramma, cui
initium Στγᾷς, quod in Florentina lemma non habet, Paulo tribuitur. p. 265. verba εἰ δὴ Λαΐδος
primus Aldus addidit. Ejusmodi nominum additamenta haud pauca in hac editione reperiuntur,
quae ex Codicibus depromta esse, dubitare non
possumus. Passim etiam lacunae editionis Florentinae explentur. L. III. p. 268. γ. μητρός, typographorum fortasse culpa omissum, restituitur.
L. IV. p. 359. lin. 3. a fine μοῦνος post μεγάλην
suppletur. p. 396. in carmine Christodori versuum
ordo, qui in edit. principe turbatus est, restituitur.
Haec et alia hujus generis haud pauca, quae in
comparatione harum editionum *) notavimus,
effici-

*) Usus sum exemplari nitido Bibliothecae Gotha-
no, quod ex Bibl. Caroli Aurivilli in eam per-

efficiunt, ut Aldum in corruptis et mutilis Lasca-
rianae editionis locis Codicem unum aut alterum
consuluisse putemus.

c) *De editione Juntina. Flor.* 1519.

Ex editione Aldina, quae ipsa principis editionis repetitio est paulo emendatior, plures velut ex
fonte profluxerunt. Proxima, quae commemoratur, est Aldina, anni 1517. cujus fit mentio apud
Maittaire in Ann. Typ. p. 303. Quae editio cum
eodem mense (Novembri) finita esse dicatur, quo
prior, nec aliis cognita fuerit, *Fabricius* p. 439.
haud inepte suspicatur, talem editionem aut plane
non exstare, aut, nonnisi ultimo folio mutato,
illius anni notam adjectam fuisse. Hanc conjecturam statim novo argumento firmabo, unde haud
paulo plus roboris acceptura est. Prodiit sedecim
annis post Aldinam principem nova Anthologiae
editio Florentiae sub titulo: *Florilegium diversorum
Epigrammatum in septem libros.* 'Ανθολογία etc. *)
In fine: *Impressum Florentiae per haeredes Philippi
Juntae Florentini. Anno a Virginis nuntio D. XIX.
supra Mille. Leone Pont. Max. Christianam remp.
administrante.* Folio 399. b. leguntur haec: 'Επι-
διόρθωσις τούτων τῶν ἐπιγραμμάτων καὶ διαφοραὶ

venit. In titulo legitur literis fere evanescenti-
bus: *De figli et Eredi di m. Marco Maffei.*
*) Reliqua, sicut in Aldina 1503.

g

ταις. ἅμα τι προσθέμη τινῶν ἐπιγραμμάτων καὶ στίχων ἄτι (l. ἄτινα) ἐν ἄλλαις εὑρομεν ἀντιγράφαις. Hae ἐπιδιορθώσεις, quas titulus pollicetur, nullae sunt aliae, quam variantes lectiones et emendationes Aldinae principis ad verbum expressae, nisi quod foliorum numerus novae huic editioni accommodatus est. Jam hinc intelligitur, hanc Juntae editionem meram Aldinae repetitionem esse, et quidem ejusmodi repetitionem, in qua ne typographorum quidem errores, ab Aldo in fine libri indicati, e contextu sublati sint. Comparatio *) duorum librorum cum Aldinae textu a me instituta rem ita confirmavit, ut nullus dubitationi locus relictus sit. Praeterea Anthologiae Planudeae in hac quoque editione eadem carmina addita sunt, quae Aldus primus in Appendicem retulit. Nonne hinc clarissime apparet, quod me supra demonstraturum esse profitebar, inter Aldinam anni 1503. et Juntinam anni 1519. nullam ex Aldi officina prodiisse? An, quaeso, verisimile est, Aldum in nova editione curanda tam negligenter versatum esse, ut errores, in prima commissos, denuo repeteret? aut tam supine, ut Additamenta, in Lectionibus ex Codd. prodita, non suis locis insereret? At hoc non prius factum esse, quam post Juntinam editam, ex hac ipsa Juntae editio-

---

*) Usus sum exemplo Bibliothecae Gottingensis.

re intelligitur. Si enim Aldina exftitiffet, principe
emendatior, quis dubitat, quin Junta emendatiorem illam prae altera repetiturus fuiffet? Jam
cum hic ad principem Aldi editionem, velut ad
faxum, adhaeferit, fponte fequitur, Aldinam anni
1517. quam *Maittaire* laudat, fiÆliciam effe.

d) *De editione Aldina fecunda* 1521.

Vix Juntina prodierat, cum Aldus de nova
editione cogitare coepit, quae edita eft fub titulo:
Florilegium diverforum Epigrammatum in fepten
libros. Solerti nuper repurgatum cura. M. D. XXI.
(Sequitur titulus graecus, ut in Aldina pr.) *Nunc*
exit cafligatius quam alias unquam, priftinis eluftra-
tum erroribus multifque adauÆum Epigrammatibus.
In fine: *Venetiis in aedibus Aldi et Andreae Soceri.*
Menfe Januario. M. D. XXI. Nonne hoc titulo
omnis de editione anni 1517. dubitatio follitur?
Priftini enim illi *errores* nulli funt alii, quam quos
Aldus in editione principe commiferat, Junta tollere neglexerat; Epigrammata autem, quibus hanc
colleÆionem adauÆam effe ait, ea funt, quae in
LeÆionibus Edit. Ald. pr. inferta leguntur; ne de
Appendice forte auÆiore cogites, quae nihil amplius continet, nifi quae editioni anni 1503. ab
Aldo fuerunt addita. Conftat haec editio, cujus
exemplum eft in Bibl. Gottingenfi, quo ufi fumus,
foliis CCLXXXIV; AuÆarium IV folia implet.

g 2

Formulae flanneae eaedem cum iis, quibus princeps Aldina excufa eft. Ceterum qui hanc editionem curavit, fatis negligenter in eo negotio verfatus eft. Non folum multa in textu fphalmata
reliquit, interque ea totius verfus omiffionem p. 20.
Steph. εἶπεν ὁ δ' εἰς . . . . . fed etiam ex Lectionibus
Aldinae pr. vitiofas lectiones arripuit. Hujus generis eft p. 31. αὐληχὶς pro ἀβληχὶς. p. 42. lin. 1.
σαώσας pro σαώσαις. p. 48. lin. 3. a fin. ἰβευτο-
βάτη pro ἰβευοβάτει. p. 55. in Epigr. Antiphili
ἀπάου, quod mire ineptum eft, pro ἀπάους.
p. 88. in Epigr. Palladae pro τοῖς κέρας ἴαχυτα
recepit ex Lect. τοῖς Κέρας εἶδος ἴαχυτα, quod
metrum ita vitiat, ut coecum fuiffe oporteat eum,
qui non viderit, εἶδος partem gloffematis effe:
ἴαχυτα. εἶδος πλακοῦντος. In eadem tamen editione nonnulla reperiuntur, quae ex Lectionibus
Aldinae pr. derivata non videantur, fed ea pauciffima. L. II. p. 80. in Epigr. Maecii Editio
Flor. pr. τοησαμήτη exhibet, metro invito. In
Lect. Aldinae pr. ποπύμητη corrigitur. Hoc is,
qui Aldinam fec. curavit, negligens, ποπύμητη dedit. Ex correctoris ingenio haec lectio profluiffe
potuit; eadem tamen in Vat. quoque codice reperitur. Sunt certe veftigia quaedam, quae eo du-
eunt, ut credas, Aldum poft primam editionem in
lucem prolatam Codicem unum aut alterum con-
fuluiffe, aut lectionem unam aut alteram in Lectio-

nibus suis forte omissam postea notasse, unde secundae editionis corrector eas acciperet. Nam secundae huic editioni nova subsidia majoris momenti adhibita, codicesque constanti diligentia comparatos fuisse, non puto. Rariores enim sunt discrepantiae, interque eas nonnullae, quas non codicibus, sed correctori deberi apparet. L. II. p. 159. in Epigrammate, cui initium εἰ μὲν ἐπ' ἀττελάβους, lacuna est in versu penultimo, quae in Aldina sec. repletur, insertis verbis ἀτρέμας ἦσο. At haec verba nullus Codicum, quos Brunckius consuluit, agnoscit, nec, quod Brunckius ignoravit, Codex Vat. qui ἄλλο τι ταῦτ legit. Ad oram Cod. Jani Lascaris suppletum ἄτρεμος ἴσθι, et in margine exemplaris Aldinae pr. Beati Rhenani fortasse manu, ἀτρέμας ἴσθι, utrumque ex conjectura. Item ex conjectura eaque infelicissima p. 205. legitur ταῖς ἀργείαις χ'ἡμῖν ἴσαι χέρες, interposito χ'ἡμῖν, quo caret ed. Flor. et Ald. pr. Metri vitium tollere conatus est Brunckius, ἡμῖν scribens: frustra. Vat. Cod. habet ἀργει παρθενισαι χέρες — in qua lectione quid lateat, in Commentario nostro disputabitur. Idem suspicor de supplemento p. 213. in Epigr. Crinagorae Κεῖσαι Ἰουδαίοις, cujus tres priores syllabae in omnibus Codd. desiderantur, nisi in Cod. Vat. ubi tamen a recentiore manu adscriptae sunt, fortasse a Viro docto, qui sic in Aldina sec. scriptum repererat. Quaedam varieta-

tes hujus editionis fluxerunt ex libris editis, ubi
eadem Epigrammata laudantur; ut, quod eſt
L. III. p. 200. τοῖς κείνων πειθόμενοι τεκμίμοις pro
lectione Florentinae et Aldinae pr. τοῖς κείνων ἐγ-
μασι πειθόμενοι, ductum eſt ex Strabone, ſive Diodoro, ubi ſic legitur.

e) *De editione Aſcenſiana.* 1531.

Ejusdem anni (1521.) commemoratur editio
in Catal. Bibl. Bigot. II. p. 202, tanquam *Baſileae*
edita. Ejusmodi editionem integrae Anthologiae
exſtare dubitat Vir doctus in Ephemerid. Jenenſ.
1791. nr. 92. p. 732. qui ſuſpicatur, ſignificari
in illo Catalogo *Selecta Epigrammata graece latine
verſa ex VII. Epigrammatum graecorum libris. Baſileae. ex Aedibus Bebelii.* 1529. 8. In eandem
ſuſpicionem incidit Harleſius ad Fabric. p. 439.

Proxima igitur ab Aldina ſecunda ſuit editio
Badii ſive *Aſcenſiana*, quae decem poſt illam annis
prodiit, eodem plane titulo inſtructa. Quae inter
titulum latinum et graecum interpoſita ſunt verba: *Solerti nuper repurgatum cura* M. D. XXXI. et
quae poſt titulum graecum leguntur: *Nunc exit
caſtigatius, quam alias unquam, priſtinis eluſtratum
erroribus, multisque adauctum adjectis Epigrammatibus.* 1531. ne quem novarum curarum ſpe deci-
piant, haec quoque verba mera ſunt repetitio eorum, quae Aldus in ſecunda ſua editione promiſe-

rat. Praeterea habetur: *Vaenundatur Radio*. et in
fine: *Sub prelo Afcenfiano menfe Majo*. 1531. Se‑
quuntur Errata nonnulla. Deinde folio 324.
quod libri ultimum eft: *Epigramma hoc excerptum
a Lafcare lib. primo titulo* 5. εἰς ἀνδριανὸς *reponatur:*
ἄδηλον. ὦ κτισοῦ πάματος . . . . *Haec duo item lib.* 4.
tit. 4. εἰς εἰκόνας βασιλίων. ἄδηλον· οὗτος ὁ κοσμή‑
σας . . . . *et* ἄδηλον εἰς ἄρχοντα, δεῖξον μειλιχίη . . .
In universum hujus editionis textus eft idem, quem
Aldus dedit in Editione fecunda, quamvis non
ubique nec in omnibus accurate expreffus eft.
Vitiis typographicis fcatet; quorum alia cum Al‑
dina pr. alia cum Aldina fec. habet communia;
quod utrum operis tribuendum fit, an correctoris
infcitiae, qui textum ad alteram harum editionum
exegerit, non dixerim. L. I. p. 52. Epigr. quod
Aldina fec. *Crinagoras* infcribit, in noftra ἀδέσπο‑
τον eft, ut in Flor. et Aldina pr. P. 46. in Epigr.
Antiphili τύμβον fervat cum iisdem edd. cum Al‑
dina fec. πότμον exhibeat. P. 55. item κάτθαν
pro προὔλαβον, et fic paffim. Quasdam lectiones
fibi proprias habet, quas non ex Codice, fed ex
emendatoris ingenio profectas effe puto. Sunt
enim eae, quas metrum et fenfus fuadeant; non‑
nullae etiam manifefto falfae. Hujus generis eft
haec p. 46. lin. 1. ἑρπύστης et λυχνοβόρος, pro ἑρ‑
πύστας et λιχνοβόρος, quas praepofteras emenda‑
tiones, codicumque fidei repugnantes, Stephanus

probare non debebat. Quod idem Stephanus ex
Ascensiana dedit p. 48. lin. ult. Φάρυγος pro Φά-
ρυγγος, metri suadebat ratio, sicut etiam p. 53.
lin. 5. αἰεὶ pro αἰεί· et ead. pag. linea penult. πέλας
σὺ κατά, ubi vulgo σὺ deest, non solum in ceteris
editionibus, sed etiam in Vat. Cod. Ex ratione
grammatica positum est p. 54. med. διὰ μελίσσας
pro μελίσσαις· p. 69. lin. 22. αἰσχύμων pro
αἰσχρήμων. Ibid. lin. 7. a fine ἄριστοι pro ἄριστοι.
Nonnunquam audaciores sunt correctiones, ut
`p. 79. in Epigr. Antiphili v. 1. μετρέσασαν pro
με τρίψασαι, ubi vulgatam Vat. Codex tuetur.
P. 436. in Epigr. Agathiae v. 2. ἐκ δισσὰς ἄγετο
θερσύνας, ubi vulgo et in Vat. Cod. εὐδὶς σᾶς
ἄγετ᾽ ἀθηρ. legitur. P. 437. in Epigr. Platonis
v. 2. sola haec editio habet τὸν σταγόσιν καύφαις.
Vulgo lacuna est inter τὸν et καύφαις, quam Vat.
Cod. supplet, legendo λιβάσιν. In his omnibus
exemplis conjecturam facile agnoscimus. Unus
tamen locus male me habet p. 191. ubi Epigr.
secundum vulgo ἀδέσποτον est, quod in Ascensiana
sola ad Nicarchum refertur. Hoc unde ductum sit,
non exputo equidem; sed correctoris errori cuidam, etsi non facile explicando, tribuere malim,
quam codicis auctoritati, cujus nullum alibi satis
certum vestigium. Temere igitur Stephanus hic,
ut multis aliis in locis, Badium secutus, Nicarcho
inscripsit Epigramma, quod ab hujus poëtae in-

genio et indole mihi quidem longiffime abeffe videtur.

f) *De Vincentio Opfopoeo.*

Ex iis, quae hactenus disputavimus, fponte apparet, poft ea, quae Aldus, ex Codicibus ad calcem Editionis anni 1503. notaverit, nihil fere novi, quod paulo majoris effet momenti, ex membranis prolatum effe. Non deerant quidem per illud tempus, qui Anthologiam fedulo tractarent; fed hi de textus integritate plerumque fecuri, nihil aliud agebant, nifi ut verfus graecos latinis numeris redderent, obfcura et corrupta aut plane praetermittentes, aut, ficut carbones, fuspenfis veftigiis transcurrentes. Cujus rei commoditatem dabat ipfa poëticae orationis natura et indoles; quae fenfum eleganter reddidiffe contenta, fingulas voces lectoribus non curat appendere. Jufti interpretis provinciam primus fuscepit *Vincentius Opfopoeus* in libro, cui titulus: *In Graecorum Epigrammatum libros quatuor annotationes longe doctiffimae quam prius in lucem editae. Vincentio Opfopoeo auctore cum indice. Bafileae in officina Nicol. Brylingeri.* 1540.4. Continet hoc opus annotationes in librum Anthologiae I. II. III. et VII. Ufus eft Opfopoeus editione Juntina, cujus vitia, quae plurima funt, paffim corrigit; plerumque tamen vitiofa haud aliter interpretatur ac fincera, de

vitiis nihil fufpicatus. Viderat Opfopoeus veras
et juftae interpretationis imaginem quandam, fed
obfcuram; certe id, quod in bono interprete quae-
rimus, minime affequitur. Quae enim in interprete requiritur, recte et eleganter judicandi facultas, ea in Opfopoeo aut nulla erat, aut minime
exculta. Duplex enim illud critici munus, et de
fcriptorum ingenio recte ftatuendi, et in eorum
operibus quid recte fcriptum fit, quid perperam,
judicandi, ita adminiftravit, ut illud aut plane
negligeret, aut ita attingeret, ut non attigiffe fatius effet. Nam quod ad prius attinet, venuftatis fenfu fuit tam hebeti, ut, dum optimae notae
carmina filentio praeteriret, inepta faepenumero
Epigrammata fummis laudibus extolleret. Sed
quid eum judicando valuiffe dicamus, qui Palladam, infulfiffimum verfificatorem (ut merito vocatur
a Cafaubono ad Script. Hift. Aug. T. I. p. 842.)
• cum Martiale prae ceteris comparandum exiftima-
ret, eumque inter poëtas epigrammatarios facile
principatum tenere diceret? De altero, in quo
Critici munus continetur, vix eft quod dicam.
Rariffime hanc partem attigit, nec fibi folum a
librariis, fed etiam a typographis tenebras paffus
eft objici. Vitia textus raro perfpexit, rarius corrigere tentavit. In interpretatione, quae proprie
vocatur, eam plerumque rationem fequitur, ut
primum totius carminis argumentum breviter ex-

ponat; deinde, quas difficultates cum in rebus
tum in verbis animadverterit, explicet; his denique latinam verfionem fubjungat. In qua interpretandi ratione vix quidquam reprehendas. At
ubi fingula fpectamus, multa reprehendenda occurrunt. Non miraberis, eum, qui vitiofas lectiones non viderit, etiam in obfcuris coecutiiffe,
multaque difficilia nec intellecta pro planis et ex-
peditis habuiffe. Hoc ei faepiffime contigit. Multa
igitur Epigrammata, in quibus graviffimae depra-
vationes intellectum impediebant, ut facillima
praetermifit; nec id, ut mihi quidem videtur, ut
lectori fucum faceret, quod multi in hoc literarum genere facere conantur, fed quod hebetioris
erat ingenii, quam ut vitia perfpiceret. Nec in
verborum interpretatione probabilem diligentiam,
nec in rebus exquifitiorem doctrinam prodebat;
fenfum plerumque aut craffius indicat, aut graeca
verba putide latinis exprimit; ita ut, quod in tali
interpretatione ufu venire folet, in multis locis
ignores, quid interpres de fenfu exiftimaverit.
Quae cum ita fe habeant, non tamen propterea
Opfopoei interpretationem plane inutilem effe
contenderim. Nam in haud paucis carminibus
verum fenfum recte vidit; praefertim autem argumenta carminibus praefixa ad eorum intelligentiam profunt.

g) *De Joanne Brodaeo Turonensi.*

Vincentium Opsopoeum in interpretandis Anthologiae graecae carminibus brevi temporis intervallo secutus est *Joannes Brodaeus* Turonensis, cui Lipsius, judex idoneus, acris ingenii, probi judicii, lectionisque diffusae laudem vere et merito tribuit *). Is itaque textum Anthologiae graecae, qualis est in Aldina pr., repetivit, eamque commentario instruxit perpetuo: *Epigrammatum graecorum libri VII. annotationibus Joannis Brodaei Turonensis illustrati, quibus additus est in calce operis rerum et vocum explicatarum index diligentissime conscriptus.* *Ap. Froben. Basileae.* 1549. fol. **). Brodaeus interpretis munere quomodo functus sit, paucis explicemus. Criticam partem non ex professo tractavit; sed ubi eam attingit, tantam dexteritatem et judicandi subtilitatem prodit, ut doleas, eum non saepius in hanc aream descendisse. De variis lectionibus, si quas forte in via offendit, judicium expromit acutum, subtile, sed paucis verbis indicatum magis quam explicatum; de carminum autem venustate poëtarumque ingeniis raro aut nunquam judicat. In

---

*) In notis ad Tacit. de Mor. Germ.

**) Utor exemplo perquam nitido, quod olim Krohnii fuit, nunc in Bibl. Gothana servatur.

interpretatione ipfa vitiofus eft eo, quod raro de
fenfu univerfi carminis aut loci difficilis et ob-
fcuri tradit, fed fingula verba, quae quidem ob-
fcuritatem habere viderentur, fingulatim vertit
et illuftrat; quo fit, ut faepe, fingulis explicatis,
in contextu tamen haereamus. Brevis plerumque et paucorum verborum. Sed ubi res ex hiftoria, ex antiquitate, mythologia praefertim explicanda venit, tum verborum minus parcus eft;
tum diffufae illius lectionis, qua pollebat, thefau-
ros recludit et explicat. In his multa funt, quae
hodie quidem nimis protrita videantur; quae non
Brodaei culpa eft, fed temporum, quibus commentarios fuos concinnavit. Nec tamen negaverim, eum nonnunquam extra oleas evagatum
effe. In notandis imitationibus, parodiis, aliisque hujus generis allufionibus ad veterum fcriptorum locos diligentiffimus fuit. Par erat erudutio-
ni fagacitas, qua fenfus reconditos odoratus eft,
et acute poëtarum dicta mira plerumque felicitate expedivit *).

*) Turpe plagii crimen, quo invidia multos, in
  Gallia praecipue, viros doctos et ingeniofos petivit, in Brodaeum quoque concitatum eft. Sed
  profecto non opus habebat eruditiffimus juvenis, ut
  fe alienis ornaret coloribus.

h) *De Aldina tertia sive editione filiorum Aldi.*
1550.

1551.

Anno proxime insequente ex prelo heredum
Aldi nova Anthologiae editio prodiit: Ἀνθολογία
διαφόρων Ἐπιγραμμάτων ἀρχαίοις συντιθεμένων σο-
φοῖς ἐπὶ διαφόροις ὑποθέσεσιν, εἰς ἑπτὰ τμήματα
διῃρημένη. *Florilegium diversorum Epigrammatum
in septem libros distinctum, diligenti castigatione
emendatum. cui nonnulla nuper inventa Epigrammata
in fine adjecta sunt. una cum Indice tam rerum quam
auctorum copiosissimo. Venetiis. apud Aldi filios.*
MDL. In fine: *Apud Aldi filios. Venetiis.* MDLI.*)
Hinc vides, quomodo factum sit, ut alii hanc editionem referrent ad annum 1550., quo inchoata
est, alii ad 1551., quo ex Aldorum officina prodiit. Textus implet folia CCLXXXIV; auctario
IV folia destinata sunt, plane ut in Aldina sec.
cum qua in singulis paginis ita conspirat, ut eam
appareat ex illa expressam esse. Habet tamen lectiones quasdam aliunde derivatas, non ex Codice,
ut mihi quidem videtur, sed ex ingenio, ejus fortasse, qui hanc editionem curavit. Sic p. 208.
ed. Steph. versus lacunosus in Epigrammate Diotimi
sic in hac editione suppletur: οὐθ' ῳδὰς οὐ χορὰ

*) Exemplo hujus editionis instructa est Bibl. Go-
thana.

d᾽ ἀ. quod in nulla alia est editione nec in Codd.
P. 242. l. 12 a fin. κίχλας sola legit pro χῆνας,
propter metrum. ‘ P. 320. in lemmate Παλλιάνου
pro Παμιάνου. P. 416. l. 3. a fin. supplet ἡ μὲν
ἔχεις μύσσαις, conjectura parum probabili. In
his omnibus manifesta est correctoris manus.
Passim meliores Aldinae pr. lectiones, ab iis, qui
Aldinam sec. curarunt, temere neglectas, revoca-
vit, ut p. 20. versum omissum ex illa restituit;
p. 35. ex eadem emendavit ἀναψω pro ἄψον·
p. 42. σαύσαις pro σαύσας. Contra nonnunquam
vitiosas quoque Aldinae principis lectiones temere
in textum revexit; ut p. 80. τονσαμένη· p. 95.
Ἐκάβης pro Ἐκάλης; et aliis in locis. Ceterum
Epigrammata illa nuper inventa, quae titulus jactat,
vix alia sunt, quam quae in Additamentis Aldinae pr. habentur, quibus accessit Sapphus Oda in
Venerem et Anacreontis carmen Πῶλε Θρηϊκίη, aliis,
quam reliquum opus, exscripta formulis. Propter
illius promissi vanitatem hujus editionis auctor
Stephano vapulat; nec omnino falsum est, quod
ille ait, hanc editionem nulla alia re, nisi magno
mendorum numero, (multa millia Stephanus scribit,
rem supra fidem augens) locupletatam esse.

Eodem anno, quo Aldi filii Anthologiam operis
recudendam tradiderunt, prodiit Venetiis *Florilegium Epigrammatum graecorum*. *Venetiis ap. Petrum et Jo. Mariam Nicolinos Sabienses. 1550. 8vo.*

In qua quid praestitum sit, ignoro equidem, eum
mihi eam videre nunquam contigerit.   Ejus exemplum suit in Bibl. Thottiana.   Vide Catalog. Vol.
IV. p. 278. nr. 620.   Eadem editione usus est
Brunckius, qui eam laudat in Lectionibus p. 39.
Utinam accurate eam descripsisset, ut constaret,
utrum, praeter summam raritatem, aliquid e re
critica commendationis habeat!

i) De editione Stephani. 1566.

Sequitur editio Stephaniana, omnium fere
notissima: Ἀνθολογία διαφόρων Ἐπιγραμμάτων παλαιῶν, εἰς ἑπτὰ βιβλία διῃρημένη.   Florilegium diversorum Epigrammatum veterum, in septem libros
divisum, magno Epigrammatum numero et duobus
indicibus auctum. Anno MDLXVI. Excudebat Henricus Stephanus, illustris viri Huldrichi Fuggeri typographus. 4to.   Haec editio novam familiam ducit, et quidem tertiam.   Ad primam nimirum
pertinet editio Jani Lascaris, Aldina pr. et Juntina.   Ad secundam, Aldina secunda et tertia, una
cum Ascensiana, quae ipsa pro basi editionis Stephanianae habenda est. Hoc priusquam doceamus,
quae contineat Stephani liber, indicemus.

Est igitur, quod titulus profitetur, magno
Epigrammatum numero auctior, et revera praestat, quod omnes inde ab Aldina pr. promiserant,
nulla

nulla effecerat. Illud Epigrammatum Auctarium,
quod Stephanus primus Anthologiae addidit, paginis
XLII. praeter Peplum Aristotelis, ex Codice Medi-
ceo ab editore descriptum, et sex Epigrammata aenig-
matica ex Codice Epigrammatum, quem Joannem
Clementem Anglum Lovanii habuisse ait, nulla ex
Codicibus carmina continet, sed ea tantum, quae
Stephanus ex variis scriptoribus, ut ipse dicit, aliud
agendo, collegerat. Hac collectione, non nimis
tamen diligenter facta, bene de literis et Anthologia
meruit. Appendicem sequuntur bini indices: alter
Poëtarum, alter Rerum, de quibus in Anthologia
agitur; Scholia Maximi (Planudis) in Problemata
quaedam arithmetica, quibus nec editio princeps
caret, duabus paginis; denique *Annotationes Hen-*
rici Stephani in quosdam Anthologiae Epigrammatum
locos, et potissimum eos, qui secus, quam in hac ejus
editione, aut scripti aut interpuncti inveniuntur.
Harum Annotationum brevitatem ita excusat auctor, ut chartarum ejusdem formae et generis
penuriam notas contrahendi necessitatem sibi im-
posuisse dicat. Hoc sane dolendum est. Sunt tamen in his notis nonnulla, quibus facile carueri-
mus; inque his quinquaginta illae ejusdem distichi
versiones latinae, a Stephano, ineptae ostentationis
causa, variatae. *) In fine notarum est Epilogus,

*) De his distichis vide quomodo judicet Vavassor de
Epigrammate p. 202.

h

in quo Epigrammatum Auctarii fedes indi-
cantur.

·· Jam quod ad textum hujus editionis attinet,
Stephanus multa novavit, primum carminum ordinem contra Codicum et veterum editionum fidem multis in locis immutans. De hac laborie,
quem fibi impofuerat, parte ipfum loquentem audiamus: „Quum in ceteris editionibus praefixus uni-
„cuique libro numerus titulorum alicubi numero,
„qui in ipfo libro eft, non refpondeat; quum multa
„Epigrammata fub eodem titulo de iisdem rebus et
„perfonis in eundem fenfum fcripta divulfa fint;
„quum libro tertio, fub titulo incelebrium poëta-
„rum, Orpheus, Mufaeus aliique multi celebérrimi
„et vetuftiffimi poëtae pofiti fint; quum alicubi ad
„particularem titulum Epigrammata diverfa tan-
„quam ad generalem referantur; quum ibi carmina
„multa, quae feparari debent, conjuncta fint, con-
„tra, quae conjungi unoque tenore continuari de-
„bent, interrupta fint; quum interdum pofitum
„fit nomen τοῦ ἐπιγράψαντος pro ejus nomine, ᾧ
„ἐπιγέγραπται, et vice verfa; quum ἄδηλον aliquo-
„ties ponatur, ubi auctor non ignoratur; quum
„non pauca etiam ψευδεπίγραφα fint: quae his ego
„aliisque multis vitiis remedia adhibuerim, ex hu-
„jus editionis cum aliis collatione quam ex meis
„verbis intelligi malo. At titulis, qui ordine alpha-
„betico collocati non erant, fedem fuam mutare,

„aut Epigrammata ex uno titulo in alium, cui
„magis convenire videbantur, transferre, nequa-
„quam ausus fui.   Sed et nomina eorundem Ἐπι-
„γρχμματοποιῶν, ut varie scripta inveni, ita etiam
„varie scripta reliqui, dum quid certius de illis com-
„perissem.   Sed nec in illis nominibus, quae modo
„cum adjunctione, modo sine illa scripta sunt, quic-
„quam immutavi.   Sunt et alia fortasse (imo vero
„quin sint non dubito) a me in hac editione prae-
„stita; sed re quam verbis majora esse mea volo.‟

Haec Stephanus.   In cujus professione, praesertim in iis, quae de immutato carminum ordine
ait, nemo facile erit, quin rationis constantiam
desideret.   Quod si enim illa a Planude perverso
ordine posita sunt, eumque errorem editori carminibus transponendis corrigere fas est, cur idem
sibi vetitum putet, carmina ex uno capite in aliud
transponere? At ejusmodi licentia multis difficultatibus laborat, nec certos fines habet, nec, ubi
in transponendo subsistendum sit, facile dixeris.
Audio.   Sed ob hanc ipsam causam nonne satius
erat, Codicum fidem sequi, neque omnino quidquam contra Planudis mentem mutare?

Ceterum Stephanus in contextu recensendo an
Codicibus Codicumve collationibus usus sit, nonnunquam dubitavi, cum inter ea, quae primus in
textu novavit, paucissima reperirem, quae non
potius ingenii sagacitate inventa, quam a Codici-

h 2

bus fuppeditata viderentur. Ipfe tamen in nonnullis Annotationum locis ad veteres libros provocat, ubi priores editiones intelligi nequeunt: ut ad p. 55. τετήγμεθα pro τετρίμμεθα. Ad p. 126. παρελήλυθεν pro προσήνοχεν. Ad p. 135. γῆρας δὲ σὸν οὔποτε fe ex vetere cod. reftituiffe ait. Ad p. 150. θρασυνόμενον pro δασυνόμενον in Cod. legi affirmat. Ad p. 151. ὑτῶν pro ὡδῶν. Haec fere funt loca, ubi Codicum mentionem faciat; nec eft profecto, cur ei fidem negemus in hujusmodi lectionibus, quae nemo facile finxerit. Accedit, quod ad Stephani fidem ftabiliendam maxime facit, quod quaedam Epigrammata, quae in praecedentibus ἀδέσποτα funt, primus vindicavit auctoribus fuis; nonnulla quidem ex impre.fforum librorum auctoritate *), alia fine ejusmodi auctoritate; ex Codicibus igitur. P. 231. Epigramma, cui initium Ἱστάτοι ἐθρήησον, in Edit. Flor. nullum omnino lemma habet; in Aldinis et Afcenf. adfcriptum ἀδέσποτον· Stephanus addidit οἱ δὲ Βιάνορος, plane ut eft in Cod. Vat. In eadem pag. Epigrammati Ἱστάτοι Φώκαια adfcripfit nomen Δημέντου, vitiofe pro Δημαγήτου. Quod unum exemplum ejusmodi eft, ut nullus dubitationi locus relinquatur.

*) Ut p. 285. Epigr. εἴνει Ἀναρείτα: Callimachi effe ex Diogene Laërtio didicerat; p. 289. εἶπες ἥλιε καῖε eidem poëtae tribuit Cicerone auctore.

Quae cum ita se habeant, non tamen putaverim, multas aut insigniores lectiones e Codicibus manuscriptis a Stephano in contextu fuisse positas. Eae enim, in quibus a veteribus editionibus recedit, maximam partem sunt ejusmodi, ut vel a mediocriter docto reperiri potuerint; aliae manifesto falsae. Quod autem in Epilogo affirmat, se nullos locos, nisi ubi manifestus esset error, e conjectura mutasse, id quantam editori mutandi licentiam permittat, nemo non intelligit. Saepe enim error apertus est, emendatio non item; saepenumero etiam errorem nobis deprehendisse videmur manifestissimum, ubi omnia sana sunt et sincere scripta. Nihil igitur vetat, quominus Stephanum multa ex conjectura emendasse putemus; quam suspicionem res ipsa confirmat. Et profecto, quod in Stephano ultro exspectes, praeclare interdum et acute inveterata vitia sustulit; interdum, quid legendum sit, probabiliter divinavit; non minus raro tamen et bonas lectiones praepostera innovatione corrupit, et vitiosas temere emendando antiquae scripturae vestigia obliteravit. In singulis locis quomodo versatus sit, cum in ea operis nostri parte indicaverimus, quae lectionum varietatem persequitur, hic paucis exemplis defungar, ut, nos non reprehendendi quadam cupiditate, sed vera audaciam et festinationem in Stephano notasse, appareat. P. 19. in Epigr. Archiae (Leonidas

Alexandrino membranae tribuunt) v. 4. λιμοῦ
Λύτορα dedit, pro λιμοῦ, quod verissimum est,
cum Stephani lectio ineptam tautologiam efficiat.
P. 75. in Epigr. Antiphili v. 3. omnes editiones
veteres exhibent ἠδ ὅτ᾽ ἴκμασι, quibuscum conspirat Cod. Vat. Lectio procul dubio vitiosa est,
non autem in εὗπον᾽ mutanda, ut Stephanus fecit,
sed in εἶδ ὅτ᾽ ἰ. quod sensus unice flagitat, et Grotius expressit: nec habet dum lumina somnus, Flexit
aberranti frena marina manu. P. 81. in Epigr. Al-
phei probam lectionem, μὰ τινὰς δίσπασα βαίσυ
δαίμονας, perquam inepte in μὰ Θεοὺς mutavit.
P. 89. in Luciani Epigr. vulgo αὐτήν legitur; vitiose; Stephanus αὐτὰ exhibuit; qua correctione
vitium non tollebatur, via ad verum reperiendum
obstruebatur. P. 104. lin. 4. pro ἰμφρανα, in
quo editt. et Codd. conspirant, Brodaei conjecturam διήγημα recepit, qua turpe ulcus non sana-
tur, sed tanquam splendida cute obducitur. P. 240.
in Epigr. Antipatri Sidonii versu ult. κῦμα κυλινδό-
μενον dedit pro τῆμα, temeraria conjectura, ut
apparet ex loco Homerico Il. λ. 347. κῦμα κυλίνδεται ὄβριμος Ἔκτωρ. Sed haec exempla sufficient.

Ceterum cum Stephanus nec in praefatione
subsidiorum, quibus usus sit, nec in notis emendationum suarum rationem reddiderit, difficile
est, de hac editione in universum statuere. Nova
etiam difficultas inde oritur, quod Stephanum in

conflituendo textu, cum aliorum fcriptorum, quos edidit, tum Anthologiae noftrae non conftanti ratione, fed defultoria opera ufum effe conftat. Maxime tamen probabile mihi fit, fundum textus Stephaniani editionem Afcenfianam effe, quam ad conjecturas cum fuas, tum aliorum, Brodaei inprimis, et ad veteres editiones, ad has tamen non conftanter nec ubique, exegerit et refinxerit. Quod ut exiftimem, efficit in primis hoc, quod in Stephaniana plurimae lectiones reperiuntur Afcenfianae editioni propriae, interque eas nonnullae veteribus Florentinae et Aldinae editionis lectionibus longe deteriores. Quaedam hujus generis fupra protulimus in capite de editione Afcenfiana; hic pauca quaedam addamus, quibus res fiat manifeftior. P. 59. lin. penult. omnes editiones habent Ὀρειβασίοιο, una Afcenfiana Ὀρειβασίου, quo metrum peffumdatur. Pravam tamen lectionem expreffit Stephanus. P. 74. lin. pen. cum eadem edit. υἱέσσιν pro υἰέσσω dedit. Quod paulo ante p. 69. in Epigrammate, cui initium Ὁ πρὶν ἀεί, v. 3. vitiofum κώμον, ab Aldo in Lectionibus emendatum, in textu repofitum eft, id non confilio factum exiftimo, fed quod prava illa lectio etiam in Afcenfiana reperiebatur. P. 101. in Epigr. Bianoris v. 7. κεκλωσμέναι pro κεκλωσμίναι, et p. 106. in Epigr. Philippi v. 4. depravata fcriptura πῆσαι σὺρ καὶ ἐν, praeclare emendata in Aldina fec. et tertia, ex

h 4

Afcenfiana iterum affumta eft. Ex eadem, quod inprimis notandum, Stephanus lacunarum quarundam fupplementa recepit, ut σταγόσω p. 437. Idem lacunas hujus editionis et ʼipfe habet. Non tamen, quòd jam fupra fignificavi, ita fe ei in fervitium dedit, ut non plurima ejus vitia tolleret, cum typographicos errores corrigendo, tum bonas quasdam veterum editionum lectiones, Florentinae inprimis, revocando. Ipfe tamen fibi a novis vitiis non fatis cavens turpiffima quaedam reliquit: ut p. 241. ὡς λυγηρὰ pro λιγυρά· p. 306. θνητὸν ὁδόντα pro θηκτόν· p. 327. ἄκαλος pro ἄαλος.

In Annotationibus fpei, nominis fui magnitudine concitatae, ʼminime fatisfacit. Utiliffima earum pars illa eft, quae in comparandis fcriptoribus, qui Epigrammata confervarunt, verfatur — quamvis in hac quoque opera rem inchoavit potius, quam perfecit — nec non ea, ubi conjecturas quasdam fuas et difficilium locorum explicationes expromit; at hae quidem pauciffimae funt. Altera pars, quae multo minus utilitatis habet, moratur in notandis Planudis erroribus circa difpofitionem carminum; in examinandis latinarum verfionum peccatis; in comparandis locis fimilibus; partim etiam in rebus plane futilibus, nec, in tanta praefertim brevitate, animadverfione dignis. Varietatem lectionis ex veteribus edi-

tionibus paſſim laudat, ſed parum conſtanter, leves interdum aberrationes notans, graviores negligens.   Suarum emendationum rationem raro
reddidit.

k) *De editione Wecheliana.* 1600.

Annis quatuor et triginta praeterlapſis, textum Stephani, una cum vitiis ſuis, vix graviſſimis
quibusque et turpiſſimis ſublatis, multisque novis
inſuper auctum, repetiverunt Wecheli haeredes:
*Francofurti, apud Andr. Wecheli haeredes Claudium
Marnium et Jo. Aubrium.* 1600. fol.   Hanc editionem nihil niſi meram Stephanianae repetitionem eſſe, vel hinc apparet, quod, cum in illius
Appendice confuſa ſint folia, pagina 537. ſtatim
ſequente paginam 508., huic confuſioni in Wecheliana nulla medela allata eſt; quodque Epigramma
Pantelei a Stephano forte ſuo loco omiſſum et poſt
Indices collocatum, ab iis quoque, qui Wechelia-
nam curarunt, non in juſtum locum reductum, ſed
item in calce Appendicis poſitum eſt.   Continet
praeter textum et Appendicem Epigrammatum a
Stephano factam indices tres, duos Stephani,
tertium Brodaei, annotationes Stephani ad calcem,.
et integros Brodaei et Opſopoei commentarios textui ſubjectos.   His deſcribendis, ſicuti toti huic
operi, perparum diligentiae tributum eſt.   Quum
enim in Brodaei editione notae nec ſingulis car-

minibus fubjeflae, nec fecundum Epigrammata
diftinflae fint, fic ut v. c. commentarius in L.
VII. continua ferie legatur, Wecheliani, prae
nimia feftinatione, non folum commentarios in
diverfa Epigrammata confuderunt, verum etiam
ea, quae ad unum Epigramma pertineant, faepenumero perperam diftraxerunt.

Haec igitur editio, quae per duo fecula fere
fola in hominum manibus fuit, quod ad criticam
attinet, nihil propriae laudis habet. Brodaei autem commentarium ex ejus autographo, quod
Wecheliani acceperant a Joanne Vulcopio *) Bello-
pratenfi, auffiorem et quibusdam in locis emendatiorem dederunt. Praeterea accefferunt Scholia,
tum primum ex Bibl. Fr. Pithoei et P. Petavii pro-
deuntia. De his Scholiis hoc loco paucis monendum videtur.

De Scholiis Anthologiae graecae.

In Codice Vaticano Epigrammatis Scholia adfcripta funt pauciffima, eaque omnia parvi momenti et a manu recentiore. In Editionibus Jani
Lafcaris, Aldinis, Juntina et Stephaniana nulla

---

*) *Vulcobius* idem fcribitur in Praef. Plutarchi Wecheliani Tom. I. ubi Codd. collationes ex eadem
Bibl. Lud. Servini, unde etiam Brodaei autographum protraxit, fuppeditaffe narratur. Vide
Wyttenbach. Praef. ad Plutarch. p. CXVIII.

plane habentur Scholia, nisi Solutiones quorundam
Problematum arithmeticorum, quae *Maximo* tri-
buuntur.   Sunt qui dubitent, an hic sit Maximus
Planudes, Anthologiae auctor: sine causa idonea.
Leguntur enim in contextu ipsius operis a Planude
concinnati, et inde a Stephano demum ad calcem
Anthologiae rejecta sunt.   Nec deerat Planudi
eruditio, ut eum ejusmodi problematibus solven-
dis imparem fuisse existimes.   Unum praeterea
Scholion alius generis ad Epigr. ἀδιώποτον ᾿ἐξ
ἄραι μόχθου -- jam in Edit. principe reperitur.
Hoc igitur ante Janum Lascarim additum fuit.

Longo diversa fuit ratio eorum Scholiorum,
quae Wecheliani in lucem protulerunt.   Haec
Fabricio *) admodum videbantur recentia, et ex
vulgaribus libris, Suida, Eustathio, Polluce, Athenaeo, Pausania, Strabone, aliis corrasa; quorum
scriptorum nomina multis in locis laudantur.   Hoc

---

*) Fabricius p. 455. not. *bb.* totam scribendi indolem, latinismos et scriptores citandi rationem docere existimat,   haec Scholia composita esse non
   a Graeco antiquo, sed Gallo aliquo vel Italo sec.
   XVI. Varias auctor lectiones commemorat non
   solum ex Codd. quorum duos potissimum evol-
   visse videtur, unum ἐγγεγραπτον Παύλου τοῦ Βενά-
   φου ἐν Παραφρ. p. 43. sed etiam ex libris impressis.
   P. 426. ἐν ἄλλοις βιβλίοις εὑρίσκεται μόνον Εἰς Κράτητα
   ἐντεταλθέν.   Hoc Scholion scriptum post Aldinam
   pr. editam.

quidem fatis certum eft, ex poft Planudem, fortaffe poft Lafcaris demum editionem, a doctis
Graecis Anthologiao adfcripta effe.   Inter Codices quidem Planudeae, quos memoratos inveni,
unus praecipue eft ex Bibl. Monacenfi, qui Scholia habere dicatur (Fabric. T. IV. p. 432.); qualia
et quam multa, non conftat; Wecheliani autem
anScholia fua ex manufcpto Anthologiae libro pro-
tulerint, plane non liquet.   Ceterum feculo XV.
an XVI. fcripta fint haec Scholia, certe recentiffi-
ma effe, res ipfa declarat.   Largam eorum collectionem poffidebat, cujus fortaffe ipfe auctor
fuit, *M. Mufurus*, homo fuae aetatis eruditiffimus et in graecis Gloffariis probe verfatus.   Haec
Scholia reperiuntur in exemplo editionis Florentinae, cui adfcripta funt manu Acciajolii *ex Epigrammatario M. Mufuri*.   Hoc exemplum Romae
fervatur in Bibliotheca Em. Cardinalis Zeladae,
ubi illud tractavit *Guil. Uhdenius*, qui haec Scholia
vulgatis pleniora effe per literas mihi fignificavit.
Aliud exemplum Editionis pr. quod Jani Lafcaris
fuit, cum Scholiis graecis, iisdem, quae in Wecheliana habentur, usque ad fol. ZZZα, poffidet
cl. de Murr, Patricius Norimbergenfis.   Scholia
graeca auctiora leguntur etiam in Cod. Bibl. Senatus Lipfienfis, quondam Monafterii Ottoburani,
quorum fpecimen dedit Leichius in Praef. ad Carm.
Sep. p. IX.

1) *De editione Hieronymi de Bosch.* 1795.

Ab eo inde tempore, quo Anthologia Planudis in lucem est edita, viri docti extiterunt haud pauci, qui Epigrammata graeca in latinum sermonem converterent. Integram Anthologiam pedestri oratione vertit *Eilhardus Lubinus*; metricas ejus versiones collegerunt *Megiserus*, *Cunherus* et *Rivinus*, opera non inutili, sed his nostris temporibus fere despecta. De horum virorum laudibus disputare, nostri instituti non est. Inter plurimos autem poëtas latinos nullus feliciori vena et acriore studio Anthologiae latinis numeris reddendae negotium susceperat, quam *Hugo Grotius*, de cujus immortalibus in literas meritis latius est tacere, quam pauca dicere. Is igitur, qui graecae linguae accurata scientia et latinae poëseos facultate similes habuit perpaucos, parem fortasse neminem, non solum omnia Anthologiae Planudeae carmina elegantibus numeris expressit, sed etiam magnum eorum numerum, quae tum erant inedita. Nullum facile negotium, quod quidem ad humaniores literas pertineret, tantopere delectasse videtur magnum virum, quam quod in Anthologia vertenda posuerat studium; ut vel hinc conjecturam facias, quantum is, qui plurimum in hoc genere poterat, in eo effecerit, in quo plurimum elaboraret. Hujus tamen operis editionem, quam totam paraverat, vehementer-

que cupiebat fieri *), quominus videret, fatum
prohibuit. Quo enim anno ad Voffium fcripfit:
*Velim feftinari negotium, ut, fi fieri poteft, vi-
deam meam meffem;* eo ipfo anno morte exftinctus
eft. Verfionis Grotianae codicem habuit *Jo. Clericus,* qui eo edendo literas beare conftituerat;
cujus confilii rationem reddidit in Bibl. Select.
T. VII. p. 191. unde defcriptio operis a Clerico
mente concepti inferta eft in Bibliothecam graecam T. IV. p. 191. Clerici confilium exitum non
habuit. Pervenerat autem ad V. cl. *Hieronymum
de Bofch* liber fcriptus verfionis latinae Grotii e Bibliotheca Petri Burmanni Secundi, cujus manu de-
fcriptus eft e Codice Dorvillii, qui idem fuit, cujus edendi fpem concitaverat Clericus l. c. et Dorvillius in Mifc. Obff. T. VII. p. 67. Ex hoc codice jam excudi cooptum eft opus fub titulo: *Anthologia Graeca cum verfione latina Hugonis Grotii
edita ab Hieronymo de Bofch. Ultrajecti e Typogr.
B. Wild et J. Altheer. 1795, 4to.* Praemiffa eft
Editoris Elegia ad Grotii Manes, brevis ejusdem
praefatiuncula, et Grotii Prolegomena ad Anthologiam, ex quibus apparet, Grotium conftituiffe
dare textum Epigrammatum, cum ex ipfius conjecturis, tum ex Cod. Palatino emendatum, cujus

*) Quomodo eam adornari cuperet, fignificavit in
literis ad IC. Voffium. Epift. nr. 1698. p. 733.
nr. 1721. p. 740. nr. 1733. p. 743.

collationem a Salmasio *) acceperat. Hunc textum, a Grotio conftitutum, Bofchius defiderans,
exemplar Wechelianum excudendum curavit, ita
ut nihil nifi manifeftiffima quaeque vitia tolleret
et emendaret. Hinc factum eft non folum, ut in
novam hanc et fplendidam editionem multa, jamdudum fublata, vitia reftituta fint, verum etiam,
ut Grotii verfio, quamvis in univerfum ad Stephani textum compofita, in multis tamen locis,
quae Vir doctiffimus refinxerat, a graeco textu,
latinis e regione pofito, vehementer diffideat.
Huic incommodo fortaffe medebitur ea pars operis, quae apparatum criticum continebit, ex iis
fubfidiis concinnatum, quae doctiffimus Editor recenfet in Defcriptione Anthologiae a fe edendae
p. 4. Eft in his exemplum editionis Stephani, in
quo notata eft varietas Cod. Palatini, fimul cum
emendationibus Friederici Sylburgii, quod tamen
ipfe Editor non magni videtur facere; praeterea
duo exemplaria editionis Wechelianae cum notis
Bormanni Secundi, Schraderi et aliorum. Ad
haec accedunt duo Apographa, quae complectun-

*) „De Epigrammatis Graecis cum in eo refcifcam
„te effe, ut otio abundes ad eam rem curandam,
„fubmittam tibi omnes emendationes meas. Sed
„otio etiam mihi opus eft ad eas colligendas, quo
„nunc careo.“ Salmafii verba funt fcripta anno
1635. in Epift. L. L. 75. p. 156.

tur Epigrammata Vat. Codicis cum Lennepii, Schraderi et aliorum annotationibus; tum Boivini notae ineditae ad editionem Aldinam et Epigrammata a Planude mutilata, nunc vero e Codd. in integrum reſtituta.   Quae inter haec ſubſidia e Vat.
Codice ducta ſunt, noſtri etiam commentarii exhibent; quae ex ineditis doctorum virorum notis
commemorantur, ex inſigne et peculiare Bo-
ſchianae editionis ornamentum erunt.

m) *De Chreſtomathiis quibusdam ex Anthologia*
Planudea factis.

Utiliſſimorum venuſtiorumque Epigrammatum
delectum agere primus ſuscepit *Jo. Oecolampadius*
in Dragmatis graecae literaturae, Baſil. ap. Andr.
Cratandrum. 1521. 8. cui operi adjecta ſunt coro-
nidis loco Επιγράμματά τινα σποράδην, συγκομι-
σθέντα, Poſidippi, Metrodori, Archiae, Luciani,
Palladae, aliorum.   Hujus viri veſtigia plures ſecuti ſunt; interque eos *Jo. Soter*, qui Epigrammata excerpſit ex L. I. II. III. et IV.   Prodiit haec
collectio Coloniae 1525. 12. et 1528. 8.   Priorem
editionem ipſe poſſideo.   Additae ſunt verſiones
diverſorum auctorum, veterum et recentiorum,
interdum etiam Politiani imitationes graecae.
Textus in plurimis conſpirat cum textu Aldinae pr.
ita tamen, ut meliores lectiones ex Aldi notis re-
ceptae ſint.   Habet etiam nonnulla ſibi propria.

P. 30.

P. 30. ed. Steph. in Epigr. Archiae *ναίαν* pro *ναμῶν*.
P. 60. *διζυθίαις* et *διζυθον* pro *διζυφίας* et *διζυφαν*.
Recusa est haec collectio Friburgi Brisgoiae, per
Stephanum Melechum Gravium, 1544. 8. quam
editionem typographus Soteriana multo castiga-
tiorem esse praedicat, e collatione emendatiorum
codicum a mendis purgatam et nonnullis Epigrammatis ex graeco exemplari adjunctis auctiorem.
Secutae sunt collectiones *Luscinii*, *Camerarii*, *Bel-
licarii*, *Frisii*, *Neandri*, quarum titulos ap. Fabri-
cium reperias; quae an peculiarem quandam a
critica parte commendationem habeant, dubito
equidem, nec tamen affirmare ausim, quippe qui
eas non viderim, nec usurpaverim. Maxime de-
sideravi *Epigrammata graeca selecta ex Anthologia.
Interpretata ad verbum et carmine ab Henrico Stephano: quaedam et ab aliis. Loci aliquot ob eodem
annotationibus illustrati. Ejusdem interpretationes
centum et sex unius distichi, aliorum item quorundam Epigrammatum varias.* 1570. 8. Ceterum
plurimae hujus generis Chrestomathiae, quae
praeterea commemorantur, versionum metrica-
rum causa institutae videntur. Paucissimas earum
quidquam ad textus historiam, nedum ad emendanda et illustranda Epigrammata conferre, mihi
persuasum habeo. In plurimis ea, quae ad mores
spectabant, in aliis argumenta ad doctrinam spe-
ctantia, in aliis denique ejusdem auctoris carmina

i

collecta funt. *Epigrammata graeca in Homerum* feparatim collegit *Hmr. Stephanus,* et cum fuis aliorumque verfionibus edidit ann. 1573. 8. unde fortaffe eadem recufa funt a *Friderico Morello,* Parifiis, 1587. 4. Apud eundem prodierunt Epigrammata *in Imagines ducum, regum, imperatorum,* ex Anthologia felecta latinisque verfibus reddita, Lutetiae, 1607. 4.   Simile opus, Epigrammata ejusdem argumenti complectens, duobus annis poft editum eft Parif. e typogr. Jo. Liberti, 1609. 4. *Luciani* Epigrammata feparatim edidit *Guil. Morel-bus,* Parif. 1551. 4. et eodem anno Epigrammata *Antipatri.* — *A. Licinii Archiae* et *Luciani* Carmina ex Anthologia felecta edidit *Chriftianus Saalbach* Gryphisw. 1692. 8. — His Collectionibus, propter peculiares dotes, addendae funt hae duae: *Novus graecorum Epigrammatum delectus cum nova verfione et notis opera Thomae Johnfon. Ed. tertia et emendatior, Londini* 1706. 8. et *Etonae.* 1777. 8. Ἀνθολογία *feu Epigrammatum ex* Ἀνθολογία *edita, Mfc. Bodlejano aliisque auctoribus delectus. Oxon.* 1724. 8. et *Londini.* 1780. 8.

n) *De Huetii et aliorum quorundam notis.*

Supereft, ut de iis dicamus, qui Anthologiam Plnudeam notis illuftrare et emendare conati funt. Sed horum numerus perquam exiguus. De *Opfopoei* et *Brodaei* commentariis fupra dictum eſt; alios, qui data opera Anthologiam illuſtraverint, praeter *Huetium* novi neminem. *Huetius* igitur, Praeſul longe doctiſſimus, notas in Anthologiam miſerat circa annum 1688. ad *Jo. Georgium Graevium*, eo conſilio, ut ſubneſterentur Anthologiae graecorum Epigrammatum, quam typographi Amſtelodamenſes cum verſione Hugonis Grotii parabant edere. Cujus editionis ſpes cum et propter bellum, quo Batavorum infeſtabatur reſpublica, et alias quasdam, quae intervenerant, cauſas evanuiſſet, Graevius illas Huetii annotationes, Wechelianae textui accommodatas, ejusdem ſummi Viri carminibus ſubjecit: *Petri Danielis Huetii Poëmata. Quarta editio auctior et emendatior. Ut et ejusdem notae ineditae ad Anthologiam Epigrammatum graecorum. Ultrajecti,* 1700. 12. Hae notae, quae LXXXII. implent paginas, diverſi ſunt generis. Quaedam verſantur in interpretatione locorum difficilium, in quibus haud pauca feliciter expedivit; aliae in examinanda lectione expromendisque emendationibus cum ipſius Huetii, tum Scaligeri. De his quidem non eſt quod repetamus ſupra in Praefatione dicta; illae acutae plerumque ſunt, et ſagaces, et verae. Breviter eas exponit, ſine ambitioſo verborum exemplorumque comitatu, ſaepe verbo totam rem explicans, nonnunquam nudam emendationem poſuiſſe contentus. Nullus alius liber eſt ex iis, qui in conjectu-

i 2

ris verfantur, unde plures bonae frugis emendationes ad textum Planudeae refingendum proferri
queant.

Jam licet paucae in Planudeam emendationes
excufae proflent, non defuerunt tamen, qui Epigrammatis corrigendis et illuftrandis navarent
operam.   At eorum labores maximam partem in
Bibliothecis latent, e quarum tenebris ut quam-
primum protrahantur, ii curabunt, quibus illa
cimelia adeundi poteftas datur. *Friedrici* quidem
Sylburgii emendationes Anthologiae ftudiofis non
invidebit *Bofthius* V. cl.   Eundem prolaturum effe
confido notas mfcptas duobus Stephanianae exemplaribus adfcriptas, quae in Bibliotheca Leidenfi
fervantur (Catal. Bibl. Leid. p. 260.).   Latet adhuc ejusdem Stephanianae exemplum cum multis
annotationibus mfcptis, quod fuit in Bibliotheca
Comitis de Thott (Catalog. T. IV. p. 34.), et exemplum Aldinae principis cum notis Viri docti feculi
XVI. Bibliothecae Pinelliae.   Commemorantur
praeterea notae *Petri Francii*, editioni Aldinae
1551. appictae.   Habebat autem idem vir doctiffimus apparatum notarum ineditarum ad Anthologiam, Canteri, Palmerii, Hugonis Grotii *),
Salmafii, Vulcanii, Berkelii.   Latent etiam notae

---

*) Notas mfcptas Grotii apud Schelium Hamburgen-
fem fe vidiffe affirmat Fabr. Bibl. Gr. T. IV.
p. 440.

Munkeri, quarum guftum dedit elegantiffimis nonnullis emendationibus proferendis ad Antoninum
Liber. c. XLI. p. 279. ed. Verheyk. ubi fe aliquando plura in hoc Florilegium daturum promittit.
At fi quid ejusmodi fcriptum reliquit, id ne jamdudum perierit, vereor.   Ejus enim Adverfaria,
magnae et multifariae eruditionis thefaurum, in
manus hominum ineruditorum veniffe, conqueritur *Verheyk* ad Anton. Lib. p. IV. — *Scaligeri* et
Cafauboni emendationes, cum Anonymi cujusdam
notis, nos commentariis noftris inferendo ab obli-
vione vindicavimus.   *Brisbii* notae in Planudeam
adhuc alicubi latent.   Sed de his in Praefatione
dictum eft.

IX.

De Claudii Salmafii in Anthologiam curis.

Anthologiae ftudium, cum poft Stephanum
fere refrixiffet, invento Codice Palatino denuo ac-
cendi et vigere coepit, ita tamen, ut maximam
partem intra privatas curas fubfifteret. Nam eorum omnium, qui praeclari illius Codicis editionem moliebantur, usque ad noftrum aevum, con-
filia, nefcio quo fato, exitum non habuerunt.
Quantum operae ipfe ille Anthologiae repertor,
Claudius Salmafius, in ea emendanda et illuftranda
collocaverit, quoties idem ejus editionem promi-
ferit, nemo ignorat, qui Exercitationes Plinianas,

i 3

Commentarios in Scriptores Hiſtoriae Auguſtae,
aliaque ejusdem viri doctiſſimi opera evolverit;
quorum vix ullum eſt, quod non aliquam ardem-
tiſſimi illius ſtudii et amoris ſignificationem habeat. At quamvis permulta carmina inedita primus protraxit in lucem, multa explicuit, tentavit
et correxit: coepi tamen nonnunquam dubitare,
an unquam totius operis editionem conſtanti diligentia intentoque ad eam rem animo parare ſus-
ceperit. Sed omnem hanc dubitationem tollunt
verba *Philiberti de la Mare* e Vita Salmaſii inedita
a Brunckio prolata Praef. p. XV. nec hic omittenda: „Ex omnibus Salmaſii lucubrationibus nulla
„magis illum exercuit, quam veteres illae graeca-
„nicae antiquitatis reliquiae; Epigrammata dico.
„Theſaurum quippe hunc nactus ſemel Salmaſius
„nunquam e manibus dimiſit: ſed perpoliendo et
„illuſtrando nullum pene vacuum ab ejus lectione
„diem abire patiebatur, quo in ea aliquid non ad-
„notaret, certus exſtare nullibi vetuſtius (an venu-
„ſtius?) antiquitatis graecanicae monumentum.
„Auctor primum Salmaſio fuerat Scaliger, ut, ſi
„haec Epigrammata vulgaret . . . . Sed Salmaſium
„minime praeverterat Scaliger, et jam uberem
„commentandi materiam paraverat, quum a Foe-
„deratis Belgicae Ordinibus Leydam vocatus eſt.
„Quo tempore Leydenſibus typographis absque
„verſione latina opus illud vulgare renuentibus, et

„Salmasio circa alia occupato, obtulit se Henricus
„Valesius, vir graece latineque doctus, qui tantam
„in se provinciam reciperet. Salmasius quidem,
„nisi intra menses aliquot otii sibi satis esset, ut
„horum epigrammatum editioni vacare posset, to-
„tam hujus rei curam simul et gratiam transmissu-
„rum se in Valesium promiserat. Sed ut postea id
„esse Valesio consilii cognovit, ut proprium nomen
„operi praefigeret, Salmasius, qui et Apographum
„sedulo et diligenter recognitum, et uberiores in
„illud notas obtulerat, tum ad Samuelem Bochar-
„tum conversus est, qui et graeca latine vertendi,
„et editionis curam sibi assumsit. Quod tamen
„frustra fuit, seu Bocharto arduum illud, quod
„postea edidit, Sacrae Geographiae opus meditante,
„seu quod vertendi, illustrandi, publicandique illius
„thesauri gloria Joannem Baptistam Lantinum, Se-
„natorem Divionensem, maneret, qui una mecum
„supremae Claudii Salmasii, Claudii, cujus vitam
„scribimus, filii voluntatis curator, et librariae il-
„lius supellectilis haeres institutus, hanc sibi curam
„imposuit, qua, ut spero, brevi et magno rei lite-
„rariae bono defungetur. "

Salmasii notae, de quibus hoc loco agitur, una
cum Lantini lucubrationibus quo pervenissent,
Brunckius, cum Analectorum praefationem scriberet, ignorabat. Eum tamen de illo thesauro
reperiendo non plane desperasse, ex ejus verbis

intelligitur. Et profecto reperit anno 1777., paulo post Analecta in lucem emissa, in Bibliotheca Buheriana notas Salmasii cum multis carminibus ineditis; idque eodem anno literis significavit cum ad alios, tum ad cl. *de Murr*, qui me hoc, pro summa sua humanitate, ignorare noluit. Illae autem Salmasii notae cujus sint generis, num ad editionem comparatae et expolitae, an subitanea opera in chartas conjectae, ex iis quidem, quas mihi videre contigit, literis non patebat. Sed quidquid ejus sit, nemo facile erit literarum amantior, quin has notas tandem aliquando in eruditorum manus venire cupiat. Dum prodierint, quid Salmasius in Anthologia edenda praestiturus fuisset, cum ex singulis speciminibus, quae satis multa exhibuit, tum ex aliis ejusdem viri operibus, quae ad humanitatem spectant, suspicari saltem possumus.

Erat in Salmasio studium acerrimum, ingenium excellens, memoria plane eximia. His animi facultatibus, cum indefesso labore conjunctis, incredibilem sibi eruditionis copiam comparaverat, non verborum tantum, sed inprimis rerum. Qua copia instructus cum se ad Plinium similesque scriptores conferret, fieri non poterat, quin multa, quae priores editores, rerum ignari, vel non vidissent, vel perperam accepissent, ex interioribus literis egregie aut illustraret aut emendaret. Sed judicandi facultatem, eam inprimis partem, quae in pulchris venustisque recte sentiendis cernitur, minus excoluerat. Quare cum in locum paulo intricatiorem, in argumentum nondum satis illustratum incidisset, eruditionis copias, quae memoria ipsi suppeditabat, sine ullo dilectu, tanquam sacco effundebat; res non eo ordine, quo alia ex alia efficitur, disponebat; interdum, quae paulo ante posuerat, eadem contraria disputatione evertebat; ita ut saepe, sententiarum diversitate, locorumque, quos affert, multitudine obrutos, incertiores dimittat lectores, quam venerint. Huc accedit, quod, disputatione de re aliqua instituta, facile e via egreditur, alia ex aliis nectens, diffuso dicendi genere, crebrisque repetitionibus saepe fastidioso. In emendationibus saepe mire acutus est et ad invidiam felix, saepe etiam durus et temerarius. Nam criticum acumen minime ad elegantiam expoliverat, non magis ac mores; diligentius etiam triverat eos scriptores, unde reconditioris eruditionis opes augeret et locupletaret, quam eos, quibus sensus pulchri et boni acuitur. Illud inprimis curabat, ut omnes aevi sui eruditos homines doctrina et ingenio superare videretur; ingenii elegantiam autem et venustatis studium aut negligebat aut contemnebat. Hoc vitium augebatur incredibili quadam arrogantia, qua inflatus, quae vel subito effudisset,

pro certissimis habebat, aliisque obtrudere conabatur.   Qua superbia nihil in hoc literarum studio
perniciosius est, nihil, quod magnorum virorum
laudes magis imminuat, eosque in graviores errores irretiat *).

·   Hic talis vir in edendis Anthologiae carminibus quin multa divinitus expediturus fuisset, si se
totum ad hoc dedisset negotium, nemo est, qui
dubitet.   Multa, quae nunc obscura sunt in locis
ad antiquitatem, priscam historiam, naturae cogni-
tionem artisque opera spectantibus, et omnino
omnia, quae ex interioribus literis explicanda ve-
niant, nemo eo melius, nemo eruditius et ube-
rius illustrasset.   At in textu constituendo dubito
an tantum praestitisset, quantum Brunckius.   Non
omnibus concessum est ingeniis, ut leviorum lusuum venustatem, quae in singulis verbis, verborumque structura est posita, sentiant; nemini fortasse minus quam Salmasio.   At hic sensus cui ne-
gatus est, non fieri potest, quin in corruptis emen-

*) Sine ira et studio, ex rei veritate, de Salmasio
judicat Octavius Ferrarius, elegantissimi vir ingenii, In Praef. ad librum poster. de Re Vestiaria:
„Salmasius, vir in omni genere literarum emi-
„nentissimus, ac sine controversia hujus aevi sum-
„mus.   Sed quaesita meritis superbia immodicus
„sui aestimator, aliorumque contemtor, omnis-
„que sententiae, cujus ipse auctor non esset, ini-
„micus."

dandis deligendisque lectionibus a vero aberret,
poëtisque obtrudat ea, quae ab eorum ingenio
totoque hoc leviori genere longissime absint. Ut
artifices quidam magnae et stupendae molis opera
felicissime exstruunt, parva ne attingere quidem
audent, et facilius colossum, quam quadrigulas,
quales Theodorus et Myrmecides, perficiunt, sic
in hoc quoque artium genere Salmasius ad Plinium
emendandum valebat: an eadem felicitate in pu-
sillis illis carminibus constituendis versaturus fuisset, dubitare licet.

X.

De Luca Langermanno.

Iteratis Salmasii promissis quanta inter eruditos illius seculi exspectatio, quanta spes excitata
fuerit, ex multis, quae tum prodierunt, operibus,
Epistolis praesertim, intelligitur. Quamdiu autem haec spes cum ab ipso Salmasio, tum ab ejus
cultoribus fovebatur, nemo facile ausus est fal-
cem immittere messi viri doctissimi, quem alii, ut
deum quendam inter eruditos, colebant, alii, qui
ejus gloriae et splendori invidebant, offendere tamen non audebant. Tandem vero, negotio per
plures annos protracto, spes a Salmasio excitata
paulatim evanuit. Seculo XVII. cujus ipso initio
Codex Palatinus a Salmasio repertus erat, jam ad

dimidium elapfo, exftitit *Lucas Langermannus* *),
quem ad hoc negotium fuscipiendum ab Ifaaco
Voffio, Salmafii invidia, ut mihi quidem perfua-
deo; excitatum effe fufpicor, qui de Anthologia
edenda cogitaret.   Is, hujus confilii exfequendi
caufa, Romam profeftus eft, ut Codicem, jam in
Vaticanam Bibliothecam relatum, adiret atque
defcriberet.   Ibi cum initio omnia inveniffet difficilia aditu et occlufa (ut Voffius fcribit ad Nicol.
Heinfium anno 1652. menfe Decembr. in Sylloge
Epift. Burm. T. III. p. 655.), jam in eo erat, ut
re infefta rediret.   Poftea tamen, nefcio quomodo, id, quod jam defperaverat, feliciter exfecutus
eft.   Nam notas ejus et collationes Anthologiae
Planudis cum Vat. Cod. vidit Fabricius apud Scho-
lium quendam Hamburgenfem; apud quem etiam
evolvit Anthologiam ineditam et plurima collefta-
nea, cafligandis et fupplendis graecis Epigrammatis idonea. (Bibl. Gr. Tom. IV. p. 440.) Langermannum autem hoc inter alia fpeftaffe, ut Salmafii errores retegeret, famamque minueret, fufpicari poffumus ex verbis Voffii in Epift. fupra

---

*) Reinefius In Epift. ad Chrift. Daumium p. 148.:
   »Anthologiam novam ex Codd. Vaticanis, adjeftis
   »multis ineditis Epigrammatis, propediem dabit
   »L. Langermannus, Hamburgenfis, qui N. Heinfio
   »in Italia hactenus adhaefit, nuper inde reverfus,
   »in Sueciam transiit Amftelodamo.«

laudata p. 656.: „Prodigiofos errores, quos in
„Anthologia deſcribenda commiſit (Salmaſius), ali-
„quando videbis; ubi redierimus ego et Langer-
„mannus. Certe negligi a te non debet praecla-
„rum ejus furtum, quo Scholiaſtem Palatinum
„Ovi Simmiae miſerrime, Cyclopeo more, devo-
„ravit totum, inque ſuccum et ſanguinem con-
„vertit. Diſſimula tamen, quaeſo, Langermannum
„de Anthologia cogitare, ne et ejus fortunis inſi-
„dietur.“ Ceterum Langermannus, quidquid hujus ſuit conſilii, poſt Salmaſii mortem (1653.) ab-
jecit totumque ſe addixit rebus forenſibus *).

XI.

De Apographis libri Vaticani.

a) De iis, quae e Salmaſii codice fluxiſſe videantur.

Ab eo tempore, quo Iſaacus Voſſius Salmaſii
gloriam in hac parte deterere et imminuere coepit,
binae apographorum Codicis Vaticani claſſes exſti-
terunt: altera eorum, quae fluxerunt ex Excerptis
Salmaſii; altera complectitur ea, quae ex Codice
Voſſiano originem duxerunt. De utrisque verbo
dicam; poſtea Apographa ex ipſo Cod. Vaticano
facta commemorabo.

*) Heinſ. Epiſt. ad Daumium Tom. V. Sylloges
   p. 218.

In fingulis quidem apographis, quae laudantur, definire et decernere, utri earum claffium,
quas diximus, annumeranda fint, res fuerit difficultatis pleniffima nec operae habitura pretium,
In univerfum tenendum eft hoc: omnia apographa prioris claffis textum Vaticani Codicis minorj
cum fide repraefentare, quam Voffianum librum,
quique e Voffiano libro fluxerunt. Salmafius
enim, praeterea quod in multis errare potuit, ut
homo et paene puer, jam inter defcribendum haud
pauca vitiofa vel mutavit, vel emendavit; alia
margini Codicis fui allevit, quae, ut fieri folet,
a defcribentibus pro genuinis, vel faltem verifimi-
libus propagata, novisque cum erroribus tum
emendationibus aucta funt. Inter eos autem Codices, quos plurimos veluti rivulos a Salmafii
fontibus profluxiffe conftat, celebritatem quandam nactus eft Codex *Guieti*, cujus defcriptionem
dedit Boivinus junior (dans les Mém. de l'Acad.
des Infcr. Tom. III. p. 374. fqq.). Hic liber cum
tota Bibliotheca Guieti, qui duobus annis poft
Salmafium (1655.) morte exftinctus eft, ad *Menagium* pervenit, poft cujus obitum pars facta eft
Bibliothecae, tum Regiae, nunc Populi Parifienfis.
Continet hic liber, Ipfius Guieti manu exaratus,
Epigrammata ad numerum DCC, cum multis correctionibus difficiliumque locorum explicationi-
bus. Harum quanta pars Guietum auctorem ha-

beat, ignoro equidem; plurimas ex Salmasiano
libro descriptas esse, mihi persuadeo *). Ex
Guieti libro alii alia, quae ad rem suam pertine-
rent, delibarunt; nonnulli totum descripserunt.
De quibus ἀντιγράφοις sic judicat Brunckius Praef.
p. VIII.: „Sunt ista omnia minus integra. Nam
„praeterquam quod hinc inde carmina desunt ali-
„quot, et in fine plurima, quae in autographum,
„cujus copiam Guieto fecit, nondum retulerat Sal-
„masius, illius festinatione et inconsiderantia fa-
„ctum est, ut, cum duo simul vertisset folia, primo
„disticho Epigrammatis Straton. LXVII. duo ulti-
„ma disticha subjunxerit Epigr. ejusdem poëtae
„LXXVII. -. et quae media interjacent Carmina XII.
„praeter illorum, alterius finem, alterius initium,
„omiserit. Haec eruditissimo Joanni Boivin, quum
„in Academicorum consessu elegantem illam legeret
„commentationem, nondum comperta erant.“ Ex
apographis, quae libro Guietiano originem debent, fuit Codex *Bigotianus*, unde L. Kusterus se
multa Epigrammata Parisiis descripsisse ait ad Suid,
in ἐρίζαξ T. II. p. 207. et in Πωταίδις Tom. III.
p. 152.

b) *De libris Vossianis.*

Alterius classis apographorum ordinem ducit
liber *Friderici Sylburgii*, quem cum alii, tum Bur-

---

*) Vide ad Epigr. Hadriani I. 4. ..

manous Sec. ad Anthol. Latinam faepiffime laudat. Qui liber, Sylburgii manu exaratus, cum
io multis locis a Salmafianis apographis discrepet,
fuerunt qui dubitarent, omnia illa Anthologiae
ineditae apographa num ex uno Codice Palatino
fluxerint, an ex pluribus. Dorvillius quidem de
quibusdam apographis fuis ita loquitur, ut eos ex
alio forte, quam ex Vat. Cod. derivata fufpicatur *). Gesnerum autem, Harlefius monuit (in
BibL Gr. T. IV. p. 434.), Sylburgianum librum ex
alio plane Codice, Palatino tamen, defcriptum
putaffe, quam librum Salmafii. Quae fententia
mera fufpicione nititur eaque vaniffima. Rem
paucis conficiam. Plurimae lectiones, qui ex Cod.
Sylburgiano five Voffiano, hoc enim nomine laudari folet, proferuntur, in Cod. Vatic. leguntur,
nec ullum vidi carmen ex illo apographo prolatum, quod in Vat. Cod. non exftaret. Hinc efficitur alterum de duobus, ut aut Salmafius alium
Codicem defcripferit, quam eum, qui ex BibL Pa-
latina in Vaticanam translatus eft; quod ineptum
fit dicere; aut Salmafianum Sylburgianumque
apographum ex uno eodemque fonte profluxerint.

Sic

---

*) Vannus crit. p. 142.: »Quinque alia mea ἀντι-
»γραφα, inter quae forte etiam non ex Palatino tra-
»ducta.« et p. 143.: »Sed liber ille, quem non tra-
»ducem Cod. Palat. multis ex locis conjicimus – «

Sic fe rem habere, ii, quibus Voſſiani codicis adeundi poteſtas datur, nunc facilius intelligent,
lectionibus Vaticani Cod. diligentius et plenius,
quam unquam factum fuit, in commentario noſtro
indicatis, ipfiusque Codicis notitia uberiore prolata.

Apographorum quorundam, ex Voſſiano libro
derivatorum, genefin ex Reiskii praefatione p. XIX.
hic inferam: Poſtquam Iſaacus Voſſius vitae fedem
in Britannia collocaverat, *Ed. Bernardus* Epigrammata Codicis Sylburgiani defcribenda curavit. Ex
hoc Bernardi codice in Bibl. Bodlejanam delato
Bentlejus multa Epigrammata protulit. Circa
idem tempus *Ex. Spanhemius*, cui juveni ipfe Salmaſius falivam moverat *), legatus in Britanniam
miſſus, magnam Anthologiae partem ex Cod. Voſſ.
defcripfit, cujus fchedae Berolinum translatae,
fchedas *Lacrozianas* pepererunt, quae in Reiskii
Anthologia et Schneideri Periculo critico tam crebro laudantur **).

*) Spanhemius Epiſt. ad Nicaſium ann. 1697.: 'A
l'age où j'étais de quinze ou de feize ans Mr. de
Saumaiſe voulot me confier l'édition des Epigram-
mes grecs anecdotes, qu'il avait tiré du Mſcpt et
qu'il ne croyait plus de faifon dans fa vieilleſſe.
Un démêlé qui furvint par fa faute entre feu mon
pere et lui, me priva de l'honneur que j'en aurais
tiré à cet âge là et du fecours qu'il m'y aurait
donné.

**) Habebat Lacrozius etiam aliud exemplum An-
thologiae ineditae, Bernardo teſte in literis ad

k

c) De Apographo Lipsiensi.

Hic locus postulat, ut de Apographo Lipsiensi moneamus, cujus in Commentariis nostris creberrima fit mentio, quippe ex quo Reiskius magnum Epigrammatum numerum primus in lucem protraxit. Hic liber, qui ex Bibl. Gisberti Cuperi ad Uffenbachium, hinc in Bibliothecam Senatus Lipsiensis pervenit, scriptus est manu Isaaci Gruteri, quem exeunte seculo XVII. apud Haganos decessisse narrat Reiskius. Jam duo tum Codd. apud Batavos erant, quos Gruterus describere potuit: alter Heinsianus, ex Salmasiano sive potius Scaligeri libro factus, cum quo Salmasius copias a se repertas communicaverat *); alter Vossianus. Utrum eorum secutus sit, non satis certum est; malim tamen putare, eum Heinsianum librum descripsisse, quam alterum. Ordo enim librorum, qui in Lipsiensi plane diversus est ab ordine Autographi, plane conspirat cum Cod. Guieti; nisi quod carmina variis metris conscripta a Guieti

Reisk. p. 467. quod, ipso Bernardo operam commodante, ex Jordani suppellectile literaria in Dorvillianam transiit. Id autem ex quo Cod. doctum sit, quaeque Epigrammata contineat, sese non meminisse fatetur.

*) Exemplum Danielis Heinsii servatur in Bibl. Leidensi, eique Heinsii manu nonnulla adscripta esse, apparet ex not. N. Heinsii ad Ovid. A. A. II. 660. T. I. p. 647. ed. Burm.

libro plano abfunt. (Vid. Reisk. Praef. Anthol.
p. XXI. fq.) Continet hoc Apographum, unde
Majus in Catal. Bibl. Uffenbachianae Excerpta dedit, fexcenta et quinquaginta Epigrammata, in
quinque capita divifa.   Primo loco exhibetur Mufa Stratonis puerilis, quae in Cod. Vat. ultimum
locum occupat; fequuntur triginta carmina varils
metris confcripta, quae in Vat. C. ante Stratonis
Mufam leguntur; tertium caput Amatoria continet ad numer. CXVIII; quartum Epigr. Dedicatoria CLVIII; quintum Epigr. Sepulcralia XCIV.
Ex reliquis Vatic. Codicis capitibus nulla Excerpta
habet.   Vides, quam multa defint in hoc Apographo, quod tamen, fi Jenfiana carmina adjiceren-
tur, pro genuina et integra Conftantini Anthologia habendum cenfebat Reiskius.   Hic error,
ut fieri folet, peperit alium.   Ex eo enim opinio
de duobus Anthologiae Codicibus, qui nec eadem carmina, nec eodem ordine exhiberent, orta
eft. *)

*) Lipfienfe Apographum Loetnerus defcripfit in
Klotzii gratiam, qui multa Epigr. inedita Inde
exhibuit in Notis ad Tyrtaeum, nihil, quod
magnum momentum habeat five ad criticam five
ad interpretationem, afferens.

d) *De Apographo Lucae Holstenii five Codice Barberini.*

Sed haud scio, an ex omnibus Anthologiae Palatinae Apographis nullum fit, quod majorem olim auctoritatem habuerit, gravioresque errores pepererit eo, unde *Lucas Holstenius* tot Epigrammata primus in lucem edidit. Hic Codex, quem ipfe Holstenius faepenumero fub titulo *Anthologiae Agathiae* laudat, vulgo *Barberinianus* appellatus, cum quaedam contineat, nec in Cod. Lipfienfi, nec in Jenfianis obvia, non folum carmina, fed etiam lemmata carminum, Reiskius (in Mifcell. Lipf. T. IX. p. 89.) eum omnium locupletiffimum, atque adeo e Palatino non deductum effe cenfebat. Hanc fententiam amplexus eft Leffingius de Epigr. Tom. I. p. 291. fq. qui futurum effe fperabat, ut ex hoc Cod. aliquando integra Agathiae Anthologia ederetur. Quam fpem vanam effe, primus Intellexit Brunckius in Praefat. p. XII. „Equidem „fufpicor, (Codicem Barberinianum) ipfiusHollenii „manu exaratum fuiffe, qui, dum Parifiis verfaba„tur, Salmafiani apographi facile copiam habere „potuit, hujusque cimelii dono gratiam illum pa„troni fui iniiffe, cujus Bibliothecae curam habuit, „antequam Vaticanae praeficeretur." Hanc fufpicionem veriffimam effe, ipfa res docuit. Quum enim Nicolaus Schow Vir. cl. bonarum literarum caufa Romae verfaretur, hunc Barberinianum Cod.

sedulo excuffit, in eoque omnia ita effe, ut Brunckius fufpicatus fuerat, intellexit.   Titulum in
fronte gerit hunc: *Pauli Silentiarii Ecphrafis magnae Ecclefiae S. Sophiae et Ambonis ejusdem Ecclefiae.
Ex Mff. Codd. Palatinae Bibl.   Ex Cl. Salmafii
exemplari transfcripfit Lucas Holftenius* cIↃIↃcxxvi.
ad LX. *Kal. Sept. et revidit Romae ad ipfum Cod.
Palatinum Vat. Bibl.* cIↃIↃcxxvi. *a. d.* VII. *id. April.*
Complectitur autem praeter illam ἔκφρασιν, quae
primum in Vat. Cod. locum tenet, Excerpta ex
omnibus fere Anthologiae capitibus, foliis CLXXXI.
plurimis carminibus omiffis, quae tum temporis
nondum in lucem erant edita.   Holftenium hoc
Apographum ad Cod. Vat. exegiffe, ejus fere nullum veftigium in ipfo libro effe, Uhdenus mihi fcripfit, qui eum diligenter tractavit, nifi quod Autographi paginae adfcriptae fint.   Plurima loca vitiofe
defcripta reliquit.   Uberiorem illius libri notitiam
Harlefius dedit in Bibl. Gr. p. 435. fq. ex literis
cl. Schow, qui eundem in peculiari Differtatione
defcripfit.   Ex hoc Codice, ut videtur, excerptae
funt Schedae Goetzianae, quas commemorat Olearius in Diff. de Poëtr. Gr. p. 131. et Leichius in
Praef. ad Sepulcr. p. XII.   Eas Halae Sax. latere
ait Reiskius in Mifc. Lipf. IX. p. 97.

e) *De Apographo Josephi Spalletti sive Gothano.*

Tria igitur fuere Apographa, quae ex ipso Vat.
Cod. descripta fuisse constat, Salmasii, Sylburgii
et Langermanni. His annumerandum Apographum, omnium longe copiosissimum et accuratis-
simum, quod Serenissimus Dux Gothanus a Josephi Spalletti haeredibus emtum, Bibliothecae
publicae proprium fecit. Hoc libro totus Vat.
Codex continetur duobus voluminibus satis spis-
sis, chartis quadruplicatis.' Totus scriptus est manu Abbatis Spalletti, charactere eleganti et per-
spicuo, ad optimorum Codicum characterem con-
formato. In margine scripta sunt nomina auctorum cum lemmatibus graecis, omnibusque notis,
quas antiqui librarii passim adpinxerunt. Praeterea iis carminibus, quae in Planudea leguntur, adscriptae sunt paginae edit. Aldinae 1550. Paginae
Cod. Vat. ubique diligenter notatae sunt. Textus
summa diligentia descriptus cum omnibus vitiis;
qua in parte tanta cum fide et religione Spallettus
versatus est, ut, si quid a vetere librario erasum,
inductum, cancellatum, emendatumve esset, id
ipsum imitaretur, apposita vocula *sc.* Ubi quid
ipse peccaverit, id sedulo emendavit, additis verbis ἐμοῦ σφάλμα. Cum in Cod. Vat. multa obscurius et difficili ductu scripta sint, ejusmodi loca
oculis microscopio munitis examinavit. Ubi ne sic
quidem librariorum ductus expediret, adscripsit *obs.*

(obfcurum). Neque fatis habens, Codicem tanta
cum diligentia defcripfiffe, defcribendi labore fi-
nito, eundem cum apographo fuo comparavit;
idque bis fecit. Hoc docet index in ultima pagina, ubi haec habentur: ἐτελειώθη ἐν τῇ ἡμέρᾳ λ
τοῦ μαρτίου παρὰ Ἰωσὴφ Σπαλλεταίου ἐν τῷ ἔτει
αψος (1776.). Deinde: *Collatum cum originali* III.
Idas VIIbris anno a Virginis partu cIɔIɔCCLXXVI.
Rurfus accuratiori ftudio collatum III. *Idus Martias*
anno cIɔIɔCCLXCI. Hunc librum, indefeffi laboris
opus, num quis mirabitur, bono Spalletto tam
carum fuiffe, ut eum tanquam in oculis ferret,
omnibus de eo narraret, nihil fe pretiofius habere
confirmaret, eum denique fuis, ut praeftantiffi-
mum κειμήλιον, commendaret? Nos autem num
quis immerito tantum huic libro tribuere exiftimaverit, quantum fere ipfi Codici, eumque omnibus aliis, quotquot funt, apographis longe praeferre? Jam vero quanti faciendum putas hoc,
quod cl. Uhdeni diligentia effectum eft, ut nobis
in hoc libro recte aeftimando non unius Spalletti,
probi quidem et laboriofi hominis, fed hominis
tamen, fide fit ftandum? Is enim, quod in Praefatione dixi, cum hunc librum a Spalletti haeredibus emiffet, literarum amore ductus, moleftif-
fimum ejus ad Cod. Vat. exigendi negotium fponte
fufcepit. Qua comparatione factum eft, primum,
ut peccata quaedam, minora tamen, in priore

praesertim parte commiſſa, corrigerentur; deinde,
quod longe graviſſimum eſt, ut ſumma deſcribentis fides et religio ita cognoſceretur, ut ineptus
ſit oporteat, qui de ea dubitare velit. Uhdenus
praeterea, quae in illo apographo paulo obſcurius
exarata eſſent, ſive propter raſuras, ſive deſcribentis incertitudinem, ea in margine ad Codicis
fidem explicuit; et ubique ſumma cum diligentia
notavit, quid antiqua, quid recentiore manu ſcriptum eſſet. Hoc labore igitur quantum et auċta-
ritatis et utilitatis huic libro acceſſerit, non opus
eſt multis explicare. Res ſponte intelligitur,

XII.

De iis, qui poſt Salmaſium de Anthologia bene
meruerunt.

a) *De Dorvillio et Jenſio.*

Jam de iis dicendum eſt, qui poſt Salmaſii obitum, hoc noſtro ſeculo, de Anthologia edenda cogitarunt. *) Inter hos principem locum tenet Vir eru-
ditiſſimus *Jacobus Philippus Dorvillius*, quem in Anthologia edenda et interpretanda plurimum ſtudii

---

*) De editione quarundam partium Codicis Vat. ut
τῶν ἐπιδιγμάτων ad γράφεται ecmplετων a Meziriaco,
aenigmatum in Guionorum vita a Philiberto de la
Mare facta, in Commentario dicemus,

poſuiſſe, plurima ad eam rem ſubſidia congeſſiſſe, eq
ejus ſcriptis tantum non omnibus, Vanno critica
inprimis et Commentario in Charitonem, conſtet.
In quibus cum haud exiguum Epigrammatum num
merum primus ediderit, multa correxerit, plurima
illuſtraverit, dolendum eſt ſane, reliquas doctiſſimi
viri lucubrationes eruditorum oculis ſubtractas la
tere. Habebat autem Dorvillius ex omnibus Bi-
bliothecarum ſcrulis apparatum ad Anthologiam
ſummo ſtudio collectum, quantum nemo ante eum
nec poſt eum habuit; id quod cum ex ipſis ejus
operibus cognoſcitur, tum diſerte dicitur ab Alberto in Praef. ad Heſychium p. XIX. Burmannus
Sec. autem in Dedicatione alteri Siculorum Vo-
lumini praemiſſa p. VI. hortatur Dorvillii filium,
patris ex aſſe haeredem, ne Anthologiam graecam,
metrica Grotii verſione ornatam, multis Epigrammatis anecdotis e variis Europae bibliothecis au-
ctam et notis optimis illuſtratam, deliteſcere pa-
tiatur. Iſta exhortatio quid effecerit, eventus
docuit. Dorvillii filius, Bataviae ſedibus relictis,
vitae ſuae ſpes et conſilia in Britanniam tranſtulit,
ne cogitans quidem de edendis patris theſauris,
quos cum ſitu et pulvere luctari conqueritur Burmannus in Praef. Anth. Lat. p. VIII. · Erat in iis
copiis collatio Planudeae cum Cod. Vat. cujus carmina inedita ipſe ſua manu deſcripſit Dorvillius,
dum Romae agebat (Burmann: in Orat. Funebri

p. 658.); Scholia in Anthologiam inedita ex Bibl.
August. Taurinorum (ibid. p. 652.) et notae Salmasii ab eodem, Divione commorante, in Bibl.
Baherii descripta (ibid. p. 650.). Haec omnia,
cum suis ipsius annotationibus, Dorvillius, post
filii obitum, in Bibliothecam Leidensem deferri,
per testamentum jussit. (Vide Bernardi Epist. ad
Reisk. p. 440.)

Dorvillius dum hoc opus moliebatur, pretio-
sissimarum divitiarum instar anxie custoditum (Reisk.
Praef. p. XXIV.), dum diem ex die trahebat, donec
omnia ad unguem expolita essent, partes nonnullae Anthologiae ineditae ab aliis subitanea opera
in lucem sunt editae. Dorvillius quidem ipse,
praeter ea, quae scriptis suis interuit, haud pauca
poëtriarum Carmina, emendationibus suis a vitiis
purgata, cum Wolfio, Graecarum mulierum fragmenta edente, communicavit; Luciani autem
Epigrammata inedita cum varietate lectionis ab
eodem accepit Reizius. (Lucian. T. III. p. 674.)
Ab aliis autem ejusmodi generis carmina passim
prolata sunt, quos hic commemorare nihil attinet.
Data opera in Dorvillii provinciam invasit, insignem Epigrammatum numerum levi negotio
edens, *Joannes Jensius*, Rector quondam scholae
Roterodamensis, qui ad calcem *Lucubrationum Hi-*
sythianarum exhibuit: *Epigrammata vetera pro*
miraculis producentia. Roterodam. 1742. 8vo. Sunt

ea numero CLIV. e variis fchedis *) edita. Haec
Reiskius putabat unum integrum Anthologiae Conftantini librum, eumque poftremum, conftituere,
qui τὰ ἐκφρασσόμ five ἐκθεαστικά complecbere-
tur. In quo valde erravit Vir doctiffimus. Excerpta funt haec Epigrammata, id quod ex comparatione cum Cod. Vat. intellexi, e duobus libris, ita ut dimidia fere pars ex fepulcralibus, altera ex ἐπιδεικτικαῖς derivata fit. Ea ex variis fpar-
fimque fchedis edita effe, inde apparet, quod fint
ullo ordine permifta leguntur. In hac ipfa tamen
confufione ordo Codicis Vat. multis in locis cognofcitur. Edita funt fine ulla verfionis notarum-
que acceffione; nonnifi in paucis correctio tentatur; multa vitiofiffima, fic tamen plerumque, ut
leguntur in Vat. Cod., exhibentur. Non miran-
dum, ejusmodi editionem difplicuiffe Dorvillio, qui
jamdudum Anthologiam quafi regnum quoddam
fuum tuebatur, pro hoftibus habens, fi qui ad
ejus regni fines accederent. Invitabant tamen haec
carmina ipfa novitate fua nonnullos, ut in iis
emendandis et illuftrandis ingenii vires experiren-
tur. Primus rem tentavit, Mufa et Minerva invitis, *Jo. Conradus Schwartzius*, Gymnafii Cobur-
genfis quondam Director, qui in Novis Mifc. Lipf.

___

*) Ex fchedis Gujeti five Menagii prodiiffe, cenfebat
Reisk. Mifc. Lipf. IX. p. 89.

IV. P. I. p. 94—138. dedit *Explanationem Epigrammatum quorundam graecorum a Jo. Jensio pro
ἀνεκδότοις editorum;* quibus se nihil par aut secundum in his literis unquam obvium habuisse affirmat Dorvillius ad Charit. p. 12.   Hunc secutus
est, feliciori successu, vir multae lectionis et judicii elegantissimi, *Adr. Heringa*, qui medicam artem
cum critica disciplina conjunxerat.   Hic in *Obser-
vationibus Criticis* Leowardiae editis 1749. Jensiana carmina, si qua edita essent, cum prioribus
editionibus comparavit,   multa eorum vulnera
perito tractavit, quaedam feliciter sanavit.   Ejus
vestigia pressit vir eximius, *Dav. Ruhnkenius*, qui in
Epist. Crit. I. p. 116. sqq. edit. sec. quaedam ex iis
carminibus, quae Heringa frustra tentaverat, eo
quo pollet acumine correxit et explicuit.

b) *De Leickio et Reiskio.*

    Brevi tempore postquam Jensius Anthologiae
partem edere susceperat, exstitit *Leickius*, qui ex
ex Apographi Lipsiensis parte, quae Sepulcralia
complectitur, XXII. Epigrammata edidit: *Sepulcralia carmina ex Anthol. mst. Graecorum Epigrammatum delecta cum versione latina et notis. Lipsiae
ap. Gleditsch. 1745. 4.*   Melior hujus libelli pars
est praefatio, digna, quae legatur; Epigrammata
ipsa nec multa sunt, nec valde insignia; interpretatio jejuna, interdum falsa; conjecturae, quas

paſſim inſperſit editor, maximam partem ineptae
ſunt. Duplex verſio addita: altera ad verbum,
metris adſtricta altera. Hanc editionem Dorvillius non minus improbabat quam Jenfianam. Nec
immerito. Nihil inde ad literas redundabat
boni.

Poſt hos duumviros rem aliquanto majorem
animo complexus eſt *Reiskius.* Is cum in Bibliotheca Senatus Lipſienſis alia quaedam ageret, forte
incidit in Anthologiae graecae apographum, quam
cum multis multorum ſermonibus celebratam au-
diviſſet, nunquam tamen 'ipſe viderat, quamvis
Dorvillii amicus, familiaris, amanuenſis. (Vide
Reiskii Lebensbeſchreibung, p. 66.) Hoc Cod.
edendo cum ſe bene de literis meriturum eſſe ſpe-
raret — Dorvillio enim defuncto nulla ſpes fuit,
fore, ut Anthologia ex ejus Bibliotheca ederetur —
rem alacriter ſuscepit, et primum eam partem,
quae Amatoria complectitur, edidit in Miſcell.
Lipſ. IX. ann. 1752. Deinde Sepulcralia et Dedicatoria peculiari volumine exſcribenda curavit,
iisque carmina, a Jenſio olim edita, adjunxit.
Hic liber titulum gerit in fronte: *Anthologiae
graecae a Conſtantino Cephala conditae libri tres.
Duo nunc primum, tertius poſt Jenſium iterum editi,
cum latina interpretatione, commentario et notitia
poëtarum. Lipſiae in Bibliop. Gleditſch.* 1754. 8.
Diverſa ratione Reiskius in duobus his operibus

adornandis verfatus eft.   In Mifcellaneis Lipfienfi-
bus compendiariam quodammodo viam perfequi-
tur. *) . Notae funt paucae atque breves.   Verfantur in indicandis variis lectionibus, ex Cod. Lipfienfi, Schedis Lacrozianis et Dorvillianis excerptis; in expromendis conjecturis, quas quidem in
contextum recipere non aufus effet; nonnunquam
in obfcurioribus explicandis et illuftrandis.   Cui-
libet carmini verfio latina ad verbum appofita eft. **)
Uberiore commentandi ratione ufus eft in Notis ad
Anthologiam C. C., ita ut ad nullum alium fcriptorem, fi a Conftantino Porphyrogeneta difcefferis,
fpiffiores notas fcripfiffe videatur.   Et profecto
multum et ftudii et diligentiae ad hoc opus ador-
nandum contulit.   In fingulis carminibus fedulo laudat, qui ea priores ediderint; varietatem lectionum
inde excerpit; loca Suidae, ubi is Epigrammata et

---

*) Sperabat tum, fore, ut, fi Dorvillianos in An-
thologiam commentarios nancifceretur, eam or-
natiorem et majore cum cultu ederet.   Mifc.
Lipf. p. 8 2.   Idem antequam reliquas Cod. Lipf.
partes ederet, Codicis Vat. collationem petivit
a Cardinale Quirino, qui, cum eam promififfet,
fidem datam non exfolvit.   Praef. ad Anth. C.
C. p. XXXII.   Volebat hanc fuam editionem pro
fundamento haberi, cui aliquando juftum aedifi-
cium fuperftrueretur.

**) De his Reiskii aliisque ejusdem farinae verfioni-
bus vide Brunckium in Praef. p. XIX.

Epigrammatum fragmenta profert, diligenter excitat; res ad antiquitatem, ad geographiam, ad historiam cum civilem tum literariam spectantes, illustrat; nonnunquam etiam ad alia quaedam divagatur. In tanta rerum copia multa sunt praeclara et Reiskii eruditione ingenioque digniffima. Quod ad textum attinet, ufus eft, praeter Cod. Lipsienfem, Schedis Lacrozianis, de quibus supra dictum eft, aliisque, quas Dorvillianas appellavit, cum aptius nomen non succurreret. De his Reiskius haec monet in Miscell. Lipf. T. IX. p. 96: „Dabat mihi „Dorvillius, cum adhuc Leydae agerem, in man-„datis, ut fchedas, quas ab amico, nescio quo, nactus „fuerat, scriptas ab ignota mihi quidem manu, „et Urfinianis fragmentis poëtarum graecorum . . „. . . . infutas, in ufum fuum exfcriberem. Parui, „fed fimul ipfe mihi quoque paravi apographum „quinque foliorum in forma quarta, quorum tamen „primum nescio quo devenerit; cetera adhuc fervo. „Continent autem hae fchedae Carmina ferme qua-„draginta Noffidis, Anytae, Simonidae et aliorum, „partim a cl. Wolfio in Fragm. Poëtriarum gr., „partim a Jenfio pone Lectiones Hefychianas edi-„ta, partim etiam adhuc inedita.“ His fubfidiis inftructus Reiskius textum, ad conjecturas fuas potiffimum, innumeris in locis immutavit; emen-davit, vix dicere aufim. Iniquus quidem fim et ineptus, fi acutiffimum virum veritatem nunquam

vidiſſe dixerim; ſaepe eam vidit, nec parvus locorum numerus in Brunckii quoque Analectis ad
Reiskii mentem emendatus eſt; verum, ſi Reiskii
ingenium puſillis his luſibus eleganter tractandis
minus aptum fuiſſe contendero, me omnibus iis,
qui de his rebus exiſtimare poſſunt, conſentienti-
bus judicaſſe arbitror. Nam ſi calculum inieris,
haud paulo plura Anthologiae loca pravis conjecturis in textum immittendis corrupiſſe, quam bonis
lectionibus receptis emendaſſe invenietur; ut, ſi
ipſius textum cum Brunckiano compares, tantum inter utrumque intereſſe videas, quantum
inter ſtatuam rudi coelo efformatam et horridam,
eandemque poſtea laevigatam et ad unguem exactam. Quare vix in ulla alia operis mei parte
patientiam ſaepius, quam in Reiskii notis excu-
tiendis, fatigari ſenſi, ubi conjecturas, aliam alia
duriorem, οὐ χειρί, ἀλλά ὅλῳ τῷ θυλάκῳ, effun-
dit. Ex his igitur ſi nonnullas omiſiſſe repertus
ero, id non ſocordiae tribuendum eſt. Nam quo
plura hujus generis reſecarem, eo me magis et lectorum commodis et Reiskii famae conſulere ar-
bitrabar.

Anthologia Reiskii ſive Lipſienſis repetita eſt
Oxonii, 1766. Hanc editionem nunquam vidi.
Optime autem de Epigrammatis, cum aliis, tum
iis potiſſimum, quae Reiskius in hac collectione
ediderat, meritus eſt *Joannes Toup*, criticus ſuae
aetatis

aetatis inter Britannos facile princeps. Hunc virum, cujus ingenium et eruditionem Curae in Suida
emendando politae, Notae in Longinum atque
Theocritum ad omnem posteritatem propagabunt,
fi in his carminibus corrigendis Reiskio longe per-
fpicaciorem fuisse affirmo, nihil profecto dixero,
nisi quod omnes magna consensione concedent.
Tantum enim Toupius in hoc genere praestitit,
ut, fi de recentiorum criticorum in Anthologiam
meritis quaeratur, ei, me quidem judice, proxi-
mus post Brunckium locus assignandus fit. Quantum autem ipse Brunckius Toupio tribuerit, inde
intelligitur, quod plurimas ejus emendationes in
textum recepit, interdum etiam eas, in quibus
ille a veritate aberravit.   Jam vero licet hujus
viri acumini et eruditioni plurimum tribuendum
esse existimem, indignor tamen, ubi Reiskium
prae se contemnit, eumque nihil intellexisse, nihil
vidisse, ex loco superiore pronuntiat. Id autem,
quod indignissimum est, passim fecit iis in locis,
ubi Reiskius ei facem praetulerat.

c) *De Klotzio et Schneidero.*

Duas Apographi Lipsiensis partes Reiskius non
attigerat: eam, quae Musam Stratonis, alteram,
quae carmina vario metrorum genere conscripta
complectitur. Ab illa ut abstineret, flagitiosum
istorum carminum argumentum fecit, quod Scali-

l

gerum quoque commovit, ut Salmalio auctor effet, ista carmina prorsus refcindere, quod et animos castiores offendere, et maledicorum in eum
linguas provocare poffent. (Epistol. L. III. 245.
p. 526.)   Maledicos contemnere quid effet, faepe
cum graviffimo fuo damno expertus erat optimus
Reiskius.   Sed hanc provinciae ejus partem, prudenter ab eo neglectam, fuscepit Klotzius.   In igitur Stratonis, aliorumque quorundam, qui in
puerorum amoribus celebrandis ingeniofe luferunt,
Epigrammata XLV. ex Codice Bibliothecae Duca-
lis Vinarienfis defcripta, edidit fub titulo: *Stra-*
tonis aliorumque veterum poëtarum graecorum Epi-
grammata, nunc primum a Chrift. Adolpho Klotzio
edita. Altenburgi, ex offic. Richteria. 1764. 8.   Codex, unde haec fluxerunt, is est, quem paffim fub
nomine *Schedarum Vinarienfium* laudamus, titu-
lumque gerit hunc: *Excerpta inedita ex Antholo-*
gia graecorum Epigrammatum, quae fuit in Bibl.
Ifaaci Voffii.   Conftat fex foliis forma majore,
continetque carmina CXXIV. omnia ex *Mufa pue-*
rili.   Hunc librum Nicolai Heinfii manu fcriptum
exiftimabat Jo. Matth. Gesnerus; quod non magis
verum, quam alia ejusdem Gesneri fententia (prodita in Relat. de Libris novis Fasc. XI. p. 134.),
eum a Tryllitfchio exaratum effe, cujus manu
nonnifi notulae quaedam margini adpictae funt.
Hae fchedae in plurimis locis, ut mihi quidem

visum est comparanti carmina a Klotzio edita,
ipsum Cod. Vat. scripturam repraesentant; in aliis,
paucioribus tamen, cum schedis Tryllitschianis,
Dresdae servatis, conspirant. Klotzius istius
Apographi lectiones non ubique fideliter exhibuit.
In fine libelli, paginis tribus cum dimidia, notulae leguntur Klotzii, cum pauculis quibusdam aliis
a docto Viro cum Klotzio communicatis. Illae
perbreves sunt et vehementer jejunae. Nihil igitur
hic libellus habet, quo se doctioribus magnopere
commendet, nisi forte praefationem, cujus tamen
ipsius pars melior ea est, quae de rebus ab Anthologia alienis agit.

Jam licet magnus numerus Epigrammatum
eorum, quae Codici Vaticano propria sunt, a Viris doctis esset editus, multa tamen adhuc late-
bant; et in iis, quae publice prostabant, plurima
depravata erant. In hunc igitur patentissimum
campum excurrit *Jo. Gottlob Schneiderus*, Vir eximius, qui in ipso aetatis flore maturae erudito-
nis fructibus edendis eruditorum hominum oculos
et mentes in se convertit, et postea spem, quam
primis ingenii sui et eruditionis speciminibus apud
omnes excitaverat, non explevit tantum, sed etiam
multis ex partibus superavit. Is igitur de Anthologia egregie meruit edendo *Periculo critico in Anthologiam Constantini Cephalae, cum editam tum ineditam. — Accedunt emendationes in Aristotelem et*

l 2

Antigonum Caryflium.] *Scripfit Jo. Gottl. Schneider.*
Lipf. 1772. 8. In hujus libelli Capite I. et II. de iis
carminibus, quae Reiskius in Mifcell. Lipf. ediderat; Cap. III. de Epigrammatis a Klotzio editis
disputat; multa egregie corrigit; alia a temerariis
aliorum correctionibus vindicat; fimiles locos comparat; varietatem lectionis ex Cod. Lipfienfi, Voffiano, fchedis Tryllitfchianis aliisque enotat;
carmina inedita profert. Cap. IV. item in Mufa
Stratonis verfatur, cujus Schneiderus habebat
Apographum a Reiskio ex Cod. Lipfienfi factum,
idem, unde nos quoque ineditas quasdam Reiskii
notas protulimus. Reliquas Anthologiae ineditae
partes in hoc opufculo non attigit.

Quo tempore hic libellus, bonae frugis ple-
niffimus, prodibat, Brunckius Anthologiae editionem urgebat quam maxime. Hic, forte fortuna
accidit, ut Germaniam itinere peragrans Göt-
tingam veniret, ubi tum Schneiderus, fub Heynii
aufpiciis, bonis literis operam dabat. Eruditio
viri, in Periculo critico prodita, cum jam antea
Brunckii mentem advertiffet, hic ei facile perfua-
fit, ut fpes fuas et ftudia Göttinga Argentoratum
transferret. Ab eo inde tempore (anno 1772.)
Brunckius Schneideri in Anthologia edenda et expolienda ope, non fine magno ad illud opus
emolumento, ufus eft. (Praef. ad Analect. p.
XVI. fq.)

XIII.

De editione Brunckii.

Tandem ad Brunckium pervenimus, qui ita de Anthologia meruit, ut folus dignus fit, qui ejus editor et fofpitator vocetur. De cujus opere, quod fub *Analectorum* titulo, tribus voluminibus comprehenfum, edidit, ut recte ftatuamus, primum de Brunckii in Anthologia edenda confilio, deinde de fubfidiis, quibus ufus eft, dicemus. Quo facto, quid ipfe praeftiterit, quid aliis praeftandum reliquerit, ea qua par eft modeftia et aequitate indicabimus.

Brunckio igitur in adornando praeclaro illo opere is animus fuit (Praef. p. XX.), ut graeca Epigrammata, quantum poffet, omnia et integra et emendata ederet. Cum Epigrammatis alia quaedam diverfi generis conjunxit, eam ob caufam, ut, cum vetuftiffimarum collectionum major pars periiffet, damnum ex aliqua faltem parte refarciret. De his acceffionibus, quae cum Anthologia nihil commune habent, non eft quod hoc loco dicamus. Epigrammata autem Brunckius non ea tantum, quae in Vaticano habentur Codice, fed ea quoque, quae Planudeae propria funt, edere ftatuit. Duplici itaque fubfidiorum genere opus erat, Planudeae codicibus, et Codicis Vat. apographis five collationibus. Illius quidem quatuor Codices accepit ex Bibliotheca Parifienfi, olim regia, quos

I 3

se diligenter, sed parvo cum fructu contulisse ait,
(Praef. p. XXVII.)   Majoris ad Planudeao textum
restituendum momenti erat editionis Wechelianae
exemplar, ad cujus marginem Salmasius varietatem lectionis una cum titulis et lemmatibus Epigrammatum ex Cod. Palatino alleverat.   Ex hoc
igitur libro plurimae carminum emendationes fluxerunt.   Eorum autem carminum, quae in Planudea non leguntur, Excerpta habuit; inter quae
primum locum tenebant ea, quae sub titulo *Apographi Buheriani* crebro laudantur a Brunckio.
Acceperat illud ex Bibliotheca Marchionis de
Bourbonne, Divionensis Senatus tum temporis
praesidis, in quam ex Bibliotheca *Buherii* pervenerat.   Hujus apographi, quod tamen minime
omnia Epigrammata, Vaticano Codici propria,
continet, textum Brunckius in plurimis secutus
est.   Illi adjunctus erat chartarum fasciculus,
centum priora Musae Stratonis carmina praestans,
cum latina versione *Jo. Buherii*, ejusdem et *Bernardi Monstae* notis, mutuis denique duorum horum virorum de illis carminibus Epistolis, unde
Brunckius quaedam in Addendis delibavit.   Utebatur praeterea Codice Guieti, de quo supra commemoratum est, minus quam Buherianus integro;
Musae Stratonis denique peculiari apographo, e
prioribus Salmasii schedis facto et paucis quibusdam notulis, a Salmasianis diversis, instructo.

Ad haec omniaaccefferunt fchedae viri doctiffimi M. de Foncemagne, quae tamen an Brunckio ad Anthologiae textum quidquam profuerint, non fatis intelligitur ex iis, quae dixit Praef. p. XXIV.

His praefidiis inftructus, quibus adjiciendae funt emendationes doctiffimorum virorum paffim in libris criticis pmditae, tum ineditae haud paucae, quas Reiskius cum Brunckio communi-caverat*), ad Epigrammata edenda et emendanda acceffit. In quo opere ordinem a prioribus An-thologiae conditoribus inftitutum prorfus re-linquendum putavit. Quum enim illi in Epigram-matis defcribendis argumentorum fimilitudinem plus minus refpexerint, ipfe fua cuique poëtae carmina tribuit, poëtas ipfos fecundum aetates dispofuit; a quo inftituto nonnifi in Meleagri, Philippi et Agathiae carminibus disceffit. Quod-autem priftinum illum Cephalae et Planudis ordi-nem reliquerit, ejus caufam reddit hanc (Praef. p. VI.), quod taediofum fit **), plura ejusdem ar-gumenti carmina continua ferie legi; quod poëtae per omnes libri partes discerpti non cognofcan-tur; quod denique, novis cum veteribus confufis, quid quifque primus excogitaverit, quid aliunde

---

*) Exemplar editionis Stephanianae cum infinitis emendationibus. Praef. p. XXIX.

**) Brunckius in hac parte Reiskii judicium fequitur, quem vide in Praef. Anthol. Conft. C. p. XV.

fumferit, non apparet. Verum contra has rationes, primam praecipue et tertiam, prudenter
quaedam monuit V. cl. Wyttenbachius in Bibl. crit.
T. I. P. II. p. 27. recte existimans, in nova hac,
quam Brunckius inftituerit, distributione multum difficultatis oriri inde, quod multorum poëtarum incerta fit aetas, ut, quo quisque loco po-
nendus fit, faepiffime dubitas. Ad hanc difficultatem accedit alia, non minoris momenti, quae ex
auctorum incertitudine proficifcitur. Multa enim
Epigrammata ad plures auctores referuntur; ut,
cui quidque potiffimum tribuendum fit, nulla ratione ftatuere poffis. Brunckius quidem in hac parte fe Vaticani Cod. auctoritatem fequi paffim profitetur; fed praeterquam quod in hoc quoque codice eadem in multis incertitudo obtinet, Brunckius, id quod graviffimum eft, Vat. Codicis accurata collatione deftitutus, illud confilium fuum
non conftanter perfequi potuit. Magna inde
onata confufio, multi errores. Nam haud pauca
a viro doctiffimo inter τὰ ἀδέσποτα relata funt,
quae certum auctorem habeant; alia non fuis tributa. Nibil dicam de commiftione Epigrammatum poëtarum ὁμωνύμων, quorum nominibus gentilia in Codicibus non femper appofita funt. In
his enim Brunckius errores et confufionem nullo
modo vitare potuit.

Senfim pervenimus ad eum locum, quem in

hac Brunckiani operis cenfura tertium fore dicebamus.   Sed hic quoque ut via et ratione proce-
damus, ita agendum erit, ut per fingulas confilii, quod Brunckius fecutus eft, vel certe fequi
voluit, partes eamus, et, quid in quaque praeftiterit, quid aliis praeftandum reliquerit, quaera-
mus.   Prima igitur pars haec eft, quod Brunckius
omnia Epigrammata edere voluit.   In hac equidem profeffione vellem virum doctiffimum, certis finibus conftituendis, reprehenfionis opportu-
nitates excluliffe; tantum enim abeft, ut omnia
dederit, ut potius multa confulto emiferit et ne-
glexerit.   Nihil dicam de Epigrammatis Diogenis
Laërtii, quorum nonnulla cum in Planudea, multa
etiam in Vat. Cod. legantur, dubitari non poteft,
quin Anthologiae partem conftituerint; haec igitur
omifit ad unum omnia.   Quod fi nulla nifi melio-
rum cujusvis aetatis poëtarum carmina edere voluit, recte fecit; nihil enim illis Diogeniani ingenii foetibus ineptius; fi omnia, haec quoque re-
cipienda erant.   Idem dicendum de carminibus
Gregorii Nazianzeni, longe melioris poëtae, quae,
ut fupra vidimus, peculiare caput Anthologiae Conftantini conftituunt; idem de Epigrammatis Chri-
ftianis, quae in Codice proximum locum a Gregorii
carminibus occupant; idem denique de Cyzicenis.
Quanquam duobus his capitibus Brunckii apographa carebant.   Hic autem non poffumus, quin

1 5

doleamus cum Wyttenbachio, Brunckium, cum
huic operi tantum laboris et fumtuum impende-
rit, non id quoque egiffe, ut Vat. Codicis accuratam collationem Roma nancifceretur; non quidem Chriftianorum illorum Carminum caufa, quibus facile carere poffumus, fed aliorum, quibus
Buherianum apographum carebat, bene multorum.   Hunc autem defectum quodammodo com-
penfavit colligendis plurimis Infcriptionibus,
quae quidem verfibus effent confcriptae; faluber-
rimo confilio, quod Grotium quoque fecutum effe
conftat ex ejus Praefat. p. XIX. Nec in hac tamen
parte Brunckius plane fatisfecit morofioribus:
Multas enim reliquit, nec pauciores fortaffe, quam
recepit.   Videtur nimirum in Infcriptionum delectu primum hoc fpectaffe, ut ea delibaret, quae
fe et fententiarum elegantia et orationis bonitate
commendarent; deinde, ut, quae fincere legerentur, quaeve ipfe emendare poffet. — Nonnulla vero
ex iis, quibus hic Epigrammatum thefaurus augeri
potuiffet, et, pro editoris confilio, debuiffet, non
tam reliquiffe, quam cafu omififfe videtur; cujus
generis funt Epigrammata quaedam, quae apud
Athenaeum, Paufaniam, Demofthenem, alios leguntur. Quamvis igitur Brunckius, id quod efficere
voluit, ut omnia Epigrammata ederet, non perfecit, plura tamen, quam quisquam ante eum, con-
geffiffe videri debet.

Alterum, quod Brunckius fequebatur, erat, ut
Epigrammata ederet *integra*. Hoc quam vim habeat, ex comparatione Anthologiae Brunckianae
cum Planudea intelligitur. Planudes, quae depravata effent, refecuit; quae praetextata, temere
et inepte mutavit. Neutrum fibi licere arbitra-
tus eft Brunckius; nec, cum obfcoeniora carmina
in lucem protraheret, apud cordatos et fincerae
caftitatis viros excufatione fe egere ratus eft. Operae pretium fuerit, quae de hac operis fui parte
veriffime monuit (Praef. p. XIV.), audire: „Ab
„his praetextatis, ait, nihil publicis moribus ti-
„mendum eft, quorum corruptelam non augebunt
„duodecim circiter pathiciffima quidem, fed graeca
„carmina, de quibus legendis non cogitabunt ado-
„lefcentes noftri, nifi quos forte Salmafio pares haec
„aetas tulerit. Hos affidua ftudia, et cum doctrina
„Mufisque commercium tutos a libidine praefta-
„bunt. Praeterea ne quidquam refecarem, duae
„me aliae impulerunt caufae. Non hoc quo vivi-
„mus aevo tam verecundi fumus, nec tam facile
„nobis, quam patribus noftris, rubor offunditur.
„Horum enim ἐξαγίςων quaedam in libris non ita
„pridem vulgatis paffim jam occurrunt, et quin,
„absque mea opera, cetera etiam pro nata occafio-
„ne depromenda fuiffent, nullus dubito. Tum, ut
„ingenue fententiam meam profitear, iis non ma-
„gis carere liberalibus ftudiis deditos debere arbitror,

„quam obſcoenis illis Catulli, Martialis, Auſonii,
„Apuleji aliorumque, quorum ita contemtae jacent
„editiones, quas *purgatas* vocant, ut eas de tri-
„vio tollere, nedum unius aſſis emere, nemo ſa-
„nior et elegantior velit."

Tertium erat denique, quod cum altero arctiſ-
ſime conjunctum eſt, ut textum daret *quam*
emendatiſſimum. Hic locus ejusmodi eſt, ut in uni-
verſum nihil de eo ſtatuere poſſis. Videamus igitur ſingula.

Veteris ſcriptoris contextus tum nonnunquam
pro emendato habetur, cum in legendo aut raro
aut nusquam offendas; cum oratio recte dicendi
legibus et elegantiori uſui conſentaneus ſuaviter de-
currit; cum nulli naevi, nulla vulnera jucundae lectionis fructum impediunt. Ejusmodi textus ſi emendatus dicendus eſt, Analecta ſibi hanc laudem magna ex parte vindicant. Quid enim? ubi carmina
Anthologiae Codicis, quae Holſtenius edidit — is
enim Codicis ſcripturam plurimis in locis religioſe
ſervavit — et quae a Jenſio Reiskiove in lucem
prolata ſunt, haec, inquam, carmina ubi apud
Brunckium legas, nonne inter hujus et illorum
textum tantum intereſſe ſentias, quantum inter
lignea Daedali, et eburnea Phidiae ſigna interfuiſſe
dicunt? Ita ibi omnia horrida, quaſi ſitu et ſqua-
lore obducta ſunt, hic munda et expolita omnia.
Et quamvis in hoc quoque ſplendore hic illic ma-

culae quaedam reperiuntur, quae purum lumen
paffim obfcurent et impediant, eae tamen funt
pauciffimae pro numero carminum, vitiorumque,
quibus in Codice obfita funt, multitudine. Hoc
eum cogitamus, nullo modo facere poffumus, quin
acre Brunckii in tollendis vitiis ingenium lima-
tumque ejus in lectionibus deligendis judicium cum
exquifita graecae linguae fcientia venuftatisque
fenfu vividiffimo conjunctum ita miremur, ut eum,
hac quidem ex parte, fummis in hoc genere hominibus parem, nulli facile fecundum exiftimemus.

Verum enimvero non is veteris fcriptoris contextus, qui pauciffimis difficultatibus laboret,
emendatiffimus dicendus eft, fed is potius, qui
ad Codicum fidem certasque emendandi leges ita
conftitutus fit, ut nihil in eo reperiatur, nifi quod
ab ipfo fcriptore videatur profectum effe. Hinc
autem fponte fequitur lex longe certiffima, ut, ubi
ipfa fcriptoris manus indagari nequeat, fatius fit
vitiofam lectionem relinqui, quam incertam du-
biamque in contextu poni; deinde, quod huic legi conjunctum eft, ut nihil ab editore mutetur,
cujus non reddatur ratio. Ad hanc legem et normam fi Brunckii Analecta exploraveris, haud facile refragaberis fententiae Wyttenbachii, Viri
celeberrimi, qui hujus operis contextum primaria
cujusque editionis laude carere judicat, id eft, fide
et finceritate. Quam fententiam licet in univer-

,fum amplecti debeamus, non tamen defunt, quae
ad ejus feveritatem leniendam proferri queant.
Quae qualia fint, fi recte intelligatur, cum ad judi-
-cium de critici in Anthologia verfantis partibus
ftabiliendum inprimis faciat, agedum omnem
rem paulo difertius explicemus.

Primo quidem Brunckii textus vitiofus eft eo,
quod multa pro genuina Codicis fcriptura exhibet, quae nonnifi in Apographis, ex Salmafii aliorumque conjecturis profecta, leguntur. Hoc erroris excufationem habet. Cum enim Vat. Cod.
nec collationem, nec apographum fincerius fcriptum haberet Brunckius, nec fortaffe nancifci
poffet, rivulis contentus effe debuit, cui aditus ad
fontes praeclufus effet. Secunda eft reprehenfio,
eaque priore haud paulo gravior, quod multa contra codicum auctoritatem ex conjectura mutaverit,
modo fua, modo aliorum. At licere, certis conjecturis admiffis, veterum fcriptorum textum
emendare, in univerfum non negatur. Nec hoc
negari poteft, majorem licentiam effe in iis fcriptoribus, qui vel in uno vel in pauciffimis Codicibus, ex uno forte derivatis, ad noftra tempora
pervenerint; cum ex altera parte fatis conftet,
quo major fit Codicum numerus, diverfitas, auctoritas denique, eo arctioribus finibus illam licentiam coerceri. Jam utri librorum generi Anthologia accenfenda fit, nemo ignorat. Magna ejus

pars· in uno tantum Codice servata est; altera,
quae in Planudea habetur, ab ipso Planude passim
interpolata et corrupta, item ex uno Codice profluxisse videtur, eodem scilicet, unde Vat. Codex
profectus est.   Nonne hinc sequitur, Planudeae
Codices et Codicem Vaticanum, in plurimis partibus, pro uno teste habendos esse? Qui testis ubi
corruptus est, nec veritatem indicat, necessario
ad ingenium confugere debemus. Emendationes
igitur, e felici conjectura. profectae, quae. et a
Codicum lectione proxime absint, et sensum effi-
ciant, quem ipsa res flagitet, et sermonis generi,
quo scriptor, in quo verseris, utatur, consenta-
neae sint, aliorum denique imitationibus, quae
quantum in Anthologia·ad veram lectionem pro-
sint, in praefatione monuimus, confirmentur.;
ejusmodi, inquam, emendationes in contextum
recipere cum omnibus concedatur, Anthologiae
certe editori nulla ratione negari potest *). Jam

---

*) Maxime hoc pertinent verba Ruhnkenii in Praef.
   ad Vellejum: „Ne orthographiam quidem, quam-
   „vis saepe vitiosam, mutare ausus sum, recte, ut
   „opinor, judicans, in scriptore, qui ex uno tan-
   „tum Codice prodiisset, nullam religionem posse
   „nimiam videri. Nec tamen ita me primae edi-
   „tioni quasi in servitutem addixi, ut emendationi-
   „bus sive aliorum sive meis, tam liquidis et certis,
   „ut qui dubitet stuporis notam subeat, locum in
   „textu denegarem.“

hujus generis emendationem permultas invenit
Ruhnkenii, Toupii, Pierſoni aliorumque ſagaci-
tas; nec facile ſe quisquam in hunc patentiſſimum
campum demiſit, quin unam aut alteram conjecturam referret, quae omnes haberet veritatis
numeros. Has igitur ſi Brunckius recepiſſet,
manum cohibens ab iis, quae ſine integrioris codicis ope perſanari nequeunt, aut certe, Brunckio
in illo negotio verſante, nondum probabiliter
emendata erunt, nemo prudentior ei vitio ver-
tiſſet id, quod in hac codd. penuria nulli non veterum ſcriptorum editori, niſi inepte religioſo,
faciendum eſſet. At eum illos fines ſaepiſſime
migraſſe, ſi negaverimus, ipſi inepti ſimus. Tri-
plex eſt emendationum genus, quibus Brunckius
uſus eſt: primum earum, quas grammaticas appellaveris, ubi quid ex neceſſariis linguae legibus
mutatur; alterum complectitur eas, quae conjectura nituntur, ſed vera, aut ſaltem maxime
probabili; tertium denique mutationes ſuperva-
caneas aut non ſatis probabiles, aut aperte falſas
continet. Poſtremi hujus generis permultae
ſunt in Analectis, vel ipſo editore fatente, qui in
Lectionibus paſſim monet, ſe ſcripturam Codicum
ſine cauſa idonea ſollicitaſſe, aut minus recte
emendaſſe. Nec paucae earum emendationum,
quas dignas putavit, ut in contextu legerentur,
ita audaces ſunt, ut vix in margine, nedum in
                                        textu

texta locum tueantur. Eft hoc Brunckii ingenio
proprium, ut, cum in loco depravato, argumento
totius carminis perpenfo, probabilem fententiam
invenerit, ei verba fcriptoris accommodet, nihil
curans, quantum ipfius emendatio a membranarum lectione difcrepet et abhorreat. Hoc cum
innumeris exemplis patet, tum ipfe Brunckius
plus femel gloriatur, fe non ex iis effe, qui literarum rimentur apices, fed vi ipfius fententiae fer-
monisque proprietate bene perfpecta, quod fententia poftulet et intelligi poffit, dare. Laudandum hoc, fed ita, ut et fenfus ratio habeatur et
literarum; fenfus quidem praecipue. Qui nonnifi literarum inhaerent ductibus, faepe inepta et
a fenfu diffidentia extundunt; qui unius fententiae filum fequuntur, ea faepenumero proferunt,
quae cum vera effe optes, pro veris tamen habere nequeas. Ejusmodi conjecturae, aliis ad verum
reperiendum faepe utiliffimae, in notis ponendae
funt, ubi, ut nihil profint, certe non nocent;
Brunckius autem fibi non temperavit, quin multas hujus generis conjecturas in contextum inve-
heret, aliisque, veterum librorum fcriptura aboli-
ta, quantum in ipfo effet pofitum, viam ad veritatem reperiendam praecluderet. Paucis defungar exemplis, fed illuftribus. In nobiliffima illa
de Gallo fabula, qui tympani fonitu irruentem
leonem fugabat, quam poft alios etiam Antipater

m

Sid. fatis verbofo enarravit· in Ep. XXVII. v. 5.
Gallus vocatur ἡμιάνωρ, apud Brunckium quidem.
At in Planudea p. 426. ed. Steph. et in Cod. Vat.
ἰδρις ἀνήρ appellatur. Ineptum hoc, fateor, et
depravatum; fed quis fibi perfuaferit, librarium,
cum ἡμιάνωρ · reperiffet, ἰδρις ἀνήρ potuiffe fcribere? Nec Brunckio ifta fua emendatio fatis pro-
babatur. Quare in Notis proponit aliam, recepta
non probabiliorem, quamvis, ut fere omnia illius
viri, elegantem et poëta dignam. Una litera mutata fcribendum eft ἰθρις ἀνήρ, quod fpadonem
fignificat. Haec emendatio, quam Hufchkius,
Vir cl. mecum per literas communicavit, fine dubio in textu ponenda eft; illae non item. Aliud
exemplum occurrit in Epigr. Phaniae VI. Tom. II.
p. 53. quod in tonforem fcriptum eft, qui, arte,
quam didicerat, omiffa, in hortos Epicuri trans-
ierat. Ibi v. 5. in Codice habetur: ἴστυσι δ᾽
Ἰταλίας ξυρὰ καὶ θρόνον. Italiae mentio ab hoc
loco alieniffima. Brunckius igitur ex Toupii correctione, fed infelici, edidit: ἴστυσι δ᾽ εἰς ἅλα,
καὶ ξυρά. Nec maris commemoratio hic locum
habet, fed fcribendum certiffima emendatione:
ἴστυσι δὲ ψαλίδας, ξυρὰ καὶ θ. quam in commentario noftro idoneis argumentis firmabimus.

Cum hac autem textus refingendi ratione, in
qua vehementius quoddam ejus ab omnibus vitiis
purgandi ftudium cognofcitur, vitium conjunctum

eft aliud, fuperiore illo gravius, et multis propterea multorum reprehenfionibus exceptum.
Quis enim unquam Analecta paulo diligentius
tractavit, quin innumeris in locis incertus haereret, id quod legeret, utrum ex membranis an ex
conjectura manaverit? Comparantes enim Analectorum contextum cum eo, quem alii dederunt
in iisdem carminibus, fumma inter utrumque in
multis locis discrepantia fugere nequit, quae nunc
ex conjecturis, in textum admiffis, an ex melioribus chartis, quibus Brunckium ufum effe novimus,
manaverit, in multis locis fufpicari magis quam
intelligere poffumus. Hoc ex prioribus veterum
fcriptorum editoribus nonnulli fibi licere puta-
'runt, ut membranas corrigerent, nulla correctio-
num fuarum ratione reddita; quae licentia, quamvis errorum foecundiffima, in illis tamen viris excufationem habet; in hac autem criticae artis
luce non tam faciles funt homines, quin editori
in veterum' fcripta licentius graffanti fubirafcan-
tur. Quid, quod Brunckius membranarum
lectiones non in iis tantum carminibus commemorare' neglexit, quae ab aliis ante eum edita
effent, fed in iis praecipue, quae ad fuum arbi-
trium emendata, primus ex codice in lucem protraxit? Quod fi quis arroganter factum exiftimaverit, non facile video, quid refponderi queat.
Habet tamen haec quoque res excufationem ali-

quam eamque duplicem. Prior minus ponderis
habet, etsi ab ipso editore usurpata, cum alibi,
tum in Notis ad Aristophanis Nubes p. 119. ubi
se spatii angustiis conclusum, membranarum
lectionem in Epigrammate quodam non comme-
morasse ait.   Nolebat enim hoc opus ultra tertium volumen progredi (Praef. p. XXII). Nonne
autem satius erat, aliquot folia addere, aut e textu
quaedam, quae cum Anthologia nihil commune
habent, circumscribere, quam, nescio qua chartarum parsimonia, in negligentiae et arrogantiae
reprehensionem incurrere? Altera excusatio paulo
gravior est. Brunckius cum illud opus susciperet,
abundabat otio, nec dubitabat, quin, quicquid hujus esset negotii, intra duorum annorum spatium
absoluturus esset.   Mox autem insecuta sunt ea
tempora, quae clarissimum virum creberrimis in-
terpellationibus ab his studiis avocarent aliisque
gravioribus curis irretitum tenerent (Praef. p. XVI.).
Ex frequentibus hisce et diuturnioribus operis in-
termissionibus rerum inducta est oblivio (p. XXII.),
ut, quo quidque loco notasset, non semper in animum revocaret. Faciunt huc inprimis ea, quae
alia tamen de causa scripsit Vir cl. ad finem Praef.
p. XXIX.: „Quum emendationem aliquam mox
„in unum, mox in alterum, ut sors ferebat, eo-
„rum tam scriptorum, quam impressorum exem-
„plarium, quae mihi ad manum erant, transfer-

„rum eraeque adfcriberem, faepe laboris quadam
„impatientia feftinationeque mea accidit, ut aucto-
„rem et librum, unde petita affet, adnotare omi-
„ferim. "

.   Summa ergo totius disputationis eo redit denique, Brunckium in Anthologia adornanda bene
de literis meruiffe, „quod majorem Epigrammatum numerum, quam quisquam ante eum, collegerit, plurima primus ediderit; eum tamen hanc
rem integrioris codicis praefidio deftitutum ad
finem perducere non potuiffe; textum autem dediffe innumeris in locis egregie emendatum et expolitum, fere ubique elegantem et laevigatum,
fed minime integrum et genuinum; fidem eum
denique editoris non praeflitiffe, nec membranarum lectione diligenter commemorata, nec, qua
auctoritate quidque mutatum fit, rationibus red-
ditis.

    Interpretationem Brunckius omnino non atti-
git.   Multum tamen minimo labore in hac quoque parte lectores adjuviffet, fi eorum faltem Epigrammatum, quae a veteribus ad hiftoriam, ad
mores, ad antiquitatem illuftrandam laudantur,
fedes indicaffet.   Hoc enim indicio magna iftorum carminum pars egregie illuftratur, quae fine
eo obfcuriffima eft.   Fecit hoc in quibusdam, non
tamen in omnibus nec ubique.

XIV.

De iis, qui poft Brunckium Anthologiam attigerunt.

    Poft Analecta edita pauci, quod mireris, ftu-
dia ad Anthologiam direxerunt; five, ut fieri folet, fplendido quodam opere edito, hominibus fibi
temere perfuadentibus, nihil ipforum induftriae

ab editore relictum esse, id quod ne Brunc`kius
quidem putavit; sive quod ipsius operis ratio et
conditio eos praesertim, qui Criticae operarentur,
ab emendandis vitiis deterrebat, quod pauci iis
praesidiis instructi essent, quibus et certius quid
de textus fide sese allaturos esse sperarent, et viam
sibi facilem et expeditam ad Epigrammata emendanda redderent.   Textui itaque restituendo qui
post Brunckium insigniorem navaverit operam,
neminem scio, praeter *Wyttenbachium*, qui in Cen-
sura Brunckiani operis in Bibl. crit. Vol. I. P. II.
quaedam carmina feliciter tentavit; *Heynium*, in
Commentationibus de Priscae Artis Operibus ex
Epigr. graecis, quae insertae leguntur Commentt.
Societ. regiae Gotting. Vol. IX. et XI.; *Wakefiel-
dium* denique, qui in omnibus fere operibus suis,
quae quidem ad criticam spectant, praecipue autem in Sylva critica, Anthologiam crebro ad partes vocavit, multa eximie correxit, alia ingeniose
tractavit.   Ad interpretationem autem, praeter
Heynium, qui in Commentationibus illis multos
obscuros locos egregie illustravit, duo se, quod
sciam, dederunt, pari voluntate, sed successu
impari: *Meinecke*, nunc cum maxime Scholae
apud Susatenses Rector, et *Manso*, tum temporis in Gymnasio nostro Professoris munere
fungens, nunc Vratislaviae Magdalenaeum magna
cum laude moderans.   Quorum is, praeter Meleagri in Ver Eidyllium seorsim editum (Gottin-
gae 1788. 8.), *omnia Meleagri carmina* ex Brunckii
recensione repetivit et commentario instruxit,
Lipsiae 1789. 8. Nihil fere est in hac editione,
unde ad bonas literas, eumque poëtam, cujus
causa suscepta fuit, quidquam redundet commodi,
praeter unam correctionem, utique felicem, quam

commemoravimus, ad Epigr. Meleagri LXVI.
Criticam raro et leviter tractat, omnia ad interpretationis finem dirigens; in qua tamen parte
multis in locis a vero senfu vehementer aberravit.
Erroneae ejusmodi interpretationis fpecimen ex-
hibui ad Epigr. XXXIII. quod ad cognofcendam
hujus commentarii indolem fufficere poffe putabam. — Eodem anno prodiit ejusdem Poëtae
editio, a Manfone adornata (Jenae 1789. 8.), viro
doctiffimo mihique a multis inde annis conjunctif-
fimo. Haec vero illam ita fuperat, ut ne compa-
rationi quidem locus relictus fit. In conftituendo
textu Brunckium fecutus eft, ita tamen, ut carmina novo ordine disponeret, et quaedam ex
Wyttenbachii mente in contextu corrigeret. In
notis, textui fubjectis, varietatem lectionis enotavit. Textum fequitur latina interpretatio XCIII.
carminum metro adftricta, quam ipfam commentarius excipit. Interpretatio eft brevis, perfpicua,
elegans et plerumque vera. Ejusmodi interpretes fi plures Anthologiae contigiffent, multo profecto minus laborum et difficultatum nobis fupe-
randum fuiffet.

Brevi poft tempore prodierunt : *Utriusque
Leonidae carmina, cum argumentis, varietate lectionis, fcholiis et commentario edidit et indice ornavit.
Albertus Chriftianus Meineke.* Lipfiae 1791. 8. In
his poëtis editori res paulo melius fucceffit, quam
in Meleagro, etfi non omnino, nec in fingulis.
Varietatem lectionis enotavit ex libris, quos habebat, vix tamen fatis diligenter; in interpretatione
fenfum plerumque recte indicavit. Maxime operam dedit, ut carmina fimilis argumenti diligenter compararet.

His accensendus est Vir doctissimus *Carolus David Ilgen*, Professor Jenensis, qui unum Leonidae Tarentini Epigramma amplo commentario instruxit in Dissertatione peculiari, quam repetendam curavit in *Opusculis variis philologicis*, Tomo primo, Erfordiae 1797. Etsi interpretandi genus, quod vir doctissimus in hoc Epigrammate secutus est, minime probandum, ut nunc nec ipsi auctori probatur, quippe quod se ultra justos fines immoderata quadam luxurie effundat; multa tamen sunt in juvenili hoc opere praeclare animadversa, praecipue de Leonidae aetate, ingenio scribendique ratione.

Haec sunt, quae de Anthologiae fatis et historia monenda duximus; in qua narratione hoc praecipue operam dedimus, ut perspicua esset, rebus justo ordine dispositis; ut vera, cum in rebus ad historiae fidem tradendis, tum in judicio de libris et hominibus; denique ut nihil omitteretur, quod ad rem faceret. In postrema hac parte facile fieri potuit, ut nonnulla diligentiam meam effugerent; nec tamen omnia, quae quis praetermissa animadverterit, a me ignorata existimet. Prudens nonnulla neglexi, quae ad rem nostram pertinere non viderentur. Ex hoc genere sunt omnia, quae ad judicium de textus conditione atque de eo, quod in interpretatione praestitum sit, stabiliendum nihil momenti habeant; ut numerosae illae Epigrammatum Chrestomathiae, in Fabricio Harlesiano recensitae, a nobis autem maximam partem praetermissae. Hoc ne quis prudens et aequus judex vitio mihi vertat, non vereor; imprudentes et iniquos non curo.

Scribebam a. d. XX. Aprilis CIƆIƆCCXCVIII.

COMMEN-

COMMENTARIUS

IN

CARMINA

VOLUMINIS PRIMI.

———

MELEAGRI EPIGRAMMATA.

I.

Hoc carmen, quod Meleager Epigrammatum a ſe collectorum corpori praemiſit, in uno ' odice Palatino ſervatum p. 81. primus in lucem edidit *Vavaſſor* in libro de Epigrammate cap. XVI. unde idem repetendum curavit *Fabricius* in Bibl. Gr. L. III. p. 683. integrum; particulam eius *Wolfius* repetivit in Fragm. Poëtr. p. 106. Accuratius, quam ante factum fuerat, ex Codice edidit *Em. Marrinus* in Epiſt. Lib. IV. 5. p. 188. ſqq. ed. *Weſſel.* paſſim emendatum et illuſtratum; cuius lectiones, multis tamen ex ingenio immutatis, expreſſit *Reiskius* in Notit. Poët. p. 234. ſqq. Anthologiae graecae inſeruit, ad *Brunckii* mentem conſtitutam, *Harleſius* p. 252. Varietatem lectionis codicis Gieſſenſis enotavit Vir Doctus in Biblioth. philol. Vol. III. p. 4. (Lipſiae 1781.)

Recenſentur hoc carmine nomina poëtarum, e quorum Luſibus *Meleager* Syntagma ſuum concinnaverat; et quidem ita, ut ſinguli poëtae cum ſingulis floribus comparentur. Hoc ducebat ipſius operis titulus. Iam vero paſſim apud poëtas commemorantur Muſarum Gratiarumque arva, unde poëſeos flores naſcuntur. quae, quibus id curae eſt, inde decerpunt et colligunt. *Pindar.* Pyth. 9. I. Ἐλικώνιδες Ἀφροδίτας ἔρνεσσιν ἢ Χαρίτων ἀναπαλλόμεναι. Olymp. 9. 39. Ἐξαίρετον Χαρίτων νέμομαι κᾶπον. τὴν ποιητικήν. SchoL *Ariſtophanis* Ranae 1334. ἵνα μὴ τὴν αὐτὸν φροντίζῃ λειμῶνα Μουσῶν ἱερὸν ὀφθαλμὸν ἔρχεται. Ex his hortis pratisque carminum flores progigni, prima

A

fortasse *Sappho* dixit fr. XI. ap. *Brunck.* ubi de muliere
rudis et inculti ingenii, οὐ γὰρ πεῖζως, inquit, ἰδίαν
τῶν ἐν Πιερίας.   Hinc enata suavis poëtarum cum apibus
comparatio apud *Platonem* in Io. T. IV. p. 197. ed. Bip.
λέγουσι γὰρ δήπουθεν πρὸς ἡμᾶς οἱ ποιηταί, ὅτι ἀπὸ κρηνῶν μελιρ-
ρύτων, ἐκ Μουσῶν κήπων τινῶν καὶ νακῶν δρεπόμενοι τὰ μέλη
ἡμῖν φέρουσιν, ὥσπερ αἱ μέλιτται, καὶ αὐτοὶ οὕτω πετόμενοι.
Ex quo loco plures profecerunt; (vide quae diximus in
Exercit. crit. T. II. p. 132. sq.)   Qui sibi aliisque ex
poëtica facultate ornamenta quaerunt, στέφανον πλέκειν
dicuntur ex Musarum floribus. *Lucretius* L. IV. 3. *juvat-
que novos decerpere flores, Insignemque meo capiti petere
inde coronam.*   *Horat.* I. Carm. XXVI. 7. *nelle flores,
nello meo Lamiae coronam, Pimplea dulcis.*   *Himerius*
Eclog. X. 13. p. 189. — ὅσα Μουσῶν τε καὶ Ἀπόλλωνος
ἀνθέα· βρίθοντι. κᾳ᾽ ἂν δρεψάμενος στέφος παιδείας λωτῶ,
οἷόν τινα στέφανον ἀρτίον, τὴν ἑαυτοῦ ψυχὴν κατέργασται.   In
vulgus inde receptum, ut poëtae dicerentur ὕμνους πλέκειν.
ut *Pindarus* Ol. VI. 147. ἐθέλησεν αἰχμητὰῖς πλέκων στεφάνων ὕμνον.   *Antipater Sidon.* Epigr. LXX. ἃς μέτα Πιεδὼ
ἔπλεκ᾽ ἀείζωον Πιερίδων στέφανον.   Sed vide omnino *Valckenar.* ad Hippol. v. 73. p. 170. sq.   Nec hic quidem
substitit poëtarum, sophistarumque audacia.   Nam non
flores solum; et carmina, sed quaecunque alia concinnata et e diversis partibus composita essent, cum coronis comparabant.   Amor quidem apud *Marianum* Schol.
Epigr. 1. e quatuor virtutibus, quae cardinales vocantur, coronam texit — ἐκ δ᾽ ἀρετῶν στεφάνους πλέκων πλέκω.
Poëtarum vestigia persequutus *Helianus* in H. A. Epilog.
p. 973. causas operis suscepti reddens, ἀντικρυ, inquit,
τῷ ποικίλῳ τῆς ἐπαγγελίας τὸ ἰδρυμένο ἡρήμι, καὶ τῷ ἐκ τῶν
ὁμοίων βδελυγμίαν κατεδάμασεν, οἱονεὶ λειμῶνά τινα ἢ στέφανον
ἀρμῶν ἐκ τῆς ποικιλφαῖας, ὡς ἐκδεσθῶμεν τῶν ζώων τῶν πολλῶν,
φιλῶν διὰ τῆσδε ὑφάναι τε καὶ ἀπαλλάξαι τὸν συγγραφέν.   Haec
paulo fusius, quam pro instituto nostro, persecuti su-

mus, ut intelligeretur, vanam esse *Reiskii* conjecturam,
qui *Meleagrum*, cum Syntagmati suo στεφάνων nomen
imponeret, ad Graecorum morem, quo convivantes co-
ronari et veterum poëtarum carmina recitare solebant,
respexisse censet.   Ceterum, cum Gadarenus noster
singulos poëtas cum singulis floribus, fruticibus et arbo-
ribus comparat, in nonnullis quidem similitudinem aliquam aucupatus est, nec tamen in omnibus nec ubique;
ut, qui has similitudines in singulis rimari et perscru-
tari velit, multa opera insumta, vix tamen quidquam
praeter argutias prolaturus sit.

1. 2. Priscorum scriptorum more *Meleager* statim
ab initio nomen suum et operis suscepti consilium ponit. Protulit hoc distichon *Salmasius* ad Script. Hist.
Aug. T. II. p. 81. — Cod. Giess. pro φέρεις exhibet
φέρω, quod emendatoris ingenium prodit. Pro τεῦξας
στέφανον *Meleager* aeque bene scripsisset πλέξας, ut vulgaris fert ratio; vide *Fischerum* ad Anacr. Od. XXXIX.
14. p. 152. Sed τεύχειν στέφανον est etiam in Problem.
arithm. IV. Tom. II. p. 478. — ὑμνηθεν στέφανον ipsa
est Codicis lectio. ὑμνηθεις· πονηθεις ὑμνηθεις ευντες.
Hesych. Recurrit idem vocabulum infra v. 44. Epigr.
CXXIII. h πάσαις πονηθες ὑμνηθες et Ep. CXXIX.
την εκ πάντων εδρανησθεν οἷς εν απαργμων Ὑμνηθεν βιβλω. ubi
accentu mutato scribendum ὑμνηθεν. Idem nostro quoque loco fecit *Reiskius*.   Sunt tamen, qui ὑμνηθεν ad-
jectivi formam induere et poeticam sive ex carminibus
maxam coronam intelligendam esse censeant. Vide *Dorvillium*, qui in Vanno critica p. 155. hoc distichon asserit.
μνημοσυνον στέφανον vocat noster Ep. CXXIX. Apud *Fabri-
cium* ὑμνηθεν legitur, ut ad τις referatur. V. 4. ἐπετα-
νους χάρη. Hoc Diocli munus studiose concinnavit. Leo
Philos. Ep. I. T. III. p. 128. βιβλος μεχανικη· κορίνθος δε
μη ἐπετενων. *Theocris.* Ep. XIX. χύσεος ἐπετανων ου'
ωθλοις. quod expressit *Macedonius* Ep. XXIX. δεθλον, εν

ἐξαίνων. V. 5. ἀγρίως, quae est lectio Vat. Cod. emendavit *Reiskius*. Flores, qui hoc disticho commemorantur, e nobilissimis sunt inter eos, qui coronis intexuntur. De ἀρίῃ vide *Bodaeus a Stapel* ad Theophr. p. 653.
Inde fiebat unguentum praestantissimum, et ipsum ἀρίνον
vocatum. Vid. *Salmas.* ad Solin. p. 753. G. Confun-
ditur passim cum ἀγρίως. *Dioscorides* L. III. 126. ἀρίνον
βασιλικὸν, τοῦτο τὸ ἄνθος στεφανωματικὸν ἐστι, καλούμενον
ὑπ' ἐνίων Ἀρίνον. — Elegans est, quod sequitur de *Sappho*:
βαιὰ μὲν, ἀλλὰ ῥόδα. paucae quidem, sed rosae. Similiter de
Erinna Antipater Sid. Ep. XLVII.:

 σαυροπαίης Ἥριννα, καὶ οὐ πολύμυθος ἀοιδός,

  ἀλλ' ἔλαχε Μούσας τοῦτο τὸ βαιὸν ἔπος.

qui forstasse profecit ex *Asclepiade* XXXV. βαιὸς pro ἀλίγος
usurpavit *Sophocles* Aj. 292. ὦ ὁ' εἶπε πρός με βαῖ, καὶ δ'
ὑπείξασα. et Oedip. T. 750. τίτυρον ἐχώρει βαῖδε. Apud
Epigrammatarios hic usus non infrequens. V. 7. operarum vitio Μελανιππίδεω exhibitum pro Μελανιππίδην, quem
poëtam dithyrambos editos illustrem fecisse constat, (vide
Xenoph. Mem. Socr. I. 4. 3. cf. *Suidam* v. *Fabricii* Bibl.
Gr. T. II. p. 139. ed. Harl.) sed ἔγκως cum *Martino*
ad *tamidem* dithyramborum orationem referri nolim.
Ceterum Cod. χρώην effert; nec aliter *Salmas.* ad Solin.
p. 126. D. ubi totum distichon excitavit. τρώην *Reiskii*
fagacitati debetur. Hoc poëtae altioris spiritus praeclare
convenit. *Suid.* τρώξι, μεγαλοφώνως. *Aeschyl.* Agam. 96,
Ἀγαμέμνονος γυναικὶ τερπνῇ τρώξι. *Alciphron.* III. 48.
p. 382. τρώῃ τινι καὶ γεγανωτέρα φωνήματι χρησάμενος. *Lucianus* T. III. p. 81. φωνῇ τε λαμπρᾷ καὶ φθέγμα τρώην καὶ
στόμα λιγυρὸν ἐγγίνεται αὐτῷ. Attigit hanc vocis significationem *Ruhnken.* Epist. crit. p. 153. Mox κλῆμα ἀλεύ-
θαι non est *flos labruscae a palmite suo dependens*, quod
voluit *Salmas.* ad Solin. p. 126. sed ipsa vitis, ut ap.
Alcaeum Messen. Ep. XVIII. βότρυν ὑπ' ἀκλάδος ἡμερον
Schol. in *Aristoph.* Aves 589. ἀκλάδα ἡ πρώτη ἔκφυσις τοῦ

συνηθείᾳ. Vide Miscell. Obss. Vol. III. p. 109. *Bod. a
Scapul* ad Theophr. L. V. p. 544. V. 9. εἴν δ᾽ ἐνηναῖξ.
In Cod. *b.* nec video mutationis causam satis gravem. ——
In μυρόεντι poëta respexit ad unguentum irinum que
nullum apud veteres illustrius, docente *Athenaeo* p. 689.
D. *Salmas.* ad Solin. p. 332. E quibus adde collectanea *Bernardi* ad Theoph. Nonum Tom. 1. p. 90. ——
Max Cod. legit ἴλτεος, quod *Martinus* in ἴλτεος mutavit.
Longe elegantius *Reiskius* ἴλτεος, qui tamen emendationi suae pretium statuere nesciebat, aliam proponens,
priori longe inferiorem, ὡς διιλὰς ἀτε συντετάξει ἴρος. *Ve-
uasser* ϑελκτός. Amor tabulas, quibus *Nossis* versus in-
scriberet suos, ipse cera induxit, ἐνέχεια. Vide *Valckenar.* ad Herodotum L. VII. p. 617. 35. Quae praecipua quadam venustate commendantur, poëtae erotici
Amoris manibus facta dicunt. *Propertius,* de carminibus suis locutus, II. 8. 30. *modo Permessi flumine lavit
Amor.* II. 28. 17. *Afflabuns tibi non Arabum de gramu-
ne odores, Sed quos ipse suis fecis Amor manibus.* Contra
de tabulis ceratis, quae verba ipsi ingrata complecte-
bantur, *Ovidius* I. Amor. XXII. 9. *cera—— quam puto
de longas collectam flore citatae Mille sub infami Corsice
misit apis.* Ceterum vix dubito, quin Meleager expresserit Epigr. Inc. DXXIII. p. 261. Ἀλέξαν Ἡείως
νέου ωμῶεν, ἀδέ τι, φηφῶν, Ἀλλ᾽ ἵλετ ἐς Μεσσάων πιράμενος
μάλετι. —— V. 11. 12. ἀθεράπω Codex, *Fabr. Reisk.*
Nec aliter *Salmas.* qui hoc distichon laudat de Homeri;
H. L. p. 10. U. ubi sampsuchum et amaracum, quae
utraque unguentis adhibebantur, diversa fuisse, ex hoc
carmine docet. Conf. vers. 41. Vide tamen, quae fuse
disputavit *Bod. a Scapul* ad Theophr. p. 589. Sampsuchum inter flores coronarios fuisse, ne alios laudem,
patet ex Epigr. Inc. DCCV. —— Seq. versu περϑενάζομτα
ἀρϑεν accipio de tenellis croci filis, ita tamen, ut poeta
ad *Erinnes* virginitatem respexerit. παρϑένα μάρτα dixit

Ariſtopha. Aves 1099. *delicatulas* interpretatur *Brckius.*
Nec alienum fuerit, *ἱμαῶσα σρέκεω* interpretari, ut
flos ab integritate laudetur. Cypariſſus incaeduas circa
tumulom Alcmaeonis Arcades *παρθένον* appellabant, teſte
Pauſan. VIII p. 646. quem locum *Valckenarius* excitat
ad *Eurip.* Hippol. 1005. p. 271. A. V. 13. 14. *Μιν-*
θρν Cod. eſt lectio. *μίνθρν. Vroeſſ.* Hyacinthum literis *αἲ αἲ* inſcriptum, *μίνθρν* appellat poëta, audacius
quam *Theocrit.* Eid. X. 28. *γεαπτὰ ὑάκινθος,* ſed *Moſcho*
praeeunte II. 6. *ὦν, ὑάκινθε, μέλεα τὰ σὰ γράμματα.* Auſo-
nius in Cupid Cruci Aff. v. 12. *Et tragico ſcriptus ge-*
mitu Salaminias Aeas. Quod inter omnia hyacinthi
genera nullum hoc ſignum habet, nihil intereſt, *(Sal-*
maſ. ad Solin. p. 560. ſq.) cum quicquid eſt veterum
poëtarum in hac fabula conſentiat. Conſulendus inprimis *N. Heinſ.* ad Ovid. Metam. X. 215. et *T. Hemſterh.*
ad *Lucian.* T. II. p. 291. ed. Bip. — Mox *θέσρει μίλεα*
μελαχρύταισν convenit cum *Theocrit.* Epigr. I. *μελάχρωα*
Μόρσω. Samius is eſt, cuius duo Epigrammata, quae
in Planudea p. 568. et 569. *Simmiae* tribuuntur, eu-
bibuit *Brunckius* T. I. p. 485. V. 16. *ἐξερέφον* ap.
Vroeſſ. legitur. In Cod. eſt *ἐξερέφον,* quod tuetur *Sal-*
maſ. de Homon. p. 83. E. et de pinu interpretatur, in
cacumen procedente, quo a picea diſſert, cujus rotun-
dior ſpecies. ut *ἐξύτερον* a *ὀξύν, στενοſodio,* ſic *ἐξέτερον* a
νῴω, τετρβρο, derivandum, admodum cognatae ſignificationis verbis. ꟼ. p. 2.] V. 17. *πλατὺν πλατάνιστον* de platano *patulis ramis diffuſa* accipio, quae vulgo eſt *πλα-*
τάτις. Vide *Rubnk.* ad Tim. p. 27. et *πλατάνιστος*
αἰγεία apud *Erycium* Ep. I. ſive *μλάθρι,* ap. eundem XIV.
Eodem ſenſu *Simmias* Epigr. I. *πλάτανι Ἀχερντατ νεκρός.* —
In fine verſus Cod. *οἶνε,* exhibet, quod vitioſum eſſe
vidit *Martinus. ὑγρὸς* debetur *Reiskio;* commoda lectio;
an genuina, dubitari poteſt. Proprium nomen, quo
κορύς patria ſignificetur, ſub vitioſa codicis lectione la-

tere cenfebat *Alenfo*. V. 19. *eisvμέρων*. Intelligitur
ferpyllum fylveftre, quod coronis nuptialibus addi folebat, Veneri facrom. *Ovid. Faft.* IV. 869. *Cumque
fua dominae dat grata fifymbria myrto, Texteque compofito jnncea vincla rofa.* Vid. *Bod a Stapel* ad *Theophr.*
VI. p 690. V. 21. Δεμάγετον. Cod. Vat. et fic *Salmaf.*
ad *Solin.* p. 126. F. Reliqui Δεμαγίτον, quod et ipfum
prohum foret, nifi poëta orationis ftructuram nutare
voluiffet. — *πετυφελοῦ μέλιτος*. Monet *Martinus*, *Calli-
macho* acerbum vel acre mel tribui ob poëma in ·bin
medium. Viderur poëta illuc refpexiffe; fed poteft
„quoque fimul ad copiam vocum rariorum et enuncia-
„tionum obfcurarum crebrasque allufiones ad ignotas
„vetuftate fabulas refpexiffe, ob quae dudum eft, quod
„*Callimachus* grammaticorum crux audiat. « *Reisk.*
Mihi *Martini* fententia videtur verior; ita tamen, ut
poëta non ad Ibidem folam, fed etiam ad Iambos et
Choliambos· refpexerit, in quibus eum, *Hipponactis*
exemplum fecutum, bilem et virus eromuiffe probabile
eft. Ut autem poëtis et omnino omnibus, qui dicendi
facultate pollent, mellis copia tribui folet, (vid. *Senecam* in
Anth. Lat. T. I. p. 598. CLII. *Cuias Cecropio pectora melle
madras;* quem verfum hinc fumfit *Martial.* VII. 68.) fic,
inquem poëtica facultate ad inimicorum injurias ulcifcen-
das abufum effe conftat, melle quidem, fed acerbo et odiofo
ufus effe dicitur. Notum eft mel Ponticum, quod qui
guftaverant, *ἔξίστοντο λυζυγίσαντες, ὅτι παρεφέροντο καὶ ἀηδῶς,*
quae verba funt *Dionis Chryfoft.* Or. IX. T. I. p 290.
Idem guftantibus furorem injicere putabatur, tefte *Aeliano* H. A. V. 42. ubi vide quos laudat *Schneiderus.*
p. 166/ qui in Auctario ad calcem *Friderici* II. de Venat. p. 164. remittit ad *Peyffonel Traité fur le commerce
de la mer noire* T. I. p. 285. Hinc *τὸ πικρὸν μέλι* in re
amatoria paffim. V. 23. 24. *Δάχυλλα.* Inter flores coronarios recenfet *Diofcorides* III. 114. · *Athen.* XV.

p. 681. F. — Ἂν Μούσην ἐμαυτὸν Martin. alli Μούφωσι.
Prius eſt in cod. niſi quod ibi Ἄ' ἐν. Vitium ſuboluit
Martino, nec dubitare licet, in ἐμαυτον latere floris aut
ranii tenelli nomen. Reiskius tentat ἡμείνατις (vid. Heſych.) et ἄμπον. utrumque male. Unice vera eſt emendatio Heynii in Ephemer. Gotting. anni 1789. nr. 88.
ἡμίνον corrigentis. De amomo, celeberrimo olim aro-
mate, hodie ignorato, multa diſputat Salmaſ. de Homon. c. XCI. p. 135. ſqq. Significatur autem verbis
ἃς Διὸς ἐκ κούρων εἴχον ἐπωνυμίην poëta Dioscorides, cujus
Epigrammata in fine primi Voluminis leguntur. Similem circumſcriptionem nominis Apollodori habes Ep.
Incert. CXC. ἄωρον Ἀπόλλωνος Διὸς ἔχων δείκλην. — Pro
ἔχην, quod eſt in Cod. nonnulli εἴχεν exhibent. V. 25.
Pro Ἱππείοτην nonnulli Ἡγεσίππον habent. Vide ad
v. 23. μανάδα βότρυν vocat uvam vino ebriam, quam
Diodor. Zon. Ep. III. μεθυστικὴν appellat. — Τέφρον σ'
ω. Cod. Vat. Reliqui ẞ' σὸ. Deinde εχάσε Cod. quod
etiam Salmaſius habet in Hyle Iatr. p. 121. G. et
13°. H. εχῖνον eſt ex emendatione Reiskii. Codicis
lectionem Salmaſius de flore junci odorati interpretatur,
de quo junci genere multa collegit Bodaeus a St. ad
Theophr IX. p. 1008. ſq. V. 29. »ἐμφραγείσης τε πλόκον,
»Salmaſ. ad Solin. p. 367. G. recte. licet ipse Salmaſius
»ſibi non conſtans aliter exponat ejusdem operis p. 607. F.
»et in Notis ad Simmiae Ovum p. 161. Nicaenetum Sa-
»mium fuiſſe ex Athenaeo p. 673. conſtat.“ Brunck.
At in primo quoque loco, quem Br. laudat, Salmaſius
non ἐμφραγείσης, ſed ἡμφραγείσης in codice ſcriptum eſſe ait.
Ibi autem μετεγραίσης legitur. Martin. Μεσιναίσης dedit.
Vavaſſor ἐμφραγείσης, quod falſum. Idem ἐμφρον et φθίλα,
quo arboris lacryma proprie intelligitur, quae unguentum per ſe faciebat. ἐμφρον λιγρὸν inter pretioſa unguen-
ta numerat Philodemus Ep. XXII. — Pro Σμύρνα Cod.
Σμίλα exhibet. V. 31. ἀμαρακίνοιο pro poëtae nomine

habebat *Bothkius*, qui verf. feqq. emendavit *p̄* II *uꝛ̄*
mꝛ̄ꝟ δ. Π. Quam emendationem cum *Brunckius* in textum recepiſſet, mox eum facti poenituit, et in Lectionibus codicis fcripturam cenſuit revocandam. Verba
ejus ſunt: „*Amometum*, plane incognitum hominem, in
„poëtarum cenſum referre non oportuit. *Parthenidis* ut
„ſcripta, ſic interiiſſet nomen, ni poëtriae memoriam
„ſervaret hic *Meleagri* verſus.“ *Amometus* tamen paſſim commemoratur ap. veteres, quorum loca collegit
Schneiderus in Peric. Crit. p. 110. quamquam poëtam
huius nominis fuiſſe, nemo veterum prodidit. *Parthe-*
nida commemorat *Martial.* VII. Ep. 68. ubi de poëtria
agi, dubitari nequit, quamvis vitioſa ſit illius loci ſcriptura. — *ἐπιτάζων* dictum, ut ſupra v. 26. *ἀγνοουμένος.*
V. 33. Vitioſe *Martin. ἀναφωνοῦντα. Bacchylidis* carmina
Meleager ariſtis comparat; *μίθων* dum dicit, an ſignificare voluit, jam ſuo tempore multa de *Bacchylidis* carminibus intercidiſſe? Aliter haec accepit *Manſo*, qui
Bacchylidis carmina *dulcium Muſarum reliquias frugi-*
feras appellari cenſet, ut intelligatur, Muſas ipſas poëtae carmina ſua dictaſſe, omnemque gloriam ex illis pro-
ficiſcentem, conceſſiſſe. V. 35. Ipſam Codicis lectionem *Brunckius* repraeſentavit, cum *Vavaſſor* et *Dorvill.*
in Vanno crit. p. 570. *Ἀναφερομένην γλυκὺ π. μ.* exhibeant.
Ἀναφέροντα ſincerum eſſe apparet ex v. 21. 25. 45.
ubi non flores, ſed ipſi poëtae coronae intexuntur. Mi-
rari tamen ſubit, poëtae nomini non florem aliquem,
ſed *μίλισσα νέκταρος* ſubjici; ut, ſi ſincera ſit lectio, *Me-*
leagrum in hoc loco allegoriae, quam inſtituit, immemorem fuiſſe dicendum ſit. Duriuſculum quoque *μί-*
λισσα νέκταρος de carmine *nectareo* ſive *praedulci*; quod
tamen ex *Auſipair b Sidonio* Ep. LXXV. derivatum videtur, ubi de eodem poëta: *ἡ ἐν μίλισσαν, Βάκχου΄, ἀκηρατον*
νέκταρ φερομένη. ubi vide notas. — Sequ. verſo *ἐπίγραμ*
de proprio poëtae numine habebat *Martinus* et *Fabri-*

A 5

cius, quem vide Tom. IV. p. 461. Harl. Contra fen-
tit *Reiskius* in Notit. Poët. p. 183. Hoc mihi intelligere
videor, Meleagrum polliceri, fe cum ex lyricis, tum
ex elegiacis *Anacreontis* carminibus nonnulla coronae
fuae implicitarum effe. Vide tamen, an corrigendum fit:

ἐν δ᾽ ἐλέγοις, σύντομον ἐπιθύμων.

l. e. ἐμμελῆς δὲ ἐλέγοις. Ceterum σύντομον non legitur
in Cod. fed ἄντομον, ut etiam exhibet *Salmaf.* in Praef.
Hyl. Intr. p. 4. V. 37. *Brunck.* in φοβερᾶς edidit, quod
etiam *Vraffer* habet; in Lect. autem lectionem Codicis ἐκ φοβερᾶς reftitui jubet, provocans ad *Salmaf.* in Plin.
p. 280. D. cuius verba adfcribam: „Propter virulen-
„tiam et acerbitatem carminum, quod famfit ex opeti-
„bus Archilochi, affimilat flori herbae hippophei, quam
„vocat φοβερὰς σκαλιστρίχα. Nam φοβερὰ eft herba. —
„Hippophaes flores habet racemofos, ut hedera. Ideo
„in corollis locum haud fecus atque hederae corymbi
„habuerit. Radix incifa fuccum fundit. Nam ἐπίζωστὰ
„eam fcribit Dioscorides. Hinc πικρὰς στράγγας ἀπ᾽ ἀκμῶ-
„νων Archilochi appellat, paucula excerpta e vaſto ocea-
„no fcriptorum ejus. Et fimul alludit ad naturam her-
„bae, cui fcripta illius conferri, quae ἀκίζεται et cujus
„fuccus κατὰ στράγγα guttatimque fluit. ἀνθος κακόθες,
„ωs κακόθῆος. Male in membranis κακόθες. Flos quidem
„ipfe minime fpinulentus, fed quia herba ipfa tota
„fpinis horrida, ideo ἄνθος eius κακόθὲς vocat. Mordacia
„porro carmina et dentata, qualia Archilochi erant,
„rite fulloniae fpinae comparat.“ Haec ille; qui cum
verba πικρὰς στράγγας ad guttas liquoris e radice deſtil-
lantes referat, egregie argutatur. Reliqua fortaſſe probanda, ut fecit *Bodaeus a Stapel* ad Theophr. p. 630.
ubi hoc diftichon ex *Salmaſii* commentario profert et interpretatur. Sed ipfe *Soliui* interpres, quae loco laudato pronuntiaverat, eadem revocat in Praefat. ad Homer. H. L. p. 4. ubi fide antiquiſſimi libri legendum ait:

Ἐν δὲ καὶ εὐθάλλοιο σιναλότριχας ἄνθος ἀκάνθης
'Αρχιλόχου σμικρὰς στρέφγγας ἐπ' ὠκεανοῦ.

eamque locum accipiendum eſſe de ſpina euphorbii,
quamvis coronis minus apta, reſpondente tamen Archilochi ingenio. Repetita deinde interpretatione verborum σμικρὰς στρέφγγας, quae ad plantae ſuccum ſtil-
latim defluentem referenda cenſet, ἐπ' ὠκεανοῦ adjectum exiſtimat, ut intelligeretur, ſpinam euphorbii
in Atlante prope Oceanum legi. Tantopere Salmaſius
ſibi a doctrinae qua abundabat copia illudi paſſus eſt.
Certum eſt, Meleagrum hoc voluiſſe indicare, ſe e ſe-
ve ramis Archilochi operibus pauca et parva coronae ſuae
inferuiſſe, quae Dorvilli verba ſunt ad Charitonem p. 7 1 2.
Magis tamen ad genus carminum a Meleagro ſelectorum,
quam ad numerum reſpici putaverim. Ex noſtro colorem duxiſſe videtur Leonidas Ep. XXII. T. III. p. 108.
de citharoedo quodam:

Ἐν γὰρ ὅτε ηχεύθησαν μελάδων ἐλέγη τοῦ ἐκτεθλείξ
ἐν οὐκ ἐνεζήσετε καὶ θρεεῖ καὶ νελάμα.

Pro μικρὰς, quae ipſa eſt Cod. lectio, Hemſterhuſius ad
Ariſtoph. Plut. p. 296. στιχὰς ſcribendum propoſuit;
nuper in idem incidit Wakefield in Sylv. crit. T. III.
p. 131. qui μικρὰς στρέφγγας opponi putabat γλυκεῖ νέκταρε
verſu 35. Sed Codicis lectionem ſatis tuentur, quae
Dorvillius l. c. de hoc diſticho contra Hemſterbuſium
diſputavit. V. 39. 40. Profert Salmaſ. ad Solin. p. 93. C.
ubi de colore cyaneo et purpureo agit, et p. 579. G. —
In fine verſus Cod. Vat. vitioſe ἐρχαας habet. Mox Vavoſſ.
ἐν δὲ pro ἐπὶ dedit. De Palycicto poëta nihil conſtat.
V. 41. 42. Exhibet Salmaſ. de Homon. H. I. p. 10. B.
ubi Ναυστρέπου habet, quod etiam Reiskius e Fabricio
adoptavit. Sed proba eſt vulgata. Vide ad v. 21. Cod.
Vat. δεῖ' ἀραιαρφοστ. Amaracos inter herbas unguentarias
praecipuum locum tenet. Salmaſ. ad Solin. p. 332. E
Multa de unguento amaracino collegit Bernard. ad

Theoph. Nom. T. I. p. 59. — Pro λωτόν, quae Cod. est
lectio, *Martin.* λοῦτον, *Vavaffor* λωτὸ habet. — Seqα.
verſu, ubi *Salm.* vitioſe κλῶν exhibet, *Antipater Sido-*
nius ſignificatur per φοίνικος κόμην, quem florem pro
ligultro habere ſolent, improbante *Bodaeo a Stapel* ad
Theophr. l. p. 63. In Aſcalone eum et Canobo, Ae-
gypti urbibus, provenire docet *Dioscorid.* l. c. 104. —
V. 43. καὶ μὲν καὶ ευγλον Cod. Vat. et ſic hunc verſum
laudat *Werflen.* ad *Marcum* XIV. 3. et *Bodaeus* ad *Theo-*
phr. p. 662. et 1018. qui Syriam nardum vocari docet,
non quod in Syria naſcatur, ſed quod ab Indiis in Syriae
emporia deſeratur; quae eſt ſententia *Salmaſii* ad *Solin.*
p. 746. ſqq. qui epitheton ευαγκυρηνος explicat p. 748.
C. D. *Affyriam nardum* vocat *Horat.* ll. Od XI. 16. Cf.
Tibull. III. 6. 9. — καὶ μὲν καὶ ευγλον exhibent *Salmaſius*
ad Plin. p. 76. 741. 746. 751. et de Homonym. H. I,
p. 129. et *Martinus.* *Vavaffor* autem et *Fabricius* καὶ
μὲν καὶ ἀγλον, de poëta *Arii* cogitantes. — In ſq. verſu
Ἑρμόδωρου nomen latere acute perſpexit *Martinus*, *Bodaei*
errorem exagitans, qui ad *Theophr.* IX. p. 1018, hunc
verſum ſic vertit: *Hymnis canearum, celebratum Mercurii*
domum. vide ad v. 24. Quae terra *Hermodorum* genue-
rit, non conſtat; ut proinde ignoremus, quid tribuendum ſit interpretationi *Reiskii*, qui Syria nardo poëtae
patriam ſignificari cauſabat. — V. 45. πωϊλανων Cod.
Vat. et *Mart.* — Poëtis, qui hoc diſticho commemorantur, *agreſtes campi flores* tribui, quod e bucolicorum numero fuerint, acute coniecit *Reiskius*, qui et ſq. verſu
Ξενῦλλου nomen de *Aſclepiade* interpretatur, rectius quam
Martinus, qui de *Theocrito* cogitabat. Ξενῦλλου mentionem facit *Theocrit.* VII. 40. ubi *Schol.*: Ἀσκληπιάδης
φησὶ τὸν Σικελιδησσυνηθην, ἢ τὸν Ξενῦλλον. Qui locus non
fugit *Maufenii* diligentiam. Niſi perverſam *Reiskii* omnia
mutandi libidinem tot exemplis haberemus. cognitam,
mirum proſecto accideret, quod eum hoc loco, cujus

verum senſum primus perſpexerat, variam conjecturam
tentantem videmus. Corrigit enim: ἀφόρρει Σικελίων
ἀνέμων. flores agri Siculidarum, i. e. Siculorum, ventis
ſatos. ἀνθεα ληψεις φοβερων anemonae ſunt, qui flos nunquam ſe aperit, niſi vento ſpirante, unde & nomen accepit.
Plinius XXI. 23. Vide N. Heinſium ad Ovidii Metam.
X. 737. Brevis eſt tamen uſus in illis, Namque male hac
rationem et nimia brevitate coactam Ernestium iidem, qui
praeſtans nomina, velui. Quae eſt optima et unice vera
lectio, pro ea, quae olim obtinebat: qui perflant omnia.
Anemones nomen certo cuidam flori tributum, poſtea de
pluribus uſurpari coepit. Heſychius: ἀνεμώνη — τὸ φυτὸν
ταχέως ἀπὸ ἀνέμων διαφθειρόμενον.   Vide Bodaeum ad Theophr. VI. p 702. cujus inepta etymologia, ab ἄνεμος et
ἅλως ſive ὅλλυμι, neminem hodie in errorem inducet.
Ceterum hunc verſ. laudat Salmaſ. in Homon. H. L.
p. 26. B. — §. 3.] V. 47. χρωτὶ Cod Vat. nχρύσεαν
αὐλὴν, auream ſurculum, ſua ipſius virtute undique ſub-
ⁿgaram.   De praeſtantia argumenti Platonis carmina
ⁿcommendari, ſtatim, ni fallor, liquet, minus autem,
ⁿquam plantam, quamve arborem noſter animo ſibi
ⁿfinxerit.   Reſpicere tamen poterat ad chryſocomen
ⁿherbam, cujus corymbos ab auri fulgore laudat Plinius
ⁿXXI. 8.ⁿ Manſo. Divinam Platonem ſignificare vo-
ⁿluiſſe Meleagrum ſuſpicor; qui adeo, ut Deorum omnia
aurea ſunt, auream romam ad poëtarum coronam attulerit. Apolline nato, χρύσεον ἐκάμψατε γενέθλιον ἔρνος ἐλαίας.
Callimach. H. in Del. 262. Fortaſſe Meleager hunc locum,
fortaſſe alium, qui nos latet, reſpexit. — V. 49. Ara-
ſam propter aſtrorum notitiam palmae procerae comparat poëta; quod probe intellexit Reiskius, qui in reliquis
argutatur. Optime Manſo: ⁿHumilibus abjectis, altio-
ⁿra, nimirum aſtra ipſa, Aratus petierat. Hinc recte
ⁿcarmina ejus comparat palmae ad coelum tendenti ſeu
ⁿprocerae, e qua tamen nil, niſi αφροδόνειᾳ ἄνεμος, prima

„ *remorum flagella* (intelligo leviora carmina) coronae
„ fuere intexuerit.“ Sequ. verfum expreſſit *Philippus
Theſſ.* I. κλωτοδόκηρον Πιαφίης κώρας σφιγγοφύτους κλλύκας. —
V. 51. Αυτός propter odoris fuavitatem coronis adhibebatur. Vid. quae collegit *Fiſcher* ad Anacr. IV. a.
p. 20. — In φλογί, quod iridis genus eſt a flammeo
fulgore dictum, (*Salmaſ.* Hom. H. I. p. 29. G) poëta
ad etymologiam nominis φλιλίρων a verbo φλίνεσθαι re-
fpicere videtur. — Verbis φλός; ὅμμα flos fignificatur,
vulgo βοδβολμος vocatur, recentiorum βαλασμίη. *Salmaſ.*
Hom. H. I. p. 35. E— In hoc verf. τ' omittit *Fabr.* V. 53.
φαλάμρντι *Marcin.* quae Cod. eſt lectio. φαλαμμῶν *Vavaſſor.* quod de *Theodoridas* patria explicare conatus eſt
Reiskius in Notit. poët. p. 216. Hic quidem interpretationi praeferenda erat ejusdem emendatio φιλάρμντι,
quam *Brunckius* recepit. Eandem tuetur Cod. Gieſſ.
ut igitur duos in eandem coniecturam incidiſſe appareat.
Serpyllum σιαφαναματικόν eſſe tradidit *Dioſcoridas* III. 46.
Cf. *Suid.* v. ἕρπυλλος, et *Bodaeus* ad *Theophr.* VI.
p. 692. ſq. — Cod. Vat. ἕρπυλλον habet. — V. 55. νά-
τρμφα, Codicis lectionem, temere tentavit *Reiskius*, formam antiquis incognitam νεόρφντα in textum inducens.
Habemus νεόρφντον βωμόν in carmine inter *Theocritea*
XXVI. 8. ὅαλλοὺς νεόρφντους ap. *Oppian.* Hal. a. 198.
νεόρφντοῖς κλάδοις ap. *Aelian.* H. A. IV. 10. Melius igitur
ſcripſeris:

       ἕρπει ναλλὰ νεόρφφα.

remos recens altos, i. e. *recentes* fimpliciter. Adjectiva a
τρόφος compoſita paſſiva fignificatione non minus gaudere, quam tranſitiva, fatis conſtat. νύτρφος, *bene nutritus*;
ὑπέρφοφος, *fimul educatus*: et alia permulta. ἕρπει νεόρφντα
funt ap. *Apollonium Rhod.* III. 1400. Quod ſi tamen
nihil mutandum exiſtimaveris, poëta hoc quoque loco,
ut v. 35. allegoriae immemor fuiſſe videri debet. —
Mox pro τοὺς δ' *Vavaſſor* τὰς δ', quod *Fabr.* fecutus eſt. —

Seq. verſu σφώμω Vat. Cod. σφωϊκὰ *Matr.* Fallitur *Mar-*
sinus, quum *Meleagrum* τοὺς ἐ᾽ ἄμα .Μοδαις κ. λ. ſignificare
putat amicorum. ſuorum et ſui temporis poëtarum carmina. Recentiorum luſus ἴραι ſunt νεύγματα; ſed *Me-*
ore εφτίφαι λυκελία viæ aliud quidquam niſi ipſius *Me-*
leagri ſunt carmina. Ceterum ex hoc diſticho apparet,
Meleagrum non omnium poëtarum, quos in coronam
intexuerat, nomina recenſuiſſe, ſed tantum antiquiorum. — V. 57. *ωᾶ.* *Hoc opus, hanc coronam, amicis*
meis offero et dedico. μύσταις Μουσῶν. qui Muſarum ſacris
operamur. Virum, Muſarum artibus gaudentem, *Hi-*
merius ταῖς Μουσῶν τελεταῖς ἐνευσεβήσαντα dicit Orat. XVI.
6. p. 689. Frequenter ſane artes eruditae μυστήρια,
ὄργια, quique ad eas incumbunt, μύσται vocantur a ſo-
phiſtis praeſertim, et qui ſophiſticum dicendi genus ſecta-
bantur. Exempla quaedam collegit *Wernsdorf.* ad
Himer. Ecl. X. p. 177. *Paſſeratius* ad *Propert.* III.
El. 1. 4.

   II. Vat. Cod. p. 607. E ...t *Reisk.* in Notit. Poët.
p. 243. e Cod. Lipſ. 245. *Muſo* ex Bruackii Anal.
nr. XLVII. p. 23. Primum diſtichon protulit *Salmaſius*
ad Script. Hiſt. Aug. T. II. p. 81. Praefationis loco
hoc carmen, quo puerorum coronam nectit, *Melager*
praepoſuiſſe videtur ei carminum ſuorum parti, quae
Epigrammata complectebatur *παιδικά.* Hanc vero coronam non ab ipſo poëta, ſed, ut par erat, ab Amore con-
textam, Veneri dedicat. V. 1. ζῴη Vat. Cod. τρυγᾶν,
fructus colligere, flores decerpere. Achilles Tat. L 8.
p. 24. μὴ παραλύῃς ἄμορφον τρυγήσαι ῥόδον ἀμάρτῃ τρυγηῷ.
Julian. Imper. Ep. III. Ὑπέρ τρυγάται ῥεζόϊν. Hinc
utendum ſibi ſumere et frui ſimpliciter. Vide ad *Mace-*
donii Ep. I. T. III. p. 111. — ψυχουάτας 'Έρος habet
Reiskius ex Cod. Lipſ. cum in Vatic. ψυχωᾶτην legatur.
Codicis lectionem repudiavit *Brunckius*, quod ψυχωᾶτας
Amoris ſit epitheton. Satis hoc commodum ſoret, quam

vis, in Anthologia quidem, nullus alius locus sit, ubi
amor eodem epitheto gaudeat. Sed, ne quid dissimulem, nulla fuit a Codicis lectione recedendi causa.
ψυχαπάτης is est, qui blando delinimento animum fallit;
tum ad quodvis *animi oblectamentum* transferri potest.
Blandum et jucundum somnium Meleager ὕπνον ψυχαπά-
την vocat Epigr. CIII. Et hic passim ἀπάτη pro *oblecta-*
mento ponitur. Pulcra vasa ἡδονὴς ἀπάτην μέσον esse dicit
Clemens Alex. Paedag. II. p. 188. ψυχαγωγίαν et ἀπάτην
junxit *Dio Chrysost.* Or. XXXII. p. 362. A. quem locum cum aliis laudat *Pierson* ad Moerin p. 65.: ἀπάτη,
ἡ πλάνη παρ' Ἀττικοῖς· ἡ τέρψις παρ' Ἕλλησιν. Nihil itaque
mutandum; nisi forte duplex epitheton, voci ἑτέρωθι
additum, satis gravem emendationis causam existimes.
Verum nihil apud hosce poëtas frequentius. — V. 3.
κατέχεσθε. Cod. Vat. Recte. — V. 5. καὶ μὴν *Reisk.*
contra Cod. fidem. Mox idem cum Vaticano ἐπίνευσας
ἐς ἐμ' ἰ. εἰς μέλη. Nostrum dubio procul ex *Branchii* conjectura in textum venit. Sed vereor, ut poëtae manus
sua restituta sit. μέλη ἀπ' ἀκάνθης, rosa de spinis decerpta.
Cf. Ep. Inc. XX. — V. 7. χρυσέαν κόμαν. Crocus coma flava, ξανθῇ τριχί, conspicuus. *Moschi* Europa v. 83.
ξανθοῖσι κρίνων ἰνδαλλεν ἐθείραις. Laudat hunc versum *Sal-*
mas. ad Solin. p. 76. C. — Sequ. versu Cod. Vat.
οὐλαδέψ. — V. 9. Hunc versum respexit *Alberti* ad *He-*
sych. v. ἀβρυνηθ̑. ὁ τῷ κάλλει φαιδρὸν ἔχων. Vide Epigr.
XXX. — Omnes, quos nominatim recensuerat poëta,
complectitur verbis ἱμερτοῖς κάλλεσι ἱμερτές, pueros et pulcritudinis et morum praestantia conspicuos; et Tyrum,
patriam, tot pulcris pueris insignem, felicem praedicat:
ἱμέρτη νῆσον Τύρος. Insulam Tyrum vocat iterum Epigr.
CXXIII. Vide *Valckmar.* ad Phoeniss. p. 212. Laudat
hoc hemistich. *Spanh.* de Usu et Pr. Num. T. I. p. 660.
ουρανων etiam *Reiskius* habet, idque ex *Salmasii* emendatione in apographa quaedam fluxisse suspicor. Cod.
enim

enim Vat. μυρίσκων legit, qua voce *Meleager* usus est
Ep. I. 9. V. I. LX. 2. Ceterum jange ὁ τὸ ἄλσος Κύπριδος ἔχων, ἰσθλοτέρη πόλλων. i. e. πόλλων ἄνθη φέρων. Sic haec
explicari possent; cum tamen infra Ep. XXXI. pueri
ἱεροὶ Κύπριδος ἰσθλοτέρη appellentur, fere probo conjecturam *S. Lusideri*, ἰσθλοφόρων legentis. In idem ultro inciderat *Manso*.

III. Vat. Cod. p. 581. Inter *Stratonis* Epigrammata edidit *Klotz.* nr. XXIII. (*Manso* nr. III. p. 6.)
Tractavit *Schneider* in Peric. crit. p. 24. et 113. Ad
puerorum amorem, muliebri amore praestantiorem, poëta
se convertit. Comparandum Ep. inter *Meleag.* III. p. 151.
quod bonum poëtam auctorem habet:

　　πλεόνηρον τῆλε θάλασσ' ὅσον ἐσταρτότερος Ἔρως
　　　Θηλυτέρης, τόσσον χερὶ μάλλον ἐξότερος.

Quaedam apographa formas vulgares exhibent pro doricis, quae in Codice leguntur. Cod. Dresd. κύπρις δ-
Θεῦ. Venus ignem jaculatur, μάλλει, quo pectora muliebri amore incendat. Passim Venus filii sui armis instructa occurrit. *Theocrit.* Eid. XI. 15. ἤχθετον Ἴσων
ὑπεκδρόμων ἄμες, Κύπριος ἡς μεγάλας, ἅ οἱ ἕπετι πᾶξι βλέπετι.
cf. *Moschum* Eid. II. 16. Praeiverat *Pindar.* Pyth. IV.
380. et *Euripides* in Medea 633. — Ut Venus muliebri, sic Amor puerili praeest desiderio, ἱμείρει. Hoc
verbo primus, ni fallor, in hunc modum usus est *Anacreon*, ap. *Eustathium* IA. p. 1442. 47. τὸ τῆς ἡμετέρας ψυχῆς
ἱμειρόμεν. *Plutarchus* de Amore disputans T. II. p. 759. D.
amatorius furor, inquit, οὔτε ἄλλων ἔχει θεὸν θεωρότερον καὶ
φίλιον ἢ τούτου, ᾧ τὸν ἐρητάζομεν. Δεινὸν ἀνθρώποι Amorem
vocat *Hermesianax* in Elegia v. 85. Deinde quicunque
alicui rei praeest, eamque administrat, ejus ἱμείρει dicitur. Exempla collegi in Animadv. in Euripid. p. 308.
add. *Wernsdorf.* ad Himer. Ecl. XXXVI. p. 315. —
§. p. 4.] V. 3. τοὶ μέλω; arti me potissimum adjungam?
De animi inclinatione passim. *Lucian.* T. II. p. 401.

B

καὶ μὲν γυνοῦ ὁμοιτίς ἴσος, ὑπὸ μὲν΄ ἀλε ἀτεχὶν ετ τοῦ πάθους
βίεοντα ὁρᾷ, ωτέρους ἀμείνονας ἀγᾷ, τοὺς ἐνάτρωαλας ἢ τοὺς
γυναῖκας ἐπμνίζεντε. *Plutarch.* T. II. p. 772. A. ἀνατί·
ετιετο γὰρ ὑπὸ τῶν τᾶς παρθίνον οἰκετῶν, ὡς πρὸς αὐτὴν μᾶλλον
ἱναίνε μετει. *Akiphron.* l. Ep. VIII p. 32. ὅτω γὰρ ἀν
βλέψει, ἀ γένει, ἅπαξ, ἰαλὼς καταντδνεσι. Translatam ſignificationis fons et origo apparet in his *Plutarchi* locis.
T. II. p. 11. D. ἀμφιβαλὼς οἶκι καὶ ἐτρογνύμων, καὶ τῇδε
ηξαίνεο κλίνον, ὡς ἐπὶ πλάττητγος πρὸς εὐιότερον βέβαι δένεται.
με. T. II. p. 21. D. τὸ γαρὸν ἐστιν ἑτίραι ἰκδικαν ἱκνφέ-
σναι ἀντιρέττονται, ὥτειτ ἐπὶ ζυγοῦ, βίεοιν πρὸς τὸ βέλτιον. —
In quibuſdam apographis τρέβω legitur, omnino male. —
Mox καὶ ταῖλα τῇ μ habet Cod. Vat. et Voſſ. apogr. in
cujus margine noſtra lectio notatur. Seq. verſu in
apogr. Dresd. contextus ἐρέι exhibet; marga γγ. ἰρὶν
uaἱ bἱ ἰμωέ.

IV. Cod. Vat. p. 582. ſq. Primus integram ex
apogr. Lipſ. edidit *Schneideras* in Peric. crit. p. 83.
Duo priora diſticha protulit *Alberti* ad Heſych. v. πηώτε.
Secundum *Pierfon* ad Moer. p. 472. Ultimum *Bar-
ponnas* ad Propert. p. 693. e cod. Scalig. (*Menſo* nr. V.
p. 7.) Poëta in oculos invehitur, novi ſemper amoris
novique cruciatus auctores. Meleager imitatus eſt *Po-
lyſtratum* Ep. L T. II. p. 1. Noſtrum vero expreſſit
Paulus Sil. Ep. XXXVII. T. III. p. 83. — V. I. ταῖτον
αἶνα. pueris inſidiantes, puerorum obſervatores et ſecta-
tores. Illuſtrat *Ruhnkenius*, hoc diſticho prolato, in
Epiſt. crit. I. p. 94 — Iν a Cod. Vat. abeſt; ſed recte
repoſitum. Junge ἐγχρύμναι, quaſi oculi, viſco illiti,
pulcris pueris ubique adhaereant, libique ipſi vulnus
quaerant, ut *Propers.* loquitur II. 18. 7. Sic Epigr.
Inc. Auct. LII. p. 161.

Εἰ μοι τις μέμψαιτο, ἰαλὸς, ὅτι λάτρεε Ἔρωτας
φαιτῶ, θερωτὲν ἔμμασιν ἔξὸν ἔχων·

Alias pueri puellaeque amoris viſic homines allicere di-

cuntur; ut ap. *Plautum* in Bacchid. V. 2. 39. *Tactu
sum vehementer visco, cor stimulo foditur.* Similis est
ratio, ubi oculis tribuuntur retia et laquei. *Appulejus*
Meram. L. II. p. 98. ed. *Rubak.* *Seris blanditiis, invo-
dis spiritum, amoris profundi pedicis aeternis alligas.*
Cf. *Sophistram* Ep. III. et *Philostrat.* Epist. L. p. 938:
φέρω σε πανταχοῦ τοῖς τῶν ὀμμάτων δικτύοις. — In pentametro *Salmasius* perperam ἰχθυαλμόν conjiciebat. Haud dissi-
miles ad oculos apostrophas, collegit *Dorvill.* ad Charit.
p. 486. — V. 3. *Novum Amorem repuisti et exci-
tasti, velut ignem sub cinere latentem.* ἀρπάσατ'. Ovid.
II. Amor. XIX. 19. *Tu quoque, quae nostros repuisti
super ocellos.* III. 12. 48. *perque tuos oculos, qui rapuere meos.* Verba τέφρη τῆς ὑποθαλπομένης, paroemiae speciem habentia, repetit Ep. LV. μή, πρὸς Διός, ὦ φιλόβουλε,
πνεύσῃς τέφρην τῆς ὑποθαλπομένης. *Callimach.* Ep. VI. :

δεινόν τι, καὶ τὸ Πάνα, πειρωμένων, ἔστι τι ταύτῃ,
ναὶ μὰ Διόνυσον, οὖς ὑπὸ τῇ σποδιῇ.

Incedis per ignes, suppositos cineri doloso. Horat. II.
Od. I. 7. — Paroemiam κορίνη τὸν σπαρτὸν illustrat *Hesych.* ἐπὶ τῶν δοχμαρίας καὶ βλαβερῶς ὑποσπειρόντων· et iisdem
verbis *Zenobius* Cent. IV. 60. qui haec addit: δεδήλωται
δὲ ἔστι· Ἀλέξει γὰρ τό, ἄρπασσε· καὶ γὰρ ἀρπασθεὶς ὁ σπαρτὸς, ὡς ἔλαττον ὕδωρ, ἡμέλλεν τῷ πλησίον τὴν ἰδίαν, ὥσπερ
ἔπαθε. Similia sunt αἲξ τὴν μάχαιραν· οἱ πλέονες κακὸν
κακῷ. *Μόττα τέσσιις* Ἀνδρογόν ὑππίς. Quae comparat
Diogen. Centur. I. 52. p. 181. — Pro τέφρη *Schneiderus* τέφρῃ, casu recto, habet. Verbum ὑποθαλπομένου
dividit, ut in talibus solet, Vat. Cod. — V. 5. In Lectt.
p. 312. *Brunckius*, ἡμᾶς ὅ τι αν βούλησθε, corrigendum
proponit; quod *Manso* in textu posuit. Mox idem in
Cod. τήμα esse pro τέχει ait, idque probat. (At si in suo
apographo τήμα reperit, ex emendatione est; Vaticanus
habet τέχει.) Putat igitur hunc versum ex *Bembii*
conjectura restituendum esse sic:

κρὶς δ' εἰραστὰν κοτυρωλεθρα τοχα.

Suos ipfum alloqui oculos, quorum in amore ἀνδρορίαν.
et πολυμανίαν incufet. Ingeniofa emendatio, et fortaffe
vera; quamvis et fic aliquid relinquitur, quod palatum
paulo morofius offendat, cum σφαγὶς in hoc imaginum contextu vix fatis apte mentio fiat. Verum talia
in noftro poëta non nimis urgenda effe, ex fequentibus
apparebit. — πωτισμένα δάκρυα humidae funt lacrymae,
πωτερὶ non, ut Manfo interpretatur, lacrymae inftar
imbris, quem Notus concitat, proflaentes. μυδαλέας δάκρυσι
dixit Aefchyl. Perf. 538. — V. 7. ἔτασεν ἀλλαι
ὑπαιθμασαι. Vatic. et apogr. Voff. in cujus marg. Scaliger
ἱπταὶς9' correxit, docente Burmanno ad Propert. III.
El. XXIII. 13. Correptus faevo Veneris torrebar abno.
quod ex graeco quodam poëta ductum effe dubitari nequit. Theocris. VII. 55. Δουλβαι ἐπιθύμησαν ἐξ Ἀφροδίτας.
Cui praeivit Sophocles ap. Athen. XIII p. 564. C

    τοῖαν Πέλοψ ἴυγγα θηρατηρίαν

    ἔρωτος, ἀστραπήν τιν' ὀμμάτων ἔχει·

    ᾗ θάλπεται μὲν αὐτὸς, ἐξοπτᾷ δὲ με.

Noviffima verba male interpretatur Dalecbampius; rectius
Cafaub. in Anim. p. 864. 40. Non contentus nofter oculis
amore uftis, Amorem etiam finxit μάγειρον. Inepte. Certe
talis metaphora magis decebat ancillam, rei culinariae prae-
pofitam, eandemque in amore potentem, qualis Palae-
ftra eft apud Lucianum in Afino c. 6. T. VI. p. 137.
ed. Bip. quae jocofe et lepide ad Lucium, ἐμερβὶ βλάντις,
inquit, ἀνθρωπομάγειρον. — Ut Meleager ἐφθαρθ' ὀπτώμε-
νος, fic Polyftratus Epigr. I. item oculos incufans,
ναίσεσθε, ait, τρύχεσθε, καταφλίχθητε ποτ' ἦλϊ. et Philoftratus Epift. LI. p. 939. τρῶτοι (ὀφθαλμοὶ) μωρήσεσθαι πελάγεσε
τὴν ψυχὴν τῆς ἔχωθεν ἐπιβολῆς· πρῶτοι δὲ ἐριδαινέθε, ὅτε ἄλωτε
καταλυπεῦσι, τῷ καλλίστῳ ἐπανεὶν· τετραμένῳ ἐγρηγορῶτε, καὶ
καίεσθε, καὶ λιγγίζεσθε (fort. φλογίζεσθε), ἀπαλλαγῆ δὲ ἐν
οἷσεσθε εὑρεῖν μὴ ἐνδέμενοι.

V. Cod. Vat. p. 583. Edidit *Schneider* in Periculo
Crit. p. 63. ex Cod. Lipf. (*Manfo* nr. VI. p.7.) Poftremum diftichon protulerunt *Salmaf.* ad Tertull. de Pallio
p. 432. *Alberti* ad Hefych. v. λευάι T. II. p. 497.
Pulcrorum puerorum recenfum poëta inftituit, eorumque ufum amico apprecatur. — V. 3. *Brunckius* in Anal.
alij dederat, cum in Cod. ἥν exftet. In Lect. ἄθει corrigit. Poëtas fortaffe obverfabantur *Sapphus* verba:
ἔρτιξ ἀνωττόν ται ἰξάντι, ap. *Longin.* n. v. Sect. X.   Infra
Ep. XXIII. εἰ χάριτες τὸν καλὸν Ἀριστογείτων ἐςιλεύσαι ἀντίον.
ubi vide not. — V. 5. τόδε γ' εὔστοχον cu *Brunckii* videtur effe emendatione. Vat. Cod. τόὲ εὔστυχον, unde
fcribendum exiftimo:

τὸ δ' εὔστοχον.

Apogr. Lipf. τὸ δὲ ἐ΄ εὔστ. quod item ab emendatore profectum. Verba in arte fagittandi ufurpata ad rem
obfcoenam traducuntur. Facit huc *Hefychius.* εἴρας
ὀρθον ὁ τοπό· Εἴρατίδες ἐν Ἀργ. et πίλαλον αλλοῖον, εἴρας.
Conf. Interpp. *Paronii* c. 194. Partem hujus diftichi
excitat *Alberti* ad Hefych. v. εἴρας et μόττον. — Verbum
περιπεπλίσαι illuftrat *Salmafius*, ubi de more Scytharum
pellem hoftium capitibus detrahendi difputat, ad *Solin.*
p. 581. D. et *Lruncp.* ad *Phalar.* p. 73. fqq. Nequi-
tiae, quae in hoc verbo latet, fontem *Archilochum* puto,
ap. *Athenaeum* III. 122. B. πάντ' ὄλγ' ἐπεσκολεύσται.
Quod de muliere libidinofa dictum, non intellexit Cafaubonus. Hefych. ἐπεσκολευτε· ἐπαλλείζει· καὶ ἐπεσίλευ'
φαοι καὶ τὴν περιττεμμμένον τὸ αἰδοῖον ἀπεσκολύμμένον. Lego
καλὲς Μόγις. — Poft οἰδείδας Cod. Vat. δ΄ inferit. — V. 8.
ἐλλήμσο Cod. Vat. vitiofa. χλαμύδι *Brunckius* in χλανίδι
mutandum cenfet, quod verum puto. Infra Ep. LXXXII,
ἄλλος ὑπὸ Δαμοῖς Sάπατο΄ ὑπὸ χλανίδι. Idem Ep. CII. εἰ τα
ὑπὸ χλανίῃ βεβλημένος Ἡλιοδώρας Sάλαττα. *Afclepiad.* Ep. XX.
ἴλωτον δ΄, ὅπτον κρύβῃ μία τοὺς ἀμφοτέρας χλαῖνα. Jam vero
χλανίδα et χλαῖναν, ut ejusdem originia verba, parum aut

B 3

nihil differre puto. Apud *Laroscom* tamen in Amor. 49.
T. V. p. 313. ed. Hip. διὰ δὲ τῶν νέων ὄραϊ, ὡς 'Αλκμάδου
Ερωτῆτος, ἐς ὑπὸ μιᾷ χλαμύδι πατρὸς ὕπνοις ἐκοιμήθη. ubi
χλανίδα corrigendum cenfet *Dervill.* ad Charit. p. 385.
cui conjecturae patrocinatur *Alciphron* l. Ep. 38. p. 176.
ὑπὸ ταὐτὴν κοιμωμένη χλανίδιον. Conf. *Philoftr.* Epift.
XLIV. p. 933. — V. 9. Γυναικεῖον λεπτὰ (Cod. Vat. λεπτὰ), perinam *mifcellaneam fidilem*, variis et exquifitis
delicis refersam, Illuftrat *Salmaf.* ad Tertull. p. 432.

VI. Vat. Cod. p. 575. (*Menfe* nr. CXII. p. 47.)
Ut Meleager amoris curas vino largiter ingefto pellere
fuadet, fic *Tibullus* I. El. II. 1.:

> *Adde merum, vinoque novos compefce dolores,*
>   *Occupet ut feffi lumina victa fopor:*
> *Nec quisquam multo perfufum tempora Baccho*
>   *Excitet infelix, dum requiefcis Amor.*

ωαυελλωτον ἑρατὸν Euripidis in Bacch. 771. circumfcripfit
Varro ap. *Nonium* v. *Coagulum:* *Vino nihil jucundius*
quisquam bibis; Hoc aegritudinem ad medradum immo-
rans. *Aftydamas* ap. *Athenaeum* ll. p. 73. B. ὄντων
τὴν καταφέρον Λύπης ἔχρτον ευφράταϊ Διονύσον. — V. 1. Laudat b. v. *Alberti* ad *Hefych.* v. Σαφώτραι. In Cod. Vat.
vitiofe ζωγγωτραι. — κοιμᾶσαι φλόγα, compefces, lenies
ardorem. Solis radios νὺξ ἐκοίμισεν Epigr. XXVI. De
lenimento flagrantis doloris *Sophocl.* in Philoct. 651.
φίλλον, ὃ καιρᾷ νύξ ἵλαος. Haud fcio, an obverfatus fit
Meleagro locus *Xenophontis* in Sympof. 2. 24. τῷ γὰρ
ὄντι, ἦ ἀλαξ ἄγλω τὰς ψυχὰς, τὰς μὲν λύπας, ἄσπερ ὁ μαν-
δραγόρας τοὺς ἀνθρώπους, κοιμίζει, τὰς δὲ φιλοφροσύνας, ἄσπερ
ἔλαιον φλόγα, ἐγείρει. — V. 3. ὕπνος. Vid. *Athen.* ll.
p. 35. B. — Ἴπρωσεν ἀτίμων. ut *Panyafis* ap. *Athen.* ll.
p. 37. R. κέσσε δ' ἐν κραδίης λύπας ἐκέφ̓δον κλωνάζοι. *Paulus*
Silent. Ep. XXXIV. ἔεχνον ἐν στέρνοις ἐξεώθωσι νέον. *Plu-*
tarch T. ll. p. 333. C. τὰς ἀγλαιας ἐκαρτέρουσι οἱ φαντασίας
οὖν καθέλητι ἐγγὺς γινομένων. Verba ἐκαρτέρουσι et ἐκαδάτρωσι

Illuftraront *Stoeber*. et *T. Heusterb*. ad Thomam M.
p. 287. fq. Ad fenfum praeclare facit *Propertius* III.
El. XV. 3. *Tu potes infanae Veneris compefcere faftus,
Curarumque tuo fit medicina mero. Per te junguntur,
per te folvuntur amantes. Tu vitium ex animo dilue,
Bacche, mero*.

§. 5.] *VII*. Vatic. Cod. p. 576. Edidit *Majus* In
Catal. Bibl. Uffenb. nr. 57. unde *Wolfius* fumfit in
Fragm. Poëtr. p. 20. fine lectionis varietate. Repetivit
Warton ad *Theocrit*. T. II. p. 181. de puero inter
navigandum demerfo perperam interpretatus. Quum
Andragathus, quem poëta in deliciis habebat, Rhodum
profectus effet, ille in delphinum mutari optat, ut
puerum, humeris fusceptum, in locum deftinatum rehat.
(*Manfo* nr. XXX. p. 16.) — V. 1. 2. Expreffi funt ex
Callimachi Epigr. quod mutilum exftat In *Vat*. Cod. et
inter Fragm. nr. CXIV. p. 485. ἁ ναῦς, ἃ τὸ μόνον ἄγγος
ἡμὶν τὸ γλυκὺ τᾶς ζωᾶς Ἀρταξεῷ. unde *Horatius* profecit I.
Od. III. 5. — ἀ δοιήρατος. Dolorem fuam enarrat
fimili volnere laborantibus, *mifere amantibus*. Vide
Brunck. Lect. ad *Theocris*. p. 62. — ὄνζᾶς Cod. Vat. —
V. 3. ναυδᾶκαρπε junctim, et ftatim ναῖς Vat. Cod. —
καλοφόρον ἄτμος, ναυτας, οὗ πέρραν μιβί ερίπαις. —
V. 5. Unum hic proferam locum *Luciani* in Narig. 19.
Tom. VIII. p. 178. ed. Bip. ἤδη, ὁ Λυκῖν, αἱ ἑκαρῖναι
γᾶς αὐτῆς ὑποδύντες ἰξοίσουσιν ἐπὶ τὴν γῆν· ἢ ναυΐζουσα, αἱ ἕτεροι
ἐν μὲν τινα ραδίσαι ἐπ' αὐτῶν, καὶ ἀντιλαβεῖν τὸν μισθὸν ἀπὸ
τᾶς φίλᾶς, καὶ ναρόν τι ἄλλο ναῖβον εἰς τὴν Ἰσθμὸν ἐπὶ λαφίο-
νος ὁμοίας ἀγειραμένους, τὸν δὲ Ἀδιμάντου σλοῖον, τὸν νεώ-
ωτον, ὑπορίσειν διαβάντας ἰερωσαί; — Seq. verf. Vat. Cod.
ἐν Ρῷ et γλυκόπολα. In edit. Lipf. perperam excufum
νεοθμωθείς.

VIII. Vat. Cod. p. 576. Edidit *Klotz*. In Comm. ad
Tyrt. p. 113. Prius diftichon laudat *Warton* ad Theocrit. T. II. p. 321. (*Manfo* nr. XIX. p. 12.) Antiochum

puerum Amori parem, immo superiorem esse ait; quin
Venus, conspecto Antiocho, hunc filium esse putavit,
non Amorem. Expressum carmen ex *Asclepiade* III.
p. 211. — οὐ μὰ τὸν Ἀρκᾶν, αἱ' αὐτὸ Ἀέρος γενέσεται,
ὃν τέτοκεν. — Vers. 3. Cod. Vat. τὰν σίθαν exhibet.
Cui emendatio debeatur, ignoro. Sed recte scribitur·
τὸν. *Musaeus* v. 68. Κύπριδος ἀρήτειρα, τὰς ἀπαίνετο
Ἔρωτα. Vide, quae collegimus in *Animadv. ad Theocritum*
p. XXVI. sq. — Vers. 4. pro εὕρεται *Wyttenbach* in
Bibl. crit. Vol. I. P. II. p. 28. corrigit: εὕγεται. Hic
enim puer ipso Amore potentior Amor esse reperitur. —
Mox *Klotz* αμιτερὰν ἄλλος e schedis suis edidit. Male.

IX. Cod. Vat. p. 580. Edidit *Klotz* in Musa Strat.
nr. XXXI. p. 65. *Warton* ad *Theocris*. T. II. p. 165.
Ultimum distichon *Valcken.* in Diatr. p. 7. Lectionis
varietatem enotavit *Schneider* in Per. Crit. p. 63. (*Manso*
nr. XX. p. 12.) In eundem Antiochum, quem ephebi
habitu incedentem, Amori simillimum fore ait. Et hoc
expressum ex *Asclepiade* Ep. II. et III. — V. 1. Cod.
Vat. οἱ χλαμύδ' Ἔρος τίχει. Hoc quoque loco *Brunckius*
χλαμύδα reponendum censet; in quod etiam *Herelius* inciderat. Minus recte, ut apparebit legentibus notam
Schneideri in Peric. Crit. p. 113. ubi laudat *Pollucem*
X. 164. τὸ δὲ τῶν ἐφήβων φόρημα τέτασος καὶ χλαμύς. εφρέτε
δὲ φασὶ χλαμύδια ὀνομάσαι Ξανφὰ, ἀπὸ τοῦ Ἀέρος σκευάσαι·
ἐλθεῖν' δὲ ἱερατὰ στρατιώτας ἔχοντα χλαμύδα. Quem locum nemo facile de vitio suspectum habebit. Chlamydem et
petasum jungit etiam *Philemon* ab eodem *Polluce* laudatus, et *Plautus* Pseudol. IV. 7. 88. sqq. Amorem χλαμύδι indutum ostendit *Philostratus* Icon. I. VI. p. 772.
Vide *Locellam* ad Xenoph. Ephes. p. 157. Chlamyde
nimirum ephebi gestabant a decimo septimo aetatis
anno usque ad vicesimum, unde *chlamys ephebica* ap.
Appulejum in Metam. L. X. p. 737. *Adest luculentus*
puer nudus, nisi quod ephebica chlamyde sinistrum tegebat

hamaxam. ubi vid. Oudendorpium. χλαμύδας ἱματίοις Ari-
stodemus, Cumarum tyrannus, mulieres gestare jussit,
teste Plutarcho T. II. p. 262. A. Qui hanc rem attigit
in Dissert. de rapto Cassandrae p. 83. et de Origine ti-
rocinii p. 13. Bössigerus, ephebos Mercurii vestitum
imitatos esse suspicatur, in den Vorragemählden Fasc. I. 1.
p. 146. Jam Mercurius chlamyde et petaso conspicie-
batur. In pompa Dionysiaca, a Ptolemaeo celebrata,
incedebant Sileni ἐν πορφυραῖς χλαμύσι καὶ κροκίς· ἀκο-
λαιῷ· εἶχε δ' ὁ μὲν αὐτῶν πίναπος καὶ κηρύκιον χρυσοῦν, ὁ
δὶ σάλπιγγα. ap. Asben. V. p. 198. A. Verum hic
quoque Casauboni codex χλανίδι praestat, p. 200.F. περι-
λήψω χιτῶνας ἔχοντα ὑποζωνίς καὶ τυνάσεις. His adde Teletem ap. Stobaeum Tit. XCV. p. 523. 21. καὶ ταῖς μὲν
ἀν, ἐκδύομαι ἐξ ἐμῆς γυνέσθαι· ὁρῶμεν δὲ γυνάμενος, ζητῶ πάλιν
τὸ χλαμύδιον ἀποθέσθαι. Haec paulo fusius declaravimus,
ut appareret, vanam esse h. l. Brunckii emendationem,
simulque intelligeretur, quam apta in omnibus iis locis,
ubi de puerorum habitu agitur, χλαμύδος sit commemoratio. Haec semel notata, ad plures Anthologiae locos
expediendos valebunt. Ceterum de verborum χλανίς
et χλαμύς permutatione egerunt Bernard ad Josephi
Antiqu. V. 1. §. 19. T. Hemsterb. in Miscell. Obss.
Vol. III. p. 414. Dorvill. ad 'Charis. p. 385. —
V. 2. Pro καὶ μὴ στροφὴ, quae ipsa est membranarum
lectio, apographa quaedam μύτι exhibent, et μύτη pro
μύτω. — V. 3. μὴ om. Cod. Vat. Lips. Vakhen. et Klose.
μὴ plures inferendum judicaverunt. Homer. Il. a. 234.
καὶ μὰ τόδε σκῆπτρον. Epigr. XXVIII. 2. LII. 1. Reiskius, ut metro succurreret, in margine Codicis sui no-
tarat: καὶ τὴν γαῖαν. — V. 4. τόμπαλιν Cod. Vat. quam
formam passim in hoc cod. deprehendi. τούμπαλιν Apogr.
Lips. Wart. Volck.

  X. Cod. Vat. p. 589. Edidit Klose in Musa Strat.
n. 32. Warton ad Theocris. T. II. p. 38. (Manso na-

XXI. p. 12.) Puerum osculatus poëta tantam suavitatem perceperat, ut Jovem non nectar, sed oscula de
Ganymedis ore bibere, et Ganymedem propterea Jovis
pocillatorem vocari suspicetur. — V. 1. ἰσίαν. Quanta
cupiditate, qui aestatis calore siti cruciantur, aquam,
tanta equidem pulcri pueri osculum appetivi. Huc facit Philostr. Epist. LVII. p. 942. ἴσιν, γένοι, καὶ οὐ τοῖς
ὄμμασι καὶ ἀνθοῦντα πάλιν ἑλιτήσιν, ἐν οἷς οὐκ ἀστέρων ἱκελλοντι.
Haec scribenti Philostrato obversabantur, ni fallor, verba
Theocriti Id. XII. 8. ἐλεεον ἐφ' ὑορρωπος οὐ φανείς· ἀφα-
φῶν δ' ὑπὸ φηγῷ Ἑλλὰν θφάταντας ἰδιαήφας ἴλμιν ἀς τα.
Narcissum fonti adstantem, κάλλοις ἀνθοῦντα, nobis statuit
Philostratus Sen. in Imag. I. 23. p. 798. quae exscripsit
Aristaen. II. Ep. X. p. 87. De translata significatione
verbi ἀνθεῖν exempla collegit Gataker de Stylo N. T.
p. 118. sq. — V. 2. Profert h. v. Alberti ad Hesych. t.
p. 478. propter verbum ἀναφορήσιαν, quo Lexica carent.
Seq. verf. Klotz. ἄφα omisit. — Ad illustrandum acumen,
quod in hoc disticho inest, facit Lucianus D. D. II. T. I.
p. 214. ubi Juno Jovi Ganymedis amorem exprobrans, οὐ
δὲ καὶ τὸν πάλιν οἴα ἐν ἄλλαις λάψεις, ait, ταρ' αὐτῷ, ἢ φι-
λήσεις πρότερον αὐτόν, ἀπάντων ὁρώντων, καὶ τὸ φίλημα σοὶ
ἄλαι τοῦ νέκταρος. Qui labellis tacta pocula alteri prae-
bebat, ut eadem parte biberet, (vide ad Agath. Ep. XVI.)
oscula propinare, εἰνοχεῖν τὰ φιλήματα, dicebatur. Lucian.
in Asino c. 8. καὶ ἐν πάφηντα ἡμῖν τὸν οἶνον καὶ τὰ φιλήματα προπίνοντα ἀλλήλοις. Aristaenet. I. Ep. 25. p. 61. τὰ-
τον δὲ τὸν γλύκον ἅσπερ ἐκ στομάτων ὑπεφλάουν ἀλλήλους, κατα-
φίλοντες τὰ φιλήματα, καὶ τὸν οἶνον τοῖς χείλεσι ἀκεφαφοῦντα καὶ
μέχρι καὶ αὐτῆς τῆς καρδίας ναφήσεντα. Fortasse ap. Phi-
lostratum Epist. XXIV. p. 924. olim lectum fuit: ἵμοι δὲ
μόνοις πρέπετε τοῖς φιλήμασι, pro ὄμμασιν, quam lectionem
contextus non patitur. — Nihil est, quod in hoc disticho, recte intellecto, lectorem morari possit. Tentavit
tamen nescio quis in Cod. Bodlej. ἄφα φίλημι' ἔτι, (do-

ornte *Warton.* in Addend. in Theocr. T. II. p. 348.)
fine caufa idonea. — V. 4. εωτε vir doctus conjecit in
apogr. Tryll. — V. 6. ψυχὴ στημα μίαι ofculum, quod
ad animam, non minus dulce amel, delabebatur. Epigr,
Inc. Auct. LV. p. 161.:

κούρη σὲ μ' ἐφίλησεν, ἀφάνυνερα, χείλεσιν ὑγροῖς.
ἡσυχαε ἔσν τὸ φίλημα· τὸ γὰρ στόμα πέσταρες ἔσται.
καὶ μαλθον τὸ φίλημα, ναλὴν τὸν ἔχοντα σεσωκός.

6.] *XI.* Cod. Vat. p. 577. Edidit *Dorvill.* ad
Charis. p. 512. Ultimum diftichon expromfit *Albersi*
ad *Hefych.* v. μάφοντος, et *Weffeling.* ad *Diodor. Sic.* T. I.
p. 573. 18. Varietatem Codicis Lipf. enotavit *Reiske* in
Mifc. Lipf. IX. p. 94. (*Menfo* nr. XXIV. 13.) In puerum Praxitelem, cujus nomen huic lufui, fatis ingenio-
fo, locum dedit. Notus eft Praxitelis fculptoris Amor
(vide *Heyne* in Comment. Soc. Reg. IX. p. 91.), quem
inter praeftantiffima ejus opera habitum fuifle conftat.
Ut ille, *Meleager* ait, Veneris filium e marmore fculpfit,
fic Veneris filius Praxitelem, fui ipfius imaginem vivam
fpiranteraque, firmis, novum Amorem, qui, ut ipfe
inter deos, fic inter mortales regnum exerceat. —
V. 1. ζωγλάφοι Cod. Vat. et apogr. Lipf. quod etiam
ἄνωσιν ἔργα perperam exhibet. λοτιν frequens de artificibus. *Archias* Ep. XII. ἰσω Ἀράχνης ἄνετι κάσμον ὁ πλάντας —
V. 3. ἄγαλμα, pulcrum, ut ftatuam. *Achilles Tat.* V.
p. 303. ἄσω δὴ τὴν αὐτὴν ἐδουσι ἄγαλμα. Vide exempla
ap. *Dorvill.* ad *Charis.* p. 12. fq. — Sequ. verfu membranae praebent αὐτόμαυ' ἐλιιδουφ. Reponebat *Salmafius,*
αὐτὴν λατιωρὰσαι, unde *Br.* fecit αὐτὴν ἐν. Suam ipfius
fpeciem exprimens. Comparat *Menfo Simonidem* Ep. XC.
p. 143. λικυρίφοντι Ἔρωτα, 'Ἐξ ἰδίης Ἴλκων ἀρχέτυπον κραδίης.
Pulcherrimi deorum fimulacrum poëta amafiam non
minus apte appellat, quam *Ariftaenetus* Laïdem Veneris
fimulacrum vocat. I. Ep. I. p. 2. ἣ φύσιως τὸ κάλλιστον
φιλοτέχνημα, ὃ γυναικὸν εὔκλεια, καὶ διὰ πάντων ἐριδουρα τὴν

Ἀφοδίτης ὑμεῖν. Ἱμέροεν κάλλος et similia vid. in Lect.
Aristum. L. II. p. 246. — V. 5. βραβείω Vat. Cod. non
βραβεύς, ut Br. ait, qui emendatam apographi Bouhe-
riani lectionem pro genuina membranarum scriptura
habuit. Dorvill. βραβειων exhibet. — Translatae verbi
βραβεύειν significationis exempla collegit Dorvill. ad Charit. p. 404. et 556. Lennep. ad Phalar. p. 134. —
V. 6. γῆς Cod. Vat. Vitioso Lipsiensis τῆς δ᾽ ἅμα κ. μ.
σκήπτρα φέρουσι α. — V. 7. Μέροπος πόλις. Cos insula
Meropum sedes appellatur jam ab auctore hymni in
Apollinem inter Homericos v. 42. unde Callimach.
hymn. in Del. 160. (ubi vide Spanhem. p. 491.) Μερο-
πηΐδα νῆσον. Consule Wesse ad Thucyd. VIII. 41. et
Ilgen ad Hymn. Hom. p. 204. — κεῖθι Ἔρωτα. Vide ad
Ep. VIII. 3. —. Pro τέων Cod. Vat. τέων.

XII. Vat. Cod. p. 577. Hoc Epigr. qui ante Brunckium ediderit, scio neminem. Primum distichon dedit
Warton ad Theocr. II. p. 322. (Manso nr. XXV. p. 14.)
Scriptum est in eundem Praxitelem, sed praecedente
longe argutius. Praxiteles, sculptor, Amoris simulacrum, mutam dei imaginem, fecit; puer ἡμέτερος autem
ipsum deum in miserorum mortalium animis effingit.
Hinc apparet, puerum pro majore artifice habendum
esse, quippe qui non lapidem, sed ipsa hominum pectora
pro suo arbitrio fingat. De scriptura horum versuum
disputat Br. in Lect. p. 312. — V. 1. Cod. Vat. non
Ἔρωτος, sed ἄγαλμα habet, ut etiam Warton exhibuit. Id
quod in textu legitur, ut etiam v. 3. verba ἐν τροφαῖς, ex
Br. conjectura sunt, cujus ipsum postea poenituit. Cod. habet ἕτερα ἐν εἰδοφαρὲς, non ἐνειδοφάρει, ut in quibusdam apographis legitur. Ex Brunckii mente sic constituendi versus:

Πραξιτέλης ὁ πάλαι ζωγράφος ὅφρα ἄγαλμα
    ἡμέτερον μερόας, κατθι ἔνακξι Πόθη,
    ἕτερα ἐνειδοφαρὲς —

Praxiteles, antiquus statuarius, venustum simulacrum in-

nimis formae, *fenfa caeruem* Cupidinem *fcalpfit.* πλθον
eft ex emendatione *Bernardi Monttai.* : μετρον ἐυλογεʹ
ηςῶ, *lapidi figuram inducras.* *bι.λοφοςιῖν* vocabulum eft e
"centenis aliis, quae nullibi, nifi In his carminibus, re-
"periae. Quod apud nullum alium fcriptorem occurrat,
"legitima non erat ratio, cur Cudicis fcriptura mutare-
"tor." *Br.* — V. 3. *ἰ ἦ ῶ.* Hic vero nolter Praxiteles,
fórmofus puer. Sequ. verf. Cod. Vat. 'ερα: habet; ut
ftι ʹὁ ἦ νῦν'ερω. Inepte. Quicunque hunc locum emen-
dareret, optime de Epigrammate noftro meruit. —
Ceterum junges: μαγιδων, *magicis artificiis ufas,* ἐμφυζω
ετι.ιστι'Ερωτα, *amorem in pellore fingit.* μαγιδων nimirum
ad illecebras pulcritudinis referendum. Formofam puellam μάγον appellat *M. Argentar.* Ep. X. Eam, quae jucundis fermonibus placet, μαγδρομα μετροῦ φωνεῖν dicit
Philodemus Ep. X. — V. ς. ῆ τάχα. *Profecto nemine*
quidem, eodem utuntur et ftatuarias et puer, fed hic illo
major eft artifex. Particulis ἦ τάχα fic utitur Nolter
Ep. XIV. 10. *Nonnus* Dionyf. I. p. 10. Ἰθὸν ἦ ν ᾐ
τάχα φαίης. In fine verf. Cod. Vat. κρίτω legit; et v.
fq. μεταπολμίσας. — V. 6. ἱλαις πλάσσω. Cum igitur
puer fic hominum animos fingat, placide et clementer
meam pectus fingat; i. e. mihi faveat. πλάττεσθαι paffim
de animo. *Plutarch.* T. II. p. 83. D. ψυχὲς πλαττομένης
Πι θήσεις και νόμοις. *Euftath.* Amor. Hyfm. et H. XI.
p. 487. ἱερος — τρὸς ἑαυ ἑαυτὸν μετακλάττει ἱμι. —
Sequ. verf. jungo νοωδεας ἔχυ. *ut in vifceribus meis*
Amori templum exftruat. Similiter Ep. XCVI. ἱντὸς ἱμῆ
κραβίας τὴν ιδιασαν 'Ηακλέφαν Ψυχὴν τῆς Ψυχῆς ἐνλατον αὐτ
τὸς 'Ερως.' Mortalium pectora Amoris templa dicantur
ad Platonicam rationem; quam attigit *Rubnk.* ad Tim.
p. 7. *Himerius* Eclog. X. 6. p. 180.: licuit Amori τὰθ
θεῖους ἰδας κεντάλε τε και βίβλιον ἔχειν τέμπλον. *Wefftein*:
qui h. verfum excitat ad N. T. Vol. II. p. 111, comparat *Valer. Max.* IV. 7. *Hominum pectore quafi quadam*

sanEto spiritu referta templa suas. — Ceterum Vat.
Cod. legit: ἐντὸς ἑαυτῶν ψυχῶν ... Ἔρωτος ἔχων. In apogr.
Lipſ. et Wassen. ἔχων. sine sensu.

XIII. Vat. Cod. p. 577. sq. Edidit Dorville ad
Charit. p. 589. Ultimum distichon Albersi ad Hesych.
v. νέφεται. (Manso nr. XXXIV. p. 18.) — V. 1. In
marg. Cod. Lipſ. qui ἔχων habet, notatum est γρ. αἶδον
male. ἔχων αἶδῖ. Eodem oxymoro utitur Ep. XXIII.
καὶ ἔχθὲν ὄμμασι πυρσὸν λελὸ. Ovidius I. Amor. IV. 19.
Verba supercilis sine verba loquentia dicam. — Hyperbolicam summi caloris descriptionem, quae inest in verbis καὶ ἐχθὲ φλέξε τῦρ — haud scio an debeat Noster
Moscho, qui Eid. I. 23. Amorem τὸ ἄλσς αὐτὸν ἐφθέων
dicit. Cf. Ep. LXXVI. κατὰ ζᾳθέες ἐρᾷ· τῦρ περὶ καυθαι-
ναι. Nonni Dionyſ. XXXIV. p. 846. Amor φλεγεθὼν
θαίροντα κατιβάνεγε μείζον πυρσῷ καὶ ἀλλήλῃ πυρσαιρα. Ta-
les argutiae, ad veram pulchri normam exactae, placere
nequeant. — V. 3. ἐνέφεος δ᾽ εἰ᾽ ἰσάτων. Vat. Cod.
In Lipſ. tamen apogr. nostra lectio reperitur, quam
proinde Salmasio deberi suspicor. ἐὰ ἐνέφεος. quae caloris sedes. — καὶ ἐνέφεον τέως, Epigr. alter. XXII. ἔχω
κατέτεγε᾽ Ἀριθαζος Τὴν Ειδον· ὁ ὠνέφεω θρεντομένα θέρμαι.
Pro τέως apogr. Tryll. τέως habet. — V. 6. νεφθέμενος
Cod. Lipſ. in cuj. margine φεφθέμενος corrigitur. Alciphron III. Ep. 64. p. 434. ἐσθῆσι με ... ὠφ νεφθέμενος
Philodem. Ep. XIV. σῦ ἐκλύονητι νέφος ἐπὶ κρεάδες. Veram
hujus verbi potestatem illustrarunt Hemsterh. ad Hesych.
T. I. p. 491. Ruhnk. ad Tim. p. 251. De amore in
pectore gliscente Dorvill. ad Charis. p. 528. sq.

§. 7.] XIV. Vat. Cod. p. 578. sq. Edidit Warton ad
Theocrit. T. II. p. 9. Kloss ad Tyrt. p. 114. (Manso
nr. XXXI. p. 16.) Charidamum Ganymedis apud Jovem
munere dignum existimat. — V. 1. St γάρ. Cod. Vat.
qui sq. versu, verbis transpositis, ὡς ἰδε τῷ θῷ νέκταρ
οἶνος. exhibet. Manso comparat Epigr. alter. VII.

quod et ipfum *Meleagri* effe puto: Κρίναντ', Ἔρωτες, ἆ
ταῖς τίτας ἄξιος, εἰ μὲν ἀληθὲς Ἀθανάτων, ἰζέτω· ζανὶ γὰρ οἱ
μάχομαι. — V. 3. τίς δ' ἐωὼ τῶν Cod. Vat. Haec
emendata funt in apographis, quorum tamen nonnulli
τὸν ἰσοφόριον legunt. — ἐνταῦλον νίμιτε. Qui pueros
puellasve, quas amant, eximie laudare volunt, fe deos
rivales timere fimulant. *Chariso* L. III. 3. p. 45. τίς
ἄρα θεὸς, ἀντεραστή: μου γινόμενος, Καλλίζω ἀντιδιώκει;
Idem p. 59. ἀλλὰ τρισαιδίαν τάχα αὐτῷ παναβρίεσθαι καὶ
θεὸν ἢ μίρκενὸν ἀντεραστήν. — V. 5. αἰφ. ἰὲ μένον. Cod.
Vat. Lipf. Wart. Kloiz. Iidem in fine pentametri λάβῃ.
Hoc unum fibi pacifcitur, ut puer, inter deos receptus,
lacrymas poëtae accipiat νίντρα πολὺ. *Aefchylus* ap.
Polluc. X. 22. καὶ νέντρα δὲ χρὴ θεοφόρων πολλῶν φέρεσαι.
quem etiam refpexit L. VII. 40. Hoc officium domi-
nis ferri, proceribus minores praeftabant. *Plutarch.*
Vit. Pompej. T. I. p. 658. D. Σεραπίων ὅσα λουτρὰς δοῦλος
μίχρι νίψεως πολὺν καὶ δεῖπνον παρασευής διετέλεσεν. *Caligu-*
la, narrante *Suetonio* c. 26. quosdam fummis honoribus
functos — ad pedes ftare fuccinctos linteo paffus est. —
V. 7. στεργῆς. Vat. Conf. Epigr. CIX. — Pro διάγγου
Klotzius διάγγου maluit. Nihil mutandum effe docet
Menfo, comparans *Leonid. Tar.* XXXVII. ἀλγινωτι τ'
ἀμαρεν ὑγρὰ Leforμός. et *Antip. Sid.* LXIII. 3. Magis
etiam huc facit *Anacreon* Od. XXVIII. 21. βλέμμα ὑγρὸν.
Bathyllo fuo tribuens; ubi vide, quae larga manu affu-
dit *Fifcherus* p. 109. Eleganter *Lucian.* In Amor. 14.
T. II. p. 413. ἰ Χαρίτεσσι ὑπὸ τῷ ὀφθαλμῷ θάμβεσιν εἴχεν δεῖν.
ὑποτύγει τακερόν τι καὶ Μεῖ ἐν ταῖς ὅμμασι πόθος ἀντρεύμενον.
Interiorem vocis ὑγρὰς, etiam de oculis ufurpatae, vim
aperuit *Beck* de Interpr. V. S. p. 20. — V. 8. καὶ τὸ
ἐλθοῦ'. *Warton.* — V. 9. αλλ' ἰθαϊδοου. Vat. Cod. —
In his verbis amphiboliam poëta quaefiviffe videtur.
Ut nectar, fic ambrofia, de Amoris fructu accipi poffunt;
ut poëta dicat, fe, puero fibi favente, ejus amplexibus

fortaffe et in pofterum fructarum effe; vel fimpliciter,
fe inter deos receptum iri.

XV. Cod. Vat. p. 579. Vulgata *Alberti* ad *Hefych.*,
v. δακρύβλωτι, fine lectionis varietate. (*Manfo* nr. XXXV.
p. 15.) Damidem poëta confolatur, quem Heracliti
amore percuffum, in pueri liminibus pernoctantem offendit. — V. 2. ἀπαύγασι ψυχίμα. *Quod ei fuperest animi et vitae exfpirat.* *Sophocl. Aj.* 1031. ἐγκάρπου'
αἵλη, ἱστ᾽ ἀνεθρήξω βίαν. — τὸ λειφθέν. *Afclepiades* Ep.
XIII. ταῦθ᾽, ὅ τι μοι λοιπὸν ψυχῆς. — V. 3. ἐπ᾽ αὐγὸν conjiciebat *Salmafus*, (non *Guyetus*) at *Alberti* monet.
Caufa emendationis nulla est. — βλανθεὶς κυρός. *Afclepiad.*
Ep. XXIV. τίκομαι ἐκ πυρὸς τὰς πυρὶ κάλλος ἐμόν. *Ovidius*
Metam. III. 487.:

> *Sed, ut intabefcere flavae*
> *Igne levi ceras, matutinaeque pruinae*
> *Sole tepente folent, fic attenuatus amore*
> *Liquitur.* ·

His praeivit *Pindarus* ap. *Athen.* XIII. p. 601. (in Collect. Fragm. p. 14.) ἀλλ᾽ ἔγωγ᾽ τᾶς κείνας ἀκτῖνος ὑπὸ δὲ ἰαχθείς
μαλαχθὸν μαλλόν τύκομαι. — V. 5. Poëta, nec ipfe expers
vulneris, cum Damide dolet. Epigr. *Meleagr.* XLIV. ᾧ
δακρύς ταύτη τοῖρας ὀζματι τίνων; Apud *Ariftaenetum* L. II. 7.
p. 84. ancilla dominam ira et zelotypia flagrantem hoc
argumento placare conatur, ut dicat, δε λείπει Δάμιδι ex
μᾶλλον ὑπεραλγήσαι ποθούσης. — V. 6. ἀμφοτέραν. Vat.

XVI. Vat. Cod. p. 579. Edidit. *Klotz* in Mufa
Strat. nr. XXII. *Warton* ad *Theocrit.* p. 265. et in Addendis p. 359. Varietatem lectionis enotavit, paffim-
que hoc carmen illustravit *Schneider* in Peric. Crit. p. 53.
(*Manfo* nr. XXVI. p. 14.) Poëta, puerorum amoribus
tabefcens et fere confumtus, quid fibi defuncto fieri velit, Cleobulum docet. — V. 1. τὸ γάρ. Haec, usque
ad ἐκοδίη, uncinis compefcenda effe, monet *Br.* In Lect.
Quaedam apogr. τὶ γὰρ legunt cum interrogationis figno
In

In fine pentametri. Sed bene se habet membranarum lectio: *major enim uri pars igne consumta periit.* Vide ad Epigr. XV. 2. *Callimach.* Ep. IV.:

> ἔρωτι μὲν θνηξῖς ἐπὶ τὸ πνέον, ἄμμεν δ᾽ οἷα ἀλλ᾽
> οἷσ᾽ Ἔρως, εἷν᾽ Ἀΐδης ὑππασι· πλὴν ἀγανίς.

Theocrit. Eid. XXIX. 5. τὸ γὰρ ἄμισυ τᾶς ζόας ἔχω, Ζεῦ τὸ ταὶ ὅτι ίδιαν, τὸ δὲ λοιπὸν ἀπόλλυτο. — Verendum erat itaque, ne, quod reliquum esset, mox eodem igne consumeretur. Hinc ἥ, τι πλέον, *si quid mihi humanitus acciderit.* *Asclepiad.* Ep. VIII. ἥ γὰρ ἐγώ τι πλέον, τί ποιέεστε; *Aristophan.* Vesp. 384. καὶ μηθάπτ᾽, ἥν τι πλέον 'γώ In hunc modum accepti versus sensum efficiunt optimum, nec vulneris, quod nusquam est, quaerendum remedium, nisi forte commate post πλέον incidendum existimaveris, ut arctius jungantur τὸ γὰρ πλέον κεῖμαι et ἐν περὶ βαλλόμενος, ut Epigr. libr. IX. ἐν περὶ γὰρ νοῦς βέβληται. *Warton* tamen inepte tentavit, ἐν 'πεδίον et ἥν γε θάνω, quasi vulgata non idem idque elegantius significet. Doctius, pro exquisitiore sua graecae linguae scientia, *Wakefield* in Sylv. crit. T. II. p. 61.:

> Μέ τι πλέον, κλαύσουαι, (τί γὰρ πλέον, οἱ περὶ παλαίου
> βαλλόμενοι, κείμενοι λείψωσιν ἐν σποδιῇ;)
> Μέσσομαι, ἐμπέτῳ μέθοστι — — —

Interpretationem non addidit; sed videtur sibi fingere poëtam rogantem Cleobulum, ut ad restinguendum ardorem merum sibi affundat. Sed hanc veram poëtae mentem non fuisse, sequentia docent. Vino cineres irrigare solemne fuit, idque iis, qui virentes vino et Veneri licaverant, inprimis gratum fingitur. Unum ex pluribus excitabo *Antipatri Sidonii* locum Epigr. LXXII. p. 25. ubi cum Anacreontis tumulum vino rigandum esse dixisset, causam addit:

> Ἴφρα καὶ τὸ σποδιῇ τὸ καὶ ὀστέα τέρπτιν ἔρωτα,
> εἰ δὴ τις φθιμένοις χρίματται εὐφροσύνα.

C

V. 3. Νέεομ' ἱμ' ἐκρίτα Κλωτα. quae *Salmasii* videtur emendatio, sed praepostera. Junge, quod nec *Wartonum*
fugit, μλθνον κάλινν. ut Epigr. κλίον. LXXVIII. νίφεν
ἡ μαθίτωον. *Philodem.* Ep. XVII. λέγεον ἱλπωφίς ἱπω-
θέεεεα ἱρίνον. — Vir Doct. in margine Sched. Tryll.
conjiciebat κλάτο ἱπο γρᾶφας. frustra. Totum distichon
Schneiderus sic distinxit, ut ap. *Br.* exhibetur; idemque
comparavit Ep. XXXVI. Urnae, quae cineres suos teneret, inscribi vult poeta, hanc Amorem Orco dedica-
re; quandoquidem se amoris impotentia ad inferos de-
trusum iri putat. Ejusmodi elogium cippo insculpi
voluit amator apud *Theocritum* Eid. XXIII. 46. γράφον
καὶ τόδε γράμμα, τὸ σω σκίζουσι χαράξω· Τοῦτον Ἔρως ἔκτεινε,
ἰδονίφε. *Propertius* II. I. 88. Taliaque illacrymans ma-
tes jaces verba favillae: Huic misero fatum dura puella
fuit. II. 10. 35. Et duo sive versus: Qui nunc jacet horrida pulvis, Unius hic quondam servus Amoris eras.

XVII. Vat. Cod. p. 580. Integrum edidit *Klotz*
ad *Tyrt.* p. 112. Alterum distichon *Valckenaer* ad
Hippol. p. 301. Vide *Schneider.* Peric. crit. p. 72.
(*Manso* nr. XXIX. p. 15.) Confer Epigr. IX. cui nostrum simillimum. — V. 2. συρφλίτους. „In aliis apogr.
ησυρφλάτους legitur, quod praeferendum censeo." *Br.*
Illud est in membranis. Hoc *Klotzius* exhibet; non tamen in hac lectione acquiescens, sive συρφλίτους ex
Callimachi H. In Del. 145. sive συρὶ φαρτοῖς legendum
existimat ex *Moschi* Eid. I. 39. Hoc mihi quoque pla-
ceret. Putabam olim:

συρφλίτους εἶχε Πιθθον κλῖναι.

ut Epigr. κλίον. XXIX. 3. συρφλίτους κλθοντα. *Euripid.*
Ion. 196. πολὺ συρφλίτον αἴφαι. — ¶. 8.] V. 3. ἐτάφω-
μι *Valcken.* malit. Sed confer Ep. IX. In Vat. Cod.
ἐταφωμαι vitiose exhibetur. — V. 4. Pro ἤ τι, quod in
membranis est, quaedam apogr. εἴ τι legunt. Veram
lect. sua sponte vidit *Valckenarius.*

XVIII. Vat. Cod. p. 580. Nemo, quod fciam, ante *Br.* edidit. (*Manfo* nr. XXXVII. p. 19.) Poëta, cum Dionyfium, formofum puerum, vidiffet, frigidam ubi, ad amoris ignem reftingaendum, affundi rogat. Corrigit hoc Epigr. *Br.* in Lect. p. 312. — V. 1. »In prima voce codicis fcriptura vitiofa eft: ibi enim legitur αὐσχηνότας, quod, licet a totius fententia alienum, tuebatur tamen *Bern. Monera.* *Br.* Hinc colligo, ψυχρότητα *Salmafii* emendationem effe. Alloquitur poëta conviras, qui, pro veterum more, nivem vino mifcebant. *Afclepiades* Epigr. XX. ψθὲ θέρους ἐφῶτι χιὼ τετὶν. Hinc χιὼνα πίνειν dicebant; cujus rei plurima exempla collegit *Athen.* L. III. p. 123. F. fq. Vide *Cafaubon.* Animadv. p. 236. *Burmann.* ad Petron. c. XXXI. — Cod. Vat. τὰν φιλέρωτα legit. — V. 2. τοῦ πικροῦ μέλιτος. (Apogr. Lipf. πικρῦ.) Dictum eft per oxymorum, de amoris voluptate, multorum dolorum caufa et parente. *Longus* L. I. p. 13. χίλια μὲν φίλει ἀναλότερα καὶ στόμα κηρίων γλυκύτερον· τὸ δὲ φίλημα κέντρου μελίττης πικρότερον. — V. 3. μηλέας. Verbum hoc et fenfui et conftructioni officit. »Scribo: ψυχρὸν ὕδωρ, Αἴτομαι, ψυχρὸν — fic infra X. III. Αἴτομαι occurrit. *Br.* Lect. p. 2. Idem vero p. 313. haec fcribit: »Pro corrupto μλέας conjeceram Αἴτομαι. A priftinae lectionis veftigiis minus recedit, illamque vere revocat Buherli emendatio αἰνέω, unde palam eft alcus etiam effe in τέρψις. Idem vir ampliffimus Bern. Monette conjecturam probat, ψυχρὸν τ' ἔλαφ. Sed hoc ipfa nive frigidius mihi videtur et valde μααφρωτον.« *Bruckhias* itaque corrigendam proponit:

> ψυχρὸν ὕδωρ, αἰνέω, ψυχρὸν, φιλέω, ἄρτι τακείσης
> ἐκ χιόνος τῷ 'μῇ χείτε περὶ κραδίῃ.

idque recepit *Manfo.* Mihi fic perfanatum effe hunc locum non perfuadet; fed una fyllaba fugitiva reducta fcribendam puto:

ψυχρὸν ὕδωρ ψυχᾶς, ψυχρὸν, τάχος, ἄρτι ταναίτου
ἐν χύλου — — —

Cui conjecturae merito confido, cum eam Schneidero probaverim, qui praeterea τάχος in τλᾶς mutandum censebat. Egregie!

ψυχρὸν ὕδωρ, ψυχᾶς ψυχρὸν τίνος, ἄρτι ταναίτου
ἐν χύλου — — — —

Aquam frigidissimam significans Achilles Tat. L. I. 2. p. 10. ὕδωρ ψυχρόν, ait, οἷον ἀπὸ χιόνος ἄρτι λαθλίσης ἔρχεται. Leonidas Tar. Ep. XXXIX. ἅμα φερεαίης ψυχρότερον νιφάδος. Jungitur χιὼν et νιφὰς ap. Alciphr. L Ep. 23. p. 92. χιὼν πυππὴ καὶ ἐπάλληλος φερομένη πρῶτον μὲν τοὐλάχος ἐκάλυπτεν· ἔπειτα οὐκ ἐπέπαλλε, ἀλλ᾽ εἰς ὕψος ᾔρετο νιφάδος κῦμα πέμπουσα. Homericum νιφάδες χιόνος illustrat Eustath. Il. M. p. 904. 58. Ceterum hic vel similis locus obversabatur Philostrato Epist. XLVIII. p. 937. καὶ τί; ὁ αὐτὸς ἐμπεφορμές; καταπιὼν αὐτῶν ὕδωρ, καμίζει δὲ οὐδὲν, ὅτι τὸ ἐξιοντέρμοι εἰς ταῦτα τὴν φλόγα ἀπορρέταταν. — V. 4. ἔπιναι Vat. Cod. et versu seq. οἱ γάρ. Quod Brunckius in ἤ γὰρ mutavit. Idem versu 6. distinguit et legit:

πρὶν ψαύσας, συλάγχνων τὴν ἀπ᾽ ἐμοῦ ἐφίσατι.

XIX. Vat. Cod. p. 581. Edidit Dorvill. ad Charit. p. 98. et ex eo Piersen. in Veriism. p. 91. Prius distinction, interpunctione laborans, excitavit Alberti ad Hesych. v. φαθὼν. Tertium Warton ad Theocrit. L. II. p. 229. Vertit Reisk. in Misc. Lips. IX. p. 99. sq. (Mensb. nr. XLIII. p. 22.) Hominum auxilium implorat poëta, qui e longa navigatione rediens, vixdum pede in terra posito, pueri cujusdam amore in nova pericula conjicitur — V. 1. φαθὼν. βοηθοὶ. βοηθοῦντες. βοηθοῦντες. Hesych. Mox tuitor, Brunckium, qui Epigr. sq. doricam formam συλάγχνη centra codicis auctoritatem posuit, hic vulgarem σπλάγχνας reliquisse. — V. 2. ἄρτι γε Dorvill. — πρωτόπλοον ἴχνος, pro πρώτην Sic Plato

Epigr. VI. secundum lectionem Cod. Vat. *********** *******. Constat, poëtas crebro usurpare adjectiva composita, ita ut altera pars compositionis in interpretatione prorsus negligenda sit. — V. 3. *****. ut captivum trahit. *Callimach.* Ep. V. 4. *Philostras.* Epist. XLVIII. p. 937. — ******* ********. Videtur imago ducta a famulo facem praeferente: ut in *Propert.* III El. XiV. 16. *Ipse Amor accensas praetuiti ante faces.* *Plautus* in *Curcul.* I. I. 9. *Tate tibi puer es: laetus luces cereum.* ubi correxerim: — *puer et factus: luces cereum.* — Membranarum lectio displicebat *Wakefieldia,* qui in Silv. crit. T. III. p. 131. corrigit: ****** ** ***, ********* ****** — comparatis verbis *Horatii: Uris Glyceras nitor, Et vultus nimium lubricus adspici.* — **********, quod *Darvillio* deberi puto, cum membranae ******** legant, significatione transitiva est positum; qualia nonnulla apud poëtas occurrunt.   Vid. *Brunck.* ad *Apollon. Rhod.* III. 235. et ad *Sophocl.* Ajac. v. 40. — V̆. 5. „Tertium „distichon est ********, adeoque a quibusdam, ut aliunde „traductum, proscriptum est.   Credo injuria.   Omnia „apographa habent ******** artipoi ex uno ********, „*** **** libri traducea; sed Cod. Palat. ut edidi. „*Gujerus* ********.   Fortasse alius veritatem viderit.“ *Darvillii* verba sunt; qui quod ait, in membranis ****** legi, falsum puto.   In meo certe apographo, quo nihil accuratius, *** **** exstat.   *Scaliger* ******** corrigebat. *Piersou* et *Reiske* *** ****.   Ille sic vertit: *Es prona vestigia ejus, et suavem imaginem, in aere formosam, labris ebr{i}etis suaviter exosculor.*   Apud *Theocrit.* XX. 1. ***** *' ****** ****** *** ***' ******, sunt qui ********** malint; contra ap. *M. Argentarium* Ep. II. *** **** *** ****** *** ***** *********, *Reiske* *** ****** corrigit.   Idem vocabulum binis versibus repetitum ostendit *Wakefieldius,* qui l. c. legit: **** *****. — Ad explicandam imaginem de poetis **** ** **** ********

facit, ni fallor, *Plutarch.* T. II. p. 766. A.: Amantium
Ἔρως ἐκεῖνος ὁ τοῦ πλησίον Διηγμὸς οἴαν καὶ πλάνος, ἐν νέμησιν
ἐνδὸν ἄσπερ ἐκείνας Θηραμένους τὸ πνεύσασθαι. Notum est hoc
Petrarchae:

Ove porge ombra un pino alto, od un colle:
Talor m'arresto, e pur nel primo sasso
Disegno colla mente il suo bel viso.

Io l'ho più volte (or chi fia, che mel crede?)
Nell' acqua chiara, e sopra l'herba verde
Veduto viva, e nel tronco d'un faggia,
E 'n bianca nube sì fatta ·che Leda.
Avria ben detto, che sua figlia perde.

ἐφαρπάζων. si genuina est lectio, de osculo raptim dato
et accepto intelligendum; dicitur enim ἁρπάζειν φιλήματα,
ut Ep. XIV. β. et *oscula rapere* ap. *Horat.* II. Od. XII. 6n.
De potestate verbi ἁρπάζειν, quae celeritatem indicat,
vide *Abresch.* ad Aeschyl. T. I. p. 122. *Achilles Tat.*
VI. 7. p. 254. ὁ δὲ ἐραστὴς — τὸ μὲν κάλλος εἰς τὴν ψυχὴν
ἥρπασε. Nescio tamen quomodo magis mihi arridet:

ἐν εἴδει δ' ἤδη τετελεσμένην
εἶδος, ἐφαρπάζων, γαληνὸν ἰδοφιλῆ.

ad pulcram illam, in aere expressam speciem, paulatim
arreptam. Plane ut hic βαίνω ἴχνος ἐπ' ἴχνος — ἐφαρπάζων, ap *Apollonium Rhod.* III. 446. Medea Jasonem
oculis prosequitur ὡς ἄχρι; ἐμέργματα ·ἴδος δὲ οἱ, ἠΰτ' ἔνεροι,
ἁρπάζων στεθήσετε μετ' ἴχνος νεσσομένοιο. Conf. *Spanhem.* ad
Aristoph. Plut. 674. p. 260. — V. 7. Miror *Reiskium*,
qui cum in apographo suo lectionem *Darvillianam* ar-
ρέπτορος, quae ipsa est membranarum lectio, probandam
judicasset, in Miscell. tamen Lips. vitiosam apographi
Lipsiensis scripturam ἀρρέπτορος praetulit. Poeta ex maris
undis servatus, in ipsa terra se multo gravioribus Vene-
·is fluctibus objectam videt. αἶψα δε χέρσῳ. *Macedonius*

Ep. III. animam fibi κόμετι ανετιδίφ commotam, feque
ipfum ταντρόν Lτ' ἀντίρφ dicit; cui praeivit Pofidippur
Ep. VI. χὸ μλν ἰταντάγιι γαίφ; ὅτι. Alciphron L. I. Ep. 18.
p. 70. αἴταντι εἰ; ταῦτα ἐατατάμετος, μή τι ἐντὶ τῆς ϑαλάτ-
της ἡ γῆ μαντγὸι ἐπιφάγη. — Ceterum haec per interrogationem elata, aliquid inepti habent. Quare probandam puto conjecturam Wakefieldii, qui, deleta interrogandi nota, ἡ ἰά γὶ legit.

XX. Vat. Cod. p. 581. (Manfo nr. XLIV. p. 22.)
Ejusdem cum praecedente argumenti. — V. I. πιλλά-
γετε. Cod. Vat. — ἱν χϑονί, in terra naufragium facitur
rem. — V. 5. ἐπιτίχετ' membranae. — V. 6. nE codice editum αὐτόματος δ' ἄων. At contraria funt et fibi
repugnantia αὐτόματος et ἄων. Recte Boubérius reponit αὐτόματος ἴων." Br. in Lect. p. 313. At nihil Bou-
heriana emendatione frigidius. Nec video, quid in repugnantia verborum αὐτόματος et ἄων tantopere poffit
offendere lectorem in Anthologia non plane hofpitem.
Quidni is, quem cupiditas impellit meliore fui parte
fruftra repugnante et reclamante, fpoute fua quidem,
fed tamen invitus, ire dicatur? Commentarii fit inftar
Properc. II. El. 19. 59. Ultro confenfus (Amor) rogat
es peccaffe fatetur Laefus, es invitis ipfe redis pedibus.
Ovidius Remed. Amor. 218. Sed quanto minus ire vales,
magis ire memento; Perfer et invitos currere coge pedes.
Meleagro praeivit Homerus, cujus eft ἰκών; Μεσσηί γε
θυμῷ ἰά. ὃ. 43. — V. 7. γεμωϑείς. Plane ut Achilles
Tat. L. I. 6. p. 17. τῶν τῆς κόρης προτάσων γεμωϑείς. Obverfabatur forraffe noftro Anacreon Od. XIII. Ἐγὼ δὲ τοῦ
Αναίου Καὶ τοῦ μόρου κορεςϑείς Καὶ τῆς ἐμῆς ἱταίρης, Θέλω,
ϑέλω μανῆναι. — In Lipf. apogr. perperam γεμωϑῆ legitur. — V. 8. Obfcurum eft in Cod. Vat. φίλφ fit feri-
ptum, an φίλον. Jam diu eft, quod propter ξείτω fequ.
verfus fcribendum putari:

C 4

ἀλλὰ, φίλιν, ξεῖνε, μᾶδν ἱκετεύσατε.

ἱκετεύσατε, ξεῖνοι —

nec *Meleagrum* fic fcripfiffe dubito. — **T.9.**] V. 9.
Ἀριστέρω Vat. Cod. — Ut veteres per Jovem hofpita-
lem invocare folebant hofpites, fic poëta convivas, et
ipfos Amoris telis faucios, per 'Ἔρωτα ξένον implorat.

XXI. Vat. Cod. p. 593. Edidit *Klotz* in Mufa Strat.
p. 63. In apographo Lipf. junctum eft Epigrammati
XXIX. (*Manfo* nr. XLV. p. 23.) Ad Theoclem, puerum,
cui fe totum deditum fatetur, et quem ut deum, fuae
fortis arbitrum, veneratur. — V. 1. Quaedam apogr.
αἰϑει. *Tibi ut Venus et Amor, ut captivum et ipfovum,
fubjecerunt.* γυμνὸς eft, qui armis privatus in hoftium
poteftatem venit; faepe adjecta voce ἄνλων. Vid. *Weffeling.* Differt. Herod. p. 99. Paffim etiam γυμνὸς et
ἄνλος junguntur. Veterum loca collegit *Klotz* ad Tyrtaeum p. 21. — V. 3. ξεῖνος Vat. Cod. In Lipf. apogr.
ξεῖνε. In Trylliffchiano, quod paffim ad *Salmafii* mentem emendatum textum habere fufpicor, ξεῖνοι ἱκέτεως
γαλανῶς. *Rhian.* Ep. IV. 7. φασὶ γυῖα αἰρέσεα, ἱκέτεω δ' ὃς
βίβλοισι μενοίς. — V. 4. Profert hunc v. *Alberti* ad
Hefych. v. ἀβλητὶς T. I. p. 550. — V. 6. ἀ ξεῖνὶς. atque
communis documenta modeftiae. In his haerere me fateor.
Ad puerum commovendum nihil facile, nifi amantis
fpectata virtus facere poterat. Quo igitur ξεῖνὶς referendum? — V. 7. ἱλαδ', ἄναξ, ἱλαδι. His verbis deorum numina invocari folebant. Vide *Wefftein.* ad N. T.
Vol. I. p. 432. ἄνακτα puerum itaque, non ut dominum modo, fed ut deum appellat. *Ariftoph.* Aves 782.
Τᾶς δ' ἱκετεύσαντ' Ὀλύμπιε, εἶλε δὲ δάμφις ἄνακτος. *Schol.*
πρὸς θεόν. Cf. *Euftath.* ad la. q. p. 16. 34. — Hinc
ftatim εἰ γὰρ θεὸν ὕρεις δαίμων, te enim ἄνακτα appellare
tuumque propitium numen invocare fas eft, cum te
fatum conftituerit deum. ἀείμων de fato illuftravit *Valcken.*
ad Hipp. p. 251. — V. 8. ἐν σοὶ μοι ζ. Vat. Cod. — ἐν

εὖ πείρατα ζωῆς. Dictum secundum Homericum αὐτὰς
ἐπειδὴ Νίκης πείρατ' ἔχονται ἐν ἀθανάτοισι θεοῖσι. Il. H. 102,
quod expressit *Archilochus* fr. XXXII. Similiter Ep.
XLIV. ἐν σοὶ τέλος, Μύρτις, βίου ἀρομένη' ἐνέσται. Ut verum amoris sensum decet, simpliciter Admetus ap. Euripidem Alc. 285. ἐν σοὶ δ' ἐσμὲν καὶ ζῆν καὶ μή.

XXII. Vat. Cod. p. 573. Edidit *Abr. Gronovius* in
Variis Geogr. p. 174. (*Manso* nr. XXXVI. 19.) Po-
lyxeniden, delicias suas, Heracliti, olim pulchri, nunc
exolescentis, exemplo prolato, ut tempore utatur, monet. — V. 1. ᾧ καλὲ apogr. Lips. Pro ἐν' ἦν πότε
Gronovius inepte legebat, οἱ ἦν π. ὀαεθ, fuit olim. Epigr.
XXVII. ἐν γὰρ ἐν' ἦν Δάφνις μὲν ἐν ἀγροῖς — τεραπές. —
εἶπε dicuntur, qui florent; μὲ εἶπε, qui perierunt. Vide
Elsner in Obs. Sacr. T. II. p. 25. et 382. *Wetstein*. ad
N. T. I. p. 252. — V. 2. Florem Heracliti decidisse,
τρίχες indicant, quibus abducitur. διέλυε. — τρίχωσι
αὐτοπαμα, ἐν τοῖς θέρμαις ταῖς αἰολίαις βαλλόμενον. *Etymol.*
M. — Vitiose apogr. Lips. περέσσετε τ. δίλυς. — V. 3.
μὴ γαῦρα ἐρωμένοις. *Rufin*. Ep. XXXVII. τὰ δ' ἐφόδια καὶ
γαῦρα φρονήματα. ἐφοδιτιεσθαι de iis, qui majores spiritus
sumunt, illustrat *Wesseling*. ad *Diodor. Sic.* T. I. p. 318.—
Nemesin respicere jubet poëta puerum, quippe quae
superbos pueros puniat, pilos, floris juvenilis pestem,
proliciens. Comparandus *Ausonius* Ep. II. T. II. p. 207.

Πώγων, καὶ λάσιαι μηρῶν τρίχες, ὡς ταχὺ πάντα
ὁ χρόνος ἀλλάσσει· Κόνιχε, τοῦτ' ἐγένου.

οὐκ ἔλεγον· Μὴ πάντα βαρὺς θέλε, μηδὲ βάνασσε
οὗτος. καὶ κάλλους εἰσὶ τινες Νεμέσεις.

Conf. *Straton*. Ep. XXXV. et LXXL. *Plutarch*. T. II.
p. 770. B. ὅτι δὲ φορτικώτερον ὁ σοφιστὴς Βίων τὰς τῶν καλῶν
τρίχας Ἀπολλῶνος ἱδρῶτα καὶ Ἀφρογενείτοιας, ὡς ἅμα καλὰς
συραινίδος ἀπαλλαττομένους ὑπ' αὐτῶν τοὺς ἐραστάς. Unde
emendandus *Stobaeus* Tit. LXIV. p. 410. Βίων πρὸς τοὺς
λέγοντας, ὅτι τὸ κάλλος τυραννίδα ἔχει, φησὶ, φεύγε, τυραννίδος

τρινᾷ κατακαμφθεὶς. ubi vulgo τρινῇ legitur. Meleagro
puerùm τὸν ἐν γλωτταῖς Νίμεον venerari jubenti obverſabatur ſortaſſe diᾆum Leonis Byzantii ap. *Plutarchum*
T. II. p. 88. E. Λέων ἐνθάρτιος ὑπὸ αὐτοῦ Λαδογνᾶσθε εἰς τὴν
τῆς ὁμιλίαν καθίζεισι, ἀνθρώπων, ἔφη, οὐλίαν ἐσωλίζεις, ἐπὶ
τοῦ μίτου ὥρων τὸν Νίμεον.
   XXIII. Vat. Cod. p. 587. Edidit *Alberti* ad Heſych.
v. γλικολογεὶς· unde ſumſit *Pierſon.* in Veriſim. p. 84.
Prius diſtichon proſert *Warton* ad Theocr. T. II. p. 238.
(*Manſo* nr. XXXVIII. p. 18.) Ipſae Gratiae Ariſtagorae
venuſtatem tribuiſſe ait. Comp. *Rhiani* Ep. V. T. I.
p. 480. quod Meleager expreſſit. — V. I. Male
diſtinxit *Brunckius* poſt ἐκδούσαι, quod mutavit *Manſo*,
Warton et *Wakefield* in Deleᴄt. Trag. T. II. p. 131. et
in Silv. crit. T. I. p. 133. — Dii adſpeᴄtu et contaᴄtu
ſuo mortalibus virtutes, quibus ipſi pollent, tribuunt.
Alciphron L. III. Ep. XLIV. τί δὲ ἐμιλντισὺν καὶ ὑπὸ φέρεις;
ἀλλ' ἔσως εὐφαντεστέραις ὁμμασιν ἰκαίνα οἶθεν αἱ Χάριτες. Unde
Poſidippus Ep. VII. αὐτὸ τὴν ἀπαλὴν Εἰρήνην οἶθεν Ἔρωτι,
et *Horatius* IV. Carm. III. I. *Quem tu, Melpomene, ſemel Naſcentem placido lumine videris.* Cf. *Muretum* Var.
Leᴄt. IV. 20. — V. 4. γλικομηθεῖ καίριν. *Agathiae*
Ep. XXXV. ὅς τε ſοφαῖς μύθαις καὶ πλήραμσι καίρια λίξας
Παίζαν ἐν σπουδῇ, σπεῦθι ἰχεφέρτεσι. *Callimach.* Ep. LXIII.
εἴνγ καίριν συγγελάσας. In prudentiae laudem paſſim ap-
tragicos τὸ καίριν λίγειν occurrit, quorum loca collegit
Abreſch. ad Aeſch. T. I. p. 120. Unde apparet, poëtam
in Ariſtagora ſimul prudentiam ſermonum eorundèmque
ſuavitatem et amoenitatem laudare. Quare non erat,
cur *Warton* corrigeret — καὶ γλικομηθεῖ καίρια. *ſuavius
loquitur ipſos favos.* Inter exempla, quae ad hanc
ſuam conjeᴄturam firmandam proſert, nullum eſt, quod
ei probabilitatem conciliet. — V. 5. τί δὲ πλέον; Quid
lucrabor, puero, qui vel ex longinquo ſerire poteſt, procul abeunte? ἐς γὰρ ʹΟλ. Vat. Cod. Quaedam apogr.

etiam Ὄλμεων exhibent. Pro νίον, quod friget, *Reiskius*
et *Wakefield* νέος legunt. *Christodorus* in Ecphrasi v. 91:
οἷα Ζεὺς νέος ἄλλος ἐν Ἀβυδαίοιν λαετύν. Cf. ad Epigr. VIII.
9. — μακρὰ κεφαλίζει, ut is, qui certo tenere tela dimit-
tis manu (*Seneca* Herc. Oet. 540.) apud *Moschum* Eid. I.
19. μοικλῆα μὲν τήνε τὸ φαρέτρας, μακρὰ δὲ φῆλα. Verbum
ἀπακεφαλίζει, quo lexica carent, hinc forlaffe famfit *Phi-*
lipp. Theff. Ep. II.:

> εἶπα, καὶ ἀ Νέμεσίς με συνέρπασε, κεῖθύς ἐκεῖμαι
> ἐν πυρί, ταῖς δ᾽ ἐς ἐμ᾽, ὡς Ζεὺς, ἀκρεπονεύβλεπε.

XXIV. Cod. Vat. p. 587. Edidit *Kloss* in Mufa
Strat. p. 61. Primum diftichon laudat *Werton* ad
Theocr. p. 166. Ultimum *Valckn.* ad Ammon. p. 136.
(*Menfo* nr. XXXIII. p. 17.) Difputavit de variis hujus
carminis lectionibus *Schneider.* Per. crit. p. 53. Somnium
poëta enarrat, quod, cum puerum ipfi in ulnis pofuif-
fet, dulce amoris defiderium in pectore fuo reliquerat. —
V. 1. 2. Cod. Vat. legit: ἐνύπτιον ἀβρὰ γελῶντος Ὀττομανι
ἄνδρωπος παίδα ἔχ᾽ ἐν χλαμύδι. Quam lectionem etiam Lipf.
apogr. fervavit, nifi quod ἀβρά γε ἄβρτα exhibet. Alii
aliter; piget enim futiles apographorum enotare aberrationes. *Brunckiana* lectio in fchedis Tryll. reperitur,
unde eam a *Salmafio* profectam effe fufpicor. Pro meo
fenfu optime fe habet membranarum lectio, et *Salmafii*
invento longe eft elegantior. Vulgaris enim loquendi
ratio fert dicere: Ἔρος κατ᾽ ἐνύπνιον ἄγαγεν παῖδα ὑπὸ χλαίνας·
exquifitior autem et poëtica: ἐνύπνιον παῖδός, i. e. *pueri*
per quietem vifa fpecies. Verba ἔχ᾽ ἐν χλαμύδι aetatem
pueri fignificant, qui ephoborum veftem nondum depo-
fuerat. Vide ad l. p. IX. I. Confert *Schneiderus* in Addend.
p. 113. Ep. CXXIV. 1. 2. — Verf. fecundum fincere
fcriptum profert *Valckn.* ad Adon. p. 408. A. ubi de
forma ἐντυπαλέντος disputat. Superfedere poffumus
Wertoni conjectura, παῖδα πρὸ χλαμύδι legentis. —

♦. 10.] V. 3. ὄνι χαλᾶν· Vide ad *Asclepiad.* Ep. XX. 3.—
V. 4. *Ἰνρόλλων* eſt ex emendatione *Scaligeri*; nam membranae *Ἰννρόλλων* legunt. In nonnullis apogr. *Ἰνρόλων* exſtat. Vide *Valckenaer.* ad Amm. p. 45. — *ατολὰς ἰατλ-hος, ταεαει ταετ ει τοβνῆλει τολαπτιαῆς fimulaſtram.* ἁνρτε *μἰερεℓα* obſcoeno ſenſu dixit *Scythinus* Ep. l. 8. T. II. p. 104. De Hannibale per quietem bella gerente *Silius Ital.* L. 69. *inveniveεε fαταραι Miſenorum pugnaε τα imania bella gerentem.* — Vix tamen puto, verba *ἰατλλάς τρίφουθαι* in hoc rerum contextu recte locum habere, ſiquidem, quod *Valckenarius* putabat, pro *βορνολιιθαι μλατηυ* ſunt poſita. Spei certe mentionem hic fieri non exfpectaveram. — V. 5. *πρίμς* Vat. Cod. et apogr. Lipſ. Sed unde *τάρνι* in hoc apographum venerit, non exputo. Etiamnum deſiderium hoc ſomnio excitatum in mente haeret; ſive, deſiderium verae et ſolidae voluptatis mihi ſomnii ſuaviſſimi memoriam nunquam non revocat. Expreſſit Noſter *Anacreontem* VIII. qui idem, grato ſomnio viſo, *μεμνεωμένος*, inquit; *ὁ τλήμων κάλλι- θλιψιν αἰ θείαισι.* Pro *ατυνῶ* Cod. Tryll. *θινῶ.* Compara- vit *Schneiderus* Epigr. Anthol. Lat. T. I. p. 643.

> *Te vigilans oculis, animo te nocte requiro;*
> *Victa jacent ſola cum mea membra toro.*
> *Vidi ego te mecum falſa ſub imagine ſomni;*
> *Somnia tu vincas, ſi mihi vera velis.*

V. 7. Poſt verſum ſextum in Cod. Vat relictum eſt ſpa-tium, ut ſi quid abeſſet, quod nihil eſt. — Verſu ſq. pro *κάλλινε Κάβλεραι* ad Theocrit. p. 58. ubi integrum carmen ex Muſa Strat. *Klotzii* repetivit, *καλᾶις* conjicit; glandes pro frugibus offerens. Apte vulgatae lectioni defendendae *Schneiderus* adhibuit Ep. *Poſidippi.* XVIII. T. II. p. 50. *τὸν χρυτον ταίζοντα ποὶ ϕέλων 'Αετοδαωντα αθλιαει μεγάλε ωαφα ἰντετόατετα. τίλωλεν* de vano et lnani ſimulacro illuſtrat *Elſner.* Obſ. Sacr. p. 47.

XXV. Cod. Vat. p. 587. Duo priora disticha exprompsit *Warton.* ad Theocrit. T. II. p. 75. postremum p. 84. Secundum *Alberti* ad Hesych. v. *κράμμα.* Varietatem lectionis evomuit *Schneider.* Pot. crit. p. 84. sq. (*Manso* nr. XXXIX. p. 20.) Se cupidinis malitia novis amoribus irretitam esse conqueritur. — V. 1. *ἀρετάς Cod. Vat.* quod *Salmasius* procul dubio statim in describendo emendavit. Apographa enim, quae scio, *ἀρετᾶς* habent. — *ἡ γὰρ κύσον.* Significare videtur, Amorem obiter et aliud agentem, vulnus ipsi inflixisse; quod ad superbos protervi pueri morem adumbrandos facit. *κύσον* enim nonnunquam otiosi et remissi animi conditionem significat. Vide *Pericon.* ad Aelian. V. H. IX. 26. et quae de hoc verbo disputavit *Krebs* ad Plutarch. de Aud. Poet. p. 166. Hoc sensu usurpatum opponitur τῷ *σπουδαίων,* ut ap. *Philostr.* Vit. Apoll. VI. 5. p. 233. *τὰ δὲ ἀστεϊζόμενος τρόπον ὅταν οἱ Μεγαρίται, καὶ ἀλλότι μᾶλλον ἢ σπουδάζων.* *Schneiderus* tamen lectionem *κύσον* vitiosam censebat. — *ἴσως ὁ Σωκράτης ἴσως.* Socrates cum ad pulcrum puerum paulo propius accessisset, *ταῦτ᾽ ἔφη ἰγώ,* ait, *ὥστε καὶ Σωκράτει τοῖς δεδηγμένοις, τὸν μὲν ὦμον ἄρμεν εἰκότι ἢ τότε ἤλγησε ἄλγιστον καὶ ἐν τῇ καρδίᾳ ἐχόμενα τι Μέ περ ἄγαν.* *Xenophon* Symp. p. 698. 10. *μίσος* et *αἰτεῖ* de amoris cruciatibus jam *Herodotus* usus est V. 62. p. 465. *τὸν δὲ Ἀρίστωνα ἐσῆλθε ἅμα ἢ τῆς γυναικὸς ἴσως.* Nec non de laetitia animum suaviter pungente et commovente *Pindar.* Isthm. VI. 74. *δικία δ᾽ ἐνίει μοι ἐπαφὲ γάρια.* — V. 3. *Ἴτας πρῖν* Cod. Vat. et in fine versus *στράμμα.* Utramque a *Gayeto* mutatum putatur. Alterum, monente *Wartono* in Addendis p. 351. in Cod. Parisino emendatum est, viro docto *στρόμμα,* I. e. *σράμμα,* adnotante. Eidem *Gayeto* versu sq. *Alberti* tribuit conjecturam *σπῶμμα.* Verum haec omnia a *Salmasio* profecta nullus dubito. Si *Brunchius* membranarum lectionem cognovisset, vix *σπῶ* et *σπῶμμα* immutasset. Utraque lectio optima. Postea non

aunc primum amaverat; hinc ϝελι· mulſum amoris ae-
ram vim habebat ad inflammandum pectus; hinc και-
ρω μλλυτι. Recte *Alberti* adnotavit *Meleagri* Ep. LVIII.
14. δετϙῶ κομψῶυ μλλυτι, ubi eidem emeudatori ϝαμψτϙ
legenti *Brunckius* non obſequutus eſt. — Seq. verſ.
Schneiderus λαϙϙ malebat; in quam conjecturam poſtea
etiam *Wakefield* incidit in Dilectu Trag. T. I. p. 883. —
V. 5. Δαϙϙέυτυτ. *Warroni* Apogr.

XXVI. Cod. Vat. p. 588. Duo priora diſticha edidit *Warroi* ad Theocr. II. p. 81. Ultimum *Alberti* ad
Heſych. v. λυτμλλϊϲ. Integrum *Klotz* ad Straton. p. 62.
Varietatem lectionis collegit *Schneider* in Per. crit. p. 59.
et 113. (*Menſe* ur. XXXII. p. 17.) Conqueritur poëta
de flamma, quam pulcri pueri adſpectus in pectore ſuo
incenderat. — V. 1. ελ...ϙ ευτϊϲϝϝυ μετλλϊϝμτ Cod.
Vat. *Brunckiano* lectio reperitur in marg. apogr. Voſſ.
et in Schediis Vinarienſibus. Neceſſitatem mutationis
non video. Parum aut nihil refert, utrum poëta in via
embalicus Alexin viderit, an idem Alexin in via *emba-
licam* obſervaverit. Nec παραϙϙϝϊϲ articulum neceſſa-
rio poſtulabat. *Theocrit.* VII. 21. τϑ λϛ τῶ· μτϙιμϙϙϝυ
ατϑλς ϊλμϙς; — V. 2. Quod *Brunckius* edidit, idem in
Cod. Vat. legitur, niſi quod membranae κομϙϑϹ exhibent.
κομϙϑ reperitur in Schediis Vinar. eamque lectionem Vir
doctus allevit margini Cod. Voſſ. Cum in apogr. Lipſienſi
legatur: λϙυϙμϙϊϲ κομϙϑϹ μτϙμϙϝϝϲ θϙϝϲς, *Schneiderus* tentavit: λϙϙϝϙϙϝϲ, κομϙϑϹ μτϙϙϝϝϲ θϙϝϲς, *meſſem* vel *ſegi-
tem* intelligens, *quae adhuc in flore eſt*, quod tempus
anni calidiſſimum eſſe ſolet. *Koehlerus* in Notis ad
Theocrit. p. 66. δϙτϲ κϙϝϝυ κϙϙϝϑϹ κϙϙϝλϝϝ θϙϝϲς, interpretatione non addita. In *Brunckiana* lectione κομϙϑϹ
λϙϙϝϙϙϝϲ de ariſtis accipio, jamjam eminentibus, et
quaſi crine quodam glumam veſtientibus. θϙϝϲ ipſa ſeges
eſt. θϙϝϲ κϙϙϝϙϙϝϲ αϝϙϑ κομϙ. λϙϙϝϲ. cum *in figura* αϙϙϝϲ
jam produuntur et eminenus terrorenur αϙϑϝ. — V. 3.

ἀπλῶ Cod. Vat. — Verſ. ſeq. ἴλλῶ Apogr. Voſſ. —
V. 5. Et in hoc verſu diſcrepant apographa, quorum nonnulla *al*, alia τῶς pro τῷ exhibent. Nox ſolis radios
ſopire dicitur, ut ap. *Sophocl.* in Trach. 94. ἡ αἴλα
τῷ — κατευνάζει φλογιζόμενον ἄλιον. — Flammam de
pueri oculis pectore conceptam, ejusdem ſpecies per
ſomnum viſa, denuo excitavit. — V. 7. ὕπνον. Apogr.
Lipſ. — λαθόντας, quem *Homerus* λυσιμελῆ vocat. Vide
Euſtath. in Odyſſ. p. 720. 47. et in Il. p. 1463. 20. —
Egregie noſtrum carmen illuſtrat locus *Achillis Tatii* a
Schneidero laudatus L. VI. p. 399. ἐπεὶ δὲ εἶδεν τὴν Λευκίπ-
πην, ἐπέφλεγε τὴν ψυχὴν καὶ ἔδοξεν αὐτῷ τότε καλλίων γεγονέναι.
ὀρέψας γὰρ ἅπας τῆς νυκτὸς τὸ πῦρ, ὅσον χρόνον ἀπεσβέσθη τῆς
κόρης, ἀνεζωπύρησεν ἐξαίφνης, ὅλην λαβὼν εἰς τὴν φλόγα τὴν θέαν.
Similiter *Xenophon Ephes.* l. 4. p. 9. ταῦτα ἰνδότερος αὐτῶν ὡ
ἅπας τῆς νυκτὸς ὀλίγετο· εἶχεν δὲ πρὸ ὀφθαλμῶν τὰς θήρας τὰς
ἑαυτῶν, τὰς αἰτίας ἐπὶ τῆς ψυχῆς ἀλλήλων ἀναπλάττοντος.
Noviſſima ejusmodi ſunt, ut ex *Meleagri* verbis — ψυχῆ
κάλλος ἀπεμάξατο, expreſſa dicat.

XXVII. Cod. Vat. p. 588. Primum diſtichon dedit *Salmaſ.* ad Solin. p. 30. A. Integrum *Toup.* in Cur.
Noviſſ. p. 277. ed. Lipſ. (*Menſo* nt. XL. p. 20.) Non
jam Daphnidem, nec Hyacinthum carminibus celebrandos eſſe, cum Dion inter pulchros principatum teneat.—
V. 1. De Daphnide, inter Siculos celeberrimo, omnia
nota vel ex *Theocriti* Eid. I. Conf. *Pertbonium* c. XX.
Aelianum V. H. X. 18. Pani ille in deliciis fuiſſe dicebatur. Cf. *Glossum* Ep. II. T. II. p. 347. *Zonat.* in
Anal. T. III. p. 331. (Lipſ. ed. II. p. 69.) Recte itaque caprarii, quod paſtorum genus imprimis tutela Panis
gaudet, Daphnidem, in Panis gratiam, celebrare dicuntur. — V. 3. Cod. Vat. habet λύρη, caſu recto, et
ſq. verſ. λύρη. Illud verum puto propter ἀλουμένα
εὐέργγει. Inſtrumento Pani et caprariis proprio opponitur λύρη, ουβ... πρῶτος, lyra; *Phoebi* interpres. Ut

Pani Daphnis, fic Apollini Hyacinthus in deliciis fuerat;
illum canebat fyrinx, hunc lyra celebrabat. Haec fi
recte pofui, et Λέγε pravam effe emendationem apparet,
et Daphner mentionem feq. verfu factam, plane ab hoc
loco alienam effe. - Depravatam effe lectionem in verbis Λέγε παρθένιν, nullus dubito, fed quid reponendum
fit, non facile dixerim. Expromam tamen conjecturam, magis ut alios ad fimiles conatus excitem, quam
quod me verum reperiffe exiftimem:

> μοll τὸ τὴν ετοργθίττα, λέγε, Φαίδων τροφῆς,
> ἄνθει παρθένων μίλψ' Τάκινθον ἔτι.

Neque tu, o lyra, Phoebi interpret, adhuc celebra Hyacinthum, olim amatum et virginali flore confpicuum.
Ἄνθει παρθένων vocal, cujus genas nondum lanugo obum-
brat, puellae quam puero fimiliorem. Philoftrat. Epift.
XLIII. p. 944. ἐρῖν μὲν γὰρ ἀνθοῖς, ὑίδλι ἀττίζον γυναικὸς ὠ
και παρτιαι, ὁίσαι ἄταλαὶ και διαυγεῖς· ὅτε δὲ ἤρη χνοάζεις,
ἀνδρικώτερος εἰ τοιοντοῦ. Jam videamus, quae alii de hoc
difticho ftatuerint. Brunckius igitur haec habet: »Hic
»nihil emendandum eft, nifi quod v. 5. fcribendum in
»οίμεστ, ἠδ' Τάκινθος. Hoc omiffo vir fagaciffimus, cu-
»juaque doctrinae plurimum tribuo, Cur. noviff. in Sui-
»dam p. 123. (277. ed. Lipf.) aliud quid emendatione
»indigere cenfet, et diftichon medium fic conftituit:

> μφίττ ad τὴν ετοργθίττα, λέγε, Φαίδων τροφῆς,
> »Λάφνην παρθένιψ μίλψ' Τάκινθος ἔτι.

»Verum hic de puerorum amoribus agitur, nec ulla
»Daphnes Nymphae mentio fieri debuit. In primo
»difticho poëta non Pana, fed caprarios filere jubet;
»fic in fecundo non Apollinem, fed facerdotem Apol-
»linei templi, qui in honorem amatae deo Daphnes,
»nomen Apollini caput, Daphne, impofitum. Duo
»pueri in tertio difticho foli commemorantur; nihil ibi
»de puellari amore. Nec Daphnis Pani amatus, nec Hya-
»cinthus,

deineber, Apollinis deliciae, amplius celebrandi suns, sed
Dios folus. Sic fibi omnia respondent, et apte cohaerent. μετὰ τὸ πρεπόντι Δάφνη παρθενίη' hoc confertur
"cum αἰπολικαὶ σύριγγες. μίλητο ἵτι 'Τέκνθη cum μετέτι
"Δάφνην ζαντῖτε. τὸν στυρεχθέντα Δάφνη Φοίβειο cum ἀγηλάττῃ
"Πανὶ χαριζόμενος. Dixit autem poëta Δάφνη ἐν pro Φοίβῳ
"Ἀνθρωπίνῃ, aut quia fingitur Apollo amalin Hyacintho
"affectus fuos fidibus faepe ceciniffe, pueri pulcritudi-
"nem celebraffe, et mortem lugubribus elegiis ad ly-
"ram cantando defleviffe." Haec Vir clariffimus; cujus interpretationem argutiorem quam veriorem effe,
omnes intelligunt. In *Toupii* vero emendatione Δάφνη
παρθενίη dictum foret pro σὺν Δ. fimul cum *Daphne puella*;
quod et ipfum duriffimum. — ¶. 11] V. 5. *Ir' ἐν,*
dum florebat f. *vivebat.* Cf. ad Ep. XXII. 1. — Mox
pro σὰ non, ut *Brunckius* voluit, ἡδ' legam, quod etiam
be eft, fed:

ἢ δ' 'Τέκνθος
τοπινός.

Ceterum *Meleager* expreffit *Callimachum* Ep. XLVI. σαὶρὶ
Δάφνη, παμφύτος, 'Αετιαλίης δ' ἀἰὺ βιωσήμεθα.

XXVIII. Vat. Cod. p. 575. (*Manso* ur. XLII. p. 21.)
Ad Amorem, face et fagittis in poëtam furentem. —
V. 1. *ἄγριε δαίμων. Saevus Amor.* Tibull. III. El. IV. 65.
Infra Ep. XCV. 6. Venus ap. *Ariftaeneum* II. 15 p. 95.
καὶ ταύτην ἐξ ἐρωτικῆς ἢ Δαίμων πρεσβεύουσί μοι τὴν γνώμην. —
Δλξ ἐπιβαίνω, ut dominus fervi cervicibus imponit pedes.
Paulus Silent. Ep. XX. Amor mihi Δλξ ἐπιβὰς ἐτέρησε
πιερὸν ὕπλῳ πέδα. Ovid. Remed. Amor. 529. *Mollior*
es, nec abire potes, vinctusque teneris, Et tua faevus Amor
fub pede colla premis. De Venere Deïdamia in Heroid.
Ep. IX. 11.:

Plus tibi quam Juno nocuit Venus: illa premendo
Suftulis: haec humili fub pede colla premit.

D

Tum omnino irae et contemtus vox τὸ ἀλλ᾽ ἔρβανε.
Theognis v. 525. ἀλλ᾽ ἴσθα ἐύμω κατσύπεντι, τόυτο δὲ κόντρῳ
ἔξει καὶ ζυζύλητ ἐνελόγα ἀμπεπϑει. Tanquam irati cujusdam et alterum ad iram provocantis vocem *Plutarchus*
T. II. p. 457. C. hunc versum laudat:

βαῖνε ἀλλ᾽ ἐπὶ τραχέλου, βαῖνε καὶ αἶλα χθονί.

V. 4. τάττη. Ex *Asclepiad.* Ep. XIII. καὶ πάντες τίϑρησι
ϑεοὶ με κῆνϑρακίω. *Theophyl. Simoc.* Ep. IX. ἐμὲ ἀναγ-
ϑαλεῖϑεται αἱ φρίσις τῷ ἔρωτι, καὶ δειλῶ δίων τὸ περισσότερον
ἀπαϑλίγονται.

XXIX. Vat. Cod. p. 593. Edidit *Klotz.* in Straton.
nr. XXV. In apogr. Lipsiensi conjunctum est cum Ep. XXI.
Vide *Schneider* in Per. crit. p. 56. (*Manso* nr. IV. p. 6.)
Poëta animam suam navi, quam Venus et Amor regant,
comparat. Eadem Allegoria est Ep. XLV. ubi etiam
pars versus tertii repetitur. — V. 1. Amorem gubernatoris fungentem vicibus habemus ap. *Ovidium* in Heroid. XV. 215. *Ipse gubernabit, residens in puppe, Cupido, Ipse dabis tenera vela legesque manu.* είαξ est pars
τελαλύα, ut ex *Eustathio* Od. V. p. 221. 35. docuit
Schneiderus. — V. 3. χυραῖνει Vat. Cod. et βαρθε et sic
Ep. XLV. Nostra lectio reperitur in Schediis Tryll. —
Versu ult. *Klotzius* παμφίλω edidit. Ad mare Pamphy-
lium respici, ita tamen, ut πάμφυλος appellative sit positum, *in mari omnis generis puerorum,* notavit *Brunckius,*
post *Schneiderum* l. c. p. 57.

XXX. Vat. Cod. p. 594. Edidit *Warten* ad Theocr.
T. II. p. 102. *Klotz.* ad *Tyrt.* p. 79. Cf. *Schneiderum*
in Per. crit. p. 96. (*Manso* nr. XXVII. p. 15.) Cleobuli et Alexidis, utriusque pulchri et jucundi, mutuos
amores celebrat. In simili argumento *Martial.* IV.
Ep. XIII.:

     Tam bene rara suo miscentur cinnama nardo,
     Massica Theseis tam bene vina favis:

Nec melius teneris janguntur visibus ulmi,
    Nec plus lasos aquas, litora myrtus amat.
V. I. πῶμα habet *Warton*, qui πῶμα, πιῶμα et πιῶμα tentat. Membranarum lectio verissima. Ad sensum facit
Lucianus in Prometh. 5. p. 31. τί οὖν οὐχ καὶ ἡμεαλιν
γίνοιτ᾽ ἂν σύμφορον τι ἐκ ἰνῶν τοῖν κρίστοιν ξυντεθὲν, ὥσπερ ἐξ
οἴνου καὶ μέλιτος τὸ ξυναμφότερον ἥδιστον. — V. 3. τὸν ἀβρο-
σύνην ex *Anacr.* Od. VI. 8.   Vide *Hesych.* in ἀβροσύνη,
ubi *AlbertI* hunc versum expromsit. Sylvam locorum,
in quibus hoc vocabulum occurrit, congessit *Locella* ad
Xenoph. Ephes. p. 123. — V. 4. ἔχατοι ἔντες τὸ κ. ο.
Vat. Cod. quod etiam in Lips. apogr. legitur, ubi in
marg. ἔχατον γ᾽ ἔντες τὰς κ. notatum; omnino male.
Wartonus habet σύκρατοι ἔντες τὰς κ. nescio unde; ipse
σύκράτον corrigendum censet. *Klotsius* ἔντες ἔχατον κ.
ed dit. His omnibus *Brunckiana* lectio elegantia praestat; an etiam omnes veritatis numeros habeat, definire
non ausim. — ἀλιμελι quod vetustiores μελίκρατον voca-
bant, *malsum* ex vino et melle mistum. Conf. *Pierson.*
ad Moer. p. 254. sq. et *Bernard.* ad Theoph. Non. T. I.
p. 125.

XXXI. Vat. Cod. p. 594. Edidit *Majus* in Bibl.
Uffenbach. nr. 152. unde sumsit *Wolf.* in Fragm. Sapph.
p. 237. (*Manso* nr. XXVIII. p. 15.) Poëta binos di-
versi coloris pueros, candidum et fuscum, amans, id sibi
propter nomen fatale fuisse docet. Hanc poëtae mentem esse, et *Schneiderus* perspexit et *Manso.* *Brunckius*
haec notavit: „Mutilum videtur hoc carmen; unum
„saltem in medio distichon deest. In cod. scriptum
„v. ult. πλάξετι ἐν λευκοῦ φαεί — correctum in margine
„ᾗ γὰρ ἰγοντας ἐν λευκοῦ πλάξαι. Nihil hic decreverim,
„quom vix sensus aliquis ex his reliquiis erui possit.“
Nihil plane deest; et amplectenda marginis lectio:
Dicuns enim, Amores me ex candido et nigro consexuisse;
ex μέλανος et ἀργοῦ scilicet.   Similiter, id est, inepte in

                    D 2

eodem nomine lufit *Euripides* ap. Etymol. M. p. 576.
30. Μελέαγρος μελάν γί ποτ' ἐγρεύσας ἄγραν. Nofter autem
Philodemum ante oculos habuit, qui fimili acumine Ep. II. :

 αὐταί του Μείραί με καττανόμασαν Φιλόδημον,
 ἁς ἀλλί Αφρούς Σαπφὼ ἔχαι με πόθοι.

XXXII. Vat. Cod. p. 119. et 571. Sub *Pofidippi*
nomine legitur in Planudea p. 452. St. 587. W. Huic
potius quam *Meleagro* hoc carmen tribuere velit *Brunckius* propter *Pofidippi* Ep. X. quod ad Heliodorum eft
fcriptum. (*Manfo* nr. XLI. p. 21.) Amorem per Mufam precatur, ut tandem fuum Heliodori amorem fopire
velit. — V. 1. Ἡλιοδώρευ. Sic Vat. loco fecundo. In
priore Ἡλιοδάρας, quod Planudes arripuit. — Seq. verfu
σιαίστη Vatic. altero loco. Haec vocabula paffim con-
fufa funt. Vide Exercit. crit. T. II. p. 180. —

§. 12.] V. 3. τὴ τόϝς. Planud. — φαλλην. fic Vatic. altero
loco; et fq. verfu σπανή loco priore. Ad fenfum conf.
Paul. Silent. Ep. XX. — V. 5. Mira discrepantia lectionis in hoc verfu. Priore loco Vatic. habet: ἀ καί με
στείνας, Μείδω Φαντὸν ευφ ἱστα' et fupra fcriptum ἴσσαν,
quod fere convenit cum Planudea lectione, ubi tamen
σπάνης legitur. Eaedem membranae loco pofteriore :
ἀ καί δμά στείνας Μείδω φαντὸν' ἐπὶ νύμφα, quod *Br.* fecutus eft, στείνας in κτείνης mutato. Color fortaffe ductus
ex *Theocrit.* Eid. XXIII. 46. γράψον καί τόδε γράμμα, τὸ
σευ στίχοισι χαράξω· Τοῦτον Ἔρως ἔκτεινεν, ἀλαπάρε,' μὴ
παροδεύσης.

XXXIII. Vat. Cod. p. 577. Planud. p. 485. St.
629. Wech. (*Manfo* nr. XXII. p. 13.) Sententiam
ductam notat *Schneiderus* Per. crit. p. 132. ex *Xenoph.*
Symp. p. 138. ed. Bach. τὸν γὰρ ὑπὸ Κλεινίου Φίτον μὲν Σαθ-
βαι ἢ τἆλλα πάντα τὰ ἐν ἀνθρώποις καλά· τυφλὴς δὲ τῆς
ἄλλων ἀνδρῶν μᾶλλον ἐν δεξαίμην εἶναι ἢ Κλεινίου ὄντος ὁραν.

Idem *Bradeus* animadverterat.　Menander, sine Gly-
cera sua Aegyprum adirurus, sibi videretur μένειν ἐν τοιαύ-
τῃ ἔχων Αἰγυπτίων ἀγριμίαν παιρανθρώπων ὁρᾶν, ap. *Alciphron*.
L. II. 3. p. 228.　Ab hujus distichi, quod et elegantissi-
mum est, et facillimum, sensu mire aberravit *Meinekius*,
cujus verba adscribam, ut ex hoc uno specimine illius
enarratoris virtus et praestantia intelligatur. „Poëta
„cum fulgentem Theronis pulcritudinem describere
„vellet, comparat eum cum universo. τὸ πᾶντα, quod
„solis radiis egregie splendeat. ἐν II. jam, inquit, cum
„universi coeli serenitatem, Solis ignes, siderumque
„fulgorem adspicio, cum igitur tuam, Theron, prae-
„claram pulcritudinem specto, τυφλοῦμαι, oculis nebula
„offunditur et me excoecat fere praestantissima facies.‟
Densissimas profecto tenebras interpretis animo offusas
fuisse necesse est, cum ea scriberet, de quibus poëta ne
cogitavit quidem. —— Ceterum *Br.* exhibuit lectiones
Planudeae.　In Vat. Cod. pentameter sic legitur: φλέγω,
εἶντα δὲ μή, τέρπομεν οὐδὲν ὁρῶ.

XXXIV. Vat. Cod. p. 591. Edidit *Pierson* in Verisim. p. 85. (*Manso* nr. XXIII. p. 13.) Poëta, cum
Theronem pulcrum esse negasset, mox Nemesin ultri-
cem expertus, incredibili pueri amore incensus est.
Expressit Nostrum *Philipp. Thess.* Ep. II. p. 211. ——
V. I. ὁ μὴ θέμις. Hanc lectionem praestat Cod. Vat. et
margo apogr. Scalig. in cujus contextu θαὲς legitur. ——
Sequ. versu membranae οὐ με μιθὸν, quod, nescio quis,
in marg. Scalig. corrigere ausus est in οὐα ἔμαθον impe-
rite. θυμῷ legitur in apogr. Voss. —— V. 3. αὖτὸς ὑπέστην.
Si sincera est lectio, sensus esse debet, ἐγὼ σόλος αὖτὸς ἐξ
ἐμαυτοῦ quid pronunciare. αὖτὸς pro μόνος: passim illustrarunt Viri doctissimi. Vid. *T. Hemsterh.* ad Lucian. T. I.
p. 130. Sed mihi Meleager scripsisse videtur:

ἀλλ᾽ ἀντὶας ἔρως,

ἐδὶ Δὶς σπίζας σὺν τὸ καμαναρίλλαα

D 3

Tu tum contra intueri aufus es, quae non multo minor
est audacia, quam ipfum Jovis fulmen fustinere. *Sappho*
virum pulcrum puellam ex adverfo fpectantem diis
comparat: δενις ἐναντίον τοι ἰζάνει. Cf. Noftri Ep. V. 3.
et XXIII. *Euripides* Orest. 1479. ἐντίον εναθίεντας. Hippol. 1078. τρωσίζεσθαι ἐναντίον ετέντα. Celeberrimus
locus *Herodoti* L. V. 18. p. 379. de Perfis, quibus
γυναῖκες ἐντίον ἰζοντο — ubi illi dicebant, melius fuiffe,
mulieres omnino non arceffere, quam διδόναι και μὴ
παρεζομένας, ἐντίας ἰζεσθαι, ἀλγηδόνας εφι ἐφθαλμῶν. —
V. 4. στήζεις. Vatic. Lipf. Recte emendatum. — V. 5.
τὸν πρόσθε λέλων. Nioben effe monuit *Br.* inductos procul dubio Ep. *Antipatri Theffal.* LV. ῥόταν εἶν τέκνος,
μικροτέλια, ἴξο μα. σπεθμῶ, Τὴν λέλων ' ἐγκαὶ σοι φέρτος ὁ
Τορταλίδος. et Noftri Ep. CXVII. de eadem Niobe: ἃ δὴ
λέλον στέζουσα τάλαι στέμα. *Brunckii* interpretatio peperit
ineptam conjecturam in Biblioth. Liter. et Artium Fafc.
II. p. 45. quam repetere piget. Nulla omnino caufa
est, cur de Niobe cogites, cujus mentio ab hoc loco
alieniffima. De fua ipfius audacia et inepta loquacitate
poëta agit, quae ipfum, ut Theronem pulcrum effe negaret, impulerat. Hujus magniloquentiae cum poenas
dediffet, fe ab irata Nemefi in aliorum exemplum puni-
tum effe ait. Scribendum autem:

περγῆς, ΙΙοὶ, τὸν πρόσθε λέλων — —

quo ducit membranarum lectio, quae non τὸν, fed τὰ exhibent.' καλὸν apogr. Lipf. et Scal. — Seq. verfu Lipf.
habet δείγμα θυμοστομίας' fortaffe δείγμα ἀθυμοστομίας. Cf.
Theodorid. Ep. VII. T. II. p. 42. quod tamen Codicis
lectioni non praeferendum. Ad fenfum facit *Tibull.* L
El. V. 5. *Ure ferum et torque: libeat ut dicere quicquam*
Magnificum posthac: horrida verba doma.

XXXV. Vat. Cod. p. 577. Edidit *Valckn.* ad Hippol. p. 285. *Warton* ad Theocr. T. II. p. 101. *Klotz.*

in Mufa Strat. p. 58. (*Manfo* nr. VII. p. 8.) De Mylfco
puero. Est Μυ΄ισκος ὑποκορισικὸν a Mys deductum, docente *Sahnof.* ad Solin. p. 24. B. Idem nomen occurrit ap. *Hephaestionem Prolomaeum* in Bibl. Photii p. 244.
ὅτι Ὅμηρος Ἰουλίου Ἰλίαδα ὁ πατὴρ μνήμονα Μυΐσκου ταῦτα μὲ
κεφαλᾶφον ut hunc locum conflituit idem *Salm.* l. c. in
Prolegg. p. 2. A μυῖα hoc nomen derivat *Solan.* ad
Lucian. T. III. p. 98. 64. — V. 2. ἐσζιεν. Hinc *Strato*
Ep. XX. θνῄσκειν ἐλάμετο πλεῖν ἐν ἄλλοις, οἷος ἐπαντέλλων
ἀστέρων ἅλιος. *Marc. Argent.* Ep. XII. καὶ γὰρ κεκίνητε
ἀστέρας ἐν μήνῃ φέγγος ὑπερτιθέται. Cf. *Sapphus* Fragm.
XXVI. in Collectione *Wolfi.*

XXXVI. Vat. Cod. p. 572. Edidit *Warton* ad
Theocr. T. II. p. 261. *Klotz* ad Tyrt. p. 93. Conf.
Schneider. Per. crit. p. 54. (*Manfo* nr. VIII. p. 8.) Poëta
fe, cum olim aliorum amores rififfet, nunc ipfum ab
Amore victum fatetur. Cum hoc carmine *Hafcbkins*
in Epift. crit. p. 105. fq. comparavit *Tibull.* I. El. 2. 89.4

> *Vidi ego, qui juvenum miferos rififfet amores,*
> *Post Veneris vinclis fubdere colla fuam,*
> *Et fibi blanditias tremula componere voce,*
> *Et manibus canas fingere velle comas.*
> *Seire nec ante fores puduit.*

V. 1. Cum ὡς ablit a Cod. Vat. alii aliter menti metro
fuccurrere conati funt. Apogr. Lipf. ἱμπρεσδεν habet.
Schedae Lacroz. τὰ πρ. An fcribendum:

> ὑγρελθαι αγγο ορθεθεν πωλ τοῖς ἀστέρωι — —

Schneiderus malit ὁ πρόσθεν, cui lectioni patrocinatur *Alciphron* L. I, XIII. p. 54.: φλέγομαι· καὶ ὁ πότε γελῶν τοὺς ἐν
τέρπε πάσχι δεινότεστες, ἴδας εἶμι τοῦ πάθους. Similiter.
Xenoph. Ephef. I. 4. p. 7.: ὁ μέχρι τῶν ἐνθρωπὸς Ἀβροκόμης, ὁ
καταφρονῶν Ἔρωτος, ὁ τῷ θεῷ λοιδορεόμενος, ἑάλωτα καὶ ταπεινω
μαι καὶ ευηθίνῃ δουλεύειν ἐναγκάζομαι. Conf. Epigr. supr.
IX. — V. 3. Meleager fe ad Mylfci januam, tanquam

In dei cujusdam veſtibulo, ab Amore collocatam ſurgit.
Ibi enim arma, hoſtibus deducta, aliaque ejusmodi
ἀναθήματα poni ſolebant; quibus poëta ſe comparat.
ταῦτ᾽ ἀπὸ ἐπιφροσύνας. Xenoph. Ephrf. l. 4. p. 8. : ἀντικρυς,
Ἔρως, μέγα σοι τρόπαιον ἀνήγερται καθ᾽ Ἀβροκόμου τοῦ σώφρο-
νος. Uſus eſt noſter formula in hac re ſolemni. Ari-
ſtophon ap. Athen. XIII. p. 563. C. παρέσχες σαυτὸν ἀπὸ
πολεμίων. Crates cum Delphis auream Phrynes ſtatuam
vidiſſet, dixit, τῆς τῶν Ἑλλήνων ἀκρασίας ἀνακεῖσθαι τρόπαιον.
Plutarch. T. II. p. 401. A.

    XXXVII. Cod Vat. p. 584. ſq. Edidit *Dorvill.* ad
Charit. p. 521. *Valcken.* ad Hipp. v. 525. p. 224, primum diſtichon cum parte ſecundi. Idem v. 3. et 4. ad
Ammon. p. 225. protulit. Integram *Pierſon.* in Veriſim. p. 147. (*Manſo* nr. IX. p. 8.) Poëta puerum, de
ſe, ſeverioris olim philoſophiae aſſecla, triumphantem,
monet, non eſſe, quod tantopere jactet victoriam; cum
vel Jupiter Amori victas manus dederit. Ἔννοια fortaſſe
ducta ex *Hermeſianactis* Elegia v. 80. ſqq. :

    οὐδὲ μὲν οὐδ᾽ ὁποῖα σκληρὸν βίον ἐστήσαντο
      ἀνθρώπων, σκολιὴν μαιόμενοι σοφίην,
    οὓς αὐτὴ περὶ πικρὰ λόγοις ἐσφήξατο μῆτις,
      καὶ δεινὴ μύθων αὐθας ἔχουσ᾽ ἀρετή,
    οὐδ᾽ οἱ δεινὸν Ἔρωτος ἀπεστρέψαντο κολοιὸν
      φαινόμενον, δεινὴ δ᾽ ἦλθεν ὑφ᾽ ἡνίοχον.

Certe ex uno eodemque antiquioris cujusdam poëtae
fonte hauſerunt *Meleager* et *Propertius* L. I. 1. 1.: *Cynthia prima ſuit miſerum me cepit ocellis, Contactum nullis
ante cupidinibus. Tum mihi conſtantis dejecit lumina
faſtus, Et caput impoſitis preſſit Amor pedibus.* Quae
ex noſtro carmine lucem lucrantur. Cum verba *dejecit
lumina faſtus* manifeſte exprimant graecum τὸ ἐπ᾽ ὄφρυσι
αὔτο φρόνημα, apparet, *dejecis lumina* h. l. non de eo
dici, qui oculos humi figat, ſed de ſuperbo, qui ſuper-

ailium ponit. Docte *Propertius* loquitur, pro, Amor
failum dejecit, qui olim fupercilio meo infederat. *Meleagri* carmen imitatus eft *Paulus Silent.* Ep. XXXII. —
V. 2. Ἴμεροι τελείους. Comparat *Pierfon.* l.c. *Ariftaen.* L. I. I.
Ἔρως ἐναλίνετο τὴν ἀρχαίην ἐπιτραπέτων τοὺς τῆς ὀφρύος
φαλαΐς. et *Liban.* p. 710. D. ταῖς φαλαΐς τὰς ἰωλίνας ἐμμέσων
ἡμετέρων τὰν τάξεσιν. —, 9. 13.] V. 3. τὴν ἀγαπὼ
αἰαν ἐγώ. *Propert.* II. 2. I. *Qui nullam tibi dicebas jam
poffe nocere, Haefifti: cecidit fpiritus ille truus.* *Ariftae-
net.* I. XXII. p. 56. ἐγώ σαι μόνη τὴν ἀπερίσπον ὑπέταξα τοῖς
ἀφείη. Ut in loco fupra laudato *Propertius* dixit *lumina
dejicere*, fic *Euripid.* Cycl. 166. κατεβλάσαν τὰς ὀφρῦς.
ubi vid. *Musgr.* *Agathias* de vetula meretrice Ep. XIII.
πότον ἐφρύς, quod eodem fenfu dictum, ut haec *Sophoclis* in Antig. 470. ἀλλ' ἐκεῖ τοι τὸ σκαιόν ἔχοι φρονήματα
ὅστοιν μάλιστα. — V. 4. τινoi τινά. ut τοτοὶ Δήμητρος
pp. *Apollon.* Rhod. II. 17. Vide *Fifcher.* ad Anacr.
p. 101. — V. 5. ἀκοντίσας et Δαμφής Cod. Vat. et
apogr. Lipf. quod etiam τάνᾶ initio verfus exhibet., No-
ftar Epigr. LXXXVII. τᾶς ἴσον ἀκοντίσσαι φιλὰ ἴδεα χρῶ-
τος — τί Δάμφις; Quid, quaefo, in hac victoria tanta
admiratione dignum? Ep. LXXVI. 4. ἡ τάδε κανὰ Δάμφας
ἀφῆ. — V. 6. Laudat h. v. *Valckan.* ad Ammon. p. 143. —
Vitiofe membranae Ὀλύμπου. — Jovis Amores perfaepe
p. poetis advocari, ad homunciorum peccata excufanda,
nemo ignorat; nec quicquam frequentius obvium, quam
Amoris poteftas ex Jove fuperato fignificata. *Claudian.*
Eid. V. 53. *Quae tibi, faeve puer, non eft permiffa poteftas?
Tu magnum fuperas fulmen, caeloque relicto Fluctibus in
mediis cogit mugire Tonantem.* Similia collegit *Barmanni*
diligentia ad Anthol. Lat. T. I. p. 4. 5.

XXXVIII. Vat. Cod. p. 596. Edidit *Major* in Catal.
Bibl. Uffenb. p. 631. *Pierfon* in Verifim. p. 85. fine
lectionis varietate. (*Manfo* nr. X. p. 9.) Myftam ut
deum aliquem venerantes, propitium fibi optat. —

V. 1. πετρνι. Significatione transitiva, ut Ep. XIX. 4.
Finge tibi poëtam Myïscum contemplantem, et admiratione captum subito exclamantem. — ὅρα. Nam Amor
puerum, fulmina gerentem, finxit? Ipse nonnunquam
Amor, ut plures praeterea dii, (vide *Winkelm.* Monim.
ined. T. II. p. 3. sq.) fulmen gerens repraesentatur.
Beger. Thesaur. Brandenb. T. I. p. 183. In Alcibladis
scuto ὡς Ἔρως κεραυνὸν ἠγκαλισμένος. *Athen.* XII. p. 534. E.—
ἀνδριάντι, ut statuarius. Vid. ad Epigr. LXXXV. —
V. 3. ἀετὸν et ipsum de fulmine accipiendum videtur,
Lucian. in Timon. 10. T. I. p. 118. κατενεχθεῖσα γὰρ
αὐτῷ (τῷ κεραυνῷ) καὶ ἀκαταμαχήτῳ ἐλθὼ διὰ θυρίδος εἰ
μέγιστος. In Jasonis scuto conspiciebantur Cyclopes
Ζηνὶ κεραυνὸν ἄνακτι τευχόμενοι — μιᾷ δ' ἔτι δῆτα μύδρον
θυντικος, ap. *Apollon.* Rhod. I. 731. — V. 4. Puerum,
qui fulmen gerit, ipsum κεραυνὸν vocari, durum esse apparet. Nec tamen propterea locum depravatum dicam,
etsi minima mutatione legi possit:
　　　　καὶ Διμήτους ἐπὶ γᾷ κεραυνὸν ἁμῷ φυλάσσω.
Novissimum φυλάσσω etiam in schedis Tryll. reperio. Τὰ,
πέτρα: Cupido in terris, amoris mihi facem extorserat. Διμήτους
transitivam significationem habet, ut hic, sic ap. *Antipat.*
Thess. XIII. ἣ δὲ μ' ἐκδάκρυς σήγχρον, Διμήτου φλέγγος ἑκατερί-
δων

XXXIX. Vat. Cod. p. 585. Edidit *Klotz.* in Germ.
Strat. p. 60. Prius distichon cum parte versus tertii
laudat *Wassen.* ad Theocr. T. II. p. 193. (*Manso* nt.
XI. p. 9.) Poëta, cum jam nihil praeter Myïscum
suum videant oculi, eos animo adulari suspicatur. Comparavit *Manso* Tibull. IV. 13. 2. Tu mihi sola places,
nec jam, te praeter, in urbe Formosa est oculis ulla puella
meis. — V. 1. Iν μοι. Vat. Cod. et Wart. — τὸ λίγουν
ὕπαρ. τὸ λίγουν a gulosis passim ad alias cupiditates translatum legimus. *Aelian.* ap. Suid. v. λίγος ἀντὶ λίγων
ὄμμα καὶ ἀκόρητος τοιούτων εἴη ἑστιάσεων. *Callimach.* ap. Lu-

cian. T. II. p. 452. Fragm. CVII. αλλ᾽ ᾖ, ὃ ...
δι᾽ ὄμματα Αἰχνα φέροντες, Ἔρχετ᾽ δε ὑμῖν ἄγων παιδοφιλεῖ.
Ut hic apud noſtrum oculi animo praeſtare obſequium
dicuntur, ſic contra ap. *Philoſtratum* Epiſt. I.III. p. 940.
ἡ ψυχὴ πείθεται, παραιτῶσιν μὴ βουπαδῆν Αἰχναν ἱκετεύθηκεν. *Lu-*
mina cupidae ſuccurrite menti dixit Ovid. Heroid. VI. 71. —
V. 3. Apographa variant 31 μινὸς, ľ Ἰκαίῳς et 31 Ἰκαίῳς. —
V. 4. ὑπε Cod. Vat. ὑπὲ apogr. Lipf et Voſſ.   Noſtram
lectionem reperio in ſchedis Vinarienſibus.

XL. Vat. Cod. p. 578. Edidit *Wartus* ad Theocr.
T. II. p. 89. *Klotz.* in Muſi pueril. p. 58. nr. XX. Cf.
Schneider. Per. crit. p. 40. (*Manſo* nr. XII. p. 9.) Jovem
poëta timet, ne Myiſcum ſibi eripiat.   Cf. Epigr. *idem.*
V. et VI. — V. 1. Leves apogr. aberrationes enotare
nihil attinet. ad imperito librario deberi judicans, *Brun-*
chius corrigit: ὁ ἢ Γ. Ἰ. δ. ἰο᾽ ἔχει. Is ſcilicet, *qui Ga-*
nymedem rapuit, ut haberet.   In marg. apogr. Dresd.
legitur: ἵως ἰσθ᾽ ἡ πάλας, quod merito placuit *Schneidero*
l. c. p. 112. — V. 3. τὴν παλὴν ἔστι συλλόγχωσιν M. Vat.
Cod. omiſſo ὑπὲ quod alii aliter ſupplere conati ſunt,
ὑπὸ habet *Warton*; nec aliter *Hervelius* emendabat. *Theo-*
crit. VII. 99. παῖδε ὑπὸ συλλόγχωσιν ἔχει τὴδην.   In hoc
verſu aliquid ad ſenſus integritatem deſiderabat *Wyt-*
tenbach. in Bibl. crit. Vol. I. 2. p. 32.   *ἡ μηδὲ ἕστω fores,*
et mihi licet; at hoc minime exſpectabatur, ſed potius
neceſſaris aliqua ſignificatio.   Corrigit itaque Vir
doctiſſimus: *ἡμὶ τὰ παλὴν ἔστω — decet me puerum*
in viſceribus, in inimo pectore, celare. Euripid. Androm.
1054. *ἀλλ᾽ ἡμῖ παλὴν Κρόνιον, ἣ ἄτερ τίσα τυγχάνει αὖ-*
τις. — V. 4. μὴ καὶ λέγῃ. Vat. Cod.   In Voſſiano καὶ,
in marg. μ.   *Warton.* μήτε ι dedit, ex emendatione
ſua, ut videtur. — Pro φαλὴ apographa quaedam καφὴ
et καίλα. . Utrumque male. φάλλω pro ἱπφάλλω iterum
dixit Ep. XLIV. 5.

XLI. Ven. Cod. p. 579. Protulit *Warton* ad Theocr.
T. II. p. 84. *Klotz* in Mufa puer. p. 58. Cf. *Schneider.*
Pet. crit. p. 41. et 113. (*Maufo* ur. XIII. p. 10.) Id
hoc quoque carmine fuum de Jove timorem fignificat.—
V. 1. ἀωτίως conj. *Schneider*. probante *Beckio* de Interpr.
V. S. p. LXXXV. not. c. Vide, quae diximus ad Ep.
XXXIV. 3. — In Vatic. membranis pro ἅ ἐε exftat αἰε
ἀωδ᾽ quod e nullo apogr. enutarum video. Seq. verfo
δρπάξειν apogr. Lipf. Wart. Noftrum eft in fchedis
Vinar. et Lacroz. Ad fenfum comparandus *Longus*
L. IV. p. 115. ed. Vill σκιμπὰ ἐν Γαναφαίσς, καὶ αὐτὸ ἡ
κτὰς ὅρπαιν. Μὶ καταχραψάμεν πειθὰς, ἃ καὶ αἴγας, ὡς ἱερίσας,
σκιδαμένας εἴλομεν᾽ ἀλλ᾽ οἱ ἔτι μόνοι ἐπὶ γῆς ἑστρέψωσι τοι-
αὕτα κάλλος, χάριν ἔχομεν τοῖς θεοῖς ἑστί. — V. 4. βάλφ
membranae. *Klotz* τύλοις, quod in apogr. fuo effe ait;
fed falfo. Perfpicue in fchedis Vinar. ζύλοις fcribitur.
Warton fic edidit: τὸ ἐε βαλῶ᾽ ζυλοῖς. inepte. *Schneider*
eus affert gloffam Lex. Mfc. Coislin.: ζύλος, τρία τὰ
ζελατώσια, εἴχ, ὡς αἴσται, ἐπὶ μισθώσεις μίσος. βάλλειν ζύλοις
ita dictum eft, ut βάλλειν ψόγῳ ap. *Aristoph.* Thefm. 902.
κακῶς ap. *Sophocl.* Aj. 1264. — οἶσο ταὐτὸ λακοῖς. Proce-
miae fpeciem gerit. Nobiliffimus locus *Virgilii* in Aen.
L. 630. *Non ignara mali miferis fuccurrere difco*. Epigr.
ἄλλων. XLIV. οἶσ λακοῖς αὐτοὶ σκίφσι ἴψαιι σκαῖν. —
V. 5. σκίφσιν Vatic. Cod. deleto circumflexo, qui in
poftrema fyllaba fuit. σκιφσῇ *Schneiderus* reftituit ex
apogr. Lipf. et poëtam h. l. in voce μῖς ludere fufpicatur, cujus diminutivum μῖλος videri poffit. Vix tamen
hunc lufum in hoc contextu locum habere exiftimave-
rim. — Similiter deorum rapinas metuentem habes
Ovid. Amor. l. X. 7. *Talis erat; aquilamque in te fer-
vumque timebam*, *Et quidquid magne de Jove fecit Amor.*
Heroid. XV. 86. *Hunc ne pro Cephalo rapere*, *Aurora,*
timebam, *Et faceres*, *fed te prima rapina tenet.*

XLII. Ꝟ. 14.] Vat. Cod. p. 591. Prius distichon exhibuit *Albertii* ad Hesych. in ταρσίνς. Cupidinem Myisci amore flagrantem fingit. Eundem deum suis flammis cruciatum habes in Anthol. Lat. T. I. p. 16. Similem nobis Cupidinis imaginem ob oculos ponit *Ovid.* III. Amor. IX. 7. in descriptione funeris Tibulli:

  Ecce puer Veneris fert eversamque pharetram,
  Et fractos arcus et sine luce facem.
  Adspice, demissis ut eat miserabilis alis,
  Pectoraque infesta tundat aperta manu.

V. 1. φρενολιπτά. *Quintus Maec.* Ep. IX. εὐφροσύνας ὑβριστά, φρενολίπται, λγοτὰ λογισμοῦ. Pro ἄγρια membranae ἀγρίαι exhibent; illud *Alberti* habet. Utriusque vocabuli consuli exemplum dedi in Exercit. crit. T. II. p. 104. sq. — ἀτιμη τυφτίν. Sic *Posidippus* Ep. XIII. de tempore: τί μὴ ταχτῶις πτεψτίν ὄχμις δωρτικ. τατψῦ τὰ αττεφτύν *Aelian.* H. A. II. 1. Vide *Oudendorp.* ad Appulej. Metam. V. p. 366. *Eustath.* in Od. a. p. 349. 34. — V. 3. ὁ ἀτσμαχος. Ipsi Amori τὸ ἀμαχον et θυάξαντι, vis illa, cui resisti nequis, tribuitur. *Sappho* ap. Hephaest. p. 24. γλυκύπικρον θυάξανον ἑρπετόν. Hoc ad pulcros transfertur. ἀθερα θυρίσμαχος τὸ κάλλος *Heliodor.* VIII. p. 400. κάλλος ἄμαχον multi dixerunt. Exempla collegit *Abresch.* in Lect. Aristaen. p. 146. — V. 4. γαῦλον ὑμεδαι Commentarii loco sunt *Aristaeneti* verba L. I, X. p. 83. de Acontio, pulcro puero et a multis amato: ἔτι γοῦν σὸι καλὸν, τοιούτους τυτασκιμβτα τῷ κάλλει, μᾶς καιδος ἐφάτον ὑπερβέβηκε σωμα, καὶ γνῶναι ευμδῆς, οἷα τουτσδαων αἱ λιʼ αὐτὸν ὑψαιματία. *Auctor* Epigr. inter ἀλλων. CLXVII. in Amorem ob Anterote vulneratum: ἄς τι κάθης, τὸ γʼ ὄψιξιν ἱ δὴ Σπαρτὸς, ἱ τηῖν λτυφθεῖς, Λαμρίξι, στερῖν γυναίκειος βολίων. *Xenoph.* Ephes. L. 9. p. 15. καὶ τὸν ὑπαντῖς κανέι, ἀ τουτοδαις, οἷα τῷ κάλξι μαλθήσον dixit *Aeschyl.* Agam. 165. Si plura vis, adi collectanea *Westenii* ad N. T. II. p. 401. sq.

XLIII. Vat. Cod. p. 592. fq. In Cod. Lipf. huic carmini nexum eſt Epigr. Men. XXXV. Edidit *Warton* ad Theocr. II. p. 263. Poſterius diſtichon excitavit *Vakker* ad Hipp. p. 201. Cf. *Schneider*. Per. crit. p. 97. (*Manſo* nr. XV. p. 10.) Myïſci laudem praedicat, et in hoc puero ſuavitatem cum amaritudine mixtam eſſe ait. — V. 2. καὶ χάριτς τιν ἔχει. Vat. Cod. et ſic fere apogr. Lipf. *Warton* ſic edidit, ut *Br.* habet. *Schneiderus* conj. καὶ χάριτς μὴ ἔχω οὐχὶ φ. τ. *Tibullus* L IV. 9.:

Fuge te tenerae puerorum credere turbae:
Nam cauſam juſti ſemper amoris habent.

V. 3. καλός. Fere ut *Callimach.* Ep. I. 5. σὺ δὲ παιδὶ καλὰς καλός. — Pro εἰ δ' ἔμπαλις, quae Codicis eſt lectio, *Br.* in Anal. ἢν δ' ἀ. dederat; cujus mutationis ipſum poſtea poenituit. — τὸ παρόν. Ex variis locis Comici, quae *Schneiderus* comparavit, unum adſcribam, ex Veſp. v. 872. παῦσαι τ' αὐτοῦ τουτὶ τὸ λίαν στρυφνὸν καὶ πρίνινον ἦθος ἀπὸ ὀφρύων μέθες· ἐμμελὲς τῷ θυμελίῳ παραμίξας, ubi vide *Bergler.* In Amore γλυκυπίκρῳ varie luſerunt Latini. *Plautus* in Ciſtell. I 1. 71. *Amor et melle et felle eſt foecundiſſimus. Guſto das dulce, amarum ad ſatietatem uſque oggeris. Catull.* LXIV. 95. *Sancte puer curis hominum qui gaudia miſces.* ubi vide, quos laudavit *Doeringius. Meleagro* fortaſſe obverſabatur locus *Anacr.* Od. XLV. 5. βέλλας δ' ἔχοντα Κύπρις κἀλὰ τὸ γλυκὸ λαβοῦσα, Ὁ δ' Ἔρως χολὴν ὅμοιγα.

XLIV. Vat. Cod. p. 593. Edidit *Warton* ad Theocr. T. II. p. 96. poſterius diſtichon p. 144. *Klotz* in Muſa Poet. nr. XXIX. Cf. *Schneider.* Per. crit. p. 61. (*Manſo* nr. XVI. p. 11.) Et vitam et omnem vitae fructum ſibi in Myïſco poſitum fatetur. — V. 1. Senſus eſt, ut Epigr. XXI. 8. — ἐρουσίσει' ἀστέρας. *Euripides* in Herc. fur. 478. ὃς ἐνσαλίσει καλός (ſic lege cum *Reiſkio*) Προγονέσεσι βίον ἔχετ' εὐδαίμονα. — Et propius etiam ad noſtrum locum in Med. 796.:

οὔτος γὰρ δ'τὴς, ἢ μάλιστ' ἰνλμτρμιση,
λιμὴν πέφανται τῶν ἐμῶν βουλευμάτων.
ἐν τοῦδ' ἰωβύμωθα τροφνύτην ἀλίων.

De locutione τρρμνίαια five πείομπτα κ-ύφαι consule *Valcke.* ad Hippol. p. 246. Λ. — V. 4. Discrepant apographa, καὶ μὰ σὴν et καὶ μὰ τὸ σὴν exhibentia; *Spanhemius,* qui verf. 3 – 6 protulit ad Callim. H. in Cer. p. 785. etiam pejus καὶ μὴ σὴν. — V. 5. Hic quoque apogr. a membranarum lectione, quam *Br.* exhibet, varie recedunt. ἢ εἰ ἐπίφας. Lipf. ἰόσοφος. Wart. τωπίδς pro πωθροτὴς positum illuftrat *Rubnk.* ad Ruil. Lup. p. 122. Poft *Lambinum* ad Horat. Epift. I. 18. 94. p. 218. exemplorum fylvam congerentem, has eleganrias tractavit *Valcke.* ad Phoeniff. v. 1318. et ad Hippol. p. 183. C. D. Ad fenfum facit Epigr. λόίσν. XXXI. καὶ τοτε μὰν φαίνιις πολὺν ὁττὴν, ἀλλοτε δ' αὖτε Κύδιος ἀφρὴ γιλᾶίν ὄμματιν ἰκιέχυσαι. — Pro σττὶ *Schneideras* malebat στρί. In fched. Tryll. margini appictum ζωμὴν, quo quis v. ζωμα illuftrare voluit. De figurato fenfu vocis ἴος nonnulla dedit T *Hemfterb.* ad Lucian. T. I. p. 52. *Manfo* comparavit *Theocrit.* VIII. 41.

XLV. Vat. Cod. p. 594. fq. Prioris diftichi partem protulit *Warton* ad Theocrit. II. p. 43. Integrum carmen *Klotz* in Mufa puer. p. 64. Emendavit *Schneiderus* in Per. crit. p. 57. cum quo *Br.* in omnibus confpirat. (*Manfo* nr. XVII. p. 11.) Poëta cupiditatis impetum, quo abreptus ad Myfici limina deducitur, tempeftati comparat. — V. 1. li ἰπὶ *Warton.* γ' ἰπὶ fchedae Vinar. — κύμας ἀραστόν. In Epigr. fimillimo LXVII. κύμα τὸ πικρὸν Ἔρωτος, ἀκάμαντά τι πνέοντις ζήλοι, καὶ κύμαν χωμίμων πέλαγος. Unde apparet, in noftro carmine verba ἀραστὸν κύμας neque cum *Manfone* de mollis tempeftatibus infeffe interpretanda, neque cum *Beckio* (de Interpr. V. S. p. LII.) κύτασι ponendum effe. — V. 3. ζωμαίσι δὲ βαρός. Cod. Vat. Cf. Ep. XXIX. 3.

Aristaenet. L. I. X. p. 24. ὅτι Δαλάσσης τριπλασίας, οὔτε πόδεω μαφαφολημεναι σάλοι σφαφὶς Ἀφγυτίνθαι. Similia vide ap. *Abresch.* in Lectt. p. 48. — ὡς ὅμων διξαι. Haec nonnunquam ita dicuntur, ut nequitia subsit, (vide *Macedon.* Ep. III.) ducta nimirum ex *Empedocle*, qui primus τοὺς ἀφέτας Ἀφφοδίτης de natura muliebri usurpavit. Comparandum Ep. Meleagr. LXV. :

> εἰ τοὺς ἐν σπλάγχνοισι σώζως, Κύπρι, εἰμὶ τὴν ἐν τῇ ναυαγὸς, φίλα, εἶσον ἀπολλύμενον.

XLVI. Vat. Cod. p. 583. (*Manso* nr. XVIII. p. 11.) Amico Philocli aliorum puerorum usum concedens, ut ab uno Myisco abstineat, precatur. — V. 1. Trigoni puerorum, suis quemque illecebris praestantem, nuncupat. Pro τφφνὸς fortasse desideres vocabulum significationis minus generalis, quodque melius respondeat τῷ ἀναλέχνοις v. tertio. Nihil tamen reperio, quod satisfacere possit. — §. 15.] V. 3. Haec in Analectis excusa sunt sine distinctionis signis, quibus ᾗ 21 a reliquis sejungendum: *Cui tenera cutis, eam palpa, hunc inurere, alterum alloquere.* — V. 4. γυὰς in Anal pro γυαῖς. Mox membranae νόες et sq. verso Διχνὸς ἐν φα. exhibent. — ματίτ᾽ ὅδιος. *Pulchri sensu in posterum destituaris.*

XLVII. Cod. Vat. p. 291. Exstat in Planud. p. 217. St. 317. W. (*Manso* XLVI. p. 23.) Occasionem huic carmini fortasse dedit Panis simulacrum in urbe positum; inde poëta causam fingit, cur deus, rure relicto, in urbem commigraverit. De Panis et Daphnidis amoribus vide notata ad Ep. XXVII. — V. 1. αἷς ἐδ᾽. Planud. — V. 2. ἰφῖον Πὰν ἀδάω ωφ. verbis transpositis Vat. Cod. — V. 3. μον. Planud. — V. 5. ὑπ᾽ ἄγγος. Vat. Cod.

XLVIII. Vat. Cod. p. 118. sq. Edidit *Reiske* in Misc. Lips. IX. p. 472. nr. 363. (*Manso* XLVIII. p. 24.) In cod. praefixum lemma ἀνεπιγφαφὸν αὐδοθολοφίας. Furori se pueros valedicit, causa allata, quod in concubitu voluptas

voluptas non fit communis. Sententiam illuftrat *Ovid.*
in A. A. II. 682. *Quod juvat, ex aequo femina virque
feretur. Odi concubitus, qui non utrumque refolvunt.
Hoc eft, cur pueri tangar amore minus.* — V. 1. ταιδο-
μανίς. Haec ante oculos habuit *Rufinus* Ep. XIV. T. II,
p. 393. πνεῦτι παιδομανές, ὡς φρὴν ποτέ· τὸν δὲ καλεύμεν
Θυλομανής. Pro ἐρῶντι membranae ἐρῶτας legunt. —
V. 2. „Obfervandum hic eft verbum ἀπεραστίω, quo
„carent Lexica. Verbale nomen eft ap. Hefychium:
„παιδοντίας· ἀρετοβάτης· ἀνθρωβάτης.“ *Br.* Ejusdem
compofitionis eft αἰγοβάτης Ep. XLIX. et νεγαβατοῖς ap.
Straton. Ep. LXX. — Pro οἱ μὴ Vat. Cod. ᾗ μὴ legit. —
V. 3. Valde corruptum eft hoc diftichon, nec fine melioris codicis ope reftituendum. In Codice non eft

καλαμάσετι, fed καλὰ μέγοι et παρὰ πάντα. Sequ. verfu
ἐν νᾶι. Eodem fere modo apogr. Lipf. exhibet. In
marg. Cod. ζῆτοι τὸν ἔννοιαν. Verfum tertium fortaffe fic
emendaveris:

> ἁ χείρ γὰρ τὰν χεῖρα· — καλὰ μ᾽ ἔιη παρέσαντις.

*Manus enim, ut in veteri proverbio eft, manum lavat.
Quare pulcra mibi contingat puella, quae mecum cubet,
et, dum gaudium praebet, gaudio fruatur.* Paroemiam
Epicharmo tribuit auctor Axiochi c. VI. δὰ παντὶ δὲ ἰδίας
ἑαυτὸ αὐτῷ φωτὶ τὸ Ἐπιχάρμειον· ἁ δὲ χείρ τὰν χεῖρα νίζει·
δός τι καὶ λάβε τι, five καί τι λάφβανε. Vide *Gataker* in
Adverf. Pofthum. c. XII. p. 516.

    XLIX. Var. Cod. p. 574. Edidit *Dorville* ad Charit.
p. 40. *Valcken.* ad Ammon. p. 41. *Alberti* ad Hefych.
v. Θουδιουργος. (*Manfo* nr. XLIX. p. 24.) Ejusdem cum
praecedente argumenti. In Veneris caftra transiens,
puerilem amorem caprariis relinquit. — V. 1. Προφυγὲ
pro nomine pueri habuit *Alberti:* male. *Reiske* in apogr.
fui margine οὖδ᾽ ὁ νος. conjicit; quod verum puto. *Apollodorus,* olim ut ignis fplendidus, nunc titio. Contulit

E

Dorvillius Horas. IV. Carm. XIII. 28. ubi vetulam
dilapsam in cineres facem appellat. *Schneiderus* huc
pertinere censebat glossam *Hesychii:* Δαλλά. ἡ διδυλαμπτος.
αἰ δὲ, τὸν ἕξερον παρθένον ἡ γυναῖκα καὶ πρεσβυτέραν, ἢταν
συμπαίζη ταῖς παρθένοις· ὑπεφίλξ. — V. 3. λησσηφόρων
λησταύρων. *Eustath.* II. p. 359. 45. ἔτι δὲ καὶ μεσταύρους
τοὺς πάτροντας, ἃς οἷον λησιστόρους· ὅτων ἀνσαῖς τὸν τοιοῦτον
ταύρην. Significationem hujus vocabuli, quo *castdionem*
notabat populus, attigit *Hesych.* v. et *Casaubon.* ad
Athen. l. l. c. VIII. p. 28. λησσηφόρους vocat *Theocrit.* Eid. V.
113. Hinc pro convicio vulgo usurpatum; ut ap. *Alciphron.* L. I. 37. p. 170. ubi vide *Bergl.* — λησσηφόρων
illustrabit *Strabo* Ep. XCVII. — V. 4. αἰγοφόνοις. Huc
facit *Lucianus* D. D. XXII. p. 272. ubi Pan *ἐρωτικός,*
inquit, εἰμὶ, καὶ οὐκ ἂν ἠγανάκτησα ὑμῶν μή. Ad quae
Mercurius, ταῖς αἰξὶ δηλαδὴ ἀρεσάντων; αἰγιβάτην τελὶ
ὀφέγων dixit *Philippus* Ep. VI.

     L. Vat. Cod. p. 114. Anth. Planud. p. 471. St.
612. W. neglecto dorismo. Ex cod. et conjectura
emendatum exhibet *Dorvill.* ad Char. p. 41. (*Manso*
nr. LVII. p. 27.) Mores Cupidinis unde originem
ceperint, explicat. — V. 1. 2. Hos versus excitat *Suidas* v. λαμπρός· qui *παρ'* habet cum Cod. Vat. Planudea
τυπ̂εῖ. Cupidinis τόξα πυρίπνοα explicanda videntur ex
veterum consuetudine, telis igniferis utendi. βίλη πυρ-
φόρα commemorat *Appian.* in B. Mithr. p. 370. *Thucyd.*
II. 75. et alii. — Ceterum huc facit *Ovidius* Rem.
Amor. 25. ubi Cupidinis tela cum Martis armis comparat:

> *Nam postras uti nudis ad bella sagittis:*
>   *Sed sua letifero sanguine tela coront.*
> *Vistricus es gladiis et acuta dimicet hasta;*
>   *Et victor multa caede cruentus eat.*
> *Tu cole maternas, sine quibus urimur, artes.*

V. 0. βάλλων. Said. λαμπροῖς ὄμμ. loquacibus oculis. Cf.
Tibull. I. 2, 21. λαμπρότ. ὀυλλαν. οὐτρέσσιλον κατεκλαμπετασθν.
τεμινόν. Said. Ep. LXXVI. ἡγρουσαι λαμπραῖς ὄμμασι Τιμαρίου.
5. 16.] V. 3. Hic et v. 5. Vat. Cod. et l'Iannd. οὐ
legit, interrogandi nota in fine enuntiationis posita. οὐ
igitur utroque loco ex Dorvillii emendatione est. —
uord. igni et ferro ex aequo juncta. In fine vers. Cod.
Vat. Ελλεσι. recte. — V. 5. Ipsa Venus gravis et me-
tuenda, quippe quae ex maris undis enata sit. Tibull. I.
El. II. 39. Quicunque loquax, is sanguine natam, Is Venerem e rapido sentiat esse mari. Lucianus T. III. p. 101.
duplices esse Amoris καταγωγὰς docens, τὴν μὲν, inquit,
θαλαττίου τινὸς Ἔρωτος παράδοξόν τε καὶ ἀγρίαν καὶ νεομάτατον
ἐκ ψυχῆς, Ἀφροδίτης σαντίῳσιν αἰδίωσα. Jam maris fero-
citas in proverbium abiit. Euripides Hippol. 305. ὑγρὰ
τἀλ' εἰθαλάσσερος γίγνου θαλάσσης. Ovid. Heroid. III. 133.
Sin licet immitis matrisque ferocior undis. — ἀνθρώπων
μῆστιξε. Ut ap. Musaeum v. 296. χειμέριον απλωντες καὶ
σπεδάμεζη Αἰγαῖ Λαῖλαπι μαστίζοντες ἅλμην ἅλα. — V. 10.
Ἄρεος αἰματόεντα β. Cod. Vat. et in marg. στῆξεν ἔσω
Ἔρως δ' αἱματόεντα β.

LI. Cod. Vat. p. 112. Anthol. Planud. p. 470. St.
611. W. (Manso nr. XVI. p. 27.) Et hoc de Cupidinis
moribus, qui conviciis nutritur, et injuriis gaudet. —
V. 1. τὶ δὴ τοῦτον omisso τὸ Wechel. operarum vitio.
Formulam illustrarunt L. Bos in Animadv. p. 20. Dorvill. ad Charit. p. 340. — V 3. καωιθεὶς ἰόντας. Propers. I. El. XII. 15. Felix, qui potuit praesenti flere puella!
Nonnihil adspersis gaudet Amor lacrymis. Oppian. Hal.
IV. 16. Μάχρι δὲ σὺ πτολεμίου λαρὸν γένεσι, ἠδ' ἰσουσοῦσι
δουσαῖθεν εἰμωγήν. — Sq. versu Florent. edit. vitiose au-
dura. — V. 5. δὶ μια. Planud. et Cod. Vat. Hic etiam
γλυπεὶν, et sq. versu κόσμος ὑπερτετανα. Colorem Meleager duxisse videtur ex Antip. Sid. Ep. V. Antibol. Las.

E 2

L. III. OCXVIII. *Quis locus insidiis dabitur mihi tutus Amoris, Frigore concreta si latet ignis aqua?*

LII. Cod. Vat. p. 113. Anthol. Plan. p. 471. St. 612. Wech. (*Mause* nr. LVIII. p. 27.) Poëta, dum ira incensus Cupidini vincula minatur, mox periculi, quod tibi paraturus sit, memor, eidem vagandi libertatem permittit. Ex erotico fortasse poëta doctum, quod *Lucianus* habet in D. D. XL p. 232. ubi Venus de filio quella, ἄστε πολλάκις, inquit, ὑπιλαπεῖ, εἰ μὴ παύσεται τοιαῦτα ποιῶν, κλάσειν μὲν αὐτῷ τὰ τόξα καὶ τὴν φαρέτραν, περιαιρήσειν δὲ καὶ τὰ πτερά· ἤδη δὲ καὶ πληγὰς αὐτῷ ἐνέτεινα εἰς τὰς πυγὰς τῷ σανδάλῳ. *Tibullus* II. 6. 15. *Acer Amor, fractas utinam, tua tela, sagittas Ilicet exstinctas adspiciamque faces! Tu miserum torques.* — V. 2. Σκυθικὸν φαρ. Nota Scytharum in arcu tractando peritia. *Schol. Theocrit.* Eid. XIII. 56. *Leonidas Tar.* LIII. Amori πικρὰν τόξων ἐκφορεολὰς κλάσιν tribuit. — V. 3. γελᾷς Val. Cod. — Amorem protervum et mortalium cruciatibus gaudentem in Satyrorum morem ridentem fingit. τὸ εἰρὼν Satyris proprium, docente *Winkelmanno* in Monim. Ined. T. I. p. 44. *Theocritum* videtur expressisse poëta, Eid. XX. 13.:

    Χείλεα μυχθίζοισα καὶ ὄμμασι λοξὰ βλέποισα·   : :
    καὶ πολὺ τῇ μορφᾷ Διελέπτετο, καί τι σεσαρὸς
    καὶ σεσαρὸς μ' ἐγέλαξεν.   ;

Quae est graphica superbae puellae descriptio. μυχθίζουσι. φιπτυπίζουσι. χλευάζουσι. *Hesych.* Cf. *Suidam* v. μυχθίζειν, ubi laudat hoc distichon T. II. p. 592. Item v. σιμὰ T. III. p. 314. — V. 4. σαρδόνιον. Planud. — V. 5. πολλὰ τ' ἄλλον ἐπόντερα. Num alas, cupiditates et desideria adformaret, significavit? Paulo obscurius dictum. *Suidas:* πολυγὰς. παιδαγωγὸς. πολυγίστερον. διαγγιτώτερον. Hinc πολυγία pro διαγγία dicitur. — εὖδαε. Dii Cupidini pinnas praecidisse dicuntur ap. *Athen.* XIII. p. 563. B.

ὡς δὲ λίαν ἦν θρασὺς καὶ ἐοβαρὸς, ὑπενέβλαντες αὐτῷ τὰ πτερὰ —.
ἵνʼ αὐτὸν ἐξογκώσειαν. — Initio verſus Planudea οἱ γὰρ
legit; quod in ἢ γὰρ mutavit vir doctus in marg. Cod.
Scalig. teſte *Huetio* in Not. p. 46. Nec aliter eſt in
Vat. Cod. — V. 7. Καλμεῖον πρότος. Quamvis veteres,
hac paroemia in varios ſenſus uſi ſunt, maxime tamen
ἐπὶ τῶν ἀσεντελῶν, uſurpatum, ut ait *Euſtathius* ad Il.
p. 373. 36. et *Pauſan.* IX. 9. p. 729. ἐπὶ ἀνʼ ἱκάνων τὰ
ςὺν διαλθρῳ τῶν πραγματωθέντων Καλμεῖαν ἐπαράζουσι νίκην. Hoc
ſenſu paſſim occurrit ap. *Diodor. Sicul.* L. XI. 12.
p. 413. Eclog. ex L. XXII. T. II. p. 495. ubi vid. *Weſſeling.* — In fine verſus Planudea παρʼ ελέαν. Et ſic
quoque Vat. Cod. Junxit haec vocabula Vir doctus in
marg. Cod. Scalig. teſte *Huetio.* — Θῆρα παρʼ αἱπολίοις.
Ovem lupo commiſiſterem, ut ait *Tereus.* in Eunuch. V.
1. 16. Eadem ratione a veteribus dictum: πρὶν καὶ
λέικας ἦν ποιμανίσεω, apud *Diogen.* Cent. VII. 63. —
In Planudea vero et Cod. Vat. non θῆρα, ſed λυγρὰ exſtat;
nec, unde emendata ſit vitioſa lectio, a *Br.* indicatum. —
V. 9. λαβὼν. Non alis tantum, ſed, ſi fieri poteſt, etiam
talaribus ſumtis aufuge, et *alio trajice telo tua*, ut *Propertius* loquitur II. El. IX. 18. — Pro ἱστιάμετι, quae
eſt Vat. Cod. lectio, Planudea δοκιμωτι legit.

    LIII. Cod. Vat. p. 119. Anth. Plan. p. 471. St.
613. W. (*Manſo* nr. LV. p. 26.) Poëta, ſe dies noctes-
que a Cupidine infeſtari, conqueritur. — V. 1. *λέγει.*
Dicere videtur, ſe nihil audire et accipere, niſi quae
ad amores ſuos ſpectent. *Burmannus*, qui hos verſiculos
recte admovit loco *Propertii* L. I. El. XII. 5. *Nec mihi
conſueros amplexu nutrit Amores Cynthia, nec noſtra dulcis in aure ſonat.* Male tamen de illa veterum opinione,
qua aures abſentium tinnire credebant, interpretatur. —
Verſ. ſq. *στγα* ed. Flor. Oculi prae deſiderio nunquam
non lacrymas fundunt. Eleganter λάμφρ φέρμ πόθοις, ut
libationem Amoribus oblatam. Videtur autem πάθος *t*

E 3

feribendum. — 9. 17.] V. 3. *ἐκάμψατι* Edit. Flor.
ἐκάμψατι Vat. Cod. Cf. Epigr. XXVI. 5. — *γνωστὸν τύπον.*
Hinc *Paulus Silens.* Ep. XXVII. 4. *γραπτὸν ἴχνω ὑπὸ τὰς
ἰχῶν ἀγκάλας.* Utrumque doctum ex *Anacr.* Od. LV.
qui amantes peculiarem quandam notam, qua cognosce-
rentur, habere dicit: *ἔχουσι γάρ τι λεπτὸν ψυχῆς ἴσα
χάραγμα.* *τύπω* autem in his dicuntur, quae alibi funt
ἴχνη, μάλιστα. De verborum fignis et vestigiis *Athen.*
XIII. p. 585. C. *τοὺς τύπους τῶν ἐληφότι Ἡσιόν.* Omnes
autem animi perturbationes vestigia quaedam animis
impressa relinquere, philosophorum erat opinio, quam
multis illustravit *Wyttenbach.* ad Plutarch. de S. N. V.
p. 111. Apprime huc facit *Plutarch.* ap. Stob. LXII.
p. 401. *ἂν δὲ καὶ λέξῃ (ὁ "Ἔρως) καὶ διαλεχθῇ χρόνῳ μαρανθείς,
οἷον ἐκρυέντων ἐξαπόλλυται τῆς ψυχῆς, ἀλλ' ἐναπομένει
σωφρονοῦντι ὅλον καὶ ἐχμαῖα θερμά, καθάπερ οἱ κέραμοι τοφθέντες.*
ος. Etiam orationem Gratiarum et venustatis plenam
Lucianus ἔχειν ἐπὶ τῆς ψυχῆς ἐνεσφραγίσθαι dicit, in Imag.
13. T. VI. p. 16. ed. Bip. — V. 5. *ἐγγράψεται* Vat.
Cod. et fq. versu *ἀπὸ ἐντέαι,* ut in verbis compositis solet.
Pro *μὲ καὶ τιν',* haud scio, an vitato *καὶ,* quod non habet,
quo referatur, melius legatur: *μύ μὲ τιν' ἰχ.* Comp.
fragm. *Eubuli* ap. Athen. L. XIII. p. 562. C. in cujus
primo verso cum *Valchenario* legendum: *τίς ἦν ὁ γράψας
πρῶτος ἀνθρώπων ἄρα "Ἔρωθ' ὑπόπτερον* — pro *τίς ἦν ἀνδρῶς.*
Ovid. II. Am. IX. 1. *O nunquam pro me fatis indignate
Cupido, O in corde meo defidiose puer.* Nostrum expressit
Paulus Silens. Ep. XX. — V. 6. *αἴθ' ἴσον.* Planud.

    LIV. Vat. Cod. p. 360. Planud. p. 35. St. 52. W.
(*Manso* nr. LII. p. 25.) Trium mulierum desiderio
flagrans, se totidem Amoris sagittis vulneratum ait, quot
fint Gratiae et Horae. Conf. Ep. Inter *Meleagr.* XLIII. —
V. 2. *Δολομηνᾷ.* Vid. ad Ep. XLVIII. 1. — V. 3. *ἦ γὰρ
σοι τρία.* Vat. Cod. et Planud. et *κατήγορος.* Veteres quaedam Planudeae editiones *κατήγορος.*

LV. Vat. Cod. p. 930. Edidit *Dorvill.* ad Charit.
p. 201. et *Piersom* ad Moer. Att. p. 472. (*Manso* nr.
LIII. p. 25.) Animam monet, ne vulnus, quod jam
in cicatricem coire coepisset, flammamve amoris, sub
cinere latentem, irritet. Recte *Manso* monuit, vitupe-
randam esse poëtae inconstantiam, qui animam primo
disticho ut telo Amoris sauciam, altero Igne combu-
stam, tertio denique ut ancillam fugitivam compella-
verit. — V. 1. ἀνελκύσαντι. Formatum vocabulum ad
analogiam τοῦ ἱστίρος et *misere lacrymantem* significat. —
πτανώδεν. Sic membranae, non περα.θεν, ut in quibusdam
apographis legitur. *Achilles Tat.* V. 8. p. 200. χρόνος
σιεσσϊνοι τῆς ψυχῆς τὸ τραῦμα πεποίηται. μαλάσσεται. πραΰνε-
ται. *Hesy. b.* — ἀναζλύγεσθαι proprie dicitur ardens vulneris dolor, cum ipsum vulnus recrudescens. *Clemens
Alex.* Paed. L. II. p. 178. 23. καὶ τῆς ψυχῆς τὸ τραῦμα
φλεγμαῖνον ἀναγκάζει τὸ σῶμα. *Achill. Tat.* VIII. 12.
p. 349. κατὰ μικρὸν δὲ τὰ τραύματα ἐμῷων ἐξήπτεται. *Plutarch.* T. II. p. 165. E. φλεγμαῖναι περὶ τραύματα καὶ πρὸς
αφὰς. Ad sensum facit *Ovid.* in Rem. Am. 623. *Vulnus in ausignum rediis male firma cicatrix.* et 729. *Ad-
monitu refricatur amor; vulnusque novatum scinditur.* —
V. 3. ἀλλ᾽ ἄγουσα dedit *Dorville* contra Cod. fidem, ut
poëta sic compellet τὴν ψυχὴν, se ipsum respiciens. Prava
emendatio, φιλάβρωλος est ap. *Antipatrum Sid.* Ep. XLIII.
Similia collegit *Manso.* — V. 4. ὑπολαμβάνων *Dorville*
ex Vat. cod. Nostrum debetur sagacitati *Piersoni.* Cf.
Ep. IV. 4. *Callimach.* Ep. VI. 1. 2. Ep. inter Meleag. XVII:

'Αντιπατρός μ' ἐφίλησ' ἤδη λήγοντος ἔρωτος,

καὶ πάλιν ἐκ ψυχῆς πῦρ ἐπίκαυσε πτέρυγα.

V. 5. αὐθαιρετος. ἐκελλόμενη. *Hesych.* quo sensu hac voce
usus est *Menander*, teste *Phrynicho* p. 76. — Pro ἢ ἐς
Cod. Vat. αἱεὶ habet, quod *Dorvill.* emendavit. —
V. 6. δρεπέτην. Ut fugitivam animam tractat *Callimach.*
Ep. IV. ἡμίσεύ μευ ψυχῆς, τὴν δ᾽ ἔτι τὴν μὴ οἶδ᾽ εἴτ᾽ ἔρος, εἴτ᾽

E 4

LVI. Vat. Cod. p. 586. ex quo edidit *Dorvill.* ad
Charit. p. 88. Quaedam in eo emendavit *Reiskius*
Misc. Lipf. IX. p. 91. (*Manso* nr. LIV. p. 26.) Abjecto
omni, quod paulo ante ceperat, prudentiore confilio,
poeta fe ad comiffationem parat. Egregium carmen
propter vim cupiditatis vivide expreffam. Alloquitur
autem poëta, quod bene monuit *Dorvillius*, partim fa-
mulum, partim cum animo fuo fermocinatur: illi dans
mandata; cum hoc rerum rationem iniens. Cumpar.
Inter *Interr.* Ep. XXIV. et XXV. — V. 1. τόλμα. Vat.
Cod. cum ap. Lipf. τολμᾷν *Dorvill.* qui cum *Gayeto* τολμᾷς corrigendum putabat. — Seq. verf. Codex vitiofe
τὸν ἔχεις φ. — αυβλνέθο αόφος. *Adibo periculum; alea jacta
fit.* ἴντι. Ad puerum: *I, facem accende,* quam mihi prae-
feras. Tum fe ipfum, non fine admiratione quadam, in-
terrogat: *Quid agis, vinofe? quae te abripit temeritas?* —
V. 3. τί. Vat. Cod. Dorv. Lipf. — τί ἢ'; *quid? num
Amor rationem curas?* Quamvis contubernalet ratio et
cupiditas, perpetuas tamen inimicitias exercent. *Maximus Tyr.* VII. 5. συγκατόμετι δὲ ὁ θεὸς τοὺς λογισμοὺς ἔρωτα
καὶ ἰλιτία. *Alciphron* L. I. XIII. p. 52. Ἔρως μ' οὐκ ἐᾷ
σωφρονεῖν ὑπὸ τοῦ λογισμοῦ εὐφερῶσθαι. ubi vide *Bergler.*
Posidippus Ep. II. T. II. p. 46. fe, nifi madeat vino,
Amorem non timere, ait: ἄχρι δὲ νήφω, τὴν παρατεθεῖσαν
πρός τε λογισμὸν ἔχω. *Rufin.* Ep. XXIII. T. II. p. 395.
ἄνλουμαι πρὸς ἔρωτα τὸν στέφανον λογισμὸν. — V. 4. τάχος
σταθείς. Cod. Vat. Dorvill. Lipf. Temere *Dorville*
vitiofam lectionem interpretari conatus eft. Verum
vidit *Reiskius*; cujus ingenio praeclaram emendationem
deberi, *Brunckius* monere neglexit. In fchedis Tryll.
et Cod. *Leonardi Philarae*, ex *Salmafii* fortaffe correctione, σταθεὶς νήφεις Μύρον; habetur. — Μύρον μιλήτω. *Julian.* Orat. I. p. 10. D. οὐκοῦν τῷ μὲν ὅτι γυμναστικὴ τῷ
σώματι· τὴν ψυχὴν δὲ τῇ τῶν λόγων ἐπιμελείᾳ μελήτω. ubi vide
Spanhem. p. 101. A. *Theoph.* *Simoc.* Ep. LIX. de phi-

Iofophis, qui amore fuccubuerint : τὸ μετάρσιον ἐπέγγελμα
ἠγάζαντο· ἅπαντα θριῶδε τὸ πρὶν αὐτοῖς μεμελετημένα πρὸς
ἔρωτα.ν. — V. 5. ὁ πολὺς ἐβίως. Sched. Tryll. Hinc in
Ep. Inc. IX. τευξεθα Μουσῶν ὁ πολὺς πόνος. Laudat hoc
diftichon *Valcken.* ad Ammon. p. 143. — Poſtrema
conſ. cum Ep. XXXVII.

  LVII. Cod. Vat. p. 587. Nemo, quod ſciam, ante
Br. edidit. (*Manſo* nr. CXIII p. 47.) De Bacchi cum
Amore conſortio. Conqueritur de Bacchi perfidia, quod
aliorum ſecreta revelet. — V. 1. In Anal. ἄγει exſcriptum ; quod *Br.* in Lect. emendavit. ἄγω ab ἐγήσω-
μαι. *Perfera tuam feraciam ; comiſſationem incipe ;
nec vero, ut Deus mortalia pectora regat.* — ἐνίσπῃ Cod.
Vat. quod et ipſum ferri poſſit ; ſed melior eſt Brunckiana lectio. De verbo v. ad Ep. III. 2. — Pro ϑεαωδε
Apogr. Lipſ. ϑέατον. *Ariſtænet.* L. I. 17. p. 44. ϑεατὸς
ἐν πελλάκις ὑπερέτακεν ϑεῷ. — ♦. 18.] V. 3. ἐν ουπλ.
Cſ. Epigr. CXIII. *Ion Chius* Bacchum ἄλαστον πρόσωπον
φαρυγδόνων 'Ερώτων vocat ap. *Athen.* L. II. p. 35. A.
Ovid. A. A. III. 762. *Cum Veneris puero non male, Bacche, facis. Plinius Sec.* in Anthol. Lat. I. XXIII. *Ardenti
Baccho ſuccenditur ignis Amoris ; Non ſunt nequimi
Bacchus Amorque Deus.* — V. 4. Cum amor jam ſere
extinctus, inter bibendum in poëtae animo iterum in-
caluiſſet, Bacchum accuſat, quod ſe, ejus fidei creditum,
Amori in vincula tradat. Hanc *Meleagri* mentem eſſe,
nullus dubito ; ſed verba minus ſunt perſpicua. Deſide-
ratur in hoc verſu ſententiarum nexus, quem fortaſſe
reſtituetis ſic :

  τῷ με πάλιν δῆσας τὸν σὸν ἄγεις ἱκέτην,

*cui tu me, me, inquam, tibi ſupplicantem, adducis, poſt-
quam me vinceras.* — Seq. verſu inepte legitur προδότας
καὶ πιστὲ. Non video, quo jure πιστὸς vocari poſſit is,
qui aliorum ſecreta prodit ; nec referri poteſt ad verba

E 5

ητὶ δ' ἔγγυς ὀρέστον ἀνὶθεῖ· qui enim ſua ſecreta ſervari
jubet, aliis quidem fidem imponit, ipſe vero propterea
πιστὸς nomen non meretur. Minima igitur mutatione
correxerim:

ἢ προϊέτας κέκευθὲ ἔφυ.

Arcana amantium reſerare Bacchum dicit *Aſklepiad.*
Ep. X. *Horat.* Epod. XI. 19. *Simul calentis inverecundus
deus Fervidiore mero Arcana promorat loco.*

LVIII. Vat. Cod. p. 589.   Edidit *Rubnkenius* ad
Tim. p. 249. ed. nov. (*Manſo* nr. LIX. p. 28.)   Ad
animam: ſua ipſius culpa fieri, ut graviſſimis ab Amore
cruciatibus afficiatur.   Animam poëta alatam fingit,
ſecundum Platonicum phantaſma, quod etiam ſculpto-
res et pictores ſecuti ſunt.   Rem explicuit Auctor Libri
*Explications de divers monumens ſinguliers, qui ont rap-
port à la religion des plus anciens peuples.* à Paris 1739.
p. 300.   Cf. inprimis *Doerringium* de alatis imaginibus
in fin. p. 31. ſq. — V. 2. προσυτταμένη. Vitioſe Vat.
Cod. ἧς πυλχριτυδίνες βίσεο. Vide ad Ep. IV. *Meleager*
in Epigr. nondum edito:

Ἴζὲ ἔχοις τὸ φίλημα, τὰ δ' ὄμματα, Τιμάριον, πῦρ·
ὧν νεθῆγς, καίετς (in Cod. καὶ εἶς), ἢν γε θίγης, δέδεσαι.

V. 4. ἴλλουν. Vat. Cod. — V. 5. 6. Protulit *Dorvill.*
ad Charit. p. 250.   Animam nimio ardore jam ſere
exuſtam et tantum non exſtinctam, novis Amor alimen-
tis excitat, alloquiis, puta, et ſpe, quaeque praeterea
amorem alunt et reficiunt.   Omnino comparandus eſt
Ovid. ex Ponto L. V. 3. *cujus ab alloquiis anima haec
moribunda revixit: Ut vigil infuſa Pallada flamma ſolet.*
Charito L. I. p. 3. καλλίψῃδι δὲ γραφέντα τὴν ὑράμιψαν,
ὥσπερ τι λέγειν φῶς ἔπὰ σβεννύμενον ἐπιχυθέντος ἐλαίου, καὶ
μεῖζον λύοντι καὶ εγείρεται. Vide *Dorvill.* p. 28. —
μέρος δ' ἴρανον λανθάνοντι. Cod. Vat.   Noſtrum habet οι
Rubak., Dorvill. et *Allerti,* qui hoc hemiſtichium exci-

rat ad *Hefych.* v. λιπόφως. λυπόφωτος. pro *exſtincto* utitur.
Antip. Sid. Ep. XLIII. ὁ bl λυπόφατος φλυκτου. *Armilia-*
nus Nic. Ep. L ὅτε γὰρ ξεφάειτο λυπόφωσς. et alii. — μύροις.
Unguentum lucernis pro oleo affundebatur nonnunquam. — V. 7. περὶ δ᾽ ἄγχι μὲν ἰν πυρί: αἴθη. Sic per-
ſpicue ſcriptum in optimo apographo Bibl. Buberiano,
et in aliis, quos vidi, omnibus. ἐν πυρὶ αἰθῇ cl. *Ruhn-*
henius, ubi ſubaudito verbo εἰς, ὑπάρχει, αἴθε eſt nomen ſubſtantivum idem ſignificans quod αἴθος. Sed
neſcio an aliunde confirmari poſſit exemplo. *Br.* —
V. 9. τὸν ἄτικον. Cod. Vat. quod egregie emendavit
Ruhnk. Ἔρως ἀνέγχντος Amor, qui nunquam mitefcere
diſcit ap. *Virgik.* Ecl. X. 61. καὶ θάτεα ἀνέγχντα Meleag.
Ep. XCIII. — ἐν κάλπωσιν. Amorem, tibi infeſtiſſimum,
ipſa in ſinu nutriviſti, ut ruſticus ille ſerpentem, paſtor
lupum. Creon ap. *Sophocl.* in Antig. 531.:

> εἰ δ᾽, ἢ κατ᾽ εἶκους, δς ἐχθρὸς, ὑφιμένω
> λήθουσά μ᾽ ἔξεπωσς, οὐδ᾽ ἐμάνθανεν
> τρέφων δύ ἄτα.

Ἔρως θάλπως, proverbialiter dixit *Philoſtr.* in Vit. Apoll.
IV. 25. p. 165. Confer Ep. Inc. CCCCXXII. — In
fine pentametri Cod. Vat. τρέφωτα exhibet. Noſtrum
reperitur in marg. apogr. Lipſ. — V. 11. ἀλλαγμα
τροφεῖαν, *Jam vide, qualia tibi perſolvas nutricia.* Facit
huc paroemia de ingratis uſurpata, πρὸς τὰ τροφεῖα vel
πρὸς τροφεῖαν ἐντρωσιν, ap. Zenob. Cent. IV. 65. ubi vid.
Schott. θρεπτήρια etiam vocantur, quae pro educationis
cura perſolvuntur. Vide ad Ep. LXXII. — V. 13.
φέρε τὴν πέτραν. *Perſt. es obduro. Ovid.* III. Am. XI. 7. —
ἐττᾷ μάτηι. Vide ad Ep. XXV. 4. — σωφρόνει V. D. hoc
quoque loco volebat. Cf. *Schneider* Per. crit. p. 85.

LIX. Vat. Cod. p. 96. Edidit *Reiske* in Miſc. Lipſ.
IX. p. 123. nr. 299. Hinc *Toup.* Ep crit. p. 50. ed.
Lipſ. (*Manſo* nr. LI. p. 25.) Ludere poëtam in duplici

fignificatione vocis ψυχὴ, quae animam et mufcam quandam fignificat, notavit *Toup.* l. c. et *Schneiderus* in Perier. p. 9. ἐν πυρὶ τίζεσθαι dicitur illa, quando amoris flammam perfert, haec, quando lucernas circumvolitat, non fine gravi alarum damno. Cf. *Salmaf.* ad Scr. Hift. Aug. T. I. p. 157. fq. Vocabatur hoc animalculum etiam πυραύστης — ὅτις χαίρει μὲν τῇ λαμπρότητι τοῦ πυρὸς καὶ προσίπταται ταῖς αὐγαῖς — ἀμπετὸν δὲ ὑπὸ φλογὸς αὐτὸ μᾶντος καταναλίσκεται. *Aelian.* H. A. XII. 8. ubi *Schneiderus* inter alia laudat *Aefchyli* versum: Ἄλκιμα μόρθη αἴργα πυραύστου μόρον. — V. 1. τημαρίνῳ conj. *Salmaf.* — V. 2. Ἐχνς. Vat. Cod. Vitium fuftulit *Reiske.*

　　LX. Vat. Cod. p. 112. Edidit *Rubnken.* in Epicrit. I. p. 73. *Reiske* in Miscell. Lipf. IX. p. 315. nr. 944. (*Manfo* nr. CL p. 43.) In meretriculam poëta invehitur, quam totam noctem Veneri et Baccho litaffe, certis veftigiis deprehendit. Expreffit hoc carmen *Paul. Silent.* Ep. IX. — V. 1. εἴδα. Vat. Cod — De μύνδα vide notata ad *Afclepiad.* Ep. X. 2. Inter figna nocturnae libidinis primo loco ponit comam, unguentis paulo ante delibutam: κόλλαμος μυρόπνοας. *M. Argent.* Ep. XX. τῶν τε μυρόπνοοτ βλετρύχων ἀραλόν σύλοτ ἀπὸ πλοκάμων. *Charito* L. I. p. 7. 19. κόμαιτ εἴχε λιπαρὸν καὶ βοστρύχους μόρων ἀποσπάοντας. Pulcre huc facit imago Clodii ap. *Ciceronem* Or. poft Redit. II. 6. *Vini, somni, stupri plenus, madenti coma, compofito capillo, gravibus oculis, fluentibus buccis.* — V. 3. Ἡῶ Cod. Vat. Non tam haec vocula, eadem ratione pofita Ep. LXI. 1. XCI. 9. XCV. 9. XCVIII. 5. quam μὲν me offendit, quod quo referatur non habet. Varia tentavit *Reiskius,* ἄγευστον, ἀμόθεο βαρ. ubi faltem ἀμόθη fcribendum, et, ἄγευστον μὲν, ἠνθε δὲ βαρόμενον δ. Hoc elumbe eft; illud nec vulgatae dictibus convenit, nec rei conditioni. *Manfoni* in mentem venerat μηθὲν ἄγευστον μὲν, ὅτιρ δὲ βαρύμενοι ὕπνα 'vigil quidem, fed fomno oppreffus. Sed poëta

fignificare voluit oculos graves, quod per totam noctem
vigilaffent, i. e. ἀγρύπνους· nec diversa funt inter fe
ὕμμα ἄγρυπνον et ὕμμα βεβαρημένον ὕπνῳ, quod ipfum ufur-
pavit auctor incert. Epigr. inter Adesp. CCLXXXV. ut
τηρῶτο βεβαρημένον ὕπνῳ Stasyll. Flacc. Ep. XL Putabam,
Meleagrum dediffe:

    μάνθει ἄγρυπνον βρομίῳ βεβαρημένον ὕμμα.

ex Epigr. Adesp. DXXV. ubi Anacreon, ὕμμα δέ μευ, inquit, βρομίῳ βεβαρημένον, κʼ ἀπὸ κώμων, Τερπνὰ φιλαγρύπνου
σήματα κανωτιλων, quod ad noftrum locum proxime accedit. Prodit te oculus et fomno et hefterna crapula gravis, ut Seneca loquitur Epift. CXXI. Homerus Od. r. 122.
βεβαρηότα με ὄφινα; οἴνῳ. Ariftides p. 329. ἀ δὲ ἥαεν εἴνῳ
βεβαρηότις. Similia collegit Wetflein ad S. Lucam XXI.
34. p. 801. et Fifcher ad Anacr. LII. 18. p. 192. In
hac tamen lectione, quamvis probabilitate non deftituta,
vix acquiefcere licet, fi, quantum interfit inter μὲν ἰδεῖ
et βρομίῳ, fpectas. Propius ad Codicis lectionem accederet, quamvis minus elegans:

    μάνθει ἄγρυπνον ΛΗΜΗ: βεβαρημένον ὕμμα.

Vide Suidam v. λήμη. Inprimis comparandus Rutilius
Lupus de Fig. p. 101. Nam fimul atque ex prioris diei
nimia cibi ac vini fatietate, vix meridiano tempore, plenus
crapula eft experrectus, primum oculis miro marcidis, hu-
more obcoecatis, VISCO GRAVIDIS, lacero conftanter
intueri non poteft. ut h. l. conftituit Rubnke. quem vide
p. 103. — V. 4. ἐκφοβήσαντι junctim Vat. Cod. —
σφριγῶντος μίτης. Afclepiades Ep. X. σφριγῶντά τὰ ἔχων συν-
φανες. Paul. Sil. Ep. XXXIV. κεκρόφαλον σφίγγουσι τρίχα
τρίχα. — 19.] V. 5. ἔκκλιτα. Ovidius III. Amor.
XIV. 33. Cur plus quam fomno turbatos effe capillos,
Collaque confpicio dentis habere notam. Confule Rubnk.
Ep. crit. p. 73. fqq — γοῖα καλυπτά. Sic M. Argent.
Ep. XVII. in βρομίου γοῖα καλυπτόμενον. — σταφφρα αἱ.

Philoſtratus II. Icon. 4. σϕενδρα δε ἡ αβιν. — V. 7. γινὶ
Reisk. — Te prōlis voces, comiſſationum ſocia. De
πεντρία diſparabimus ad *Comator Schol.* Ep. III. T. III.
p. 84. — αγεπκλων πέπαγες. Huc facit ἰelegans fragm.
ap. *Hephaeſtionem* p. 40. Γαλλαί, μητρὸς ὀρείας ϕιλοθυρσοι
δρομάδες, αἷς ἔντεα παταγείται καὶ χάλκεα κρόταλα. Mulieres
crotaliſtriae ſimul crotalum quatiebant et ſaltabant. Vide
Salmaſ. ad Scr. H. Aug. T. II. p. 822.

LXI. Vat. Cod. p. 114.   Edidit *Reiske* Miſc. Lipſ.
IX. p. 319. nr. 346. *Hyrtembachius* in Bibl. Crit. Tom. I.
P. II. p. 29. hoc et ſequens Epigr. pro uno habenda
cenſebat, eaque ita jungi volebat, ut poſterius priori
anteponeretur.   Sic exhibuit *Mauſo* nr. LXIV. p. 30.
probante *Beckio* in Diſſ. de Interpr. V. S. p. CIX. n. y.
Poëta Dorcadem ancillam ad puellam mittit cum mandatis; ſed dum alia aliis addit, ancillam ecce proſequi-
tur, ut jam ipſe nuntii apud puellam vicibus fungā-
tur. — V. 1. Δορκάς. Servae nomen eſt ap. *Lucian.*
Dial. Mer. IX. p. 301. — νέλω. Cod. Vat. — V. 3.
μνείτι μέλλετι τοῦ. Vat. Cod. et Lipſ. apogr.   Vitium
optime emendavit *Reisk.*   In Analectis typothetarum
errore μέλλον πέτι exſcriptum eſt. — V. 4. τοῖ *Reiskius*
in ετ mutavit.   Vide Ep. LVI. 3. et quae de his particulis notavit *Dorvill.* ad Charit. p. 119. ſq. — V. 6.
αλλ' ἔτι. Cod. Vat. et apogr. Lipſ.   Noſtrum debetur
Reiskio.   Praecedenti verſu δ' ἔτι membranae habent,
non δὲ τι, ut *R.* dedit. — V. 7. Etiam hoc diſtichon
Br. ad *Reiskii* mentem conſtituit.   In Cod. enim eſt:
μὴ φ. τὸ πάντα λέγε· καίτοι τίς ὰ. Ἐντέμνω συ καινὴς λοθ
πράγων.   Praepoſitio οὖν, quae poſt ἐντέμνω excidit, lineae recent. manu ſuperſcripta eſt.

LXII. Vat. Cod. p. 115.   Planudes p. 451. St.
585. W.   Per Dorcadem Lycaenidi ſimulatum amorem
exprobrat. — V. 1. πλείγματα ϕιλίαν. non amare ex animo, ſimulatam amorem prae ſe ferre.   *Cicero* ad Attic.

„VII. 1. *omnis illa prima, quae etiam suis literis in coe-*
lum ferebas, ἐείρατα fuerunt. Quam non est facilis
eversus! quam vero difficilis ejus diuturna simulatio! —
„Hinc manifestum est, ἐείρατα non caduca, sed *simulata*
„significare. In Planudea sine sensu et contra metrum
„ἐείρατα.“ ª Br. Nec aliter in Cod. Vat. enslaf. Eadem
ratione peccatum esse puto ap. *Plutarchum* T. II. p. 65, R.
ubi de discrimine adulatoris et amici agens, ὅταν οὖν,
ait, ἐλαφρὸς ὢν καὶ ἐείρατος καὶ ἀστατῶς, ἐγγύϊον κατεξα-
νίζεται ὑφ᾽ ἐκάστου καὶ ὑφ᾽ ἑκάστου φαίλου καὶ ευφερόμενος κ. τ. λ.
Vulgo ἐείρατος legitur; idque *Wyttenbachio* suspicionem
non movisse miror.

LXIII. Vat. Cod. p. 115. εἰς ἐνίοχον ἐπαίζει. Edidit
Reiske in Misc. Lipf. IX. p. 322. nr. 348. (*Alonso* nr.
CH. p. 43.) Puellae, quam cum alio cubantem de-
prehenderat, perfidiam exprobrat. — V. 1. τί θεούς.
quid deos testes invocas? — Sequ. versum expressit *Siraso*
Ep. LXXVI. μηκέτι τὸν ὀμόσῃς· ὤμοσα γὰρ, οὐδ᾽ ἔτι λύ-
σεις. — V. 3. *Hoc igitur erat, quod dicebas, te solam*
cubare velle? Fortasse Isidis sacra aliamve abstinentiae
causam praetexens. *Ovid.* I. Amor. VIII. 74. *Et modo*
quas causas praebeas, Isis eris. Cf. *Brouckhouf.* ad Tibull. I. 3. 26. — Cum seq. confer Anthol. Lat. III.
Ep. CCIV.:

Nempe parum casta es; nempe es deprensa; negabis?
Res venit ad lites, rursus et illa nega.

V. 5. οὐχ ὁ τιεβλέποντος ἔλαχον αὐτὸν μὴ τὸ᾽ ἐπείδε Vat. Cod.
nec aliter apogr. Lipf. nisi quod ἐπείδε exhibet. Depra-
vatissimam scripturam *Reiskius* binis conjecturis vexavit,
sine successu. In contextu exhibet: κλαίω, κἂν μή σ᾽
ἴδ᾽ ἐπείδε. *Non ego, vir spectabilis, jam ploro, (ut olim*
feci) etiamsi te non conspiciam. In notis vero: — κλαίω,
κἂν μὴ ᾽τι (pro μὴ ὅτι) σ᾽ ἐπείδε. Utrumque a sensu, quem
poëtam reddere voluisse probabile est, alienissimum.

Nec *Brunckiana* lectio, praeterquam quod nimis recedit
a depravatae scripturae ductibus, satis commoda. Quomodo enim poëta dicere potuit, se videre puellae aman-
tem — *καὶ μὴ ὁρῶσα* — quem abesse sequentia mani-
feste docent? Paulo melius *Manso lectiov* conjiciebat.
Verum ne sic quidem locus videri potest persanatur.
Difficillimam mihi videtur in his tenebris veram et genuinam scripturam dignoscere; nec mihi saepius hunc
locum tentanti quidquam sese obtulit, quod et a codicis
lectione proxime abesset, et sensum efficeret commodum. Dicam tamen, quae mihi probabilia videantur;
sic forte fiet, ut mea conamina aliis, idem tentantibus,
ad verum inveniendum profint. Primum puto, *Stratonem* Ep. LXXVI. vel *Meleagrum* secutum esse, vel utrumque antiquiorem quendam poëtam expressisse. Ipsum
carmen adscribam, ut imitatio appareat:

Χαῖρε σύ, μειρακίσκε, μετελεύσομαι, χαῖρε, βλοσυρός,
ὁ πρῶτα ὁρῶσας, μηκέτι μὴ λαλόντες.
φημὶ τὶ τῶν ὁρῶσας· ἴγνωσα γὰρ, οὐδ' ἐμοὶ Ληθαῖος·
ἀλλὰ τὸ σόν, καὶ τῆς, καὶ τίν, καὶ τὸ σῶμα.

Hinc igitur fieri posse puto, ut *Meleager* scripserit:

οὐχ ὁ τρισβλώστος τί; — καὶ ὁσάκι, ἢ δία, σ', οἶδα.

Noscis te pulchellas ille? — *es, per Jovem, novi, quoties
te.* — — Haec, ni fallor, satis sunt elegantia. Nemo
ignorat honestam illam aposiopesin ap. *Theocrit.* Eid. I.
105. ὦ Μύρτω τὸν Κύπριν ὁ βωκόλος — *Ille vero* Ἰλαν,
quam imitatus est *Virgil.* in Eclog. III. 12. *Novimus et
qui te* —. Vide *Taubmann.* ad Plauti Cistell. I. 1. 38.
p. 368. sq. *Thap.* in Addendis ad Theocr. T. II. p. 359. —
V. 7. Cum ira et Indignatione commotus puellam a se
abegisset, reputans, eam hoc ipsum cupere, ut ad ama-
tium redeat, aliter statuit, eamque vinctam apud se retinet. — Sequ. versu restituenda Cod. Vat. lectio —
ὅτε μέν. Ipsam mulierem alloquitur hic, ut in praec.
versu:

verſu: αἶδ᾽, ὅτι ϕιλεῖς (i. e. ϕιλέῃ) κεῖνον ἑρᾶν. Scio, te illum
videre velle; ſic igitur vitulta hic mane. Epigr. XCV 10.
κεῖνον λέσεις᾽, ἰϰὰ, δακρυχέετα εὖτι ἐε καλῶ, Θάρσει᾽ Ζη-
νοϕίλα εὔτροϕος ἔδε μόνε. in quibus plane idem eſt orationis color.

§. 20.] *LXIV*. Vat. Cod. p. 116. Exhibuit *Reiske*
in Miſcell. Lipſ. IX. p. 456. nr. 351. ubi *Poſidippo* tribuitur. Erroris cauſa in aperto eſt. Lemma eſt in Cod.
Vat. τοῦ αὐτοῦ· εἰς ἑταίρας ἔρωτα, ζηλότυπον καὶ μανίας
μεστόν. Jam in membranis *Meleagri*, in Lipſ. autem
apogr. *Poſidippi* carmen praecedit. Ipſe *Reiskius* retulit ad *Meleagrum* in Notit. Poët. p. 259. (*Manſo* nr.
CIII. p. 44.) Poëta, dum inter comiſſationem ad puellae limina procedit, varia apud ſe conſilia agitat. —
V. 1. κακὸν ϕαίνουσα. Ex *Theocrito* Eid. II. 10. καὶ
κελεύω, ϕάϊε καλὸν. — ἐργάτιν. Sive tibiam, ſive facem
intelligit. Hoc probabilius. Vide ad Ep. LXXI. —
V. 3. ϕιλέουσες. Cf. Ep. LX. 1. Vox lexicis ignorata.—
Num ſolam libidinoſam illam reperiam, an cum amante
cubantem? — Sequ. verſu in Cod. ſcriptum ὑπὸ λαμπάνην. *Reiskius* dedit ὑπὸ λαμπάνην, nihil de varietate ſcriptu-
rae monens; ut igitur hanc lectionem in apogr. Lipſ.
habuiſſe videatur. Putabat autem vir doctiſſimus, agi
de meretricularum moechorumque conſuetudine, pilos
circa muliebrem locum amburendi. Vide inprimis *Ari-
ſtophan.* Lyſiſtr. 827. ἐντεϕιλαμένον τῷ λέχει. At hoc a
noſtro loco alieuiſſimum. *Salmaſius* conj. διαπεμυἱνην,
multa imprecantem; nimirum quod ſola ſit, et amator
non veniat. Hoc *Brunckio* praeſtare viſum eſt, dum
melius quid excogitetur. *Manſo* Salmaſianam emendationem in textum recepit. Ejusmodi quid ſi poëta
voluit, profecto malim:

λέχει πόλλ᾽ ἐνδυρομένην.

multa de ſolitudine ſua ad lucernam conquerentem. Lucernis amantes curas ſuas enarrare dicuntur, ut ap.

F

Appulej. in Metam. p. 213. ed. *Oudend. Malimusque
cum lucerna secreto collocuca.* Nemo ignorat facetum
Praxagorae cum lychno colloquium in *Aristoph.* Ecclef.
init. Recte autem ἀποδύεσθαι λέχτω, ut ap. *Alciphr.* I.
Ep. XXXV. p. 154. τὰς συμπομίνας — θεραπαινίδας ἀπο-
δύρεσθαι. Quod ap. eundem dicitur ἀποδύεσθαι τῆς τινα,
I. Ep. XXXVIII. p. 182. — V. 5. Poſt σύγκοιτον *Reiſkius* integrum diſtichon excidiſſe arbitrabatur; ejusque
conjecturae subſcribunt *Brunckius* et *Schneiderus.* Dubitat *Manſo*; ſubituum eſſe conſilium et amantis adfectui
accommodatum. — στεφάνους δάκρυσιν μαρ. Ductum videtur ex *Aſclepiad.* Ep. IV. αὐτοῦ μοι στέφανοι παρὰ δικλίσι
ταῖςδε κρεμαστοὶ Μίμνετε — οὓς δακρύοις κατέβρεξα. Epigr.
inter διανε. XXIV. λίξε ταῦτα τὸν στέφανον, τὸν ἐμαῖς
δάκρυσι λουόμενον. — Pro λελέω in Cod. Vat. ἰαδήεξε legitur. Illud *Reiſkius* dedit, ut oratio ſibi conſtaret. —
V. 7. ἐπὶ γῆ. Cod. Vat. — ὁ μύστης σῶν κώμων. Veneris
myſteria, paſſim ap. poëtas et ſcriptores eroticos. *Mu-
ſaeus* v. 145. θεσμὰ θεῆς ἐρόεντα καὶ ὄργια κύπρι. Hinc
Amor μυσταγωγὸν dicitur ap. *Alciphr.* I. XIX. p. 72.
Hujus generis nonnulla collegit *Arnold.* in Lect. gr.
p. 180. et *Dorville* ad Charit. p. 402. — V. 8. στερ-
γὰς Vat. Cod. a ſuperſcripto.

LXV. Vat. Cod. p. 117. Edidit *Reiſk.* in Lipf.
Miſc. IX. p. 459. nr. 354. (*Manſo* nr. XCIX. p. 42.)
Puellas enumerat, quarum amore incenſus eſt. Haud
ſcio, an M. imitari voluerit *Philodem.* Ep. XXI. — V. 1. ά.
Hic et in ſqq. Vat. Cod. αὖ exhibet; nec aliter ap. *Reiſk.*
legitur; ſine ſenſu. Primo αὖ ſuperſcriptum in membranis μέ. — Pro δημοῖς iidem Τημοῦς. Male. Nam Τημὼ
et Τημάριον unum nomen. — μορφώαντον φρῶθ. *Chariso
L.* I. p. 3. 6. θιλοτέρῳ δὲ τὸ πρῶθυμα εἶνσ καὶ μάρφως. Ibid.
p. 5. 8. ἱστορίμαιναι τὰ πρῶθυμα, μάρφοις ἐλίμονται. — V. 5.
Mutilus verſus in Codice, qui habet: αὐκέτε σαι φαύρτεα
σε . . ω . . ω (hoc eraſum in membranis) στεφάνοις ἀστραίε-

Brunckius itaque h. v. ex ingenio explevit; ne verbo
quidem lectoribus monitis. — V. fq. Cod. πρέπει.
Quod ad fententiam attinet, fimilia dixit *Archias* Ep I.
οἷς με ἀτιμον Πὰν ἐὰ φίλος, λιανὸν μικρῆν᾽ ἀχὶς δαίοι. *Paul.*
Silent. Ep. XX. λοῦσον γὰρ Εἰς ἐμὶ λάζοις· Ἔρως ἠρεθίνετεν
Θεν. *Lucianus* in Amor. T. II. p. 398. ἐγὼγ᾽ οὖν ἔκασον
αὐτῶν (Amorum) κατὰ ἀπολλλιίζθαι φαρέτραν νομίζω, ἡδὲ ὑπ᾽
ἄλλου τινὰ ετἔναι θελήσαιεν, ἅπαλλος αὐτῶν ἡ δεξιὰ γελασθήσεται.

LXVI. Vat. Cod. p. 117. Planudea p. 452. St.
586. W. (*Manfo* nr. C. p. 42.) Ejusdem argumenti ac
praecedens. — V. 2. ὑπνατάτην. Obfcurioris fignificatio-
nis vocabulum. *Somnum fallacem* vertit *Brodaeus.* Verum in fimilibus compofitionibus, ut βρεμετσιμ̃ατάτε
ap. *Agath.* Ep. LIII. ἐποιντατάτε ap. *Nicandr.* Ep. I.
ἀπάτη oblectamentum et voluptatem fignificat. ὀρχεστ-
τος ὕπνος ap. Noftram Ep. CIII. jucundum eft fomnium.
Vide ad Epigr. II. Acceperim itaque ὑπνατάτης pro
ὕπνον ἀπάτηρα ἔχων, quod fomnum fuavem et jucundum
reddit. Eodem vocabulo Nofter utitur Ep. CII. ὑπα-
τάτη χράτι χλανδώσας. — V. 3. ᾽ιλλέλος. Plan. et Cod.
Vat. Juntina edit. etiam ᾽ιλλέλος. In marg. Codicis
notatum recentiore manu: ἐγὼ νομίζω, ὅτι καὶ τὸ ᾽ιλλέλος
διομε ἐετίρας λετίν. — V. 4. λέχων πάντη πλάη. *Eichftædt*
in Diff. de Dram. Satyr. p. 67. haec eo referenda putat,
quod λέχω dicuntur ἄλληφόρω. Idem tamen πάνττα corrigendum fufpicatur. At ατον idem dicit. Sic *aures*
bibere et *imbibere* dicuntur, quae accipiunt; *et aures*
bibulae, fitientes; quem loquendi ufum illuftrat *Oudren-*
dorp. ad Appulej. Metam. p. 6. et *Barmannus* ad haec
Propertii L. III. 4. 8. *Nunc mihi, fi quo teres, ab origine*
dicere prima Incipe; fufpenfis auribus ifta bibam. —
V. 5. τρῶπα. Vitiofa haec lectio totius carminis fenfum
peffundat. Quid enim? Qui tot puellarum amore
laborat, num ἔρωτι τρῶπα, idque in labiis habet? Quo-

F 2

modo autem in labiis? et quare, quaeſo, *id ſibi relictum
eſſe* dicit? Praeclare hujus loci ulcus intellexit *Meinecke*, qui corrigit:

ῥαιδι ἔχω τι ;ι λαιφθἰν, Ἔρως; δεὶ γελάιει πνεῦμα.

Quod ſine dubio verum eſt. Tot amoribus excruciato
poetae tantilla pars vitae reliqua eſt, ut, ſi Amor vel paul-
lulum tormenti addiderit, ipſi pereundum ſit. Qui in
mortis limine conſtituti ſunt, animam in labiis habere
dicuntur; ut *Boſſus* ap. *Senecam*. Ep. XXX. *Non dubitare ſe*, dixit, *quin ſenilis anima in primis labiis eſſet.* Idem
in Herc. Fur. v. 1308. *Hanc animam levem, Feſſamque
ſenio, nec minus quaſſam malis, In ore primo tenuo.* Am-
phitryonis verba ſunt. Haec loca cum ſimilibus laudavit *Gataker* in Miſc. Adverſ. II. 6. p. 302. — ἐκτιθέο-
μαι. Sic paraſita ap. *Alciphron.* L. III. 6. p. 290. *legitur
εἴν, παλιτελοὺς τραπέζης ἀπολαύειν, ἀποτιθεαι τὸ ζῆν.*

LXVII. Vat Cod. p. 116. Authol. Plan. p. 471. St.
612. W. (*Manſo* nr. LXIII. p. 29.) Comiſſatione poeta ad puellam defertur. Comp. Ep. LIV. — V. 2. ἐνὶον.
Vat. Cod. — κώμων πέλαγος. Haec ex antiquiore poëta
petita eſſe, colligere licet ex *Cicerone* de metaphoris
agente in Libro *de Oratore* III. 41. *Nolo eſſe aut majus,
quam res poſtulet, tempeſtas comiſſationis; aut
minus, comiſſatio tempeſtatis.* — q. 21.] V. 3.
πάντη Flor. Cod. Vat. — Laudat h. v. *Suidas* v. ὀχεύται,
ſed mutilum: ἐχίτη δὲ φρενῶν εἰ λghίτται. Errorem vidit
Toupius ad Suid. Tom. I. p. 60. qui ſequ. verſo ἀνεβέ-
μεθα corrigit, pro ἀναλύμεθα, quod in Planudea legitur.
Haec correctio confirmatur Cod. Vat. ita tamen, ut τῷ ε
ſuperſcriptum ſit α. *Antipater Sid.* Ep. 1. κίνω δάσον
ἐναλύμεθα. *Philoſtr.* V. Apoll. IV. 47. τὰς ὑγιαίνας τοῦ
ακτικοῦ δεσξίμεσε. Vulgatam tuetur *Wakefield* in Dil.
Trag. T. I. p. 402. ubi ἀνατρομαι et ὀχεράι, *e longinquo
videre*, illuſtrat. At haec ſignificatio ab hoc loco aliena

eſt.   Ceterum *Toupius* hoc Epigr. putabat ſcriptum in mercatorem quendam, qui cum Scyllam et Charybdin non ita pridem effugiſſet, nunc demum Scyllae mulierculae cujusdam amoribus implicitus, eundem plane curſum denuo periclitaturus eſſet. Sunt haec ſatis quidem ingenioſa, ſed minus vera. Scriptum eſt hoc carmen in Trypheram, quam Scyllam vocat, ſive propter pericula, in quae in ejus conſuetudine incurrebat, ſive etiam propter rapacitatem. Praeclare huc facit *Anaxilas* ap. Athenaeum XIII. p. 558. C. ubi meretricum tum temporis celebrium mores recenſet: 'ῆ δὲ Ναννὼ τί τὴν διαφέ- ρει Σκύλλης; Οὐ δύ᾽ ἀποπνίξασ᾽ ἑταίρους, τὸν τρίτον ζη- τεῖ λαβεῖν. Verſus ſunt tetrametri; primus laborans, fortaſſe ſic reſtituendus eſt: 'ῆ δὲ Ναννὼ τῶν γε τῶν τί τῶν ἐπιφόρων Σκύλλης λαβεῖ. Miror *Huetium*, qui in Not. p. 47. illi mulieri nec Trypherae nec Scyllae nomen fuiſſe pronunciat; ſed poëtam, metaphorum continuantem, Scyllae comparare puellam exiſtimat, non tamen lapideam eam vocare, ſed mollem et ſpirantem deliciam. Qui Epigrammatariorum acumina cognita habet, non dubitabit accedere interpretationi, quam jam *Brodaeus* dedit, et proximum Epigr. egregie confirmat.

LXVIII. Vat. Cod. p. 110. Planud. p. 419. St. 583. W.   Luſus in nomine Trypherae. — V. I. ‹›
                                                                        M
τὴ Planud. In pentametro Vat. Cod. μαρφας et τρυφερά, accentu perperam poſito.

LXIX. Vat. Cod. p. 110.   Planud. p. 470. St. 611. W. Edidit etiam *Reiskius* in Miſcell. Lipſ. IX. p. 303. nr. 331. non ignorans tamen, in Anthologia exſtare. (*Manſo* nr. LX. p. 39.) Scriptum in puellam, quae ſecundum *Ovidii* praeceptum *omnibus oculis amorem allicieba*. III. A. A. 510. — V. 1. *á* Vatic. ſuperſcripto *ſ.* Deinde idem Cod. χαλκοῦς exhibet. Hanc lectionem, ſine dubio vitioſam, *Opſopaeus* ſic explicat:

Amabilis Asclepias duris, tanquam tranquillis, i. e. *placidis oculis, persuadendo inducit omnes* ἱμεροταϊν. Hoc est veterum monimenta Interpretari! — Pro γαλήνη, quod membranae praestant, Planud. γαλήνης legit, qua lectione admissa prorsus supervacuum erit σα. In *Brunckiana* ὑμαοι subaudiendum. Hoc merito displicebat *Tyrrcbitto*, qui γαλήνη legendum censebat, in Notis ad *Toupii* Em. in Suid. T. IV. p. 422. Suavis in oculis risus pellaciae comparatur ap. *Heliodor*. L. II. p. 166. τὸν ἱμέροτον βλέπων, οἷον θαλάσσης ἀπὸ πέλαγγος εἰς γαλήνη ἄρτι λεασπμένης. Puellarum Veneris origines euentium μειλίσμα γαλήνης εἴσγμα ap *Philostr*. II. Imag. I. p. 81 r. Minus argute *Alciphron* III. Ep. I. p. 274. ποτρέχοντος ἵχει βρύον ἀλεκτίρου; καὶ μειλίᾳ τῆς θαλάτος γαλήνοντα χαρίεστερον. Asclepias igitur dulce ridentibus oculis viros ad amorem pellicit, ut maris tranquillitas navigandi cupiditatem excitare solet. *Lucretius* de priscorum hominum conditione agens L. V. 1002. *Nec poterat quemquam placidi pellacia ponti Subdola pellicere in fraudem ridentibus undis*. *Lucianus* de Domo 12. Tom. III. p. 197. ὅτι μὲν γὰρ καὶ ἡ θάλαττα ἱκανὴ προσπαίσοντα καὶ εἰς ἐπιθυμίαν ἐπιστάεσθαι ἐν γαλήνῃ φανῶσα —. Conf. *Moschi* Idyll. V. 2. τὰν πολιὰν Vat. Cod.

LXX. Cod. Vat. p. 116. Planud. p. 451. St. 586. W. (*Manso* nr. LXI. p. 29.) „Sensus est: Si „nudam videris Καλλίστιον, fatearis, vocandam illam esse „Καλλίσχιον, mutato τ in duplicem literam Syracusam, hoc „est in χ. Vide Salmas. in Herodis Attici Inser. p. 223.“*Br*. Docet *Salmasius*, τὸ χ duplicem literam vorari, quod tantum valeat, quantum κ cum adspirationis signo, sive κΗ. Partem veri *Brodacus* vidit, qui tamen de binis ab *Epicharmo* inventis literis θ et χ cogitans, hunc sensum elicuit: *Non* Καλλίστιον *eam vocares, sed* Καλλίσχιον. Scholiastes, quem *Opsopoeus* sequitur, in omnia alia abiens, Ἰωνιχῶς τὸ ᾧ εἶρε notavit. Fateor, mihi hoc carmen,

etiam poſt *Salmaſii* interpretationem, nondum ſatis videri expeditum. Ad verbum verti debebat: *Si Calliſtium
nudam videris, dices: Mutata eſt duplex Syratuſana litera.* Jam ſi hoc aenigmate Καλλίσιον ſignificare voluit
poëta, ſenſus evadit ei, quem *Salmaſius* indicavit, planè
contrarius, nempe hic: Dices: illa pygarum pulcritudó,
qua olim Calliſtium excellebat, nunc abiit et evanuit. —
Ceterum Καλλίσιον meretricem commemorat *Athen.* L.
XIII. p. 565. B. Pro Σεγεκίσιον autem, quae eſt *Salmaſii* lectio, Planudea et Cod. Vat. ευρινίσιον legunt.

　　LXXI. Cod. Vat. p. 89. Planud. p. 467. St. 608. W.
ſine lectionis diverſitate. (*Manſo* nr. CIV. p. 44.) Dubitare licet, utrum *Philodemi* ſit, cui Planudes, an *Meleagri*, cui Vat. Cod. tribuit. Puella de amante perjuro
conqueri videtur; niſi forte ad pueriles amores referendum eſt. Manifeſte falſum lemma Codicis: εἰς ἑταίρα
τινα. *Meleager* fortaſſe expreſſit *Aſclepiad.* Ep. XVIII. —
V. 1. νὺξ ἱερή. *Teſtes ſiderum tota corona dent.* *Propert.*
III. El. XIX. 10. λύχνι, συνίστορες. Lucerna myſteriorum
in Veneris ſacris teſtis, ut dea invocari ſolet. *Philodem.*
XVII. συνίστορα τῶν λαλήτων λύχνον. *Statyll.* Fl. Ep. III.
νύξ, σὲ μὲ συνίστορα σωτὸν ἱρώτων — λύχνον. *Conſcio lumine
vultus 'ejus adſpexi.* *Appulej.* Metam. V. p. 369. ubi
vide *Oudendorp.* Similia collegerunt Interp. *Petronii*
c. XXX. *Burmann.* ad Propert. p. 315. ubi nec noſtri
carminis oblitus eſt; et *Heinrich* ad Muſaeum p. 36. ſq.—
V. 5. ἐν ὕδατι φ. quae irrita cadunt, aut quorum memoriam obliteratam volumus, ventis et undis tradere dici-
mus. *Propert.* II. El. XXI. 10. *Quidquid juraruns,
ventus et unda rapit.* *Ovid.* L. II. Am. XVI. 46. *Verba
puellarum, foliis leviora caducis, Irrita, quo viſum eſt,
ventus et unda ferunt.* — V. 6. ἐν ὕδατι. Ut *Philodemus*
Ep. XX. ἡμεῖς δ' ἐν ὕδατι ἡμέδα Νηΐλδος.

　　LXXII. Vat. Cod. p. 590. Primum diſtichon edidit *Alberti* ad Heſych. T. I. p. 219. et *Burmann* ad

Propert. p. 162. (*Manso* nr. CVI. p. 45.) Gallo gallinaceo,
qui cantando ei fomnum turbaverat, mortem minatur.
Expreſſam ex *Anacreontii* Od. XII. Noſtrum ante ocu-
los habuit *M. Argentar.* Ep. VIII. — V. 1. ἰφθερβἀαι.
Meminit hujus epithcti, ut a recentioribus ufurpati,
Euſtath. in II. p. 1162. 1. Ejus auctorem indicat *Asban.*
L III. p. 98. E. Fictum autem ad ſimilitudinem τῷ
ἰφθρατἀι, quod eſt hirundinis epitheton ap. *Heſiod.* E.
aal H. 568. Vide *Caſaubon.* ad Athen. p. 194. 35.
Lucis auctores ovat gallus vocat *Propert.* IV. 2. 32. quod
Imitatus eſt *Martial.* XIV. Ep. ult. *Criſtataeque ſonans*
undique lucis aves. — Seq. verſu *Burm.* vitioſe edidit
μφἀτις. — τλιυρ. εκλαξ. Fortaſſe ex *Anyte* petitum
Ep. XI. εὐνἀτι μ᾽ ἀς τεκἀρο; ανισαἰς στορἀγτεσιν λφίσσαι
Ὁρασις ἰξ εἰνῆς βεθρρις ἰγρἀματος. — V. 4. aal τὸ φ. Cum
puella igitur cubare putandus eſt poëta, quod non diferte dixit. Paulo durior verborum compoſitio, ξρατρὶ
τοῦτ᾽ ἰτε τωτρὶ aal τὰ φιλεῖν, corruptelae fuſpicionem movet. — V. 5. φιλα Θρἀττιφα χἀρις. Senfum horum verborum obſcurum eſſe non patitur locus *M. Argentarii*
L c. hinc derivatus: ἡ τἀλι Θρἀττιφα τἰμι; cum quibus
comparari poſſunt haec *Ariſtaeneti* I. Ep. XXV. p. 61.
ταῦτά μοι παρ᾽ αὐτῆς τὸ τροφιἀ᾽ τῦτι μι τὺν ἀιττισελαφρισια
ἐπαλιν λυειλἀισι χἀριν. Hic igitur *nutricia* vocantur Θρἀττρα
ſive Θρυττἠμα et τρητιᾶ᾽ nusquam Θρἀττιφα hoc ſenſu
occurrit, quod potius ipfam *nutricem* ſignificat. Cf.
Dioſimi Ep. I. — His facile inducor, ut corruptam eſſe
fcripturam fuſpicer, fortaſſe ſic corrigendam:

ἀΐι φιλα Θρἀττιφαν χἀρις ἐν.

Fortaſſe tamen alii melius quid reperient. — Seq. verſu
Cod Vat. legit: ἰχστα γἰρωσι. quod in τρρἀσισα mutandum erat. Sic *M. Argent.* l. c. — αἰν ἰτι τωτρὶ φΘλγξται,
οἰμἀξας βμρρ, ὁ ἀροτἀμεν, ut haec ſcribenda oſſe olim
docui.

.. ¶. 20.] *LXXIII.* Vat. Cod. p. 575. Planud.
p. 484. St. 629. W. (*Manso* nr. L. p. 25.) Lufus eſt
in *ſeru*, ἐπίσης ἀνθρώπου, quae de iis uſurpatur, qui ſummum vitae periculum adeunt. Vide notata ad *Antip.
Sid.* Ep. XCIII. In ejusmodi periculum poëta ſe a Cupidine adductum eſſe ait, idque, quod mireris, a puſillo
et ſupine agente puero. Vide, quae diximus ad Ep.
XXV. 1. Amores talis ludentes habes ap. *Apollon. Rhod.*
IIL 115. *Lucian.* D. D. IV. *Philoſtrat.* Imag. VIII.
p. 872. *Aſclepiad.* Ep. VIII. quod Meleagro fortaſſe
obverſabatur, dum haec ſcribebat.

. *LXXIV.* Cod. Vat. p. 586. (*Manso* nr. CV. p. 45.)
Neminem ſcio, qui elegans hoc diſtichon ante *Br.* ediderit.
Eandem εἰκόνα iterom et ſuſius tradavit Ep. LXXXI.
Colorem Meleagrum duxiſſe puto ex *Platonis* Ep. XXI.

. *LXXV.* Vat. Cod. p. 586. Planud. p. 472. et
613. W. (*Manso* nr. LXVIII. p. 31.) Amorem Timarii
oculis captam fingit. Dubito fere, an integrum ſit hoc
Epigramma, in quo expoſitionem, quam vocant, deſidero.
Vide, an olim junctam fuerit hoc diſtichon ei, quod,
ut *Meleagri*, legitur in Cod. Vat. p. 101.1

> Ἴδον ἴχεις τὸ φίλημα, τὸ δ' ἴμματα, Τιμάριον, πῦς·
>   ἢν ἐσίδης, καίεις, ἢν δὲ θίγης, δίδεκας.
> κατότις Ἔρος ὁ πτανὸς ἐν αἰθέρι Ἀέμιος· ἥλω,
>   τοῖς σαῖς ἀγρευθεὶς ἴμμασι, Τιμάριον.

Quod ſi tamen aliis aliter viſum fuerit, non repugna-
bo. — Non omittendum, in membrania, ordine nonnihil diverſo, legi: ἀγρευθεὶς ταῖς σαῖς V. minus concinne.

LXXVI. Vat. Cod. p. 585. Edidit *Wolf.* ex Cod.
Uſſenbach. in Fragm. Sapph. p. 232. (*Manso* nr. LXIX.
p. 31.) Diodorum, alios amoris ignibus inflammantem,
ipſum Timarii puellae amore flagrare. — V. 1. Hunc
verſ. proferens *Warton.* ad Theocr. T. II. p. 338. μάλιστα
exhibet. Male. — Λαμπροῖς ἴμμασι. Vide ad Ep. L. 2.—

F 5

V. 2. τὸ γλυκ. *quamvis ipse Amoris armatus ictu.* γλυκύ-πικρον βίλος ductam, ut conflat, ex *Sapphus* fr. X. Ἔρος δ᾽ αὖτέ μ᾽ ὁ λυσιμελὴς δονεῖ γλυκύπικρον ἀμάχανον ὄρπετον. Confule *Valckm.* ad Hippol. p. 200. — Pro ᾱ τὸν Cod. Lipf. ἐν τὸ̄ι. Geminam germanam eft Ep. *aliter.* CCLXVII. ἀ μέγα θαῦμα· φλέξει τις πυρὶ πῦρ, ἰδὼν Ἔρωτος ἕρως. Epigr. Heroic. l. T. III. p. 141. τὶς πυρὶ πῦρ ὀλέ-πυκτι· τἰς ἔσβεσε λαμπρᾶς τορεῖν. *Antipater Sidon.* Ep. XLI. τίς πυρὶ πῦρ καὶ Μόρω ἰλα ὄλλη. Simili acumine Amor ad Pfychen in *Appuleji* Metam. V. p. 364. *ipse amator advolavi tibi. Sed haec fcri kviter, fcio: et prae-clarus ille fagittarius ipfe me telo meo percuffi, atque con-jugem meam fci.*

LXXVII. Cod. Vat. p. 118. Edidit *Reiske* in Mifc. Lipf. T. IX. p. 466. nr. 360. Ad *Toupii* mentem emen-datam dedit *Schneider,* in Per. erit. p. 15. fq. (*Manf.* nr. LXX. p. 72.) Timarium, jam vetulam factam, cum navigio, fluctibus et ventis quaffato, comparat. Allegoriis, a re nautica ad rem Veneream traductis, ni-hil in hoc poëtarum genere frequentius. Conf. Ep. *Antiphili Byz.* l. et quae ibl notavimus. *Simonid.* Ep. LXIV. *Paul. Silent.* Ep. X. De Clodio, impuriffimo homine, *Cicero* in Orat. de Harufp. Refp. 27. *Quae navis umquam in flumine publico tam vulgata omnibus, quam iftius aetas fuit.* Facit huc locus facetus *Plauti* in Me-naechm. II. 3. 51. ubi cum Erotium meretrix quaelivif-fet a Menaechmo, *quam tu nunc mibi navem narras?* Itaque refpondiffet: *ligatam, faepe tritam, faepe fixam, faepe excuffam malles*; id allegorice de fua conditione dictum accipit. — V. 1. Laudat hoc diftichon *Suidas* T. II. p. 294. αἴλας᾽ εἶδος πλοιαρίου μικροῦ· pro τοῦ πρὶν legens τὸ πρὶν, et fq. verfu αἰρομένη. Utramque etiam in membranis eft. Noftra lectio *Toupio* debetur, in Em. ad Suid. T. I. p. 224. cujus interpretationem ad-fcribam: *Timarium, quae antea fuerat venufto, folida, succi pleno, jam anus facta, non amplius remigio Veneris est idonea.* Non amplius ferre corpus, Veneris remigio πλωτέν. Lusus fontem, in ambiguitate vocabuli αἶμας positum, indicavit *Kuster.* ad *Suid.* l. c. Rem fusius explicavit *Schneiderus* p. 99. *Aristophani* nimirum debetur, cujus haec sunt in .Lysistr. v. 60. ἀλλ' ἡμῖν γὰρ οὔτ' ἔτι 'Επὶ τῶν πελατῶν διαβεβηκός' ὑρχεται. — τοῦ πρὸς γλυκυροιδ, *alius elegantis, nisi dae et terfac.* — V. 3. *κέρας ἱππῶ.* Sic Codex. Sed *Br. λερω̃* scribendum censet: ut antenna mali. Proprie *κέρας* antennae cornu. Vide *Lambin.* ad *Horat.* Epod. XVI. 59. *Non huc Sidonii torserunt cornua nautae.* — Mox verba *κακῶς εφθιτος Mango de capillo cano et horrido* accipit, quod vix verum. Collum significari videtur: hoc in vetula· (κακῶς ad partem traductum) laxatum, *solutum est,* et vix tremulum caput sustinet. — V. 5. Excitat h. v. *Suidas* T. III. p. 358, in σκαλευόμενα. Ad quem locum *Toupius* p. 433. haec notavit: *Res nauschi sive σκαλενε flaccidae ac pendulae sunt.* Hinc eleganter poeta de mammis pendentibus σκαλευόμενα μαστῶν. Mammas pansosas vocat Marsialis. Hesych. σκαλευματα. εθ σκαλευματα. — Seq. versa *Br.* γαυρος nove et inusitate pro casu recto positum putat. Quo admisso, omnia sunt expeditissima. Vide tamen, an verba jungenda sint in hunc modum: *Timariam ἔχει στερρὸς, jurilas: In eadem γαυρος vetere, in Veneris remigio, faepe exagitato et concusso.* Verbum σκαλευεζαι pro *subagitari* passim obvium. *Strato* Epigr. XCV. — Tum vero etiam *χαλα* versu praec. ad meretricem referendum, *pansosas mammas* haud aliter ac *vela pendula* laxantem. — V. 7. καλα θάλασσα. Proprie est unda dehiscens terramque aperiens inter fluctus. *Pollux* I. 108. θάλασσα τραχεῖα, καλα θάλασσα, καὶ κυματωδης, καὶ τρηχυνομένη. ubi vid. Interpp. Turpiora sunt haec, quam quae diserta interpretatione explicanda fuscipiam. Curiosioribus *Reiskius* fatis faciet. Puto tamen, *Meleagrum* fcripfiffe:

αεἴλα ῥὲ θάλασσα

πλημμυρεῖ.

αενὶς ἀλυσι ἀθαλάσσει ἀφυα marina. ωλαι, fc. ωὃι. Theocrit.
Eid. XXII. 11. ἐλ ῥὲ (venti) σφῖσι κατὰ τρόμμεν λαίφεσντας
μέγα κῦμα — 'Ες αλιαν Ἰ'ἰχτν. Quo fenfu a veteribus
dicatur αελαι ναῖς, exemplis allatis, docuit Dorville ad
Charit. p. 673. fq. — V. 9. Vitiofam lectionem Analectorum γ' ὰ ζωὰς, emendat Br. in Lecti. γ' ἀι ζωὰς. In
membranis ἱστατὰς τι ζωὰς. Nec aliter apogr. Lipf. cujus
lectionem correxit Reiske Poll ἀι caedem membranae
ἀ' inferunt. Ad fenfum Manfo comparavit Ariftoph.
Ecclef. 1090. ἀ τρισκαλλαμεν, εἰ γεναῖαι δεῖ αωφθι
βιωῖν. — Sq. verfu in apogr. Lipf. ἐν' omittitur, lacuna
relicta, quam Reiskius implevit, ἐν reponens. Noftrum
eft in Cod. Vat. — ελαωτερες. ιρμέμαια τῶ ελαωτερες τὸ
δελωτεν ἐταίρους ἴχειν τοῖς ἰνϊστυντας λαπαλή. Euftath. ad
Od. p. 358. 14. Simonides in Epigr. fupra laudato
meretriculas αωταἵρων δλαλδες ελαειἵρους appellat. Lectio
λωῥὲ vitiofa videbatur Schneidero; qui in margine ἀονῳ
conjecit. Satis concinna foret oratio, fi Meleager
fcripfiffet:

     ἱστατὰς γ', ἀς ζωὰς Ϊ' ἀν 'Αχερωσἵλα λίμντν
     πλησασσ' ἀτῆς, ἰτιβλὲς γρωῖς ἐν' ειεσσῥῥ.

Sed hoc genuinum praeftare minime aufim. Reiske ἀω
ἰτιβλὲς, cum in apogr. Lipf. ἀ-ατ' ιτιβ, exftet.

   §. 23.] LXXVIII. Vat. Cod. p. 581. (Manfo nr.
LXXI. p. 32.) Lufus eft in nomine Φάναι, quod facra
fignificat. Vide, quae de vocabis φανδς, πανδς et φανναι
collegit Waftein ad N. T. I. p. 946. fq. Apud Ariftoph.
in Vefp. 1363. meretrix Δὲς vocatur; ubi vide Fior.
Chrift. — V. I. ἰτρωσεν. Genuina eft Cod. Vat. lectio,
quae etiam in marg. ap. Lipf. notata reperitur, cum in
contextu fit ἰστρωσεν. — Seq. verf. αἰθομένων Cod. Vat.
apogr. Lipf. et Gieff. — V. 3. In comiffatione fe Phanfi

amore incenfum effe, indicare videtur. φάνω ενγα. Π4θ.
facem, quam Cupidines in comiffatione geſlaverant.
Hinc Veneris φάνω. — Pro μορφεγγὶς in membr. et in
apogr. Lipſ. μυρεφεγγὶς exſtat; quod recte emendatum
exiſtimo. Fax erat jam fere confumta, βραχὸ φάνω.
ἀνέτρεφεν φλόγα Oppiaпас vocat flammam celeriter per-
euntem fire moricutem, in Κυκγ. L. I. 131. Sic Ovid. L.
Amor. II. 11. Vidi ego Jallatas mora face creſcere flam-
mas: Et vidi nullo concutiente mori. — V. 5. τὸ δὲ
βραχὸ φ. Parva illa fax magnum in pectore meo incen-
dium fecit. In fequ. verſu valde dubito de lectionis
ſinceritate. Illud σῦ ψυχῆς, animat ignis, qui pectori
incenditur, κατέμεινεν τῇ καρδίᾳ, mire ineptum eſt. Emendandum putavi:

πυρὸς, φῶ, τῇ 'μῇ κατέμεινε καρδίᾳ.

πυρὸς de Amoris flamma frequens. Epigr. Inc. XLIX.
ἔχει I.) καρδίᾳ πυρὸς ἔχουσι πίθεα. et Ep. Inc. III. πυρὸς
ἄρρητος ἀσβέστῳ θύων ἐν' ἀνθρακιη. Bene fibi opponuntur
φάνων μορφεγγὶς, fax parva et minimi fulgoris, et πυρὸς,
fax major, et magna flamma ardens. Sic Epigr. fequ.
ᾶ βαρὺ φέγγος λάμψαν ἐμοὶ μέγα πῦρ φάνων ἐν καρδίᾳ.

LXXIX. Vat. Cod. p. 580. ſq. Anthol. Planud.
p. 485. St. 630. W. (Manſo nr. LXXII. p. 33.) Similis luſus. Primi diſtichi fenfum illuſtrat Ep. Aδέσπ. XVII.
Ἀντίπατρὸς μ' ἐξέληνε ἔδη λέγοντας ἔρωτας, καὶ πάλιν ἐν
ψυχῆς πῦρ ἐνέκαυσεν τίφρης. — In fine pentametri male
apogr. Lipſ. ἐνετέμνετεν. — V. 3. ἐκρύπτοζα. Flor. edit. —
V. 4. τῆτε λ. ἔβαλε. Planud. ubi καίσματι fubaudiendum.
Sed elegantior eſt membranarum lectio. — V. 5. ἐν δὲ
φλ. Si vera eſt lectio, accipi debet, ut fecit Opſopoeus,
de Amore, qui poſt flammam, in pectore poëtae accen-
ſam, ipfe impetum facit. ἐνετρέχοντ dicuntur hoſtes, qui
in regionem aliquam irrumpunt. Vid. Dorv. ad Charit.
p. 573. At plura funt, quae mihi diſpliceant in huc

miſticlie. Cupido, cum flammae particulam poëtae
Iori injiceret, certe amoris aeſtum in eo excitavit;
inque factum eſſe poëta queritur; non igitur opus erat,
primum flammam, deinde etiam ipſum Cupidinem in
pectus immitti. Deinde deſidero expreſſam ſignificationem eſſoctus, quem Cupidinis ſtrategema habuiſſe
debuit; qualis eſt in praecedente Epigr. cui noſtrum ex
omni parte ſimillimum: *ὰ δὲ με ϲίγγυς ἵναξι.* Certe,
ſi Meleager ſcripſiſſet:

> *αὐτίαν ϲλὰξ πάϲτη μοι βεσρομμν* ——

concinnior eſſet oratio, neque quidquam ſupereſſet difficultatis. Nec tamen noſtrum ſic ſcripſiſſe pronuntio;
quamvis videri poſſit expreſſiſſe verſum *Sapphus* a *Plutarcho* ſervatum T. II. p. 81. D. *ἡ δὲ Μελέη Μελέη χρὼ
ὧρ ὑποθέρμως.* Propius foret ad vulgatae ductus:

> *ἄκα δὲ ϲλὰξ —— ——*

idque etiam propter ſerratam part. δὲ magis probandum. —— V. 6. *περαίρ* Cod. Vat.

LXXX. Vat. Cod. p. 576. (*Menſo* nr. LXXIII. p. 33.)
Navibus poëta quaedam puellae Phanio nuntianda man-
dat. Carmen paulo obſcurius, in quo quaedam minus
diſerte dicta, quaedam in Codice depravata ſunt. Adſcribam, quae *Brunckius* in Lect. p. 313. de hoc carmine monuit: „Hoc carmen foede corruptum eſt et a
„viris doctis feliciter emendatum, excepto v. 6., in quo
„ſcriptura codicis: *οὐ πότον, ποτὲ δὲ παιζόντων.* repoſito
„*παιζόντων* non juvatur ſenſus, qui ineptiſſimus eſt.
„Qui enim e Tyro, aut altero quovis continentis loco
„in inſulam pedeſtri itinere pervenire poterat? Pro-
„fecto non e Tyro mandata haec dedit; nam e Syria
„vela in Helleſpontum facientibus ſecundus ventus non
„eſt Boreas, quo flante illis in portu ſubſiſtendum eſt.
„Multum exercuit hoc carmen virum doctrina et inge-
„nio praeſtantiſſimum, *Bern. Monnam*, qui felici vena

illud elegantissimis latinis versibus reddidit, quos,
aquam inediti sint, hic cum lectore communicabo:

> *Velivolae pinus, quaecunque Aquilone egressae*
> *Hellespontiacum fluditis aere solum,*
> *Si mea se vobis in Coo Phanion-asfert*
> *Littore, venturas prospicis unde rates,*
> *Haec illi pro me vos pauca: Quid anxia nautem*
> *Expectas? peditem dux tibi sistet Amor.*
> *Nulla mora, his dictis, Boreas a puppe secundus*
> *Flabit, et ad portum linea vestra feret.*

Haec ille.   Qui quae de obscuritate et corruptela v. 6.
dicit, infra videbimus.   Hoc optime notavit, haec mandata navibus dari, ex septentrionali maris Aegaei parte
ad meridionales regiones tendentibus.   Hinc efficitur,
poëtam, cum haec scriberet, in aliqua Asiae parte, sive
in una insularum Archipelagi, certe in regione fuisse,
quam praeterire debebant naves ab Hellesponto insulam
Con petentes.   Ceterum navibus mandata dari, quibus
prolatis secundis usurae sint ventis, vix probabile com-
mentum. — V. 1. περλαγοϊνδες. Vat. Cod. A seq. verf.
Βορέα. — αυλα vocat Boream, sive ut faventem navibus,
sive ut Orithyae amatorem. — V. 3. ὲν ὑδὲν exhibet
apogr. Lipf. ωόντων dedit, ubi hoc distichon excitat,
Dacier ad *Thucyd.* I. VIII. p. 251. ed. Bip. — κατὰ
ωόντ. Mansò, ut difficultatem, a *Brunckio* motam, expediret, interpretatur de Phanio *in litoribus insulae Coo
oppositis,* h. e. in litoribus Cariae, fortasse Halicarnassi se-
dente.   Sic certe intelligatur, quomodo poëta *pedibus*
ad puellam pervenire possit.   Nec dubitare licet de
significatione praepositioni κατὰ tributa; quam illustrarunt *Valkenaer.* ad Herodot. L. III. p. 200. 27. *Dorville* in Sicul. T. I. p. 4. *Burmannus* in Sic. T. II. p. 448.
Quum mihi tamen de sensu seq. distichi paulo aliter
statuendum videatur, ac *Br.* statuit, malim verba sic

jangere, ἣ κατὰ μᾶσιν Κρῶν, οἶσαι scil., ἤγετο ὕδωσε. Naves ipsae dicuntur κατὰ τινα τόπον εἶναι, cum loco alicui
a regione sunt: *auf der Höhe des Orts.* Plutarch. T. II.
p. 419. C. vocem gubernatori auditam narrat, quae
diceret, ὅταν γίνη κατὰ τὸ Παλλέος, ἀπάγγειλον, ὅτι τίων ὁ
μέγας τέθνηκε. et mox: ὡς οὖν ἐγένετο κατὰ τὸ Παλλέος.
Non igitur fieri potest, quin tibi Phanium ab litore insulae in mare prospicientem fingas. Nam nisi hoc significare voluit poëta, profecto non video, cur insulam Con
omnino commemoraverit. — V. 5. ἀγγείλαντι. Cod. Vat.
ἀγγείλαντι apogr. Lips. — Mox membranae corruptissi-
me: καλᾷ νισάς με καμίζει. Haec satis feliciter emendata videri debent. Νύις pro νύμφη posuit Theocris.
XVIII. 15. Cf. *Valckn.* ad Adon. p. 371. C. — με ad
poëtam referendum. — In sequentibus nihil video, nisi
hyperbolicam desiderii significationem. Cupiditas te
videndi me vel per mare et undas, nec, ut vulgo solet,
navibus, sed vel ipsis pedibus in tuos amplexus ducet.
Hic non quaerendum, an fieri possit, ut quis pedestri
itinere insulam accedat. Amori nihil non exsuperan-
dum videtur. Similem ardentissimi desiderii significationem praebet *Seneca* in Epist. XLV. *nec me Charybdis
et Scylla ta fabulosum istud fretum deterrere potuisset.
Transnatassem ista, non solum trajecissem, dummodo te
complecti possem.* *Alexis* ap. *Athenaeum* L. IV. p. 165. A.
ἐπὶ δεῖπνον ἐς Κόρινθον ἐλθὼν Καιρεφῶν Ἄκλητος, ἴδη γὰρ πτανὸς
τοῦ λαπόντος. Quod parasita potest, quidni amator efficiat? Quin in hac ipsa re amatoria simile quid dixit
Straton Ep. XLIV.:

    στυγὸς Ἔρως ἄγαγέ με δι' ὕδρος, ὀνίας, Δᾶμι,
       γήλυμα σὲν ὁδόν, ὃ μοι ἱσύρο μαλεῖν σ' ἔλεγε.

et *Paulus Silent.* Ep. XXXVI.:

    Εἰ καὶ τηλοτέρω Μαρίης τὸν ἔρωτ' ὀρόωσαν,
       στυγὸς Ἔρως στενῷ κῶδι τάχηι με φέρει.

εἰ καὶ ἐς ἀντολίην ὑπὸ σαλπιγγος ᾖσαι 'Ηώ,
  νεῶδε ἀναγρέτους Ἡρμεῖ ἐν σταδίοις.

Fateor, inter haec exempla nullum effe, quod noftro
loco ad amuffim refpondeat; in nullo enim eorum commemoratur, qui mare pedibus transire velit.   At plurima funt in his carminibus fine exemplo dicta; ut hoc
ipfum, quod navibus mandata dantur; cui ἀνάλογα fimiles
fcio permultas, parem nullam. — V. 7. τὸ τέλος αὐτέαμ.
Cod. Vat.   In apogr. Lipf. εἰ γὰρ τοῦθ᾽ ἔρδοισ᾽ οὐ . . . . .
τέλοι αὐτ.   In marg. notatum οὐ μοι τέλοι. — Ζεὺς οὖρος,
i. e. ventus fecundus, quem Jupiter mittere exiftimatur.
Vide *Bergler* ad Alciphr. p. 255. fq.

ᴥ. 24.] *LXXXI.* Vat. Cod. p. 112. Edidit *Reiske*
in Mifc. Lipf. T. IX. p. 313. nr. 341. (*Manfo* nr. LXV.
p. 30.)   Poëta in puellae amplexibus haerens de Luci-
feri ortu conqueritur. Conf. Ep. LXXIV. — V. 1.
ὀνείρατι.   Aurora — ingrata viris, ingrata puellis.
Ovid. I. Amor. XIII, 9.   Pro ἀνέρατι apogr. Lipf. ὀνέ-
ρατι, quod emendavit *Reiske*. — V. 3. Optat, ut Luci-
fer converfo curfu Hefperus fiat, quod jam olim in Jovis
gratiam fecerit.   Pro ἐν Ἀλκμήνῃ in *Reiskii* edit.
Ἀλκμήνῃ legitur; Idque verius videtur: *in Alcmenam, e
Jove amatam, gratiam.*   Vide *Abrefch.* in Lect. Ariftaen.
L. I. p. 97. fq. —   Verfu ultimo ᾽θ᾽ abeft a membranis;
nec *Reiskius* agnofcit. Reperitur in Cod. Dresd. Certe
hac particula omiffa, paulo vividior exiftit oratio, modo
poft ἀντίος colon ponas.   Ad Jovem in fimili re provocat Ovidius I. Amor. XIII. 45. *Ipfe deûm genitor, ne te
tam faepe videret, Commifit noctis in fua vota duas.*
Conf. *Macedonii* Ep. IX.

LXXXII. Vat. Cod. p. 112. *Reisk.* in Mifc. Lipf.
IX. p. 314. nr. 342. (*Manfo* nr. LXVI. p. 31.) De
noctis, fine puella transactae, longitudine conqueritur. —
V. 3. *Reisk.* εἰδὼ; habet pro αὐτ. — V. 4. ἐν χερμασιν

G

Cod. Vat. Byblis ap. *Ovidium* Metam. IX. 484. *Ut meminiffe juvat! quamvis brevis illa voluptas, Noxque fuit praeceps, es coeptis invida noftris.*

LXXXIII. Vat. Cod. p. 110. Primus edidit *Majus* in Obff. facris p. 147. *Reiske* in Mifc. Lipf. IX. p. 304. nr. 334. (*Manfo* nr. LXVII. p. 31.) Ad Demo, puellam, Judaei cujusdam amore flagrantem. Non bene cohaerent duo difticha, quod animadvertit doctiffimus *Manfo*. Vide, an integrum fit carmen. — V. 3. σαββατικὸς πόθος. De amore erga virum, Sabbata celebrantem, accipe. *Si Judaeum amas, et cum eo Sabbata celebrare cupis, non equidem miror, nam in ignavis et frigidis Sabbatis amoris tamen ignis calet.* ψυχρὰς. Judaeis — *fepsima quaeque fuit lux Ignava.* Juvenal. Sat. XIV. 105. τὸ ψυχρὸν, ut ap. Latinos *frigere*, de otio et ignavia; quae *Heynii* verba funt ad *Tibull.* l. X. 53. ubi *Rutilium* laudat I. 389. de Judaeorum ogentem *populo*, cui *frigida Sabbata cordi, Sed cor frigidius religione fua eft. Sepsima quaeque dies turpi damnata veterno.* Graecis vilia et inutilia omnia vocantur ψυχρά, ut ψυχρὰ καὶ ἀνόητα ἐνθυμήματα ap. *Lucian.* T. I. p. 155. ψυχρὰ ἐννοήματα ap. *Herodot.* VI. 488. 72. ubi vide *Weffding.* Mire noftrum locum explicavit *Majus* l. c. p. 149. cujus interpretationem contortam et ineptam adfcribere piget. Ceterum *Bernardus* in Epift. ad *Reiskium* datis, in calce Vitae Reisk. p. 492. hunc verfum expreffum putabat ex *Theocriti.* Eid. III. 20. ἔστι καὶ ἐν ἐσσομένοις φιλάματα ἄλλα τέτυκτο Similitudo eft in pofitione verborum, quae an fit fortuita nec ne, nemo facile dixerit.

LXXXIV. Vat. Cod. p. 116. Planud. p. 452. St. 586. W. (*Manfo* nr. LXXIV. p. 33.) In hoc Epigr. et Ep. LXXXVI. doctus videtur color ex *Leonid. Tar.* Ep. LXXIII. σύμφωνα φίλτρα. pro σύντονα videtur pofitum; nihil amplius; ut συντρέχεσθαι, συναυλίζεσθαι et fimilia

pro *ενπλκά. αλσχρη σύππρφω βλάμμα* dixit auctor incert.
Ep. IX. Anacreon *ιμέρνοι. εύππρφάς.* ap. *Engra.* T. II.
p. 453. *σύγκατον γλωκύν ύπνον* dixit *Pindar.* Pyth. 9. 43.——
Perperam Cod. Vat. *ζενφλία* exhibet casu recto.

LXXXV. Cod. Vat. p. 109. Planud. p. 470. St.
611. W. (*Manso* nr. LXXV. p. 33.) In pictam Zenophilae
imaginem scriptum videtur. Aliter *Manso*, qui poëtam
gratum animum amico testati putat, quod Ipsi in con-
trahenda familiaritate cum pulchra Zenophila profuerit.
Dubito, an recte. — V. 1. *ίταίρη.* Cod. Vat. *λαλίαν* de
dulce loquenti puella non male accipias. *λαλιά* enim de
familiari collocutione cum amico allove poni docet *Casaub.* ad Athen. VI. p. 423. 21. et *λάλος* in bonam partem crebro usurpatum illustrat *Ruhnken.* in Epist. crit.
p. 135. et ad Hermesian. Eleg. v. 78. p. 297. Quom
tamen in sequentibus Epigr. canora Zenophilae vox
plus semel laudetur, haud scio, an epitheton ad illam
facultatem referendum sit. *Horat.* III. Od. XI. 5. de
testudine: *nec loquax olim neque grata.* i. e. *ώτε λαλίη
ποτε εύτε φίλη.* *Lucian.* T. III. p. 97. 43. puellam commemorat *πάνυ καλήν, λάλον μέν τοι γε καί συνεχθίνη καί φλύαρ.*——
Ut hoc carmen de imagine picta interpretandum putem,
facit inprimis verbum *παρθικέ.* Pictor, quae ad vivum
expressa sunt, dicitur *δείξαι κατά τήν έψιν* ap *Philostrat.*
II. Icon. XXVIII. p. 853. Timomachus mortalibus
ζήλον δείξε Μηδείης in Ep. *Δίον.* CCXCIX. Sed de hac
verbi *δεικνύναι* lignificatione, de pictoribus sculptoribus-
que usurpata, qui expressissima similitudine imagines
animant, fuse disputavit *T. Hemsterh.* ad Lucian. T. I.
p. 11. — ¶. 25.] V. 3. *ή δ' έπουσα κηρέ.* Planud. metri ratione neglecta. Vat. Cod. etiam vitiosius *άφ' ότέρας
κηρέ κ.* — Lusus est in verbo *κηραπιμένον* et *χάρις.* Illud
et opus est gratum ei, cui dono datur, et a Gratiis perfectum sive omnino venustum: *χάρις* autem etiam munus significat, quando gratia munus sequitur. Hinc

χάρις et λύπη frequenter junguntur.   Exempla collegit
Weiſtein. ad N. T. II. p. 48.

LXXXII. Cod. Vat. p. 108. Planud. p. 470. St.
611. W. (*Manſo* nr. LXXVI. p. 34.) Canſae, cur Zenophila regnum quoddam inter mortales exerceat, enu-
merantur.   His ſimillimi verſus *Propertii* l. El. II. 27.
*Cum sibi praesertim Phoebus ſua munera donet, Aoniam-
que librum Calliopea lyram: Unica nec deſit jucundis gratia
verbis, Omnia quaeque Venus quaeque Minerva probet.*
Noſtrum expreſſit Auctor Inc. Ep. DCCXLIII. μοτ+ὰ· ὁ
πρωταῖν ἔχων ἀρμόσατο Κύπρις, 'Ερμα δ' Ἀθάναια τέχναν ἐπε-
ῤῥεύσατ, Μοῦσα δὲ καὶ ſoφίαν, καὶ ναυτίὰν τὰν Ϲωὰρματος
Σύμμαχον ἐχντοῖς μέγαρμα μέλεσι. — V. 1. Μοῦσαις Vat. Cod.
et ἀλυμωλᾶιϲ. Hoc etiam Planud. habet — Quod in
fine pentametri legitur, ὀξυνίχω debetur *Tzezio* in Γm.
ad Suid. T. I. p. 240. nam in Planudea et in membranis Vatic. ὑφ' ἐνάχω legitur. Idem ἠνίοχοι et ὀρσολόχος.
Vid. *Homer.* II. ζ. 19. Eleganter autem, ſecundum
Tzezium, poëta Zenophilam ſuam Amoris ὀρσολόχον vocat. Hoc *Brunckio* placuiſſe miror. *Wyttenbach.* in
Bibl. crit. T. I. P. II. p. 29. κάλλει ἠνίοχαι legendum exiſtimat. Rationem enim ſuadere, Zenophilam κάλλος
ab amore accepiſſe. Sic certe Ep. LXXXIV. Ζηνοφίλαν
κάλλει μὲν 'Ερως — ἴδαμι. et Ep. LXXXIX. ἡ Κύπρις ἄκλωτα
εἶχὸν Καὶ Πειθὰ μύθους, καὶ γλυκὺ κάλλος 'Ερως. Hanc Viri
doctiſſimi conjecturam *Manſo* in contextu poſuit. Vehementer tamen dubito, an ſic *Meleagro* vera et genuina
lectio reſtituta ſit.   Amorem ἡνίοχον appellari, ſupra
vidimus ad Ep. III., ſed ita, ut, cujus rei habenas gerat,
adjectum ſit. Ne opponas *Hermeſianactis* verſum 85.
ὅ϶νὸν δ' ἧλθεν ὑφ' ἡνίοχον, quamvis hujus loci diverſa ratio
eſt, depravatum videtur λωτὰ, quod in hexametro praecedit, et ſcribendum:

ϑυμὸν δ' ἧλθεν ὑφ' ἡνίοχον.

Sic oratorem *animi babraas tenere* dixit Auctor Dial. de
caus. corr. eloq. c. XXXI. — Deinde in *Wyttenbachii*
lectione etiam hoc durum, quod ουν omittitur. Quare
veram lectionem latere puto. Quod ipse olim conjeci:

και Ερως καλλει εθν γλυκυτα,

a vulgata longius recedit, quam ut pro vero haberi
possit. Sed hujusmodi quid latere, suspicari licet ex
verbis supra laudatis Ep. LXXXIX. —. V. 3. *επ' Ερω-
μεν.* Cod. Vat.

LXXXVII. Vat. Cod. p. 107. Planud. p. 448. St.
581. W. (*Manso* nr. LXXVIII. p. 35.) Canentem
Zenophilam poëta audiens, vehementi amoris flamma
corripitur. — V. 1. Excitat *Suid.* v. ψαντιζε. De ψαντιζε
vide notata ad *Comicos* Ep. III. T. III. p. 16. In Planud. versu primo ιαθ legitur; versu secundo ιλε. Ibidem εν ριανα legitur. — V. 2. Ζηνοφιλα λιγυ' ιλε. Planud.
Οικοφορος λιγισα conjecit. In Vat. Cod. λιγισν omisso τι.
Suidas v. κρινισν Ζην. λιγν κρεκισς τι μελισς. Brunckius exhibuit emendationem *Toupii* in Em. ad Suid. T. I.
p. 239. Sed parum elegans illud τι, alieno loco inter-
positum. Longe elegantius *Schneiderus* conjecit: Ζηνοφιλα,
λιεν ιλα ορ. Hoc verum puto. — V. 5 ι γαρ μοι μορφα
βαλλει νοθον; Planud. νεθον emendavit *Toup.* et *Schneider.*
Idque membranis confirmatur, ubi praeterea in margine legitur οτι η μορφα βαλλει τον νοθον, εφθαλμω διακενω
ξενοφιτε. Pro ι γαρ, nam sic et Planud. et Vat. Cod.
habent, *Wyttenbach.* in Bibl. crit. T. 1. P. II. p. 31. ο
γαρ legendum monet; nec aliter *Toupius* habet. Post
νοθον interpungendum esse, vidit *Reiskius*; monuit etiam *Schneiderus* in Peric. crit. p. 107.

LXXXVIII. Vat. Cod. p. 112. Edidit *Reisku* Misc.
Lips. IX. p. 315. nr. 343. (*Manso* nr. LXXIX. p. 35.)
Apud dormientem Zenophilam Somni vice poëta fungi
velit. — V. 1. τρυφερη θαλος. Saepe in laudem poni-

G 3

tur δαλη et ἔρος. *Theocrit.* Eid. VII. 44. τὼς δε' κκαδηλε
στελασμένον δι αδε ἔρος. Eid. XXVIII. 7. Νικίων Χαρίτων,
ἱμεροφώνων ἱερὸν ἔρνον. Quod haud ſcio an *Ibyco* debeatur,
cujus fragmentum ſervavit *Atben.* L. XIII. p. 564. E.
Ita fortaſſe conſtituendum: Εὐρίαλα, γλαυκῶν Χαρίτων θάλος, καλλικόμων μελέτημ' Ἐρότων. Ibidem in *Philoxeni* verbis pro μάλλος ἱρώτων ſcribendum videtur: θάλος ἐ-.
Ut hic Zenophila τρυφερὸν θάλος, ſic ap. *Oppianum* Κυν.
L. L 3. γλυκερὸν θάλος, Ἀντωνῖ. — V. 2. ἕττερος ἰλαάνν
— φαιςάρους dedit *Reiska.* Noſtram eſt in membranis.
Salmaſius ἀέρτιςς conjecit, et ὑπὸ φλεγέφοις. Vulgatae
lectioni ita patrocinatur *Manſo*, ut poëtam indicare
fuſpicetur, ſe in Zenophilae oculis recubantem alarum
remigio facile caſitorum eſſe. At hoc ut nimis argutum ſit vereor. Somiro poëtam tribuiſſe alas, ſatis conſtat ex iis, quae protulit *Spanhem.* ad Callim. H. in Del.
234. et *Dorvingius* in Diſſ. de Imagine Somni p. 18. ſq.
et de Diis alatis p. 45. nec cauſa eſt idonea, cur hoc
loco alis ſuis privetur deus — κυ?ῶ̄ν ἐπὶ στερφῶ βρέφεως
hominum oculis, ſecundum *Callimach.* l. c. Nec tamen
propterea *Salmaſii* conjectura, quamvis facillima, reci-
pienda eſt. Verbum ἔττιςνς enim ex eorum eſt numero, in quibus a ſignificationem intendit, docente *Ar-
naldo* in Lect. Gr. p. 20. *Apollon. Rhod.* IV. 1765.
αὐ?ὰν δ' ἑνρίςλος, διὰ μέγαν οἶδμα λιτόντες, Αἰγίνης ἑυτερον
δριτερώδον, *Tryphiodor.* 84. ἕτττερον ὀρμᾰν. — V. 3. Ὑ-
μετα θέλγων. Hoc Somno tanquam proprium tribuitur.
Hinc *Eurip.* Oreſt. 211. φίλαν ὕπνου θέλγητρον. *Ovid.* Metam. VIII. 824. *Lenis adhuc ſomnus placidis Eriſichtho-
 pennis Mulcebat.* Cf. Epigr. *Platon.* XIII. et XV. —
Ineſt in hoc voto zelotypiae ſignificatio ſatis elegans.
Sed lectio parum certa. In Cod. enim ϲαϲϲιε̄ν (*Br.*
qul in Anal. ϲαϲϲέϲαι habet, in Lect. ϲαϲϲέϲν corrigit.)
αάνιζον Sic etiam *Reiskius* ex Cod. Lipſ. edidit, ubi
praeterea μλϲον legitur. Fortaſſo κανάδὲ ſcriptum in

Saheriano apogr. ex emendatione *Salmasii*; fortaſſe
Ipſius *Brunckii* conjectura eſt. Et hoc quidem probabilius; nam vir doctiſſimus ſuas emendationes reticere
ſolet.

    LXXXIX. Vat. Cod. p. 116. *Reisk.* in Miſcell.
Lipſ. IX. p. 458. nr. 353. Hinc duo priora diſticha
repetivit *Toup.* in Em. ad Suid. T. I. p. 239. (*Manſo*
nr. LXXVII p. 34.) Zenophila a tribus Gratiis triplici
munere exornata. — V. 1, σπουδαιζ Ζηνοφιλαν apogr. Lipſ.
Unde *Reisk.* σπουδαιην Ζηνοφιλης. Verum vidit *Toupius.* Mox
Cod. Vat. ηγησατο legit. — στεφανωμα de ornamento illu-
ſtrarunt *Valcken.* ad Phoen. v. 1378. *Leuep.* ad Phalar.
p. 133.—V. 3. Inter dorismum et vulgares formas fluctuat
Vat. Cod. ὁ μὲν ſuperſcripto ι, et μαφιτε ſuperſcripto
α: exhibens. Seqa. verſa omittit α ante μ. Ad ſenſum comparandum Ep. LXXXIV. — V. 5. „Sic pro-
„babili emendatione *Reiskius.* Scriptum in codice: τρεις
„εθεν επι δι μιτας και Κυπριδος ωκεσεν τοδε. *Salmaſius* le-
„gebat: τρισσαι επι δι μιτας υπο Κυπρι εκελευσε τοδε —
„quod impium eſt, tanquam ſi Venerem, Suadam et
„Cupidinem de gradu ſuo dejeciſſet Zenophila. „ *Brunck.*
In meo Vat. Cod apographo non ωκεσεν, ſed ωκισεν legitur. *Wyttenbach.* in Bibl. crit. I. c. p. 30. tentabat:
Τρισσαι και δει δαιμονες, ἁ Κυπρις ατισσεν τοδε — αt δαιμονες dii ſint, a Gratiis diſtinguendi, a quibus Zenophila
triplicem coronam acceperit. In qua conjectura ſolitam
ſagaciſſimi viri felicitatem deſidero. Veram ſcripturam
praeſtat noſtra emendatio, a *Manſone* commemorata in
Comment. p. 129.:

     τρισσαις αγλαιαιν, ὃς και Κυπρις ωκισεν τοδε —
ubi vix unam alteramve literam mutatam vides. Verbum ωκιζεν fortaſſe verum; nam ut ὁπλα inſtrumenta,
ſic ὁπλιζω inſtrare ſignificat. Propter ſequentia tamen
malim:

         ἃ και Κυπρις ωκισεν τοδε

¶. 26] XC. Vat. Cod. p. 109. Planud. p. 449. St. 583. W. (*Manso* nr. LXXXII. p. 36.) Culicem ad Zenophilam cum mandatis mittit. Ut Meleager culicem, sic apud *Theocritum* Eid. VIII. 51. pastor hircum ad delicias mittit; *Anacreon* columbam ad Bathyllum. Apud *Philoxenum* Polyphemus Delphinis hoc negotium dabat, ut Galateae nuntium de se ferrent; tradente *Plutarcho* T. II. p. 622. C. — V. 1. εναις Vat. Cod. In marg. γε. εναις. — V. 3. λιθαργε. Cf. Ep. LV. 5. Fuisse, qui λιθαργε corrigendum putarent, ex *Broduei* notis colligas. Pro φιλοίπων sane mallem φιλοῦντος, ut ad unum *Meleagrum* referatur. — Seq. versu membranae Vat. vitiose Λεστεω. — V. 5. ἔαχα δι φ. Vat. Cod. qui in pentametro ωσέναις obtulit; cum Planudeae edit. ωσέρας exhibeant. — V. 7. *Meleager* sperat, fore, ut Zenophila, hoc nuntio audito, mariti cubile relinquat et ad se properet. Hinc ἐν ἀγάγης τὰν π., si mihi puellam adduxeris: Pro ἐρᾷ et Planudea et Vat. Cod. ἀρᾷς habent. Nostrum est ex emendatione *Piersoni* in Verisim. p. 221. Herculis ornamenta promittit culici, bellicosae et gloriae appetenti bestiae; qualem describit *Aesopus* Fab. CXLIX. et *Achilles Tatius* L. II. 22. p. 78. ubi culex ad leonem: ώτε μου καλλίων ώτε ἰσχυρότερος ἔφος. — τὴν δὲ ἀνδρείαν μου μὴ καὶ γελοίου ἢ καταλέγειν· ἔργων γὰρ ὅλος εἰμὶ πολέμου. μετὰ μὲν σάλπιγγος τιαρατάττομαι· σάλπιγξ δὲ μου καὶ βίλος τὸ στόμα· ὥστε εἰμὶ καὶ κύλητις καὶ τοξότης. Paroemia: *Induisit me leonis exuvias*, ad quam *Broduei* lectores remittit, ad hunc locum illustrandum nihil facit.

XCI. Vat. Cod. p. 113. Planud. p. 450. St. 584. W. sine memorabili lectionis varietate. (*Manso* nr. LXXXIV. p. 37.) Amorem fugitivum cum poëta descripsisset, ut ad se reduceretur, ecce deum in Zenophilae oculis latentem deprehendit. Ἔνεια procul dubio ducta ex *Moschi* Eid. I. Digna est, qui comparetur, *Plutarchi* locus ap-

Stob. Tit. LXII. p. 403. — V. I. *κηρύσσω* non est alm,
tanquam praeconia, voce revoco, sed est verbum proprium de domino, qui servum fugitivum proclamat.
Formulam ejusmodi *κηρύγματα* habemus in *Luciani* Fugitivis c. 27. T. III. p. 279. — *ἐφθρωϊς.* Cf. ad Epigr.
LXXIII. *Asclepiad.* Ep. V. — Verbum *διεστράμμενος*
Vat. Cod., ut solet, dividit in *ἀπὸ συδματος.* — V. 4. *σιμὰ*
γελῶν. Cf. LII. 3. — V. 5. *κατρός.* *Plato* in Convir,
p. 178. B. *γονεῖς Ἔρωτος οὔτ' εἰσὶν, οὔτε λέγονται ὑπ' οὐδενὸς,*
οὔτε Ἰδιώτου οὔτε ποιητοῦ. *Sappho* tamen et *Ibycum* parentes Amori dedisse, illam Terram Coelumque, hunc
Chaos, tradit *Schol. Apollon. Rhod.* L. III. 26. — V. 8.
μή νυν Vat. Cod. — *τίλφος λίνα.* retia Cupido tendit animis. Verba venatoria ad res amatorias frequenter
translata esse, multi docuerunt. Vide ad *Theocrit.* Ep.
III. 3. — V. 9. *φωλεὸν.* ut fera aliqua in lustro prae-
tereuntibus insidias faciens. — *τιξένα.* Cur poëta in
hoc contextu Amori hoc potissimum epitheton tribuerit,
apparet ex *Aristaen.* L. I. 1. p. 2. *ὁ δὲ χρυσοῦς Ἔρως*
ἐκείνους τὴν τοξωμένην εὐσότιχας διετόξευσαν ταῖς τῶν ὀμμάτων
βολαῖς. Huc facit carmen Anthologiae Lat. III. 212.
p. 646. *O blandos oculos — Illic et Venus et leves Amo-*
res, Atque ipsa in medio sedes Voluptas.

    XCII. Vat. Cod. p. 108. Anth. Planud. p. 448. St.
582. W. (*Mansi* pr. LXXXI. p. 36.) Verno tempore
hoc Epigr. concinnatum finge. Zenophilam flores, quotquot in pratis splendeant, superare. Floribus puellam
comparantem audiamus *Achillem Tat.* L. I. p. 44. *τὸ*
τοῦ σώματος κάλλος αὐτῆς πρὸς τὰ τοῦ λειμῶνος ἤριζεν ἄνθη·
ναρκίσσου μὲν τὸ πρόσωπον ἐστίλβε χροιάν, ῥόδον δὲ ἀνέτελλεν ἐκ
τῆς παρειᾶς, ἴον δὲ ἡ τῶν ὀφθαλμῶν ἐμάρμαιρεν αὐγὴ, αἱ δὲ
κόμαι βοστρυχούμεναι μᾶλλον εἱλίσσοντο κιττοῦ. — V. I. *λευκὸν*
ἴον Planudeae est lectio; Vat. Cod. *λευκοῖον* habet. —
Ut hic *νάρκισσος φιλομβρος,* fic apud *Rufin.* Ep. XV. *ὑγρὸς,*
et in Ep. Mer. DCCV. *ἱλαρὰ νάρκισσος.* — *κρίνα ὀφιλό-*

φετα. *Theorit.* Eid. XI. 26. ϑλεσσ᾽ ἰσωίϑνα φθλαε ᾽πξ ὅρεος ϑρτϑωϑαι. Jam idem videtur *byacinibus* et *lilium* purparram. ἰσωνϑαι τὸ αρΐνε τὸ μΐλανα. *Vetus Lexic.* apJ *Salmaf.* ad Solin. p. 908. F. — V. 3. Zenophila inter omnes flores flos longe praeftantiſſimus. ἄρηρν Α.ϑος florem pulcherrimum quidem, ſed omnium facile ſuga-ciſſimum ſignificare videtur. αφροὶ ἄρηρι et αἐρίος fructus vocantur, qui pro anni ratione provenerunt; *Gravii* Leᷱt. Heſiod. c. XXIII. rum, qui non diu durare nec per Integrum annum conſervari poſſunt, docente *Bo-daeo e Stapel* ad Theophr. IV. p. 395. Fieri tamen poſſit, ut ἀνϑος ἄρηρι h. l. nihil ſit aliud, niſi *roſa* ὀττι *αλλii*, ut ϊθλων ϑερωϑν ap. *Anacr.* Od. LIII. 2. ἄρε de ὄττε, quia tum *formoſiſſimus annus*, illuſtravit *Alberti* in ObIᶠ. phil. p. 225. ſq. — παιϑοὺς Ϳϑον. De puero for-moſo *Aſclepiad.* Ep. VII. παιϑοὺς ἀνϑεα και φιλίγε. Cujus loci tamen paulo diverſa eſt ratio. παιϑα apud Noſtrum una e comitibus Veneris, tanquam una Gratiarum. Et ſic apud *Pindarum* Pyth. IV. 390. Ap. *Himeriam* Or. I. 19. p. 360. junguntur πειϑα και νεϑοι και ὥραι. Argu-rius, quam Noſter, qui Zenophilam Suadelae roſam vo-cat, *Philoſtrat.* Epiſt. XXXV. p. 929. poerum φϑεγγι-μενον ϊϑον appellat. — V. 5. ἰπι, mutato accentu, Vat. Cod. αίεα prati ipſi ejus flores ſunt. *Ariſtotel.* L. II. I. p. 72. ἰως μὲν οὖν ἰ αίρε τῷ λειμῶνι, ἰπιμαζει και ἰ χροὶ τῆς ἰνϑῆς. Vide ad CX. 4.

§. 27.] XCIII. Vat. Cod. p. 809. Planud. p. 449. Sr. 582. W. (*Manſo* nr. LXXXIII. p. 37.) Culices, ne dormientis Zenophilae ſomnum turbent, rogat; deinde, eos amore irretitos ad puellam adrolare ſuſpicans, mi-nas adjicit. — V. 1. εἴφατε, quandoquidem culices ſi-phone inſtruᶜti ſunt. — Sq. verſu morte ex Vat. Cod. In textum venit, pro ἰκέρον, quae Planudea eſt lectio. Huc faciant verba calvi illius ad muſcam ap. *Phaedrum* V. 3. *Contemti generis animal improbum, quae delectari*

bibere humorem sanguineum. — *μιέλαια* ap. *Nicandr.*
Ther. 759. de infectis noxiis. Interiorem hujus vocabuli
significationem aperuit *Ilgen.* ad Homeri Hymn. in Merc.
188. p. 413. sqq. — V. 3. *ταρέ δ' ἔσσεσν* vitiose Cod.
Vat. qui etiam *ὑπερ* exhibet. — V. 4. *σαρισανγιτεις* Cod.
Vat. — V. 5. *καί τι προσμύθεον αὐτά;* Planud. Et sic
fere Vat. Cod. *καί τοι πρό σφιν τὰν αὐλάν.* Esse, qui *πρὸς
ἐπ' αὐτὴν* legant, notavit *Brodaeus.* Grave, quod huic
loco insidet, vitium *Reiskius* in Miscell. Lips. IX. p. 452.
Ita eximendum putabat, ut scriberet, *καί τι πρὸς ἐλακάταν
αὐτά; εἰ quid ego candicem alloquor?* *ἐλακάταν* enim esse
omnem stipem, truncum, scapum. Hoc igitur in textum recepit *Brunckius.* Sic *Theophrast.* H. Pl. II. 2. *ἐλακάτην* vocat, quod Latini arundinis *calamum* vocaverunt.
Vide *Schneider* ad *Columell.* IV. 32. p. 230. Apud
Leonidam Tar. Ep. LXXVIII. iisdem fere verbis reperio, *καί τι πρὸς ἐλακάταν – ὑπερ;* Sed ibi proprio et suo
sensu de muliere ad colum canente usurpatur. Dixeris
fortasse, proverbialem esse locutionem de iis, qui tempus sive canendo, sive sermocinando fallunt, ut mulierculae ad colum susurrantes. Audio; sed exempla hujus parvemiae desidero; nec sensum video in hoc rerum
contextu valde accommodatum. Saltem scribendum:
πρὸς ἐλακάτην ἔλα; *Mensso* conjecit: *καί τι πρὸς ἵνα μάτην
αὐτά; quid culices tam manfueta voce appello?* Idque probat Vir doctus in Ephemerid. Univerf. quae Jenae pro-
deunt, an. 1795. nr. 45. Satis profecto lenis mutatio, et fortasse amplectenda, nisi paulo durior verbi
προσκαλεῖ. tmesis impediret. *μάτην* verum existimo. Vulgatam lectionem *καί τι προσμύθεον αὐτά* diligenter riman-
tibus probabilis fortasse videbitur emendatio nostra:

καί τι σάρματος μάτην ἔλα;

quid lapidibus frustra cano? Quantillum intersit inter
σρωσ et *σάρματος,* non ignorant, qui verborum compendia in codicibus noverint. Inter plurima, quibus labo-

res fruftra fuscepios fignificabant Graeci, proverbia erat etiam ἀίζε διαλλγιεθαι, quod attigit *Erafmus* Cent. V. Chil. I. nr. 89. Etiam μάτην ἀιἴιτι paroemiacum eft. *Zenobius* I. 72. ἄλλας ἄλιιε· ἐπὶ τῶν μάτην πονούντων, unde fimilia egregie correxit *Ruhnkenius* ad Tim. p. 199. *) — Poëta, fruftra fe colices rogare animadvertens, illos candida et delicata puellae cute defectari fufpicatur. Comparanda funt haec cum verbis *Luciani* in Mufcae Encomio T. III. p. 98. cujus morfus τὰς ἐγχειτήτας, ait, οὐκ ἐφιᾶσιν, ἀλλ' ἔφειται καὶ φιλανθρωπίαι· οἷς τῇ θανάτω ἀπολαύει καὶ τοῦ κάλλους τι ἀπαυθίζιται. Conf. *Turnebi* Adverfar. LXVI. 3. — "Pro ἄτεγτω Cod. Vat. ἄτικτω, fere ut edit. Juntina, ubi typotheiae errore ἄτικτω legitur. Cf. Epigr. LVIII. 9. Comparandus *Calliftr.* Stat. VI. p. 899. καὶ Μέτεται ἀτεγκτος φύσις πρὸς τὴν ἀφανίτιν μεταχρπάζετα. *Philoftr.* Epift. XLI. p. 931. 89' αὕτως ἀτέγκτως ἔχεις πρὸς τὸν ἔρωτα. — V. 6. τρυφερᾷ. Idem fere verfus in optimi poëtae Epigr. Inter ἄλλων. XXXIII. μή μ' ἀνάτε Τὸν τρυξηρῷ παιδὶ ἔαρος χλωπόμενον.

· XCIV. Vat Cod. p. 112. Planud. p. 450.· St. 584. W. (*Manfo* nr. LXXX. p. 36.) Calicis, e quo puella hiberat, fortem fibi exoptat poëta. — V. 1. τὰς Vat. Cod. ✓ Verfu tertio *Brunck.* exhibuit membranarum lectionem. Vulgo: ἐκβιον εἰδ' οὐ' ἐμοὶς χείλισσιν χείλεα ἄικα. Quod inconcinnum. In edit. Lipfienfi χείλισι librariorum negligentia omiffum eft. Comparavit b. l. *Burmannus* cum *Propert.* I. El. XIII. 17. *Et capere oprasit animam deponere labris.* Ubi doctiffimus *Hafchkius* in Epift. crit. p. 36. nuper *oblaris* conjecit. Equidem praetulerim *Burmanni* conjecturam *oprasit* propter haec

*) Hic jam fcriptis in manus mihi veniunt conjecturae *Jof. Scaligeri*, margini Aldinae adfcriptae; interque eas etiam hujus loci emendatio: καὶ τα ὡρε τι μάττι ἀΐδι; ubi fi fim fcripferit, verum fortaffe *Meleagro* lectionem roftituet.

Aristaeneti l. II. 19. p. 202. σὸ μόνον στέφος ἀμφίζοντες, ἀλλὰ καὶ φιλήματα ἰσανάπτοντες θυχές. Similia dabimus ad *Platon.* Ep. II.

XCV. Vat. Cod. p. 113. Planud. p. 451. St. 585. W. (*Manso* nr. LXXXV. p. 38.) Poëta Cupidinem, pravi ingenii puerum, vendere conſtituerat; ſed mox eum, pueri precibus animo commotum, capti conſilii pœnituit. Ut ſenſum et venuſtatem hujus carminis perſpicias, Cupidinem tibi fingere debet in cataſta collocatum, haud aliter ac poëtae mancipium. Deſcriptio Cupidinis comparanda cum ea, quae Ep. XCI. continetur. Ceterum Meleager Imitatus eſt *Anacreontem* Od. X. — V. 1. καὶ μητρός. Quamvis tenellus et adhuc in matris gremio dormiens. In hac enim tam tenera aetate jam ſatis ingenium manifeſtaverat, ut dominus eum bonum et frugi ſervum evaſurum eſſe deſperaret. Cf. Epigr. XXV. — τί δ' ἐμοί. Illuſtravit hanc locutionem *Weſſeling.* ad Corinth. l. 5. 12. p. 119. Expreſſit *Anacr.* l. c. ἀλλ' ὁ θῖλω συνωνεῖ Ἔρωτι παντοςίατε — V. 3. ὄνξον. Vat. Cod. — V. 5. ἄνοιτον *Stephano* debetur. Editiones Florent. Aſcenſ. et filiorum Aldi ἄνγειτον exhibent; duae Aldinae et Juntina ἀθγητον, quod etiam Vat. Cod. praeſtat. — V. 6. τιθασὸν. *Herodicus* ap. Athen. p. 219. F. τιθας τωθὸς ἱκανήτον· οὐκ ἐγὼ τιθασὸν ὅτι ὑπίστον αὐτοῦ. *Themiſt.* Or. XXII. p. 273. B. ἀνθρωπον ἥμερόν τε καὶ τιθασσόν. — Planud. αὐτῇ μητρὶ φίλη. — V. 8. θῖλω. Planud. — V. 9. οὐδ' ἐτι πωλῶ. Cod. Vat. Pro δεδαπυρωμε editio Flor. δεδαπριμύτ habet. — σύντροφος. Zenophilae te in contubernium trado. Reſpondeant haec quodammodo Anacreonticis: ὡς αὐτὸν ἡμῖν ἀραχθεὶς μηλὲν ἐὄνιντας.

§. 28.] XCVI. Cod. Vat. p. 109. Planud. p. 450. St. 583. W. (*Manso* nr. LXXXVI p. 38.) Amorem ſibi in intima anima novam animam, Heliodoram, finxiſſe, Sic plane *Plutarch.* T. II. p. 759. C. ἕτερον Luni τὴν ψυχὴν τοῦ ἐραῶτος διδιωστάσθαι τῇ τοῦ ἐρωμένα. Minus a .

gata eſt, ſed ſimilis *ἴντια* apud *Ariſtænet.* II. Ep. II. *Θατέρα ενιαν ουκ* κρεκριωιθ τῆς ἑτέρας, τὴν *ψλήτα τατόνης* ἐπὶ τῆς ψυχᾶς *ἀνεπλάττεν.* *Xenophon Epheſ.* L. I. p. 7. ται ειἀυτας ἐπὶ τᾶς ψυχᾶς ἀλλήλων ἀνεπλάττοντες. Similia collegit *Abreſch.* in Miſc. Obſſ. Tom. X. p. 204.

XCVII. Vat. Cod. p. 119. Edidit *Reiske* in Miſc. Lipſ. IX. p. 473. nr. 365. unde repetivit *Schneider.* Pet. crit. p. 79. (*Manſo* nr. XCIV. p. 40.) Probabile eſt, quod *Schneiderus* obſervavit, *Meleagrum* ante oculos habuiſſe *Anacreontem,* cujus fragm. ad nos transmiſit *Athen.* L. XIII. p. 599. C. Σφαίρη δηντί με πορφυρέη (ſic lego pro πόρφυρ᾽ ἐκ) βάλλων χρυσοκόμης Ἔρως — συμπαίζειν προκαλεῖται. Cor ſuum, cupiditate palpitans, ab Amore ad Heliodoram pilae ad inſtar mitti ait. Tum puellam, ne id rejiciat, precatur. Ut in allegoria permaneat, *Ἔρωτι* colluſorem opponit *παῖδα.* Non alienus eſt ab hoc carmine locus *Philoſtrati* Libro I. Icon. VI. p. 771. Cupidines deſcribentis, οἳ ἀντιπέμπουσιν μῆλον ἀλλήλοις. — φιλῖα ταῦτα καὶ ἀλλήλων ἵμερος. οἱ μὲν γὰρ διὰ τοῦ μήλου τοῖ

ζοντες πέθου ἔρχονται. — V. 2. παλλομένη κραδίη. Sic Vat. Cod. πάλλεσθα palpitare dicitur ἡ καρδία, non prae metu, ſed prae amore et deſiderio. *Ariſtæn.* II. 5. p. 78. τυνὶ παλλομένης θεάτρωμαι τῆς καρδίας καὶ λίαν δυσωπῖν καὶ σφίγγεσθαί μοι κατὰ πάθος, ut haec emendare conatus ſum. Cf. *Abreſch.* in Lectt. p. 211. — V. 4. ἀντιλουτέρων. Cod. Vat. Emendavit *Reiskius;* (cſ. Straton. Epigr. LXIV. 7.) qui hunc locum ſic illuſtravit: »Ad gymnaſtica exercitia et ad palaeſtram pertinet pila »quoque. Ludentibus pila inter alias haec etiam lex »erat, ut, quam projiceret unus ad alterum pilam, hic »exciperet, et ad priorem rejiceret, non autem ſineret »homo cadere, aut alioverſam detorqueret. Huc allu»dit poëta non ineleganter. Si amorem meum non »admiſeris, et tuum mihi non refuderis, non ſeram,

~ais, injuriam, palaestrae venereae pugnantem. *Haec* ille. *Plutarchus* justi concentus imaginem posuit luso-rem et collusorem T. II. p. 45. E. ἄσπερ ἐν τῷ σφαιρίζειν τῷ βαλόντι δεῖ συγκαταβαίνειν εὐρύθμως φέρεσθαι τὸν δεχόμενον. Cf. *Senecam* de Benef. II. 17. Meretrix, quae ab uno ad alterum transit, pilae comparanda secundum *Aris-*aider. Oneir. I. 57. ἴσως γὰρ ἡ ἑταίρα καὶ τὸ ἁρπαστὸν ἑταίρα διὰ τὸ μηδαμοῦ μένειν καὶ πρὸς πολλοὺς φέρεται.

XCVIII. Vat. Cod. p. 107. Edidit D. *Heinsius* in Carm. Gr. p. 148. *Bentleius* ad Callimach. Ep. XXXI. p. 206. ed. Ernest. *Reiske* in Misc. Lips. IX. p. 297. nr. 324. (*Manso* nr. XCIII. p. 40.) Poëta inter potan-dum absentis puellae memoriam refricat. — Vers. 1. ex-pressus ex *Callimachi* Ep. II. — V. 2. μίσγ' ὄνομα. No-men, quod inter bibendum pronuntiatur, vino videtur misceri. *Scholiastes Theocris.* Eid. XIV. 18. εἴωθασι ἐν ταῖς συμποσίοις ἄκρατον λαμβάνειν καὶ ὀνομάζειν τινὰς ὀρωμένους ἢ φίλους καὶ ἐπιχεῖν τῇ γῇ, καὶ φθέγγεσθαι τὸν φιλούντων τὰ ὀνόματα. — V. 3. τὸν βρεχθ. μύροις. Coronam unguentis delibutam et hesternam, χθιζὸν ἐόντα. *Hesterna rosa*: Ovid. III. Amor. VII. 66. *Me juvet hesternis positum languere corollis.* *Propert.* L. II. El. XXV. 59. — Co-ronas unguentum redolentes, στεφάνους μύρωσιν ἔτι πνέον-τας, Priapo offert Alexo in Epigr. inter ****. CXL. Hinc apparet, non tam infrequens fuisse, quod tanquam ex-emplum rusticae et ineptae magnificentiae commemorat *Plutarchus* T. II. p. 713. E. καὶ γὰρ ὁ τοῦ μεγάλου βασι-λέως μεγαλοφρονέων πρὸς 'Αντάλκιδαν τὸν Λάκωνα, δακὼν δυσί-φρακτος ἰξόης καὶ ἀγροίκος, ἐχυλίσε φύλαν καὶ ῥόδων μεμιγμέ-νων, στέφανον εἰς μύρον βάψας ἔπεμψεν αὐτῷ, τὸ σύμφυτον καὶ ὅσον καλὸν ἀπολέσας καὶ καθυβρίσας τοῖς ἄνθεσι.

XCIX. Vat. Cod. p. 107. Protulit *Bentl.* ad Cal-lim. p. 206. ed. Ern. *Reiskius* in Misc. Lips. T. IX. p. 299. nr. 325. (*Manso* nr. XCII. p. 39.) Poëta Helio-

dorum in Veneris, Suadelae et Gratiarum loco ponit. —
V. 1. Codex τᾶς, frequenti ap. eum errore. — V. 2.
τὰς αὐτὰς διὰ λόγου Χάριτας. Idem. In apogr. Lipſ. διό-
λογου Χάριτες. Br. recepit lectionem Bentlejanam. — Ἂς
θυμῷ κ. ut praecedente Epigr. verſ. ſecundo. Inter
bibendum veteres amicitiam firmare ſolebant diis invo-
catis; unde Dioscorides Ep. V. al πρώτῃ μύστης δαίμονι.

C. Vat. Cod. p. 592. ubi nullum lacunae veſligium.
(Manſo nr. XCV. p. 40.) Adſcribam Branckii notam:
„Ultimum diſtichon, quod renoſtiſſimum eſt, nemini
„non deſiderium incutiet deficientis initii. Verbum
„ἱμαιχμάσιν hinc notavit Hefychii ſoſpitator. Animadver-
„tenda codicis ſcriptura, quae talis eſt: ἔμαιναί τις
„ντίεσος ἱμαιχμάσαι (in meo apogr. ἱμαιχμάτται) ἄγεται σῖναι
„ντίς τίσες. Admodum probabile eſt, ſcriptum fuiſſe hoc
„carmen in diſputatione poëtae cum ſemet ipſo; ut ſupra
„eſt Carmen LVI. Legendum puto: ἄρνάσεται — τις
„ντίεσες ἱμαιχμάσαι. Hoc compoſitum ſenſus admittit:
„αἰχμάζειν ἐπί τινα. Non alterum.“ Αἰχμάζει. πολεμεῖ.
μάχεται. Αἰχμάται. ἀκοντίτας. πολεμήτας. Ἐναιχμάται. ἐν-
μαχόμεναι. Hefych. Eodem compoſito uſus eſt Lycophron v. 546. — 8. 29.] V. 3. καί τω pro τίς Cod.
Vat. et apogr. Lipſ.

CI. Vat. Cod. p. 110. Reiske in Miſc. Lipſ. IX.
p. 303. nr. 333. (Manſo nr. LXXXVII. p. 38.) Inter
nequitias amantium eſt ωίσμα, cujus vim, ad intimas
usque medullas pertendentem, poëta expertus, Heliodorae unguibus hanc potentiam a Cupidine tributam
fingit. De unguium pulcritudine, qua Heliodora prae-
ſtiterit, cum Reiskio cogitare ineptum; licet Propertius
L. III. VI. 6. dixerit: Et mea formoſis unguibus ora
nota. Pro ἱντρώσεις Cod. Vat. ἐντρώσεις. et ſq. verſu
τούτας.

CII. Vat. Cod. p. 111. Edidit D. Heinſius in Carm.
Gr. p. 149. Majus in Obſſ. ſacris L. IV. p. 189.

Reiske in Misc. Lips. IX. p. 307. nr. 337. (*Manso* nr. XCVII. p. 41.) Noctem precatur, ut Heliodorae cum amante cubanti fructus voluptatis pereat. — V. 1. *λίαν* *μω*. Cod. Vat. — V. 3. *βεβλημένων*. Sic Vat. Cod. Vide ad *Asclepiad.* Ep. XX. — Ad seq. vers. confer Ep. XIII. 4. XCIII. 6. — Optat poëta, ut lucerna exstinguatur, *κοιμηθῇ μὲν ὁ λύχνος*, quo facto πᾶσα γυνὴ ἡ αὐτή, (ut mulier quaedam Philippo dixit, ejus pudicitiam expugnaturo, ap. *Plutarch.* T. II. p. 144. E.) omnisque, quam oculi conciliant, voluptas perit. Simile est votum *Asclepiadis* Ep. XXV. *ὅταν φίλαν ἐντὸς ἔχωσα Παῖζε*, *λυχνοφοράδα* *μηκέτι φῶς φέρεχα.* *Propert.* L. II. XII. 9.

> *Quam male appositis narramus verba lucerna,*
> *Quousque sublato lumine rixa fuit?*
> *Non juvat in caeco Venerem corrumpere motu.*
> *Si nescis, oculi sunt in amore duces.*

Gallienus in Anthol. Lat. III. 258. p. 684. novos sponsos hortatur, *Vigiles nolint exstinguere lychnos: Omnia nocte vident, nil cras meminere lucernae.* Ad utrumque locum vide *Burmann.*; et *Dorvill.* in Misc. Obs. Tom. V. p. 115. — Quod ad alterum votum attinet — *κοιμηθῇ λυτύχνος 'Ενδυμίων*, sine dubio dicere voluit, se optare, ut, quicunque cum Heliodora cubet, profundo somno voluptate oblata privetur. Recte advocavit *Manso* *Scholiast. Apollon. Rhod.* IV. 57. τινὲς δὲ τῷ ἔστι φιλουντες· ἐγεννᾶτο τὸν 'Ενδυμίωνα· ἐφ' οὗ καὶ σοφωνία, 'Ενδυμίωνος ὕπνος, ἐπὶ τῶν καθ' ὑπνομενῶν, ἢ δραιλῆς τι σπαττόντων, ὡς Ἰαμβᾶ παρέδραμε. καὶ Θεόκριτος μέμνηται· Ζακωτὴς μὲν ὁμῖν ὁ τὸν Ἐνδυμίων ὕπνον ἴασεν. Locus *Theocriti* est Eid. III. 49. ubi vid. *Schol.* Addit *Suidas* in 'Ενδυμίωνος ὕπνον καθεύδεις, Endymionem Somno in deliciis fuisse; Idque Cares narrare ait auctor Proverb. in Append. Varic. Cent. I. 61. Apud *Diogenianum* Cent. IV. 40. Ἐν τῷ γὰρ ὅλων ὑφάσθη ὁ 'Ύπνος παιδὸς 'Ενδυμίωνα, non expuo, quid sibi velint

verba ἐν τᾶι ἀλλ., quae fortasse depravata sunt. Locos
veterum, qui hoc proverbio usi sunt, commemorat
Erasmus Chil. L. IX. 63. — Similem somnium, sed
gravioribus verbis, imprecatur rivali *Propertius* L. II. 7.
98. *Atque utinam — Illa viro in medio fiat amore lapis;*
cujus loci sensum recte percepit *Burmannus*. — Paene
monere neglexeram, in membranis καμψοθι μὲν λυγρας,
omisso articulo, legi.

    CIII. Vat. Cod. p. 111. *Reiske* in Miscell. Lipf. IX.
p. 308. nr. 338. (*Manso* nr. XCVIII. p. 41.) Poëta,
voluptatis, in Heliodorae amplexibus perceptae, memoriam refricans, num illa iisdem delectetur imaginibus,
an novum amorem pectore foveat, cum sollicitudine
quadam rogat. — V. 2. ὑφθον habent membranae.
Brunckianam lectionem de *vellicationibus et mollibus*
morfaumulis, quales *diluculo infisto ingruunt* amantes
sibi in discessu inferre soleant, interpretatur *Manso*.
Quae fortasse vera est interpretatio. Haereo tamen in
σκαλαθυ, quod non simpliciter est *infestum* et *iniquum*,
sed *pravum, a recto detortum*; ut ap. *Callimach*. H. in
Jov. 83. ἐκθηκας, οὔτε διαφερ Λαθς ὑπὸ σκαλιθς, οὔτ᾽ ἐμφαλον
ὑθὐνουσιν. Sic sibi opponuntur σκαλαθ θρανοι et εὐθεῖα ἀτραψ
in Scolio XIV. Quod *Hefychius* σκαλαθυ interpretatur per
ἀσχημον, eo non efficitur, ut quaecunque res ingrata
σκαλαθυ vocetur; sed eae tantum, quae, quia contortae
sunt et difficiles, molestiam pariunt. Sapientiam multis difficultatibus implicatam σοφιην σκαλαθυ vocat *Hermo-*
fianax in Eleg. 81. quem locum sine causa tentavit
Heinrich. in Obss. crit. I. p. 45. Orationem dialecticis
argutiis plenam σκαλαθαc μυθων dixit *Antip. Sidon*. Ep.
LXV. Fortasse itaque vitiosa est membranarum scriptura, et legendum:

        εἰ σκαλαθον ὑφθον σιομαται — —

Ἀσκαλίς. σκληρον. χαλεπον. κλικλινττον. στυφον. ἢ ᾽σκαλον.
Hefych. Cf. Etymol. M. voc. ἀσκαλίς. Conf. *Reimf.* Var.

Lect. III. 17. p. 645. Plurimae significationum, quas
huic voci tribuit *Hesychius*, nostro loco conveniant, ubi
de ἐχθρῷ amantibus ingrato, ωαρῷ καὶ χαλεπῷ, five, ut
Noster appellat Ep. LXXXI. et LXXXII. ἀνεράστῳ agitur.
Quae si recte posui, nollem verba ἀκυλίδων ἠχθμένῃ ἀνίαισιν
de vellicationibus matutino tempore illatis acci, e e —
cur enim mane potius quam media nocte his nequiis
utantur amantes? — sed de diluculo, quod amantium
amplexus divellens vexat, ωτίζει. Non enim semper nec
ubique verbum ωτίζειν sensu nequam ponitur. *Eurip.*
Med. 599. ἴλθις, ὅστις τῆς ἐμῆς ωτίζει ἔριτα. Andromach.
208. ἦν τι ωτισθῇς. Vide *Wesseling*. ad Herodot. VII.
p. 513. 76. — Verum nec ultimum hujus versiculi
vocabulum vitii expers. Cod. habet ἀνιζομένῃ. In apogr.
Lips. ἀνιζομένῃ, asterisco appicto. Hoc sinceram putabat
Raiskius, ut a ἄνομα et χαλῷ derivandum. Metri detri-
mentum pro nihilo putabat Vir doctissimus. *Brunckius*
unde suam lectionem sumserit, non indicavit. Ipsum
inventum puto; quam probabile, non dixerim. ωτίσματα
ἀνεράχθη (a ἄσης et χαρὰ) sorent cruciatus, qui aliorum.
malis gaudent; ut ἐπὶ τοιχαρίκασιν in re simili Epigr.
LXXXII. Sensus optimus; sed aliud quid latere videtur.
Correxerim equidem:

ωτίσματ' ἀδαχζομένῃ.

ἀδαχμὸς, ἐναιμὸς Hesych. Nihil diversa ἀδαχμὸς et ἀδαχμὰ
quorum prius de graviori dolore usurpavit *Sophocl.* in Trachin.
chin. 769. ἤδη δ' ἀνοίτων Ἀδαχμὸς ἀντεσπασεν. ut *Brunckius*
ex Photii Lex. Msc. restituit. De ἀδάχεθαι, mordere,
pungere, vid. *Foësii* Oecon. Hipp. v. p. 3. — *Mansoni*
in mentem venerat — ωτίσματα ἐνιζομένῃ. Nec ipse tamen sibi in hac emendatione satis faciebat. — V. 3.
στέφη δὲ ἐμοὶ λαίφατα μετὰ φίλησι. Vat. Cod. et sic apogr.
Lips. nisi quod ἐμοὶ pro ἐμᾷ legit. *Brunckii* lectio *Rais-
kium* habet auctorem. Sequ. versu pro τι ἀλοτίῃ in Lect.
corrigit editor in ἀλοίη, quae *Schneideri* est conjectu-

H 2

ra, probata *Hyssenbachio* in Bibl. crit. p. 71. In Vat.
Cod. *ἐν σλείοις* exſtat. Mihi in hoc diſticho nondum
omnia videntur ad ſanitatem perducta. — *μεικύοντοι*
De veſtigiis lecto impreſſa videtur agere. *Livius* L. 58.
Veſtigia viri alieni, Collatine, in lecto ſunt tuo. *Ariſtaenet.*
Epiſt. II. 22. *ἐξανάστα τῆς εὐνῆς, καὶ τὸν στρωμνὴν ἀνατάραξε,*
καιτελθὲς συγχέουσα τὸ ἴχνωμα τοῦ δευτέρου σώματος, ὅτι κατα-
γλάφει μηνύματα συζυγίας. Cf. *Tibull.* I. 9. 57. *Propert.*
L. II. 29. 35. — V. 5. *αὐμὸν ὄνειρον. Hyſſenbachius* in
Bibl. crit. ƚ c. *αὐμ' ἀπ' ὀνείρου* conjicit, five *αὐμὰ γ' ὀνείρου*
ὑπακάτω. Prius praeferendum. Nam me *falſa ſub*
imagine ſomni ſecum videt, ut poëta loquitur in Anth.
Lat. III. Ep. CCVI. *Agathias* Ep. XII. *ἴσως δὲ τις ἴξει*
ὄνειρος, Ὃς με Ῥοδανθείης πέχασεν ἀμφιβαλεῖ. — De *εὐχμ*το
vide ad Ep. LXXXIV. — V. 8. *τελlη* Cod. Vat. In apogr.
Lipſ. *ἐνδερ.* ubi etiam *ἡετοτ ἰδωὰω* exſtat.

    CIV. Vat. Cod. p. 108. ſine auctoris nomine. *Me-*
leagro aſſerit Planud. p. 448. St. 582. W. Similis eſt
Iuſus in Ep. Inc. LXVII. et LXVIII. (*Menſo* nr. XC. p. 39.)
Philoſtrat. Epiſt. XXXIII. p. 928. cauſam, cur roſae,
quas deliciis miſerat, ſubito exaruerint, quaerens, quanti
ſuſpicari licet, ait, *οὐκ ἄτεχνα παρεσκευάσμεθα, ἀλλ' ἐλεγχι-*
τα εἴς τὴς σῆς ὀφθαλμῆς, ἀλλ' ἐμοῦ τι ἔθηγοι εἰσδεκτήριον χρινδε
καὶ ἀντέστο. Idem Epiſt. XXIX. p. 927. *παρεθάρχη δὲ οὐ τὸ*
τὰ ῥίᾳα, ἀλλ' αὐτὰ οἱ.

    §. 30.] CV. Vat. Cod. p. 108. Planud. 449. St.
582. W. (*Menſo* nr. XCI. p. 39.) Coronam puellae
nectit. — V. 1. *στολαῖς* Planud. Longe elegantior
membranarum lectio. — V. 5. *μυροβοστρύχων* Planud.
μυρόβρυχος in Vatic. Cod. a prima manu eſſe, notarit *Br.*
Quod unde didicerit, ignoro; *Salmaſius* enim in Plin.
p. 536. ad. quem lectores remittit, de *βότρυς* quidem
diſputat, noſtrum autem locum non attingit. In meo
autem apographo, nulla lectionis diverſitate notata,

μυροβοστρύχων exhibetur. De βότρυς, quod crines faſti-
giatos, corymbium, ſignificat, alio loco dicemus. —
ἀνθεμας in Cod. ab antiqua manu eſt; manus recentior
ʼι ſuperſcripſit. Optat autem poëta, ut corona Heliodorae comas floribus ſuis conſpergat; quod cultus et
venerationis ſignificationem habet. De ἀνθεμας vide
quae collegit *Baardeloe.* ad Heliodor. Aeth. L. III. ʒ.
p. 178. ed. Lipſ.

CVI. Cod. Vat. p. 108. Planud. p. 448. St. 581. W.
(*Manſo* nr. LXXXVI. p. 59.) *Schneiderus* in Per. crit.
p. 107. hoc diſtichon jungendum putat Epigrammati
LXXXVII. cum quo in Flor. edit. cohaeret. Verum in
Florentina permulta Epigrammata cohaerent, quae ſe-
paranda eſſe nemo dubitat. Mihi certe et illud Epigramma, quod in Planuade praecedit, et hoc diſtichon
totum videtur conſtituere. — V. 1. ἡ Planud. Imitatus eſt haec *Agathias* Ep. XXV. 7. 8. ἀλλὰ τί μοι τῶν ἶσον,
ἀπὸ σέο μᾶλλον ἐκπίπτω Ἡβαίων ἡ αἰθέρος ἐρχόμενα ἀπιᾶλλον.
Ante ἐ ſupplendum μᾶλλον, ut in Ep. inter Διόσ.
CCCXXXIX. ἔρωσεν αἱ Χάριτες φορεσώψια καίρωσσαν σύγλησι
Ἐλλάδα ποιοσέων, ἡ τῆν τῇ Πανθίη. Cf. *Antip. Theſſ.* Ep.
I. 6. Hunc dicendi uſum illuſtravit *Dorvill.* ad Charit.
p. 532. et *Abreſch.* ad Aeſch. T. II. p. 19. — V. 2. ἡ
τᾶς Αατρίλες Vat. Cod. In Planud. Αατράδεσ.

CVII. Vat. Cod. p. 108. Planud. p. 449. St. 582. W.
(*Manſo* nr. LXXXIX. p. 39.)

CVIII. Vat. Cod. p. 110. Planud. p. 450. St.
583. W. (*Manſo* nr. XCVI. p. 41.) Ad apem, quae
Heliodoram attigerat. Simile eſt Epigr. *Stratonis*
LXXXVIII. Ineptam eſſe *Προσαν* in noſtro carmine, praeclare oſtendit *Schneiderus* Per. crit. p. 47. Idem varietatem lectionis notavit p. 118. — V. 3. Quod apis
Heliodorae cutem tetigit, indicare videtur poëtae, puellam et γλυκόπικρον Cupidinis μέλος in pectore habere.

Simili acumine, quamvis minus inepto, *Achilles Tatius*
L. II. 7. p. 96. οἱ νῦν καὶ τὰ μέλιτταν θεὶ τῶν στόματος
θέρμαι; καὶ γὰρ μέλιττες γλῶσσα καὶ πτερώσιν σοι τὰ φιλήματα. — Pro *λοετρωτον* Planud. *Μεγαρων*. Vat. Cod. *λιεαρτον* habet; quarum lectionum comparatio docet, verisimilam esse Brunckianam, quam ipsius elegantissimi viri
ingenio deberi puto. — V. 5. τοῖς ἐν, τοῖς ὁ φ. Planud.
τοῖς οἴναις ὁ φιλήματα. Cod. Vat. 9. igitur iterum ex ingenio est positum. Mihi tamen verisimilius est, Meleagrum scripsisse:

    val doula τοῖς ἐν οἵ, ὁ φιλήματα, — —
Epigr. XC 4. οἷα τίτον, καὶ, φιλήματος, τίτον.

CIX. Vat. Cod. p. 292. Planud. p. 228. St. 332. W.
(*Manso* nr. CXIX. p. 50.) Nec in uxorem poëtae, ut
Opsoporus putavit. nec in filiam scriptum, quae *Valckenarii* est sententia ad *Phoeniss.* 88. p. 33. sed in amasiam, quae post jucundam consuetudinem immatura
morte perierat. — V. 1. τίθον ὅτι. Plan. — ἐναργὴς
λελεγμ, ut Ep. CIII 3. *lacrymas, raras manus emicuisse.*
Anthol. Lat. T. II. p. 75. — V. 4. σνίνον. In hac re
satis frequens apud poëtas. *Theocrit.* Eid. XXIII. 33.
σπάδε ἡ καὶ βρηχὺ κλασίαν· ἱκετηρίους δὲ τὸ Μηρο Λύτον —
Epigr. λίτων. DCCXI. μενῖν Θεομηθὴς λεετρηὶ κάθης σιτίστε
μυθήματα. DCCXV. σίτηθα σνάονε ὑπὸ βλεφάρων Μηρο λεετηρηθίτας· *Aristoph.* L. II. 13. p. 98. καὶ κετσατίτιθε Μηρσν
νῖν γραμμάτων. — Lectio ἅμα σίθον qua auctoritate
nitatur, ignoro. In Planud. et in Vat. Cod. σνάσι logitur.
Sed vera videtur Brunckiana lectio; certe est elegantissima. *Euripid.* Phoeniss. 381. δι' ἔσσον νῆς ἔχον λεατήσσωσι· quae est verissima *Musgravii* emendatio. *Hercul. Fur.* 625. καὶ οἴμοι' ἔσσον μενῖ· ἱφανότητα. —
31.] V. 4. οὐκ χρήσι· inutile manus, quo nihil efficitur ad movendum Orcum, qui solus deorum σνάσον
νῆς λεετηρη. *Dio Chrysost.* XI. p. 173. D. σνῆς, αὐτῷ

καφιζοντα χάριτας καὶ ὕπνον γελάσαι. *Nonni Dionyf.* XLVII.
λι· ταῦτα πάλιν, ὕπνε, φίλον χάριν. Appoſite Antigone in
Eurip. Phoeniſſ. 1773. χάριν ἐχθρῶ̈ντα τὸ θεῷ δίκαιον,
deos veneratur videlicet, ᾗ; χάριτες καμφθῇ τινὰ τῶν θεῶν
οὐκ αἴρω, ut *Schol.* interpretatur. — V. 7. Quod *Me-*
leager Heliodoram ἅλικα vocat, inde non ſequitur, ut
ejus filia fuerit. Cf. *Epigr.* LXXXVIII. 1. —, V. 10.
Pomparam in Lectionibus Aldinae primae ſubjectis μητρὶ
ἐκγεκλιται corrigitur, quod receptum eſt in Ald. ſec.
quaſi hoc carmen in matrem poëtae compoſitum eſſet.
In: Aſcenſiana μάτερ, omiſſo apoſtropho, et accentu
mutato.

. . CX. Vat. Cod. p. 418. qui hoc carmen, quod ſine
auctoris nomine exſtat in Planudea p. 124. St. 179. W.
Meleagro vindicat. Tamquam venerandae antiquitatis
pretioſiſſimum monimentum, a ſe recens detectum,
eruditorum admirationi venditavit *Jo. Baptiſta Zanobetti*,
ſub titulo: *Vet Idyllium Meleagri e Cod. Vat. Mſc. edi-*
tum et illuſtratum. Romae 1759. 4. Errorem editoris deterit Vir D. in *Journal de Trevoux* 1760. Mars.
p. 763. Idem carmen ſeparatim exhibuit, prolixe
commentario inſtructum, *Meineche* Goettingae 1788. 8.
Habet hoc Eidyllium, quo ſe commendet; vix tamen
dignum iis laudibus, quibus nonnulli id cumulaverunt.
Neque enim imaginum novitate, copia et varietate, neque admodum ingenioſa earum adornatione et concin-
natione lectorem retinet et delectat. — V. 2. πορφυρέαν
Cum ſe purpuram vere remiſit it humus. Tibull. III. 5. 4.
Oppian. Hal. L. I. 458. ἀλλ' ἐντὸς ἀνθρωματοιαι ἐπὶ χλοΐς
αἷμος ἄφαι Πορφύρεον γαλάτοσαν, ἀργυνιόῃ τε θάλασσα Χά-
μαντος πλάτοσα. — V. 4. In Analectis typothetarum errore, θαλάντεντα legitur; pro θαλύνεντα. — Mox omnes
Planudeam edit. et Cod. Vat. ἰσάμενε exhibent, quod
Zanobetti ſic vertit, quaſi ἰσάμενε legiſſet. Noſtra lectio
debetur ſagacitati *Hanii* in Not. p. 14. cujus emenda-

H 4

tionem firmat. Cod. Planud. regiae, ubi a prima manu
τὸ ἴσον habetur. Eandem errorem in *Callimachi* H. in
Del. 262. correxit *Hemsterhusius*: χρότοιτ δ' ὑπέρτων γα-
αὖθλων ὕρας λίσκγε. *Anacreon* p. 334. ἔστον λαφθέντος μετὰ
στον. *Libanius* T. I. p. 280. 17. τῇ φοιτῇ αὐτῆς ἢ γῇ κοινῷ.
Herodes Att. in Inscr. T. II. p. 300. λιμένων τι κόμας
ἀναστρεφομένων ποίησεν. *Hermias* IV. Carm. VII. 1. Dif-
fugere nives, redeunt jam gramina campis Arboribusque
comae. — Pro κουρλίαις vitioso κουρλίαις Vat. Cod. —
V. 6. λαχγειότων. Nec flos ullus hiat praeses. *Propert.* IV.
2. 45. Vide *Burmann.* ad Lotich. p. 103. — V. 10.
ἀναφέρετ φ. κρκγιλλεις Ἀφάρτεις dicitur *Marcus Argent.* Ep.
XXIV. κρκθτετος *Dioscoridi* Ep. VI. et *Philodemo* Ep.
XXV. Pro ζοφόρε Vaticanae membr. ζοφόρα male. —
Mox *Huetius* p. 14. κλκόεντος conjicit. Vulgata elegantior. — V. 13. πορχίεντα et μελίεντος Cod. Vat.
βοσγεντόσεις. Nota veterum de prima apium origine opinio. Loca scriptorum collegit *Bochmanus* ad Antig.
Caryst. p. 36. — Sq. vers. μλις Cod. Vat. Una ex
Aldinis μλις — λεσλὴ κλσσα. ut *Musaeus* v. 54. λλ
κλσσαν σαφθοτσων, ubi doctissimus *Heinrich* nostrum locum laudavit. κατεφρόση hinc fortasse sumsit *Lucian.*
Ep. XXXVII. μλισσαν κατεφρόση ἐπὶ εἰφλλαις. *Nonnus*
Dionys. L. V. p. 152. Aristaeus Harmonine attolit
σοφῆς μελίσσης λαιδαλλην στίλα κατεφρόσον λερόησ. *Phocyli-*
des v. 162. βήθι εἰμφλιον Σμήνεσς μεμάλγητο κατ' ἄγγεα
κσφολοφσίσα, ut haec emendavit *Rubnken.* in Ep. crit.
p. 89. — V. 16. λεγόφοτος. Planud. — V. 18. αἰστος
δ' ὑπ' ἐγθλει. Vat. Cod. Inter eas, quas vernum tempus
adducit aves, cygnos commemorat *Himerius* Ecl. XIII. 35.
p. 257. ἔμελλεν ἄρα τὸ καλλὸ ἔαρ αἰ λαλίτος Ἀφνα ὑμῖν, ὑδλ
τους κύκνους ὁ στρεγγος, λλλ' αὐτὴν τὴν φίλον. — V. 20.
κλαῖκα. Planud. Nostrum est in Vat. Cod. κφς itaque de
ovium lana usurpatum. *Valerius Flaccus* Argon. VIII.
122. Micat omnis ager, villisque comantem Sidereis totos

pullum nunc *fudit in aera.* Appulejus Metam. L. VI.
p. 402. Oves ibi *missus — Inde de conto praeripi vellere*
floccum mihi amosissim, quamquo modo quaesierm, afferas.
Ubi vid. Intpp. — 9. 30.) V. 21. καὶ νύττα δὲ πλέον
σὺ λάνταος. Vat. Cod. — . Idem sequ. vers. εννευεσι. —
ἄλλων de apibus *Christodor.* in Ecphr. 343. Πιηγαὶ δὲ μέλισσαι καρπὶ στόμα θεῖον ἀκλῆτε Καρίον ἀλίστευσα μελαντομχίζε.

. CXI. Vat. Cod. p. 235. sq. Planud. p. 265. St. 381. W?.
(*Mensfo* nr. CVII. p. 45.) Cicadam rogat, ut dulci cantu suo somnum ipsi conciliet. Elegans epigramma, et
in fine praesertim caloris plenum. — V. 1. Laudat hoc
distichon *Suidas* v. ἡγγορίαν T. I. p. 39. unde *Br.* ἐκεῖσε
arripuit pro ἐκεῖσε, quod Planud. et Cod. Vat. habet. —
Cicadam rore, non minus quam vino, ebriam dixit
Meleager in *Anacr.* Od. XLIII. quae tota conferri meretur. *Antipater Thess.* Ep. XXX. ἀκρωτὶ τέττιγας μεθύουσα
δρόσοις. Quod incalefacente sole vehementius canunt,
Theophyl. Simoc. Ep. I. τέττιξ, ait, ἀκείνων ἄστρου ἠκιωθίο
μᾶλλον ἀκμαζοντος τεριττίζει. Cicadas rore vesci, primus dixit
Hesiodus in Scuto 395. ᾗ οἶνε καὶ φαλῶς Ἥλιε Ἡρή.
Aristoteles H. An. IV. 7. ἡ δὲ τέττιξ μόνον τῶν τοιούτων
στόμα οὐκ ἔχει — δι' οὗ τῇ δρόσῳ τρέφεται μόνον. Cf. *Arbem.*
L. II. p. 46. E. et *Virgil.* V. Ecl. 77. Lepide *Phila-
stratus* poterum, quem cicadae comparat, amico commendans Epist. XVII. p. 921. ἃς δ' ἂν μὴ ἔργον, inquit,
διικλὴ στόμα τραφρᾶς, τοιτοτωτεῦ σὺ ποτίζεσθε. — ἡγγηλθλειμ
Toupius emendavit ad Suid. T. I. p. 14. pro ἡγηλθλακος,
quod in Planud. Vat. Cod. et ap. *Suidam* habetur.
Epigr. inter ἄλλων CCCCXVI. τέττιξ μοι τὴν φιλέεμιαι ὁ
σύντεχνος ἐμοισγέαι ἔκκετ' ἀπὸ ἀνητεύθεον: — V. 3. κωτίλων corrigit *Jos. Scaliger.* — ἀδίον Aldina princeps. Reliquum
πλίσις, *pedes servans* intellige. Quomodo cantum edant
locustae, docere studuit *Aristoteles* H. A. IV. 9. *Swei-*
gerdonnus in Bibl. Nat. p. 504. Elegans est nescio cujus
locus ap. *Demetrius* de Elocutione c. CXLIII. p. 62. qui

vulgo depravatissime legitur sic: στεφάγει δ᾽ ἐυανεμίδεά Λυγρόν δαλίδι, δ τε στρ᾽ ἀν φαλχγοτε μαθτεαν ἐκατόμμτης κατατέλοις. Quae si comparaveris cum verbis Aristophaneis in Av. 1095. ἐπὶ δ᾽ ἐν ὃ Σιστάρχι Σκφπάτις ὑἐτίται Μανικῶ μσταγαθρωτοῖς ἐλαμαναλς θαῖ — et magis etiam cum his ap. Alexandr. Clementem Cohort. p. 2. ἐγὼ κυἤμισος, θεκιδὰι οἱ τέττυγες ὑπὸ ταῖς σατάλαις ᾖδει ἀπὸ τὰ ἔρη Θεφύματι φίλφ — : fic forte constituenda exiftimabis mecum: στεφάγει δ᾽ ἐυο κατaχίω Λυγρόν δαλίδι, δτε στρ᾽ ἀν· φαλχγοτε καθί᾽ θηβ᾽τελ θτ ευτελοχ μετεσκεπης. Ab alis fauorum cantura fundit, quando ardore folis aeftus cum fub foliir latentem cerit φαλχγοτ καῶμα κατακαίετε, ut ap. Archiloch. fr. XLIII. ευκοτι μελε αὐτῶν Σαίρος κατεσωπεῖ. ubi vide notata. — V. 3. 4. Prufert Suidas v. ἀλλα. — λέφος Vatr. fuperfcriptae α· — κλάζεις μέλεψφ λέφες, cantum lyrae fonis fimilem edit. Alcaeus Ep. X. κατὶ οἱ κλάζοντις ἰουῦ φίεμερνχι μελιχφ́τι κλάζει de lyra aftrepuit Orphmi in Argon. 1000. — V. 6. ἐσφίδι, quafi cum Perno certans. Meriλίται Ep. II. II. ἐν δὲ μελίζω Αστρφτιν τέτται φθέγματος ἀφιωδιαν. — V. 7. μετσημβρφίν Hoc enim tempore, cicadarum cantus maximo ftrepit. Cf. Schol. Theocr. Eid. VII. 139. Aelian. H. A. III. 38. — Ceterum haec expreffa funt ex Mnafalcae Ep. X. αἰθ᾽, ἡμ κυτικφτων σιληφὸ ὑπὸ φυτυλιλα στφφεις, ἔκτσῶν ἐπι στεφρίγων ὅδὸ κρέετετε μίλος. — ἀστος ἀσφείσον. Cf. Ep. XXIV. 6. Loculus Leonid. Tar. Ep. LXV. ἐστιλαν κέτοτον tribuit. Phanae. Ep. II. Λυγρόν ἕατ Μάνταν ἰσθεν Ασφια ἀπὸ στεφρίγων, τὸν θαθῶν ἐστιτ ἐγαι.

CXII. Vat. Cod. p. 235. Planud. p. 266. St. 389. W. (Mense nr. CVIII. p. 46.) Ad locuftam. Idem argumentum, fere eadem ratione tractatum, ut in praecedente. — V. I. ἀσπρετοὶ μέΣοτ Vat. Cod.— Pofteriori vocabulo σξθ́εν fuperfcriptum. ἀσπρετοὶ eft etiam in Planud. ele gans lectio, quam Br. Meleagro reftituit, Hurtcam ha bet auctorem, in Not. p. 23. Minus feliciter Scaliger ἐκπριγτ΄. Menander Ep. I. 3. θετι ἀκιτατων πωλκτεττε, quod

tamen et ipsam conjecturae deberes. Codex enim
ἀνάβημα habet. — παραμύθιον ὕπνου, cujus cantus ad
somnum invitat, ἄγε ſomnum leniorem et jucundiorem
reddit. Ap. Euſtath. de H. et H. L. II. p. 36. horum
jucundus νόμος ἐπιθαμίων, ωρελίας παραμύθια, παραμύθιον
ἄοξις. Lenimentum amoris παραμύθιον ἔρωτος, idem L.
IX. p. 240. et Lucian. Dial. Mort. T. III. p. 282. · καμάτων
παραμύθιον Sophocl. Elect. 129. Vide de hoc verbo et de
παραμυθεῖσθαι disputantem Waſſium ad Thucyd. V,
p. 371. et T. Hemſterh. ad Xenoph. Ephes. p. 153.
quibus doctiſſimus Locella quaedam de ſuis addidit. —
Vix notatu dignum, quod in Vat. Cod. παρὰ μέλων legi-
tor. — V. 3. αὐτοφυές. Facultatem cicadae ab ipſa natura tributam ſignificat. αὐτοφυῆ μέλεα αὐτουργήσζε dixit
Apollonid. Ep. XXV. Quintus Maccius Ep. V. φρουραντ(
αἴρεν' αὐτοφυεῖ σελάων Thucyd. I. 93. λιμένας ἔχων τρεῖς
αὐτοφυεῖς. οἱ χειροποιητοῖς Schol. — Sq. verſo ἱκαρεῖωσθ
φίλως Plancud. et Cod. Vat. Opſopaeus φίλων conj. Bro-
darus φίλους Dorvillius ad Charit. p. 518. tenuerunt
ἐκερρετωσαν φίλους σεσελ. λ. ετ. — V. 5. 6. Laudat Suidas
v. μένος T. II. p. 567. — φθέγγου ἱκερρεταθων de cantu
amoris cruciatum leniente accipio, ἄγνε παυσὴ τῆς ſου-
τα. — V. 7. 8. Excitat Suidas in γέρων T. I. p. 481.
τί γέρων, quod locuſtae prominit poëta, eſt caepae rei
porri genus. Paſſim commemoratur apud Ariſtophanem,
tanquam domus cibi. Vide Schol. ad Ranas 635. et ad
Veſp. 496. Attigit hoc verbum Caſaubon. ad Athen.
p. 142. ſq. Bodaeus a Stapel ad Theophr. VII. p. 786.
Quid vero ſit, quod poëta hanc plantam, tanquam munus locuſtae imprimis gratum, commemoret, nemo dixit;
nec ego dicere poſſum. — Verſu ſq. Vat. Cod. ἐτέρποντι ἐν
φανάλφες. Prius etiam in Planudea eſt et ap. Suidam,
φωνὰς attica eſt pronuntiatio pro φωνάς. Vide Pierſon. ad
Moer. p. 419.

CXIII. Vat. Cod. p. 412. Planudes p. 82. St. 120. W.
(*Manso* nr. CXL p. 47.) Vinam, nifi aqua dilutum et
temperatum, ignis naturam habet; fecundum *Eratofthe-*
nem ap. Athen. II. p. 36. F. οἶνός τοι πυρὶ ἴσον ἴχει μένοϛ.
Hanc ejus naturam ex fabula explicaturos, antiquam
effe, ait, Baccho cum Nymphis confuetudinem, jam eo
tempore contractam, quo recens natus puer flammam
effugerit. Optime hanc fabulam illuftravit *Brodaeus*,
laudato *Eurip.* Bacch. v. 520.:

> Ἀχελῴου ϑύγατερ,
> Πότνι' εὐπάρθενε Δίρκα,
> Σὺ γὰρ ἐν ταῖς ποτε νομαῖϛ
> Τὸ Διὸς βρέφος ἔλαβες,
> ὅτε μηρῷ πυρὸς ἐξ ἀθανάτου Ζεὺς
> ὁ τεκὼν ἥρπασέ νιν.

Vide *Valckenar.* ad Phoeniff. 651. et *Burmann.* ad Am-
brol. Lat. T. I. p. 12. Vertit graecum Epigramma nefcio
quis in Anth. L. Lib. I. XXII.:

> *Infantem Nymphae Bacchum, quo tempore ab igne*
>   *Prodiit, inventum cinere abluerunt.*
> *Ex illo Nymphis cum Baccho gratia multa eft,*
>   *Sejunctus quod fit ignis et aret adhuc.*

Non magni poëtae verfus; fed vitia, quae auctoris negligentia fudit, librariorum ofcitantia auxit. In hunc modum reftituendum videtur carmen:

> *Infantem Nymphae Bacchum, quo tempore ab igne*
>   *Profiliit, foedum abluerent cinere.*
> *Ex illo Nymphis cum Baccho gratia multa eft;*
>   *Sejunctis, prodit ignis et aret adhuc.*

Sic omnia fibi ad amuffim refpondent. Foedam cinere,
ἄετῳ πάρος καλλυνόμενον, dictum, ut ap. *Horat.* II. Serm.
III. 26. Caput foedam impexa porrigine. — *Nymphis* a
Baccho *fejunctis*, ἢ οἴχητε μίγνυσθαι, ignis adhuc *prodit*.

Posterior syllaba in novissimo verbo producta in hoc
poeta lectorem non magis offendet, quam elisio in pentametro neglecta. Hanc licentiam sequioris aevi versi-
ficatores, cum Graeci tum Latini, frequenter sibi sumse-
runt. — V. 2. παλησων. Planud. et Vat. Cod. Correctionis et auctor et causa latet. Idem πολλοσδαι et πολλοσδαι
auctore Hesychio; eadem metrica ratio. Vid. Theocr.
Eid. XXIV. 18. — Vers. seq. legendum puto:

τοίνεκα τὸν Νόμφαις Βρόμιος φίλος

Mox Flor. ed. ἔργος, Aldi filiorum ἔργος exhibent. Genuina lectio in Aldina principe et secunda, et in Ascensiana habetur.

§. 33.] CXIV. Vat. Cod. p. 169. Edidit Reiske
in Anth. p. 16. nr. 443. (Manso nr. CIX. p. 46.) Lucernam Veneri dedicat. Pro συμπαλιστορα Cod. praebet
συμπαλιστορα. Eandem formam Brunckius restituit Leonidae Tar. Ep. XXX. ubi vulgarem συμπαλιστορα etiam
Suidas et Vat. Cod. tuetur. In Orphei Hymn. XLII. 7.
Horae Πορευθμος συμπαλιστορος. — μίστην. Vide ad Epigr.
LXXI. Fortasse huc respexit Pompejus Ep. II. T. II.
p. 105. τὰ παθόντων αἰσματα καὶ μίστην λύγων ἀντισφαίρα.
— Pro αδιν typogr. Lips. ετι.

CXV. Vat. Cod. p. 169. Planud. p. 444 St. 577. W.
(Manso nr. CX. p. 46.) Scriptum in arma nova et
splendida, quae Marti in templo suo suspensa esse in-
dignatur. Expressum est ex Leonid. Tar. Ep. XLVII.
Cf. etiam Ausip. Sidon. Ep. XXIX. Anthologia Lat. II.
lib. CCXXXI. Grandia qui exiguis deducis facta figuris,
Ad Venerem [binc] abeas: nos suba sacra juvat. Sanguine quae rubeas, Gradivum carmine placent. — V. 1.
»θύρρα est ex emendatione, quam vir quidam doctus
»Scaligeri codici allevit, et Huetius p. 42. probat. At
»mihi valde displicet; cum sit prorsus inutile; integra
»enim esse arma, splendentia, pulcra, satis declaratur

„in ſeqų. diſticho. ovrὸς habent Codd. omnes et *Suidæ*
„in ϿϵγͷΛƴ. Mallem fere, quod ibi *Kaſtrus* habet, Iti-
„ndem ex conjectura, licet ſic in Anthologia legi dicat:
„Ͽͷεͷὰͷ ϰϵͷὶ ͷϵͷς ϿϵγͷΛƴͷϊ, quod metrum in toto ponit;
„ſed hoc non magis eſt genuinum. ͷƴͷ in hoc verſu
„ͷΛϰΛϊ, et non eſt in *Suidas* edit. pr. ubi locus ſic ſcri-
„ptus: ͷἱς ͷΛϰϊ ͷΛϰ Ͽϵͷͷὸͷ ϿϵγͷΛϊͷͷ ͷͷͷΛ. Illic
„mihi epitheton quoddam voci ϿϵγͷΛϊͷ congruum deeſſe
„videtur." *Bruncklii* verba ſunt in Lect. p. 51. *H. Ste-*
phanus verbum Ͽϵͷͷὸͷ pro ſuppoſititio habebat, ſine
cauſa idonea. Vitium eſt in ͷΛϰϊ, quod jam antiquitus
depravatum fuiſſe inde apparet, quod a *Suida* præteri-
tur. Vide, an corrigendum ſit:

  ͷἱς ͷΛϰϊ ͷΛϰ Ͽϵͷͷὸͷ ͷϊϵΛϊς ϿϵγͷΛϊͷͷ ͷͷͷΛ.

Parum profecto diſcriminis eſt inter ͷΛϰΛ ͷ' ΛϵϰϸϾϾ; error autem ex compendio ſcribendi ͷΛϊ' ortus eſt. Vat.
Cod. ϿϵγͷΛϊͷͷ ͷϊϊϯͷ. et ſq. verſo ͷΛϊ ΛΛϰΛͷͷ ͷ. 'ͷͷΛ-
ͷΛͷ. – ͷϊϊϯͷ. Vide *Homer.* Od. γ. 274. Cf. *Stanleͷ*
ad Aeſchyl. Agam. 587. — V. 4. ͷΛͷϵͷϰ. Planod. manifeſte contra poëtae mentem. — Mox etiam recte ͷϵͷͷΛ
emendatum eſt pro ͷϊϊͷς, quod Planod. habet. Iſtas
praeclaras emendationes ad hujus carminis ſenſum per-
ſpiciendum nihil omnino profuerunt *Meineckio*, cujus
ridiculam interpretationem hic exagitare nihil attinet.—
V. 5. Λͷͷϯ Planod. Ad verum ducebat lectio Vat. Cod.
Λͷͷϵͷ. Arma, fruſtra ſplendentia, nec telis percuſſa,
choris quam pugnae aptiora, Gradivo diſplicent. —
ͷΛϰͷͷ ͷΛϰͷΛ. Pueros in Panathenaicis cum clypeis ſaltaſſe,
conſtat ex *Ariſtoph.* Nub. 984. ubi vide Schol. Alias
cum clypeis ſaltationes, cum virorum tum mulierum,
commemoravit *Spanhem.* ad Callim. H. in Dian. 241.
p 341. — Verſ. 6. et 7. protulit *Suid.* in ͷΛϰͷΛ ubi
priores editiones legunt: Λͷͷͷͷ ͷΛͷ ͷͷͷͷΛς ͷΛΛΛ ͷΛͷϵͷ,
ͷἱς ͷΛϰͷΛ ͷϵΛΛͷͷͷ ͷͷͷΛϊͷͷ. Pro ͷͷͷͷΛς Edit. Flor. ͷͷͷΛς.—
V. 7. 8. *Suidas* v. ΛϰϿͷͷ. — ͷΛΛͷͷͷ. Cum indignatio-

ne haec promantiae deos, muliebria haec ornamenta esse
significant. Respicitur autem ad morem veterum aedes
et loca publica armis ornandi. In curia quidem Eleorum,
ΛΑΛΙζΙΜΝ vocata, ubi oratores eloquentiae certamina habebant, scuta erant suspensa, Ʒἰος τἰνιτω καὶ οὐκ ἐκ ἱερῶν
καλμεο στευρφιλαν. *Pauſan.* VI. a 3. p. 513. Etiam in
pulcherrimo illo et ad oſtentationem exſtructo Ptolemaei
tentorio, quod *Callixenus Rhodius* deſcribit ap. *Athen.* V.
p. 196. F. inter reliqua ornamenta Ʒαγναὶ καρδαιντα
θεΑΑΑξ λεγραφαί τα καὶ χρυσαί.

CXVI. Vat. Cod. p. 436. Planud. p. 33. St. 49. W.
cum lemmate: τίνας ἂν εἶποι λόγους ΜελΙαγρος ἐιδε μἰλ-
λαντος Ʒἰοσϑαι τῷ Διὶ καὶ μεταμϑρω. (*Manſo* nr. CXIV.
p. 47.) Acumen, in quo definit poëta, debet *Moſcho*
T. I. p. 411. — V. 3. τὸν ἀρετρϑα. Borem armorem
immolare nefas putabatur. Vide notata ad *Addendum*
Ep. III.

　CXVII. Planud. p. 317. St. 457. W. (*Manſo* nr.
CXV. p. 48.) Poëta ſe, conſpecta filiorum Niobes cae-
de, ad eorum matrem properare fingit, quo ei rem
nuntiet. Vix autem filios interfectos nuntiaverat, quam,
ecce, in alteram partem converſus, filias quoque Dianae
ſagittis pereuntes videt. Confer *Antipatr. Sidon.* Ep. XLII.
et XLIII. *Theodorid.* Ep. VII. Septem puellarum di-
verſum habitum Meleager adumbrat, quot fillas, toti-
demque filios Niobe habuiſſe dicitur ap. *Eurip.* in Cres-
phonte. Vide *Schol.* ad Phoeniſſ. v. 162. ubi diverſae
aliorum traditiones docte recenſentur. Diſputavit de hac
fabula *Coperus* in Obſſ. L. III. 17. p. 338. ſqq. Cf.
Heyniam ad Apollodor. p. 590. — V. 3. λὖε κόμας ἀνα-
ϑεμαν. De ritu comas in luctu ſolvendi vide *Spanhem.*
ad Callim. II. in Cerer. 5. p. 746. ſq. — V. 6. ελημ-
μέρα. Jam caedes in puellas redundat. ϑἱτω de loco,
ubi caedes peragitur, accipi, quod *Manſo* fecit, uſus
dicendi vix patitur. —　Pro αἱ, αἱ veteres edit. quae

consului omnes a¹, a² exhibent, secundum praeceptum
Suidae P. L. p. 639. σημαίνει δὲ καὶ περίψημα θρηνητικὸν,
στρατιώτρια καὶ θαλασσῶν. — V. 7. περὶ γούνασιν Planud.—
Haec cum carminis initio non satis congruunt. Ibi
nuntius caedis ad Niobem properans auditur; hic caedes
matre praesente peragitur. — ¶. 34.] V. 8. κατωπᾶ.
Haec ad telum, in se directum, stupet; illa pavet capite
demisso et averso, quo lateat, quaerens. κατωπᾶν.
κατωπὸν κατακύψαντα. στεναλξῖματα. κρύπτεσθαι. *Hesych.* unde
ὠπάξ. Idem est πτώσσειν, quod illustravimus in Exercit.
crit. T. I. p. 125. — Mater ipsa, μάτηρ πτώσσ, i. e. λαν
μάτηρ στώξασα (cf. Epigr. L. 8.), olim loquacissima, jam
prae stupore obmutuit in saxum mutata. Noster fortasse *Theodoridas* expressit l. c. ἃ δὲ λίθῳ καὶ σαρκὶ μα
μορμύραι νίθος ἴχνεσσι Πετρούται.

CXVIII. Vat. Cod. p. 219. Edidit *Reiske* in Anthol. p. 72. nr. 560. (*Manso* nr. CXXI. p. 50.) Se-
pulcrale carmen in Heraclitum philosophum. Obscurum
carmen, nec, *Brunckio* judice, integrum. Quid ex
vitiosis verbis interpretandi sinu erui possit, bene tentavit *Manso*. Sed dubito, an ullis artificiis effici possit, ut
ne vehementer corruptum videatur carmen. Adscribam
primum, ut in Codice legitur:

ἄνθρωπ', Ἡράκλειτος ἐγὼ σοφὸς μοῦνος ἀνὴρ ἐὼν,
    φαμὶ τάδ' ἐς πάντας ἀρίσσσα [superf. ἀρέσσσα] καὶ σοφίας
καλὸς γὰρ καὶ τοιαῦτ', Ἀσίῳ ξίνε διάφροναι ἄνδρες
    δἀλωτοι· λαμπρὰ θρηνσαμένοσι κάρις. [in marg. ξίνοι.]
οὐκ ἂν ἀπ' ἐμεῦ μὲ τρεχὸς ὄτι τάχα μοι σύ τι πνόῃ
    τρεχέτωσαν· σάτρας χαῖρε σὺ δ' ἦ Ἐφέσου.

Jam singula videamus.   V. 1. Heraclitus se inter
omnes philosophos solum verum et sinceram philoso-
phiam invenisse gloriatur.   Nihil ad ejus mores accom-
modatius.   Nam, ut ait *Diogenes Laërt.* L. IX. 1. p. 548.
μεγαλόφρων γέγονε παρ' ὁντινοῦν καὶ ὑπερόπτης.   Idem se
                                                    omnia

omnia scire, nihil ab aliis didiciſſe dicebat; ap. eundem
ſect. 5. — V. 2. Si recte video, Heraclitus ſua iu patriam merita extollit, ea dicendi brevitate uſus, quae
ipſi *εαταατω* nomen meruit; unde *Timon* in Sillis Heraclitum *αιαιστηι*, *ὀχλολοθοροι*, *αἰνιστηι* appellabat; ap.
Diogenem l. c. 6. p. 551. Videtur autem ſcribendam
eſſe: . . .

   φημι τὰ γ' ἐν σότρας αγίοαστα και σοβλας.

*Ea, quae patriae cauſa feci, majora etiam eſſe et praeſtan-
tiora quam ſapientiam meam.* Eum per aliquod tempus
bene de Epheſiorum rep. meritum fuiſſe, inde colligere
licet, quod in ſummi magistratus locum eligebatur.
Hoc autem loco, ni fallor, acrem et perpetuam in patriae hostes inimicitiam jactat. In hunc ſenſum equidem accipio verba, Ἀσίη *λιαφοτιας ἀνλεας ἱλάατοιν*, alla-
trabam *Aſiae adverſarios*, fortaſſe eos, qui Perſarum partibus favebant. Haeremus in verbis, *λλξ γὰρ και τοιλιν°*
ſic enim apogr. Spall. exhibet, non, ut *Br.* in Var. Cod.
eſſe ait, *λλξ γὰρ λγα και το αιον*, unde *Br.* emendandum
putabat, *λλξ γὰρ ἡ ἀ αστιοι Ασίη*, ita *Aſiae infenſus, ut
eam calcibus petere paratus eſſem.* Minus etiam feliciter
Reiſkius, *καλξ γὰρ καιστιραν λαταν, ξ. ἀ ἀ* quod ſecundum ipſum ſignificat: *Sublata enim voce latravi adverſus civium quosdam novarum rerum ſtudioſos, ſexuorum
conſiliorum fautores.* Plura ſunt a *Reiskio* in hoc carmine
parum feliciter novata. Mihi placet *Schneideri* emendatio: *λλξ γὰρ λγα τοιαιον*, in hunc fortaſſe modum leniter immutanda:

   λλξ γὰρ και τοιαιν — —

Theognis: *λλξ ἐτίρα λίμε νεατόρααι.* *Bionor* Ep. XI. και
ἡ ται λλξ ναστιοτα τοιχοος. Inter *λιαον.* DCLIII. *λλξ λι
ναστιοτας λιστοίη ζωη.* *Sophocles* in Phaedra ap. Stob.
XLIII. p. 163. *ἐν ᾗ τὸ μὲν λιαιαα και τὰ σύφρανα Λιρίοτο
ναστοίται.* Hine ductum verbum *λανταστεαα*, quod *Heſy-*

       I

chias fervavit; et λαξεύεσθαι in Antigone 1391. ubi
vide Schol. Hanc igitur emendationem unice am-
plectendam exiftimarem, nifi me nonnihil retraheret
locus ap. *Leonid. Tar. Ep.* XCVII. ubi de Hippon*a*&e,
ejusdem fere ingenii viro, agitur: ἄρτι γὰρ 'ἱπποκοντος ὁ.
καὶ νεκδεν καταφλεύξας 'Ἀρτι κοκύματοι θυμὸς ὲν ὶν εχθγ. Quae
verba fi *Meleager* ante oculos habuit, alia circumfpicien-
da emendatio. — ἐλάττων. Egregie ap. *Theodorid.* Ep.
XVIII. ejusdem Heracliti cippus, ἀγγέλλω, ait, ξρρτίεs —
3ιὖν ὑλαττετὰν δἥμων ἴχουσα κόνα. — Poft verfum quartum vix dubito, quin unum aut alterum diftichon inter-
ciderit; tam fubita enim τοῦ ἤθους converfio, ut praecedentibus vix et ne vix quidem conjungi poffe videatur. Ira commotus Heraclitus invehitur nefcio in quem,
fortaffe in unum τῶν δυσωπίων, eumque abigit; cum
contra Ephefo natum gaudere et valere jubeat. In
priori hujus diftichi parte triftis et durus Heracliti animus fefe prodit, quem *Lucianus* exprimere voluit, in
Vit. Auĉt. ſ. 14. T. III. p. 97. Eip. ubi cum Heracli-
rus, in cataſta collocatus, dixiffet, οἰδὶ γάρ μοι μέλει ὑμῶν,
et emtor quidam refpondiffet, ταγχρεῶν οἰδὶ μνέειται ee
ὦ ἀγαθῦ, ille iterum, ἐγὼ δὶ κλαμκαι πάσιν ὑσφιλὶν εἱμαζειν,
νεῶεν ὰνεαμενει καὶ τῶεν σὰν ὰνεαμενει. ubi *Kaſterus* notavit, refpici dictum Heracliti ap. *Diogen. Laert.* IX. 2.
univerfos Ephefios effe morte mulĉtandos, vide *Menagium*
p. 393. Ad verba, οὐκ ἐπ' ἐμοῦ; comparandus *Sophocles*
in Oedip. Tyr. 429.:

> ἦ ταῦτα δῆτ' ἀνεκτὰ πρὸς τούτου κλύειν;
> οὐκ εἰς ὄλεθρον; οὐχὶ θᾶσσον; οὐ πάλιν
> ἄψορρος οἴκων τῶνδ' ἀποστραφεὶς ἄπει;

Reliqua in hoc verfu leviter depravata et fortaffe in hunc
modum corrigenda videntur:

> οὐκ ἐπ' ἐμοῦ; ὁι τρυχθὰ, ὀργᾶς τύραμ' μὴ οὖ τι ωὐλογ
> γπροφάτωρο — — — —

Nonne procul abhinc! Quam durus ille! fortaffe dicas.
Sed cave, ne quid animo durius pariaris. Color, ut in Ep.
Philippi LVI. ὀργίλος δὲ ὁ Πρίγκεψ, ὑμῶν. Reiskius hoc disti-
chon sic constituit:

οὐκ ἀπ’ ἐμοῦ; μὴ πρόσαγε. ἐπεὶ τάχα καὶ σύ τι ποιήσῃ
τρηχύτερον πάτρης· χαῖρε σὺ δ’ ἐξ Ἐφέσου.

Quod mire vertit sic: *Tune igitur jam te hinc non prori-*
pias tollet? Ne, quaefo, huc accedas. Nam fieri possit, ut
ab hac mea patria tu multa quam ego acerbiora experiaris.
Atqui salvere te jubeo ex Epheso.

CXIX. Vat. Cod. p. 248. Planud. p. 237. St. 330. W.
ubi ἄδηλον. *Meleagro* membranae vindicant. (*Manso* nn.
CXVII. p. 49.) Lycambis filiae, Archilochi jambis ad
restim adactae, apud inferos jurant, falsa esse et ficitia,
quae poëta ille in eas evomuerit, simulque Musis ex-
probrant, quod ejus maledicentiae infervierint. Comparandum *Dioscoridis* Epigr. XXIII. et inter ἀδέσπ.
CCCVII. De Neobule ejusque patre vid. Schol. ad
Horat. I. Epist. XIX. 30. et ad Epod. VI. 13. — V. 2.
Πορευθείης. Cod. Vat. Qui seq. versu conspirat cum Planudea: πορθμὸν δὲ ἵναρον. Ex conjectura igitur fluxit,
quod *Br.* dedit, sed ea et elegante et probabili. —
ἱμερόεν. Ex *Dioscoride* l. c. ἡμᾶς καθ’ ἱμερόεσι τοῦτο λέγο-
μεν ἱππαδας θύμον τε στυγερὴν ἐφάνεσιν Ἀρχιλόχου. Vocabulum
φιλέως (pro φιλοσοφία), unde verbum fluxit, usurpavit ipse
Archilochus, docente *Eustathio* ad Od. p. 523. Sensum
verbi bene explicavit *Schol. Apollon. Rhod.* I. 275. φιλέ-
ζειν κυρίως τοὺς λέγοντας φαμὲν καισμένους ἀναβάλλειν θερμότητι
τὸ θέρος. Idem per ἱμερόεν reddit ad L. III. 583. Est
igitur *ebullire*, quo verbo simili ratione utitur *Cicero* de
Fin. V. 27. *Dixerit hoc idem Epicurus, semper beatum esse*
sapientem; hoc enim solet ebullire nonnunquam. Conf.
Schneiderum ad Nicandri Alex. p. 144. — Vat. Cod.
ἱμερόες legit. — V. 6. Male. *Brunckius* omisit δ’ post

I 2

γνωμικὸν, quod et Planud. habet, et Cod. Vat. agnoscit,
in quo lineae superscriptum est. γνωμικὸς νέσομας. ὁτὶ:
lum in mulieres susceptam. Alio sensu muliebre bellum
dixit Cicero Or. pro Coel. 28. — Nox Planud. ἠε-
ρόντσρος junctim. Truces jambos vocat Catull. XXXIV.
pugnaces Ovid. in Ibide 521. Ibidem v. 51. Postmodo,
si perges, in te mihi liber Iambus Tincta Lycambeo sanguine
tela dabit.

 CXX. Vat. Cod. p. 237. Planud. p. 267. St. 385. W.
(Manso nr. CXVI p. 48.) In leporem pabuli copia
enectum. Lepus loquitur. Primum distichon excitat
Suidas v. λαγώς. T. II. 408. — V. 1. τὶν ἀγκαθίστα.
Cod. Vat. — σύντροντα. αὐρίτος lepores, ex Asianio
ductum, usurpavit Virgil. Georg. II. 308. Cf. Macrob.
Saturn. VI. 5. p. 600. Aurisus ap. Latinos simpliciter
asinum et leporem significat. Vide Intpp. Phaedri in
Append. Fab. XIX. p. 386. — 9. 35.] V. 5. οὐδὲ μ’
ἐτ’ ἰδης πέδοε. Edit. princeps. Reliquae veteres περγὶς
suppleverunt. — Mox χρύσεα Flor. et Aldinae omnes.
Ascensiana χρύσεα, ut etiam Cod. Vat. In ult versu
πέτρη Planud. Paulo obscurius est hoc distichon, et, ni
fallor, corruptum. Phaniam, lepus ait, cadaver suum
prope caulas sepelivisse, ut in somniis suis sepulcrum
cubili nunquam non vicinum videat. Hic verba ἐν ὀνείροις
sic accepit Brodaeus, ut significent apud inferos, ubi
evanidae somnoque similes imagines. Sed haud scio an
Meleager scripserit:

   - - χρύσεα νέων, ὧν ἱκέτιναεν
 alto βῆξι κολπτας γειτονεύοντα τάφον.

omisso ὡς sive ὥττε, quod ad infinitivum verborum frequenter subauditur; et fortasse praeterea:

   Σῆμος γειτονεύοντα τάφον.

ut apud inferos quoque nunquam non videam, i. e. habeam,
sepulcrum pabulo propinquum. Quod expressum ex Dios-

arridis Ep. in vinoſam mulierém defonctam. XXXVII.
βγγρι̂ι βττλι ἱϑικςι, ἱι̃, ἡ Φιλάκρατς λαίντ και Φθιμιτι λγνο̃
γοιτνω τύμβον ἴχχ　Antipater Sidon. Ep. CXI. in formi-
cam in agro ſepultam — ἴϑμα τν και Φθιμιντν λιγνὰς ντα-
χντηβρο αὐλαξ Θιλγγ, λερτζαίς κιμικνν ἐν ϑαλάμγ. Antbol.
Lat. T. II. p. 269. CCCLV.:

　　Hoc mibi noſter berus ſacravit inane ſepulcrum,
　　Villae recta ſuae propter ut adſpicerem.

　　CXXI. Vat. Cod. p. 279. Anth. Plan. p. 193. St.
281. W. (*Manſo* nr. CXX. p. 50.) Viro bonn et probo,
Aeſigeni, terram levem precatur; fere ut *Martial.* V.
34, 9. de puella: *Mollia nec rigidas aſpes regat oſſa, nec*
illi, Terra, gravis fueris; non fuit illa tibi. Quod ex
Meleagro expreſſum exiſtimabat *Leſſingius* in Opp. T. I.
p. 296. ſq. In eodem voto, quo mortuis terram levem apprecari ſolebant, luſit *Martialis* VI. 51. de puero, tonſore peritiſſimo, agens: *Sis licet inde ſibi tellus*
placata levisque, Artificis levior non potes eſſe manu. —
Pro Αἰσιγένιυ, quod habet Vat. et Codices Aldi, Ἀἰσιγίνιυ
legitur in Edit. Flor. Aldina pr. et Aſcenſiana. Vat. Cod.
praeterea ἀιγικιις.

　　CXXII. Meleagro vindicavit Cod. Vat. p. 281. In
Planud. p. 214. Sl. 312. W. *Antipatro* tribuitur.
(*Manſo* nr. CXXII. p. 51.) Scriptum in Philaulum phi-
loſophum, qui ſe ſponte ſua vita exuerat. — V. 2. Valde depravatum hunc verſum exhibent membranae Vatic.
fic: ναι̃ς Ἀἰνρυτίλον [και ſuperſcr.] νπλαντς δ᾽ οὔχαι, reliquis omiſſis. — Θριλάνας. Θρία. ἀζμος τῆς Οἰνηϊδις φαλῆς.—
'Ο διντντς θριλάνας. Fuit prope Eleuſin, ut apparet ex
Thucyd. L. I. 115. et *Straben.* L. IX. p. 605. A. —
V. 6. καίνεν καίλεεν. Philaulus veneno ſibi mortem con-
traxiſſe ſignificatur. Vide *Burmannum* ad haec *Propertii*
L. II. 1. 53. *Seu mibi fons rengenda noverca pocula Phae-*
drae, Pocula privigno non nocitura ſuo. — Non ſatis ta-

men apparet, quo fenfu *ufnm* accipiendum fit. *Menfo*
eoque fubaudiendum ratus, vertit: *poculis iftorum philo-*
fophorum, qui Zenonis dogmata et exemplum fequuntur,
guftatis. Quod an ferri poffit, dubito. Retulerim equidem ad celeberrima illa Socratis pocula; nifi forte in
Ipfo Philauli cippo poculum exftabat fculptum, quo
quaſi digitum intendit, qui hic loquitur. — V. 8. Laudatur in Philaulo, quod vitam philofophiae praeceptis
confentaneam duxerit, cum in hac conditione haud
pauci reperiantur, qui *pulcherrima dicta nec vita, nec*
moribus, nec re praeftent: Juvenal. Sat. XI. 56. eam videlicet excufationem in promtu habentes, qua ille utitur
ap. *Plutarchum* T. II. p. 172. D. τῶν μὲν λόγων νόμος εἶναι,
dicens, τῶν δὲ πράξεων τὴν τύχην. Hinc *Quintilianus*
Prooem. L. I. 15. *Ac veterum quidem fapientiae profeſ-*
forum multos et honefta praecepiffe, et, ut praeceperunt,
etiam vixiffe, facile conceſſerim; noftris vero temporibus
fub hoc nomine eximia in plerifque vitia latuerunt. Eleganter *Gellius* N. A. XIII. 8. plurimos effe ait, *qui*
vitia facundiffime accufant, intercuſibus ipſi vitiis maden-
tes. Diffenfum illum inter praecepta philofophorum
eorumque actiones nemo faepius et acrius infectatus eſt
Luciano, quem vide in Fugitiv. 19. T. III. p. 66. et
975. Quare paraſita ap. *Alciphronem* L. III. 55. p. 404.
ὀλίγα ἢ οὐδὲν διαφέρουσι τῶν ἱερείων οἱ σεμνοὶ καὶ τὸ καλὸν καὶ
τὴν ἀρετὴν ὑμνοῦντες. De falfis his et fimulatis philofo-
phis veterum loca collegit *Gataker* ad M. Anton. p. 277.
et *Wolfen.* ad Epift. ad Rom. II. 24. p. 34.

CXXIII. Vat. Cod. p. 272. cum lemmate: Εἰς Ἀν-
τίπατρον Σιδώνιον· ἢ ἐπὶ τῷ τάφῳ σταθμὰ βάλλεται καὶ
ψήφους καλλεῖ, καὶ ἱστορεῖται. Primus edidit *Cornel. de*
Pauw in Diff. de Alea Veterum p. 115. cujus interpretationem et conjecturas impugnans *Dorvillius* in Vanne
crit. p. 139. totum carmen ex optimo, ut ait, codice
denuo edidit. Ejus textum in plurimis fequutus eſt

Branchiis. Ex Lipſienſi cod. idem dederunt *Leichius* in Carm. ſep. p. 16. et *Reiskius* in Anthol. p. 97. nr. 620. (*Manſo* nr. CXXIV. p. 52.) Poëta, variis de columna ſepulcrali, cui gallus gallinaceus ſceptrum et palmam tenens una cum talo luſorio inſculptus erat, conjecturis propoſitis, tandem *Antipatri* Sidonii monimentum eſſe intelligit. Comparandum eſt Ep. *Antipatri* S. XCIII. quod *Meleager* ante oculos habuit. — V. 1. ὦ ευδια. Attice nominativo pro vocativo utitur. Vide *Dorvill.* Eundem dicendi uſum illuſtravit *L. Bos* ad Locum c. XVIII. 13. — Sq. verſ. Cod. Vat. ιεραω λαλη. In quoque ejusdem apographis *Dorvillius* reperit ιερα καλλαιη, quod ex *Salmaſii* emendatione videtur profectum, qui de colore callaino, i. e. purpureo ſive coeruleo, disputavit in Opere de Homon. H. l. p. 177. E. Conf. *Bochart.* in Hieroz. Tom. II. p. 730. ſq. Facit hoc inprimis *Etymol. M.* Κάλλαια. καλούνται τὰ κάτωθεν τῶν κλαυτρωδῶν ἄσπερ γίνεαι, διὰ τὸ εἶναι διʼθρια καὶ παρειμένα· τὰ παρειμα γὰρ άλλα καλούνται. Σύνολως· βλέπτοι τὰ κάλλαι παρῥεστα τῇ ᾖ. καὶ Αλεξάνς· ἐν ταυλικος γὰρ διψτὸν ὄντα κάλλαιοι ἴσθα καὶ τὸ καλλαίων· ἔστι δὲ χρῶμα διʼθρον ᾖ τὸ μίνιον ερῶας τοὺς λεγόμενοι. *Aeſchyli* locus eſt in Agam. v. 932. Argutatur *Reiskius,* dum in marmore ſepulcrali de colore non cogitandum eſſe ais, quandoquidem veteres marmoribus colores illeviſſe non valde probabile ſit. Quare corrigit ιερακι λαλη, prosodiaſtarum de voce μίνιε praecepta mera ſomnia pronuntrians. — At licuiſſe poëtae, coloris quamvis non expreſſi mentionem facere in ejusmodi deſcriptione, hodie non dubitatur. — V. 3. ἀφʼ ἁρπάζοντι Vat. Cod. — ὠκεῖς κάλλος, palmae ramus, qui victoriae et victoris inſigne. Ut gallus ſceptrum inter alam inſertum gerebat, ſic palmam tenebat unguibus. In eodem autem monimento conſpiciebatur praeterea talus in ſummitate crepidinis poſitus, ita ut cadere videretur. Sceptrum ad regem, palma ad victorem referri

I 4

poterat; sed quid cum talos? Nec tam parvos ramulos
regi conveniret, sed potius pauperi cuidam.   Ad pau-
peris conditionem etiam galli imago fortasse respiceret.
At reliqua non accinunt.   Quare hanc quoque conjecturam rejicit. — Sic haec cohaerent. — V. 5. et 6.
Leichius omisit.   Pro ἦ μα *Pauw* ἔ μα, interrogative accipiens. male.   In marg. apogr. sui ωκάταντα invenit,
idque probat, quod ωκάττα non *victorem*, sed *victum*
significaret, graviter propterea vapulans *Dorvillio*. —
V. 7. αἴδυς edidit *Leichius*. Alius habet ωρα δ' ἱνι. Mox
Vat. Cod. ἰπι πράντι, ut fere solet. Facit huc *Pausanias*
VI. 26. p. 515. ττολεται δὲ ἀλλετρῶν ἐν τῷ ἀγῶνι, ὅτι
οὗτοι προκωλύσαντα ἴχρωτα ἐς μάχας οἱ ἀλλετρύοντες ἴτατντο δ'
ἀν καὶ Ἀθηνᾶς τῆς Ἐργάνης ἱερὰ ἃ ὑμᾶς νομιζεσθαι. Conf.
locum lepidissimum *Aristoph.* in Avibus 487. sqq. —
§. 36.] V. y. σκῆπτρα. Sceptrum de paupere et merce-
nario cogitare non patitur.   Sq. versu Cod. Vat. αἰαλο-
φύρω, quod *Pauw* in marg. apogr. sui emendatum invenit. — Verba αἱ ψαῖα καὶ τὴλε optime illustravit *Dorvillius*, qui apte laudat *Plutarchum* T. II. p. 589. C.
ἀλλ' ἐστω ἕτα ἐωδὲς τῆς ἀληθείας καὶ τὸ μεθάλις. In re simili
Leonidas Tar. Ep. I XXXIV. καὶ καιλα, τήλε προσηγγίσαμεν.
Ausip. Sidon. Ep. XCIII. ἢ τὸ μὲν αἱ δοκλω ἃ ἐντὶ σκοτὸ
ὕτὴν εὐλοσαν. — Mox prava apogr. lectio τέτρισκὶς
Pauwio densissimas tenebras objecit. ἰστασλων, ut ap.
Alcaeum Mss. Ep. XXI τὸν Ἐττρτδὲ γράσνς οἴσλους δέρσεθό-
σον. — V. 13. Jam intelligit, palmam non, ut aliam,
victoriam, sed defuncti patriam significare, Tyrum videlicet, Phoenicum metropolin Palmam in Tyriorum
nummis conspici, docuerunt *Spanhem.* de Usu et Praest.
Num. T. I. p. 345. *Holstenius* ad Steph. Byz. p. 333.
quos *Dorvillius* laudat Non assecutus est hujus distichi
cum praecedentibus nexum vir acutissimus, *Gilbertus
Wakefield* in Silv. crit IV. p. 171. ubi φοίνικ μὲν ἴσαν λ.
τήτρων τε μ. veram judicat, quod est in Vat. Cod. Vi-

sinm, quod *Dorvillio* fubolnit, praeclare fuartulit *Reiskius*. Idem doctus Britannus ????????? interpretatur de metro, poli, multarum coloniarum matre. — V. 15. Gallus virum voce canora, fortasse etiam in Venere praecellentem, et poëtam significat. Mire hoc loco hallucinatus *Pauwius*, qui corrigit: ἕρος δ᾽, ὕτοι γεγαὼς ???᾽ ἀνὴρ καὶ ??? ???? Κύπρω, Πρῶτος ἐν Μούσαις ?. ?. Nulla profecto mutatione opus est. γεγαὼς ???, τῆς vocalis, plurimis exemplis allatis illuftratur a *Dorvillio*. Adde, quae de eadem voce monuit *Abresch.* in Dilucid. Thuc. p. 732. et *Valcken.* ad Hipp. p. 228. C. D. — In plurimis apogr. πρῶτος ἦν legitur; idque in Vaticanis membranis haberi ait *Dorvillius*, qui κὴν reftituit ex apogr. quod non ex Palatino cod. fluxisse exiftimat. In apogr. tamen Spall. κὴν legitur. ὑμοίστος ex *Pauwii* et *Dorvillii* eft emendatione pro ὑμοιστέρος. — Pro καὶ τὴν *Reiskius* dedit κατ τὴν. Male. Non fine caufa idonea dubitanter locutus eft poëta. — V. 17. σκῆπτρα. Sceptrum eloquentiam significat. *Euftachium* ad Il. α. p. 25. et Il. α. p. 1158. laudavit *Maefo.* — Talus pronus illum potando periisse significat. *Leonidas* Tar. Ep. LXXXIV.:

Τὶ στοχεσάμ???θ᾽ ??, Πισιστρατε, χὖτι ὑρῶντις
γλωττὴ ὑπὲρ τύμβου κείμενον κατρέψαμεν;
ἢ ??? γε μὰν ὅτι Χῖος; ???κα γὰρ. ἢ β᾽ ὅτι κείνας
ἔ???δὲ τις, οὐ ???τ᾽ δ᾽, ὃ 'γαθὲ, πλειστοββλος;
ἢ τὰ μὲν ???δὲ εὔστιγγος, ἐν καρήτω δὲ κατέσρας
Κῖα; καὶ δοκία, τῷδε προσηγγίσαμεν.

Arbitratur autem *Dorvillius*, illum jactum, qui Χῖος vocatur, ipfa osciculi pofitione cognofci, et hoc esse, unde *Meleager* Antipatrum ????????? periisse collegerit. Vide Vann. crit. p. 163. — V. 19. Haec igitur ex fignis et figuris cognofcuntur; ipfum autem defuncti nomen litteris exaratum legitur. — Verfu ultimo Cod. Vat. ????????. quod *Dorvill.* in ??᾽ mutavit, accedente

1 e

Reiskio. Poeta in marg. apogr. fui ςἰντα τιτιτιτι (τιτιτιτιτ) invenit, ipfe ςἰνιά γ' λιαδ. corrigens.

CXXIV. Vat. Cod. p 281. Planudes p. 387². St. 416. W. ubi ultimum diftichon deeft. (*Alanfi* nr. CXXIII. p. 51.) Legitur Charixenus, Spirogones filius, immatura morte exftinctus. In Planudea δίκλιν eft hoc carmen. *Meleagro* Vat. codicis auctoritate tribuitur. — V. 2. *ἐγλανιἐνιτρν* Vat. et ἐνιἐλινιτ. In edit. pr. ἐνιἐλιινιτα. Chlamyde defunctum induit, quam epheborum effe geftamen, docuimus ad Ep. IX. eamque λάγιτι de filia vocat. — καλ σἐτρις. Conf. Epigr. inter ἀδέων. DCLVI. Elegia in Anth. Lat. IV. 13. p. 7. *Me defolatum, me defertum ac fpoliatum Clamorem, largis faxa movens lacrymiis.* — Seq. verfu membranae ὁλαυγῆ exhibent, et verbo ἐγθοαδήγιτι fuperfcriptam ιιιι. — V. 5. ἐναρτιεῖθα de laeto clamore non minus quam de lugubri dicitur; ut δαλιάζιιι, de quo *T. Hemfterh.* ad Luc. T. I. p. 7. et *Weffel.* ad Diod. Sic. T. II. p. 90. De trifti tamen et lugubri voce praecipue; vide *Trilleri* Obf. p. 304. Refpondet Latinorum ululare, quod de clamore incondito ufurpatur. — Pro γνναῖκες Vat. Cod. legit γνναῖκ. Edit. pr. ἐναρδονται. — Charixenus matri θρῆνον ὁδικτρίνιτι, ut *Homerus* loquitur Il. γ. 478. μαντῶν χἐτρται in *Eurip.* Phoen. 1443. Jocafta, filios confpicata interfectos, ἐθρῆνιι τὸν ναλλὶ μαντῶν σίνιι. — Parca ἀνιιιδήθιιιι nihil aliud nifi *infefta, perniciofa.* Eft qui vertit: *faxum virginibus,* Charixenam fibi conjugem optantibus, *inimicam.* Minus recte. Μαῖραι ipfae funt συγθῖναι. Jam vero adjectiva nonnunquam cum fubftantiis coalefcunt, ut in αλινλίιιι, ανιτιίρινιιτι, et fimilibus. Vide *Mugrav.* ad Eurip. Troad. 536. — V. 8. σινάίριι γννἀις. Cod. Vat. — *Ferreus; de ineptiis,* vento tradidit, vana reddidit. ἀνιτιτιιιι projicere; ut ap. *Alciphr.* III. Ep. VI. p. 290. ἐιιτιιι ἀνιτιτιιι τὸ ξῆν. — Seq. verf. Cod. habet ἀιιιιιιιι. Significantur aequales, ἐι ἐναλαμιι. —

Quo fenfo autem verſ. ult. ἀγνὰς fit pofitum, non video; certe eam, qui, cum Charixenum non noviffent, de immatura ejus morte audiunt, ἀγνὰς προϑυμίαις dicere non potuit. An ſcribendum:

τὰς δ' ἄλλας προϑυμίας ἴδειν.

iis, qui fenfum fando audiunt. ἄλλας, nonniſi, Illuſtravit Toup ad Longin. p. 259. Callimach. Ep. XLVIII. ἐγὼ δ' ἄλλας ὄνομα τέρψας ἔχων.

CXXV. Vat. Cod. p. 233. Planud. p. 224, St. 326. W. neglecto dorifmo. (Manfo nr. CXVIII. p. 49.) Clearifta cum ſponfo in thalamum deducta, diem fupremum obiit, domusque, quae modo tibiis et cantu refonaerat, lacrymis et luctu oppleta eſt. Meleager Erinnae Ep. III. expreffit; ipfum imitatus eſt Philipp. Theff. Ep. LXXIX. Similis argumenti eſt Ep. inter altera. DCCX. Comparari poffunt haec ap. Achillem Tat. L. I. 13. p. 35. τάφος μὲν εαι, τέκνον, ὁ ϑάλαμος· γάμος δὲ ὁ ϑάνατος· ϑρῆνος ὁ ὑμέναιος· ὁ δὲ κωκυτὸς τὸν γάμων οὗτος (fort. ὁ δὲ κωκυτὸς οὗτος, τὸν γάμων) ᾔδει. Ἕλλα σε, τέκνον, προσελάσειν τῷ κλαίειν· ἀλλὰ τοῦτο μὲν ἐρήσετε ὁ τοκεύς τέγη μετὰ σοῦ,- ἀνάττει δὲ σοι δίκας κανθ. Appuleji. Metam. IV. 86. Ceterumque lectus Hymenaei lugubri finitur ululatu, et puella exprure detergit lacrymas ipfo fuo flammeo. — 'Αΐδαν προμηϑέσα, Orcum ſponfum fibi fenfiffe dicitur Clearifta, fecundum Sophoclem in Antig. 810. ἀλλ' ἐμ' ὁ παγκοίτας 'Αΐδας ζῶσαν ἄγει τὰν 'Αχέροντα ἀκτάν, οὔϑ' ὑμεναίων ἔγκληρον, οὔτ' ἐπινυμφίδιός Πω μέ τις ὕμνος 'Υμνησεν, ἀλλ' 'Αχέροντι νυμφέυσω. — Cod. Vat. ἐπὶ πυρϑέλας πλαερότα. — V. 3. 4. Laudat Suidas v. Αστὴ T. II. p. 463. qui λωτοὶ ἄχων καὶ 3. l. v. Deinde rectius, ut ap. Brunck. ἑστίρω legendum effe vidit Seyphartus, quamvis Suidae locum ignoram, cujus veriffimam lectionem Vat. Cod. confirmat. Planod. ἱστορία. De ωννίς vide Aelian. L. IV. p. 182. E. — Ἰπαεταγᾶντε

de faltantium ad fores ftrepitu accipiendum, qui propria
aperat. Cf. *Theocris.* Eid. XVIII. 7. et *Arnald.* in spec.
Anim. p. 21. — I. 37.] V. 5. ὦσι δ' ἐλελυγμὸν ἐντιφωγον
δι δ' ὁ. Planud. Non multum discrepat Vat. Cod. nisi
quod δα δ' ὑμ. pro δι δ' exhibet. Idem praeterea ὑμέναιον
et μεθ' ἀμύσαντο habet. Vitium non animadvertit
Dorvill. ad Charit. p. 126. ubi membranarum lectionem
profert. Comparatio hujus loci cum *Erinnae* Ep. III.
καὶ εἰ μὲν, ἃ ὑμέναιε, γάμων μακαρίαν δοιδὰν 'Εκ θρόνων γερών
φθέγμα μεθαρμόσει, *Schneiderum* commovit, ut emendaret:
ὦσι τ' ἐλελυγμὸς ἐντιφαγε· τὸν δ' ὑμέναιος ἅλγους εἰς γερὸν
φ. μ. (sic in margine emendavit; nec fere aliter in Bibl.
philol. IV. p. 60.). *Menfo* vero hanc conjecturam pro-
posuit: — ἐντιφωγον· Τὸδ' ἐμ. ἔγρον, εἰς γ. φ. Recte
uterque sis, ad constructionem orationis pernecessariam,
restituit; in reliquis autem vereor, ut suam *Meleagro*
suanum reddiderint. Nostrum locum si comparaveris
cum versibus *Parmenionis* Ep. XIII T. II. p. 203.:

    Εἰς δὲ γάμος ὑφίσταμ ἐντιγωνε· τὰς δὲ γαμοῦντας
        ἀπολλὺς οὐ θάλαμος πᾶμωσιν, ἀλλὰ τάφος·

mecum fuspicaberis legendum effe:

    ὦσι δ' ἐλελυγμὸς ἐντιφαγον· τ̄ι 'Τμέναιος
        σχασθεὶς, εἰς γερὸν φθέγμα μεθαρμόσατο.

Hymenaeus ceffans in lugubrem ululatum fe commutat,
σχασθεὶς nihil aliud eft, quam πασάμενος· plane ut requirit *Parmenionis* imitatio. *Schol.* ad Ariftoph. Nubes
106. σχάζειν· παναλθὼν, παναπαύων. *Euripides* in Phoen.
464. σχάσον δὲ δεινὸν ὄμμα καὶ θυμοῦ πνοάς. ἡ μεταφορὰ ἀπὸ
τῶν ἡγεμόνων. σχάσαι γὰρ τὸ ἐπισχεῖν τῶν καυθῶν τὴν οἰμωγίαν.
Cf. *Pindar.* Pyth. X. 89. *Callimach.* ap. Strabon. I. 46.
Philoftratus Ic. II. XV. p. 832. Huc inprimis facit
Eurip. Phoen. 967. κρέον, τί σιγᾷς, γέρον ἄφθογγον σχάσας;
Unde apparet, non recte fcripsiffe, ἡμέναιος σχασθεὶς, i. e.
σιγήν. — V. 7. 8. Profert *Suid.* v. πτέρον Tom. III.

y. 104. De facibus, quae in nuptiis accendebantur, vide *Jungerm.* ad Polluc. III. 43. Cydippe ap. *Ovidium* Epist. XXI. p. 171. *Noſtraque plorantes video ſuper ora parentes, Et face pro thalami fax mibi mortis adeſt.* De eadem ap. *Ariſtaen.* l. X. p. 26. τὐτρεπίζετο γάμος· καὶ πρὸ τῆς παστάδος τὴν ὑμέναιον ᾖδον αἱ μυσταγώτεραι τῶν παρθένων — ἀλλ᾽ ἔχω τεθνάναι ἢ ταῖς καὶ πρὸς ὑμεφθὴν ἐπὶ νομῳ φαγωγίας αἱ τεκοῦσαι ἐῶσιν. *Heliodor.* II. p. 111. ὑμέναιον ἀλλ᾽ ἔτι διεξήγετο θρῆνος· καὶ ἀπὸ τῶν παστάδων ἐπὶ τὸ μνῆμα ἐκατεφέρετο. — V. 8. θ᾽ μέντοι *Suid.*

CXXVI. Vat. Cod. p. 270. Planudea p. 280. St. 405. W. cum lemmate: εἰς Μελέαγρον. In Edit. Flor. doabus Aldinis et Ascenſiana: Μελεάγρου. Var. Codici adſcriptum: εἰς τὸν αὐτὸν τοῦ αὐτοῦ Μελεάγρου. et in ſq. pagina ad v. 3. iterum: εἰς τὸν αὐτὸν Μελέαγρον τὴν ἀπὸ (pro 'Αντίλος puto) παστάδα τὴν συναγωγία τῶν ἐπιγραμμάτων. Mihi nondum perſuaſum eſt, hoc et epigramma CXXVIII. ipſius *Meleagri* eſſe. — V. 3. Laudatur poёta, quod Amorem cum Muſis et Gratiis conjunxerit. 'Έρως ad carmina amatoria, Χάριτες ad opus hoc nomine inſcriptum (vide vitam *Meleagri*) referendum. Expreſſus eſt locus, quod *Manſonem* non fugit, ex *Simonidis* Ep. LV. ἐς Χαρίτων στόα μίαν, στολαντα δ᾽ 'Ερώτων Τὴν γλυκὺν ἐκ παίδων ἵμερον ἀρπάσατε. Similiter de *Euripide* auctor Epigr. inter alios. DXXXV. μέλισσαν 'Αττικῶν τὴν συφὴν Μουσῶν μέλψασαν χάριτα. — V. 7. Ad triplicem Meleagri patriam referenda verba. Cf. Epigr. Inc. DLXXII. Pro σίλῳ in Planud. et Vat. Cod. σέλῳ legitur. Laudat *Brodaeus* d. *Hieronymum* in Eu. Matth. c. X. Hebraeo Syroque ſermone verbo *Shalomlach* Graecoram χαῖρε exprimitur. Conf. *Tollium* in Fortuit. c. VI. p. 131. *Reinefius* in Epiſt. priore ad Virum Vuolfium, ſubjecta τοῖς 'Ισταγωστῆτος linguae Punicae, σάλω legendum cenſet; cui obloquitur *Majus* in Obſſ. ſacr. T. IV. p. 150. et σάλω corrigit. — Mox initio verſ. ſequ.

... et Planud. et Cod. Vat. legit. Auctor emendationis a *Br.* in contextu politae est *Scaliger* in Append.
Operis de Emend. Temp. p. 32. Hinno ap. *Plautum*
in Poen. V. 2. 41. poenice *folatuus Handoul* dicit;
quod Meleager in *αὐτὸς* mutavit, ut Graecae orationis
analogiae magis accommodatam. *Scaligeri* fententiae
fubfcribit *Huetius* in Not. p. 27.

. *CXXVII.* Vat. Cod. p 269. Planud. p. 208. St.
302. W. (*Manſo* nr. CXXVI. p. 54.) Inſcriptio tumuli
Meleagri. — V. 1. *πᾶσι τόποι.* Vide Ep. II. et *T. Hemſ-*
fterh. ad Lucian. T. I. p. 87. — 'Ανθις. Vide diſputa-
ta in *Meleagri* vita. *Scholiaſtes* ad h. l. h 'Αττοφίνης. ἀντὶ
τοῦ ἐν Συρίαις. Γάδαρα γὰρ, ὡς ϕησὶ Στέϕανος, ἐστὶ πόλις Σύ-
ρίας, ἥτις καὶ 'Αντιόχεια καὶ Σελεύκεια καλεῖται. — V. 3. ὁ
σὺν Μούσαις, ille a *Muſis* amatus; fere ut ap. *Theocr.* Eid.
VII. 12. καὶ τν' ἐθῆκαν 'Εσθλὸν σὺν Μούσαισι Κυδωνικὸν εὑρε-
μες ἄνδρα. *Martinus* autem in Epiſt. T.L p. 187. junxit
ὁ σὺν Μούσαις συντροφήσαι· cum in juvenem una cum *Muſis*
curfitaſſe cum *Gratiis Menippeis*, i. e. perinde, ut *Menippum*,
riſui, ſolibus, jocis et feſtivitati ſtudniſſe; cui interpretationi etſi faveat Epigr. CXXVI. 3. 4. durior tamen
exhſiit oratio. Fere iisdem verbis utitur *Opſopoeus.*
Dicit poeta, ſe in eodem cum Menippo cucarriſſe ſtadio,
et quidem *πρῶτα·* quo Menippam nullum nec priorem
nec praeſtantiorem imitatorem inveniſſe ſignificat. —
Pro *Μενιππείαις* in Planud. μὲν *ἡερκίαις,* in Cod Vat. μὲν
ἡερκίαις legitur. Veram lectionem multi viderunt. *Sal-*
maſius ad Solin. p. 607. B. hunc noſtrum locum confundit cum Ep. *ἀλλως.* DLXXII. ubi in Cod. μελαγκίναι
χέρσοι legitur pro *μενιππείαις.* De Menippo Cynico *Diog.*
Laert. VI 99. τὰ δὲ ϕιβλία αὐτοῦ γελοίου καταγέλαστος γέμει,
καὶ τι ἴσον τοῖς Μελεάγρου τοῦ κατ' αὐτὸν γενομένου. — V. 5.
εἰ δὲ Σύρος. Me, Syrum natum, haec de me praedicare,
miraris fortaſſe? quaſi quidquam interſit, qua quis patria
natul fit. Nonne omnes ejusdem mundi incolae fumus?

Argutias etiam *Zenodotus* T. II. p. 78. εἰ δὲ πάντα σοι
νῦτα, τίς ὁ φθόνος; ἓν γὰρ ὁ Κάδμος Κτίσας, ἐφ᾽ οὗ γέγονται
Ἕλλην ἔχει σκᾶμα. Nos omnes mundi, tanquam unius
civitatis, esse cives dixit Socrates, secundum *Musonium*
ap. Stob. XXXVIII. p. 234. 28. τί δ᾽; ἀλλ᾽ αὐτὸ πατρὶς
ἀνθρώπου ἁπάντων ὁ κόσμος ἐστίν, ὥσπερ ἀξίου Σωκράτης.
Similia collegit *Gataker* ad M. Antonin. p. 298. sq. —
V. 8. γέλτον. Planud. Sq. verf. Cod. Vat. προσθέντο πρὸς
ἀλαόν. — ἢ γάρος. ut ap. *Leonid. Tar.* Ep. LXXI. καὶ ὑπὸ
βαθὺ γῆρας ἵκανεν.

... §. 98.] CXXVIII. Vat. Cod. p. 270. cum lemmate: αἰνιγματῶδες καὶ ὅτι διὰ τὴν ὁμωνυμίαν τοῦ καλαιοῦ
Μελέαγρου ἐκεῖνο οὕτως βεκίόατο ἐπίβημ καὶ κάπρος βέρματ.
Planud. p. 281. 8t. 406. W. (*Menso* nr. CXXVII.
p. 54.) Auctor hujus carminis, quisquis ille fuerit,
Meleagro enim perperam tribui existimo, fingit, se in
tumulo collocatam juvenis alati statuam videre; variis-
que conjecturis frustra tentatis, tandem intelligit, Meleagri Calydonii esse statuam, eaque significari, Meleagrum sophistam sub hoc tumulo esse conditum. Frigidum carmen, in quo manifesta est imitatio Ep. CXXIII.
Nihil in eo, corruptelis olim impedito, viderunt *Brodaeus* et *Opsopoeus*. — V. I. εἰδόντα five εἰγόντα. Cypriо-
rum vocem esse, qua ἐπὶ τῶν ἱδρώτι παραπλήσιον indicabant,
tradit *Scholiast.* Apollon. Rhod. II. 99. et is, qui interpolavit *Herodotum* L. V. p. 375. Ejusmodi hastam
Dianam gessisse, intelligitur ex *Ephippo* ap. Athen. XII.
p. 537. E. Conf. *Wesseling.* ad *Diodor.* Sic. T. II.
p. 279. 2. Pro εἰδόντα Cod. Vat. εἰδόντα. — V. 3.
Quamvis alatus puer, Cupidinem tamen esse negat, cum
absonum sit, amoris deum tumulo imponi. Ex hoc est
iam loco apparet, recte judicasse *Lessingium*, pueros ala-
tos, qui in monimentis crebro conspiciuntur, temere
pro Cupidinibus haberi, in Diss. *Wie die Alten den Tod
gebildet?* p. 11. — Nec magis Cronom esse. πτερόν εx

habet edit. Flor. Aldina pr. et Aldi fil., et Ascensum. βρίων eſt in Aldina ſec. — τέθνας μέλη. de eo, qui æternaˌ tia flore gaudet. *Philippus* Ep. XX. λοτόροι και γολαρ αλγάρνος ϿανίϿεm. *Archilochus* Ep. XXVII. Ͽάλλοις ἀνταϿὸ χαλα. — V. 7. ὀ γὰς ἔνωρϿε Vat. Cod. In ed. Flor. et tribus Aldinis ὅνωρϿε. in Aſcenſ. γὰς ἔνωρϿε. — Sq, verſu Vat. Cod. ἄνωʼ et in fine verſus λέγως. Utrumque etiam Planudeæ habent editt. quas vidi omnes. In priore verſu probo lectionem Stephani: ὁ γὰς ϿὰτωρϿε, ex *Opſo-poei* emendatione. Nam in hac verborum ſtructura μὲν non videtur neceſſarium. In pentametro autem ele-gans eſt et vera *Brunckii* lectio, cujus auctorem non In-dicavit Editor. — V. 9. Verſuum ordo turbatus videtur. Priore enim loco dicendum erat, quale nomen et quis illa imagine ſignificetur; deinde quid in ſtatuæ attri-butis ſit, quod ad virum ſignificandum pertineat. Omnia, ſi fallor, melius cohaerebunt, verſibus ſic poſitis:

> — σὺ δ᾽, ὁ ϲτερϿὶις, τοῦνομα τοῦϿο λέγως.
> καὶ μὲν δὴ Μελέαγρον ὁμώνυμον Οἰνέως υἱῷ
> σύμβολα σημαίνει ταῦτα σννταχίας·
> ἐν προβολᾷ δ᾽ ἀμφήκης ἔχοις γίχης — — —

Jam intelligo, ſophiſtam hic jacere, ejusque nomen ab ala-go hoc juvene indicari. Certe enim illa venatoris habitus et apri exuviæ Meleagrum hic ſepultum eſſe produnt; Meleagro illi, Oenei filio, cognominem. Quod vero præ-xurea baſtem tenet ancipitem, cum jocis ſeriiſque argu-torum fuiſſe indicat. — At etiam in ſingulis haeremus. Primum in hac interpretatione alati juvenis, minimè apparet, qua cauſa commotus quidve ſignificans ſculptor Meleagrum Calydonium alis inſtruxerit. Quod ſi poëta verum monimentum deſcripſit, de veritate interpretationis dubitare licet. Deinde incertiſſima eſt lectio ἐν προβολᾷ, utpote ex conjectura profecta, nec illa valde probabili. In Cod. legitur ἀλφ σπ᾽ ἀμφ. In

Planu-

Planudea autem *λαίρ*. Quare non dubito, quin noftra
lectio *Brunckii* debeatur ingenio, Meleagrum fibi pro-
jecta hafta tingentis. Quid fit *ἐν προβατᾷ χλαι*, nemo ignorat poft ea, quae de hac locutione difputavit *Rubnken*,
in Ep. crit. p. 70. Sed vides, quam longe haec lectio
abfit a vulgatae doctibus. In fcriptura codicis *λαίρ ἀλλ'
ἀμφίασι*, haec latere dixeris:

ἁ λαιὰ δ' ἀμφίασι ἔχει γέρας — —

five:

ἐν λαιᾷ δ' — — — —

Laeva manu hoftem tuens. Erunt fortaffe, quos hafta in
laeva manu offendat; nec immerito. Reperio tamen
in Gemmis *Leonardi Agoftini* nr. 108. *Ganymedem*, nr.
130. *Minervam*, nr. 165. militem; omnes haftam laeva tenentes; fed hoc fortaffe fculptoris errore; certe
autem *Meleagri* ftatua in Mufeo Pio-Clementino olim
nitebatur hafta, quam laeva gerebat. Vide doctiffimum
Visconti Tom. II. p. 67. — *ἐς γέλωτα καὶ σπουδὴν*, ut
incipi nimirum. Hoc ad Meleagri *χάριτας*, quibus Menippum Cynicum imitatus eft, referri debere, nemo
dubitabit. — Quo fenfu accipienda fint verba *μέτρον
ἐρωτογράφον*, non dixerim; de *verfibus argumenti amatorii*
accipere contextus vetat. — Ultimum diftichon expreffum ex Ep. CXXVI. 3. 4.

   ' CXXIX. Vat. Cod. p. 607. Integrum primus edidit *Reiskius* in Not. Poët. p. 244. Primum diftichon
laudat *Alberti* ad Hefych. in *ἔρωι*. Verf. 3. 4. et partem 5ti *Dorvill.* in Vanno crit. p. 155. (*Meufo* nr.
CXXVIII. p. 55.) Tenet hoc carmen locum coroni-
dis, in fine Anthologiae a *Meleagro* confarcinatae ponendae. Ipfa coronis loquens inducitur, poetae mentem declarans. Paulo obfcurius carmen, propter cor-
ruptelas, quibus inquinatum eft; non tamen, fi quid
video, indignum *Meleagri* elegantia, ut cenfuit *Beckius*

K

in Comm. de Interpr. Vet. Scr. p. LIII. — V. 1. καμπτῆ
ρα. Ducta metaphora ab iis, qui, currendo certant; nam
καμπτήρ extremum stadium. *Julius Pollux* III. 147.
αιρι li δ.άμπτωσι, νόσεα και καμπτήρ. Graeca voce usus
est inter Latinos *Pacuvius* ap. Nonium p. 64. *Extremum*
intra campterem ipsum jam praetreditur Parthenopaeum.
Solent poetae laboris finem per metam significare, ut
Maeubo VI. 738. αὐτὲ παντὶ λίαν τρί νύσεα και δε.
Ad quem locum similia collegit *Dorvill.* ad Charit.
p. 768. Cf. *Broukh.* ad Propert. IV. 2. 56. — V. 2.
δεσπέρες - σκασ. Vat. Cod. Docente *Alberto* l. c. *Guye-*
tus (five potius *Salmasius*) ad hunc locum notaverat haec:
„An jurata cuftos? an vero potius ἅρος και οὗρος, i. e. ὅμα
και φύλαξ, vel ἅρπος και ὅρος. feprum et fuit?" *Reiskius*
ἀωέρος conjecit. Fortasse nihil mutandum erat; ab
ὅρω descendit ἱρκώτη, ἱρκμεν, ἱρκις· quae, ut ejusdem
funt originis, ita eadem fignificatione gaudent. Postremum nititur auctoritate *Hefychii.* ἱρκες. δεσμοί, φραγμοί.
Quare δεσπέρες proprie de carceris cuftode, tum de cuftode
fimpliciter videtur fuiſſe usurpatum. — V. 3. Codicis
lectionem ἐκ ἵνα μέχθον quis in ἀμεργμον mutaverit, ignoro.
Dubitare licet, an graecum fit vocabulum ἀμεργμος, quo nec
veterum quisquam, quorum quidem opera ad nos pervenerunt, ufus est, quodque nemo Grammaticorum commemoravit. Ab ἀμέργεσθαι descendit ἀμοργμος, quod συλ-
λεγμα, ἄρρομα interpretatur *Hefychius.* Apud eundem
est μέργος. φραγμός. His omiſſis, quae aliquando melius
reftitutum iri fpero, hoc mihi tamen intelligere videor,
pro ἀμεργίτων, accentu mutato, ἀμεργιτον legendum eſſe,
τὸ ἐκ πάντων ἀμεργίτον ἐβγματιζον five μέχθον, five ἀμεργμον,
opus ex omnibus poetis collectum, et *beraicζομενον τρὸς φύλαγι,*
hoc libro, bis membranis, jam ad umbilicum perductis,
comineri. — V. 6. ἀνίστα ἀμεργίζα apogr. Lipf. Mox
Reiskius μιστωτίσαν correxit, vulgare dicendi genus ex-
quifitiori locutioni fubftituens. — Sq. verfu Cod. Vat.

δρααυντλοπωνωτοις habet; quod *Reiskius* in δραυντλοις
διὰ νάτως mutavit, fenfu impedito. De νάτοις etiam
Salmafius cogitavit, qui in Exercit. Plin. p. 275. D.
hunc verfum refpexit, ubi graecum quendam poëtam
δρααυντλης ἐπὶ νάτως fcripliffe ait. Valde hic locus interpretes exercuit. Videamus fingula. Primum coronis fe ipfa defcribens, οἴκα ἐγὼ καμφθεῖσα, inquit, ἡγμ-
μαι τ. ε. quae verba *Becklus* l. c. de coronide *prorfus*
(ὅλως) *incurvata*, accipit; jam vero coronidem in fine
libri valde incurvari; *ultimam* igitur fignificari *coronidem*. Minus recte. οἴκα καμφθεῖσα eft *leuiter inflexa*.
οὔκων· ἐστὶ μὲν τὸ μαλακὸν καὶ ἁπαλόν. *H. fych*. τὸ καμφθὲς
ἔχον. *Schol. Theocr*. VII. 68. Hoc non fugit *Wakefiel-
dium* in Silv. crit. T. II. p 118. qui in reliquis argumen-
tur. — Deinde nihili eft *Brunckii* lectio δρααυντλοισι-
νάτοις, quae *Manfonem* induxit, ut de illuftri illo Homeri
codice cogitaret, quem draconis inteftino aureis literis
confcriptum narrat *Zonaras* Annal. L. XIV. 2. p. 41.
Codicis Palatini fcriptoram, δρααυντλοισενωτοις, rimanti-
bus, probabilis videbitur emendatio noftra:

— — δρααυντλοις ἐπὰ νάτοις.

molliter inflexa, ad *fimilitudinem tergi draconis*. Quod
verum effe, fciant, qui coronidem noverunt, cujus
figura haec eft ⊃. Adverbii *ἐπα*, hoc modo pofiti,
exempla vide ap. *Bergler*. ad Alciphr. L. I. p. 55. —
Tandem *σέμβλα* dictum pro opere *σέμβλας* pleno, in
cujus fine, *σέρμασι*, coronis collocata.

ARCHILOCHI PARII FRAGMENTA.

ℓ. 40.] *I*. Servavit *Stobaeus* in Floril. CXXIII.
p. 615. Gesn. 512. Grot. *Brunckius Grotii* lectiones
exhibuit. Eft pars Elegiae de calamitate nefcio qua
     K 2

patienter ferenda. Si verum est, quod *Schneiderus*
suspicatus est, fragm. VII. ejusdem Elegiae particulam
esse, agitur de sororis marito, qni in undis perierat.
Periclem alloquitur, eundem, de quo accipiendus est locus *Athenaei* L. l. p. 7. F. ὅτι περὶ Πισμάλλου φησὶν Ἀρχίλοχος ὁ Πάριος κεινᾶς, ὡς δειλίην ἐπιστάμεντς εἰς τὸ συμπόσιον ἐκιόντος ἴλᾳν.   Hunc Periclem, quo *Archilochus*,
cum hanc Elegiam scriberet, familiariter usus esse videtur, postea adversarium expertus est, ut apparet ex *Aristide* Or. T. 3. p. 437. ed. Cant. quem locum *Schneidero*
debeo; nec in tantis veterum rerump. procellis et tem-
pestatibus, ejusmodi animorum commutationem quisquam mirabitur. Odii et inimicitiarum in Periclem vestigia sunt in his *Archilochi* versibus ap. *Athen.* p. 8. A.
quos numeris suis sic restituo:

πολλὰ δὲ εἶπον καὶ χαλέφρεον μίζωσος
ὁὐ τίμων εἰσενέγκας εὔδιν, οὔτε ἀλκθὰς,
ἀπειρχόμενος, οἷα δὴ φίλος, ἀλλὰ σε γαστὴρ
νόον τε καὶ φρένας παρήγαγ' ἐς ἀναιδίην .

Pro ἀπειρχόμενος, quod genuinum esse arguunt verba
Athenaei supra posita, in contextum venit glossema πλέος,
languidum verbum, quod metrum jugulat. Cf. *Aristoph.*
Plut. 805. *Sophocl.* Oedip. T. 1275. — In fragmento
nostro v. 1. vulgo εἶπον· quod *Grotius* sensu postulante
in εἴπαν mutavit. Nihil fere frequentius horum vocabulorum permutatione. Vid. *Pierson.* Verisim. p. 37. sq.
— V. 2. Corruptam lectionem, μεμφόμενος - - οὔτε τέλος,
egregie emendavit *Scaliger*, cujus correctiones *Grotius*
recepit. Eidem debetur v. 4. ἴλλεσιν pro ἴλλεσιν, sive
ἴκλαιω', quod in marg. notatur. νύσα quamvis sensu figurato de magna quadam calamitate accipi posset; (quo
sensu usurpatam νύσα cum similibus illustravit *Rittersh.*
ad Oppian. Hal. IV. 195. *Klose.* ad Tyrt. p. 85.) hoc
tamen loco melius proprie accipies. τοὶ νο, tam probus,

nobisque cum amicitiae, tum necessitudinis vinculis
junctos viros. — ἀλλάλοις ex marg. in textu posuit
Grotius pro ὑλαλλοις. *Cor tumidum*, ἀλλαλοις, irati, tri-
stes, superbi, cupidi habere dicuntur. *Homer.* Il. ι. 642.
ἀλλά μοι οἰδάνεται κραδίη χόλῳ. Cf. *Triller.* Obss. p. 4.
Apollon. Rhod. I. 477. ἃ τε σὶς ἄτηι ζωρὸν μέθυ Σαρπηδόνι
αἶψ Οἰλῆος ἐν στήθεσσι. De dolore et rebus ingratis.
Herodot. VII. p. 529. ὁ θυμὸς χρηστὰ διαθέαι, τήμβος
ἐραιτέλει τὸ σῶμα· ὑστηστία δὲ τεστέσαι διαθέας, ἐσσίδει.
Similis est metaphora in his *Aristoph.* Acharn. 525. οἱ
Μεγαρεῖς ὀδύναις πεφυσιγγωμένοι. — V. 6. τλημοσύνην φάρμακον. Hunc locum, quod *Schneiderus* monuit, expressit *Philostr.* Vit. Apollon. VII. 26. p. 306. ἐνθυμηθέντας
τὸν τοῦ Ἀρχιλόχου τοῦ Παρίου λόγον, ὃς τὸν ἐπὶ τοῖς ἀνηκέστοις
κηρύσσων τλημοσύνην καλεῖ, δεῖν αὑτὴν φησὶν εὕρεμα, ἀναδήσ-
σαι τῶν σχετλίων τούτων. Quae sequuntur, quamvis poëticis coloribus nitentia, non tamen *Archilochi*, sed *Apollonii* verba sunt. Hunc locum in animo habuisse videtur etiam *Horatius* I. Carm. XXIV. 19. *Durum: sed
levius fit patientia, Quicquid corrigere est nefas.* *Philetas*
apud *Stobaeum* CXXI. p. 524. χρόνος — ὃς ἐκ Διὸς ἄλγεα
νόσσοισ Ἕλλησι καὶ ποτλέοις φάρμακα μοῦνος ἔχει. Quod ille
patientiae, *Philetas* tempori tribuit, id rationi acceptum
ferri ait *Plutarch.* T. II. p. 103. F. κρήτιστον πρὸς ἑκάστην
φάρμακον ὁ λόγος. — V. 7. ἄλλοτε. Obscurius haec sunt
dicta. Grammaticae leges τοῖς jubent referri ad φάρμακον, sed sensu invito et repugnante. Ex superioribus
igitur νῦμα repetendum est. *Sinistro fortuna modo hunc,
modo illum occupas. Nunc quidem in nos redundavit, mox
ad alios convertetur.* Sententia est, ut ap. *Aeschyl.* in
Prometh. 275. ταὐτά τοι πλανωμένη Πρὸς ἄλλοτ’ ἄλλον τη-
μονὴ προσιζάνει. — V. 9. Vulgo ἑτέρους, quod *Gesnerus*
correxit. — Mox junge: ταύτη τέχνετα ἀποσκάψοι ἀνθος. *Animum inducite, ut muliebrem laetam quam celer-
rime fugetis.* Jungitur verbum ταύτῃ et τολμᾷς parti-

elpio; ut ap. *Homer.* Od. α 161. αὐτὰρ ὁ τὰς μὲν ὄπιθεν
δὴ μεγάροισι ἑλὼν Βαλλόμενος καὶ δυστήμενος. *Simonides*
CIV. 13. ἀρχὴ τῶν ἀγαθῶν ταῖσι χαριζόμενος. De verbo
ϝλκαι, de re dura et difficili ufurparo, vide *Gataek.* in
Mifc. Adv. II. 9. p. 318.

II. Habetur ap. *Athen.* XIV. p. 627. C. Ἀρχίλοχοι
ἀν ἀγαθὲς ἐν τουτὶ:, πρῶτον ἱκανοχίσατο τὸ δύνασθαι μετέχειν
τῆς πολιτικῆς ἀγένων· δεύτερον δὲ δυνηθὲν τῶν περὶ τὴν πολι-
τείαν ὑπαρχόντων αὐτῆ, λέγων· εἰμί — — Apud *Plutarch.*
in Vit. Phocionis c. VII. legitur: ἀμφότερον, θεράπων μὲν
Ἐ. θεοῦ καὶ Μ. ἐρατὸν, *Themiflius* in Or. de Virt. reg. XV.
p. 185. B. ἀλλὰ προσέληπται μὲν ἀνὴρ, εἰ μὴ ἀλαθὸ βουσαλάσ-
μασος, ἀμφότερον, θ. μὲν Ἐ. θεοῦ καὶ Μουσάων ἱερατὸν λ.λ. Hos
verfus fuos fecifle dicitur Spartanus quidam, Hadriani
Imper. jactantiam 'irridens. Anthol. Planud. p. 145.
Wech. :

        Εἰμὶ μὲν ωθνάφρικης Ἐνναλίου ωλαωιντὴς,
        εἰμὶ δὲ καὶ θεράπων Ἑλικώνίου Ἀρχίλοχος.

Μουσάων θεράπων *Archilochus* vocabatur ab oraculo; quod
laudat *Galen.* T. IV. p. 1. Vide *Wyttenb.* ad *Plutarch.*
de s. N. V. p. 81.

III Prius diftichon fervavit *Ariftophanes* in Pac.
1298. fqq :

    Πα. Ἀσπίδι μὲν Σαίων τις ἀγάλλεται, ἣν παρὰ θάμνω
        Ἔντος ἀμώμητον κάλλιπον οὐκ ἐθέλων.
    Τρ. Εἶπέ μοι, ὦ τόσθαν, εἰς τὴν σαυτοῦ κατήγ᾽ ἅλαις;
    Πα. Ψυχὴν δ᾽ ἐξεσάωσα — Τρ. Κατήγχητὲς γε τικαίων.

Schol. ὁ Ἀρχίλοχος ἐξέλαθεν εἰς πόλεμον· ἐν τῇ πρὸς Σαίους μάχη·
ἔστι δὲ ἔθνος Θρᾴκιος· καὶ φαθιῶλὲς ἔφυγε φθάνας ἑαυτοῦ τὸ ὅπλα.
Plutarchus T. II. p. 239. B. Ἀρχίλοχον τὸν ποιητὴν ἐν Λα-
κεδαίμων γενόμενον, αὐτῆς ὥραι ἐδίωξαν, διότι ἐπέγνωσαν αὐτὸν
πεποιηκότα, ὡς κρεῖττόν ἐστιν ἀποβαλεῖν τὸ ὅπλα, ἢ ἀποθνήσκ-
Deinde profert prius diftichon, et pofterioris fragmen-

rum? — Ηδε μετα Εϊ̈σ̈ερα Ιξαθη αρδεαξι βο θεαλα.
His locis inter se comparatis Olearius ad Philoflr. Vit.
Apoll. II. 7. p. 55. duo haec disticha ita concinnavit;
ut v. 9. scriberet: . . .

. . . Οργην δ᾽ Ηρακλεος θυμω, και δετ̈η ητ̈ιι. . . .
quod ante eum fecerat Martius in Var. Lectt. IX. 2.
p. 2043. Aliud supplementum offert Sextus Empiricus
Pyrrhon. Hypot. III. 24. p. 181. qui sic habet: ητ̈ις ητ̈
εξ ̈μηνο Σηλω̈να ττ̈αρε· Quod Br. recepit. — Prius
disticthon ibi laudavit Strabo L. X. p. 702. D. XII.
p. 827. A. Ubique decentri perperam posito ητ̈ις,
quod in ητ̈ις mutavit Brunckius. Vox in singulari parum usurpata: plurali ητ̈ις nihil ap poëtas frequentius.
Idem ante Br. viderat Reiskius in Anth. nr. 421 p. 83. —
V. 1. Codd. Strabonis priore loco Θηρ̈ινι, litero ητ̈
Θηρ̈ον habent. — De Saïis, quas primos et antiquissimos
Samothraciae incolas fuisse ait Strabo, Pelasgae originis
populo, docte disputavit Guthrie in Comm. Soc. reg. Gott.
de Herodoti et Thucyd. Thracia, Part. ult. p. 57. sqq. —
V. 2. Αχερωτον Eustath. ad Dionys. Perieg. v. 533. per
Αχερωτον interpretatur, ubi scribit: οὐ (Θηροι) Θηρακηε̈
και Αχιλλεως, επιλεγον αχαιρτον την αυτου εδωλα η τη
ωτη κηλημο ξ̈κηι παρ᾽ αυτοις. — V. 4. Εικ̈εδιη; αυδ̈ις
legit; quae lectio formisse nititur verbis Philoftrati Vit.
Apoll. p. 55. και τοι βαρ̈ιλος μη βοηθησαντος, δετηα γραιτ᾽
εν τω βαρ̈αλεντι κηϊσι εδηλο της εωρησας, ος Αχειλεια δοκει.
Nec aliter hunc verficulum laudat Scheffer ad Aelian.
V. H. X. 13. — Ceterum Horatio obversabatur hoc
Archilochi carmen, cum se ητ̈αρτ̈τ̈α fateretur L. II. Od.
VII. 9. Tecum Philippos et celerem fugam sensi, Relicta
non bene parmula. Nec tamen Archilochi tantum, sed
Alcaei quoque exemplo Venulinus sese tueri poterat, ut
constat ex Herodoto L. V. p. 425. De confessione igna-
viae ap. Horatium quid judicandum sit, acute docuit
Lessingius in Vermischten Schriften T. III. p. 65. sqq.

K 4

§. 41.] *IV.* Exſtat ap. *Plutarchum* in vit. Theſ.
c. 5. ubi de Abantibus, antiquis Euboeae incolis, agens,
οἱ δὲ Ἄβαντες, inquit, *Ιαιςρασο αραστ τὸν πρῶτον ταῦτο —*
δοντε πελαμωοὶ καὶ ἐγχέμαχοι, καὶ μάλιστα δὴ πάντων οἷς χεῖρας
ἀϑεῖσϑαι ταῖς ἐναντίαις μεμαϑηκότες, ὡς μαρτυρεῖ καὶ Ἀρχίλοχος
ἐν τούτοις· Οὔτοι .... Faciunt huc inprimis obſervata
Strabonis L. X. p. 448. ſq. de Euboeae incolis, quos
pugna ſtataria excelluiſſe docet ex *Homeri* Il. B. 542.
τῷ δ᾽ ἅρ᾽ Ἄβαντες ἕποντο ϑοοὶ ὄπιϑεν κομόωντες, *Abantum,*
μαμάετες ὀρεκτῆσι μελίῃσι. Adde *Euſtathium* ad ll. p. 213.
— *V.* 4. Vulgo λειμῶνες, quod eſt gloſſema formae ra-
rioris *λείμονες*, quam *Bryannus* in Codd. invenit. *Schol.*
Homer. Il. a. 222. *λείμονες καλεῖ τοὺς ϑεοὺς ἔτω λειμῶνας·*
ὑμεριοι γὰρ καὶ ϑέρη πάντων αὐτοὶ εἰσιν. *Heſych. λείμων,*
λειμών. Ejusdem originis et ſignificationis eſt *αἶμα*,
quo *Homerus* utitur Il. B. 49. *αἶμα ϑέρη. ἐναιτήμενα*
αναγεστηᾶς. Schol.

V. Athenaeus L. XI. p. 483. D. de cothone agens,
quo poculi genere Lacedaemonii utebantur: *μνημονεύει*
αὐτοῦ καὶ Ἀρχίλοχος ἐν ἐλεγείοις, ὡς ποτηρίου, ἀλλὰ — — —
Erat hoc poculum *λαμπαδοτρατον οἷς στρατείαις καὶ εὐφορώ-*
τατον,, quae *Crisiae* verba ſunt ex Rep. Laced. ap. *Athen.*
l. c. p. 483. B. Vide Intpp. *Heſychii*, qui *μᾶνσω ποτή-*
ριον explicat, unde enata palmaria emendatio *Polemonis*
in Epiſt. ad Roeverum p. XXVI. Ab hac voce derivatum
verbum *κωϑωνίζω* (*κιϑίζω*) ap. *Ariſtoph.* in Pace 1094.
— *V.* 1. *ἀλλὰ γε σὺ κ. Athen.* In elegia, unde haec
ſumta, herum his verbis puerum allocutum eſſe ſuſpicor. — *τάμνε᾽ ἄξελαε κάλον. Hic diei corticem adſtrictam*
picti dimovebis amphorae. Horat. III. Od. VIII. 9. *τετρά-*
με ϑὴ πίϑον ἀνελόντε πρατήν ἄλιφας. Theocrit. VII. 147.
κάλος apud Iones κεράμιον ſignificabat. Athen. XI. p. 473. B.
Vide *Fiſcher.* ad Anacr. p. 347. — *V.* 3. *ἐπὶ τρυγός.*
Poti faece ſenas cadi. Horat. III. Od. 15. 16. *Diffugium*
cadis cum faece ſiccatis amici. Id. I. Od. 35. 27. *Thus*

cris. VII. 70. καὶ νίσσαι ριιμῶς — αὐτοῖσιν ʼποὶ λασεν
καὶ δι τρίγα χείλος ἀριθμον.

VI. Plutarch. de Aud. Poët. T. II. p. 23. B. ἵνα
δὲ (ὁ ʼΑρχίλοχος) τὴν ἀρὴν τὰς ἀδελφῆς ἐφαντασμένον ἐν τῇ θαλάττῃ καὶ μὴ τυχόντα νομίμων ταφῆς, λέγε, θρηνῶν, μετριώτε-
ρον ἀπὸ τὴν συμφορὰν ἐνεγκεῖν· εἰ κείνου — — — Pro ἐκφορη-
λέθη apud *Plutarchum,* etiam in edit. *Wyttenbach.* ἐκφορη-
σθήθη legitur. Dubito, an idonea fuerit caufa volga-
tae inimotandae. Ceterum hi verfus ad eandem elegiam
referendi videntur, undę Fr. I. et VII. ducta funt.

VII. Plutarch. l. c. T. II. p. 33. A. B. Πάλιν ὁ ʼΑρχίλοχος οὖν ἐπαινεῖται λυπούμενος μὲν ἐπὶ τῷ ἀπηρὶ τᾶς ἀδελφῆς
διαφθαρμένῳ κατὰ θάλασσαν, οἴω δὲ καὶ ταδίω πρὸς τὴν λύπην
μάχεσθαι διανοούμενος. Αἰτίαν μέντοι λέγων ἔχοισαν εἴρηκε·
οὔτε τι γὰρ . . . . εἰ γὰρ ἐκεῖνος οὐδὲν ἐκίνιζεν ποιήσειν κά-
κιον τερπωλὰς καὶ θαλίας βήσεαν, τὰς ἡμῖν τὰ παρόντα χείρω
ἔξει φιλοσοφεῖν; Haud fcio, an *Archilochus* in mente habuerit dictum Ulyffis ap. *Homer.* Il. т. 225. γαστέρι δ᾽
οὔτως ἔστι νόαιν στονθεαι ʼΑχαιὰς.

VIII. Cod. Vat. p. 165. *Reisk.* Anth. p. 12.
nr. 422.

IX. Majorem partem hujus Epigr. laudat *Dio Chryfoſt.* p. 399. (Tom. II. p. 8. 15. ed. *Reisk.*) Ὁ δὲ ʼΑρχίλοχος περὶ στρατηγοῦ λέγων, οὔτω φησὶν· Οὐ φιλῶ μέγαν στρατηγὸν οὐδὲ διαπεπλεγμένον a. β. γ. α. ὁ. ʼΑλλά μοι, φησὶν, ἀλη
βαμθὶς b. β. κ. l. δ. *Galenus* Opp. T. V. p. 618. et p. 630.
ed. Baſil. nonnulla addit, alia omittit: Οὐ φ. μ. σ. οὐδὲ
διαπεπλεγμένον, ἀλλ᾽ ὃς μοι, φησὶ, μικρός τε καὶ περὶ κνήμας
ἰδεῖν ῥοικὸς ἀσφαλέως βεβηκώς· καρδίας πλέος. Quae
Galenus hic habet, περὶ κνήμας ἰδεῖν, tanquam Archilochea
profert *Schol. Theocr.* Eid. ·IV. 49., ῥοικὸν τὸ μεστραμμένον
ʼΑρχίλοχος· καλὰ μοι ῥοικὸς τις εἴη κατὰ κνήμαν ἰδεῖν. His
locis inter fe comparatis, *Br.* totum hunc locum fic
concinnandum exiftimabat:

Οὐ φιλέω μέγαν στρατηγὸν,
οὐδὲ διαπεπλιγμένον,
οὐδὲ βοστρύχοισι γαῦρον,
οὐδ᾽ ὑπεξυρημένον.
ἀλλά μικρός τις εἴη,
καὶ περὶ κνήμας ἰδεῖν
ῥαιβός, ἀσφαλὲς βεβηκὼς
ποσσί, καρδίας τε πλέος,
καὶ ἐπιτετράψαι ἑαυτᾷ·

Hic in plerisque lectores *Brunckio* aſſenſum non negabunt; in verſuum autem deſcriptione erraſſe videtur. Sunt enim tetrametri, facili opera reſtituendi in hunc modum:

Οὐ φιλέω μέγαν στρατηγὸν, οὐδὲ διαπεπλιγμένον,
οὐδὲ βοστρύχοισι γαῦρον, οὐδ᾽ ὑπεξυρημένον.
ἀλλά μοι μικρός τις εἴη, καὶ περὶ κνήμας ἰδεῖν
ῥαιβός, ἀσφαλὲς βεβηκὼς ποσσί, καρδίας πλέος.

V. 1. in φιλέω eſt ſynizeſis, ſi forte dactylum in impari ſede ferendum negas. In tetrametros hos verſus diſpeſcuit etiam *Valckenar.* in Diatr. p. 253. B. et ante eum D. *Heinſius* in Lect. Theocrit. c. VIII. p. 323. qui adſcivit pravam *Galeni* lectionem διαπεπτυχότων. Verum reſtituit T. *Hemſterh.* ad Heſych. v. διαπεπλιγθαι T. I. p. 959. De eo, qui inter eundum pedes alte tollit, et, veluti ſaltans, rhythmice incedit. *Homer.* Od. ζ. 318. αἱ δ᾽ οὐ μὲν τρόχων, αἱ δ᾽ ἐκλίσοντο τιθήσειν: *Euſtath.* p. 266. Ἱστορήτεε δὲ, φασὶ, πλίγμα λέγει τὸ μεταξὺ τῶν μηρῶν διάστημα: ὅθεν καὶ τὸ περιπεπλίγθαι τὸ περιπλέκειν τοὺς μηρούς. Quaedam de hoc verbo dedit *Arnald* in Animadv. p. 68. et in Lect. Gr. p. 40. — §. 42.] V. 3. βοστρύχοισι γαῦρον. Qualem idem poëta διαβεβοστρυχωμένον vocavit, teſte *Polluc.* L. II. 27. Menelaum flavis cincinnis ſuperbientem facit *Euripides* in Oreſte 1532. ἰοὺ ξανθαῖς ἐπ᾽ ὄσσων βοστρύχοις γαυρούμενος. Dionyſum in Bac-

ξ 4

chis 235. ἐν ᾿Ιοῦσι βοστρόχοισιν σύνεσμος κόμπ. — ἐμβλὲς, quod *Br.* ex *Dione* aſſumſit, idem eſt quod ἐμβλὲς. Vide *Iutpp.* *Heſychii* v. et *Euſtath.* ad Il. p. 878. 37. Noſtrum locum reſpexiſſe videtur, ut *Br.* animadvertit, *Pollux* p. 247. ἐμβλὸς δὲ καλεῖται, οἷς κομπίλα εἰς τὸ ἄιλον τὸ ωτλης· ἐλαιστὸς δὲ, οἷς ἀπὸ τῶν γονάτων εἰς τὸ ἴξω καταστρεπταται· καὶ τὸ μὲν ᾿Αρχίλοχος, τὸ δὲ Σινοθῶν λέγει. Hunc verſum attigit *Salmaſ.* ad Solin. p. 663. G. ubi ἐμβλὸς veram lectionem eſſe judicat.   Vir fortis *Archilochi*, pedibus nonnihil incurvatis firmiter nixus, obverſabatur fortaſſe *Herodi Attico* ap. *Philoſtrat.* in Vit. Soph. L. II. p. 552. in deſcriptione juvenis illius, qui Herodis Herculei appellabatur: καὶ ετύμην μικρὸν εἰς τὰ ἴξω καπτουμένην (tibiis nonnihil incurvatis, i. e. ἐμβλὲς ὢν) καὶ παρέχουσα τῇ βάσει τὸ εὐ βεβηκέναι. — ἱαρὸς ἐπιτήμασει, corde pilis obducto et hirſuto, quod fortibus viris contingere arbitrabantur veteres.   Nota ſunt, quae de Ariſtomene Meſſenio narrat *Plin.* H. N. XI. 70. p. 626. et *Valer. Max.* L. I. 8.   Si tamen vera eſt verborum Homericorum in Il. β. 850. Πυλαμένεος λάσιον κῆρ, quae *Archilocho* obverſata eſſe nullus dubito, interpretatio ap. *Euſtath.* ad Il p. 273. 11. ψυχὴ ἐπαινὶ τὰς νεήμασι, noſtra quoque verba in hunc ſenſum accipi debent.

X. Sine auctoris nomine leguntur ap. *Plutarch* de Animi .Tranq. T. II. p. 470. B. *Archilocho* vindicantur ab *Ariſtotele* Rhet. III. 17, qui priora verba excitat. Ex eodem ſcriptore apparet, doctos eſſe hos verſus ex carmine jambico, in quo poëta Χάρωνα τὸν τέκτονα loquentem fecerat, eosque illius carminis initium fuiſſe. Primum verſum reſpexit auctor gloſſematis ap. *Herodot.* J. 12, p. 7. ubi vide *Weſſeling.* eamque expreſſit auctor carminis inter Anacreontea Od. XV. Οὔ μοι μέλει Γύγαο τοῦ Σαρδίων ἄνακτος.   Celeberrimae inter Graecos erant Gygae divitiae, cujus munificentiam experti erant Apollinis Pythii ſacerdotes. Cf. *Herodot.* l. c. et qui fere ea-

dem ex *Phania Eresio* et *Theopompo* narrat *Athen.* VI.
p. 231. E.   Hinc Gyges et Croesus passim junguntur,
docente *Salvadero* L. II. Em. VI. p. 130. *Burm.* ad
Propert. II. 20. 23. —   V. 3. Verba μεγάλως σἐα ἐφὶ
τυραννίδος laudat *Schol. Aeschyli* in Prom. 224. ubi nomen
τυραννίδος antiquissimis temporibus ignotum fuisse docen.
Hippias Sophistae hanc observationem deberi, apparet
ex argumento Oedipi Tyranni: Ἴσον δέ τι ποιεῖσθαι ὁ
μῦθ' Ὅμηρον ποιεῖται, τοὺς περὶ τῶν Τρωικῶν βασιλεῖς τυράννους
προσαγορεύοντας, ὀψέ ποτε τοῦδε τοῦ ὀνόματος εἰς τοὺς Ἕλληνας
διαδοθέντος, κατὰ τοὺς Ἀρχιλόχου χρόνους, καθάπερ Ἱππίας ὁ
σοφιστής φησιν.

   XI. Sine auctoris nomine hos versus profert *Stobaeus* in Ecl. phys. L. Tit. III. p. 38. ed. *Heeren*, qui
eos ex *Themis* Progymn. p. 8. ed. Heinf. *Archilocho*
vindicavit.   Eidem tribuit *Diog. Laërt.* IX. 71. p. 585.
ubi νῶς legitur pro Sepbe, at etiam *Suidas* legisse videtur v. Ποιῆμναι. ubi *Archilochum* scepticis annumerandum censet propter hunc versum: τοῖος ἀνθρώποισι νοῦς
γίνεται θνητοῖς, ὁκοῖον Ζεὺς ἐφ᾽ ἡμέρην ἄγει.   Ad quem locum
Kusterus primum versum sic constituit, ut ap. *Br.* legitur, melius quam *Menagius*, qui ad trochaici metri rationem non attendens, legit: Τοῖς ἀνθρώποισι (sic vulgo
ap. *Diog*, *Suid.* et in Codd. *Stobaei*) νοῦς, ἃ Γα. τοῦ Λυττί-
ωω —.   Etiam *Gataktrus* erravit, qui in Adv. Misc.
posth. c. X. p. 518. E. hos versus in senarios mutat.
Ceterum in his et sequi versu tanta est sententiae similitudo, ut tres hos versus jungendos esse suspiceris.
Confirmat hanc suspicionem *Sextus Empiricus* adv. Mathem. L. VII. p. 398. Καὶ Ἀρχίλοχός φησι τοὺς ἀνθρώπους
τοιαῦτα φρονεῖν, ὁκοῖον Ζεὺς ἐφ᾽ ἡμέρην ἄγει.   Ad verbum
autem expressi sunt *Archilochi* versus ex *Homer.* Od.
XVIII. 135.:

          τοῖος γὰρ νόος ἐστὶν ἐπιχθονίων ἀνθρώπων,
          οἷον ἐπ᾽ ἦμαρ ἄγησι πατὴρ ἀνδρῶν τε θεῶν τε.

Quae Cicero vertit ap. *August.* de Civit. Dei V. 8. *Sunt hominum mentes, quali pater ipse deorum Jupiter aurifera lustrabat lampade terras.* Similia collegit *Clarke* ad *Homer.* l. c. et *Gataker.* qui Euripidem laudat in Suppl. 734. sqq. — Pro ἐκείνην *Heyne* ἐκείνων dedit.

XII. Auctor Eryxiae in Opp. *Platonis* p. 397. E. (Tom. X. p. 255. ed. Bip.) Ἔχει δὲ καὶ τἆλλα πράγματα οὕτω πάντα· ὁποῖοι γὰρ ἂν τινες ὦσιν οἱ χρώμενοι, τοιοῦτα καὶ τὰ πράγματα αὐτοῖς ἐνάγκη εἶναι. Καλῶς δ᾽, ἔφη, δοκεῖ μοι καὶ τὸ τοῦ Ἀρχιλόχου πεποιῆσθαι·

Καὶ φρονέουσι τοῖα, ὁκοίοις ἐγκυρέουσιν ἔργμασι.

Apud *Stobaeum*, qui hunc locum ex Eryxia profert in Flor. Tit. XCII. p. 512. 51. etiam vitiosius legitur: καὶ φρονέουσι τὰ ἀσσα οἷς ἐγκυρέωσιν ἔργμασι.· ubi tamen verae lectionis vestigia facile agnoscis. *Valckenarius* ad Herodot. II. p. 141. 98. haec sic refingenda censet:

καὶ φρονέουσι τοῖ᾽ ὁκοίας ἐγκυρέωσιν ἔργματα.

i. e. καὶ τοῖα οἷοι τὰ ἔργματα, ὁκοίας φρονέουσι ἐγκυρέουσι. Rerum natura secundum hominum, in quos incidunt, mores mutatur. Paulo durior verborum structura; sed sensus plane is est, quem *Aeschinis* contextus flagitat, et quem desiderabat *Clericus* in not. ad *Aeschin.* p. 47.

XIII. Leguntur hi versus ap. *Heraclidem Pont.* de Alleg. Homer. C. IV. p. 12. ed. *Schow.* Καλλίστης Ἀρχίλοχος ἐν ταῖς Θρηικίαις ἀναλαμβάνει δοκιμῆς (vide Epist. *Heynii* ad Editor. p. XVI.) τὸν ναύαγον διαλέξαι θαλαττίῳ κλύδωνι, λέγων ὧδέ πως· Γλαῦκε .... Iidem versus, ultimo hemistichio omisso, habentur ap. *Plutarch.* de Superstit. T. II. p. 169. B. oppresso auctoris nomine. In iis constituendis *Brunckio* praeivit *Jo. Pierson.* in Veritism. II. 10. p. 294. — V. 1. Omnia *Plutarchi* exemplaria ante *Stephanum* γλαυκῶπι exhibent, quod emendavit *Theod. Canterus* Var. Lect. II. 15. p. 94. Ad metri

normam rectius dedit *Parson:* τλαδὶ ἔρα. Sed fcribendum τλαύζ' ἔρα, ut fecit *Wakefield.* in Silv. crit. T. IV.
p. 206. *Propertius* L. I. 17. 6. *Adfpice, quam fattuet in-*
terpes aere minas. — V. 2. ἄνρα γλαφον ἔρτω ῖ. v. *Hera-*
clid. τυρσίον ἐσθὸν *Plutarch.* et ἄνρα. Hinc *Cumeros:*
ἐμῇ δ' ἄνρα γυρὸν ἐσθὸν ῖ. v.   Quod *Brunckius* dedit,
ἶρσον, quo auctore nitatur, ignoro; fed verius eſt ἐσθὸι,
quod *Theophraſtus* tuetur in Opp. p. 438. ed. Heinſii:
ἄλι ἐπὶ κορυφὰς ἔρτον νόφος ἰρθὸν ετῇ, χειμένα ευμαλτι· ἴρον
καὶ 'Αρχίλοχος· τλαύζ' .... Hinc *Wakefield.* l. c. corrigendum arbitratur:

    ανττος, ἐμῇ δ' ἄνρα τ' ἄρτος ἰρθὸν ἴττεται νόφος.

Idem tamen de τόρες vel τύρους, montis nomine, cogitavit. — ἄνρα, quod *Heraclides* praeſtat, *Plutarchi* ἄνρα
praeferendum eſſe cenſet etiam *Hermann.* de Metr.
p. 118. Nec tamen alterum plane rejiciendum. —
V. 3. Apud *Plutarch.* vulgo inverſo ordine χειμέντε νόφια,
metro repugnante; quare a *Wyttenbachio*, plurium
Codd. auctoritate, emendatum eſt. — ἰξ λαττίσι hinc
ap. *Hefychium* corrigendum eſſe pro ἰξ ἐπιττόσι, vix dubitare licet. Vide *Weſſeling.* ad Herodot. p. 56. 42.

    XIV. Temere confuſi leguntur hi verſus in Stobaei
Flor. XX p. 172. 29. Gesn. quos in tetrametros digeſſit *Gratius* p. 150. quem *Br.* ſequitur. — Praeclari
hujus fragmenti v. 1. laudat *Dion. Halic.* de Compoſ.
Verb. p. 106. 8. ed. Reisk. qui κέσιτι habet, ut eſt
etiam ap. *Gesnerum.* Miror *Brunckium*, quod fr. XIII. 1.
caeſurae vim agnoſcens – κόμμα τατάττοντα, hic inutile
fulcrum addidit. — νεκόμεντο, ut *Solon* fr. V. 61. τὸν ἰ̈
κακὴν νόφοισι ανκόμενον. Ducta metaphora de mari per-
turbata. *Aeſchylus* ap. *Longin.* Π. Ῥ. c. III. ῥετία: ανςΘ
τὴν θάλατταν. Oraculum ap. *Pauſan.* L. III. p. 234.
φθεγξίμερτον δ' ἐπὶ κύμα απαφοίτεο νοΘμα. Similis color
eſt in hoc verſu *Philetae* ap. *Stob.* CII. p. 452. ἡ μὴ ἴψ

πολλοῖσι πιφθρεται χαλιπῶσι, θυμ. — V. 2. ἄ.τχι eſt ex
meta conjectura. In Gesn. ἰράτυ, in Grossi Codd. μ̄ὰ
λι ιὐ habetur. Aliud quid latere ſuſpicor,. quam quod
Stobaei ſoſpitator eruit: — V. 3. λιμᾶ eſt in contextu
Gesn. In marg. Μιωσιν. Accentu mutato Grotius verum
ſenſum reſtituit: Iumineuset inter baſtas pone ſecurum
pedem. — V. 4. βεφαλλος Gesn. in cujus marg. mox pro
λιφώλη notatur ἰμφέλη. Hinc ſortaſſe expreſſa Hora-
tiana II. Od. III. 1 - 4. Aequam memento rebus in arduis
Servare mentem, non ſecus in bonis Ab inſolenti temper-
tam laetitia. Homines male inſtitutos ἐξίστησι μὲν εὐτυ-
χία ,. συστέλλει δὲ δυστυχία· ταράττονται δὲ ὑπ' ἀμφοτέρων,
μᾶλλον δὲ ὑφ' αὐτῶν ἐν ἀμφοτέραις, καὶ οὐχ ἧττον ἐν ταῖς λεγο-
μέναις εὐτυχίαις, ſecundum Plutarchum T. II. p. 467. B. —
§. 43.] V. 6. ἄσχαλλω vulgo. Verſ. ult. in contextu
Gesner. ῥωμὰς habetur; in marg. ῥυθμὰς. i. e. τρόπος.
Anacreon ap. Etymol. M. in βρενεῖς· Μαῖαν δ' ὕγιγε πάντας,
Οἱ χθονίους ἴχνοσι ῥυθμούς. Ubi ſortaſſe σκολιοὺς corrigendum. .

XV. Stobaei Flor. Tit. CIII. p. 559. Gesn. 437:
Grot. — Sententiam Archilochi, ταῖς θεοῖς τίθει τὸ πάντα,
reddidiſſe videtur Horat. I. Od. IX. 9. Permitte divis
caetera. et III. Od. 6. 5. Hinc (a diis) omne principium,
huc refer exitum. Xenoph. Exp. Cyr. II. p. 225. 12.
πάντῃ γὰρ πάντα τοῖς θεοῖς ὑπέχω, καὶ, παντάχῃ πάντων ἴσον
οἱ θεοὶ κρατοῦσιν. — τὰ ante πάντα vulgo omiſſum, inſeruit
Grotius. Sed articulus offendiſſe videtur Valckenarium,
qui ad Theocriti Adoniaz. p. 246. C. τοῖς θεοῖς πάντα
τίθει corrigit; metro repugnante, quod jambum non
patitur. — V. 3. μάλ' εὖ βεβηκότας. Cf. Fragm. IX. Qui
firmo certoque gradu nixi conſiſtunt. Illuſtrat hoc dicendi genus T. Hemſterh. ad Lucian. T. I. p. 278. et
ad Herodoti verba, τὴν τυραννίδα εὖ βεβηκυῖαν, Valckenarius L. VII. p. 581. 12. quo loco εὖ ῥωμεν corrigit; ut
et ad Phoeniſſ. p. 564. » Eadem ſententia utitur Jaſon

Theſſalus ap. *Xenophontem* H. Gr. VI. p. 468. 24. ὁ
ὅπλι ἀ, ἐκ ἴππα, καλλάαις χεῖρα τοὺς μὲν μικρῷς μεγάλους
πολῶ, τοὺς δὲ μεγάλους μικρούς. Quod inde ſumſit *Ariſtides*
T. II. p. 436. — V. 5. In contextu Geſn. *ſine κρὶ μ̀.*
In marg. *Lege*: χρίζων. Hoc *Grotius* arripuit. Cor-
ruptae lectionis veſligiis inſiſtens *Abreſchius* in Diloc.
Thucyd. p. 778. χρίνω legendam cenſebat, quod vocabulum unius *Suidae* teſtimonio nititur. Vide *Valcken.*
L. c. p. 247. verba νόω παρήορα conferentem cum Home-
ricis Il. θ. 603. ἐντὶ οὔτι παρήορα οὔτ' ἀκόλοφα 'Ἡσῆα
πάρος. Praetermiſit vir doctiſſimus, ubi de voce παρήορα
egregie diſputat, verſiculum *Archilochi*, quem, auctore
non nominato, laudat *Schol. Hephaeſt.* p. 18. 70. πάντῃ
Ἀρχίλοχε, τοῦτο ἐφρόντισε τόδε ΄ Τίς σὰς παρήορα ἔφρασε. Quae
noſtri poëtae eſſe, cum ipſa res docet, tum manifeſtum
ſit, ex *Demetrio* de Elocut. V. p. 4. qui verba, τίς σὰς
παρήορα ἔφρασε, tanquam *Archilochi* laudat.

XVI. Servatum eſt inſigne hoc fragmentum de ſolis
defectione in *Stobaei* Flor. CIX. p. 578. Geſn. 461.
Grot. ſine memorabili diverſitate. Hunc locum in animo habuiſſe videtur *Plutarchus*, cum ſcriberet T. II.
p. 931. E. εἰ δὲ μὴ θᾶσον οὕτως Μίμνερμον ἐσέξει καὶ Κυδίαν
καὶ τὸν 'Αρχίλοχον, πρὸς δὲ τούτοις Στησίχορον καὶ τὸν Πίνδαρον
ἐν ταῖς ἐκλείψεσιν ἐκσφηκρέμανος τὸν φανερώτατον ἐκλείπουσαν
(ἥλιον) καὶ μέσῃ ὥρᾳ τὴν (ἐ. ἄματι) νύκτα γινομένην. Duos
horum poëtarum commemorat, ubi de magnorum virorum ſuperſtitionibus agit, *Plinius* H. N. II. 9. p. 79.
quo in metu fuiſſe Steſichori et Pindari verſus ſublimia
era palam eſt deliquio ſolis. — V. 1. excitat *Ariſtoteles*
in Rhetor. L. III. 17. ubi ſine invidia criminari volen-
tes docet non ex ſua perſona convicia conferre, ſed
alium quemquam inducere, qui id faciat — ὡς ὁ 'Αρχίλοχος ψέγει ΄ ποιεῖ γὰρ τὸν πατέρα λέγοντα περὶ τῆς θυγατρὸς
ἐν τῷ ἰάμβῳ ΄ Χρημάτων δ' 'Αελπτον οὐδέν ἐστιν, οὐδ' ἀπώμοτον.
his haec verba in ſervatior diſpeſcunt editores. Fortaſſe

ex alio carmine defumta funt; nam quae *Ariſtoteles* de
cauſa et occaſione hujus carminis tradit quomodo auſtro
loco conciliari poſſunt, equidem non vldeo. Quicquid
ſit, male sp. *Ariſtotelem* vertitur: *Nihil prorſus iſt, quod
non fiat penæula.* — Verbis δελπτοι εἰδὼς et εἰδὼς ἐνέμπτοι,
praeeunte *Archilocho*, plures uſi ſunt. *Pſeudo-Linus* -p.
Jamblich. in Vit. Pyth. p 131. Ιλπιεθαι χρὴ πάντ', ἐπεὶ
ἀιὰ ἐστ' εἰδὼς ἀελπτοι. *Sophocles* in Ajace 643. κεἰα ἐστ'
ἀελπτοι εἰδὼς. *Euripides* Ion. 1510. Antigone 388.
ſperaûn εἰδὼς ἐστ' ἐνέμπτοι. Utrumque junxit *Ariſtides*
I. p. 478. εἰδὼς ἐνέμπτοι, οὔτε – ἐνίλεπετοι. Cſ. T. II.
p. 84. — V. 4. Poſt exempla ſpondeorum in imparibus tetrametrorum ſedibus, quae *Hermannus* etiam ex
Archilocho protulit, de Metris p. 118. ubi hunc ipſum
verſum laudat, non facile offendemur his numeris –
ἀλίου ἀλμετοντος λωγρὸν – qui tamen vitioſi videbantur
Valckenario ad Phoeniſſ. p. 487. ὑγρὸν – Μα tentanti —
V. 5. εἰα ἄπιστα πάντα, i. e. εἰδὼς ἀελπτοι. Vide *Wakefeld*
in Silv. crit, T. II. p. 28. ſq. Delenda videtur interrogandi nota poſt ἐνέμπτοι, quam nec *Geuser*, nec *Groſius*
agnoſcit. Quamvis ſic dura eſt verborum ſtructura et
vix ferenda. *Valckenarius* l. c. corrigit:

    ἐα δὲ τοῦ δ' ἄπιστα πάντα ἐρίσλεπετα γίπεται.

*Ex illo tempore, quae olim incredibilia videbantur, ſperare
licet hominibus.* Neſcio, quid alii ſentiant; me quidem
offendit copula in ἐρίσλεπετα. Quare ſic olim ſcriptum
fuiſſe putaverim:

    ἐα δὲ τοῦ δ' ἄπιστα πάντα ἐρίσλεπετα γίπεται.

V. 7. Quae ſequuntur ſunt ex genere τῶν ἀπιστῶν. Tale
quid dixit *Horatius* I. Od. II. 7. *Omne quum Proteus
pecus egit altos Viſere montes.* Epod. XVI. 2 /. *quando
Padus Matina laverit cacumina – Ametque falſa levis
hircus aequora.* — Scribendum autem cum *Valckenario*,
quod et metri ratio et ſermonis proprietas poſtulat: μεθ'

Πα λείψιν — et mox λείψιν, quod etiam *Hermannus*
vidit p. 118. — In fine tandem eruditissimus Criticus
corrigebat, τοῖσι δ' ἴσθι γ' ἔρος. Quam elegantissimam correctionem nemo non amplecteretur, nisi metrum mo-
lesto indigeret fulcro. Malim itaque:

— — τοῖσι ἴσθι δ' ἔρος.

Particulam δὲ non semper secundo, sed etiam pluribus
vocabulis subjici, docuit *Abresch.* ad Aeschyl. L. II. p. 18.
392. et in Lect. Aristaen. p. 252.

XVII. Leguntur ap. *Stobaeum* in Ecl. phys. I. p. 9.
Canter. ubi in marg. ἀλεγαί. Codex tamen Pharnabii μὴ
addit. Ibi sic exhibentur:

ὦ Ζεῦ πάτερ, ζῆλς μὲν οὐρανοῦ κράτος,
σὺ δ' ἔργ' ἐπ' ἀνθρώπων ὁρᾷς
λεωργὰ κἀθέμιστα· σοὶ δὲ θηρίων
ὕβρις τε καὶ δίκη μέλει.

Haec verba in senarios digessit *Grotius*, quod ut faceret, quaedam interseruit, p. 125. *Grotium* secutus est
Barne. T. I. p. 122.

ὦ Ζεῦ πάτερ, Ζεῦ, σὴν μὲν οὐρανοῦ κράτος,
σὺ δ' ἔργ' ἐπ' οὐρανίων καὶ ἀνθρώπων ὁρᾷς
λεωργὰ κἀθέμιστα, σοὶ δὲ θ. κ. τ. λ.

Archilocho Pario haec tribuit *Clemens Alexandr.* Strom. V.
p. 725. 10. qui fere sic habet, ut *Br.* edidit; nisi quod
legit, ἐπ' οὐρανοῖς ὁρᾷς λ. καὶ ὰ θέμις. *Brunckii* autem
lectiones omnes depromtae sunt ex *Eusebio* in Praepar.
Euang. XIII. 12. quem secutus est *Stephanus.* In his
saltem optimum est κἀθέμιστα· quo reperto carere possumus emendatione *Sopingii* ad *Hesych.* T. I. p. 274.
καὶ ὰ μὴ θέμις tentantia. — Pro ὁρᾷς *Sylburgius* conjicit
ὁρᾶς, i. e. μέλει. Jupiter nimirum his versibus omnium
inter mortales malorum fons et auctor perhibetur.
Quare *Clemens* eos comparat cum his *Orphei*: αὐτὸς δ' αὖ

ἀγαθῶν ἐκτὸς ἔχοντας· φανερὰς καὶ τέλειας ἀρετὰς τὸ καὶ λέγεται
ἀσφαλέστατα.　Hinc apparet, ὀργῆς vix locum habere, nec
ea, quae apud *Stobaeum* alluta leguntur.　Duo loca
diverſae ſententiae confuſa ſunt, vel ab ipſo *Stobaeo* vel
a librariis, in quorum altero de Jove, malorum inter
homines auctore, in altero de eodem, male ab hominibus
factorum vindice, agebatur.　Sententiae, quam ſecundum *Clementem Archilochus* pronuntiare voluit, unica
convenit — ἐκ' ἐκ θρώπους ἴσως, i. e. *effundis*.　Hanc veram eſſe lectionem, nec *Barthium* fugit in notis ad *Claudian.* Ep. I. ad Adrian. 10. p. 951. cujus tamen interpretationem non probo.　Tranſitivum verbi *μω* uſum
bene ſtabilivit exemplis *Musgravius* ad Eurip. Hec. 528.
et *Rubnkenius* in Ep. crit. II. p. 264.　Exemplis ab his
duumviris allatis adde *Theocrit.* Eid. V. 124. 'ἱμέρα ἐκ
ἔλασας μέτα γᾶλα. et v. 126. μέτα χὰ Συλαφίτις ὑμὶν μᾶλλ.
Mello flumen illi, Virgil. Ecl. III. 89. *Macedon.* Ep.
XVI. τὴν χάριν ἀφθόνοως, ἔσην ἴχειν.　*Joannes Nodell* in Notis
crit. p. 59. rerum horum verborum ſenſum vix intellexit, qui ea ſic conſtituenda judicavit:

ᾶ Ζεῦ, σὸς τ' ἐν ὀμπῷ κράτος,
σὺ τ' ἔργ' ὑπωραλων λεχξς,
Ἀλοργα καὶ κόσνε θέμις.

Hos verſiculos nobis pro jambicis venditat emendationis
auctor, qui, quod *Horatius* dixit, *Archilochum rabiem
proprio armaſſi jambo*, illum poëtam omnia metro jambico ſcripſiſſe exiſtimat.　Quid autem, quaeſo, ſignifi-
cant haec, καὶ κόσνε?　Quis veterum unquam ſic locutus
eſt, aut loqui potuit?.—　In *Clementis* et *Euſebii* lectionibus, quamvis mutilam proferunt noſtrum locum, deprehendere mihi videor manifeſta tetrametrorum veſtigia.　Haec ſaltem,

— — σὺ μὲν ὀλμπῷ κράτος.
μὴ Ἀλοργα κόθ θεμιτα — — —

finem et initium tetrametri trochaici conſtituunt. ——
Nit ſcriptis vidi in libro perutili, cui titulus *Neues Maga-
zin für Schullehrer* T. III. P. II. p. 28. ſq. doctiſſimum
virum, *Auguſtum Matthiae*, lectionem Brunckianam, id
eſt eam, quam *Euſebius* praeſtat, hanc ob cauſam im-
pugnare, quod ſententia ſit impia. Scribendum cenſet:

$$\text{ὦ Ζεῦ, σὸν μὲν οὐρανῷ κράτος, σὺ δ᾽ ἔργα}$$
$$\text{ἀνθρώπων ὁρᾷς λεωργὰ τε καὶ θεμιστά.}$$

Haec ſententia procul dubio Jovis numine dignior; at
hinc non ſequitur, *Archilochum* ſic ſcripſiſſe. Cum contextus verborum ap. *Clementem*, tum *Euſebii* auctoritas
prorſus efficit, ut lectio eruditior, quam *Brunckius* dedit, pro vera habenda ſit.

·· *XVIII.* *Stobaei* Floril. T. CXXIV. p. 617. Gesn.
513. Grot. *Clemens Alexandrinus* Strom. VI. p. 738.
30. hunc *Archilochi* verſum expreſſum putat ex *Homer.*
Od. χ. 412. οὐχ ὁσίη κταμένοισιν ἐπ᾽ ἀνδράσιν εὐχετάασθαι.
Grotius verſum, quem ex eodem fonte derivatum exiſtimat,

$$\text{φοβερὸν ἀνθρώποις τόδ᾽ αὖ}$$
$$\text{κταμένοις ἐπ᾽ αἰζηοῖσι καυχᾶσθαι μέγα,}$$

Grotius retulit in Excerpta p. 491. nihil vitii ſuſpicatus. *Clemens* tamen non φοβερὸν, ſed φλαῦρον ſcripſiſſe
videtur, i. e. κακουργόν.

  ʃ. 44.] *XIX.* *Stobaei* Flor. CXXV. p. 618. Gesn.
515. Grot. —— V. 1. vulgo καὶ αυξόμηκες: quod *Grotius*
emendavit; qui v. 3. ἀνθρώπων fugitivam ex verſu *Stobaei*, qui in *Stobaei* collectione proximum locum occupat, reduxit. Metri vitium, quod hunc verſum de-
turpat, et deleto, ſuſtulit *Hermann.* de Metr. p. 118.——
Ad ſenſum comparandus *Sophocl.* Aj. 1266. ſqq.

  XX. *Plutarch.* de Aud. Poet. T. II. p. 23. A. B.
χρῶνται τοῖς τῶν θεῶν ὀνόμασιν οἱ ποιηταί, ποτὲ μὲν αὐτῶν

δαίμων ἰσαρρίτικων τῇ λοιδξ, τωῖ ἢ ἰσαλμας τηλε, ἐν Θεᾶ
διντξρτς αλον και αυθνγμίτιος, δειανόμας προαγνγειόντας· από
οᾶθτς ὁ Αρχίλοχος, ἔτων μὲν αἰρήμνας λίγγ· αλλᾶ· — — —
Hic igitur, secundum *Plutarchum*, ipse deus intelligitur; fragmento autem VI. Ηραπτς ponitur pro ejus
Ἰνᾶνςι, ignemque ſignificat.

XXI. Ap *Plutarchum* de Exilio T. II. p. 604. C.
ubi ea quoque verba leguntur, quae *Brunckius* Archi-
locheis praemiſit. Pariis coloniam in Thaſum dedu-
centibus, *Archilochus*, qui in rerum civilium procellis
fortunarum ſuarum naufragium fecerat, vitae ſedes in
eandem inſulam transtulit; teſte *Oenomao* ap *Eusebium*
in Praepar. Eu VI. 7. Cf. inprimis *Holſten.* ad *Stephan.*
Byz. p. 133. et *Pericon.* ad *Aelian.* V. H. XI. 13. Inſulam Thaſum, quam alii propter divitias et fertilitatem
laudant, (*Theocrit.* Ep. VIII. λιπαρὴν Θάσον vocat; cf *Gar-*
ſerer. in Comment. de Thrac. P. II. p. 87.) deſpicatai
tamen habuit *Archilochus*, ut, noſtrum fragm. laudans,
notavit *Valckn.* ad *Herodot.* VI. p. 458. ἃ τ. τρισοῖζοεῖν
πόλιν eam vocavit, teſte *Euſtath.* II. θ. p. 616. 46. eoque, quicquid malorum ii miſeriarum in univerſa Graeciâ
fuerit, commigraſſe dixit ap. *Strabonem* L. VIII. p. 370.
ἐς Παντάδιων οἰξις ἐς Θάσον ςυνθεμαι, quem locum vulgo
peſſime interpretantur. — ἄνω μέρη propter montium
jugum appellaſſe videtur inſulam. Plurimas partium
corporis appellationes ad terrarum ſitum et conditionem
ſignificandam translatas diligenter collegit *Euſtath.* ad
Iliad. p. 233. ſq. quaedam *Schol. Sophoclis* in Oedip.
Col. 691. Cf. *Weſſeling.* ad *Herodot.* I. p. 35. 86. Pro-
montorium Laconiae ἄνω γαῖαν appellatam commemorat *Pauſan.* III. 27. p. 431. ed. *Facii.* Nec hoc, ἄνω
μέρη, tam *Archilocho* proprium fuiſſe puto, quam potius
vulgarem montoſarum regionum appellationem. Apud
Diodorum certe T. II. p. 640. XIII. (ap. *Euſtath.* Od. α.
p. 1190. Rom.) ἄνω μέρη, non ειραιιώ, olim lectum fuiſſe

arbitror, ubi ἄμπετ ἐπεὶ πῆς Ἀλκαίου, ισμφθὸν τοῦ σύμπαντος ἔρητ λουσῶσι, ἔπεω (vulgo οἴρανοί, ſive per compendium ἄπετ) Μήγοι ταρὰ πῆι ὀγχωμίοιν ἀπαιτοῦσαι παπῆπι.

XXII. *Athenaeus* L. XII. p. 523. D. καὶ Ἀρχίλοχος ὁ ποιητὴς ἐπιφερόμενος τὴν χροιὰν τῆς Σιρῆδι διὰ τὴν εὐδαιμονίαν, περὶ γοῦν τῆς Θάσου λέγων, ὡς ἔσεσται, φησίν· Οὐ γὰρ — — ἀπωλεῖτο Η ὁ Σίρις, ὡς μὲν Τίμαιός φησι, καὶ Εὐφορίων ἐν Λουμάτοις ἢ Μαλακίστην, ὑπὸ γυναικὸς τινος Σιρίδος· οἱ δὲ Ἀρχίλοχος, ὑπὸ εὐταμοῦ. Quamvis hujus nominis fluvius alibi non commemoratur, urbem tamen novimus Σίρις vocatam ex *Herodoto* VIII. 115. et *Stephan. Byz.* v. p. 604. ad quem locum egregia notavit *L. Holſten.* p. 295. Quae urbs ne confunderetur cum alia ejusdem nominis, apud Lucanos in Italia ſita, cavit *Herodotus* VIII. 62. p. 646. Idem memorat populum Thraciae, Σιρυνπαίους L. V. 15. p. 378. quos verſus ſeptentriones Strymonem attigiſſe ſuſpicatur *Gaſſerus* in Comm. Soc. Reg. Tom. VI. p. 46.

XXIII. *Plutarchus* in Vit. Demetr. Tom. V. p. 42. ed. Bry. ubi Fortunam comparat mulieri ap. *Archilochum.* Fortaſſe hic locus obverſabatur *Ariſtaenero* L. II. 1. p. 71. φέρεις μὲν πῦρ, ὄχεις δὲ ὕδωρ· τὴν σὴν αὐτὴ φλόγα ἀντιβρέπων πρὸς βιαζέ.

XXIV. Exſtat ap. *Stob.* Flor. LXII. p. 397. Gesn. n. 63. Grot. Eſt ex *Archilochi* Lyricis. Primus verſus eſt aſynartetus ex tetrapodia dactylica et trochaico ithyphallico, quo uſus eſt *Horatius* I. Od. IV. Ei ſubjunctus eſt verſus jambicus trimeter catalecticus. Tertius verſus eſt mutilus. Vide de hoc metro diſputantem *Miſcherlich.* in Specim. Horatiano p. 24. ſqq. — ἴφος φιλότητος. Videtur eſſe concubitus cupiditas. ἴφος pro deſiderio illuſtravit *Brunckius* ad Oedip. Colon. 367. — λαβρίς. quaſi de ſerpente, in cubili ſuo contracto et convoluto. *Schol. Theocr.* XV. 9. λαβὼ λέγουσι τὴν φωλεώ, ἀπὸ τοῦ τὰ ἔρωτι ἐν αὐτῷ αἰνεῖσθαι. Haec fusius persequutus est Valkkan. in Adoniaz. p. 247. sq. Archilochi versum ante oculos habuisse puto Apollonium Rh. III. 281. Amor αὐτῷ ὑπὸ βαιὸς ὑποκάρδιος αἰθόμενος γληνέθιος φλόγι εἰλυμένος πολλά ἀναστρέφετο νόησι. et 296.:

τοῖος ὑπὸ κραδίη εἰλυμένος αἴθετο λάθρη
οὐλος Ἔρως· ἀπαλὰς δὲ μετετρωπᾶτο παρειὰς
ἐς χλόον, ἄλλοτ' ἔρευθος, ἀκηδείησι νόου.

In sqq. cupiditatis effectus iisdem coloribus adumbratus, ut ap. Sappho in loco celeberrimo: τό μοι μὰν καρδίαν ἐν στήθεσιν ἐπτόασεν – ἐκκέρωσεν οὐδὲν ὕμμαι. et ap. Apollon. Rhod. III. 962, ἐκ δ' ἄρα οἱ κραδίη στηθέων πέσεν, ὄμματα δ' αὔτως ἤχλυσαν· θερμὸν δὲ παρηΐδας εἷλεν ἔρευθος. — Ceterum in Stobaeo Grssnri his versibus aliud fragmentum jungitur:

Δύστηνος ἔγκειμαι πόθῳ,
ἄψυχος, χαλεπῇσι θεῶν ὀδύνῃσιν ἕκητι
πεπαρμένος δι' ὀστέων.

Archilochi ingenio dignissimum. Nec dubito, quin ei tribuendum sit, non magis quam Achilles Stat. ad Catull. Ep. LI. et Douse Not. in L. II. Propertii cap. X. quamvis in Grorii Stobaeo p. 263. sine auctoris nomine prostat. Metrum est, ut in Horat. Epod. XV. Expressit Apollon. Rhod. IV. 1066.:

ὡς τῆς ἱμείροντο παρειάς· ἐν δέ οἱ ἦτορ
ὀξείῃς εἴλκετο στονυμένον ἀμφ' ὀδύνῃσι.

Orpheus de Lapid. XIII. 3. νήξειεν τότε γυῖα στονυμένος ἀμφ' ὀδύνῃσι. Hymn. Homer. in Apoll. 92. ἀθινέει πέπαρτο, Plutarch. de Ser. N. V. p. 107. ed. Wyttenb. ἐν ταῦτα φαντάσει τὴν Νέρωνος ψυχὴν τά τε ἄλλα κακῶς ἔχουσαν καὶ δὴ καὶ διαπεπαρμένην ἥλοις διαπύροις.

§. 45.] XXV. Ex carminibus, quae Archilochus in Neobulen ejusque patrem et sorores εὐπόρησεν, hunc locum *ſervavit Plutarch. T. II.* p. 386. D. *οὐ σφαι ἴσασιν, ουδε ἔασιν τῶν ὀξαρίων· καὶ Ἀρχίλοχος , εἰ, γὰρ ... — ... ...*

Recte *H pompabantur* tetrametrum ex his verbis conſtituit:

εἰ γαρ ὡς ἐμοὶ γένοιτο χεῖρα Νεοβούλης θίγειν.

Reiskius εἰ γὰρ εἰς ἱμερ conjecit. Quae ad *Archilochi cum Neobule amores cognoſcendos faciunt, ea petenda ex animadverſione Heuſterhuſii* ad *Heſych.* in *ἰμγάτις* Tom. I. p. 141.

XXVI. Laudat hunc verſum *Hephæſtio* p. 51. tanquam exemplum aſynarteti ex penthemimere dactylica et jambico dimetro acatalectico, quo metri genere uſus eſt *Horat.* Epod. XI. *Scribere verſiculos || Amore perculſam gravi.* ... *πόθος,* ut in Fr. *Sappho* X. *Ἔρος δ' ηὖτέ μ' ὁ λυσιμελὴς δονεῖ.* Ex *Archilochi* carminibus in laudem Neobules, quae etiam *Neobouline* vocatur, (vid. *Heuſterhuſ.* ad *Heſych. v. λυττάδη:*) eſſe videntur, quae *Syneſius* laudat in Encomio Calvit. p. 75. B. *καὶ ὁ αὐλητικώτατος ποιητὴς Ἀρχίλοχος· διασπῶσα αὐτὸν (τὸν κόμην), ἡραίνετο μὲν οἴκων ἐν ἑταίρας σώμασι, λέγει δὲ οὕτως·*

ἥ δὲ οἱ κόμη
ὤμους κατεσκίαζε καὶ μετάφρενα.

et in *Luciani* Amor. p. 1041. *τὴν θεὸν δ' ἴσον τῇ Λακαίνῃ θεῷ θυγατρὶ ἀφελόντες.* Plura ſuperſunt ex iis, quae in ejuſdem puellae et furorum contumeliam ſcripſit; interque ea nonnulla, *Origenis* (contra Celſ. III. 145.) de *Archilochi* obſcoenitate judicium firmantia. His annumerandus ſenarius ap. *Harpocrationem v. σαλίνενον· οτε τυῖχα Τιμιθέαν ἐν σαλίνενῳ,* cujus ſenſum praeclare intellexit *Toup.* Epiſt. crit. p. 43. Cf *Ariſtoph.* Nub. 1736: Ranae 159. Ejuſdem generis ſunt verſiculi ap. *Athen.* X. p. 447. B. ab eodem *Toupio* in Em. ad Suid. P. I. p. 230. feliciter emendati:

... ἢ σφι.μφὼς πολλὰ βρότων ἢ θεοῖς ἔνερ ...
... ὡ ὀφθὲ θύραζε, καὶ οἱ ... ἐον πλεονάκις ...

Ex illis jambis etiam petitum hemistichium ap. Arbru.
L. III. p. 123. R. γὴρ αὐτ᾽ ἐσισατόσττο (ἢ ἐσισατόσττο).
Unde ductum est illud ap. Catullum LVIII. *Nunc in quae*
driviis et angiportis Glubis magnanimos Remi nepotes.
Lacera quaedam ſenariorum fragmenta profert Schol. in
Eurip. Med. 679.:

. . . . καὶ σκκὶ . . . .
ὃγιστηιπ δι᾽ ἔτεὲγτα — . . . .
μηρούς τε μηρούς — — —

quae de meretrice κολντιζεύσαν dicta videntur. Cf. Euſtath.
ad Il. ψ. p. 1417. 34. *Anacreon* ap. *Phavorin.* in Γε τῆ-
ΝΟΣ ὑλλνοϋσς᾽ ΠΑΙξΝΤΟῦ μηγοίσι παρὰ μηγοῖς. Haec omnia
congruunt in puellam, quam poëta propter immoder-
tam libidinem ἐγγὼτα, δήμιον et παγίαν appellaverat.
Vide *Suid.* in μνχχτο᾽ unde ſenarium ap. *Schol. Ariſtoph.*
in Av. 1619.

. . . . περὶ ο᾽χοφιν, παγεῖα, μιγάτη γνυὴ,

Archilocho tribuendum esse ſuſpicor. In his carminib-
bus denique locum habebant haec: ἐμήλσε πικσέχε . . . . . .
id est ἐγκαταπιε ἀιλεῖιι Heſych. γναθεῖ . . ἐιεαιανθεμενοι . . δι
'Αζχιλοχος. Idem. et ap. Nicetam Hiſtor. p. 150. et καὶ
'κήμκσηψετ . . . . ε ide

. . . . λεντωρδὲ δεσγαθορν. . . . .

ὁ ἔνιον δι᾽ ἔττιστι τῶργνς᾽ πολλάκις μεταπλειεκανθαι τὰ χρῶτα καὶ
νὰτιν σνλλεγάντα μηρω᾽. Cum quibus comparanda ſunt, quae
'Aelianus habet V. H. IV. 14. πολλάκις τὰ κατ᾽ ἀσμάτι μετὰ
νῶντ σνλλὰβι ενιαγθέντα χρᾶμστα κατὰ τὸν 'Αρχιλοχον δὶς . . .
. . . .
. . . . τῶτης γνναικὸς ἔντιστι κατάφροσιν . . . .

ubi, vel iuvita *Perizonio* et *Kühnio*, *Schefferi* emendationem amplexus, lego:

. . . . κφρας γνναικὸς ἔνιεγεν . . . . II. . .
. . . . κατάβδοψτη — — . . . . . . — . . . .)

quod elegantiſſimum est, et *Nicetas* μεταφισταμενὸς ad
amuſſim reſpondet. . . . .

XXVII. Profert *Hephaestio* p. 19. 22. et 50. Metrum, ut Fr. XXIV. Pro αἰφνέπεαι *Mitscherlich*. in Spicilegio Horat. p. 25. elegantius judicat αἰφνέπεαι. Archilochum imitatus est *Maced*. Epigr. XVI. δὲ ὧ μῆλα δερθέντος ἐν ὕπνῳ ᾿ ὧν δ᾿ ἀμαρθεῖσα Κύπρις αἰχμητοῦ καμάτοιστο θῆμα. *Apollon. Rhod.* IV. 1094. στνλάντι αἰφνέπεαι οἴτη Senex ὑπέργηρας, φιλλάδος ὥς κατεσκαφμόνας, τρόπολας μὲν ἄλλας στνίχαι. *Aeschyl*. Agam. 79.

XXVIII. *Etymol. Mag.* in Πρόλετρα. — — ἐστὶ δὲ παρὰ τὸ ἔρεσθαι, ἱκετεύειν ῥῆμα λαμβάνων, ὡς Ἀρχίλοχος ᾿

ἱμεὶ δ᾿ ἀνάσσω οὗ κατεπρέψατο.

ζήτει δὲ τὴν κατα. Ὁ δὲ Ἡρωδιανός, παρὰ τὸ ἴσω, ὡς Ἀρχίλοχος ᾿

Πρωτείω χεῖρα σφετέρισαι.

Fere eadem habentur in *Scholiis Aristoph.* Equ. 435. et *Suida* in κατεπρέψατο ᾿ ubi tamen male οὗ δ᾿ ἀνάσω legitur. (Rectius in *Gloss. Herodot.* p. 175. ἱμοῦ —.). In altero fragmento aoristi ex iisdem corrigendum: τρωτείω χεῖρα καὶ σφετέρισαι. Vide *Toup.* in Em. in Suid. P. II. p. 211. qui inde corrigit *Schol. Homer.* Od. φ. 352. ubi alterum fragmentum exstat, sed depravatum. *Aristophanes*, ut in veterum poëtarum locis facere solet, hunc quoque *Archilochi* versum in suam rem convertit, in Nub. 1241. αὔτη, μὲ τὸν Δία μέγαν καὶ τοὺς θεούς, Ἐμοῦ καταπρέψει. Comici loca, in quibus idem verbum occurrit, cum aliis collegerunt Intpp. *Thomae Mag.* p. 506. Nostri versum non praetermisit *Valckenarius*, verbum κατεπρέψεσθαι illustrans ad *Herodotum* p. 213. eumque ad perfidum Lycamben referendum suspicatur. Egregie κατεπρέψατο restituit *Wyttenbachius Pseudo - Plutarcho* T. II. p. 10. C. οἱ μὲν ἱκετῶς γε παντελῶς κατεπρέψατο (vulgo κατεπρέψατο) ᾿ πάντας δὲ αὐτοὺς διαλεχθέντας καὶ ἀκριβῶς θεασαμένους, ἐπιγράψω. Auctorem, haec cum scriberet, de Lycambe cogitasse, verisimile est.

XXIX. Servavit. *Hephaest.* p. 48. 50. ubi non hi folum verfus, fed et alii praeterea habentur:

> 'Ερασμονίδη Χαρίλαε, χρῆμά τοι γελοῖον
> λεέσω δ' οἱ μιν κατατεύξει ἐτὰς αἱ δὲ πολλοί
> ὄρθα, ταλά, φίλ τατά' ἑταῖρα, τέρψεται δ' ἀκούων·
> φαίνετ᾽ ετεγετα οις ἴτττα μαὶ διαλέγετθαι.

Horum verfuum primum et tertium recte, fi quid video, junxit *Gisb. Kœn.* ad *Gregor.* p. 10. ubi χρῆμα γελοῖον illuftrat. Quartum vero verfum a *Brunckio* non immerito cum verfa 3. conjunctum effe, apparet ex eodem *Hephaeſtione* p. 27. Idem notavit parodiam *Cratini* in ταῖς 'Αρχιλόχοις'

> 'Ερασμονίδη Βάϑιππε, τῶν λαρυτάτων.

De Charilao, cujus voracitatem *Archilochus* paffim perftringit carminibus, confulendus *Perizon.* ad *Aelian.* V. H. L. I. 27.

XXX. Hunc verfum profert *Clemens Alexandr.* Strom. VI. p. 739. 2. eumque ex *Homero* derivatum cenfet Il. I. 116. κακῆ, οὐ κότϊ κατέρηεν' κντὶ τε πελάϑη. In *Archilochi* verfu *Sylburgius* ἡμέλεων verior putabat; non tamen ignarus gloffae ap. *Hefychium:* 'Ημέλεων, ἐγκέκοπτε — 'Αμφίλεκτά, ἀμαρτίαν.

XXXI. *Clemens Al.* l. c. p. 739. 7. quû comparat *Homer.* Il. ο 309. ἔσκης Ἐννάλιος, καί τε ατωόλεγτα κατέκτα.

XXXII. Ap. eundem p. 739. 12. Dictum eft fecundum *Homer.* Il. ζ 103. αὐτὰς ἐπιρθεν Νίκας τείρατ᾽ ἔχονται ἐν ἀθανάτοισι ϑεοῖσι. Simile eft ap. *Meleagrum* XXI. 3. ἐν σοὶ μοι ζωῆς τείρατα καὶ ϑανάτου.

XXXIII. Ap. eundem p. 739. 20. ubi comparatur *Homericum* Od. ξ 228. ἄλλος γὰρ ἄλλοισιν ἀνὴρ ἐπιτέρπεται ἔργοις. Eosdem inter fe verfus comparat *Sextus Empir.* adv. Mathem. XI. 3. p. 699. ubi habetur fic:

> ἄλλος ἄλλῳ ἐπ᾽ ἔργῳ καρδίην ἰαίνεται.

Hunc verſum erigit, ubi interiorem verbi ἱατινοδᾶ ſignificationem enodeavit, *T. Hemſterh.* ad Heſych. T. II.
p. 4. Alia, quae huc faciant, vide ap. *Valckenar.* ad *Herodot.* L. 18. p. 22. 26. et, qui ſimilia comparavit,
Gataekerum ad *M. Anton.* VIII. p. 253.

  T. 46.] *XXXIV. Athenaeus* L. XIV. p. 688. C. τῷ
δὲ τῷ μέρεος ἡμῶσες σχῆτω; Ἀρχίλοχος αἴφετη; λέγων οὐδ
ἂν... καὶ ἀλιαχοῦ δ᾽ ἔφη· ᾠγμφλρμπλος . . . . Hinc *Euſtath.* ad Il. 4. p. 1413. 72. μέρεος 78, ἄεσι, ὁτημουνὶ ἐρῶτος
Ἀρχίλοχος ἐχρήσατο. Hunc verſum Pericles ad Elpinicen,
Cimonis ſororem, accommodaſſe narratur ap. *Plutarch.*
T. I. p. 369. ed. Bry. Priſcis temporibus Graeci non
μύροις, ſed ἱατινῳ utebantur. — Vide *Salmaſ.* ad Solin.
p. 665. R. *Spanhem.* ad *Callim.* p. 611. — Sequens
fragm. male. reddidit *Athenaei* interpres. Senſus eſt:
*Coma ejus et pectus ita unguentis erat delibutum, ut vel
ſenem amore incederet;* quod non fugit perſpicaciſſimum
Gilbertum Wakefield in Silv. crit. IV. p. 43. ubi *ſepar*
τισυλδι corrigit; quod verum videtur. Hunc locum procul dubio in animo habebat *Rhianus* Ep. II. ᾿ . . . . . ι
 . . . . . ᾿ περὶ τὰς ἐλαφρὰς τε καταὶ γλυκὺ χεῖμα ἕπουν, . . . ι
    ἀ στηγῆ, στιῶσσιη; καθὰ γέρσντας ἄφε. — . . . . ι

ubi vide, quae notavimus. . . . . .

  XXXVI. Athen. L. XIV. p. 628. A. Διθύραμβοι δὲ
ἔφησεν, ὡς οἱ παλαιοὶ ἐπὶ ἄντες, οὐχ ὡὶ βαθυμαββῶσι, ἀλλ᾽
ὅταν ετελϊωσί, τῶν μὲν Διόνυσον δι᾿ οἶνω καὶ μέθη, τῶν δὲ Ἀπόλ-
λωνα μεθ᾽ ἡσυχίας καὶ τάξεως μέλποντες· Ἀρχίλοχος γοῦν φησιν,
ὡς Διόνυσος. . . . . . *Bentlejus* ad Phalar. p. 165. ubi Dithyrambum Iaſo et Arione antiquorem eſſe judicat,
recte vidit. hos verſus trochaïcos eſſe, eosque ſic numeris ſais reſtituit: . . . .

    ὡς Διόνυσ᾽ ἄνακτος καλὸν ἐξάρξαι μέλος
   οἶδα διθύραμβον, οἴνῳ ετηκεραυνωθεὶς φρένας.

Idem vidit *Hermannus* de Metris p. 118. qui tamen initio verſ. 1. ὁ, Διονύσου. ſcribit. Διθύραμβοι proprie dice-
bantur, qui choro praeibant.. *Aristoteles* tragoediam
originem duxiſſe ait ἀπὸ τῶν ἐξαρχόντων τὸν διθύραμβον.
Vide *Tyrwhitt.* ad Poët. p. 130. — συγκεκραμένοις εἴδη,
περιιόντας, ſcribit *Ammonius.* Cf. *Taubm.* ad *Plauti* Caſin.
III. 5. p. 346.

XXXVII. Diſcrimen inter ἰδεῖν, ἰδανὰ et ἰδεῖ do-
cens, hos verſiculos profert *Ammon.* de Diff. Verb.
p. 123. *Etymol. Magn.* v. θάλω priorem modo habet,
pro ἀνθλεῖν legens ἀνθλεῖν. Uterque exhibet τρέχετε.
Moschopulus autem et *Phavorinus* in ἰδεῖν legunt ἰδέατε.
Eandem lectionem ſequitur *Philemus* in Lex. Techn. ap.
Villoiſon. ad *Apollon.* Lex. Hom. p. 704. quem locum
Schneiderus mihi indicavit. Sub *Antilochi* nomine verba ἰδεῖς et καλὸν ἄνθος profert *Athen.* L. II. p. 52. F. —
Lucem huc fragm. lucratur ex loco *Hesychii*, a *Valckenario* allato: Μηδενὶ ἀνδρὶ ἡ ἰδέης τραφῆ εἰ τὸν ἰδῶμεν τοῖς
ἀνταναιρομένοις ἐν ἁλουργές, ὑπὲρ τοῦ ξεινε, ἀντὶ τοῦ ξαφθίνει.

XXXVIII. *Ammonius* de Diff. Voc. p. 6. in Αἶεν.
Ubi vulgo ſic habetur: αἶδε τις ἀνθρώπων (ſive ἀνθρώπου)
τὸ, ὡς ἀφ' ἑκάστης τε κράτους ξενικῆς ἴδοντο Alli ξενικῆν. Sic
fere hunc locum exhibet etiam *Eustath.* ad Il. λ. p. 756.
et ad Od. ξ. p. 556. ubi τὸ, ὡς ἃ. ἦ' κ. ξ. ἴκραξεν, ἢ καθ'
ἑτέρας γραφὴν ἴδοντο. Cf. *Schol.* ad Odyſſ. ξ. 508. Haec
Valckenarius, paucis immutatis, ſic exhibuit, ut verſus
evaderent jambici dimetri acatalectici:

αἶδε τις ἀνθρώπων ὅδε,
ὡς ἀφ' ἑκάστης κράτους
ξενικῆς ἴδοντο.

In Animadverſſ. p. 17. eosdem in trimetros mutavit,
ſicut ap. *Br.* leguntur. Id eum ſine cauſa idonea feciſſe, recte judicavit *Sanctius* ap. *Ruhnken.* ad Tim.
p. 057. Certe *Brunckius* interpolatos *Archilochi* verſus

pro genuinis exhibere non debebat. Exftare hoc fragmen-
rum cum varietate ap. *Scholiaft. Hermog.* p. 404. notavit *Schneiderus.* Sed fruftra adhuc hunc librum quaefivi,
qui e rariffimis eft. *Archilochi* de vulpe fabula paffim a
veteribus memoratur. *Hermogenes* in Progymn. quae
edita funt in Bibl. L. et Art. VIII. p. 5. de fabula agens:
φαίνονται δὲ τούτῳ χρησάμενοι καὶ οἱ ἀρχαῖοι, Ἡσίοδος μὲν τὴν
τῆς ἀηδόνος αἰνῶν, Ἀρχίλοχος δὲ τὴν τῆς ἀλώπεκος. ubi tamen
incertum, auctor hanc de vulpe et aquila fabulam, an
eam, cujus fragm. fequitur. loco proximo, refpexerit.
Sic quoque *Dio Chryfoft.* Orat. LV. p. 560. 37. τὴν
τοῦ Ἀρχιλόχου ἀλώπεκα fimpliciter laudat. Noftram fabulam in mente habuit *Ariftophan.* in Av. 652. ἔφη τίς,
οἷς ἐν Αἰσώπου λόγοις ἐστὶν λεγόμενα δή τι· τὴν ἀλώπεχ᾽ ὡς
φλαύρως ἐκοινώνησεν ἀετῷ ποτε. ubi *Schol.:* ὅτι ἐκφανῶς ἐκοιθη-
σαν Αἰσώπου ταῖς λόγοις καὶ τούτων τὴν παρὰ τῷ Ἀρχιλόχῳ λεγόμενα καὶ τὰ σφετέρῳ ἔστι.

XXXIX. Hoc quoque fragmentum fervavit *Amme-
nius* l. c. καὶ πάλιν, Ἥττα λόγος· Ἔρδει τὶς ἦ. α. ὁ κ. δ. σωτάλη·
σπ᾽ ἐπιτέμα· Πίθηκος.... Secundum verficulum excitavit
Schol. Pindari Ol. VI. 154. ad verba ἐὐπλεκέων Μοισᾶν σαν-
τάλα. σαντάλη ἐν τῷ συμβαλλεσκετος λέγουσιν, ὡς καὶ Ἀρχίλο-
χος· ἐγχωρίῳ σαντάλη. Tanquam exemplum brevioris
verficuli Archilochici eadem verba profert *Demetr.* de
Elocut. V. p. 4. de quibus *Ariftophanes Grammaticus*
commentarium fcripfiffe videtur fecundam *Athenaeum*
L. III. p. 85. E. μεμνημένας αὐτῆς Ἀριστοφάνης ὁ γραμματι-
κὸς ἐν τῷ περὶ τῆς ἀχθοφόρας σαντάλης συγγράμματι. Unde
fortaffe derivata funt, quae de fcytale leguntur ap. *Etymol. M.* p. 720. Senfum dicti aperire conatus eft *Dio-
genian.* in Proverb. Cent. III. 25. et *Erasmus* Chil. II.
n. 1. In *Triftis Scytale,* ubi laudat *Plutarch.* VII. Sap.
Conv. T. II. p. 152. E. ἀλλὰ μήν, ὁ Νειλοξενος ἔφη, τὴν μὲν
τοῦ Ἀλθαίου ἐπιστολὴν οἶδεν ἐν τῇ ἀλλὰ πλὴν ἐγχωρίων σαντά-
λη· σφετέρω κατ᾽ Ἀρχίλοχον. — V. 4. ἐγχωρίῳ. in locum

folitariua.   Illuftravit hanc vocem *Bergler* ad Alciphr.
I. 26. *Hemfterhuf.* ad Lucian. T. I. p. 344. *Toup.* ad
Theocrit. T. II. p. 338. —   V. 5. λιπαρᾷ κεφαλῇ. Ex
hoc loco vulpi epitheton τῆς κεφαλῆς adhaefit. *Plato*
Polit. II. p. 124. F. τὴν δὲ τοῦ σωφροτάτου Ἀρχιλόχου ἐλά-
φρας ἱλαρίου ὑβριστὴν καϊκλάδα καὶ πυκίλην. quem locum
explicavit *Ruhnk.* ad Tim. p. 257. *Dio Chryfoſt.* Orat.
LXXIV. T. II. p. 399. ed. *Reisk.* ἡ κεφαλὴ δὲ λιπαρᾷ
ἱπέρα τίς ἐστι παρὰ Ἀρχιλόχῳ, ubi alii ἱπαίρει τίς ἐν legunt.
Aelian. H. A. VI. 64. ἡ λιπαρὰ ποτταρὰ ζῷόν ἐστιν, ἥτις του καὶ
κεφαλῆς δ' ποιητικὴ καλεῖν φιλῶσιν αὐτήν. *Bafilius* in Orat. de
Leg. poët p. 107. ed. Grot. κατακνάζας δὲ καὶ θαυσίας ἀκρίβαι-
μεθα καὶ τὴν Ἀρχιλόχου κλέπτουσα τὸ κεφαλῆν τε καὶ ποικίλην
ζηλώσωμεν.   Vocem κερδὼ, de vulpe ufurpatam, a κέρδος
derivabant Grammatici.   Vide *Hefych.* in κερδαλεόφρων
et *Ruhnke.* ad Hefych. T. II. p. VI. —   Ceterum vix
neceffe eft moneri, hanc et praecedentem fabulam ab
Archilocho Lyricis intextas fuiffe. In illa de vulpe et
aquila fuam cum Lycambe, dolofo homine, focietatem
fignificaffe videtur; ut fufpicor ex *Philoſtrati* Icon. L. 3.
p. 766. ubi cum fabulam ab *Homero* et *Hefiodo* neglectam effe negaffet, addit — ἡμέλησε δὲ καὶ Ἀρχιλόχῳ πρὸς
λυσάμθαι.

'   9. 47.] *XL. Etymol. M.* v. κερωτώ, ὁ γαῦρος καὶ
ὑβρίζων . . . Ἀρχίλοχος· φησί.... *Hefych.* κερωτώ, πονηροί.
δεδόκαμαι τοῖς ρας.   Hinc derivatur verbum κερωτεῖν, quo
ufus eft *Philippus* Ep. I.

,   XLI. *Etymol. M.* in Ἀπό. ἡ ἐξέτρα οὗτος Ἀρος (haec
ex codd. accefferunt). παρὰ τὸ ἴσα ἴσῳ, ὃ σημαίνει τὴν
ἐξέτρα. Ἀρχίλοχος· Ἴστε κατ' ἡμὶν κύματος κόπῳ. et iterum in Ἡσί. ἡ ἐξέτρα τοῦ ὀνόματος. Ἀρχίλοχος Ἴστε κατ'
ὑμᾶς κύματος κόπῳ.   Vide *Valckenær.* ad *Herodot.* IV. p. 367.
54. ὑπὸ κύματος de litore videtur dictum.   Poëta jubet.
aliquem ad litus, in ipfos ventorum undarumque fines,
accedare.

XLII.   *Plutarch.* Sympof. L, III. Tom II. p. 658. B.

δὲν δὲ ἦλαν ἐκπνεύζειν μᾶλλον ἐν τὰν ἰαμάτων τὸ ὑστερὸν δεῖ τὸν μέρμσον ὑπὸ δ καὶ τὴν Ἀρχιλοχου εἰρημένον φωναλς΄ "*ἔλετμαι.* . . . . Hunc locum refpexit *Hefychius* v. Ξαίρος· ὁ ἦλιος, καὶ ὁ τοῦ ωμὲ λατρέψ — Ξιφίαι ωμᾶς Ἥλιον, - Κεφαλαὶ Ξιφιαλδς τὸν λατρψὸν μένα· ὁ δὲ Ἀρχίλοχος τὸν ἥλιον· Ἱππίας ἰδ πάντα τὰ ἄστρα. Sic hunc locum conftituit *Toup.* in Emend in Hefych. P. II. p. 470. Idem in Fragmento *Callimachi* CXXIV. acute correxit *τιλημ̃ά τι Ξιφίον* (vulgo *τέτρον*) *ἄλλας ἔσωτο.* Ex *Archilocho* profecit Lycophron de Ajacis cadavere: *ἰαφόφωτμένων νῶων ἀετὸς Ξιφίου κατωωνῶ νῶ.* quem comparavit *Grevvius* in Lectt. Hefiod ad 'E a. 'H. 417. De Sirio pro fole pofito conf. *Eufterb.* ad Od: p. 471. 25. *Salmaf.* ad Solin. p. 305. Ut hic Sirius dicitur *κατανσίσεῖν,* fic ap. *Tibull.* L. 4. 42. Canis arvori *torret arva fiti.* Cf. *Heyne* ad l. 1. 27. Verfus autem non jambici, ut ex initio tertii verfus apparet, fed trochaici tetrametri:

> *ἔλετμαι, πολλὰκ μὲν αὐτὸν Ξιφίας κατανσνῶ*
> *'Οξὰς ἐλλάμπων.*

XLIII.   *Scholiaft. Pindari* Ol. 0. 97. Ἀλκμᾶς δὲ καὶ Ἀλκμᾶν λίθον φασὶν ἐπαιωρεῖσθαι τῷ Ταντάλῳ· ὁ δὲ Ἀλκμᾶν ὅπως ἐνίγ δ΄ ἐν ἐκμένοισι ἐλετηρὲς ἔστ' ἐπὶ Ξάνιις κατὰ πέτρας, ὄρταν μὲν ὀυὰν, δαιδαν δέ. ἐπόλψει δὲ καὶ Ἀρχίλοχος·

> *μηδ' ὁ Ταντάλου λίθος*
> *τιςδ' ἐπὶ νήσου κρμαὰσθη.*

Totus hic locus infigniter depravatus eft. In fragmento *Alcmanis* initium et finem fic conftituam: ὁ δ' Ἀλκμᾶν ὅπως· ἐνίγ . . . . δαιδαν δ' ἀντεθέντα. καὶ Ἀρχίλοχος. In ipfis *Archilochi* verbis autem pro δτὶ legendum ὑπὸ, ut *Plutarchus* habet, qui inter laudat Tom. II. p 503. A. Ad hunc *Archilochi* locum, ubi *Brunckius* iterum nomeros trochaicos mutavit in jambicos, refpexit *Paufan.* X. 31. p. 576. in defcriptione tabulae Polygnoti: Τάνταλος καὶ ἄλλα ἔχων ἐστὶν λέγεσθαι, ὅσάπερ Ὅμηρος ἐπ' αὐτῷ συνείληχεν, ἐπὶ δὲ αὐταῖς ὑφίστανται οἱ καὶ τὸ ἐν τῷ ἐπιγράμματι λίθον δεῖξαι. Πολύγνωτος μὲν δῆλός ἐστιν ἐπακολουθήσας τῷ Ἀρχιλόχου λόγῳ· Ἀρχίλοχος δ' οὐκ οἶδα εἴτε ἐδιδάχθη παρ' ἄλλων τὰ δὲ τὸν λίθον, εἴτε αὐτὸς ἐς τὴν ποίησιν ἀνεύρατο. Eandem fabulam explicat *Athen.* L. VI. p. 281. H. C. ex Ἀγησάνδρῳ μαθὼν narrans, Tantalum a Jove petiisse coenam deorum coenae similem. Tum Jovem id quidem fecisse : ἅτε δὲ μηδὲν ἀνιλατῶν τῶν παρακειμένων, ἀλλὰ διατελῆ ταραττόμενος, ὑπὲρ τῆς κεφαλῆς ἐξήρτησεν αὐτῷ πέτρον, δι' ὃν (f. ᾗ) τὸ ἅπαντα τῶν παρακειμένων τρυφῶν πάντας. Ad Euripidis Orest. 5. Τάνταλος κορυφῆς ὑπερτέλλοντα δειμαίνων πέτρον, notavi veterum loca, in Animadv. ad Eurip. p. 10. ubi Latinos poëtas hanc fabulam ignorasse perperam statui. Ejus meminit *Lucret.* III. 993. *Cicero* Tusc. Quaest. IV. 16. Eandem commemorat *Philostratus* in Vit. Apollon. p. 116. et *Suidas* v. Τάνταλος, ex *Nonno* in Gregor. Nazianz. in Stel. p. 171.

XLIV. Ex Lect. p. 236. Servavit hos senarios *Athen.* L. X. p. 447. H. Τὸν δὲ κρείττω οἶνον καὶ βροτῷ τινι καλοῦσιν· — καὶ Ἀρχίλοχος·

ὥσπερ αὐλῷ βρύτον ἢ Θρῇξ ἀνὴρ ἢ Φρὺξ
ἔβρυζε· κύβδ' ἦν πονεμένη.

Obscurum hunc locum sic corrigere conatus est *Casaubonus* p. 743. — ἔβρυζε κυβδᾷ ᾖ πονεμένη: putans nimirum, significari a poëta, mulierem aegrotantem sic sanguinem rejecisse, ut cum bryti zythivi salientem ex ore mittit Thrax aut Phryx aliquis. αὐλῷ enim pro πρωτῷ esse positum, et αὐλῷ βλάζειν βρύτον poëtica elegantia esse dictum pro πίνειν βρύτον. Denique κυβδᾷ ap. Amathusios pro εἴματι - fuisse usurpatam docet *Hesych.* In his felix *Casauboni* ingenium prorsus desidero. *Scaliger* haec adscripserat: ὥσπερ γὰρ αὐλῷ βρύτον ὁ Θρῇξ ἀνὴρ ᾗ ἀφ. ἵ. κύβδα γ' ἦν πονεμένη. Congruiscebat eo modo sua-

M

gras mulier, quo siphone cervisiam hauris Thrax aut
Phryx, ipsa quoque fugens. Contortis his lectionibus
nemo facile erit, quin lenem et elegantem *Toupii* emendationem praeferat, qua hos versus constituit in Em. ad
Suid. P. I. p. 830.:

> ὥσπερ αὐλῷ βρῦτον ἢ Θρῇξ ἀνὴρ
> ἢ Φρὺξ ἔβρυζε, κύβδ᾽ ἦν πονεομένη.

Ubicunque ad potandum convenissent barbari, ibi praestabat
illa muliercula. Cetera perspicua sunt et expedita; κύβδα
autem est extra venereum, docente *Schol. Aristoph.*
Eqq. 364. unde *Toupius* etiam ap. *Hesych.* κύβδαλα
εκβαλα, (vulgo αὔρα) corrigit. κυβάδην in hoc negotio
usurpatur a *Plutarch.* in Solon. p. 91. τὰς δὲ καὶ παρ᾽
οὓς καθίστασιν, λέγω δὲ τὰς ἑταίρας. *Hesych.* κύβδα· ἑταίρα.
Conf. *Fischer.* ad Anacr. Od. LXI. p. 227. *Branchii*
lectio simpliciter de puella inter viros versante eosque
frequentante accipi debet. — ἔβρυζε positum pro ἔβρυζε.
Hesych. ἐβρύαζεν· ἐνωχεῖτο. ἐβρυάζοντο· ἀγάλλοντο. ubi
Intpp. *Archilochi* locum comparaverunt.

XLV. *Athen.* XIII. p. 594. de Plangone meretri-
cula, quam Iones, benignitatis ejus causa venerati,
Παιιδίαν appellabant: μέμνηται δὲ καὶ Ἀρχίλοχος περὶ αὐτῆς
ἐν τούτοις· ἔφη.... quos versus Schneiderus in Peric.
erit. p. 73. comparat cum *Semon.* Ep. XXVII. —
Verba ἔφη... Μέτρα π. in suum usum convertit *Lucian.*
Ep. XII.:

> καὶ γὰρ σοῦ μεστοὶ μὲν ὁδοί, μεστὴ δὲ θάλασσα,
> καὶ λιμένες, πάντων Μέτρων Γραμματική.

ARIONIS METHYMNAEI
HYMNUS.

Ex Tom. III. p. 327.] I. Servavit hunc hymnum *Aelian.* de N. A. XII. 45. eumque ab *Arione*, e fluctibus servato, cantatum esse ait.   Historiam de Arione post *Herodotum* L. I. 24. sqq. multi narrarunt, quos laudat *Harduinus* ad Plin. H. N. IX. 8. p. 502. Adde *Plutarchum* T. II. p. 161. Nostrum hymnum pro genuino *Arionis* foetu habendum esse negat *Schneiderus.* — V. 3. ὑψιμεδόντων habet *Gesner.* qui in altero Cod. distinctis vocibus scriptum reperit: ὕψιμον ἄναξ. Quod *Brunckius* habet, πλωντανα, ipsius conjectura esse videtur: quam certa, non dixerim. Sed totum hoc carmen earum medicum nec recipere, nec mereri judicat *Aelian.* suspicatur. *Hymn. Homer.* XXII. 6. Χαῖρε Ποσείδαον, γαιήοχε, πλωντανα. Ad depravatae scripturae ductus proprias accederet: ὑψιμεδόντι. At nec hoc pro vera lectione habuerim. — V. 4. φρίσσειν verbum a poeta fictum a φρίσσω, quae piscibus propria sunt. Imago ducta ex *Homeri* Il. v. 27. ὡς δ᾽ ἄλλων ἀεὶ πόρει᾽᾽ ἄταλλα ἃ κήτε᾽ ὑπ᾽ αὐτῷ Πάντοθεν ἐκ κευθμῶν, οὐδ᾽ ἠγνοίησεν ἄνακτα. Quae expressit *Virgil.* Aen. V. 822. — V. 5. Vulgo χορεύοντι πλαγώ. ἡ inserit Cod. Medic. Mox *Gesnerus* στρέφοντα conjiciebat pro πλωθ', invito *Schneidero*: Ineptum enim saltatorem delphino eadem audacia pedes appingere, qua antea branchias. — V. 8. Pro στρεφροι *Gesnerus* στρεπτοί reconjicit. — V. 9. σφλάσσαι. Haec fortasse obversabantur *Philippo Thess.* Ep. LXXII. τοὺς ἰσογράφους οὐὰν δρόμον ἀπερισσόφρονα Δελφῖνας, πλάγγεα ἰχθυοφάγα σπάνουσαι. — V. 10. φιλόμουσοι φίλανδρος διελθός, *Aristoph.* Ran. 1352. De delphino, non homini ferarum omnium amicabili, turba animali,
M 2

musicae arti, quae *Plinii* verba sunt Tom. I. p. 501.
fragmentum exstat *Pindari* ap. *Plutarch.* T. II. p. 704. F.
ὁ Πλούταρχος ἔφη κινούμενα πρὸς φθὴν ἄλλον διλεγίνης ἐπίκμρον,
τὸν μὲν καθμμνος ἐν ἐόντος σελάγχει κἄλλον ἐκίησεν ἡ ῥυσκὴ μέλος.
Quae hic depravata funt, *non finceriius* leguntur p. 984.
C. nec *Reiskius*, qui totum locum immutavit, veram
lectionem affecutus eft. Scribe: καθμμνος ἐν ἐόντος σελάλο,
ut mox ap. noftrum v. 19. ἄλετα Νηρείδας πλκσδέ. Ipfe
Pindar. Pyth. a. 45. ἐκ φελλίον νέοντος πλάνα. *Oppian.* Hal.
L. II. 186. Ψερρανων αἰ φυδίας μὲν ἔχει πλάης; Ep. ἀδήσπ.
CCIII. κατ' Αἰγαίον νέοντος πλάνα. *Ariftoph.* Ran. 1486.
διλεγίλιν ὑπὲρ πλάνα. Qualia de delphini muficet amore
narrant veteres, recentiores de manato tradunt; quare
Linnaeus delphinum veterum pro manato habendum effe
cenfebat in Amoen. Acad. VII. p. 315. non affentiente
Beckmanno ad *Antig. Car.* p. 110. Vide *Camus* Notes
fur l'Hift. des Animaux d'Arillote p. 294. fq. *Schneider.*
ad Aelian. II. 52. p. 74. — V. 11. βίαλα θέλμματα
vulgo. Elegantiorem lectionem ἀθέλματα *Valckenarius*
invenit, in Diatr. p. 289. C. ubi hoc vocabulum *Arliano*
in deliciis fuiffe notavit. Quae obfervatio tamen ad
lectionem ἀθέλματα *Arioni* afferendam nullam vim habet, nifi fortaffe *Valckenarius* totum hunc hymnum pro
Arliani foeta habuit. Vide inprimis, quae collegit *Soec-
ter.* ad Thom. Mag. p. 18. et *Lennep.* ad Coluth. p. 19.
fq. — V. 15. Vulgo ἐσσρόωντε. et v. 17. a. τόντοις χο-
ρίσαντες. Utrumque *Branckius* emendavit. Fere fufpi-
cerit, haec obverfata effe auctori odae inter *Anacr.* LI.
23. ὑπὲρ ἕρπτου δ' ἔχουσαι Ἐπὶ δελφίνια χηρευταῖς — Ἔρος
Ἴμερος γελῶντες, Χωρὶς ἰχθύων ἡ πορτὶς — —. *Philoftr.* I.
Icon. XIX. p. 794. ἐχέονται γὰρ μικρὸν ὕστερον Παλαίμων
ἐπὶ δελφίνος. Hoc ipfum verbum ἐχέεσθαι in fabula de
Arione ufurpat *Oppian.* Hal. V. 449. ὡς Ἰσμᾶντες ἐχνεύ-
μενος περὶ νόντοις Κύμα μέλαν ευφόασσε — Ταιναρίς τ' ἐυλιμέ-
νη ἐπὶ προβολῆσι Λακωνίν. — V. 20. ἔστε δ' ἴλωοί με ἀπὸ

ἀλλά. Vulgo. Cod. *Guarini* afferebat ἴμψρ, ipfe conjiciebat ἄλλ. five ἴμλμ. Utrumque poſthabendum eleganti *Valckenaerii* correctioni in Diatr. p. 289. C. ἴλμ.
legentis. Reliqua *Brunckio* debentur. — V. 22. ἀλγ
ωἰγθαγ· ἀμσχ. Vulgo. Quae lectio nulla emendatione
indigebat.

Tom. III. p. 328.] *II.* Hoc diſtichon Arioniæ, delphini inſidentis, ſtatuae inſculptum tradit *Aelian.* Hiſt.
An. XII. 45. p. 407. . Hujus monimenti mentionem
facit *Herodotus* I. 24. p. 11. epigramma non commemorans non magis ac *Pauſan.* L. III. 25. p. 875. et *Dio*
Chryſoſt. Orat. XXXVII. p. 455. 32. Cf. *Gellium* L.
XVI. 19. *Solin.* p. 16. F. — Vulgo legebatur κἰλλαρος,
quod emendavit *Salmaſ.* ad Solin. p. 98. A. Praeterea
Guarinus εὐμαἰλεν malebat.

PISANDRI RHODII EPIGRAMMA.

T. II. p. 294.] *Brunckio* obſecutus (Lect. p. 197.)
collocavi hoc epigramma ante fragmenta *Sapphus*, quam
poëtriam *Piſander* aetate praeceſſit. Exſtat in membranis Vatic. p. 251. cum lemmate: Πισάνδρου Ῥοδίου·
τούτου τοῦ ἐπιγράμματος μέμνηται Νικόλαος ὁ Δαμασκηνὸς ἐν
ἀρίστοις. Εἰς Ἱππαλμον τὸν διὰ Κρήτης Μάγνητα. Ultima inepta funt. Anthol. Planud p. 203. St. 296. W. Apud
Pollucem L. V. 46. p. 501. prius diſtichon laudatur.
Pollucis verba haec funt: οἱ μὲν αὐΜ ὁ Μάγνητ ὁ κύων, τὰ
Ἱππάλμου ὀνόμα, ὁ Αἰθαργος ἐνιότατι, οὐκ ἀνότημος, ἐκ τοῦ
ἐκτοτίτη συντίθεντι, καλλίστη μόνον τοὐταίγραμμα. Verfu
enim fecundo pro Θύραγγτ legit Αἰθαργτε, quae lectio
etiam in Vat. Cod. notata. Nec aliter habet *Dio Chry-*
ſoſt. Or. XXXVII. T. II. p. 121. 15. ed. Reiſk. ubi
poſtquam prius diſtichon protulit, ſcribit haec: τίς οἱ-

αἶδον Ἑλλήνων, οὐχ ὅτι τὸν ἵππον, ἀλλ' αὐτὸν τὸν Ἱππαίμονα.
Secundum autem Μαγνήτων [αὐτὸν] ἴδον ἐν Ἱππαίμονι. οὗτος μὲν
οὖν φησιλος ἦ ἐκδρόντι αὐτῷ ῥάψοντι καὶ Πολλάργῳ. Secundum *Pollucem* igitur Canis fuiſſet Magneſius; ſecundum
Chryſoſtomum ipſe Hippaemon. Ab utroque diſcedit
Brunckius, qui equum Theſſalum, canem Creticum, ſervum Magnetem fuiſſe pronuntiat. Sed ſic Hippaemonis
patriam praeteriiſſet poëta, quod non admodum probe-
bile eſt. De ipſo heri nomine dubitatur. Apud *Pollucem* Ἱππαίμων legitur, quod *Caſaubonus* in Ἱππαίμονι
mutaſſe ait *Reiskius*. Ubi? quaeſo. Certe non in Dia-
triba in Dionem, ubi Ἱππαίμων legit. Ap. *Chryſoſtomum*
olim erat: ὄνομα τῷ ἵππῳ M.

SAPPHUS EPIGRAMMATA.

***

T. 55.] I. (*IL*) Vat. Cod. p. 193. εἰς Σαπφοῦς(ς).
ubi totum ſic exhibetur:

Ἐπ.
Η
Ρ
Υ
Σ
Θ
Ω
	Παῖδες ἄφωνος ἐοῦσα τίς' ἐνέπω. αἴ τις ἔρηται
	  φωνὰν ἀκαμάταν κατθεμένα πρὸ ποδῶν,
	Αἰθοπίαι με κόρηι Λατοῖς ἐπέθηκαν ἀρίστα
	  ἐμμαλείται τοὶς σὰν ἀλίθα
	ἐκ πρότιλας δέσποινα γυναικῶν ἣ τὸ χαρίεσσα
	  πρόξφαν ἀμετέραν εἰσελεῖσιν γυναίκα.
		● Ο
		▲ Θ
		Ο Ε
		Ε Δ
		Ο Α
		Δ Τ
		Α Ο
		Τ Ι.
		Ο
		Ι.

Sic quoque, ſi e paucis iisque leviſſimis diſcuſſoriis, in
apogr. Bentlejano exſtabat. Emendavit hoc carmen
Bentlejus in Notis ad Callim. Fragm. nr. CCCCXVII.
Tom. I. p. 566. ed. Ern. in hunc modum:

Παῖδες, ἄφωνος ἐοῦσά τ', ἐν' ἐνέπω, αἴ τις ἔρηται,
  φωνὰν ἀκαμάταν κατθεμένα πρὸ ποδῶν·
Αἰθοπίᾳ με κόρῃ Λατοῖς ἐπέθηκαν 'Αρίστα
  'Ερμοκλείδεω τῶ Σαϊνειάδα,

οὐ πφέιεκος, ἱίσσαιτα γοναικῶν· ἢ τὸ χαρίξας,
πφόφφαν ἀμιτέραν οἰκοδίοσι γοναῖκ.

Statua ait, fe vel mutam loqui poffe; fi quis inferiptionem,
quatuor, qui fequuntur, verficulis conftantem, legere vo-
lit, ante pedes in bafi pofitam. ναυανίθυ)αι, *aliquid litte-
tis mandare.* Corudlus *de Pazas*, qui hoc carmen repetivit in fragm. Anacr. XCVI. p. 308. quamvis recte intelligens, primum verficulum nondum perfanatum effe,
infeliciter ipfo tentavit, παιδὸς ἀζανος ἰσῶω, quod fenfu
caret. Bronckiana lectio *Dorvillii* fagacitati debetur (in
Vanno crit. p. 193. fqq.): παιδὸς ἀζανος ἰσῶω τὸδ' ἐντὸω.
Effe enim infantis, recens nati ftatuam, a matre dedicatam Dianae, puerperarum tutelari numini. Ipfam
puellam infantem induci loquentem. Idem *Dorvillius*
tentat, fi quis ἔτι neceffario adeffe velit: παῖς τὸ' ἀζανος
ἰσῶω τὸδ' ἐντὸω, αἰ τις ἔροιτα. Particulam αἱ in ἦ mutandam effe, *Br.* monuit. *Reiskius,* qui hoc Epigr. edidit in Anthol. p. 52. nr. 515. prius diftichon fic exhibet: παιδὸς ἀζανος ἰσῶω γέ τω 'ντὸω, ἦ τις ἔροιτα θανθυ
ἀναμάτων u. v. s. quod nemo facile amplectetur. *Toup.*
Epift. crit. p. 120. corrigendum cenfet:

Παῖδς, ἀζανος ἰσῶω τ', ἔτ' ἐντὸω, αἰ τις ἔροιτα —

Nimirum τὴν στάλιν five cippum hic loqui; effe autem
antithefin: ipfa ἀζανος non fuis, fed παιδὸς verbis loquitur. Vereor, ne haec emendatio eleganti *Toupii* ingenio indigna fit. Profecto enim inepte argata foret poē-
tria, difcrimen inter στάλιν et puellae ibidem collocatam
ftatuam ponendo. Nec, hac interpretatione admiffa,
video, quem fenfum habeat τ' poft ἰσῶω, ἔτι ante ἐντὸω
collocatum; quamvis Bentlejana lectio eodem laborat
incommodo. *Dorvillii* conjecturam fi quis veram effe
dubitaverit, elegantem tamen effe et probabilem non
negabit. — V. 3. Αβδσίη. Dianae cognomen. *Stephan.*
Byz. Αβδσιον· χαρίον Λυδίας παρὰ 'ΓΑΛΩ, κεκλητω τω Βάρί-

σσω, ἐφ᾽ ᾧ ᾖ ᾽Αφροιτα Αἰθοπία, οἱ δὲ, ὅτι παρὰ ταῖς Αἰθίοψι λαμβανεται ᾽Αφδαλας ἔγαγεν αὐτήν· οἱ δὲ αὐτῆς τῇ Σελήνῃ διὰ τὸ αἴθειν· ἐν Χαλλιμαχε. Vide Intpp. *Hefychii* in Αιθιο-πικα. *Antipater Theff.* Ep. XXXIV. Αἰθοπης βρμοραλλης Ιγης τηλ. — V. 4. Etiam hanc verfum *Br.* exhibuit fecundum emendationem. *Dorvillii*, qui τὰ Σατταάια cum *Guyeto* pro nomine patronymico habendum cenfe-bat. Cum *Bentlejus* ad ᾽Ερμοκλειδαι θυγατερα fubaudien-dum exiftimaffet, *Dorvillius* de conjuge Hermoclidae accipi malit, remittens lectores de hac ellipfi ad *Sal-maf.* in Infcr. Herod. p. 40. *Perizon.* in Diff. Triade p. 19. et *Burm.* ad Sueton. de Ill. Gramm. c. X. Nam cum mater Arifto hanc ftatuam dedicaverit, verifimilius effe, patrem pueri, quam ejusdem avum maternum, com-memorari. Non acquiefcens in lectionibus *Bentleji* et *Dorvillii*, *Reiskius* conjecit: ᾽Ερμοκλιδαυ, αὐτο δὲ παρὰ τῶν ἀλλῳ, οὗς πρότεραι. Filia *Hermoclysi*, qui nunc *infra* iff apud *Plananem*, tuus olim famulus. Omnino mala. Ejus tamen veftigiis infiftere non dubitavit *Toupius* l.c., qui tentat, ᾽Ερμοκλιδαυ, τὰ μὲ των αλλῳ, fe verum exfculpfiffe ne dubitaru quidem. — V. 5. εβ πρότεραι. Fuit Arifto Dianae neocoros, vel faltem ex iis, quae praecipuo cul-tu eam deam profequebantur! quare non mirum, infan-tis effigiem Dianae dedicari a puerpera Dianae aedi-tua. — Precatur autem infans, ut Diana genus fuum, l. e. ipfius infantis, patris et matris, profperare velit. *Dorvill.* Ultimum verfum, ficut hic fcriptus eft, laudat *Suidas* v. ἐκκλιον T. L. p. 893. Totum repetivit etiam *Walfius* in Fragm. Sapph. p. XX.

II. (III.) Vat. Cod. p. 286. Planud. p. 196. St. 285. W. *Urfinus* in Carm. Ill. Fem. p. 17. *Wolf.* in Fr. Sapph. p. 78 ex *Dorvillii* apographo. — V. 1. mem-branae γραπταὶ, et ἀπίθναι. V. 2. ποιιζανε. *Br.* exhi-buit lectionem Planudeae, quam in omnibus antiquis edict. reperi, praeterquam in Wechliana, ubi ποιιζανει

legitur. Comparavit *Brodaeus Virgil.* Aen. VI. 232. *Aq*
pius Aeneas ingenti mole sepulcrum Imponit, suaque arma
viro, remumque tubamque: quod ductum ex *Homeri* Od.
M. 14. τύμβον χεύαντες καὶ ἐπὶ στήλην ἐρύσαντες, Πήξαμεν
ἀκροτάτῳ τύμβῳ εὐῆρες ἐρετμόν.

· *Ill. (IV.)* Vat. Cod. p. 285. Planud. p. 229. St.
533. W. *Ursini* et *Wolf.* l. c. In Timadis, puellae,
immatura morte extinctae tumulum. — V. 1. Valgo
et in Cod. Vat. Σαωσίρον. — V. 2. Proserpinae θάλαμος
ex hoc fortasse loco ad plures manavit. *Simonidis* Ep. CIII.
κατέβης τὸν ἀφυκτον — ξανθῆς στρεψάσης θάλαμον, Epigr.
Inter ss. DCCXXXIV. 2. ' *Empedoclis* Ep. II. Similia
collegit *Burmannus* ad Anthol. Lat. T. II. p. 222. sq. —
V. 3. ἀπὸ φθιμένας. Vat. καθεντὶ χαλκῷ Planud. Ursin.

In Vat. Cod. καθάγεν' εὔσιτα. Expressit hunc locum *An-*
dronicus T. II. p. 399. ὁ δὲ, εἶδεν ἐφθιμένας, καλοὺς καθάγεν
ἀνθέρω Κείρατο γρυαλλὰς ἐν κεφαλῆς πλοκάμους. *Archestra-*
tus ap. Athen. VII. p. 306. B. κατέντοντο θύμος καθῆγι
μεχαλής.

ERINNAE EPIGRAMMATA.

[58.] I. Vat. Cod. p. 206. Planud. p. 301. St.
441. W. Quamvis editum, *Reiskius* tamen denuo exscribi
jussit in Anth. p. 67. nr. 549. ut ex apographo suo
emendatius daret. Ex mente *Dorvillii* constitutum edidit *Wolf.* in Fr. Poëtr. ubi *Erinnae* carmina exhibuit
p. 10 - 25. Qui idem emendandi causa protulit in Epist.
de Syrac. p. 334. *Toupius*, vix tamen quidquam habet
novi, et ab ipsius ingenio profecti. Scriptum est hoc
epigr. in Agatharchidis imaginem, puellae tam egregie
similem, ut nihil ei nisi loquendi facultas deesse vide-

retur. — V. 1. εἰς ἀναλὰν Cod. Hanc lectionem et
„Vatic. membrana notavit *Salmasius*, qui tamen εἰς scri-
„bebat, quae mutatio mihi necessaria non videtur. Hinc
„est forte, quod in epigrammatum codice Bibl. Bohe-
„rianae scriptum εἰς τάλαν χερσίν.” *Brunck*. In apographo Spallet. εἰς τάλαν legitur, idque in Codice ipso
legi nullus dubito. Contra lectionem εἰς ἀναλὰν ex *Salmasii*
ingenio profectam existimo. *Reiskius* εἰς ταλάν. Saltem
scribendum :

εἰς ἀναλὰν ὑπὸ χερσίν.

Quae si sincera est lectio, Prometheo illam imaginem
dedicari puta. Vulgo ἐξ ἀναλῶν. ἀναλαὶ χεῖρες sunt *scitae*
manus; periti videlicet artificis opus. γλαφυρὰς χερὶς Epigr.
Theocrit. VII. Manus sculptoris, qui molle et ad ungues
exactum opus expoliverit, recte *molles* appellari, nec
Heinsium fugit in Notis p. 29. ubi commemorat conjecturam viri docti in marg. *Scaligeri*, εὐταλμῶν χερσὶ
emendantis. Hoc a se probatum, postea rejicit *Toupius*
in *Corrigendis*, patrocinaturque vulgatae. — Ceterum
γράμματα h. l. de tabula picta accipiendam esse, dubitari
nequit; nec debebat hoc carmen ab iis laudari, qui Prometheo literarum inventum indicare conati sunt. Vide
Harlesium ad Fabr. Bibl. Gr. T. I. p. 216. c. Ad Prometheum se convertit poëtria, tanquam ad principem
sculptorum, qui etiam viva et spirantia signa finxisse putabatur; cui quidem συνεργάζετο καὶ ἡ Ἀθηνᾶ ἐμπνέουσα
τὸν πηλὸν, καὶ ἔμψυχα εἶναι τὰ πλάσματα. *Lucian.* in
Prometh. 3. T. I. p. 20. ed. Bip. Eadem plane orationis conversio in epigrammate, quod hinc expressum
puto, *Antipatri Sid.* LV. in Myronis vaccam :

ἁ δάμαλις, δοκέω, μυκήσεται· ἢ ῥ᾽ ὁ Προμηθεὺς
οὐχὶ μόνος, πλάττεις δ᾽ ἔμπνοα καὶ τὺ, Μύρον.

Unde Dorvillianae lectionis, a *Brunckio* repraesentatae,
veritas apparet. — V. 2. τὴν ἱμαλὴ εὐφροῖς. Sinus alius

inter mortales aliqui tibi paritia fundes. Verissima Cod.
lectio. Vulgo τὸν δ. ε. quam lectionem vir doct. in marg.
Scalig. ita emendare conatus est, τῆν μᾶλ' ὁ σοφία, probante *Huetio* p. 29. *Jos. Scaliger* in marg. Aldinae emendavit: τῆνα ἶναι σοφία. — σοφία de arte crebro ufurpatum. Vide ad *Anacr.* Epigr. LXXI. — Qui autem hu-
manam speciem ita pingunt esfinguntve, ut vivere et
spirare videntur, ἐνόπως γράφων dicuntur. In descriptione
tabulae pictae *Theonis* ap. *Aelianum* V. H. II. 44. haud
scio an scribendum sit, ἐναργῶς καὶ πάνυ ἐνόπως ὁ νεανίας
ὁρμῶν ἐμφαίνετι εἰς τὴν μάχην. Vulgo ἐνθέρμως legitur. Vide
notata ad Ep. *Longini* T. II. p. 200. — Pro ταῦτα,
quod exstat in Planudea et in apogr. Gothano, *Dorvillii*
Cod. ταῦτα. — Versu ultimo vulgo legitur: εἰ' αὐτὸν
αὐτ' ἴδης', ἦς 'Α. ὅλα. Qui reliqua recte exhibet Cod. Vat.
tamen vitiosum μήλω praebet. Hoc praeclare emendavit *Ursinus* in Carm. Mul. Ill. p. 295., Vir D. ap. *Hac-
sium* et *Broderus.* Incertus Ep. DXIV. de Pythagora:

> Αὐτὸν Πυθαγόρην ὁ ζωγράφος, εἰ μετὰ φωνῆς
>   ἔθελες ἦν, εἴ γε λαλεῖν ἤθελε Πυθαγόρης.

Π. Vat. Cod. p. 319. 'Ηρίννης Μιτυληναίας εἰς Βρενθίν.
V. 1 - 4. protulit *Olearius* ex collectione MSta, quae
Agathiae Scholastici nomen gerit. Hinc *Wolfius* in
Collect. Fr. p. 20. Integrum carmen edidit *Jensius* nr.
17. et *Reiskius* p. 122. nr. 674. Emendare conatus
est *Heringa* in Obs. p. 195. — V. 1. σύννεας. Multum
in hac voce explicanda fluctuat *Reiskius*, tandem acquiescens in interpretatione *Olearii.* Sirenum simulacra
tumulis fuisse impofita, constat ex *Plutarch.* Vit. X. Orat.
T. II. p. 835. et biographo anonymo Sophoclis: φασὶ δὲ,
ὅτι καὶ τῷ μνήματι αὐτοῦ Σειρῆνα ἐπέστησαν. Sed in *Ifo-
cratis* et *Sophoclis* tumulo Siren spectabat ad orationis
dulcedinem; vulgo vero earundem imagines ad luctum
referebantur. Conf. Epigr. *Mnasalcae* XVII. et quae

notavi in *Euripidis* Helenam v. 166. in Animadv. L. II,
c. XI. p. 142. fqq.   De lugubri Sirenum cantu vide
inprimis *Spanhem.* de Ufu et Praeft. Num. T. I. p. 254.
quocum conferas *Burmann.* ad Anthol. Lat. T. I. p. 113.
— V. 2. 'Αλλα *Reisk.* τὰν ἐ σκελὰν *Wolf.* et fic in Cod.
effe videtur ; fed corrigi debuit tam manifeftum vitium.
— V. 3. τοῖς ἄωςὶ ἰχ. Cod. Vat. et Wolf.   In fine
verfus ûdem et Jenf. φαίρων. — Verfu fequ. vitiofiffime
Codex αἰν' ἄσσὰ τιλλίαν τ'ανϑρωπισμας.   *Olearius* verfus
initio αἰνσεσσὰ exhibuit, idque ut fanum et fincerum
explicare conatus eft.   Brunckiana lectio debetur *Herin-
gae*, ante quam *Crozius* in eandem inciderat.   *Reiskius*
dedit αἰν' ἄσσὰ τιλλίαν', αἰῶ' ἴτεφος στέλλει. — V. 6.
μότι ταντὶς Cod. qui etiam αφελλα exhibet.   Ex fq. Epigrammate hoc emendavit *Heringa*, cujus emendationem
Reiskius recepit. — Seq. verf. Vaticanae membr. τᾳνὶ
διίσαλαντι, et fic fere *Jenfius*: τᾳνλας σιάεντι, quod R. retinuit, quam fanare non poffet.   Poëtriam tamen familiam in Graecia illuftrem nominaffe fufpicatur, τῶν 'ἰαφιο-
δᾶν vel 'Ιαφιδᾶν ἶν olim fuiffe lectam, putabat.   *Heringa*
patriae fignificationem quaerens, legit, Τανία, ὃς ἀλεῶτι
quod languere R. bene monuit.   *Brunckius* audacem
fuam conjecturam ne verbo quidem indicavit, nedum firmare conatus eft.   Literarum ductus fpectantibus non
improbabilis fortaffe videbitur emendatio noftra:

>   χὤτι γένος
>   μὶν λάλαν φίλαν ἐντὶ — — —

parentes mihi etiam in Orco habitanti caros effe. γένος pro
parentibus, vt in Epigr. *Sapphus* I. 6. πρόςϑεν ἀμετέραν
αἰλαδίαν γένᾶν.   Nec tamen multum tribuerim huic
conjecturae.

III. Vat. Cod. p. 319. fq. Edidit *Olearius* ex eadem
collectione Holfteniana l. c. in qua etfi corruptiffime legitur, nihil tamen difficultatis habere pronuntiat. Repe-

dvit *Wolf.* p. 20. Corrupta emendare tentavit *Heringa*
in Obff. p. 197. *Toup.* in Em: ad Suid. p. 505. Exhibuit *Reiskius* in Antbol. p. 123. nr. 676. paffim emendatum. Scriptum eft in eandem Baucidem, quae in
ipfo nuptiarum apparatu morte exftinfta eft. Conf.
hinc expreffum Epigramma *Meleagri* CXXV. — V. I.
συλλέλαντο, ut rectius, dedit *Reiske*; qui et οἶμαι habet,
ut eft in membranis. Ad verba *Erinnae*, μόςιακε ἱτε᾽,
᾽Aᾷα, refpexit *Leonid. Tar.* Ep. LXXXI. Plures deinde,
poëtriae noftrae exemplum fecuti, Mortem et Parcas
φινεδόνους appellavere. Conf. Ep. Inter *Mer.* DLXXXII.
et DCLVI. φθονερὴ Μοῖρα. ·βάσκανε δαῖμον Ep. DCXCV. —
Mox Codex τὸ δέ τοι καλλ τὸ μεθ᾽ ἱρῶντι ῞Ομματα τὸ B. λε
σέζε. Nec aliter *Olearius* et *Jenfius*, qui tamen τὰ poft
αὐτὸ omittit. Param feliciter hunc verfum tentavit
Heringa: τὸ δέ τοι καλλ τῷ μ᾽ ἱρῶντι ῞Ομματα τὸν Βαυκῖς,
hac interpretatione adjecta: *Bauces marinus fuis Baucidis: pulbri vero hi oculi (Baucidis nempe effigies in fepul-
tro expreffa erat) cuicunque me intuenti oftendat grave
Baucidis infortunium, qui puellam in miferando rogo hi
cremavit fedit, quibus gavifus paulo ante fuerat Hymenaeus.* Minus etiam probabiliter *Reiskius,* τὰ γὶ τω καλλ
τῷ τιθαρῶντι ῞Ομματα τὰν — τέχαν. Partem depravati hujus loci *Brunckius* conftituit ad *Toupii* mentem, reliqua
ex fuo ingenio dediffe videtur. Adfcribam notam clariffimi editoris: n *Bavale ca Bavad diverfas funt ejusdem
nominis formae; una eademque perfona bis indigetatur.
*ut** hoc fepulcrali epigrammate monumentum ipfum loqui-
**tur: hoc autem fymbolis erat ornatum, quibus fepultae
in mulieris mors ipfas confecuta nuptias fignificabatur. Hinc
n intelligendus verfus tertius: pulcra haec mea ornamenta
n infpicienti sibi crudeliffimam Bauconti, five Baucidis,
n nuptiarum cafum. In cod. fcriptum ῞Ομματα τὰν B.᾽᾽ Haec
Brunckius,* qui quod in Cod. legi ait, id in fuo apogr.
ex *Salmafii* emendatione legi exiftimo.· ῞Ομματα fpeciem

habet, fi comparaveris *Meleagr.* Ep. CXXV. 2. vix tamen
in hoc contextu ferendum eſt.   Mihi antiquae ſcriptu-
rae veſtigia propius conſideranti, *Erinna* fic fere ſcripfiſ-
fe videtur :

..
        — — τὰ δὲ τοιαῦτα γράμματ᾽ ὀρθῶς
.
        ἀματάτοι βαυκοῖς ἀγγελόντι τύχαν.
five :

        — — τὰ δὲ τοιαῦτα μοι τεθορῶντι
        ξάματα τὰν θ. λ. τ.

*varia illa ſigna, quae miſerandam Baucidis fortunam in-
dicant.*   Idem, quoad ſenſum, σήματα et γράμματα, ut
apparet ex *Euſtathio,* de Bellerophontis σήματι diſputan-
te, Il. ζ. p. 638. fqq.   De τοιαῦτα vide dicta in Exercit.
crit. T. II. p. 63. fq. — V. 5. Cod. Vat. ἐκ τᾶς π. 'Τ. λϑ' αἰῷ
ψῶττο τοίαυς.   *Salmaſius* ἰϑ' ἅς correxit; in qua lectione ὅτι
poſitum pro μετά.   Vide *T. Hemſterh.* ad Lucian. T. II.
p. 434. ed. Rip. et *Valcken.* ad Herodot. p. 521. 27. —
In quibusdam apogr. initio verſus ὡς legitur. Lacunam
in medio verſu relictam alii aliter expleverunt.   *Hertinge*
et *Larzonias* ἰϑ' αἰῷ τύρος.   *Olearius* καλῶς *Reiskius,* ᾧ
τὰν παῖδ᾽ ὑμέναιος, ἰϑ' ᾧ σχεδὸν ψῶττο τοίαυ τᾷᾷᾷᾷᾷᾷᾷᾷᾷᾷᾷᾷ
ᾷ. τ.   *Cujus voluntate puellam, cui tamen non jam cone-
batur hymenaeus, pizas sarda aſſis hic super rogo edact.*
Quod et frigidum et contortum eſt.   *Toupius* corrigit:
ᾇ τὰν παῖδ᾽, ὑμέναιος ἰϑ' αἷς, ταλῖς ψῶττο τοίαυς, τᾷᾷ, ἐπὶ καπ-
ξαντᾶς ἰ. τ.   ταλῖς ὑμέναιος, ut ap. *Homer.* Il. σ. 493. Temere vero idem defendit formam καλιστᾶς, pro qua in
Cod. recte legitur καλιστᾶς.   In iisdem membranis τὰν θ'
exſtat, non τᾷᾷ'.   Secundum *Branchium* καλιστᾶς hoc
loco melius foret.   Vide Etym. M. in καλιστᾶς.   Non
dixit Cl. editor, an lectionem, quam exhibuit, in apogr.
fuo invenerit, an ex ſua conjectura dederit.   Non multum intereſt; nam ex Cod. eam non fluxiſſe conſtat.
Ordo verborum eſt : ὡς τὰν παῖδα ὁ καλιστᾶς ἐπὶ τοgναίφς

ἔδλεγε τῇ αὐτῇ τύτῳ, ἐφ' ἧς ὁ ὑμέναιος ἄξων ἄγετο. Quam
hac conjectura amplius inquirendi studium minime im-
pediatur, liceat mihi doctorum virorum emendationibus
meam quoque adjicere. *Erinnam* scripsisse puto:

αἷς τὸν παῖδ' Ὑμέναιος ἐφέστερος ἄγετε πεύκαις,
ταῖσ' ἐπὶ καλαστὰς ἔζεγε πυρκαϊάς.

Quam lectionem, codicis scriptae tantum non inhae-
rentem, reliquis concinniorem esse mihi persuadeo. *Qui-*
bus facibus Hymenaeus puellam in sponsi domum duxerat,
iisdem ejus sive pater sive sponsus rogum accendit. Vocis
ἐφέστερος vestigia sunt satis manifesta in lectione codicis
ἐφεὶς...., quem codicem in vocabulis cum praepositione
compositis jungenda saepissime divellere, multis jam
exemplis docuimus. Idem *ας* cum *ε* crebro confundit;
cujus confusionis exemplum vidimus in Ep. *Meleagri*
LXXX. 6. ubi παιζώτερον exhibet pro στεζώτερον. Cf. *Dor-*
vill. ad *Charit.* p. 683. *Erinnae* ὑμέναιος ἐφέστερος obversabatur *Meleagro* Ep. CXXV. ὅτι γὰρ ἑσπέριοι νύμφας ἐπὶ
ἑσπέραι ἄγεν Λατω. Hymenaeus vero poellam ἄγετε, at
sponsus, qui mulierem ducit, ἄγεται. Vide *Valckenar.*
ad Herodot. IV. p. 317. 52. — Recte nos denique servata Cod. scriptura πεύκαις legimus, ut apparet ex
Meleagro, qui inprimis comparandus est:

αἱ δ' αὐταὶ καὶ φέγγος ἐληλόθεσαν παρὰ ταυτῷ
πεύκαι, καὶ φθιμένῃ πέψην ὁρῶσιν ἴδεν.

§. 59.] V. 7. In edit. Jenf. lacuna est ante ἀκλάν. Fallitur *Reiskius*, qui μαικῶον ex *Olearii* ingenio profectum
putat. Ipsa est Cod. lectio; quae cum optima sit, conjecturis supersedendum est. — Vorf. alt. Cod. γυγᾶν,
quod R. in γοφίν mutavit. Idem hoc carmen in fine
mutilum putat, quod particulae μὲν verfo 7. nihil respondeat. Sed vide *Hoogeveen* de Part. Gr. p. 455. sqq.
ad. *Schütz.*

SOLONIS SCOLION.

¶. p. 75.] Servavit *Diogenes Laert.* L. I. 61. p. 38. ed. Meib. Saepius hinc repetitum. Versus aliter disposuit *Br.* in Gnomicis p. 84. nr. XXXI. versum tertium in duos dividens:

κρυθῖς, φαιδρῷ
προσινίτη πρεσάτη.

— Versu primo, qui logaoedicus est, scribe: ἐπί' Ἰασττι, quo et metrum juvatur, et hiatus tollitur. — V. 2. *Sambucus* ἐχθρος exhibet, et κρωτῆν *Casaubono* ἐχθος: placebat, probante *Menagio.* — V. 3. φαιδρῷ. Ad sensum facit *Lucian.* T. III. p. 153. 20. προεῖστον ἰατὶ καὶ — προεμι.λιᾷ τῆς χάλαστι ἐμρις, μετὶ δὲ καὶ λάθρα τοὺς ἄλλους ἀνατέλα. et mox: ἔτερα μὲν κρύθοντα ἐν φρεσὶ, ἄλλα δὲ λέγοντα καὶ ὑποκρινόμενον ἰατρῷ καὶ εἰμενῷ προσάτιρ, μάλα τερταλθη καὶ σκόλιον γέραστι τραγφλῶτι. — V. 5. μελαίνας. mentem nigram et improbam. Illustrat *Gataker.* ad M. Anton. IV. p. 115. sq.

CLEOBULI LINDII CARMINA.

¶. 76.] I. Val. Cod. p. 228. 'Ομηρον' εἰ δὲ Κλεοβούλου τοῦ Λινδίου. τὸ σχῆμα αἰνίκας. Novissima verba quem sensum habeant, apparet ex *Platone,* qui hoc carmen laudat in Phaedro T. III. p. 264. D. tanquam exemplum carminis, ubi nihil referat; quam partem in primo ultimove loco ponas: ἦν δὲ οὐδὲν διαφέρει αὐτοῦ πρῶτον ἢ ὕστατόν τι λέγεσθαι, Ἰταλικὴ ποτε. Homerum hoc carmen scripsisse Midae, Phrygiae regi, in sepulcrum ejus gratiam, tradit *Pseudo-Herodotus* in Vita Homeri. p. 750. 46. Idem

eum

eum a regis filiis rogatum feciffe, ait *Auctor* certaminis
Homeri et Hesiodi.　Horum testium auctoritate nixus
Barnefius ad Homeri Ep. XXXVI. T. II. p. 89. temere
obloquitur *Diogeni Laertio*, qui L. I. 89. p. 55. hoc epigramma Cleobulo vindicat, ad *Simonidis* testimonium
provocans, quem vide Fr. X. p. 122.　Contra eundem
disputat *Baberius* in Diff. Herodot. c. VIII. p. 84. Praeter eos, quos diximus, proferunt hoc carmen *Dio Chry-*
foflomus Orat. XXXVII. p. 465. (T. II. p. 120. fq.
Reisk.) qui nihil de ejus auctore statuit; non magis
quam *Longinus* n. 'r. XXXVI. p. 132. ed *Toup* ubi
v. 2. excitatur, et *Sextus Empiricus* L. II. Hypot. p. 75.
et adv. Gramm. p. 221.　Sub *Homeri* nomine legitur in
Planudea p. 219. St. 319. W. —　V. 1. χαλκέη est ex
Br. emendatione. Vulgo χαλκἡ.　Cod Vat. χαλκἡ. —
Mox alii Μίδεω, alii Μίδεω habent, alii denique Μίδα. quod
Vat. exhibet Cod.　Impofita erat tumulo Midae aenea
puellae statua, cui Epigrammatis auctor aeternitatem
quandam promifit. —　V. 2. pro μὲν alii νέμ legunt,
interque eos Vat. Cod.　Initio verfus Planudea μέτ' ἐν.
Plato ἔφ' ἦν.　*Libanius* in Monodia Tom. I p. 519. ed.
Reisk. ἐν τῷ τύνδε κατέχειν ἀνθρώπους καὶ κατατρίχειν τὰ
ὄχε' ἀν ὕλωρ τε νάη καὶ δένδρεα μακρὰ τεθάλη.　Ceterum hinc
expreffa funt Virgiliana in Aeneid. I. 607. *In freta dum*
fluvii current, dum montibus umbrae Lustrabunt convexa,
polus dum fidera pafcet; Semper honos, nomenque tuum
Laudesque manebunt. —　V. 3. 4. omittunt membranae
Vatic. *Plato, Dio Chryfoft.*　Tertium folum Planudea,
Herodotus et *Diogenes* quartum ante tertium legunt, fic
fcriptos:

> χάλκες τ' ἐοῦσα λάμπω, λαμπρά τε σελήνη,
> καὶ ποταμοί γε ῥέωσι, ἀνακλύζῃ δὲ θάλασσα.

Et in pluribus etiam *Herodoti* Codd. verf. tertius defideratur.　Pro λάμπω veteres Anthol. editt. λάμπει prae-

bent. — V. 5; πεπιτλωσπεν καλ τέμφεν. Plat. et Herodot.
Reliqui, ut nos; nifi quod nonnulli πεπιτλατερ habent.
— V. 6. κιλας Cod. Vat. Plato, Chryfoft. Diogen. Anthol.
κιλας Herodot. Hunc et praec. verf. laudat Suid. v. ωἰ-
τω T. L p. 389. et in κιλας T. IL p. 559.

II. Hoc de anno aenigma tanquam *Cleobuli Lindii*
ex Παμφίλης ὑπομνήμασι profert *Diog. Laert.* L. 1. 91.
p. 56. et *Stobaeus* in Ecl. Phyf. p. 240. ed. *Heerm.*
Reliquerat Cleobulus *ᾄσματα καὶ γρίφους εἰς ἔπη τρισχίλια*,
tefte *Diogene.* Eodem genere fcribendi ejus filia delecta-
batur, *Cleobulina*, cui hoc aenigma tribuit *Suidas* in κλαο-
βουλίνη, T. IL 323. ubi v. 1. en partem fecundi laudat.
Simile in annum aenigma laudat *Athenaeus* L. X. p. 451.
F. Εἰσὶ κασίγνηται δισσαί, ὧν ἡ μία τίκτει τὴν ἑτέραν· αὐτὴ
δὲ τεκοῦσα πάλιν γ' ὑπὸ ταύτης Τίκτεται. 'Aliud Hermae in-
cifum protulit *Visconti* in Mufeo Pio-Clement. T. VI.
p. 46. cujus particula tantum integra ferrata eft, ex
mente doctiffimi editoris fic fcribenda: Εἰεῖν με δέ' ἰδιο-
φοὶ ὁμώνυμοι, δ' ὁμῶν, οἷ μέχρι μὲν ζάουσι, τὸν ἔλεον οὐκ ἰσ-
ορῶσι, Αὐτὰρ ἰσὴν..... reliqua defunt. — Ceterum in noftri aenigmatis v. 2. ap. *Diog.* et *Suid.* habetur: παῖδες
ἐασι τριήκοντ' ἄνδρα εἰδε ἔχοντι, ἡ μὲν Λ. Ι. Ἰδῶν, ἡ δ' ἀ μ.
— V. 4. Μ τε εἰσαι. Vulgo.

AESOPI EPIGRAMMA.

Vat. Cod. p. 506. hoc carmen *Aefopo* vindicat,
cum in Planudea p. 18. St. 29. W. ἄγλεν fit; ut etiam
ap. *Stobaeum* Flor. XCVI. p. 531. 30. Gesn. p. 413.
Grot. Eft hoc epigramma ex genere gnomico. Vitae
miferiis cum ejus bonis comparatis, apparere, ait, bona
effe, quae natura effecerit; reliqua omnia metu et dolore referta effe. Praeterea fi quis felicitatis partem

attigiſſet, ſtatim eum Nemeſin experiri; nec tamen
aliud eſſe effugium vitae, quam mortem, ceteris omnibus majus malum. — Nulla eſt in editt. diverſitas,
niſi quod v. 5. Aldinae et Juntina ſimul cum Stobaro
κύλλα exhibent. — V. 4. κύλλα στιλπαίηc, ut ap. Leonid.
Tar. Ep. XLIX. ſupà κάκλα σπλίνος, et Λαμπρὸς ἡλίος κύλλας
ap. Sophocl. Antig. 416.

PHOCYLIDIS FRAGMENTA.

ł. 77.] L Planud. p. 117. ſt. 169. W. ubi ἀνίμω.
Phocylidi vindicat Cod. Vat. p. 505. qui verſu tertio
τμήσα exhibet.

II. Servavit Stob. Floril. T. IV. p. 52. 9. Gesn.
p. 25. Grot. Vitioſe Grossus ἔχοντος.

III. Ap. Stob. Tit. LIV. p. 369. 6. Gesn. p. 215.
Grot. ubi 'Αμαλθαίης et 'Αμαλθαίας legitur. Scribendum
eſſe 'Αμαλθαίας, Brunckius in lect. monuit p. 13. Vide
Zenob. Cent. II. 48. et Callicter. Epigr. III. T. II.
p. 294.

IV. Stob. Floril. T. LXXI. p. 434. 29. Gesn. 312.
Grot. De more Phocylidis ſententiis ſuis, quae paucis
quibusdam verſibus abſolvuntur, nomen ſuum praefigen-
di, dedit quaedam Dio Chryſoſt. Or. XXXVI. p. 440.
(T. II. p. 79. Reisk.) Noſtri carminis, ubi mulierum,
in quatuor claſſes diviſarum, mores deſcribuntur, ſumma
fortaſſe ducta eſt ex nobiliſſimo loco Heſiodi in Theog.
590. ſqq. Similitudo ejus cum carmine jambico in
mulieres, quod Simonidi tribuitur, neminem fugit; idque ex noſtro expreſſum ejusque quaſi amplificationem
eſſe puto; contra ac Koelerus in Praef. ad Simonid. p. 7.
qui Phocylidem Simonidis carmen quaſi in compendium
coëgiſſe exiſtimat. — V. 1. γύναικι. Gesn. — V. 4. ní-

N 2

φορος, ἡ ἡ ταχεῖα, Sic vulgo legitur et diſtinguitur. —
V. 5. add m. Gesn. add m. Grot. — ſ. 78.] V. 7.
μάλιστα. Simonides v. 83.:

τὴν δ᾽ ἐν μαλίστης· τήν τις εὐτυχῆ λαβὼν
πᾶσιν γὰρ οὐκ μάχας οὐ προσζάτει

— — — — — — —

τοίας γυναῖκας ἐκδραναι χαρίζεται
Ζοὺς τὰς ἡρίστας καὶ πολυπραλειστάτας

V. Stobaei Flor. T. LXXXV. p. 496. 48. Gesn.
p. 355. Grot. Conſtantiae caufa hic et Fr. IX. X., Θεσσα-
λίδαν ſcribendum. Multos genere nobiles eſſe ait, qui
nihil nec dicant, nec faciant, quod gratiam mereatur.
χάρις ἵσταται, ut ap. Simm. Rhod. Ep. II. καὶ φθίνει οὐχ
ἵσταται.

VI. Clemens Alex. Strom. I. V. p. 725. feq. de
daemonibus agens, ἔτι πρὸς τοῖσδε, ait, Θεσσαλίδης, τοὺς
ἀγγέλους δαίμονας καλῶν, τοὺς μὲν εἶναι ἀγαθοὺς αὐτῶν, τοὺς
δὲ φαύλους, διὰ τούτων ταξίστησιν· ἐπὶ καὶ ἡμᾶς ἀντωτάτας
τοὺς παραδειξαμεν· ᾽Αλλ᾽ ἄρα κ. τ. λ.

VII. Servavit Plutarch. de Poet. Educ. T. II. p. 3. F.

VIII. Sine auctoris nomine profert Clemens Alex.
Strom. V. p. 733. 29. καὶ τῷ ἔτι ἀνάγκη Παλλὰ πλαντθηκα
δ. λ. ἰ. Phocylidi b. v. vindicat Plutarch. T. II. p. 47. F.
ubi add᾽ ἀπανηθῆναι habetur.

IX. Exſtat ap. Dionem Chryſoſt. Orat. XXXVI.
p. 440. (T. II. p. 80. ed. R.) Eundem locum in mente
habuit Themiſtius Or. XXIV. p. 307. C. καὶ Θεσσαλίδης
τό τε ἄλλα διηλθὲς λέγει, καὶ ἔτι ὁμικρὴ πόλις μετὰ φρονήσεως
ἐπὶ σκοπέλου κατοικοῦσα κρείττων Νίνου καρπονόσης. ubi ἀφαι-
νόσης corrigendum.

X. (T. II. p. 522.) Apud Strabonem L. X. p. 747.
B. Leriae, unius e Sporadibus, incolae male audiebant
propter maledicentiam. Ante Casaub. legebatur τόσε
Πατρωαίος καὶ Πατρωλῆς. Hanc firmam fuam fecit De-
moderus Ep. I. Tom. II. p. 56.

ANACREONTIS EPIGRAMMATA.

¶. 116.] *I. (LXIX.)* Varic. Cod. p. 608. Primus edidit *Barnesius* ex Mſcto Hudson. (*Fiſcher.* nr. XIII. p. 481. ed. noviſſ.) Verſus ſunt trochaici tetrametri, in Ariſtoclidem, qui pro patria pugnans perierat. In Cod. Βεκλειαν legitur.

II. (LXX.) Vat. Cod. p. 165. Edidit *Bentlej.* ad Callimach. p. 327. ed. Ern. ex codice *Bernardi.* Ex Lipſienſi apogr. *Reiskius* in Anth. nr. 424. p. 13. *Barnesius* ex apogr. Kuſteri. (*Fiſcher.* nr. VIII. p. 476.) Scriptum in Phidolai equum, cujus aenea imago Jovi, poſt equeſtrem victoriam, dedicata eſt. Vidit hanc ſtatuam *Pauſanias*, quem conſ. L. VI. 13. p. 484. Factum, quod Geographus commemorat, *Anacreontis* fore aetate accidiſſe docet *Reiskius* in Notit. Poët. p. 183. — Pro ἄγαιτται Cod. Bentlej. ἔταιτται. τολᾶν ἀρετᾶς. *Tyrtaeus* El. III. 2, *Pindar.* Pyth. ‒ 36. χάρις ἡ τολᾶν ἀρετᾶ ικαριεας.

¶. 117.] *III. (LXXI.)* Vat. Cod. p. 166. *Reiskius* Anth. nr. 425. p. 13. (*Fiſcher.* nr. XIV. p. 482.) Sine auctoris nomine protulit *Suidas* in εἶμα T. II. p. 25. Parvi momenti ſunt, quae R. ad hunc locum monuit. Dedicatorium eſt Epigramma de reſte, quam duae mulieres fecerant, ita ut altera ejus ornamenta adumbraret (ἐβαλλιωσεν), altera eam ad prioris mentem texeret. Recte *Toupius* in Em. ad Suid. P. II. p. 155. *Praxidica fecit, Dyseris invenit.* - Idem nomen Δύσερις, quod *Reiskio* ſuſpectum fuit, vindicavit ex *Ariſtidis* Orat. in Eteon. p. 75. — Apud *Suidam* legitur ἀμφοτέραις ἀσφῆ. In apogr. Lipſienſi φιλη. Vera eſt ſcriptura Codicis. Laudat poëta peritiam in texendo illo reſtimento ab utraque puella. monſtratam. σοφία tribuitur poëtis, fabris

cujuslibet denique generis artificibus. *Homerus* Il. σ.
412. τέκτων - ὃς μά τε πάσης εὖ εἰδῇ σοφίης. ubi *Scholia*:
οἱ γὰρ παλαιοὶ πᾶς τέχνης σοφὰς ἐκαλοῦν. Qua observa-
tione usus *Hesychius* σοφίαν interpretatur πᾶσαν τέχνην καὶ
ἐπιστήμην. Verum de hac re, quantum satis eſt, dispotu-
vit *Cuperus* in Apoth. Homer. p. 115. et *Gataker.* de
Stilo N. T. p. 92. ſq. Exemplorum, ubi σοφὸς de artificibus uſurparum occurrit, copiam congeſſit *Weiſten.*
ad N. T. II. p. 110. Ut vero hic σοφὸς de opere artis
perfectae. ſic *Aelianus* H. A. VI. 57. de aranea, καὶ ὅτι
ἐν διαθέξει ἰμάτων τῆς ἐντέχνου τε καὶ σοφωτάτου σοφίας, εἶτα
ἀναπτύσσαι καὶ ἀναλθὶς καὶ ἐπιλαμπρῶς αὖθις ἐκπολεμούνται. —
Pro ἐμπορίζων *Toupius* probabat *Suidae* lectionem ἐμπο-
ρεύων. ſaltem in ἐμπορεύεις mutandam, ut *Br.* monuit.

IV. (*LXXII.*) Vat. Cod. p. 166. *Reisk.* in Anth.
nr. 126. p 13. (*Fiſcher.* nr. IX. p. 477.) Tanquam
Archilochi profert *Weiſten.* ad N. T. II. p. 252. Male
Reiskius πρότερον pro Apollinis epitheto habuiſſe videtur.
Hesychium apte excitavit *Fiſcherus*: πρότερον. πρόθυμα.
σύντονα — ἀζευκτί ipſa votorum ſolutio; res voto promiſ-
ſae. In fine Cod. ὑπὸ δεξάμενος, ut ſolet.

V. (*LXXIII.*) Vat. Cod. p. 166. *Reisk.* in Anth.
p. 13. nr. 427. (*Fiſcher.* nr. XV. p. 483.) Intelligi
nequit hoc diſtichon, cui quid occaſionem dederit, penitus ignoramus. In Cod. eſt τότε δ' ἰκελοι, quod etiam
in Analectis legitur. In Lect. *Br.* τὴν δ' ἄρ' ἰκελοι corrigendum eſſe monuit, hanc genuinam Codicis ſcripturam eſſe adjiciens. Quod falſum. *Reiskius*, qui ſibi ne
ab iis quidem, quae non intelligebat, nec intelligere
poterat, mutandis temperabat, edidit: ἂν δὲ δ' ἰκελοι -.

VI. (*LXXIV.*) Vat. Cod. p. 166. *Reisk.* Anth. nr.
428. p. 13. (*Fiſcher.* nr. X. p. 478.) Quibus donis hoc
diſtichon aditum fuerit, ignoratur. Anaxagoram, cujus hic ſit mentio, *Reiskius* in Not. poet. p. 184. pro

eodem habet, quem, poft Mardonium devictum, Jovis
fimulacrum feciffe *Paufanias* narrat l. V. 23. p. 437.
Barnefius in ionicae dialecti gratiam πenξαγίφηs et Ἀνεξα-
γίφη: fcripfit.

VII. (LXXV.) Vat. Cod. p. 166. *Reisk.* Anthol.
p. 14. nr. 429. (*Fifcher.* nr. XVI. p. 484.) Melanthus
in memoriam victoriae, choro partae, Baccho donum,
fortaffe tripodem, offert. Pro φιλεντιφάνεω *Barnefius*
φιλεντιφάνη conjecit, probante *Fifchero*, quod poëtae tragici victores Baccho coronas fuspendere foliti fint.

VIII. (LXXVI.) Vat. Cod. p. 166. , *Reisk.* Anth.
p. 14. nr. 430. (*Fifcher.* nr. XL. p. 479.) Laudatur a
Suida in Ἀνεγχè: Tom. 1. p. 635. ubi ἐνεγχμένη et ἐφε-
γχέναι legitur, ut eft ap. *Barnefium.* *Homch.* II. α. 686.
ἀλλ' οὔχ' οὐ πολέμεια ἐνεγχέος ἀμύοντα. Hoc *Anacreontis*
diftichon fortaffe obverfabatur *Mnafalcae* in Ep. IV. ἥν
τήδε μένει πολέμιον δίχα, καλὸν ἄνακτος ετέφανι ἀμφ πάτσʼ
πολλάκι ἐνεγχμένα.

IX. (LXXVII.) Vat. Cod. p. 166. *Reisk.* in Anthol.
nr. 431. p. 14. (*Fifcher.* nr. XVL p. 485.) Poft Ἀεδύε-
εs in membranis legitur ἀίδεω, fed indoctum, et ἐγλμέην.
Barnefius doricae dialecti formas mutavit. — 'Εχικρατίδαι.
„Sitne hic Echecratides, Theffaliae princeps, idem com
„illo Echecratida Lariffaeo, de quo quae refert *Paufan.*
„X. 16. p. 836. efficiunt, eum perantiquum effe, dixe-
„rint alii.“ *Reisk.* Echecratem, a Lapithis oriundum,
commemorat *Herodot.* L. V. 19. p. 419. §6. Ejusdem
nominis Theffalum inter Ptolemaei milites *Polyb.* V.
63. i. L.

§. 118.] X. (LXXVIII.) Vat. Cod. p. 166. Anth.
Reiskii nr. 432. p. 14. (*Fifcher.* nr. XVII. p. 486.)
Timonax, artis palaeftricae, ut videtur, magifter, ante
veftibulum aedium fuarum in Mercurii honorem five
Hermam, i. e. quadratam columnam, five aram collo-

N 4

caverat. Hoc monimentum praetereuntes alloquitur,
eosque hortatur, ut Timonacti Mercurium apprecentur
propitium. Simul Timonax palaestrae studiosus operam
suam promittit. Hoc memorabile. Inserviebat illa
columna eidem usui, quem nostris artificibus tabulae
aedibus appensae praestant. — V. 2, ἔς μ'. et ornamentum vestibuli et Mercurio honorem. Perperam Mair-
taire, qui hoc Epigr. cum ceteris edidit, ἃς δ' ἱερούς legebat. — V. 3. εὔνισιν Reisk. qui janitori vertit.
Vitium ex eod. correxit Valcken. ad Hippol p. 287. E.
Idem p. 166. A B. formam ωθίσσωτο illustrans, prius
distichon cum parte v. tertii excitavit.

XI (LXXIX.) Vat Cod. p. 205. Reiskius in Antb.
nr. 141. p. 65. (Fischer. nr. XX. p. 485.) Tellias quidam ex Euonymorum tribu, Mercurio dona dedicans,
suavem sibi et tranquillam vitam precatur. — V. 1. Codex legit: τελλεαι ἐμφθιτον β. In schedis Dorvill. τίλλας
legitur. Admodum probabilis est Reiskii emendatio,
τελλίς, quam Br recepit. Τελλίας Phocensium dux commemoratur ab Herodoto VIII. p. 632. et Pausan. X. 1.
p. 800. Syracusanus ap. Thucyd VI. 103. Is autem,
quem Athenaeus laudat L. 1. p. 4. A. (vid. Reisk.) non
Τελλίας scribendus erat, sed τελλίας, ut docuit Casaubon.
p. 13. 24. Cf. Wesseling. ad Diodor. Sicul. L. XIII. 83.
p. 608. — Εὐωνυμίων. Vide Stephan. Byz. v. Εὐωνυμία,
et Meurf. de Pop. Att. p. 35. — ἀγαθῆς dedit Barnesius.

XII (LXXX.) Vat Cod. p. 229. Planuden p. 197.
St. 286. W. Hoc et sqq. Epigrammata, ultimo excepto,
exhibet Ursinus in Lyr. Fr. p. 141. sq. (Fischer. p. 469.
nr. L.) Timocritum, hoc disticho celebratum, Barnesius in Vit. Anacr. §. VI. pro Teio habet, qui pro Abde-
ria, nova patria, contra Thracas pugnans periit. Quod
autem Anacreon dicit, Martem non fortibus, sed ignavis
parcere, idem sic enuntiavit Sophocles in Phil. 436.

ατασμος ττιτι' ϑτδγ' ιαιτ Αιγτι ττστιβτι, ατατ ττιτ χιτστστι ται,
et *Aefchylus* ap. *Stob.* p. 356. 28. ατι' Αιγτ ϑιιατ γ' ατι
τα ατστα ταττ' αμιτ στιτατι. ut haec emendavit *Valckenaer.*
In *Diatr.* p. 225. B. quem vide.

XIII. (*LXXXI.*) Vat. Cod. p. 241. Planud. p. 197.
St. 287. W. (*Fifcher.* nr. IL p. 470.) In Agathonem,
fortiffimum virum, in pugna pro Abderis interfectum.
Prius diftichon laudat *Suidas* in ατιατιατ Tom. I. p. 653.
Alterum in ττατιττι T. IL p. 62. — V. 3. *Urfinus*
p. 542. ταιιιιι ιιατι, male. Planudeae lectionem tuetur
Cod. Vat. et *Suidas*, ap. quem recte ττατιτι. Vulgo ται-
ατατ. — Στατατιγξ proprie de pulveris turbine. ατ ατατ-
ϑατιγγι ατιιιτ *Homer.* Il. φ. 503. In Oraculo ap. *Suidam*
v. Ιατατιτατι' ατατι ϑτιατατιγατι ατατιατατι ατ στατατατιγξτι *Apollon. Rhod.* L. IV. 140. ατατιτι στατατατιγγιτιτι — Αιγτι ται-
ττττ. ut ap. *Homer.* IL s. 844. ττι ττι Αιγτι ατατιξτι ττατι-
ϑτιτττ. quem locus *Fifcherus* comparavit.

XIV. (*LXXXII.*) Vat. Cod. p. 245. fq. Planud.
p. 244. St. 355. W. (*Fifcher.* p. 471. nr. III.) In
Cleenoridam, qui naufragio perierat, dum patriae de-
fiderio ductus navigationem tempore non fatis oppor-
tuno fufceperat. — V. 2. Cod. Vat. Ϩατττιτττι. — Νττττι
ατιατιτι. *Homer.* IL s. 306. ατιγτιτατι Νττττιι ϑατϑτιτι ατιατιτι.
— V. 3. Pro ατιι *Cafaub.* αιγτι conjicit in not. mfc. —
ϑ' ιατϑτιττι *Barnef.* Pro ατιγγττιι Cod. Vat. ατιγττατι. Laudat hunc verf. ubi de voce ατιγγτται difputat *Waffe* ad
Thucyd. III. c. 46. Commiferat ille, quem *Anacreon*
hic celebravit, navigium Noto, quo vento in mediter-
raneo mari navigantibus nullus eft periculofior. (*Horat.*
L. Carm. XXVIII. 21. 22.) Hic tempeftas orta eum,
ατατιατιι, ατατιττ, quominus iter inftitutum conficeret.
Haud fcio, an hunc locum expreferit *Ifidorus Aeg.* Ep.
IV. T. II. p. 474. — V. 4. ατιϑ' ιατιττττ. Vulgo. ατ'ι
quod conjectura affecutus eft *Huetius* p. 23. Vatic. con-

N 5

firmat. *Barnesius* hợ exhibuit, ex emend. *Stephani* ad
Anacr. p. 110.

♦. 119.] *XV.* (*LXXXIII.*) Vat. Cod. p. 165.
Planudea p. 301. St. 441. W. Alterum distichon *Reiskius* exhibet in Anth. nr. 423. p. 18. particulam · epigrammatis effe non animadvertens. (*Fischer.* nr. IV.
p. 472.) Subscripti fuiffe videntur hi verticuli tabulae, in qua tres mulieres, Baccharum ornamenta geren-
tes, exhibitae erant. *Branchius* ouprešit textum Planudeae. — V. 1. *ɑừṛĵ Barnesius*. — V. 2. ΓΛΑΥΚΗ τ' ἡε χαρη.
ὀγχαῦτια. Vat. Cod.   Hoc elegantius, Saltantium fpeciem gerebant illae mulieres. — V. 3. χαρύειι· Λανθαρ
νι. Reisk. — κρετε, ipfo thyrfus, hedera circumdatus·
αλοσπον βάκτρον vocat Euripo in Bacch. 363. et Ion. 216.
Βρόμιος ἄλλον Ἀπαλλιαοις κωνίνοις βάκτροις ὑπείρει.

XVI. (*LXXXIV.*) Servavit *Athen.* XI. p. 463. A.
unde *Stephanus* retulit in Append. Anth. Plan. p. 513.
St. 18. W. In conviviis, triftium. rarum memoria pro-
col habita, uni laetitiae operam effe dandam.

Praeterea in Cod. Vat. *Anacreonti* tribuontur Epigr.
a *Brunckio* inter hdewera relata nr. CCXXVII. (ap. *Fischer.* nr. V. p. 473.) et CCXXVIII. (*Fischer.* nr. VI.
p. 474.)

SIMONIDIS CEI

ET ALIORUM. EJUSDEM NOMINIS POETARUM RELIQUIAE.

I. Ex Lyricis.

♦. 120.] *I.* Servavit *Stob.* in Flor. Tit. XCVI. p. 527.
Gem. 401. Grot. fine lectionis diverfitate. *Urfinus* p. 170.
Ne deorum quidem filios, prifcos illos heroas, vitam mo-

lesbii et periculis immunem egisse.   *Antip. Sidon.* Ep.
LXVII. de Orpheo agens: τί αὐτρίποι στεναχῶμεν ἡ*
υἰῆσι, ἀνία' κλλλισι Τὸν σαῖλοι 'Λδαι οἰδὲ θεοί; ἰσναμις.   Cf.
Callini Eleg. v. 12. 13.

II. Ex *S. monidis* Threnis, unde etiam praecedens
fragm. decerptam videtur, fecundum *Stob.* Tit. XCIII.
p. 558. Gesn. 433. Grot.   Verfus *Branckius* aliter conſtituit in Gnomicis p. 100. et quaedam ex Codd. mutavit.   Duos verfus priores in tres divifit, qui anapaeſtici
funt:

> Ἄνθρωπος ἐὼν, μήποτε φήσῃς,
>   ὅ τι γίνεται,
> μηδ' ἄνδρα ἰδὼν, ὅσον ἔσσεται
> χρόνον — — —

V. 1. *Grotius* γὰρ inſeruit, quod non agnofcit Cod. *Br.*
unde ἔσσεται pro ἔσσετα ſumtum.   Pro γίνεται vulgo
γίνεται legitur.   Hoc fragm. reſpexit *Phavorinus* ap. *Stobaeum* p. 562. 4. ἄνθρωπος ὢν μήδέποτε φής, ὅτι γίνεται αὔριον,
μηδ' ἄλλον ἰδὼν ὄλβιον, ὅσον χρόνον ἔσσεται· ἀλλὰ μηδ' ἀίσω,
ὠκεῖα κίνησις (in μίλαι emend. P. *Lapardus* Em. X. 10.
p. 262.) ἡ ταντύδε τὴν τῶν Σιμωνίδεω ἐλεγείαν ἀνόλισσι ἀνθρώπινα. Hinc intelligimus, carmen, unde haec dicta funt,
ſcriptum fuiſſe in Scopadarum interitum, de quo *Cicero*
II. de Orat. 86. *Quintil.* Inſtit. Or. XI. 2. *Scopam, nobilem Theſſalum,* periiſſe in eo convivio conſtat: adjicitur
ſororis filius: putant et artes pleraſque ab illo Scopa, qui
major aetate fuit. Ex *Phavorini* autem loco fere ſuſpi-
coris, olim lectum fuiſſe ap. *Simonidem:*

> — — μήποτε φήσῃς,
> αὔριον ὅ τι γίνεται — —

quo ris ſententiae augetur.· *Antiphil.* Ep. XI.III. αὔριον
λέγει πετάλαβε τὴν αὔριον. — V. 4. μοῖσα. Frequenter poē-
tae fugam temporis comparant volucribus   *Philoſtr.*
Epiſt. LXIII. p. 944. τὸ μὲν γὰρ ἄξι τῆς ὥρας παραλίσλαθεν,

ἔστι τι στρατὸς καὶ ἄνατον. *Theognis* v. 963. αἰὲν τὴν,
ἄστε νίχμα, παρέρχεται ἀγλαὸς ἄρα· Οὐδ' ἴσταν ἀρχὴ γίγνεται
ἀωτίζει.   Verbo *περλπτασσε* in hac re utitur *Euripides* in
Oedip. ap. *Stob.* p. 560, ταλλὰ; τὴς ὁ δαίμων τῶν βίον με-
ιμνάσκει 'Ελένην ἐμήν.

III. In *Stobaei* Floril. CXVII. p. 597. Gesn. 487.
Grot. Junctim cum duobus hexametris, qui hoc fragmentum ap. *Stobaeum* praecedunt, sed *Simonidis* non sunt,
illud exhibet *K. Ursin.* in Fr. Lyr. p. 168. Pro *ἀπολήγω*
ante *Grotium* legebatur *λπολήγω*. Verbum *λποπήγη*
quod de Furiis usurpavit *Homerus* Od. v. 234. a serioribus poëtis ad quascunque res infestas, atroces terribi-
lesve traductum est. *Simonidis* locum, in quo de Orci
faucibus agitur, attigit *Ruhnken.* in Ep. Crit. II. p. 155. sq.
et Intrpp. *Hesychii* v. *λποπήγη*.

IV. Grotius Stob. Flor. CXXII. p. 495. hoc fragmentum, quod in edit. Gesneriana desideratur, e Codice
protulit.

f. 121.] *V. Stob.* Flor. CXX. p. 606. Gesn.
495. Grot.

VI. Hujus versiculi sedem ad hunc usque diem
frustra quaesivi.

VII. "Venustum hoc fragmentum servavit *Dion.*
"*Halic.* de Struct. Or. p. 258. ed. *Jac. Upton.* cujus pau-
"cula habet *Andreas* p. 396. E. Quum parum dili-
"genter a me curatum sit, quae prave sunt posita, hic
"emendabo:

"οὕτε λέγουσι ἐν δαιδαλέῳ θαλάμῳ
"φερίμης πολιᾶς, πυκιθρίκὶ τε ἄλμα,
"δείμαντι ἄρμεσι, καθ' ἀλκύμωσι
"σπαρκαῖς, ἀμφὶ τε Πορφυρὶ θάλα
"φύλλον χέρα, οἴσθα τι· ὁ νόκαε,
"εἴαν ἔχω πόνον· τὰ δ' ἐσταῖς, γελαθητῇ τ'
"ἔτερμ πνοίσσης − − −

πλόματι ἔρετν ad Danaën refertur, cujus facta mentio
in proxime praecedentibus verfibus, qui defiderantur,
non ad Λίμνα, quocum conjunxit interpres, qui hunc
locum male reddidit." *Bruckii* verba funt, qui hos
verfus maximam partem ad *Schneideri* mentem conftituit.   Danaë loquitur, quam Acrifius fimul cum Perfeo
ciftae inclofam fluctibus tradiderat. Cf. *Schol. Apollon.
Rhod.* L. IV. 1091. *Apollodor.* L. II. 4. 1. p. 94. —
V. 1. λάρνακα ciftam Danaës etiam *Apollodorus* vocat.
Cf. *Theocrit.* Eid. VII. 94. In ed. Aldina corruptiffime
legitur: ὅτι λ. ί. δαιδαλέᾳ ἔτερβε τ' ἐμῇ τύλετ. , Pro βρίμα
Cod. Reg. et Colb. τε μήν. Mox *Urfinus* notavit, effe,
qui ἐπηϑίτά τε πρόμια κύματι five κύμβα κίματι legeret.
Nulla opus eft mutatione.   Pro ἔρετν alii ἔρετι, alii
ἔρετντι legunt. — Deinde οὔτ' ὕδλετ ταῖσι τ. *Ald. blan-
tant Sylburg.* — V. 4. βλάβε φ. ζίρετ. *Ald.* Prius fervavit *Sylburg.* — V. 5. ἂ τίσετ. *Urfin.* — V. 6. αἲ
αὐταῖς ἰγαλανϑηνελεῖ δεινειάσεσιν ἐν κ. ἐσύνετι. Aldin. εὐ δ'
αὔτε γαλαϑηνῷ ἔτοχι ενύσεαις. *Sylburg.* et *Urfin.* Laudat
hunc locum *Athen.* L. IX. p. 396. E. Σιμανίδης· δὲ ἐπὶ τοῦ
Περσέως τὴν Δανάην νααὶ λέγουσαν' ἂ τέκος, εἰτι ἔχω πόνον·
σὺ δ' αὔτε εἰς γαλαϑηνῷ ϑ' ἔτοχι πρόσσαις. Quem locum *Cafaubonus* fic emendavit, ut ap. *Brunckium* habetur.
κνταῖε dictum ad imitationem *Homeri* Il. κ. 159. τί πλα-
νωριτ ὕσσεν κνταῖς; Vide *Hefych.* v. κνταῖε. — V. 9. πνλέφ
τε ὃ. τὰ δὲ εἰς αδαι. *Ald.* τὰ δ' αὖ. *Sylb.* — V. 12. φϑίγγετ.
Ald. — V. 13. κρίανσεν καλήν. Vocandi cafu accepit
Upton. Vocem κρίανσεν bis pofuit *Aldus* et ante et poft
καλήν. — V. 14. ἢ εἰ κεν ὃ. ἱ. λοστάι. *Ald.* λοστάι eti-
iam eft in Codd. Reg. et Colbert. — *Schneiderus*, qui
hoc fragmentum in linguam vernaculam transtulit ad
calcem libri: *Verfuch über Pindars Leben,* p. 138. fq.
acute conjecit ὑπέμνασας ἐν, κ. — V; 17. ὅλι τῷ δε τ.
ὅλι τῷ Ζ. Ald.   *Alcman* ap. *Apollon. Soph.* v. κυθόπατ·
ἄϑων· ἐχέων σπρύφαι τε καὶ φάφετγται. *Theocrit.* Eid. II.

38. ἴσθι, ἐγὼ μὲν πίντος, εἰγθντι δ᾽ ἄξται. — V. 18.
ματαιοβουλία. *Consilia eorum, qui me in haec mala conje-*
cerunt, per te, summe Jupiter, frastra cadant. — V. 20.
εὔχμαι ἀνεφθίλιας σύγγνωθί μοι. Ald.   Δίκας σύγγνωθι μοι.
Cod. reg.   Verbum σύγγνωθι vulgo omittitur.   Laborat
hic versus. —   Ceterum totum hoc fragmentum *Her-*
mannus de Metris p. 452. restituit sic:

> ὅτι λάρνακι ἐν δαιδαλέᾳ ἄνεμος
> βρέμη πνέων, κινηθεῖσά τε λίμνα,
> δείματι ἔρειπεν, οὔτ᾽ ἀδιάντοισι παρειαῖς,
> ἀμφί τε Περσεῖ βάλε φίλαν χέρα,
> εἶπέν τε· ὦ τέκος,
> οἷον ἔχω πόνον!
> σὺ δ᾽ ἀωτεῖς, γαλαθηνῷ τ᾽ ἤτορι κνώσσεις
> ἐν ἀτερπεῖ δώματι, χαλκεογόμφῳ τε,
> νυκτιλαμπεῖ, κυανέῳ τε δνόφῳ·
> σὺ δ᾽ αὔαλέον ὑπερθε τεὰν κόμαν βαθεῖαν
> παριόντος κύματος οὐκ ἀλέγεις,
> οὐδ᾽ ἀνέμου φθόγγον, πορφυρέᾳ
> κείμενος ἐν χλανίδι πρόσωπον καλόν.
> εἰ δέ τοι δεινὸν τό γε δεινὸν ἦν,
> καί κεν ἐμῶν ῥημάτων
> λεπτὸν ὑπεῖχες οὖας.
> κέλομαι, εὗδε βρέφος,
> εὑδέτω δὲ πόντος,
> εὑδέτω δ᾽ ἄμετρον κακόν.
> ματαιοβουλία δέ τις φανείη,
> Ζεῦ πάτερ, ἐκ σέο·
> ὅτι δὴ θαρσαλέον ἔπος, εὔχομαι
> νοσφίῳ δίκας μοι.

§. 122.] *VIII.* Hos versus sine auctoris nomine excitat *Plutarchus* T. II. p. 456. C. his additis: καὶ ὁ Μαγ-
νθης, ὡς ξείκα, φορβιᾷ τινι καὶ συριστομίοις βίᾳ τοῦ ανεύματος
τὸ ῥαγδαῖον ἐχαλίνωξε καὶ τῷ πρηνέστιν κατειλεμμένος τὴν ἀπο-

μαιλεν. In his verbis miror *Wyttenbachium* non offen-
diffe ad βίη, quod mihi quidem delendum videtur, utpote ortum ex poflerioribus fyllabis verbi φορβιῇ. Eodem
modo peccatum eſt ap. *Athen.* L. IX. p. 374. C. πάλλα
τὸν λαωτροφιαν 'Τερτῖμαι βίη τίετωσιν αἰ πάλλαις.   Dele
βίη, et fenarium numeris fuis reſtitueris. — Noſtros autem verfus *Tztza* vindicavit *Simonidi* in Chil. I. 373.
Agitur in iis de φορβιῇ five capiſtro, quo Marfyas fibi,
pro tibicinum more, os et genas folebat conſtringere.
Illuſtravit hunc morem, noſtri loci non immemor, *Salmaſius* in Exerc. Plin. p. 585. B. et *Cuperus* in Obſſ. L. I.
XII. p. 102. fq.   Notiſſimi funt verfus *Sophoclis* ap.
Cicero ad Attic. L. II. 16.:

> φυσᾷ γὰρ οὐ σμικροῖσιν αὐλίσκοις ἔτι,
> ἀλλ' ἀγρίαις φύσαισι, φορβειᾶς ἄτερ.

Quos tractavit *Toupius* ad *Longin.* §. III. p. 277. fq. —
Plutarchus pro προσνίμωντι legit συνέψωντι, idque verius
eſſe videtur.

IXᵃ. (Ex Lection. p. 18.) Hoc quoque fervavit
Tzetza in Chil. L. 310. *Urſinus* in Fr. Lyr. p. 171.
De Orpheo agitur. *Simonidis* verfus obverfabantur *Apollonio Rhod.* L. I. 569. ταῖσι δὲ φορμίζων βιθύμοισι μέλεσιν
βαλῂ Οἰάγρου πάις — ῆγε βαθεῖας 'Ιχθόσι λίσσονται ἑτερᾷ
ἄλις, ἄμυργα ταῦροις "Αυλστω, ὑγρὰ κέλευθα ὑποκυδαίνοντες
ἕσντε. — V. 4. haud fcio an melius legatur:

> καλῇς ὑπ' ἀοιδῇς.

Vide ad *Erinnae* Ep. III. 5.

IXᵇ. Ex *Athenaeo* L. IV. p. 172. E. recepit *Urſinus*
in Fragm. Lyr. p. 174. Ductum videtur ex Hymnis in
honorem victorum fcriptis. Refpexit *Simonides* ad locum *Stefichori*:

> Θρέψαντι μὲν γὰρ 'Αμφιάρεως,
> ἔκτιτι δὲ νικῶντι Μελάμποδα

De quo disputavit *Suchfort* ad Fragm. Stesichori p. IX. sqq. qui acute suspicatur, referendos esse hos versus ad ludos funebres in Peliae honorem ab Argonautis celebratos. Conf. Hygin. Fab. CCXXXVII. - Ἀναυρον Fluvius prope Iolcum, de quo *Apollon. Rhod* I. 9. ἴσσαν ζωσαμένω Μήδεα καὶ διὰ ποσσὶν Ἀναυρον. Vide *Casaubon.* ad *Strabon.* L. IX. p. 667. A. Quod *Simonides* ad *Homeri* testimonium provocat, ad Meleagri in hasta jaculanda peritiam referri nequit; certe in loco celeberrimo de Meleagro Il. σ. 523. sqq. nihil ejusmodi commemoratur. Alia quaedam de eo praecessisse videntur in versibus, qui perierunt.

X. Ap. *Diogen. Laërt.* L. I. p. 56. ed. Meib. *Ursinus* p. 170. Respicit *Simonides* versus *Cleobuli Lindii*, supra positos p. 76. eumque valde vituperat, quod monimentum, hominum manibus factum, cum rebus divinis componere ausus sit. — V. 3. in ed. Lips. post στασαμένοις comma pone. — V. 6. Vulgo ap. *Diogen.* ἀντία Στροφὰν στήλας, in antiquis autem editionibus ἀντιστροφαμένως στήλας. In Codd. *Stephani* ἀντιθέντο μόνας τέλας. Unde ei facile erat, genuinam lectionem restituere.

XI. *Stobaei* Flor. T. CI. p. 550. Gesn. 425. Grot. ubi *Solariae* tribuitur. Sine auctoris nomine profert *Arben.* L. XV. p. 694. E. nec satis certum antiquitus ejus auctorem fuisse, apparet ex loco *Anaxandridis* comici ab eodem allati:

ὁ δὲ σκάλαν τρόπον λαλῶντος, ἔστι ἐν,
τὸ μὲν ὑγιαίνειν — —

Fuerunt, qui *Epicharmo* tribuerent, ut apparet ex Schol. Msc. ad *Platonis* Gorgiam ap. *Kornium* ad Greg. de Dial. p. 155. et in *Bandini* Catal. Bibl. Laurent. T. III. p. 272. Ipse enim *Plato* auctoris nomen reticuit in Gorgia §. 7. p. 39. ed. *Findeisen.* Οἴσμαι γάρ σε ἀκηκοέναι ἐν τοῖς συμποσίοις ᾀδόντων ἀνθρώπων τοῦτο τὸ σκόλιον· ἐν ᾧ
καταρι-

μεταρθμεύεται ἔλεντες, ὅτι ὑγιαίνειν μὲν ἄριστόν ἐστι· τὸ δὲ δεύτερον, καλὸν γενέσθαι· τρίτον δὲ, ὡς φησὶν ὁ ἐπιτεθεὶς τῷ σκολιῷ, τὸ πλουτεῖν ἀδόλως. Non magis *Simonidem* nominavit idem de Legibus L. I. p. 631. C. et L. II. p. 661. A. ubi hujus Scolii argumentum breviter affert. Cf. *Suid.* v. 'Αἐχίας. Ad *Simonidem* auctorem retulit *Clemens Alex.* Strom. IV. p. 573. 32. et qui eum sequitur *Theodoretus* Serm. II. p. 63. sq.   Huic accedit *Scholiastes* Luciani de Lapsu inter Sal. §. 6. T. III. p. 292. ed. Bip. —   In singulorum verborum lectione admodum variatur. — V. 1. ἄριστα om. *Clemens.* In Schol. *Luciani* ἄριστα ἀδόλως, ordine inverso. — Sententiam eandem et elegantius etiam extulit poëta ap. *Sext. Empir.* adv. *Math.* XI. p. 700. Σομαίνειν τῶν ὁ μελιτωδὴς φησι, μηδὲ καλὸς ευφιὴς εἶναι χάριν, εἰ μή τις ἔχοι σεμνὸν ὑγίειαν. — V. 2. κακωφρὶν *Athen.* φωὴν κακὸν Schol. *Luc.* ἀδικεῖ κακὸν *Clemens.*   Apud *Stobaeum* uterque versus sic legitur, ut ap. *Cr.* — ¶. 123.] V. 3. τὸ τρίτον δὲ πλουτεῖν ἀδόλως καὶ τὸ τέταρτον εὐνηβᾷν μετὰ τῶν φίλων. *Athen.* et *Schol. Platon.* τρίτον δὲ τα. 63. *Clemens*, reliquis omissis.   Fere, ut *Athenaeus*, habet Schol. *Luc.* nisi quod omisso τε et δὲ legit πλουτεῖν et ἡβᾷν.   In *Stobaeo* Gaisford: τρίτον δὲ πλ. b. εἶτα τ. ἡβᾶν μετὰ τ. φ. *Brunckius* secutus est *Grotium*, qui verba transposuit, ut versus efficeret Phalaecios. Sed facti poenituisse videtur *Brunckium*, qui ad calcem *Anacreontis* Argentor. 1786. Gemerianam lectionem restituit. *Athenaei* lectiones reducendas esse, uno εὐνηβᾶν in ἡβᾶν mutato, demonstravit *Hermannus* de Metris p. 415.

XII. Servavit *Athen.* L. XII. p. 512. D. neglecto dorismo in ἄριστον et ἐλαστός.   Doricas formas dedit *Ursinus* p. 173. His simillima sunt illa *Mimnermi*: Τὶς δὲ βίος, τί δὲ τερπνὸν ἄτερ χρυσῆς 'Αφροδίτης; Τεθναίην, ὅτ᾽ ἐμοὶ μηκέτι ταῦτα μέλοι.

O

XIII. Exftat apud *Plutarchum* in Conf. ad Apollon.
T. II. p. 107. B. *Ursinus* p. 172. — Hoc quoque
fragmentum ex Threnis videtur defumtum. ἄνρμικν
μικηδόνις dictum, ut πότος ἄνρικτος ap. *Apollon. Rhod.* I.
246. quod illuftravit *Rubnken.* Ep. crit. II. p. 194. —
In Analectis *Br.* μικιδόνις ex Ursino dederat; quod correxit in Lect. p. 18. — V. 3. μάτι ταύρο. Haec fortasse obverfabantur *Luciano* Ep. XXVI. και γὰρ φιβτεω
μετίσχτι ταύρου, και ταύρον τῶν βιότοιε καθθι. — V. 4.
ἄφυκτος ὑμῶς eft in plurimis *Plutarchi* Codd. Quidam et
vett. editt. ἄφυκτ' ὑμῶς. Mors inevitabilis capitibus noftris
impendet, *ἐπιπέμπτωι,* ut ap. *Mimnerm.* Fr. IV. γῆρος
ὑπὲρ κεφαλῆς ἐπιπέμπτωι. *Apollon. Rhod.* III. 483. πέν-
τωτων ἐπιπέμπταθ' ἡμῖν ὑλεθρος. Hujus generis exempla collegit *Wesseling.* ad Diodor. Sic. T. II. p. 120. 60.

XIV. Legitur ap. *Clemens. Alex.* Strom. IV. p. 585.
Ursinus p. 171. Praeclarus locus de Virtute in alta rupe
collocata, quo neminem, nisi multis laboribus exhauftis,
pervenire dixit *Hesiodus* in loco illuftri 'Ε. και 'Ημ. 265. :

> Τὲς δ' ἀρετῆς Ἰδρῶτα Ἰεοὶ προκάκοιλον ἔθηκαν
> ἀθάνατοι· μακρὸς δὲ και ὄρθιος οἷμα, ἐπ' αὐτὴν,
> και τρηχὸς τὸ πρῶτον· ἐπὴν δ' εἰς ἄκρον ἵκηαι,
> ῥηΐδη δὴ ἔπειτα πέλει, χαλεπή περ ἐοῦσα.

Confer inprimis *Maximum Tyrium* Diff. XXXIX. 3.
p. 235. fq. et *Eusebii* fragmentum ap. *Stobaeum* in Ecl.
Phyf. L. II. p. 206. quod emaculare conati fumus ad
calcem Animadv. in Stobaeum p. 303. fqq. — V. 1.
ἱδρῶτ' eft in ed. Oxon. quamvis a *Stephano* certa emendatione correctum. — ἐτεπμβάτας ἐπὶ πέτραις. Viam ad virtutis arcem defcribens *Eusebius,* τὸ δὲ μετὰ ταῦτα, inquit, ἔστιν ἡρθέ το και ὄρθιόν μέχρι τῆς ἐπὶ τὴν ἀκρόπολιν αὐτοῦ τοῦ καλοῦ, ἦν' ἢν ἀναβῶν ἐν τοῖς καλλίστοις ἔσοιι, και
μηδ' ἄλλως το μωρίαν ἐγαθὸν — ἐτὴρ δὲ και φωτὸς πανῶδε τοῦ
λοιποῦ κάλλει μυρίῳ προεκποντος. Sic haec emendanda fufpi-

cor. Inepta vero eſt lectio apud noſtram θεὸν, quod quem ſenſum habere poſſit, non video. Etiam τῶ videtur depravatum. Vide ſis, an *Simonides* ſcripſerit:

δυσαμβάτους ἐπὶ πέτρας· ἁγνὰ δὲ
μιν φοιτῶντα χῶρον ἁγνὸν ἀμφέπειν.

Virtutem in rupibus aditu difficillimis habitare; ibi autem regionem luce colloſtratam tenere ait. φαιν. τὸ φαινόμενον. φαντὸν καὶ λαμπρὸν. φαντὸν. λάμποντα *Hefych.* Locum, ubi omnes virtutes habitant, φωτὶ πολλῷ κατα λαμπόμενον eſſe ait *Cebes* p. 28. *Lactant.* Div. Inſtit. VI. 3. *Et quidem philoſophi alteram* (viam) *virtutum eſſe voluerunt, alteram vitiorum, eamque, quae fit obſigata virtutibus, primo aditu eſſe arduam et confragoſam; in qua ſi quis, difficultate ſuperata, in ſummam conſcendis, habere eum de cetero planum iter, lucidumque amoenumque campum, et omnium laborum ſuorum capere fructus uberes et jucundos.* Conf. etiam *Silium* Ital. XV. 101. ſqq. et quos praeterea laudavit *Elmslejus* in Obſ. ſacris Tom. II. p. 469. ſq. — Poſteriores tres verſus *Brunckius* in hunc modum emendandos eſſe cenſebat:

οὐ πάντων βλεφάροις θνατῶν ἔσοπτος·
οὐδ᾽ ᾧ μὴ δακέθυμος ἱδρὼς ἔνδοθεν
μόλῃ, ἵκῃ τ᾽ εἰς ἄκρον ἀνδρείας.

Vix tamen putaverim, *Simonidis* locum hac emendatione integrum praeſtari. Quid enim eſt, quaeſo, ſudor δακέθυμος μολεῖν? Corrigendum ſuſpicor:

— ᾧ μὴ δακέθυμος ἱδρὼς ἐνσκήψῃ
μόλῃ — — —

Cui non ſudor treberrimus in pectus diſtillaverit. Hoc ne quis inſolentius dictum exiſtimet, eodem modo dixit *Leonidas Tarent.* Ep. XLVII. 5. ...

Arius Auditus ap. *Gellium* N. A. XIX. 9. *Per priden*
miseram menas subito mihi sudor. — Jam vide, quomodo totum hoc fragmentum constituerit *Gilbertus Wa-*
kefield in Silv. crit. T. II. p. 29.:

> Ἔστι τις λόγος, τὰν Ἀρετὰν ναίειν
> δυσαμβάτοις ἐπὶ πέτραις· νῦν τέ μιν
> θεῶν χῶρον ἁγνὸν ἀμφέπειν·
> οὐδ' ὅτι πάντων βλεφάροις θνατῶν
> ἔσοπτος, ᾧ μὴ δακέθυμος ἱδρὼς ἐσ᾿ ἀπὸ
> ἔβαιε ἵκετ᾿ ἐς ἄκρον ἀνδρείας.

XV. Servavit *Diodor. Sic.* L. XI. 11. Tom. I. p. 412.
unde *Stephanus* recepit in Fragm. Poët. p. 279. omissis
tribus postremis verbis inde a μαρτυρεῖ. Integrum
exhibet *Ursin.* p. 171. Est hoc fragmentum ex Hymno
in eos, qui ad Thermopylas gloriosam mortem obierant.
Fortasse fr. X. eadem referri debet. — V. 1. nonnulli
Codd. Θερμοπύλαις legunt, et v. seq. καλὸς δὲ ς. —
§. 124.] V. 4. προγόνων μνήστιν. Qui magnis facinoribus
illustrantur, majorum memoriam eadem opera inter mor-
tuos renovant. Hinc *Plato* in Menexen. p. 235. A.
epitaphiorum auctores, ait, γεννῶσιν ἡμῶν τὰς ψυχὰς καὶ
τὴν πόλιν ἐγκωμιάζοντες — καὶ τοὺς τετελευτηκότας ἐν τῷ πο-
λέμῳ καὶ τοὺς προγόνους ἡμῶν ἅπαντας τοὺς ἔμπροσθεν. Conf.
Lysiam in Epitaph. p. 54. et 58. ed. *Reisk.* Nolim tamen ex his et similibus locis patrocinari ineptae lectioni
προγόνων, quam a doctis viris tamdiu tolerari potuisse,
miror. Vitium primus, ni fallor, animadvertit *Her-*
mannus de Metris p. 453. ubi περὶ χῶν emendavit. Similiter eandem locum tentavit *Eichstaedt* in Ephem.
Jenens. (A. L. Z.) an. 1797. nr. 87. p. 690. qui *Si-*
monidis verba a *Plutarcho* expressa esse suspicatus Tom. II.
p. 114. D. περὶ χῶν corrigit. Chaeronensis autem philosophi verba haec sunt: οὐδεὶς ἀγαθὸς ἔξιος θρόνων, ἀλλ᾽
ἡμῶν καὶ δικαίων, οὐδὲ σύνδειπνος, ἀλλὰ μείζους συνουσίης· τοῖς

.ἀκεχῶτ ἐνιλόνατ, ἀλλ' ἀθνάτον [θάτον] ἀπεχθὲτ. Elegantem
hane correctionem quominus certam putem, efficiunt
alia quaedam loca, in quibus non minus manifesta est
Simonidis imitatio, quaeque fuadere videntur, ut legas:

>   ἀγήρω; ἢ φάντις, ἢ δ' οἴκτος   (
>   ἄνανας.

*Immortalis est eorum memoria, nec luctus est et lamenta-
tio, sed laus et gloria sequitur.* Loca, quibus huic conjecturae probabilitatem conciliari poffe puto, haec funt.
Lyfias in Epitaph. p. 130. *Reisk.* Καὶ τοίγαρ ἀγήρατοι
μὲν αὐτῶν αἱ μνῆμαι; ζηλωταὶ δὲ ὑπὸ πάντων ἀνθρώπων αἱ
τιμαί· οἳ πενθοῦνται μὲν διὰ τὴν φύσιν, ὡς θνητοί,
ὑμνοῦνται δὲ διὰ τὴν ἀρετήν, ὡς ἀθάνατοι. *Hyperides* ap.
Stob. Flor. CXXIV. p. 615. εἰ γὰρ θρήνων ἄξια πεπόν-
θασιν, ἀλλ' ἐπαίνων μεγάλων εὐτετύχασιν. εἰ δὲ γήρως
θνητοῦ μὴ μετέσχον, ἀλλ' εὐδοξίαν ἀγήρατον εἰλήφασιν.
Thucydides L. II. 43. κοινῇ γὰρ τὰ σώματα διδόντες, ἰδίᾳ τὸν
ἀγήρων ἔπαινον ἐλάμβανον, καὶ τὸν τάφον ἐπισημότατον,
οὐκ ἐν ᾧ κεῖνται μᾶλλον, ἀλλ' ἐν ᾧ ἡ δόξα αὐτῶν παρὰ τῷ ἐντυ-
χόντι ἀεὶ λόγου καὶ ἔργου καιρῷ ἀείμνηστος καταλείπεται.
Priscorum oratorum loca obverfabantur *Aeliano* V. H.
L. III. 25. καὶ ὑπὲρ τῆς Ἑλλάδος τὸ καὶ καλῶς ἀγωνιζόμενοι
τέλευν: ἔτυχον ἰσολενοῦς καὶ δόξαν ἑαυτοῖς ἀθάνατον κτήσαντο
καὶ φήμην ἀγαθὴν ἐν δι' αἰῶνος. *Themist.* Orat. II. p. 28. Α.
ἐπαίνου τυχὼν ἀγήρω τε καὶ ἀθάνατον. — V. 5. ἐντάφων.
Ex plurimis locis, quae *Wesselingius* ad Diod. S. T. I.
p. 412. collegit de translata hujus vocabuli potestate, maxime huc facit *Polybius* L. XV. 10. οἱ μὲν
ἀποθανόντες εὐγενῶς ἐν τῇ μάχῃ κάλλιστον ἐντάφιον ἴσχον.
ἐσι τὴν ὑπὲρ πατρίδος θάνατον. Certatim vocem ἐντάφιον illuftrarunt *Cuperus* in Obff. L. II. 9. *Pericus*,
ad Aelian. L. I. 16. 2. *Olearius* ad Philoftr. V. Soph. L.
16. 3. *Dorville* ad Charit. p. 421. — Cum fqq. comparandus est *Pindarus*, qui de laude ex Hymnis in victorem redundante similia dixit in Pyth. VI. 10. fqq. —

V. 8. σηκὸς eſt locus circumſeptus et pro ſancto habitus.
De ſepulturae loco *Euripid.* in Polyid. Fr. IX. μορφὴ γ'
ἄλλος ἀνειλικεῖ σηκὸς νάουσ — Quod ad numeros hujus
loci attinet, *Hermannus* l. c. verſus in hunc modum dis-
peſcuit:

> τῶν ἐν Θερμοπύλαις θανόντων
> εὐκλεὴς μὲν ἁ τύχα, καλὸς δ' ὁ πότμος,
> βωμὸς δ' ὁ τάφος, πρὸ γόων δὲ μνᾶστις
> ὁ δ' οἶκτος ἔπαινος·
> ἐντάφιον δὲ τοιοῦτον
> οὔτ' εὐρὼς, οὔθ' ὁ πανδαμάτωρ
> ἀμαυρώσει χρόνος, ἀνδρῶν ἀγαθῶν
> ὁ δὲ σηκὸς οἰκέταν
> εὐδοξίαν Ἑλλάδος εἵλετο·
> μαρτυρεῖ δὲ Λεωνίδας,
> ὁ Σπάρτας βασιλεὺς, ἀρετᾶς μέγαν λελοιπὼς
> κόσμον, ἀέναόν τε κλέος.

XV^b. (Lectt. p. 25.) Exſtat ap. *Schol. Pindari* Nem. p.
17. p. 132. B. unde ſumſit *Tzetzes* ad *Lycophr.* p. 31. R.
Potterus hoc fragmentum in hexametros digeſſit, quod
ut facere poſſet, plura mutare neceſſe habuit. Sed e *Si-*
monidis canticis deſumtum eſſe, non latuit F. *Urſinum*
p. 174. — V. 2. κατάλεγει et κυλίνει. — V. 3. τάχ', quod
Br., metro poſtulante, in τάχιᾳ' mutavit. Verſus eſt
dimeter jambicus acatalectus, qui anapaeſtum habet in
ſecunda ſede et tribrachyn in quarta, quales ap. *Pin-*
darum multi.

XV^c. (Lectt. p. 25.) Ex *Ariſtotelis* H. A. V. 9.
p. 122. ed. Sylb. Hos verſus, item ex lyricis decerptos,
in hexametros digeſſit *Kuſterus* ad Suid. T. I. p. 118.
ſed vehementer elumbes. Aliam viam tentavit *Bocher-*
tus in Hieroz. T. II. L. VI. p. 861. qui elegos efficere
conatus, multis inſertis, nonnullis vitioſos verſus procudit.
Ex lyricis eſſe vidit *Urſinus* p. 175. Pro σκύτεα *Ruta-*

tra. Ep. crit. I. p. 38. corrigit τιτόσιγ. ut ap. *Aratum*
Phaen. 418. 'ταλλίω γὰρ καὶ τῦτε ἥτα δεῖ σῆμα τιτόσκει
καὶ μιτά. Ad hos versus respicit *Mich. Apostol.* Proverb.
II. 51. diverſitatem sententiarum de diebus Halcyoniis
persequens: Σιμωνίδης γὰρ ἐν Πεντάθλοις ἑπτὰ φησὶν αὐτὰς.
Male. Legerat ap. auctorem, quem exscripsit, ιΑ, cum
esset, sive esse deberet ια.

II. Ex Elegis.

XVI. (XXII.) Sine auctoris nomine legitur in *Stob.*
Excerpt. de Rer. Nat. Tit. III. p. 117. ed. Grot. *Simonidi* vindicant Codd. ap. *Herrenium* T. I. p. 28. In
eadem pagina etiam aliud est ejusdem poëtae fragmentum, quod plenius protulit *Theophilus* ad Autol. II.
p. 74.

XVII. (XXIII.) Servavit *Plutarch.* de Herodoti
Malign. T. II. p. 872. D. E. ut, quem locum Corinthii
in pugna ad Plataeas occupavissent, et quo eventu
pugnassent, doceret. Addidit autem, quo gravius
videretur testimonium: ταῦτα γὰρ οὐκ ἂν ἦν ἐν κωφλῷ
ἀιλέκται, φιλὰ ἕαμα τοῦ τὸ εἰς τὴν πόλιν, ἄλλως τε τὰς πράξεις
ἀτιδσας, ἀνηρίω γράφον, ἱστόρησεν. Non semper tamen
Simonidem tam bene sensisse de Corinthiis, apparet ex
Plutarchi Themist. T. I. p. 252. ed. *Bry.* quos etiam
contumelia affecisse putabatur poëta versu: Κορίνθιος δ'
οὐ μέμφεται τὸ Ἴλιον, ap. *Aristot.* Rhet. l. 6. 24. de quo
loco vide inprimis *Vaterum* in Animadverss. p. 41. sqq. —
V. 1. μέσοισι. *in media acie collocati erant.* Simonides
Ephyraeos et Corinthios, tanquam diversarum urbium
incolas, distinguit. Vide *Strabon.* VIII. p. 521. C. —
ηίοησαν Ursinus et v. 2. πρὸς. — §. 130.] V. 3. πέλω
Γλαύκοιο. Corinthum a Glauco fuisse conditam, dicit *Stephanus Byz.* v. Ἐφύρα, loco obscuro et depravato. — Versu sq. ▪Lacuna est in *Plutarchi* textu οἱ . . . αἀλλοτσι,

„quam F. *Ursinus* explevit inferendo καὶ. Sed voculae
„μὲ καὶ prorsus supervacuae sunt, et sq. versu χρυσοῦ non
„habet, unde pendeat. Optima est Cl. *Reiskii* conjectura
„scribentis: μελφέσιν καλλίστων μέγιστον ἴδοντο αὐτὸν Χρυ-
„σοῦ — Ordo est: αὐτὸ τᾶλιν Κ. ἰδόντες, καλλίστων αὐτῶν
„ἰδόντο μέγιστον μελφέσιν χρυσοῦ. Sic *Aristoteles* in Paeane:
„μαρτυρῖ ἀθρὼς τ᾽ ἀϊδόντων, χρυσοῦ τε μελφέσ — συμφώνους,
„ὥ modo genuinum fit. Quo fenfu accipi debeat, mon-
„strat ipfe *Simonides* in fragm. quod auctori fuo afferit
„Apollonii Lex. Homer.: ξυνολίξαι δ᾽ ἀρετᾶς ὁ χρυσός ἐν
„ἀνθρώποι λάμπων.“ *Brunck.* Vide *Reiskii* Anim. in Gr.
Auctores Vol. II. p. 528.

III. *Epigrammata.*

XVIII. (*XXIV.*) Vet. Cod. p. 275. Planud. p. 205.
St. 295. W. Scriptum est in Tegeatas, fortiter pro patria pugnantes. Non facile dictu est, quod proelium
huic epigrammati occasionem dederit. Tegeatae fae-
pissime cum Spartanis pugnaverunt, idque fecunda fortuna, usque ad Croesi tempora; tum enim Lacedaemonii fuperiores fieri coeperunt. Quare cum in pugna
Plataeensi altercatio esset orta de loco, quem Tegeatae
occupaturi essent, dixerunt: πάλαι μὲν γάρ τε καὶ αἰ-
ἔχοντες πρὸς ὑμᾶς ἡμῖν, ἄνδρες Σπαρτιᾶται, ἀγόμεθα ἀγαπᾶσθαι,
τρᾶλαί τε καὶ πρὸς ἄλλους, ap. *Herodot.* IX. 26. p. 703.
Brevi post pugnam Salaminiam Tegeatae una cum Ar-
givis Mycenas invaferunt, urbeque direpta agrum inter
fe diviferunt. *Strabo* L. VIII. p. 377. *Simonidis* aevo
duo praeterea proelia pugnata a Tegeatis commemorat *Paufanias* L. III. 11. p. 233. prius ἐν Τρυγέᾳ, πρὸς Τε-
γεάτας καὶ Ἀργείους μάχης Λακεδαιμονίοις συνεστώσης· ἐπὶ
τούτοις δὲ ἐν Διπαιεῦσιν, Ἀρκάδων πάντων πλὴν Μαντινέων Λακεδαιμονίοις ἐναντιουμένων. Alteram hanc pugnam iterum
commemorat L. VIII. 45. p. 692. *Herodotum* fecutus .

L. IX. 35. — V. 3. πάλιω, Planud. Hoc emendavit
Urfin. p. 160. — V. 4. Vat. Cod. αγατὰς Λικοθηξίας.
Senfus eſt, eos mortem fervituti praetuliſſe. Defunctos
certe Lacedaemonii libertate privare non poterant. Ἑλλὰς de una civitate hoſtili ad augendam rei magnitudinem poſitum videtur.

XIX. (XXV.) Planud. p. 204. St. 297. W. ſine
auctoris nomine, quod adfcripfit Vat. Cod. p. 238. ubi
lemma: τῶν αὐτῶ· εἰς τοὺς Ἕλληνας τοὺς τὸν Τέγεαν ἐμπρή-
θεραι ταξαμένας. — V. 2. δαιμόνιος. Horum virorum
virtus prohibuit, ne Tegea incenderetur ab hoſtibus
ejusque fumus ad aërem furgeret. Eurip. Hec. 476.
ὦ μοι — χθονός, Ἃ κυντῶ καταρρείττει τυξομένα. Ibid. 814.
κατὸ δὲ πᾶλος τῶν ὑπερθρώσκονθ' ἑρᾶ. — V. 3. Similiter
de viro forti Tyrt. El. III. 23. αὐτὸς δ' ἐν προμάχοισι
πεσὼν φίλον ὤλεσε θυμόν, Ἄστυ τε καὶ λαοὺς καὶ πατέρ' εὐ-
κλείσας.

XX. (XXVI.) Sine auctoris nomine Planud. p. 204.
St. 297. W. In Vat. Cod. adfcribitur: ἄδηλον· εἰ δὲ Σιμωνίδου. Qui Othryadae nobiliſſimum facinus enarravit
Herodotus L. 82. p. 40. ſq. nihil de tropaeo habet.
Pſeudo-Plutarchus ex Chryſermo auctore, ut fingit,
T. II. p. 306. A. B. inter alia: ὁ Ὀθρυάδης διαζήσας καὶ
φυλάττων ἑαυτὸν ἐπιμελόμενος, τὰς τῶν νεκρῶν ἀσπίδας
λαβὼν ταρπίασεν, καὶ τρόπαιον στήσας, ἐκ τοῦ ἰδίου αἵματος
ἐπέγραψεν· Διὶ τροπαιούχῳ. Ad hoc carmen illuſtrandum
inprimis facit Theſeus ap. Stob. Tit. VII. p. 92. cujus
haec funt: Ὀθρυάδης πολλοὺς συλλύσας τῶν πολεμίων τρόπαιον ἔστησε καὶ χρησάμενος τῷ τῶν τραυμάτων αἵματι, ἐπέγραψεν, Λακεδαιμόνιοι κατ' Ἀργείων· καὶ τοῦτο πράξας ἐτελεύτα.
Disputavit de Othryade T. H. ad Lucian. Contempl.
c. 24. T. III. p. 412. ed Bip. ubi tentat locum Suidae
in Ὀθρυάδας, quem fic corrigendum puto: αὐτὸς συλλέξας
οὐδὲ Ἀργείων τιαρὰς, καὶ τρόπαιον ἐπιστήσας [ἐπιγράψας] ἐ-
πὶ τὸ ἰδίῳ αἵματι (vulgo ἀφθονίᾳ αἵματι) ἐτελεύτα οὕτω.—

Poëm Spartanos, qui in celeberrima illa pugna perierant, loquentes inducit. — V. 2. 'πατρίδος Cod. Vat.
Vitium Aldinae pr. εὔριον, quamvis in Additamentis
correctum, tamen Aldi filii repetiverunt. — V. 3. ἔνας,
i. e. ἔνᾳ, Cod. Vat. ut etiam cdd. vett. *Polybius* L. XV.
15. ἐν αὐταῖς ταῖς χώραις διαποθνησκόντων τῶν ἀνδρῶν διὰ φιλοτι-
μίαν. Hanc fortitudinis laudem Catilinae militibus tribuit
Sallust. B. C. 57. *nam fere, quem quisque pugnando locum
ceperat, eum amissa anima corpore tegebat*; quem locum
expressit *Justinus* IX. 3. *adversus vulneribus omnes loca,
quae erumda a ducibus acceperant, morientes corporibus
texerant.* — V. 5. ὅπλον de scuto usurpatum illustr.
Caperus Obs. I. 7. p. 43. et *Reisk.* ad Const. Porph. de
Cerem. p. 15. — V. 6. Haec verba pro ipsa inscriptione scuti habenda; ne cum *Hutio* p. 21. Θεριλον emendandum censeas. — V. 7. ἧς ἐπ' Ἀδράστου. Adrastum,
Argivorum regem, aemulatus est, qui, sex illis ducibus,
simul cum eo Thebas oppugnantibus, interfectis, unus,
non sine dedecore, aufugit. Comparat *Broderus Iso-
cratem* in Panath. p. 524. ed. *Wolf.* 'Αδραστος δὲ ἐναν-
λιωτας παθείς. Ex *Antimachi* Thebaide *Pensa.* VIII.
p. 650. 'Αδραστος ἔφευγεν ἐκ Θηβῶν εἵματα λυγρὰ φέρων τῶν
'Αργεῖον ἀπωλεχαιτη. Conf. *Schellenberg.* in Reliqu. Antim.
p. 68. sq. — Pro *al* Flor. et Ald. pr. *al* legunt. ἧς servavit ed. Flor. et Cod. Vat.   Reliquae edint. ἦν.

I. 131.] XXI. (XXVII.) Servavit hoc Epigr. *Hephaestio* in Enchir. p. 40. ubi simile laudatur distichon
ex *Nicomachi* Elegia:

> οὗτος δέ σοι ὁ κλεινὸς ἐπ' 'Ελλάδα πᾶσαν 'Απολλό-
>   δωρος· γνώσεις, τοὔνομα τοῦτο κλέων.

Utrumque ex *Hephaestione* repetivit *Eustath.* Il. ξ. p. 975.
9. *Ursin.* p. 161. et *Stephanus* in Append. Plan. p. 513.
Wech. *17. — μέγα φῶς ἔδραμε. ingenti laetitia Athenienses affecerant tyrannicidae. *Aeschylus* in Persis 229.

ἐμοὶ μὲν οὕτως δώμασι φάος μέγα καὶ πόλυσι ἔμμος τοὺς ἐν
παλαγχλισει.

XXII. (XXVIII.) Planud. p. 336. St. 476. W.
Urſinus p. 165. Panis ſtatuae, a Miltiade poſt pugnam
Marathoniam poſitae, inſcriptum. Hunc deum Athe-
nienſibus in celeberrimo illo proelio opem promiſiſſe,
narrat *Herodotus* VI. 105. p. 486. ubi vide *Vakkenaer.*
Cf. *Solan.* ad *Lucian.* D. D. XXII. 3. *Maurſ.* in Athen.
Att. II. 8. *Longum* Paſtor. II. p. 52. ed. *Vill* Propter
illuſtre hoc facinus γενναιότερος vocatur in Epigr. *Ideor.*
CCLXIV.

XXIII. (XXIX.) Sine auctoris nomine profert *He-*
rodotus VII. p. 612. et *Diodor. Sicul. XI.* 33. p. 430.
qui hanc inſcriptionem in omnium eorum, qui Ther-
mopylis pugnando occubuiſſent, honorem compoſitam
narrant. *Leonidae* cippo eandem fuiſſe inſculptam, tradit *Suidas* v. Λεωνίδης T. II. p. 428. Bene in Wech. p. 291.
εἰς τοὺς ἐν Θερμοπύλαις θανόντας [τοῦτο κατ᾽ ἐπιγέγραπτο].
Tria poſtrema verba in marg. ſunt adſcripta; Steph.
p. 200. priorem tantum lemmatis partem habet. *Simo-*
nidi hoc diſtichon vindicavit *Schol.* ad *Ariſtidis* Panath.
T. II. p. 380. et Cod. Vat. p. 244. Hoc et ſeq. Epigr.
in mente habuiſſe videtur *Pauſanias* L. IX. 2. p. 715.
Λακεδαιμονίων δὲ καὶ Ἀθηναίων τοῖς πεσοῦσιν ἴδια τί ἐστιν ἐ
τάφοι, καὶ ἐλεγεῖά ἐστι Σιμωνίδου γεγραμμένα ἐπ᾽ αὐτοῖς. —
V. 1. τριηκοσίης *Ariſtid.* τρηκοσίαις reliqui omnes, praeter *Diodorum*, qui ſolus λιακοσίαις legit, Improbante
Weſſelingio. — V. 2. Πελοποννήσου omnes, excepto *He-*
rodoto et Cod. Vat. — τέτορες. Vulgo in Planud. Sed
Flor. et Ald. pr. τέτορες.

XXIV. (XXX.) Spartanis ſolis hoc diſtichon fuit
inſcriptum ſecundum *Herodotum* et *Diodorum* l. c. Idem
tradit *Strabo* L. IX. p. 656. C. qui columnam cum inſcriptione ſuis temporibus exſtare ait; et *Lycurg.* in
Leocrat. p. 163. (p. 215. *Reiſk.*) Inepte *Suidas* l. e.

in duos fratres compofitum ſit. Exſtat in Planud.
p. 200. St. 291. W. Horum neſcio *Simonidem* auctorem indicat. Tribuit huic poëtae Vat. Cod. p. 244. et,
cujus haud paulo major eſt auctoritas, *Cicero* In Tuſc.
Quaeſt. L. I. 42. ubi ita vertit:

> Dic, hoſpes, Spartae, nos te hic vidiſſe jacentes,
>   Dum ſanctis patriae legibus obſequimur.

— V. 1. ὦ ξεῖν', ἀγγέλλειν. Plurimi Codd. *Herodoti* et
Suid. ὦ ξεῖν, ἄγγειλον. *Diodor.* ὦ ξεῖν', ἄγγειλον. Vat. Cod.
Lycurg Planud. ἀπάγγειλον. *Strabo.* Elegantior procul
dubio lectio, quam *Br.* recepit. — Sq. verſu *Strabo*,
Lycurgus et *Diodorus* κείνων πειθόμενοι νομίμοις exhibent.
Sic quoque habet Aldina ſec. et Ald. fil. cum in Flor.
Ald. pr. et Aſcenſ. ſit κείνων ῥήμασι πειθόμενοι, quae eſt
Herodoti et *Suidae* lectio. Idem h. l. ῥήμασι, quod ῥήτραι
in fragm. *Tyrtaei* ap. *Plutarch.* T. II. p. 43. εὐθείαις
ῥήτραις ἀνταπαμειβόμενοι. Eo autem Spartani, floren-
tiſſimis civitatis temporibus, praeſtare ceteris exiſtima-
bantur, quod legibus parerent; ſecundum *Xenoph.*
Mem. Socr. IV. 4. 15. Λυκοῦργον δὲ τὸν Λακεδαιμόνιον κατα-
μεμάθηκας, ὅτι οὐδὲν ἂν διάφορον τῶν ἄλλων πόλεων τὴν Σπάρτην
ἐποίησεν, εἰ μὴ τὸ πείθεσθαι τοῖς νόμοις μάλιστα ἐνειργάσατο
αὐτῇ. *Diodorum,* ubi viros ad Thermopylas occiſos eximiis laudibus exornat, L. XI. 11. T. I. p. 412. veriſi-
mile eſt, hoc *Simonidis* diſtichon in animo habuiſſe:
μόνοι τῶν ἐξ αἰῶνος μνημονευομένων εἵλοντο μᾶλλον τηρεῖν τοὺς
τῆς πόλεως νόμους, ἢ τὰς ἰδίας ψυχάς. Similiter *Lyſias* in
Epitaph. p. 87. ed. *Reisk.* Athenienſes laudans, οἱ φι-
λοζωήσαντες, καὶ μᾶλλον τοὺς παρ' αὐτοῖς νόμους αἰσχυνόμενοι
ἢ τὸν πρὸς τοὺς πολεμίους κίνδυνον φοβούμενοι.

  XXV. (*XXXI*) Hoc quoque carmen ſervavit *Florilegium* VII. 228. p. 613. his additis: ἐπιγράμματι μέν τω
καὶ στήλαις, ἔξω δὲ τὸ τοῦ μάντεως ἐπίγραμμα, 'Αμφιαράδης dei
ὄψεαι οἱ ἐπισημηνάμενοι· τὸ δὲ τοῦ μάντεως Μεγιστίαν θρασύκου

ἐ Ἀμφικτυόνες ἱερὶ κατὰ ξείλει ἐ ἐπιγράφεσθαι.   Quod ſi praeï
cedentia duo diſticha *Simonidi* recte tribuuntur, illa
Amphictyonum auctoritate compoſuit; hoc autem in
Megiſtiam epigramma privatae hoſpitis ſui ramulo in-
ſcripſit. Ἐκ τῆς Ἰσταρίας Ἡρόττω, ut in margine notatur,
venit in Cod. Vat. p. 313. in Schol. Anth. Planud. p. 291.
Wech. et in Appendic. p. 511. St. °16. Wech.   De
Megiſtia vate, qui, poſtquam pugnae ad Thermopylas
eventum praedixerat, a Leonida dimiſſus non abiit, ſed
filium, quem habebat unicum, dimiſit, vide *Valcken.* ad
Herodot. VII. 221. p. 609. 70. — Pro ᴧᴧᴧϵᴧ Codd.
quidam *Herodoti* ᴧᴧᴧϵᴧϲ. Cod. Vat. Μεγιστίου.   Idem
vi 4. Σοβάρης.

· · *XXVI.* (*XXXII*) In Planudea p. 200. St. 292. W.
Διμλον. *Simonidi* tribuit Cod. Vat. p. 244. et *Schol.* in-
edit. ad Ariſtid. teſte *Valckenario* ad *Herodot.* p. 612.
§8.   In Simonideis habetur ap. *Urſin.* p. 157. —
V. 1. verbo λεττῆς ſuperſcr. λεττῆς in Cod. Vat.   *Per vir-*
tutem mori maxime viris dignum judicat. *Salluſt.* in
fragm. p. 940 ed. *Cort.* Mors glorioſa poſt hoſtes de-
victos hominum felicitati tanquam corona imponitur, ut
Telli illius, quem feliciſſimum mortalium praedicat Solon ap. *Herodotum* l. 30 p. 14. 51. — V. 4. ἐργάτην Cod.
Vat. ſolemni errore.   Vide *Rubak.* ad Tim. p. 17.   In
ευρίσκω docta metaphora a corona, cui libertas comparatur ap. noſtrum Ep. XLI. In Ep. Μᴧᴧϵᴧ CLIV. αὐτῷ
μὲν ἐλίξαντι κορῦλις. Exempla vide ap. *Waſſe.* N. T. L.
p. 634.

, §. 132.] *XXVII.* (*XXXIII.*) Planud. p. 200. St.
292. W. Διμλον. Ut *Simonidis* Vat. Cod. p. 244. Non
minus, quam praecedentia, ἰς τοὺς ἐν Θερμοπύλαις ἀποθανόντας
videtur conſcriptum. Prius diſtichon comparandum cum
verſſ. *Tyrtaei* ſupra laudatis ad Ep. XIX. — V. 3. Vat.
Cod. ᴧᴧᴧᴧϵᴧϑϲ. recte. — V. 4. ᴧᴧᴧϵ Planud. Bene *Hor-*
mathi Ipᴧᴧpp. hunc locum admorerunt lil. Carm. II. 21 d

Virtus recludens immeritis mori Coelum, negata tentat iter via. Quibus fimilia dixit Hercules ap. *Senecam* in Herc. Oet. 1941. *Virtus mihi in aftra et ipfos fecit ad fuperos iter.* Talia collegit *Burmannus* ad Anthol. T. II. p. 155.

XXVIII. (XXXIV.) Planud. p. 205. St. 299. W. *Spartlier.* Vat. Cod. p. 251. In eos, qui cum Leonida perierant. Ipfum regem, fummis laudibus dignum, nemo poëtarum antiquorum verfibus decoravit; nec ullus alius regum Spartanorum, Paufania excepto, carminibus laudatus eft, monente *Paufania* L. III. 9. p. 360. — V. 1. Vat. Cud. τᾶσδε γαίας, et verf. feq. τέτατες, ut etiam ed. Flor. εὐψυχέως folemni errore Ald. pr. — βασιλεῖς Cod. Vat. cui verf. quarto debetur ἀνδῥός, cum Planud. φέλεμεν habeat. Mihi vulgata fere exquifitior videtur. Verba πλείστων τέξων refpiciunt ad celebrem illum nuntium, fore, ut Perfarum fagittis fol et dies abfconderetur. Vide *Wernsdorf.* ad Himer. Or. II. 25. p. 408. — Pro μήλιον *Urfinus* in Cod. μηρίον invenit.

XXIX. (XXXV.) In Planud. p. 204. St. 296. W. prius diftichon *Simonidi* tribuitur, idque folum inter Simonidea retulit *Urfinus* p. 263. Alterum ἄδηλον infcribitur in Ald. pr. et aliis; in Florent. enim lemmate caret. In Vat. Cod. p. 257. inter utrumque diftichon multa interjecta funt; pofteriori autem haec praepofita: Καλλιμάχου δὲ Λεωτὰ τινα, ὃν λέων ἐπὶ τοῦ λέγματος ἕστηκε Λέοντος. Hinc relatum eft inter Ep. *Callimachi* nr. LXVIII. p. 330. ed. *Ern. Salmafio* auctore, qui divulfa difticha jungenda *Callimachoque* tribuenda exiftimavit. Illud etiam *Haetius* vidit in Not. ad Anth. p. 21. *Simonidi*, Leonidae aequali, melius tribui putavit *Br.* Dubitare licet, an Λέων v. 3. de Leonida accipi debeat, quanquam non ignoro, Leonidae, regis Spartanorum, tumulo leonem fuiffe impofitum. *Herodot.* VII. 225. p. 612.

Idem vero et aliis contigit, ut Teleutianti: cf. *Antip.*
Sid. XCI.: iisque, qui in pugna adversus Philippum Ma-
cedonem perierant, fecundum *Paufan.* IX. 40. p. 795.
Fuit autem Leo, Leonidae avus, rex Spartae. *Paufan.*
III. p. 210.

XXX. (*XXXVI.*) Ex *Athenaeo* L. XIII. p. 573. E.
et *Plutarcho* de Malign. Herod. T. II. p. 871. U. qui id
Simonidi afferunt, receptum eft in Append. Anth. p. 512.
St. * 17. W. *Urfin.* Fr. Lyr. P. p. 157. Laudatur etiam
in *Schol.* ad *Pindar.* Ol. XIII. 32. p. 146. Ex Theopompo et Timaeo narrat *Athenaeus*, in bello Perfico
meretrices Corinthias pro Graeciae falute fupplicationes
in Veneris templo habuiffe; bello autem profligato,
Corinthios Veneri tabulam pictam dedicaffe, hoc epigrammate addito. Quod de meretricibus *Athenaeus*
narrat, *Plutarchus* et *Schol. Pindari*, et hic quidem *Theopompo* auctore, de matronis tradunt, quae deam oraf-
fent τὴν καλὴν ἱμέρων καὶ λαμπρῶν εὐχὴν, ἵματα τοῖς ἀνδράσι
τῆς πρὸς τοὺς βαρβάρους μάχης· ἐμβαλεῖν τὸν θεὸν - nec tabulam pictam in hujus rei memoriam, fed ftatuas aeneas
collocatas fuiffe. — V. 1. Ἑλλήνων *Athen.* ἀγχεμάχων
πολιτῶν. Sch. Pind. εὐθυμάχων. *Athen.* — V. 2. εὔχυχον
Βότρυδι - θωρηύσῃ. *Athen.* ἵστασαν τύχῃσσαι Κ. λαμπρίην.
Schol. — V. 3. ἀνιδέντα. *Plut.* ἱδρύσατε. Schol. — V. 4.
Πύργωσις. *Athen.* et *Urfin.* ἀρχοντα Schol. Ἑλλάδων ἀκρό-
πολις ipfa Corinthus eft, quam Ἑλλάδος ἄστρον vocat *Po-
lyftr.* Ep. II.

XXXI. (*XXXVII.*) Vat. Cod. p. 180. τῇ Ἀφροδίτῃ
παρὰ πάντων. *Reisk.* Anthol. p. 28. nr. 468. Protulit
Plutarch. T. II. p. 870. F. qui Diodorum, cujus hic
fit mentio, unum ex Corinthiorum trierarchis fuiffe
docet. — V. 1. ἀπὸ δυσμενέων Vat. Cod. Jan&im *Reisk.*
a Medis abjecta haec fcuta vertens. Non meminerat
Vir doctus, meliorem lectionem ap. *Plutarchum* exftare.

XXXII. (*XXXVIII.*) Servavit *Plutarch.* T. II.
p. 869. C. graviter in *Herodotum* invectus, qui, ubi
Democriti Naxii, triremium praefecti, meminerit,
(L. VIII. 46.) praeclarum ejus facinus, a *Simonide* hoc
ipfe epigrammate celebratum, praeterierit. — V. 4.
Plutarchus et ex eo *Urfinus* p. 160. fic exhibent: ἴστρ
δ᾽ ἐπὶ χεῖρα φέεττο βαρβαρικόν. Quod interpres ita accepit,
ut Perfae fextam navem a Democrito occupatam, eidem
eripuiffe dicerentur. In Codd. *Turnebi* et *Vulcobii*
autem legitur: ἱ. δ᾽ ἐπὶ χειρὸς φέεττο βαρβαρικὸς Δ. quod
eodem redit, quo Brunckiana. De fex navibus, quas
Democritus ceperat, quinque Perfarum erant; fextam
vero graecam, a Perfis paulo ante occupatam, iis iterum eripuit.

ꝙ. 133.] *XXXIII.* (*XXXIX.*) *Plutarch.* T. II.
p. 870. E. fine auctoris nomine. Infcriptum fuit cippo
Corinthiorum, qui in pugna Salaminia perierant. *Simonidi* tribuit *Dio Chryfoft.* Or. XXXVII. p. 459. 25. ἐν
Σαλαμῖνι δὲ ἡγίετονται, καὶ τῆς νίκης αἴτιοι κατέστησαν (Corinthii). Ἡρόδοτῳ γὰρ οὐ αρείζω, ἀλλὰ τῷ τόπῳ, καὶ τῷ
Εριωνίῳ, ὃς ἐπέγραψεν ἐπὶ ταῖς καμψαῖς τὰς Κορινθίων, τεθαμμένοις ἐν Σαλαμῖνι᾽ ἃ ἔστι κ. τ. λ. Hic locus non fugit
diligentiam *Theodori Cenceri* in Var. Lect. L. II. 7.
p. 77. fq. — V. I. ὁ ξεῖν Plut. et Dio. Cf. Ep. (XXX.) —
πόθρου ατα — *in immanem altitudinem edita, ftantes fontibus.* *Livius* XLV. 28. — V. 2. τὸ δὲ ἀνέμοντε κ. Plutarch. quod a ῥέω derivans Interpres vertit *praeterea aquae*
Salamis. Ap. *Dionem* μετ᾽ Ἀλαττε v. i. quod ferri poteft.
Brunck. recepit elegantem correctionem *Valckenarii* ad
Herodot. VIII. p. 662. 79. — V. 3. μὲν ꝙ. τοῖς ap.
Dion. quod variis conjecturis locum dedit. Optimam
eam, quod *Reiskius* fecit, *Plutarchi* lectionem vere in
contextu ponere. Erant in pugna Salaminia trecentae
triremes Phoenicisae. *Herodot.* VII. 89. p. 346. —
V. 4.

V. 4. 'ελλάδ' Βροτάμεθα. Dio. Reiskius conjecit, 'ελλάδ'
ἐροτάμεθα. In Veneta est 'ελλάδι ἐροτάμεθα.

XXXIV. (XL.) Vat. Cod. p. 244. primum distichon
habet, idque ad eos, qui in pugna ad Thermopylas
perierant, refert. Nec aliter Planud. p. 200. St. 291. W.
Plutarchus autem, qui nec ipse quidquam praeter primum distichon laudat, Corinthiorum, in pugna Salaminia occisorum, cenotaphio inscriptum fuisse ait. Reliqui quatuor versus accesserunt ex Aristide T. II. p. 380.
ed. Okon. — V. I. λαμᾷς ἐπὶ ξυροῦ. Ductum ex Homeri
Il. x. 173. νῦν γὰρ δὴ πάντεσσιν ἐπὶ ξυροῦ ἵσταται ἀκμῆς·
Herodot. L. VI. 11. p. 443. ἐπὶ ξυροῦ γὰρ ἀκμῆς ἔχεται
ἡμῖν τὰ πρήγματα. Vide Tollium ad Longin. π. 'τ. XXII. 4.
— V. 3. Persis nullam non calamitatem intulimus, ne
pugnam navalem obliviscerentur, in qua a nobis supe-
rati sunt. — In sequentibus vulgo dorismos negligitur.

XXXV. (XLI.) Sine auctoris nomine profert Plutarch. T. II. p. 870. F. ut Adimantum summo apud
Graecos honore fuisse doceat. Tanquam Simonidis laudat Dio Chrysost. Or. XXXVII. p. 459. 40. (T. II.
p. 109. Reisk.) Eidem tribuit Cod. Vat. p. 257. Reisk.
Anth. p. 81. nr. 590. quem loci ap. Plutarchum prorsus
immemorem fuisse, apparet ex ejus nota p. 133. De
Adimanto disputavit Wesseling. in Diss. Herodot. p. 128.
Valcken. ad Herodot. p. 662. 79. — V. I. αὐτεν vulgo
ominitur ap. Plutarch. In Variet. Lect. ap. Xylandr.
notatur lectio: 'Α. τόπος, ἃ ξεῖν, ἢ. In Veneta Dionis
Κασσάνδρε. unde R. conjecit διὰ φωλάς. Ap. Plutarchum praeterea legitur ἡ διὰ πάσαν 'ελλάς — —. De translato usu
τ. στάφανος vide Valcken. ad Phoen. 1378.

XXXVI. (XLII.) Vat. Cod. p. 245. ἄγαλον ὅδε τοὺς
'Αθηναίων προμάχους. Etiam ap. Planud. p. 201. St. 292. W.
ἀθρόοτος est. Simonidi tribuitur ab Ursino p. 158. ad
fidem Schol. msc. Aristidis in Panathen. — V. 2. Planud. ἀουλωσύνε.

P

XXXVII. (XLIII.) Simonidi vindicavit Vat. Cod.
p. 175. *Reiskii* Anth. p. 21. nr. 453. Poëta non nominato hoc distichon laudat *Thucyd.* L. l. 132. qui illud
tripodi, a Graecis ex manubiarum primitiis Apollini du-
dicato, *Pausanias* jussu insculptum fuisse narrat τὸ μὲν
οὖν ἐλεγεῖον οἱ Λακεδαιμόνιοι ἐξεκόλαψαν εὐθὺς τότε ἀπὸ τοῦ
τρίποδος τοῦτο· καὶ ἐπέγραψαν ὀνομαστὶ τὰς πόλεις, ὅσαι
συγκαθελοῦσαι τὸν βάρβαρον, ἀνέθεσαν ἀνάθημα. Iudem fere
verbis *Suidas* v. Παυσανίας T. III. p. 62. Protulit etiam *Plutarch.* T. II. p. 873. C. Vertit *Cornel. Nepos*
in Vit. Paus. c. 1. *Sed primum in eo est reprehensus,*
quod ex praeda tripodem aureum Delphis posuisset, epi-
grammate scripto, in quo erat haec sententia: Suo ductu
Barbaros apud Plataeas esse deletos, ejusque victoriae ergo
Apollini donum dedisse. Ad hoc distichon respexit *Aristi-*
des T. II. p. 175. ed. Jebb. Aliud Epigr. in hujus locum a Lacedaemoniis scriptum, legitur inter *dil.* CXLIV.
Non praetermittendus locus *Pausanias* L. III. 8. p. 222.
ubi nostrum distichon disertis ad *Simonidem* auctorem refertur. *Br.* dedit lect. Cod. Vat. Reliqui ἄλσος et
ἀνάθημα legunt; nec doricas formas agnoscunt.

§. 134.] *XXXVIII. (XLIV.)* Vat. Cod. p. 149.
εἰς τοὺς ἀποτεθέντα τῷ Διί, Σιμωνίδου. Planud p. 418. St.
572. W. Protulit hoc carmen *Plutarch.* in Vit. Aristidis
T. II. p. 315. ed. Bry. omisso versu secundo; integrum
idem T. II. p. 873. B. ed. Fref. His locis inter se comparatis restituit *Guil. Canterus* in Lect. Nov. Aut. L. II. 1.
p. 80. *Brunckius* exhibuit textum a *Dorvillio* constitutum ad Charit. p. 629. — V. 1. ἴλιγξ ἀρότω. *Plutarch.*
ubi in nonnullis tamen codd. νὺξ ἀρετῆς legitur. Planud.
et Cod. Vat. μένη ζηρία. — V. 2. ἀυχῆς ἀίμασι Plan.
Plut. ἀίμασι Vat. Cod. Praeclare *Valken.* ad Ammon.
p. 142. emendavit versus ap. *Demosth.* p. Coron.
p. 353. ᾧ μαρνάμενοι δ' ἀρετῆς καὶ δήματος (vulgo δείματος)
οὐκ ἐσάωσαν ψυχὰς, ἀλλ' Ἀίδην κοινὸν ἔθεντο βραβῆ. Vide

Wesseling. ad haec *Herodoti* V. 72. p. 408. τῶ ἵππο χιιρδς καὶ λήματος ἔχουμ' ἂν μέγιστα κατακλίξαι. — V. 3. ἠμδεαντε; *Urſin.* — ἀπόθεσιν 'Ελλὰῆ αὁευμν Planud. et Vat. Cod. *Plutarchi* lectionem quodammodo firmant haec ap *Pausaniam* L. IX. 2. p. 715. οὐ νδίλα δὲ ἀπὸ τοῦ KOINOT τῶν 'Ελλήνων δεδς ἐστιν ἐλευθερίου βωμός. De Jove ἐλευθερίῳ vide *Begerum* T. I. Thef. Brandenb. p. 383. et *Barm.* in Comm. ad Numm. Sic. T. II. p. 328.

XXXIX. (XLV.) Duo priora hujus carminis diſticha ſervavit Cod. Vat. p. 180. et ex eo *Leo Allatius* in Diatr. de Simeon. p. 214. *Kuſter.* ad Suidam v. Δαφντίου T. I. p. 509. *Scholioſtes Pindari* Pyth. I. p. 176. a. profert v. 1. 2. 5. 6. medio diſticho omiſſo. Hinc *Bentlej.* in Diſſ. de Phalar. p. 259. ſuſpicatus eſt, mutilum eſſe Epigr. in Vat. Cod. eique diſtichon ex *Pindari* Scholiis addi debere; cui conjecturae calculum adjecit *Wesseling.* ad Diodor. Sic. T. I. p. 425. *Reiskius* in Not. ad Anth. nr. 467. p. 51.e et *Toup.* in Ep. crit p. 73. cujus textum *Brunckius* exhibuit. Hoc ſi recte eſt poſitum, Epigr. noſtrum inſcriptam debet videri ei tripodi, quem Gelon, victoria de Carthaginienſibus parta, una cum fratribus Apollini dedicavit. Hunc autem tripodem, quem poëta plus quam quinquaginta talentorum fuiſſe ait, *Diodorus* XVI talentorum pondus habuiſſe narrat. Quae inſignis ponderis diverſitas *Wesselingium* adduxit, ut de alia tripodibus in Epigrammate, aliis ap. *Diodorum* agi ſuſpicaretur. *Joseph. Scaliger,* cui quatuor verſſ. priores ex Cod. Vat. apographo innotuerunt, ad *Hieronymi* Chron. p. 100. eos ad tripodem referendos exiſtimat, a Gelone propter victoriam Olympiacam dedicatum. Sed in loco *Pausaniae,* quo hanc ſuſpicionem firmavit, L. VI. p. 473. non de tripode, ſed de curru a Gelone dedicato agitur. Dona propter Carthaginienſes ſuperatos a Gelone et Syracuſanis Olympiam miſſa, commemorat *Pausan.* VI. p. 499. Hieronis tripodem et Victoriam ex

P 2

auro Delphis pofitam novimus ex *Theopompo* ap. Athen.
L. VI. p. 232. A. II. et ejusmodi donum ibidem a Gelone dedicatum ex *Phania* l. c. p. 231. F. — V. 2. Δ.
μίτως. Vat. Cod. et Allat. Δεσμάτιως reliqui. Hoc nomine pater Gelonis vocabatur fecundum *Paufan.* VI. 12.
p. 479. — τοὺς τρίπεδας θέμεναι *Schol.* Pind. Codicis Vat.
lect tuetur *Suidas*, qui v. Δαρεῖω T. I. p. 509. haec
verba cum verfu feq. et parte quarti laudat. — De *litra*
difputavit *Beusl.* l. c. p. 259. qui pro Δαρεῖω, quod
Cod. Vat. cum *Suida* habet, Δαμαρέτιω corrigit; poëtam,
neceffitate coactum, pacone pro dactylo ufum effe po-
tans. νόμισμα Δαμαρέτιον commemorat *Diodor. Sic.* XI. 26.
p. 429. et *Pollux* L. IX. 85. ubi vid. *Heinfterh.* Diverfam uterque hujus appellationis caufam affert. Hanc
conjecturam, quam *Beuslejo* placuiffe miror, cupide arripuit *Reiskius*. *Weffelingius* Δαρεῖος, in quibusdam apographis inventum, pro genuina fcriptura habuit. Satis
noti funt aurei ftateres, a Dario Δαρεικοὶ appellati, de
quibus v. *Harpocrat.* et *Suid.* in Δαρεικός. Illos tamen
a Graecis Δαρεῖοι χρυσοῖ fuiffe appellatos, parum probabile; — eorum in Sicilia tam temporis magnam copiam fuiffe credere licet. *Teupius* Codicis lectionem,
a *Suida* confirmatam, ita tuetur, ut Δαμαρέτιω in Δαμα-
τίω, hoc, propter euphoniam, in Δαρεῖω eadem analogiae lege mutari potuiffe dicat, qua δωλήρου in εθερου,
ὑμάζωγε in εζωγε, ὑωτερησε in τηχσε mutatum fit. —
V. 4. τὰς λιράτας. Vat. Cod. et Suid. — V. 5. πολλὴν
ῥώπα. multum auxilii. χοίς. ἡ βοήθεια καὶ ἡ ιξωσία καὶ ἡ
ξύναμις. *Suidas*. Quantum praefidii Syracufanorum contra Carthaginienfes fufceptum bellum Graecis attulerit,
docet *Herodot.* VII. 163. fqq. Dicitur Gelon eos fudiffe
eodem die, quo Perfae ad Salamina ingentem cladem
acceperunt, *Herodot.* l. c. 166. p. 582. *Ariftot.* Poët.
c. XXIII.

XL. (XLVI) Ex Cod. Vat. p. 250. edidit *Leo Allatius* in Diatr. de Sim. p. 215. nr. X. Σιμωνίδου τοῦ Κείου εἰς τοὺς μετὰ Εὐμένους στρατευσαμένους ἐν Κύπρῳ Ἀθηναίους, ὅτε τὴν ἐ ναῦς τῆς Φοινίκων ἔλαβον. Legitur hoc carmen ap. *Diodor. Sicul.* L. XI. 62. T. I. p. 451. et *Aristides* T. III. p. 260. et iterum p. 646. cum Insigni diversitate. Optime de eo meruit *Dorvillius* ad Charit. p. 628. Scriptum est in memoriam pugnae ad Cyprum a Cimone feliciter pugnatae. In qua cum ille Persarum navales copias fregisset, statim perrexit in Pamphyliam, ubi terrestres copiae stationem habebant ad Eurymedontem fluvium, ibique eodem successu pugnavit. *Plutarch.* Vir. Cim. p. 486. Juniori *Simonidi* tribuit *Goens* in Dissert. de Simonide Ceo p. 33. quod pugna ad Cyprum pugnata sit post *Simonidis* mortem. Vide Vitam Simonidis. — V. I. τ' Εἴφνε. *Aristid.* et *F. Ursinus*, qui hoc carmen dedit in Lyricis p. 158. Εὐρώπην omnes praeter Vat. Cod. qui tamen, parum sibi constans, Ἀσίης praebet. — ἔχρος *Aristid.* quod glossam redolet. Sensus est: *Ab omni aevo nullum tam memorabile bellum fuisse gestum*. An *Simonidem* de diluvio illo, quo undis per Cyanearum ostium irrumpentibus, Asia primum ab Europa disjuncta est, (vide *Diodor. Sic.* V. 47. p. 369. *Strab.* L. 85. B.) cogitasse putemus? Non credo. — V. 2. τέλεμον ἤπειν Cod. Vat. πελλας ὅνητῶν – ἱνίχει. *Diodor.* ὥτιχις – ἱξίστι. *Aristid.* *Bruncklus* recepit emendationem *Dorvillii*, qui commutationis verborum τέλεμον et τέλεσον exempla dedit p. 702. sq. — V. 3. ἀδλὴν τὰ τιούργὴ. *Diodor.* ἀδλινι τὰ μᾶλλον. *Aristid.* Nostrum est in Vat. Cod. nisi quod ibi μᾶλλον et ἱνὶ χθονίων legitur. — Simili ratione laudatur *Scipio Africanus* in Anth. Lat. T. I. p. 212. XLV. *A sole exoriente supra Maeoti' paludes Nemo est, qui factis me aequiparare queat.* — In fine verf. quarti *Aristid.* ὑμῶ habet. Vat. et *Diodor.* ὅμα. — V. 5. ἐν γαίῃ unus habet *Aristides*; sed procul dubio verior est

P 3

lectio, quam ἐν κόπρῳ ap. *Diodor.* et in Cod. Vat. Manifestum glossema. *Dorvillio* tamen prae altero placuit.
Non opus est exempla advocare, in quibus ἡ γῆ et ἡ
πέτρη five ἡ πελάγει fibi invicem opponuntur; ubique
sant obvia, et res per se patet. Pro ἀλέαντες in nonnullis *Diodori* Codd. ἀλέαντες legitur. Apud eandem
Μέλωος exstat. — ἐκατὸν ναῦς. De hac expeditione agens
Thucydid. I. 100. σὺν ἑλων, inquit, τριήρεσι φοινίκων καὶ
διδασσομεν τὰς πόλεις εἰς διακοσίας. Praeter naves Phoeni-
cias aderant conducta ex Cypro et Cilicia navigia. *Diodorus Sic.* X. 60. — V. 7. Br. recepit lectionem *Aristid.* et *Diodori*, ap. quem ante *Stephanum* vitiose legebatur μέγα Πεγετεὸς ὑπ'αὐτῶν, quod unde ortum fit, apparet ea lectione antiqui Codicis μέγαλοςγιτυωφας ὑπ' αὐτοῖς.
Sed hoc spernens *Dorvillius* ex Cod. Heidelbergensi, ut
ipse ait, reponit: μέγα δ' ἔτευεν Ἐπιπολάγεσι Πλαγεὶς —
graviter adjiciens: *qui non percipias, quaenam hoc alteri
lectioni praestet. ei se suadere, ut amplius obturbet Musis.*
Jam primum hoc in Vat. membrana exstare, falsum est.
Ibi enim lacuna post ἔτευεν ... quam et apogr. nostrum
et *Allatius* servavit; nec dubitare licet, quin lectio a
Dorvillio tantopere laudata, *Salmasio* debeatur, lacunam
fic forte inter describendum explenti. In Cod. Uffenbach. in margine εἶχαι Ἰαλλάντες tentatur. Nunc *Branckium* audiamus: „Verissimum est, in tribus quae habeo
„apographis horum Epigrammatum, quae olim Heidel-
„bergae descripsit juvenis *Salmasius*, scriptum esse v. 7.
μέγα δ' ἔτευεν Ἐπιπολάγεσι, pro qua lectione *Dorvillii* ha-
„φορέρεσι χερσί, i. e. ut ipse interpretatur, *summa vi et
„omnibus viribus* pugnat. Sed pace viri optimi dixe-
„rim, mera est ineptia. Cur enim gemere debuit
„Neptunus? an a Persarum partibus stabat, et iis fave-
„bat, ut apud Homerum Vulcanus Trojanis? dein, quo-
„modo percussus fuit, nisi remorum verberibus? Igitur
„hic de duplici Graecorum victoria; ad utramque finis

»epigrammatis referri debet. *Magnam autem ingruoit*
»*Afia, ab illis utraque manu percuffa*; id eft, a terre-
»ftribus et maritimis copiis.   Hic eft rerus et optimus
»fenfus, multoque major eft Codicum Diodori et Ari-
»ftidis auctoritas, in quibus habetur noftra lectio.« Pro
τοιίδεν *Doro.* corr. τοιίδεω, ut accuratior dorifmi forma
etiam hic reperiretur. Pro βαφειίδειι Cod. Vat. et Allat.
habet βαφατέραι. Urfinus βαφατέρη χειρί. *Ariftides* loco
pr. hanc lectionem, loco fecundo habet: βαφατέραι χειρί.

  XLI. (*XLVII.*) Vat. Cod. p. 245. Anth. Plan.
p. 201. St. 293. W. ›Scriptum in eos, qui in expeditione Cimonis contra Perfas ad Eurymedontem perierant.   Horem fepulcrum prope Athenas, extra urbem,
vidit *Paufan.* L. I. 29. p. 74. — V. 1. Εὐρυμέδοντι Cod.
Vat. et Plan. — V. 3. αἰγαιτραῖς Vat. — κτεξ͂ει τι. *Thu-*
cydid. I. p. 66. ὑφατατο μετὰ ταῦτα καὶ ἐπ᾽ Εὐρυμέδοντι ποτα-
μῷ ἐν Παμφυλία πεζομαχία καὶ ναυμαχία ᾽Αθηναίων καὶ τῶν
ξυμμάχων πρὸς Μήδους.

  §. 135.] XLII. (*XLVIII.*) Vat. Cod. p. 275.
Brunckius hoc Epigr. edidit, ut legitur ap. *Allatium* in
Diatr. de Sim. p. 215. idque medicam manum exfpecta-
re putat.   Pro inepti fophiftae foetu habendum cenfet
Schneiderus. Lemma eft in Codice: Εἰς τοὺς πεσόντας καθ᾽
Εὐρυμέδοντα ποταμὸν ᾽Ελλητας. — V. 2. in verbis φοινίσσα
ὑπάλι non cogitandum de Phoenicibus; fed *fanguineo,*
roreo purpureo, fignificant. (Vide *Gataker* in Mifc.
Adv. Pofth. XL. p. 547. fq.) De fanguine *Aefchylus* in
Agam. 1544. ἰδόντα δ᾽ ὑμβρου ἔτικτον ἐφοινοφάλῆ τὸν αἱμα-
τηρόν· ὑπάλι· οἱ λέγει. *Eurip.* Iphig. in T. 413. ἰράται
αἱματηρόν. Cod. Vat. ὑπάλι. quae eft antiquior vocabuli
forma apud veteres Iones et Atticos ufurpata.   Vide
Valchen. ad Herodot. II. 10. p. 198. 64. — Tres priores hujus carminis verfus *Simonidis* ingenio non indignos
puto; quartus vero a verfificatore aliquo adfutus videtur.
Certe ineptus eft, nec fenfum habet tolerabilem.

P 4

XLIII. (*XLIX.*) Vat. Cod. p. 141. Planud. p. 441.
St. 575. W. Lemma est : ἐπὶ τάξους ἀποτεθέντων ἐν τῷ τῆς
Ἀθηνᾶς. — V. 2. τῷ ὑπ᾽ Ἀθ. Planud. — ὑπερόχοισι,
ὑπέροχον. Hesych. παρθένοι ὑπερόχου dixit *Apollon. Rhod.*
IV. 168. In Ep. *Hegesippi* III. ex nostro fortasse ex-
presso : Δωρὶς ἀπὸ ζωστῆρι ὅλων Τριάκοντα ὅλων Ναῦ ὑποπετάσας
Παλλάδος ἀκμάζει. ubi ὑπεροχαῖα scribendum esse, pla-
res viderunt. Utroque loco Vat. Cod. ὑποθεῖσα. In
nostro etiam Ἀθηναίῳ. ὑπερέχει Ald. pr. πάντες ed. Flor. —
V. 4. αἵματι λουσάμενα. ut Ep. (XLVIII.) ὀστέοῖς λούσαν
φοινίσσας Ἄρεος ψεκάδι. Sic locutus est *Callim.* H. in Del.
95. αἵματι λούσαν τόξον ὑμῖν. *Oppian.* π. κ. IV. 201. ἵνα
μὲν πρώτιστα λελουμένος αἵματι λάβρῳ. *Lucian.* Dial. Mer.
XIII. T. III. p. 316. *Alciphron* L. III. Ep. 48. p. 332. *Le-*
vis ater corpora sanguis. Virgil. Georg. III. 221.

XLIV. (*L.*) Vat. Cod. p. 150. ἐπ᾽ ἀθανα τῷ ἐπὶ τῇ
στρατιώτῃ. Planud. p. 442. St. 575. W. *Ursinus* p. 167.
Hinc expressum Ep. *Mnasalcae* II. et III. — V. 1. μελίῃ
τανιῇ. Vulgo. Dorismus restituendus ex Cod. Vat. et
Suida, qui prius distichon laudat in ἱρα T. II. p. 81. et
in μελίῃ p. 525. In τανιῇ Tom. III. p. 428. pro στρὶ
exhibet ἀνά. De Jove πανομφαίῳ vide *Eustath.* Il. Θ.
p. 711. 52. *Potter.* ad Lycophr. Cass. 6. — V. 3. χαλκεῖ
γήρει. ut ap. *Homer.* Od. χ. 184. σάκος ἱερὸν, γῆρον, πεπα-
λαγμένον ἄζῃ. Similia vide ap. *Valcken.* ad Phoen. p. 38. —
Laudatur hic vers. a *Suida* v. τετριφθαι T. III. p. 455. —
V. 4. doricas formas ἀπαλαντα et λαίῳ servavit Vat.
Cod. In posteriore voce tamen ex correctione. Eas
restitui jussit *Br.* In edit. Lips. v. 1. recte emendatum
τανιᾶ μελίᾳ. V. 4. autem operae lectionem, in Analectis
repertam, me invito reliquerunt.

XLV. (*LI.*) Vat. Cod. p. 244. sq. εἰς τοὺς Ἀθηναίων
στρατηγούς. Planud. p. 201. St. 292. W. *Opsopoeus*

fcriptum putat in Athenienfium juvenes, qui fub Initium
belli Peloponnefiaci occubuerunt; quod fi verum eſt,
male Simonidi Ceïo tribuitur, qui ante initia illius belli
obiit.   Sed non fatis expeditum hujus carminis argumentum. — V. 4. Vat. Cod. μεγάλοισι habet; in marg.
μεγάλοισι. Hoc vulgo et ap. Urfin. p. 158.

XLII. (LII.) Planud. p. 205. St. 298. W. Urfin,
p. 162. Compofitum videtur hoc carmen in Athenien-
fes, quibus, cum in Euboea pugnantes periiffent, fepulcrum publicis fumtibus exſtructum eſt.   Horum Arfibi-
um c. Ctefiphontem mentionem facere, notavit Opfo.
poeus.   Annis fedecim ante bellum Peloponnefiacum
Euboea ab Athenienfibus defecerat. Hinc bellum ortum,
a Pericle profligatum.   Vide Thucyd. L. 114. Plutarch.
Vit. Per. T. I. p. 363. ed. Bry.   Ad hanc expeditio-
nem fi noſtrum carmen fpectat, feniori Simonidi abjudi-
candum eſt.   Vide Vitam Simonidis.   Longe etiam poſte-
rior, nempe Ol. XCII., fuit defectio infulae Euboeae,
de qua Thucyd. L. VIII. 95. Diodor. XIII. p. 355. —
V. 1. αἰφσανε. Veteres habent.   Hunc Euboeae montem
Stephan. Byz. αἰφρευς vocat ex Euphorione. Vide Musgr.
ad Eurip. Herc. fur. 185. et Korn. ad Gregor. de Dial.
p. 146. —   V. 2. σύρσανε Flor. et Aldinae. —   V. 3.
καταενάμενος Wechel. operarum vitio. — V. 4. τραχεῖαν.
Sic Pindarus Iſthm. IV. 26. ἀμίρᾳ γὰρ ἐν μιᾷ τραχεῖα νιφάς
πολέμοιο Τεσσάρων ἐξήλθεν ἐρήμωσεν μάκαιραν ἑστίαν. Plutarch. Vita Marii T. I. p. 414. C. νέφος τοσοῦτον πολέμου
καὶ εκατὸν ὀσέφανοι· quod partim ductum ex Herodoto
VIII. 109. p. 670.   De ufu tranſlato verbi νίφος quaedam collegit Klotz ad Tyrt. p. 86.

ᵬ. 136.] XLVII. (LIII.) Servavit hoc Epigr. Thucydides L. VI. 59. ubi de Hippia, Athenarum tyranno,
agens, Ἱππίαν γοῦν, inquit, τῷ Λακεδαιμονίῳ τυράννων Αἰαν-
τίῃ τῷ παιδὶ θυγατέρα ἑαυτοῦ Ἀρχεδίκην ἔδωκεν, αἰσθανόμενος

              P 5

αὐτοὺς μέγα παρὰ βασιλεῖ Δαρείῳ ἰδονσθαι· καὶ αὐτὸς σῆμα ἐν
Λαμψάκῳ ἐστίν, ἐπίγραμμα ἔχον τόδε· Ἀνδρὸς - -. Hinc
a *Stephano* relatum est in Append. Anth. p. 511. St.
*16. W. ubi recte *Simonidi* tribuitur, fide et auctoritate
Aristotelis, qui verf. 3. excitat in Rhetor. I. 9. 31. monente *Casaubono* in Epist. ad Rittershuf. nr. CCCCIX.
p. 470. Inter Simonidea legitur etiam in Fragm. Lyr.
Urfini p. 157.

XLVIII. (LIV.) Vat. Cod. p. 211. Εἰς Ἀνακρέοντα
τὸν Τήιον Σιμωνίδου. ὅτι καὶ αὐτὸς Σιμωνίδης Τήιος ἦν, ἴδιον καὶ
Ἀνακρέων. Inepte. Planud. p. 276. St. 399. W. *Urfinus*
p. 165. Vitem Anacreontis tumulo impositam fingit,
poëtae cineres nunquam non vini latice conspergen-
tem. — V. 1. *Suid.* in Ἡμρὶς T. II. p. 59. ὀπώρας exhibet. ὀπώρα, quod de omni fructuum genere usurpatur,
nonnunquam ὤραν κατ' ἐξοχὴν significat. *Maced.* Ep.
XXXII. εἶδες ὀπώρην Οἴθατες ἐν βοτρύων ξανθὴ ἀράιξε γένος.
De uva accipienda etiam verba *Leonidae Tar.* Ep. XXX.
σταφρὰς νέκταλωσαν ἄνθος ὀπώρας. — V. 2. ζ. *Planud.* et
φύσιε. Nec aliter Vat. Cod. ἡ φύσις emendavit *Scaliger*
in Not. mstis et *Haarias* p. 27. et fic habet *Suidas* l. c.
— τάλης ἔλασς. Vide ad Ep. *Meleagri* CXXIX. 6. ἔλασις
de vitis capreolis *Theocritus* Ep. IV. 8. ἴνδε οὔρεξ αἰχστοι
βοτρυόεσσος ἔλασ. Cf. *Simm.* *Theb.* Ep. II. — Αιττῷ χόματι.
humili poëtae nec divitis *tumulo. Antip.* *Theff.* Ep. LVI.
In Alcmanis tumulum: ἀνέρα μὴ πέτρη τεκμαίρεο· λιτὸς ὁ
τύμβος Ὀφθῆναι. — V. 5. φιλοπαίμω Vat. Cod. qui sq. versa
προἴων praestat, pro vitiosa lectione προἴον. Agitur de iis,
quae vivens solebat facere Anacreon. φιλόπαιδα χέλων.
citharam, qua puerorum amores celebrabat. — V. 7. κὴν.
Superscr. in Vat. γε. καὶ. Anacreon ap. *Antip. Sidon.* Ep.
LXXIV. μηδὲ καταφθίμενος Βάκχου δίχα τοῦτον ὑπείσω τὸν
χῶρον μερόπων χῶρον ὀφειλόμενον. — V. 8. σρᾶτε. Vat. Cod.
et duae Aldin. Recte *Stephanus* exquisitiorem lectionem
praetulit. — V. 9. 10. profert *Suidas* in Λαφθς T. II.

p. 416. et in γμασ; T. L p. 477. ubi el; ł γ. habetur. —
Membranae Vat. καὶ ἐφ᾽ ᾧ τέχγη.   Cautum Anacreontis ipfe vino dulciorem fuiffe, ait *Simonidet.*

XLIX. (LV) Vat. Cod. p. 211. fq. Planud. p. 276.
St. 399. W. *Urfin.* p. 164. Laudatur Anacreon, etiam
ap. inferos Mufas et amores colens. Cf. Ep. *Antip. Sid.*
LXXIII. fqq. — V. 1. τὸν ἄνθεσιν. quem Mufae perire
non patiuntor. — Sq. verf. Cod. Vat. ὑμνωδίαν. In Aldinis
Planudeae editt. ὑ—νωδίαν legitur. — V. 3. Carmina
venuftatis et amoris plena, πτωτοτο, ad puerorum amores celebrandos adhibuit. — V. 5. Color idem eft, qui
In Ep. *Leonidae Tar.* LXXXVII. :

> στάτη δὲ καὶ γᾶς νέρθεν, σὐχ ὑπὲρ τύμβον,
> οὐκ ἐνέρθ᾽, ὡς μάλαπτω ὀκτσὶς βίου,
> ἐν δ᾽ ἐστὶ πάντων, εἴπτχ᾽ ἡ κόλιξ κενή.

Megiftes commemorator ap. *Athen.* L. XV. p. 673. E.
ubi verfus exflant *Anacreontis* relati inter fragmenta
nr. XII. p. 343. De Smerdie praeclarus locus eft ap.
Maximum Tyrium Or. XXVI. p. 15. ed. *Reisk.* ubi vide
Davifium. et Orat. XXIV. p. 481. ᾽Η δὲ τοῦ Τηίον σοφιστοῦ
τέχνη τοῦ αὐτοῦ ἔθεος· καὶ τρόπου· καὶ γὰρ πάντων ἀφῆ τὰν
καλῶν καὶ ἐκαινεῖ πάντας· μάστη δὲ αὐτοῦ τὰ ᾁσματα τῆς Σμέρ-
διος κάμης (hoc quo referendum fit, docet *Aelian.* V. H.
IX. 4.), καὶ τῶν Κλεοβούλου ὀφθαλμῶν, καὶ τῆς Βαθύλλου
ὥρας. — V. 6. ἡμερ. *Planud.* *Urfin.* — V. 9. laudans
Suidas in μιαρᾷ T. II. p. 571. εἰ λέγετ᾽ habet. Vulgo
in Planud. ἀίδη. Duo Codd. regii ap. *Br.* et Vat. Cod.
ἀΐδει. — ἐκεῖνον Vat. Cod. Hinc duxit, quod de ipfo
Simonide canit *Chriftodorus* in ἐκφ. v. 44. ὀδδὶ εδ μαιστς
Εὔκετος ἄφρων ἔρωτα, Σιμωνίδης.

T. 137.] L. (LVI.) Servavit *Ariftides* Tom. III.
Or. p. 645. ed. *Canter.* ubi *Simonidis* modeftiam laudans, hoc Epigr. affert, ut appareat, modeftiam non
impedire, quominus virtutes noftras interdum commo-

moremus. Hinc relatum in Append. Planud. p. 523. St.
*19. W.   Hoc distichon respexit *Philostratus* in Vita
Apoll. I. 14. p. 15. ubi de Apollonio: τὸ τοι μνημονικὸν
καὶ ὑπὲρ τὰ Σιμωνίδου ἔξεσθε, ἐπετετραύτης γεγόμενος.   Idem
de Proclo in Vitis Soph. II. 21. 3. p. 604. τὸ δὲ μνημονικὸν, Ἱπποκρατοντος δὲ γεγόναμι, καὶ ὑπὲρ τὰ Σιμωνίδου
ἔξεσθε. Attigit hoc carmen, ubi de hominibus, memoria
excellente praeditis, multa narrat, *Materni* Var. Lect.
L. III. 1. — V. I. μνέμα, *Urfin.* et *Arisid.*

LI. (*LVII.*) Ex Cod. Vat. p. 179. edidit *Leo Al-*
latius in Diatr. de Sim. p. 214. *Bentlejus* de Epist. Phal.
p. 169. *Reiskius* in Anth. p. 27. nr. 466. Ex hoc Epigrammate conflatum est illud, quod *Br.* laudat in Lect.
p. 21. ex *Tzetzae* Chil. I. 636. ap. *Urfinum* in Lyr.
p. 153.:

> Ἐξ ἐπὶ πεντήκοντα, Σιμωνίδη, ἦρας νίκας
>   καὶ τρίποδας· Ἰφιγένης δ᾽ ἐν Σπάρτῃ πάλιν.
> Κὰν δὲ μνήμην Ἀσίας, Ἕλλασι δ᾽ ἔπαινον
>   εὐξαντων ὑνχὴς σῆς ἐπιστομένως.

Ubi cum *Schneidero* ταῖς ἐπιγραφομέναις videtur legendum.
Agitur autem de victoriis, quas *Simonides* ex certaminibus poëtarum dithyrambicorum retulerat. In his cum
Lasum Hermionensem habuisse adversarium, constat ex
Aristoph. Vesp. 1391. ubi vide *Schol.* — V. I. Σιμωνίδης. Cod. Vat. et *Allat.* Ex apogr. Lipf. et schedis
Dorvill. *Reiskius* emendavit Σιμωνίδης. Sed genuinum
esse puto Σιμωνίδη. ut ap. *Theogn.* 675. In membran.
super ἦρας scriptum τ, ut sit ἦρατε, quod *Allatius* exhibet. τετράους. Ut tragicis hircus, citharoedis vitulus, sic
dithyrambicis taurus praemio erat destinatus. *Scholiast.*
Pindari Ol. XIII. 26. p 145. βεβλῆτω δὲ τὸν διθύραμβον
προσαγορεύει· ἔτοι διὰ τὸ βοῦν εἶναι τῷ κρατοῦντι ἐναθλον·
ἱερὸς γὰρ τῷ Διονύσου. *Nonnus* in Dionyf. XIX. p. 512.
21. Νεύσαντα Ἀδρᾶστος ἐπεὶ δία βῆναι ὑβάκω· καὶ τρίτον

εὐωγύμνε, καὶ ἕτερα ταὗτη ἱράσσες ἀσελῆε Θετιτ Ζε°λε. — V. 2. pro αἰνανα *Allatius* ϥίτολα dedit; ſchedae *Dorvill.* καὶ εἰνεας τϟεν τῆνῖ L. εἰνανα, Mirus error. In Cod. enim ſic eſt, ut *Br.* edidit. — εἰ=χ tabula cum inſcriptione. *Plutarch.* Vit. Them. T. I. p. 251. Themiſtocles ἐνἑωσε δὲ καὶ χορηγῶν τραγωδοῖς — — καὶ εἰνανα τῆς νίκης ἑκάθυσο, τοιάντεν ἐπιγραφὴν ἔχοντα. — V. 3. διδαξάμενος aberat a *Bentleji* apographo. Verbum proprium de poëta lyrico, qui chorum carminis verba docet. *Pausanias* IV. 4. p. 287. Μεσσήνιοι τότε τῷ Ἀπόλλωνι ἐς Δῆλον θυσίαν καὶ ἀνδρῶν χορὸν ἀπεστάλκασιν· τὸ δὲ σφισιν ᾆσμα ἐποιήθην ἐς τὸν θεὸν Εὔμηλος Εὔμηλος. Qui locus non fugit diligentiam *Bœttigeri* in docta Proluſ. *Quid ſit docere fabulam ?* p. 6. — V 4. Νίκης ἄρμ᾽ ἐκέλησε. *victoriam reportaſti.* Infra Ep. LXXVI. Hipponicus tibicen ἐν χαρίτων ἅρμασι φορεθεὶς dicitur. Poëtae ap. *Pindarum* Iſthm. II. 2. ὁ χρυσαρμάτων ἐς ἱππέων Μοισᾶν ἔβαινον. Idem Iſthm. VIII. 133. ἔκριναν Μοισᾶν ἅρμα. Victorem vero ipſum modo Νίκας ἐν ἱππονίκαις, Nemea c. 76. modo χρυσέας ἐν γυίοισί Νίκας εσειναῖο δίcit. Iſthm. II. 39.

· LII. (LVIII.) Integrum carmen ſervavit *Schol.* in *Hermogenem* p. 410, unde *Bentlejus* edidit in Diſſ. de Ep. Phal. p. 20. et ad *Callimachi* Ep. L. p. 318. ed. *Erneſt.* Habetur etiam ap. F. *Urſinum* p. 164. fine ſontis, unde ſumtum eſt. indicio. Poſtremum ejus diſtichon profert *Plutarch.* T. II. p 785. A. idque reſpexit *Valer. Max.* VIII. 7. 13. *Simonides vero poëta octogeſimo anno et docuiſſe ſe carmina et in eorum certamen deſcendiſſe, ipſe gloriatur.* Victoriam, hoc carmine celebratam, commemorat Marmor Arundel. in Ol. LXXV. 3. Επιι νίκης ὁ Λεωπρεπής, ὁ Κεῖος, ὁ τὸ μνημονικὸν εὑρών, Επίκουσιν Ἀθήνησι διδάσκων, Ἄρχοντος Ἀθήνησι Ἀδειμάντου. Eodem Adimanto archonta, Phrynichus tragicam reportavit victoriam, tabulamque fixit Themiſtocles, cui haec inſcripta: Θεμιστοκλῆς Φρεάρριος ἐχορήγει, Φρύνιχος ἐδίδασκεν,

Ἀδείμαντος ἤρχεν. *Plutarch.* Vit. Them. T. I. p. 251. ed.
Br. Similes inscriptiones collegit *Taylor* in Lect. Lysiac.
c. XL p. 323. ed. *Reisk.* Eadem tribus, cui tum temporis *Simonides* carmen pepigerat, eodem Aristide sumtus
praebente, victoriam ex alio certamine reportavit, secundum *Plutarch* Vit. Aristid. T. II. p. 289. ed. Bry.
qui tripodis, in templo Bacchi dedicati inscriptionem
commemorat: Ἀντιοχὶς ἐνίκα, Ἀριστείδης ἐχορήγει, Ἀρχέ
στρατος ἐδίδασκε. Ceterum vix opus est monere, Aristidem hunc diversum esse ab illo, cujus justitia non minus
ac paupertas illustris fuit. — V. 1. ἤρχεν Ἀδείμ. μέν.
Ursin. — V. 2. φυλὴ Ἀντιοχὶς. *Ursin.* — V. 4. τοιτή
σοιτ' ἀνδρῶν. Totidem hominibus etiam tragicus chorus
antiquis temporibus constabat, secundum *Pollucem* L. IV.
110. — V. 5. ἡ omittit *Plutarch.* et sq. versu ἡλιασ
σάτη legit.

LIII. (*LIX.*) In Cod. Vat. primum legitur in margine p. 219. cum lemmate: Σιμωνίδης ἐφρ'ην τευχὸς ἐν τάφῳ
τοῦ Ξάνθου ἐπιγράφων a v. λ. et iterum p. 289.: Εἰς τινα ὑπὸ
λῃστῶν διαφθαρέντα. Invocatio Jovis ξενίου efficit, ut eum,
qui loquens inducitur, non a latronibus, sed ab hospitibus interfectum esse existimes. Exstat in Planud. p. 207.
St. 301. Wech. — ἡμέων. ut me interfecerunt, sic ipsi
pereant. — In Analect. *Br.* ὑπὸ γῆν ediderat; γὰρ scribendum monuit in Lect. Sic habet *Ursinus* p. 162.
— Pro βίον in Cod. Vat. loco altero βίον, sed ἐν superscr.
Interfectus bene precatur *Simonidi*, concinnitatis causa
plurali numero usus: ἐναντα βίον. Vita sua et omnibus in
vita bonis fruatur. *Eurip.* Hec. 997. ἐναίμην τοῦ παρόν
τος, Helen. 650. ἐναίμην τύχας.

LIV. (*LX.*) Bis exstat in eadem pagina Vat. Cod.
in marg. et in contextu p. 219. Εἰς Σιμωνίδη Σιμωνίδου.
unde in schedis *Dorvill.* factum est Σιμωνίδην. Edidit
Leo Allatius p. 215. *Ursinus* in Lyr. p. 157. *Reiske* in

Anthol. p. 72. nr. 559. Antequam hoc diſtichon ex
Palatinis membranis erutum eſſet, innotuit *Opſopoeo* ex
Schol. Ariſtidis l. p. 160. ubi in hunc modum habetur:

>　Οὗτος ὁ Χῖος (Ἐΐθο *Urſin.*) Σιμωνίδεω ἐστι τεκνωτής,
>　　ὃς καὶ τεθνηὼς ζῶντι παρέχει χάριν.

Laudat etiam *Tzetza* in Chil. l. 24. p. 632. Quae ad
hiſtoriam hujus carminis faciunt, adſcribam ex *Cicerone*
de Divin. l. 27. *Simonides cum ignotum quendam pro-
jectum mortuum vidiſſet, eumque humaviſſet, haberetque
in animo navem conſcendere, moneri viſus eſt, ne id faceret, ab eo, quem ſepultura affecerat: ſi navigaſſet eum
naufragio eſſe periturum: itaque Simonidem rediſſe;
periſſe ceteros, qui tum navigaſſent.* Eandem rem narrat
Valer. Maxim. l. c. VII. his additis: *Memor beneficii
diligentiſſimo eum carmine aeternitati conſecravit, melius
ei et diuturnius in animis hominum ſepulcrum conſtituens,
quam in deſertis arenis ſtruxerat.* — Pro ὅς, quod eſt in
membranis, *Reiskius*, cum in ſchedis *Doruil.* ὅς inveniſſet, ὁ edidit. Deinde *Tzetza*, ſicut *Schol. Ariſtidis*,
ζῶντι παρέχει χάριν habet; quam lectionem altera non
deteriorem eſſe, judicat *Br.*

　LV. (*LXI.*) Vat. Cod. p. 257. Planud. p. 212. St.
308. W. *Urſinus* p. 163. *Athenaeus* l. X. p. 415. F.
Τιμοκρέων ὁ Ῥόδιος ποιητὴς καὶ Ἀθλητὴς πένταθλος ἐνίκησε καὶ
ἔπιεν, ὡς τὸ ἐπὶ τοῦ τάφου αὐτοῦ ἐπίγραμμα δηλοῖ. Inter
voraciſſimos homines recenſetur *Timocreon* ap. *Aelian.*
V. H. I. 27. Contentionem fuiſſe inter eum et Simonidem,
narrat *Diogen. Laërt.* l. II. 46. p. 108. et *Suidas* in
Τιμοκρέων. — *Br.* exhibuit lectiones Planudeae. In Cod.
Vat. et ap. *Athen.* legitur: πολλὰ μὲν καὶ φ. φαγὼν — ·
ἀλλ᾽ ῥηθείς. Ad ejus dicteria referendum, quibus vel ſum-
mos in rep. viros laceſſebat. Nonnulla eorum refert
Athenaeus l. c. p. 416. A. B. Memorabile carmen *Timocreontis* in Themiſtoclem ſervavit *Plutarch.* in Vit. T. I.

p. 122. ed. Br. *Aristid*. T. II. p. 294. ed. Jebb. ἀd
τελεν ὑμῖς ὑπερβαλλόμεθα (Archilochum) μετὰ Τιμομέδοντες
τοῦ ἐχετλίου σράγμα σομίμεν, ἀλλ' αἴῶμεν τόμμωῖν. — V. 2.
ἀνθρώπεις Cod. Vat. Parodia hujus distichi est inter Ep.
ilss. DCXXXVIII:

  Βαιὰ φαγὼν καὶ βαιὰ σιὼν καὶ πολλὰ νοσήσας,
    ὀψὲ μὲν, ἀλλ' ἔθανεν· ἔἰρετε πάντες ὑμῶ.

1. 138.] *LVI. (LXII.)* Planud. p. 373. St. 512. W.
Σιμ. Ραν. Ursin. p. 166. Non *Simonidi*, sed *Antagorae*
Rhodio hoc Epigr. tribuit Cod. Vat. p. 379. De ponte,
quem Xenocles Lindius, in Cephisso, ut videtur, ex-
struxerat. — Xenoclis, de quo nihil aliunde constat,
patria probabile reddit, *Antagoram Rhodium* verum hujus carminis auctorem esse. Cephisus, quem mystae in
Cereris pompa transire debebant, paulo violentior nonnunquam ruebat. *Pausan.* I. 38. p. 92. ἡνίκα δὲ Καζαρεῖς
πρὸς Ἐλευσῖνι βιαιότερον παρεχόμενος τοῦ προτέρου βιῶσι. *Ari-*
stoteles hunc fluvium ποταμὸν ἀπὸ βίαντα vocat in Epigr.
T. I. p. 178. Pontem vero a mystis transeundum illustrem fecerunt οἱ γεφυρισταί, de quibus vide Intpp. *He-*
sychii, et *Valcken*. ad Ammon. p. 209. Ad illam igitur
γέφυραν hoc carmen referendum censebat *Casaubon*. ad
Straboa. L. IX. p. 613. C. Ne quid tamen dissimulem,
dubitare licet, an hic de Cephisso et Eleusiniis Cereris
mysteriis agatur. Mystica hujus deae sacra in aliis quoque locis celebrata esse constat. Etiam Rhodus sua habebat mysteria; de quibus vid. *St. Croix* de Mysteriis
p. 83. Proserpinam ibi cultam esse, apparet ex *Suida*
in Ἀσφόδελος· — Πιστεσσάντες καὶ χθόνιαν ἱερὸν· καὶ Ῥόδου
τῶν Κόραν καὶ τὴν Ἀγραίαν ἀσφοδέλῳ στέφουσι. — V. 1. ὦ Ἴτυ.
Sic in Ep. Anthol. Lat. T. I. p. 474. XXIV. item in
pontem conscripto: *Ite igitur faciles per gaudia vestra,*
Quirites, Et Nerseo resonans plausus ubique tonat. —
V. 3. τοὺς Ἴτυ. γάρ. Plan. Σιμωνίδης emendavit *Brod*. In Vat.
Cod.

Cod. τῶν γὰρ κτωλῆς ‡ A. λοφωλῆς ὑμῶν. Prius recte.
‡ enim producitur ſequente A, quod in pronuntiatione
duplicatur. ὕμων habetur etiam in ed. Flor. — V. 4.
ωτραμοὶ Cod. Vat.

LVII. (LXIII.) Vat. Cod. p. 110. Planud. p. 450.
St. 583. W. Hoc et ſeq. Epigramma ejusdem auctoris
eſſe, dubitari nequit. Jam Ep. LXIV. incerti eſt auctoris; nam non Simonidi ſolum, ſed etiam Hedylo et Ascle-
piadi tribuitur. Recte igitur Schneiderus dubitat, an noſtrum ſit Simonidis. Agitur in eo de donariis, quae
meretriculae, mercatoribus et nautis probe emunctis,
neſcio ubi dedicaverant. - Hinc ſuſpiceris, Hedyli Epigramma eſſe, quem donaria, quae in Arſinoës templo
ſua aetate viſebantur, deſcripſiſſe conſtat. Vide Caſaub.
ad Athen. XI. 13. p. 817. In maritima urbe autem
Pythiam noſtram et Boldium habitaſſe, ipſa res docet —
V. 1. βαλλον αναλτρια Planud. Recte Vat. Cod. articulum
ſervavit. Pro αλ αντ' ἰχαντα Brunck., quod ἱχαντὶς maſcu-
lini eſt generis, corrigit: αἱ ουδ' ἱταίρα. Aliud quid latere ſuſpicor. — V. 3. ἱμερα καὶ φαρταγί. Horat. IIL.
Carm. VI. 30. Seu vocas inſtitor, ſeu navis Hispanae
magiſter, Dedecorum pretioſus emtor. Plura ſimilia ex
poëtis Latinis collegit Harrius in Not. p. 43. — βαλλον-
τας. Vulgo. In ed. Flor. et Cod. Vat. βαλλαντιον. Grammaticorum loca, qui voc. βαλλαντιον explicaverunt, collegit Woſtius ad N. T. L. p. 719. Crisen ap. Aubenorum
L. IV. p. 173. C. θαλμα μεγαλου αργυρου βαλλαντιου Nat-
αλιφον. Apud Alciphr. L. III. 65. paraſita mercatorem
laudat, qui, cum Athenas veniſſet, τους πλουσίους τους
Ἀθηνησι αιφνιδιαις και μαχρωτερονς βαλλαντιαν, αυτους κεχρηνοις
αφη τὰς Ματαιᾳ κεχρηντα τῷ βαλλαντιᾳ. Pſeudo - Plutarch.
T. II. p. 5. D. ‡ πολλῆς πλουτου ακοπῆς ἑκασται τοις βουλο-
μενοις βαλλαντια τρέφειν.

LVIII. (LXIV.) Planud. p. 104. St. 153. W. Le-
munßen. Urſin. p. 163. Bis legitur in Vat. Cod. p. 110.

Q

'Ηλίου' οἱ δὲ 'Αναλυτικῶν' et p. 508. Σιμωνῖδον. In tres
meretrices, nautis et mercatoribus ipsis Sirenibus infe-
stiores. — οἱ Δωρίδος γραῖαι. De meretriculis infigni
rapacitate famosis accipiendum. Schol. Ariftoph. in Ecclef. 1021. Δωρίδων ἀνάγκη· ὅτι Δωρίδες ὁ Θρᾷξ, πόρνας
ἔχων θυγατέρας, τοῖς παρεοῦσι ξένους ἐπεδέχετο αὐτοῖς ἑστιῶν,
ἕως οὗ πέρη εχθεʼ καὶ ἐκπλαθέντι οἱ ἄνδρες· ἃς καὶ ὁ μῦθος
ἱστοκὸς ὑπερβατικοὺς εἶναι. Similia tradunt Suidas et Hefych.
in Δωρίδος· ἀνάγκη. Aliam hujus paroemiae caufam
reddit Zenob. Cent. III. 8. — τοὐκλήρων ἱκελίκι. Meretrices navigiis, amantes remigibus comparantur. Vide
ad Antiphil. Byz. Ep. I. An poëta in ναύτας ad amantium, quos admiferint, numerum respexerit, ut Brod.
exiftimat, non dixerim. — V. 3. Vat. Cod. loco priore
Ἄτω. Ἄσις συγχέζαι occurrit ap. Lacill. Ep. XIV. T. II.
p. 320. Hos naucleros ita omnibus fuis bonis exue-
rant meretrices, ut naufragium fecifle \viderentur. —
V. 5. Omnis navigatio periculi plena eft; fed in terra
quoque naufragium facies, nifi meretrices, Veneris pira-
tas, vitaveris. Hunc fenfum efle puto. τὰ ἀριστερὰ τῆς Ἀ-
hinc fumfit Nicarchus Ep. III. ἀλλὰ σὰ σκευρομαι τὰ ἀριστερὰ
τῆς Ἀφροδίτης φυλάγετα. — Anaxilas ap. Athenaeum XIII.
p. 558. ubi meretrices cum fabulae monstris comparat,
Σκύλλαν ἀνωνυμάζων vocat τὴν Θεανώ. Phryne autem, τὴν
ναύκληρον, ait, Λαβοῦσα κατασκεύασιν αὐτῷ συλάζω. Eleganter
Corinthia meretrix ap. Strabon. VIII. p. 581. B. cum
inertiae accufata eflet, ἐγὼ μέντοι, inquit, ἡ τοιαύτη τρεῖς
ἤδη καθεῖλον ἱστοὺς ἐν βραχεῖ χρόνῳ τούτῳ· cujus dicli acumen, vulgo male acceptum, explicuit Valcken. in Adoniaz. p. 338. C. — Pro ἐχθροτέρας Cod. Vat. loco priore
ἐχθροτέρα habet.

LIX. (LXV.) Ex Polluce p. 501. Stephanus retulit
in Append. Planud. p. 512. St. *17. W. In canem
venaticam. Epitaphium catellae vide inter Ep. ἄλλων.
DCCLV. fq. Tria Latinorum poëtarum in canes Epi-

grammata dedit *Burm.* in Anth. Lat. T. II. p. 291. fqq. —
V. 1. corruptiſſimus ap. *Pollucem* et *Urfinum* p. 160.:
ἧς αὖ καὶ φθιμένας λευκοστέτᾳ ἐπὶ τύμβῳ. Hic ἡ σὺ legen-
dom eſſe, non fugit *Stephanum* in fine Annott.   Totum
verſum ſic, ut *Br.* dedit, emendavit *Salmaſius* in Plin.
p. 223. B. niſi quod ἁ σὺ voluit: *Lycas namen canis ve-*
natriae, quae hyaena dicitur ab ardore et aviditate venandi,
ut ταυτα χυς, cordis avida ac ſitiens. Hanc *Salmaſii* emendationem et interpretationem aſſenſu ſuo probare videtur *Br.*, qui merito dubitat, an ἀγρότης cum ſubſtan-
tivo feminini generis conſtrui poſſit.' *Schneiderus* ἀγρῶτιν
ſuſpicabatur; idque verom.   Ut ab ἀγρότης formatur
ἀγρώτης, (vide *Schol. Apollon. Rhod.* IV. 175.) ſic ab
ἀγρότης (ἀγροτέρα. νυμφός. *Hefychius.*) deſcendit ἀγρῶτις.—
Reineſ. in Var. Lect. p. 639. λευκοστέτῳ ἐπὶ τ. legit, idque de marmoreo tumulo interpretatur. Male.

LX. (*LXVI.*) Vat. Cod. p. 610. ὑδέσσετσι. ἐπὶ τρισὶν
ἑξαμέτροις συντάγμησι. Edidit *Valckm.* in Adon. p. 199. C.
et *Klotz.* inter carmina Muſae Strat. nr. XLV.   *Brun-*
ckius haec notavit: „Perperam hoc Epigr. tribui *Simo-*
„*nidi*, cujus nec eſt, nec eſſe poteſt.   Obiit enim hic
„poëta ineunte Olymp. LXXVIII.   Cyniſcae autem victo-
„ria, quam demum mortuo patre Archidamo obtinuit,
„poſt Ol. LXXXVII. obtigit.   *Xenophon* in Ageſilao re-
„fert, Lacedaemonium hunc regem Κυνίσκαν ἀδελφὴν οὖσαν
„πείσας ἁρματοτροφεῖν, καὶ ἐπιδείξας, ψικήσῃς αὐτῆς, ὅτι τὸ
„θρέμμα τοῦτο οὐκ ἀνδραγαθίας, ἀλλὰ πλούτου ἐπίδειγμά ἐστι.
„(Cum his conf. *Plutarch.* T. II. p. 222. B.) Epigr. hoc
„innuit *Pauſan.* p. 222. cujus olim curſim a me lecti,
„prava interpunctio mihi fraudi fuit.   Editorum notae
„rem bene declarant.“   Haec ille.   Ex loco *Pauſaniae,*
a *Br.* commemorato, L. III. 8. p. 360. ed. *Facil.* auctorem hujus Epigr. aut plane ignotum aut ſaltem incertum fuiſſe, apparet: ὅτι γὰρ μὴ τῇ Κυνίσκῃ τὸ ἐπίγραμμα
ἐποίησεν ὅστις δή —.   Multa in Analectis non ſuis auctori-

Q 2

bos tributa leguntur, quae in hoc commentario nostro
diligenter notabimus. Futurus Anthologiae editor,
ordine, qui *Brunckio* placuit, plane relicto, Vaticani codicis ope, multos hujus generis errores emendabit. —
Non omittendus locus *Pausaniae* L. VI. 1. p. 453. ubi
narratur, fuisse Olympiae Κυνίσκας εἰκόνα, Ἀπελλοῦ τέχνη·
γέγραπται δὲ καὶ ἐπιγράμματα ἐς τὴν Κυνίσκαν ἔχοντα. —
I. 139.] V. 3. τὴν Γ ἔστησε Cod. Vat. quod emendavit *Valckn.* l. c. — μένεν. Prima mulierum, quae in
Olympicis certaminibus equorum celeritate certaverunt,
Cynisca fuit. Post illam plures idem tentarunt. *Pausan.*
III. 8. p. 232. Κυνίσκας δὲ ὕστερον, γυναῖξι καὶ ἄλλαις καὶ
μάλιστα ταῖς ἐκ Μακεδονίας γεγόνασι ΄Ολυμπιακαὶ νῖκαι, ἐν ᾗ
ἱπποτροφίᾳ εἰς τὰς νῖκας ἐστὶν αὐτός. Hic *Hermias* in Comment. Soc. reg. Tom. X. p. 102. corrigit: ἐν Λακεδαι-
μονίας et αὐτή. Inter quas mulieres victoriis maxime insignis
fuit ipsa *Cynisca.*

  LXI. (*LXVII.*) Planud. p. 2. St. 4. W. *Ursini*
p. 161. In Theocriti pugilis statuam, qui Olympiae
inter ephebos vicerat. Alias non commemoratur. —
παλαιστρικὰς ἐνίκησεν. peritum pugilem. Minerva ap. *Ari-*
stoph. Nub. 602. αἳ ἵδος ἐνίκησε. Epigr. *alter.* DXXXVIII.
Τρμίθεον καθάρας δέξιᾳ ἐνίκησε. Vide *Wernsdorf.* ad Himer.
Ecl. XXXVI. p. 315. et quae notavimus ad *Meleagri*
Ep. III. — V. 3. Non minus fortem quam pulcrum.
Pindar. Isthm. 2. 29. ἐθέλει τ' ἑκατηλος, θεῖν τε μορφάεις·
ἄγει τ' κρατὸν Ὀδα αἴσχιον φῶς. Ubi φῶς pulcritudinem
significat. Cf. *Valck.* ad Ammon. p. 87. *Koen.* ad Gregor.
p. 155. Contra Glaucus de Hectore ap. *Homer.* Il.
XVII. 142. Ἕκτορ, εἶδος ἄριστε, μάχει ἄρα πολλὸν Noen. —
V. 4. ἐστεφάνωσε πόλιν. Bene explicuit *Brod.* Cf. *Plin.* H. N.
XVI. 4.

  LXII. (*LXVIII.*) Bis legitur in Vat. Cod. Altero
loco p. 166. *Anacreonti* tribuitur; altero p. 179. Si-

monidi. Hinc factum, ut *Leo Allatius* illud ederet inter *Simonidis* reliquias p. 215. *Barnesius* autem inter *Anacreontis* fragmenta referret p. 324. (*Fischer.* p. 480.) Eidem tribuit *Kasterus* T. I. p. 35. Sine auctoris nomine *Reisk.* Auth. p. 19. nr. 433. — V. 1. Στρέψον ναί. Var. loco pr. (*Barn. Knst.* qui praeterea καὶ exhibet.) Στρέψμε loco altero. (*Reisk.* Στρέψμεν Allat.) Jam *Brunckium* audiamus: „In Vat. Cod. aut saltem in apogr. Buheriano „scriptum Στρέψον καὶ — illud καὶ explicat Salmasius, „quod scilicet alius statuas posuisset Leocrates eidem Stoebo. „At verum est ναί, quod ex eodem cod. dedit *Leo Alla-* „tius — *Reiskius*, quem sequitur *Toup.* Ep. crit. p. 13. „(11. ed. Lips.) e praeo apogr. Στρέψμεν. Verum hujus „viri nomen in *Thucydide* deprehendit et mihi monstra-„vit amicissimus studiorum meorum socius, qui mihi in „edenda horum analectorum dimidia parte egregiam „navavit operam, *Joh. Gottlob Schneider* .... Scriben-„dum autem Στρέψμε. Verba *Thucydidis* haec sunt p. 68. μετὰ ταῦτα ναυμαχία γίγνεται ἐπ᾽ Αἰγίνῃ μεγάλῃ Ἀθηναίων πρὸς Αἰγινητῶν· καὶ οἱ ξύμμαχοι ἑκατέροις παρῆσαν· καὶ ἐνίκων οἱ Ἀθηναῖοι, καὶ ναῦς ὁ Λαβόντες, ἐς τὴν γῆν ἐπέβησαν, καὶ ἐπολιόρκουν Λακεφάτου· τοῦ Στρέψβου στρατηγοῦντος. Bellum „hoc cum Aeginetis paulo fusius persequitur *Diodor.* „Sic. T. I. p. 463. quod Leocrate duce gestum ait, sed „quem στρέψὲν non indigetat. Incidit autem haec „Aeginetarum clades in Ol. LXXX. 2. Statuam autem „Mercurio dedicasse Leocratem adolescentem probabile „est, qua aetate palaestram frequentabat, et *Simonidi* „innotuit.“ Hactenus ille. — ἄγαλμα, quod Leocrates Mercurio dedicasse dicitur, Hermam fuisse, suspicatur *Reiskius*; hoc autem donum deo gratum esse, indicant verba, οἷα Παιδὸς Χάριτας. καλλικόμους easdem Gratias vocavit *Stesichorus* in Orestia ap. *Schol.* in Arist. Pac. 797.—
V. 3. Ἀναλκόμιαν. Cod. Vat. *Allat. Reisk.* *Suidas* in ἐγκάτῳ T. I. p. 35. τῷ ἐγκάτῳ· ἐν Ἐσίγῃ. Οἷα Παιδὸς Χάριτας

Οὐδ' Ἀκαδημίαν πάτην. τὰν ἐν ἀγορᾷ ς. κ. τ. π. λ. Hanc
Suidae lectionem τήνδ' ἐν ἀγορᾷ genuinam censebat
Kuſterus, qui senſum eliciebat hunc: *Sed beneficium boc
ruum, quod cabiro inſcriptum gero, omnibus accedentibus
narro.* Merito *Reiskius* de hujus interpretationis ſinceritate dubitans, correxit: τή—ον ἀγορὰν οἷ — —. Perperam. Unice probanda eſt interpretatio *Toupii* in Epiſt.
erit. p. 11. qui hanc ſtatuam Mercurio a .Leocrate in
ſinu ſive *loco interiore* Academiae poſitam fuiſſe arbitratur: hoc ἐν ἀγορᾷ 'Ακαδημίας, in aliis almae matris, poëtam vocare. ἀγκοτὰς, ἀγκῶνες, ἀγκάλαι tribuuntur iis rebus,
quae aliquid intra ſe continent et complectuntur. *Aeſchyl.*
Prom. 1018. πτέρυγα δ' ἀγκάλη σε φωτόζει. *Ariſtides*
T. I. p. 458. ὦ Διμίνης ποδοῦντας τὰς τῆς φιλτάτης πόλεως
ἀγκάλας. *Oppian.* Hal. L. III. 33. εἰσάπαν ἅλμης Νηρηὶς ἐν
ἀγκαλίτησι ἐλισσόμενος δονήσεται. *Salluſt.* Catil. 52. *alii intra
moenia, in ſinu urbis ſunt boſtes.* — V. 4. τύχγγνέται Vat.
Cod. loco ſec.

LXIII. (LXIX.) Vat. Cod. p. 611. ἐπὶ ἑξαμέτρου
διαλλὰξ τότε καμπὰν τετραμέτρου δύο ſυλλαβὰς μίαν καὶ τὸ
ἀρχαιότερον ſπάζον τρίμετρον. Olpis Athenienſis Veneri,
quam ſibi in amore erga puerum favere cupit, tibias
dedicat. Prius diſtichon excitavit *Salmaſ.* Exerc. Plin.
p. 24. B. qui 'Ήπις legit, et inde Latinum nomen *Vopiſci*
derivat; nec aliter *Leo Allatius*, qui integrum edidit
p. 216. In Cod. Α ſuperſcriptum, niſi me fallit Goth.
apogr. *Opis* rex Iapygum commemoratur ap. *Pauſan.* X.
13. p. 830. Idem puellae nomen ap. *Herodot.* IV. 35.
p. 296. — Tibias, ex arundine compactas, (vide *Salmaſ.*
Exerc. Plin. p. 82. B. et *Harduin.* ad Plin. XVI. 24.
T. II. p. 45.) *ſerrae filias* vocat; easque Opis, quia non
ſine arte factae erant, τὸν 'Ηφαίστῳ τέλεον dicitur; niſi
forte ad arundinem aere vinctam reſpicitur.

LXIV. (LXX) Ex *Hephaestione* de Metr. p. 64. et
66. venit . in Fr. Lyt. *Ursini* p. 161. et Appendic. Planud. p. 513. St. *17. W . ubi sic exhibetur:

> Ἴσθμια, Δὴς Νεμέα, Δὴς Ὀλύμπια ἐστεφανώθην,
> οὐ πλάτει νικῶν σώματος, ἀλλὰ τέχνη·
> Ἀριστοδάμας, Θρασὺς, κλεινὸς, πάλα.

Hos versus *Jos. Scaliger* ad Eusebii Chron. p. 266. comparavit cum *Pausania* L. VI. 3. p. 457. ἐκδέχεται δὲ καὶ
ἐξ αὐτῆς Ἤλιδος παλαιστὴς κλῆς Ἀριστόδαμος Θράσιδος γεγένηται δὲ αὐτῷ καὶ Πυθοῖ δύο ἧκαι· ἡ δὲ εἰκὼν ἔστι τοῦ Ἀριστο-
δάμου τέχνη Δαιδάλου καὶ Σικυῶνος. unde ei enata est elegans v. tertii emendatio, quam *Br.* exhibuit. De veritate lectionis Ἀλλὰς dubitavit *Corsinus*, qui hoc Epigr.
in Catal. Olymp. proferens, Ἀλεος scribendum censet,
qqoniam Eleus esse, et victoriam ex Isthmiis referre non
poterat. Aristodamus.   Elei enim ab Isthmiis prohibe-
bantur,   Cf. *Pausan.* V. 2. p. 378. et *Corsin.* Diss. IV.
ar. 2., *Alea* vero est Arcadiae oppidum.   Vid. *Pausan.*
p. 642. At hanc emeudationem *Pausaniae* locus, paulo
ante adscriptus, falsam esse arguit. Quare *Brunckius*,
ex ingenio, ut arbitror, pro Ἴσθμια scripsit. πεδία, recepta distinctione *Dorvillii* in Vanno crit. p. 204. quem
vide. *Cornelii de Pauw*, qui *Scaligeri* correctionem ignorabat, conjecturas memorare supersedeo. Ceterum
Aristodamus luctae palmam reportavit Olympia Ol.
XCIII. (vid. *Corsin.* p. 116.) unde apparet, hoc carmen
junioris esse *Simonidis*. — οὐ πλάτει.   Theseus Cercyo-
nem superans ἀνετράπησεν αὐτὸν σοφίᾳ τὸ πλέον· παλαιστι-
κὴν γὰρ τήνγε τέχνην Θησεὺς πρῶτος καὶ τέλος κατέστη ὕστερος
ἀπ' ἐκείνου διδασκαλίαν· πρότερον δὲ ἰσχύσετο μεγέθει μόνον καὶ
ῥώμῃ πρὸς τὰς πάλας.   *Pausan.* L. 39. p. 94. Artis de im-
mani robore victoriam cecinit *Theocritus* in Pollucis cum
Amyco pugna, Eid. XXII. 80. sqq.

LXV. (LXXI.) Vat. Cod. p. 610. ἐπὶ ἐξαμέτρῳ πεντάμετρον, καὶ δύο τρίμετρον, εἶτα ἐξάμετρον. Edidit *Leo Allatius* p. 216. Scriptum in Dandem, Argivum, quem Olympia viciſſe conſtat Ol. LXXVII. ex *Euſebii* Chron. p. 40. ubi vide *Scaliger.* p. 428. *Diodor. Sicul.* XI. 53. p. 443. — V. 1. ἀλλὰ μι membranae et *Allat.* — V. 2. ἀπόφορον Vat. Cod. et *Allat.* In apogr. Lipſ. ἀπόφορον. Cauſa non erat, cur a lectione membranarum recederetur. Ἀργεῖος ἀπόφορον ſatis tuetur *Homer.* Il. β: 287. γ. 75. 258. Odyſſ. λ. 562. — V. 140.] V. 4. Μὴ *Allat.* Νεμαίᾳ Vat. et *Allat.* — V. 5. ἐντὶ *Allat.*

LXVI. (LXXII.) *Pauſan.* VI. 9. p. 474. Παρὰ γε τοῦ Γέλωνος τὸ ἅρμα ἑστήκατοι Φίλων, τέχνη τοῦ Αἰγινήτου Γλαυκίου. τούτῳ τῷ Φίλωνι Σιμωνίδης ὁ Λεωπρέπους ἐλεγεῖον δεξιώτατον ἐποίησε· Πατρὶς — —. Hinc receptum in *Urſini* Fr. Lyr. p. 160. et Append. Planud. p. 513. St. *17. W. Philonis, Corcyraei, ἐν ταχεῖ δρόμου νενικηκότος, mentionem facit *Pauſan.* VI. 14. p. 485. Philonis pugilis *Chriſtodor.* in Ecphr. 229. Pro νίκη *Amiſaeus* legiſſe videtur νῦ, idque procul dubio verum exiſtimat *Br.* Idem *Sylburgius* judicavit.

LXVII. (LXXIII.) Planud. p. 2. St. 5. W. *Urſin.* p. 161. In Diophonem, Philonis (illius fortaſſe, quem praec. carmen celebrat) filium, qui quinquertio vicerat. Vide *Brodaeum.* De πεντάθλῳ notum eſt Epigr. inter ἄδηλα. CCCCLIV. Ἅλμα ποδῶν, δίσκου τε βολὰ, καὶ ἄκοντος ἐγχείη, καὶ δρόμος, ᾧδὲ πάλη· μία δ᾽ ἐκλίπε πάσι τελευτή.

LXVIII. (LXXIV.) Planud. p. 195. St. 284. W. In Caſmylum, Euagorae fil. Rhodium, pugilem. Habetur ap. *Urſinum* p. 161.

LXIX. (LXXV.) Vat. Cod. p. 611. ἐπὶ ἐξαμέτρῳ ἐπεντάμετρον. Edidit *Leo Allatius* p. 216. Verſ. 1 - 4. proferr *Toup.* in Addend. ad Theocr. p. 402. Celebrantur victoriae Nicolaïdae Corinthii, e variis certami-

nibus reportatae. — V. I. *de vias* Cod. quod tacite correxit *Allen.* Νικολάας idem. Alias hoc nomen Νικολαος
scribi, notavit *Brunck.* Ap. *Paufan.* VI. 10. p. 476.
commemoratur Ἰκκος ὁ Νικολαΐδα Ταραντίνος, qui quinto
quartio vicerat. — V. 3. »Scriptum in Cod. ἰξόωντ'
ἀλωφαρίᾳ Ἴσιλον. Abfurde. In Panathenaeis fingulae olei
amphorae fingulis dabantur victoribus. Vide *Meurf.*
»de hoc feſto e. XI. Hanc tamen lectionem metur *Salmaſ.*
»in notis ad dedicat. ſtatuae Regillae p. 87. fcribatus ob
»metrum ἰξόωντ' ἀξορὸς, immemor correctionis, quam
»ipfe margini alloverat hujus epigr. ἰξὸς δ' ἀμφαφορίᾳ.«
Haec *Brunckius*; qui falliter, cum lectionem in cod. pſſe
ait, quae *Salmaſio* debetur. Is enim h. v. fic laudat in
Hecatn. H. L. p. 171. A.   In Vat. membranis legitur
ἰξόωντ' ἀμφιφορίᾳ δωλον. ut et Lipf. habet apogr. et Scaliger, qui hoc diſtichon profert ad *Hieronym.* Chron.
p. 92. Ἀμφιφορῆς δ' ἀμφιτίφιαϊ σι μακ' τὸ ἀνα δεκδρημῷ
φιγρωδαι. *Athen.* XI. p. 501. Idem quod ἀμφορεύς. Vide
Schol. Apoll. Rh. IV. 1770. et *Schol. Pindari* Nem. X.
p. 414». In pompa Dionyfiaca Ptolemaei circumfere-
bantur ἀμφορεῖς Παναθηναϊκοὶ δεκαϊξ. ap. *Athen.* V. p. 199.
unde colligas, formam has amphoras habuiſſe peculiarem.
Brunckii lectioni cum res ipſa, tum ea, quae fequuntur,
probabilitatem conciliant: τρὶς ἐπισχερώ. — V. 6. corruptiſſimus; in quo fanando *Br.* fe fruſtra laboraſſe fatetur. Mihi varia tentanti haec emendatio fefe obtulit:

ἰσθμῷ δ' ἐν ζαθέῳ τρὶς ἐπισχερώ, ὧμι ετρωται.
Ἀετῷ Ποςειδάωνος ἄθλων.

In his a Cod. fcriptura proxime abfunt faltem haec:
ΑΕΤΩΝΟΝΟΙΔΑΩΝΟΣΔΛΩ. In fine hexametri alius fortaſſe,
me acutior, melius quid invenerit. Facit huc *Pindari*
Iſthm. A. 44. ὑγρ' ἐν Ποσειδανος, ἰσθμῷ τε ζαθέῳ – ετρωτα-
ται ἀνθέα. Neptuno Iſthmia facra fuiſſe, nemo ignorat. —
In Cod. Lipf. ζαθέῳ legitur et ετρ' ἄθλων. In emarg. ἐν ζαθέῳ

Q 5

— V. 8. Πελλάνᾳ. De gymnicis certaminibus Pellanae celebratis, ubi victores χλαῖναι accipiebant, conf. Schol. Pindar. Ol. IX. 148. XIII. 155. Nemea X. 82. — In Amado. Lycaea in monte Lycaeo certamina in Jovis honorem instituisse dicitur, de quibus vide Pausan. VIII. a. p. 600. Idem stadium, quod prope Panis lucum erat, describit VIII. 38. p. 678. — V. 9. καὶ Τεγέᾳ Hermann. ex conjectura dedit. In cod. legitur καὶ Νεμέᾳ, quod e praecedente hexametro repetitum est. De certaminibus Tegeae celebratis vid. Schol. Pindar. Nem. X. 87. In Aegina erant τὰ Αἰακεῖα, Aeaci festum, ubi victoribus amphora erat proposita, unde ἀγὼν ἀμφορίτης. Originem certaminis narrat Apollon. Rh. IV. 1765. sqq. — Ἐπιδαύρῳ. In Aesculapii festo. Schol. Pindari Nem. V. 96. — Ludos solennes Megarensium, Αἰάκεια appellatos (vid. Schol. Theocr. XII. 29.) et Πύθια commemorat Schol. Pindari Ol. XIII. 156. — V. 11. καὶ non agnoscit Cod. Vat. et Aldus. Reiskius et H ἀμφοτέρῳ ἐναθλ correxit. De certaminibus Phliunte celebratis aliunde vix constat. Pindari verba Nem. VI. 71.:

βρῖτα τί τε
καὶ Μέγαρ' εὐκλεῖεν
ὄργῳ Ἀσωπίῳ Φλιοῦντ ὑπ' ἀ-
γυρίοις ὕπαρν.

Schol. de Nemeis certaminibus interpretatur. Nescio, quam recte.

§. 141.] LXX. (LXXVI.) Vat. Cod. p. 613. καλλι-μάχου ἐπὶ τῷ αὐτῷ τετραμέτρῳ ἐπιγραμμάτων. Βακχυλίδου ὁ Σιμωνίδῃ τῶν ἀφρῶν τετραμέτρων τετράμετροι. ὅμοιον τῷ εἰ μὴ γένοιτο συνθεὶς καλῶς τε καὶ ἀκρίτως· μάγ δὲ μόνον συλλα-βῇ, τελευτάζω, ἀπὸ τὸ τετραμέτρων οὐκ ἔχων ἰαμβον, ἀλλ' ἀνά-παιστον. Secundum hanc inscriptionem hoc carmen editum est inter Ep. Callimachi p. 318. ed. Ernest. Simo-nidi autem vindicavit T. Hemsterhuis. ad Aristoph. Plut.

p. 334. et in *Addendis* ad *Lucian.* T. l. p. 82. laudans
testem idoneum *Stephanum Byz.* v. Ἀκαμάντιον — Ἀκαμάντες
καὶ φυλὴ Ἀκαμαντὶς τῆς Ἀττικῆς, ὡς Ἐρεχθίδες. Fefellit ul-
mirum viros doctos lemma Codicis, cujus pars prior,
Καλλιμάχου ἐπὶ τῷ αὐτῷ τετραμέτρῳ ἰαμβικῶν, ad *Callimachi* Epigr. pertinuit, quod in Cod. deest. Ad nostrum
autem faciunt verba ἀκαμάντιος ἢ Εὐφράνωρ. Metrum est
ut in *Archiloch.* fr. XXIV. et XXVII. tetrameter dactylicus cum ithyphallico; hunc excipit versus asynartetus, compositus ex penthemimere jambica, et dactylico
logaoedico, cujus haec est ratio: . . . .

Scriptum est hoc carmen in victoriam, a tribu Acaman-
tide ex Dionysiis reportatam. Antigene choreute donante,
Ariston Argivo tibiis canente, Hipponico sumtus, ... beate. — V. 1. Cod. ἀκαμάς, quod *Arabrius, Dorvillius*
in il. 4. mutabat, metro repugnante. Jam saepe Horae
pro choris tribus Acamantidis ad dithyrambos ... *Schneiderus* in Vita Pindari p. 25. Ὥραι Ἀκαμαντίδες interpretatur de festo, solenni tempore redeunte, ... atque Διὸς ὧραι ap. *Pindar.* Ol. IV. 3., ὀγδόαν Ὀλυμπιάδαν
et *Pyth.* II. 34. ὥραισι ὥραι, praesones in sacris certaminibus. Sensum igitur esse, eandem tribum jam saepe
in certaminibus cyclicis vicisse. Haud scio tamen, an
poëta ipsas deas significare voluerit. Certe Baccho, ... simul cum Gratiis colebatur, (cf. *Pausan.* V. 14. p. 413.)
ita cum Huris quoque magna fuit conjunctio. *Philochorus* ap. *Athen.* II. p. 38. C. D. Amphictyonem ... Ἡρακλέας βωμὸν ἱδρύσασθαι ἐν τῷ τῆς Ὥρας ἱερῷ. Idem
Athenienses narrat Horas singulari honore affecisse, ap.
Athen. XIV. p. 656. A. — V. 2. ... in Cod. esse
ait *Dorvill.* ad *Charit.* p. 278. quod verum esse dubito,
in apogr. Goth. certe ... — V. 3. πτερὸν ἢ
ipsa est Cod. lectio, recte ab *Eracke* restituta pro τὸ
πτερὸν nihil diversa a varietas, quibus ... in cum

ordinibus tempora ornabantur, ut praeter alios docuit
Wesseling. ad Diodor. Sic. XVII. p. 101. et Ruhnk. ad
Tim. p. 246. Non igitur opus est conjectura Κοεκρό,
qui in Not. ad Simonidis Carmen de Mulier. p. 72;
μέρμνον tentat. — V. 5. Αντχλαν Cod. et mox Συναχ,
quod Brunk. metri causa in Συλαντρό mutavit. In apogr.
Ruhnk. vir doctus pro uttuu emendavit εἶεε δ᾽ —, quod
non intelligo. Pro Πιλαταν, quod in Cod. habetur,
alii Πιλαξον legunt. Αντχλτου dithyrambi, quo ille chorus
vicerat, auctor. non fabulas scriptor, ut Brunklejus ait. —
V. 7. In Codice τὸ δ᾽ Ιστερ εἰ τὸ. quod Salmasius Inter
describendum emendasse videtur. Sensus est, Aristo-
nem, ubias Doricis usum, choro accinuisse, ejusque adeo
cantum juvisse. Nihil hic vidit Anna Fabri. quae Aupto
Αριστ inepte corrigit. ναγτουμενος. τροπομυλεκ Ιατικων
Hesych. Sophocl. in Oed. Col. 1049. οὐ ετναι στρού
εὐφανεντα εἰλᾷ. Ιλομρυλεδρται και Μριστρται Θιρεττlat. Schol.
Noster Infra Epr CVI. βαυμαν ωτα Βηλιτερι τάνυαίοβια
Ινρλαντα. Fortasse γαναμρό Ιστι ad ipsius Aristonis vocem
referendum est, quam ille excoluisse et elaborasse dicitur. Et hanc interpretationem fere meliorem puto. —
V. 9. ωελαν Cod. quod Anna Fabri emendavit. Sic
ipse chorus appellatur; qui dithyrambum canit. Hinc
dithyramborum auctores ωεελαν χρεῖν ποτερί appellabantur. ut Craefus ap. Aelian. V. H. X. 6. et ατανσιλιαναιαν
ap. Aristoph. Avec 1403. ubi vide quos laudat Beckius. —
V. 10. Ερχειθλυς Cod. et in fine verf. Γαρχειλε. Hippo-
nicum, qui sumtus praebuerat, (minus recte Brunklejus
eum dariffe chorum ait) quia victoria maxime ad eum
spectabat, Gratiarum curru vehi, poëta ait. χάρττε enim,
ut saepe uti ap. Pindarum, victoriam tribuere putantur.
Hemsterhusium; qui hunc versum attigit ad Lucian. T. I.
p. 28. accipere maluit de viro omnibus gratiis instru-
diffimo. Exemplis ab eo allatis addendum hoc Sapphus
ap. Hermias Orat. I. 4. p. 330. Εγω και Ἀφρολιτη Ιφ᾽

ἔχει Χαρίτων. — V. 11. 12. abeſt ab edit. *Annae Fabri*; addidit *Brunk.* Ἀνδρείοισι et ὅτοισι μαλθεῖν. Cod. — Verſu poſtr. Cod. Ὅκαν λαντιφθεν Διὸς ᷓ. M. quae *Brunkius* ſic transpoſuit. Qua transpoſitione quid metrum juretur, non video. Μαλθεῖν prorſus abundare ſuſpicor; quo omiſſi verſus exit dactylicus logaoedicus ex dipodia dactylica, et dimetro trochaico brachycatalectico (vide *Hermann.* de Metr. p. 286.):

Ὅκαν λαντιφθεν Διὸς ἔκετι.

His interpretationis cauſa Μαλθεῖν eſt additum.

   LXXI. (LXXVII) Cod. Vat. p. 609. unde dedit *Leo Allatius* p. 216. Hic notavit *Brunckius*: „Quae hic „Simonidea leguntur, non ſunt omnia ejusdem homi- „nis: cognomines enim fuere plures .... Neſcio cujus „ſit hoc Epigramma. Non profecto *Simonidis* avi, qui „nex vivis abierat, antequam natus eſſet Dorieus; nec „nepotis fuerit, ſi verum eſt, quod ait *Suidas*, illum „ante Peloponneſiacum bellum vixiſſe. Nam Dorieus „Olymp. LXXXVIII. ſecundam ex tribus Olympicam „palmam adeptus eſt, et Ol. XCII. 1. qui erat Pelo- „ponneſiaci belli XX. Thuriis navibus praefectus fuit „contra Athenienſes.“ Haec ille. Ad Dorieum cogno- ſcendum facit inprimis *Pauſanias* VI. 7. p. 469. Δωριεῖ τῷ Διαγόρου παρέχει Ὀλυμπίασι Ἰσθμίαν μὲν γεγόνασιν ἀνὰ πᾶσαι, Νεμείων δὲ ἀπώλλυσαι μᾶς ἐς τὰ ὀκτώ. Λέγεται δὲ καὶ δὲ Πύθια ἐνίκησεν ἑαυτῷ. ἀπηγγέλλοντο δὲ οὗτός τε καὶ ὁ Πεισ- ελλιμος Θούριοι, διαχθέντες ὑπὸ τῶν ἐπιστασιωτῶν ἐκ τῆς Ῥόδου καὶ ἐς Ἰταλίαν παρὰ Θουρίους ἐπελθόντες. χρόνῳ δὲ ὕστερον κατῆλθον ὁ Δωριεὺς ἐς Ῥόδον. - Quae ſequuntur, quamvis memoratu digniſſima, ad noſtrum tamen carmen illu- ſtrandum nihil faciunt. Cf. *Thucyd.* L. VIII. 35. et *Weſſeling.* ad *Diodor. Sic.* XIII. 38. p. 570. et 45. p. 575. *Meurſ.* Lect. Att. L. III. c. 13. *Victor.* ad Ariſtot. Rhe- tor. L. 2. p. 49. — In lemmate legitur, metrum eſſe σιντάμενος ἀνεχρημάτισεν. Hæc quid fit, ignoro. Secundus versus asynartetus est ex penthemimere dactylica et dimetro jambico acatalectico; primus, ni fallor, asynartetus est, compositus ex ordine dactylico catalectico in disyllabum cum anacrusi jambica, et ithyphallica (vide *Hermann.* de Metr. p. 383.)

— ‿‿ — ‿‿ — | ‿‿ — ‿‿ —

Hoc ut recte fiat, in voce θεότητος admittenda synizesis. Tertius versus est jambicus tetrameter brachycatalecticus, secundum emendationem Brunckianam; nam in Cod. legitur: τίλλ᾽ ἔξας ἔργα καὶ βίους.

LXXII. (*LXXVIII.*) Planud. p. 195. St. 284. W. in Milonis statuam. Milo ex Simonidis æqualibus fuit; quippe qui primam palmam adeptus est Ol. LXII. Veterum de eo loca collegit *Simson* in Chron. an. 3473. — Pro ἐντὸς Aldina pr. et Ascens. ἐντὸς habet. In numero victoriarum Milonis discrepat *Pausanias* VI. 14. p. 486. qui sex numerat: Ἀφίκετο δὲ καὶ Ὀλύμπια καταλέσων δὲ Ὀλυμπίαν· ἀλλὰ γὰρ οὐκ ἐγένετο οἷός τε καταπαλαῖσαι Τιμασίθεον πολίτην τε ἑαυτῷ καὶ ἡλικίαν νέον. *Eusebius* in Chron. p. 41. ad Ol. LXII. ἓξ νικᾷ Ὀλύμπια ἑξάκις. ubi vide *Scaliger.* qui hoc distichon excitat. — Quod de athleta, qui dejicitur, proprie usurpatur, εἰς γῆν νίπτων, eleganter translatum est ad alia; ut τέλλων βάλλων εἰς γῆν dixit *Herodot.* V. 27. p. 450. ubi vide Intpp.

LXXIII. (*LXXIX.*) Vat. Cod. p. 130. unde edidit *Lev. Allat.* p. 214. et *Reiske* in Anth. p. 28. nr. 469. qui hunc verborum lusum *Simonide* prorsus indignum judicat. — V. 1. in Cod. est εὑρέθη, quo etiam lemma spectat: ἐπίγραμμα τῷ δὴ παρὰ Σίμον καὶ Σιμωνίδ. Metro timentes Viri docti εὑρέθη et εὕρῃ οὖ emendarunt; sed frustra. Brevis syllabæ extra cæsuram productæ exempla in Anthologiæ carminibus multa sunt obvia. Vide *Brunck.* in Lectt. p. 199. — *Reiskius* ex marg. apogr. Lips. εὑρέθη τήν᾽ ἐν. accepit.

. *LXXIV.* (*LXXX.*) Servavit *Diogen. Laërt.* IV. 45.
p. 253. γέγονασι δὲ καὶ ἄλλοι τρεῖς Ἀρκεσίλαοι· νεωτερὶς ἐπι-
γμάτος κωμῳδίας, ἄλλος ἐλεγείας, ἕτερος ἀγαλματοποιός· εἰς ὃν
καὶ Σιμωνίδης ἐπίγραμμα τουτὶ Ἀρκέσιλαος .... Urſinus
p. 165. Scriptum in Dianae ſtatuam, Arceſilai opus, qui
pro eo ducentarum drachm. mercedem accepit. — V. 1.
pro δ' ἄρ' vulgo γὰρ legitur. — Sequ. verſu gravius eſt
vitium in *Diogenis* libris — τῶν ἐπίσημ' Ἀρετος. Hujus
lectionis patrocinium, quod mireris, ſuscipere conatus
eſt *Salmaſius*, cui *Menagius* metri rationem opponit.
(Conf. *Ernſt.* ad Callim. p. 337.) De quinque a totidem criticis tentatis conjecturis, quae in *Menagii* commentario afferuntur, nulla eſt, quae in cenſum venire
poſſit. Nec *Braackii* lectio, quae mera conjectura eſt,
habet, quo ſe magnopere commendet. Praeclare
Heynius in comment. Soc. reg. Tom. X. p. 105. *Terrarum lectum alii ap. Menagium. An aevigium poculorum
in Pariorum drachmis expreſſum fuerit, ignoro: caprum
occurrere bene novi, adeoque deliberandum, ſine legendum:
τῶν ἐπίσημα τράγος.* — *g. 142.*] Eximie hunc Arceſilaum celebrat poëta, tanquam ipſis Minervae manibus
formatum artificem. Ceterum Arceſilaum Parium laudat *Plin.* T. II. p. 703. ſed ut pictorem; eundem fortaſſe, cujus tabulam pictam commemorat *Pauſan.* I. 1.
p. 4. Alios ejusdem nominis artifices vide ap. *Juniam*
in Catal. — Pro ἐπίσημα Urſinus ἐπίσημα habet.

LXXV. (*LXXXI.*) In primis Vat. Cod. paginis
ſine lectionis varietate legitur; et in Planud. p. 296. St.
436. W. Urſinus p. 166. Scopae Bacchum deſcripſit
Calliſtratus in Statuis II. p. 891. ſq. ad quem notavi
nonnulla in Exercit. critic. T. II. p. 11. ſq. Nec hoc
diſtichon veteris eſt illius *Simonidis*, qui Scopae florem
videre non potuit.

LXXVI. (*LXXXII.*) Apud *Pauſan.* X. 27. p. 866.
Urſin. p. 165. Deſcripta tabula Iliaca, κατὰ ταῦτα τῆ

γτοφς, inquit, και λεγχιδς δετι Σιμονιδου· Τρφχε . . .
Huc pertinere glossam *Hesychii*, θεδετου ται 'Αγλαοφωντος,
ibique γλωε scribendam esse, putavit *Waffe* ad *Thucyd.*
L. L. 100. p. 377. ed. Rip. non assentiente *Hemster-*
busio. In Cod. Vat. p. 474. unde illud tanquam inedi-
tum protulit *Luc. Helften.* ad Steph. Byz. p. 133. insigni
cum varietate legitur: τρφλεν 'Αριγνωτον -. Sq. versa
autem ἰδιεν. Mira lectio, cujus origo non tam facilis
est intellectu. Polygnotum Trojae excidium pinxisse
in portica, satis constat. Arignotus quidam occurrit
ap. *Paufan.* II. 27. p. 172. Thrasymedis Parii sculptoris pater, qui ipse an sculptor pictorve fuerit, non constat.

LXXVII. (LXXXIII.) Planud. p. 302. St. 448. W.
Vulgo δηλον. In Florentina nihil superscriptum. Praecedit autem Epigr. *Simonidis*. Huic *Br.* tribuisse videtur propter Ep. (LXXXIV.) quod nostri esse Planudea
et membranae testantur. Fuit *Cimon* inter primos artis
pictoriae cultores, quippe qui Eouari, marem femi-
namque primum discernentis, imitato excoluisse dicitur
ap. *Plin.* XXXV. 34. p. 690. Ejus nomen, in Κλεων
depravatum, *Perizonius* restituit *Aeliano* V. H. VIII. 8.
qui Cimonis aevo την γραφικην τρφτον και εν ευαρρθμοις
και γλιαξει fuisse, eleganter dicit. Eum aequalium
suorum calumniis laborasse, ex hoc epigrammate suspicari licet.

LXXVIII. (LXXXIV.) Vat. Cod. p. 480. *Planud.*
p. 361. St. 508. W. De quibus portis hic agitur, ignoramus. De Dionysio pictore vide *Junium* in Catal.
p. 79. et *Perizon.* ad *Aelian.* V. H. IV. 3.

LXXIX. (LXXXV.) Vat. Cod. p. 610. sine auctoris nomine. Ut δηλον edidit *Wolf.* in Pr. Sapph. 232.
Simonidi Brunckius videtur attribuisse propter Ep. seq.
ubi ejusdem Iphionis fit mentio. Corrigendum videtur:

ἰφλον οὐδ' ἐγραφον - - -

De Iphione aliunde non constat.

LXXX.

LXXX. (LXXXVI.) Vat. Cod. p. 480. Planud. p. 302. St. 442. W. Ursin. p. 166.

LXXXI. (LXXXVII.) Hoc distichon unde sumserit *Brunckius*, lectores non monuit. In Anthologia Vat. Codicis non magis habetur, quam in Planudea. Fortasse alii ejus sedem, quam frustra quaesivi, indagabunt.

§. 143.] *LXXXII. (LXXXVIII.)* Vat. Cod. p. 179. Hinc edidit *Leo Allatius* p. 214. *Reisk.* in Anthol. p. 27. nr. 465. In Cytonem, Corinthium, ut videtur, qui victoria quadam parta Phoebo dona dedicaverat. Obscurius est epigramma nec valde felicis venae. *Reiskius* e titulo Ἀφέσεα, qui Cytoni tribuitur, apparere judicat, non veteris, sed recentioris cujusdam poëtae esse. Veteres enim nomisi nomina haec appellatione ornabant. Cf. *Eurip.* Hipp. 88. ubi *Valckenarius* p. 175. E. notavit, Graecos ne deos quidem, quamvis dominos esse omnium rerum ac moderatores agnoscerent, libenter δεσπότας appellasse. — V. I. τῶ Cod. τοῖς in Cod. Menag. corrigitur. *Allatius* et δεσπότε exhibet, et verba ἀπὸ φωτὸς omittit. Idem vitiose καλυπτόν. Non satis video, cur *Reiskius* ἀγαθόν de panegyri Deliaca interpretetur. Dedicaverat Cyton, in victoriae suae memoriam, dona quaedam in Apollinis templo, in foro exstructo, unde ipse deus τῆς ἀγαθῆς ἀρέτης vocatur. Tale quid de Diana *Sophocles* in Oedip. Tyr. 161. Ἄρτεμιν, ἃ κυκλόεντ' ἀγορᾶς Θρόνον εὐκλέα θάσσει. Corinthi, ubi haec donaria forte sunt posita, Apollinis statua ex aere fuit in foro, Ἀπόλλων ἐπίκλησιν Κλάριος. *Pausan.* II. 2. p. 116. — V. 3. κόσμησεν. Cod. Sensus esse videtur, *et peregrini et cives Corinthi te propter beneficium, quod civitatem victoriis reportandis ornasti, laudant*. Molesta tamen verba, κόσμησε τοῖς στεφάνοις, ab interpolatoris, mutilum versum explere conantis, prava sedulitate profecta suspicor.

LXXXIII. (LXXXIX.) Planud. p. 302. St. 442. W. ubi *Simonidi* tribuitur. Veteris esse non patiuntur ra-

R

tiones chronologicae, cum Colossum positum esse constet Ol. CXXIV. Cf. *Polyb.* V. 88. et *Scaligerum* ad
Hieron. Chron. p. 137. Hoc nostrum distichon Colosso
insculptum fuisse, tradit *Constant. Porphyrog.* de Adm.
Imp. p. 172. ed. *Bandur.* quod verum esse negat *Maffei*
in Crit. Lapid. p. 31. sq. cum illa statua basin non habuerit. Ineptam quoque esse additamentum ἐν 'ῥόδῳ,
cum quisque rideret, ubi posita esset statua. Pro ἐντέως
ἄνω *Strabo* XIV. p. 964. B. ἐντέως ἄνω legit; in qua
mensura *Straboni* convenit cum *Plinio* XXXIV. 18. T. II.
p. 647. *Solis colossus Rhodi*, *quem fecit et Chares Lindius, Lysippi supradicti discipulus. Septuaginta cubito-
rum altitudinis fuit.* Quod nostra lectio *Lachesi*, alia
Chares tribuit. Nam ap. *Strabon.* l. c. χάρις; ἰνδὸς legitur; unde *Eustath.* ad *Dionys.* Perieg. 505. p. 72.
Brunckius cum *Harduino*, Charetem hoc opus inchoasse,
Lachetem perfecisse, judicat; unde diversitas traditionis
originem duxit. Eadem ratione jam *Meursius* difficultatem expedire tentavit in Rhod. l. 15. Caussam, cur
Chares sibi post opus inchoatum mortem consciverit,
narrat *Sext. Empir.* adv. Mathem. VII. p. 391. Non
erat igitur, cur *Rodorus* ad *Martial.* l. Ep. LXXI. p. 146.
lectioni χάρις patrocinaretur.

. *LXXXIV.* (XC.) Planud. p. 331. St. 470. W. Equi-
ulus. Ursinus p. 166. *Athenaeus* l. XIII. p. 591. A. ὁ
Πραξιτέλης, ὁ ἀγαλματοποιός, ἰδὼν αὐτὴς (Φρύνης), τὴν Κνίδιον
'Αφροδίτην ἐπ' αὐτῆς ἐκλάβετο καὶ ἐν τῇ τοῦ 'Έρωτος βάσει τῇ
ὑπὸ τὴν σκηνὴν τοῦ Θεάτρου ἐπέγραψεν Πραξιτέλης. . . Quae
verba *Brunckius* non ita accipienda esse monet, ut Praxiteles ipse elogorum auctor habeatur; quamvis nec *Simonidi* sint habenda, cujus aetas cum Phrynes aetate non
convenit. De hoc *Praxitelis* Amore, quem inter praestantissima sua opera ipse censebat artifex, vide *Pausan.*
l. 20. p. 46. — V. 1. Argutum hoc: Praxiteles Amorem, cujus animo flagrabat, repraesentavit ita, ut ejus spe-

ciem ad exemplum, fuo animo impreſſum, adumbraret.
Hanc ſententiam expreſſit *Julian.* Ep. XIL αὐτὸν γὰρ τὸν
Ἔρωτα τὸν δι δαδὶ κατεθμανὲν με Χαλκόεις, ὀφύγη δίαα τίμας
φιλίας. Phryne ipſi viciſſim pro Amore amorem repen-
dit. μαῖθὲν ἀμαία Aιδεια.   Ipſe deus loquitur. — φιλτρα
ὶὶ βάλλα Οὐκὶτ' ὄιετύον— Aιδεια. quod alteri lectioni praeferendum non videtur.   Amor deſiderio et cupidine
implet pectora intuentium. ἐπικιζμενος. Qui rectis oculis
aliquid intuentur, ἀτενίζειν dicuntur. *Poſidippus* Anal.
T. II. p. 528. τὰς ἐπτνιζῶσας νἶα ἱμέρησε κόρας. *Syneſius*
Epiſt. I. ὥσπερ ἀγάλμασιν ἱστενίζειν τοῖς βρέφεσιν, ἀγαμέναε
τοῦ κάλλους. *Lucian.* T. III. p. 370. τὶς ἀτενὲ ται τοῖς ὀφθαλ-
μοῖς καθαρῶς δυνάμενος, ἀλλ' οἷον λημῶντες.

LXXXV. (XCI.) Ex Cod. Vat. p. 612. edidit *Leo
Allatius* p. 216. cum lemmate: ἐπὶ τῇ στερωμένῳ τρήματον.
Metrum prioris verſus eſt, ut in Epigr. (LXXVI.) tetrameter dactylicus cum ithyphallico, quem excipit verſus
jambicus trimeter catalecticus. — Scriptum in Xan-
thippen, Archenautis conjugem, ex Periandri, tyranni,
genere ortam. — V. 1. *Allatius* contra Cod. fidem
ἄ-χει κόθϊν. De hoc homine nihil mihi compertum eſt,
nec de ejus uxore. De Periandro omnia nota. —
V. 3. *Allatius* vitioſe: Περιάνδον κ. ἑκατθ' ὑνσιέργεσ Σ. Λ.
Σίρμ' ἔχον Χ. In Codice τέρμ' ἔχον legitur. Vera videtur emendatio, ἔρμ' ἔχον, cujuscunque fit. *Homerus* principatum five principes urbis ἔρμα πόλεος appellat in Od. ψ.
121. ἡμεῖς δ' ὅρμα πόλεος ἀπέστ αμεν, οἳ μὲγ' ἄριστοι Χούρων
εἰν Ἰθάκῃ. ubi *Euſtath.* p. 806. 54. τὰ στερήματα δε ἀπὸ
τῶν κατὰ τὰς ναῦς ἑρμάτων — ἢ καὶ ἄλλως τὸ κατὰ τοὺς στό-
λους καὶ πλόκας ἱδράματα. Sarpedonem a Patroclo interemtum plorabant Trojani — ἐπὶ σφισιν ἔρμα πόλεος ἔστιν.
Il. π. 549. Comparant *Scholia* Pindaricum ὅρμων' Λαρθ-
γανῦος Olymp. II. 12. Qui maxime pervulgatam vocis
ἔρμα ſignificationem, de *faburra* uſurpatae, meminerint,
tyrannum civitatis imperium fortibus manibus tenen-

R 2

rem, caventemque, ne civiles procellae remp. fubvertant,
non ineleganter *ipsa aetate* appellatam fatebuntur.
Phaeias regulam, quae manum, quo minus a recta linea
aberret, impedit, *ipsa regulae aequalitate* vocat in Ep. III.
T. II. p. 52.

LXXXVI. (XCII.) Ex Cod. Vat. p. 286. primus
hoc carmen edidit *Leo Allatius* p. 215. cum lemmate:
εἰς τοὺς ναυηγοῖς ἐν Γεραίστῳ καὶ ταῖς Εκιράσιν πίτραις ναυηγή-
σαντα. *Holflen.* ad Stephan. Byz. p. 83. *Heringa* in Obff.
crit. p. 266. *Reiske* in Auth. p. 134. nr. 703. qui hujus
carminis emendationem infelici fucceffu tentavit. Dubitari non poteft, quin poëta primo difticho rupem Gera-
neam alloquatur, quam inter Megaram et Corinthum
fitam effe tradit *Stephanus*. Prominebat autem in mare,
ut ex Inus fabula apparet, quae Athamantem fugiens
inde cum Melicerta defiluit.   Hic igitur naufragium
fecerat is, cujus mortem poëta deplorat.   In *ὑψέν* multa
fruftra tentavit *Reiskius*, cum fit *alta, aeria rupes*, quam
ad Iftrum potius et Scythas, quam ad Mare Aegaeum
fitam effe optat *Simonides*.   Nihil hic difficultatis video,
quae tum demum exfiftit, ubi *ἄρσας* cum *Reiskio* ad nau-
fragum referas. Ceterum idem probe vidit, pro *ἄρσας*,
quod eft in Cod., *ἄρσας* legendum effe.   Sic etiam *Salmafius* dedit ex conjectura in Exercit. Plin. p. 93. D.
ubi duo priora difticha emendatiora exhibet; unde eadem repetivit *L. Holflen.* ad Steph. p. 201. — Mox

Cod. ἱστρον   *ἵστρον* habet *Allatius*; reliqui *ἵστροι*. —
V. 2. *Reiskius* male *ἐν Ξανθ.* corrigit, quamquam eum
non fugiebat, fenfum effe, *Tanain longo tractu e Scy-
this defcendentem.   Heringa* Ἱς Ξανθίαν emendavit. —
V. 4. *ἀγχία ναυαρκίας ἀμφὶ μὰ Σκυράδος.* Codex. *Allat.
Holflen.* Hic tamen *μαθαρκίδας* habet, quod *Reiskius*
pro genuina lectione arripuit, fcribens: Αἰθία (five Δωρία)
v. ἀμφὶ Μαθαρκίδας. * Aenea circa infulas Maeburiadas ae-

vibus pressas. — *Ἰγαια. Salmas.* emendarit et *Heringa.*
Gravius vitium, nomini proprio in fine versus inhaerens, feliciter emendavit *T. Hemsterh.* ad Lucian. T. I.
p. 307. ἐπὶ Μελουνδίας. Cujus veritatem evincit *Schol.
Pindari* p. 428. 'τινὲ - διὰ Γεραστίας τοῦ ὄρους τοῦ Μεγαρι-
κοῦ φυγούσα, καὶ στάσα ἐπὶ τῆς καλουμένης Μελουνίδος (Scr. Με-
λουρίδος ex Tzetza in Lycophr. v. 229.) ἥλατο εἰς τῇ φέρῃσι
εἰς τὴν ὑποκειμένην θάλασσαν. Praeter *Strabonem*, cujus
loca *Hemsterhusius* collegit, harum rupium utram descripsit *Pausan.* l. 44. p. 108. — V. 5. φερείαν *Allat.*
ααφείαν *Holsten.* Initio versus *Reiskius*, qui poëtam cum
naufrago loqui temere arbitrabatur, scripsit, νῦν δέ ἐν
μὴν πόντῳ - - -.

§. 144.] LXXXVII. (XCIII.) Ex Vat. Cod. p. 288.
protulit *Allatius* p. 215. *Reiske* in Jensianis p. 135.
nr. 705. — V. 1. Ἐπαίνος Cod. Ἐπαίνει; *Allat.* et
Reisk. — Deinde ὑπέθηκεν *Jens.* quem errorem R. correxit.

LXXXVIII. (XCIV.) Codex Vat. p. 288. *Allatius*
p. 215. *Reiskius* inter Jensiana nr. 746. p. 153. Me-
gaclis nomen inter Athenienses illustrissimum. Vide
Herodot. l. 59. 60. VI. 125. 127. et 131. Non minus illustre nomen Calliae; quo item plures usi sunt,
quos enumeravit *Palmerius* in Exerc. crit. p. 754. et
in nota, eruditionis plena, *Perizon.* ad Aelian. V. H.
XIV. 16. Cum his conf. *Wessling.* ad Diodor. Sic. T. I.
p. 480. Ad quod factum hoc distichon referendum sit,
mihi quidem non constat. Megaclem, cujus mortem
poëta commemorat, *Reiskius* pro Calliae filio habet;
quod certe non necesse est.

LXXXIX. (XCV.) Planud. p. 256. St. 370. W.
Urfinus p. 162. Inter Jensiana repetivit *Reiske* p. 135.
nr. 706. In Vat. Cod. legitur p. 288. In Clisthenem,
qui in ponto Euxino perierat. Inscriptam cenotaphio;

onde: *εἴμα μὲν ἑλλαδ. κ. κ.* ot quidem in Planudea scribitur. In Vat. Cod. *εἴμα* legitur. Hoc arripuit *Raiske*,
qui praeterea *φυόντα* corrigit. In sensu argutatur, cum
ἀεθθει per *ἐχει* explicat. Fatendum tamen est, parum
concinnam esse antithesin in hoc disticho: Corpus tuum
peregrina quidem condit terra, perusti autem in mari
nigro. Auxilium feret poëtae, verba *ἐ, δὲ — πλεξφμνον*
uncinis coërcendo; quo facto sensus evadet melior. Hoc
tibi quidem contigit, ut humareris; reditum in patriam
autem fatum negavit. — V. 2. *οἷς* et *οἷς* in Planud.
μοῖρα praebuit Vat. Cod. — V. 4. *ἐχβοντες*. Planud.
Quod cur *Reiskius* membranarum lectioni *προλαμες* praetulerit, ignoro. — *ἐπ'* Vat. *ἐς* Planud.

XC. (XCVI.) Cod. Vat. p. 288. Primus edidit *Al-*
latius p. 215. *Reiskius* in Jenf. nr. 747. p. 153. Hinc,
ut videtur, prolatum a Cl. *Goens* in Not. ad Porphyr.
de Antr. Nymph. p. 69. In Cleodamum quendam, Di-
phili filium, qui, in Thracum insidias incidens, cum
fugam capessere nollet, interfectus est. Inepte lemmatis in Cod. auctor ex uno nobis duos fecit: *εἰς κλεόδημον*
ἀπὸ θρεχῶν λοιπεθέντα καὶ ἑλόντα διαθλον νίον. — V. 1.
κλεόδημον Cod. Vat. et *Allat.* — Quem fluvium poëta
θεάφρον vocat, idem esse videtur ac *Τεαρος Herodoti*
p. 322. 30. cui loco *Wesselingius* hoc *Simonidis* Epigr.
admovit. Vide *Gossttner* Comm. de Thracia l. II. p. 62.
— *ἐπὶ προχρησι*. ubi Theaerus in fluvium Contadesdum
fluit; secundum *Herodot.* p. 323. 4. — V. 3. *Allatius*,
a lemmatis auctore in errorem inductus, *κλέσεον* edidit.
Raisk. κλεανδρ.

XCI. (XCVII.) Bis exstat in Vat. membranis: p. 246.
ἐς τοὺς ὑπὸ Διαφρας ναυαγήσαντας, et p. 310. *εἰς ναυαγοὺς*
τινας ἐν Τοσκανίᾳ ναυαγήσαντας. *Allatius* p. 216. *Fulv.*
Ursin. p. 158. *Reiskius* in Jenf. nr. 715. p. 140. Planud. p. 245. St. 356. W. — Insignis est lectionis in

v. 1. diverſitas. Planudea et Vat. Cod. priore loco τούς
δε τοτ' ἐν Κρήτας legunt. Bronckiana lectio habetur in
altero Vat. loco et ap. *Allas*. *Schneiderus* ſuſpicabatur,
hoc diſtichon ſcriptum eſſe in puerorum Meſſeniaco-
rum gregem, qui Rhegium miſſi, in mari Siculo ſ. Tyr-
rhenico perierunt.   Vide de hoc caſu *Pauſan*. V. 25.
p. 442. et notata ad *Hippias Elei* Epigr. in Anal. T. II.
p. 57. — ἐπιγράψαι αὐτῷ ἐγέγραπτο Vat. pr. loco. — V. 2.
ἐν εὐάφοις. Planud.

XCII. (XCVIII) Vat. Cod. p. 251. Planud. p. 194.
St. 282. W. *Urſin*. p. 163. „In Planud. Ναύβλιαν – τίνες τὸ
ναύφιν. contra metrum. Scribere poterat Monachus ναῦλ.
„At vera lectio eſt ναυλ. Scriptum in Vat. Cod. a prima
„manu ναυλ et ſupra correctam ναυλ. Vide *Dorvill*. ad
„Charit. p. 228." *Brunck*. In Cod. Vat. a pr. manu
fuit ναῦλ, ſed alterum λ eraſum. *Salmaſio* debetur hujus
loci emendatio. Fortaſſe olim ſcriptum fuit ΠΟΛΑΙ,
quo numero hujus urbis nomen effert *Tzetza ad Lycophr*.
p. 141. et, qui paulo gravior eſt auctor, *Callimach*. ap.
Strabon. I. p. 46. — τὸ μὲν φυγόδαν τις ἀνίστων ἔρχεσθαι,
ἀτὰρ μελίττων γλήθε' ὑπάργει Πῶλας. — Ceterum Ναύβλιαν eſt
etiam in Cod. Vat. *Urſin*. Ναύβλημα. quo verſus vitium
inſigniter augetur.

§. 145.] XCIII. (XCIX.) Vat. Cod. p. 505. Τμωε-
ſθέν. In Planud. p. 52. St. 74. W. ἅτινων. — In Aldina
ſec' θάνων. — χαίροι τις haeres, puta. *Nunc ager Um-
breni ſub nomine, nuper Oſelli dictus, eris nulli proprius;
ſed cedes in uſum Nunc mibi, nunc alii*. *Horat*. II.
Serm. II. 133. — θανάτῳ ὀφειλόμεθα. *Debemur morti
nos noſtraque*. Idem in Ep. ad Piſon. 63. Morientes
debitum perſolvere exiſtimantur. Vide, quae notavimus
ad *Theodorid*. Ep. X. T. II. p. 43.

XCIV. (C.) Vat. Cod. p. 288. Planud. p. 256. St.
371. W. *Urſin*. p. 162. Timarchi cujusdam morituri

R 4

ad patrem verba. Simile eſt carmen *Anytes* XVIII. et *Samii* III. In Cod. Vat. nomen viri eſt Πρόμαχος, quod metrum non patitur. Inepte lemma: εἰς Πρόμαχον υἱὸν Τιμάνορος. Timarchi pater filius erat Timanoris; hinc Τιμανορίδης. — V. 2. Ἀμφ' vulgo. Veram lectionem, quam membranae praeſtant, vidit *Scaliger* et *Huſſini* p. 24. Ἀφ' ὑμετέρων ἐντων ἀλαίην dictum, ut ap. *Pindar.* Iſthm. 2. 47. οὐκενθὶ κετανοντας ἀλαίης. — V. 3. οὐοντα λέγεν - καθίστι. Semper meminerit filii sui virtutem et modeſtiam deſiderare. In Edit. Flor. et Ald. pr. λέγεη.

XCV. (CI.) Vat. Cod. p. 239. Planud. p. 261. St. 376. W. *Urſin.* p. 162. In eundem Timarchum. — ψυχάεν μέντι. ut in Epigr. ἄλλφ. DCCXX. Parca - ἡ Ἀτρετοὶ ψυχὰν τοίεαε' ἐπὶ σώμασιν Ἀιθίιν Λάτὴν τοῖς μελλαις αὖα ἀντέειεις μέντιν. Pro ἱρετᾷ Cod. Vat. ἀρετᾷ habet. — V. 4. καρδίαν Planud.

XCVI. (CII.) Planud. p. 296². St. 414. W. Vat. Cod. p. 251. *Urſin.* p. 163. Iu Megariſſi liberos, Pythonacten filium ejusque fororem, immatura morte exſtinctos. — V. 1. In contextu Cod. Vat. κασηγνήτε σέωνθε. Lemma eſt: Εἰς Πυθόνακτα καὶ τὴν ἀδελφὴν αὐτοῦ. In marg. γε. κασήγνητον. — V. 3. idem κατὰ φθιμένοισι. «In Planudea patris nomen non comparet, quia librarii «in duas voces illud diviſerant, μέγ' ἄρετον. Similem «mendam in *Apollonio Rhod.* ſuſtulit II. 102. elegan- «tiſſimus *Pierſon.* Veriſim. p 206.» *Br.* In Cod. Vat. item μέγ' ἄρετος — μνήμα ἀιθένετον. Hinc fortaſſe *Phi- liſcus* T. L. p. 184. Μῶτα κατεφθιμένην καὶ τάφον ἀιθέναε- τον. Quamvis incerta lectio.— In fine Cod. χαρίζοναε'.

XCVII. (CIII.) Cod. Vat. p. 288. integrum habet, cum lemmate: Σιμωνίδου εἰς Γάργιππον ἀντιγέγραπται. In Planud. p. 209. St. 304. W. prius tantum diſtichon

proftat, fub *Alexandri* nomine. Pofterius primus edidit
Burmann. ad Anth. Lat. T. II. p. 222. ex Excerptis
Sylburg. Mihi nondum perfuafum eft, duo haec difticha unum carmen conftituere; certe fi disjunxeris,
utrumque perfectum et integrum videbitur. — Alterum 'diftichon comparandum cum Ep. *Sapphus* IV. in
puellam — τὴν δὲ ὑπὸ γάμοιο ἰσωίεαι Δέξετο Φερεφόνας

ἀνθεσι Θάλαμος. — V. 3. Cod. ἐνίδει. et in fine Θάλαμος.
Burmannus Περεςὸντος. Φερεφόνας Θάλαμοι *Empedocl.* Ep. II.
Ep. inter ἀδέσπ. DCCXXXIV. τὴν καὶ τουτὸς ἔχει Θάλαμος.

· XCVII. (CIV.) Exftat in *Stob.* Flor. XCVI. p. 528.
Gesn. 407. Grot. et primo verfu, qui ap. *Stobaeum* defideratur, addito apud *Urfinum* p. 167. et in Appendice Planud. p. 511. St. °16. W. Elegiae videtur particula. Vituperat mortales, qui rerum humanarum mutabilitatem non reputant. — 9. 146.] *Homeri* verfus,
quem *Simonides* laudat, eft in Il. z. 146. Eandem in
mente habuit *Mimnermus* ap. *Stob.* p. 526.:

     ἡμεῖς δ' οἷά τε φύλλα φύει πολυάνθεμος ὥρη
          ἦρος, ὅτ' αἶψ' αὐγῇ αὔξεται ἠελίου,
     τοῖς ἴκελοι, πήχυιον ἐπὶ χρόνον ἄνθεσιν ἥβης
          τερπόμεθα — — —

et is, qui *Mufaei* nomen mentitus eft, ap. *Clemens. Alex.*
Strom. VI. p. 738. 18. *Horatius* Epift. ad Pifon. 60.
ad fermonis mutabilitatem fignificandam eadem imagine
utitur: *Ut fylvae foliis pronos mutantur in annos, Prima
cadunt, ita verborum vetus interit aetas, Et juvenum ritu
florent modo nata vigentque: Debemur morti nos noftra-
que.* Plura vide ap. *Gatakerum* in M. Anton. X. p. 318.
— Ξίος ὑπέρ. *Theocris.* Eid. VII. 47. Ξὰν κωλὰ. *Homerum.* Vide *Lotz. Allat.* de Patr. Hom. p. 240. — V. 7.
Ἰχρι ex *Urfino* in Analect. edidit *Br.* Sed Ἰχρι fcribendum monuit in Lect. p. 24. et fic ap. *Stobaeum* legitur. ·

Dum juventutis flore fruimur, mentis levitas multa defignat non habitura exitum. Qui, quae humilem mortalium fortem exfuperant, dicit, cogitative, quo deorum
vindictam in fe excitet, *αὐτὰ λέγειν* et *φρονεῖν* dicitur.
Nautam, qui fibi certum reditus tempus animo firme-
rat, — *κατέπηξε ταῦτα τὰ μήκεσι ὕπες*, ap. *Antiphil.* Ep.
XLIII. Hinc Nemefis *τὰ μείζω φρονήματα ἰοντὰς* freno
cohibere dicitur ap. *Mefomed.* L T. II. p. 292. Dedit
hoc pertinentia *Munker.* ad *Antonin. Liber.* XI. p. 72. —
V. 9. *ἰκέτας.* Nec fenectutem cogitat juvenis, nec mor-
bum fanus. *ἰκέλι* pro *cogitatione*, *ἰκέλλοι* pro *φροντίζει*
illuftrat *Abrefch.* ad Aefch. T. I, p. 363. — V. 11.
νοντας: ταύτη Stob. et inox *αὐλὶ ἔναφη.* — *ταῦτα μαθὼν,*
Haec apud animum tuum repulans, usque ad vitae ter-
minum indulge genio animumque bonorum fructu impertire ne dubites.

    XCIX. (CV.) *Athen.* L. III. p. 125. C. D. *καλλί-
φρατος ἐν ἰδίᾳῳ συμμίκτων φησὶν, ὡς ἰστιώμενος παρά τινι
Σιμωνίδης ὁ ποιητὴς, κρατεροῦ καθματος ὄρας, καὶ τῶν οἰνοχόων
τοῖς ἄλλοις μεγίστων οἷς τὸ ποτὸν χέοντας, αὐτῷ δὲ οὔ, ἀπεσχε-
δίασε τόδε τὸ ἐπίγραμμα· τῇ μὲν κοτ'* . . . . . *Urfinus* p. 167.
— V. 1. emendavit *Cafaubon.* τῇ μὲ pro τόν μὲ. Nivem
poëta digito ostendere videri debet. Illa nive *Boreas
Olympum quondam obruit.* — Pro *ἐξῶς* vulgo *ἔνως* legitur. Ex obfervata imitatione Callimachea Hymn. in
Dian. 114. *Αἴμα ὅτι θερμὰς· τίθει Βορέαο κατᾶξ Ἐρχοται
ὁχλαίνοντι ἰωκάδα ψηφὴν ἄγοντα, Valckenar.* ad *Herodas.*
VIII. p. 675. 5. emendavit *ἐξῶς,* quo *Boreas penetrabile
frigus* indicaretur. *Sophocl.* Aj. 258. *ἔξει ὀξὸς ὄντας
ὁς. Pindar.* Pyth. I. 39. *χιόνος ὀξεῖας τιθέντα Αἴτνα.* Quae
loca cum fimilibus ad verbum *ἀξὺς* illuftrandum attulit
Graevius in Lect. Hefiod. c. IX. p. 46. Inprimis comparandus ad noftrum locum *Eurip.* Cyclop. 328. *ὅταν
δὲ Βορέας χιόνα θρηίκιος χέῃ, Δορχᾶσι θαρρὸν σᾶμα περιβαλὼν
ἐμὸν — χρῖνος τὶλὶς μοι μέλει. Orpheus* Hymn. LXXIX.

χειμαζοις αὐραις ὑπὲν βαθὺν εἶρα αδρμιν, Χρυσοτερψις δορίη, χιονόλοις ἰαδ' ἐπὶ ορζᾶτε. De Thracia, ventorum fede; veterum loca collegit *Klotz.* ad Tyrt. p. 70. — Pro ἰμφῶθυ ap. *Athen.* legitur ἰμφώθυ. Hæc contra *Dalechampii* conjecturam ἐϊμφῶθυ tueri conatus eſt *Cafaubonus* p. 239. antitheſin ſtatuens inter ἰλανι et ἐμφῶθυ, *olim biemis tempore mordebat nix, nunc emollita eſt.* Hanc interpretationem adoptavit interpres Franco gallus, qui vertit: *mnis elle s'eſt enfin rêlâchêe de ſa rigueur, tranſ enfonie dans lo ſerre de Pieris.* Idem defendit vulgatam τὰν δὲ — primum diſtichon hoc ſenſu accipiens: *La vent ſoufflans avec violence, avait jetté cette neige dans les flancs de l'Olympe.* Male. *Brunckii* lectio accipienda de nive in terram defoſſa. χιὼν ζωὴ, viva nix, opponitur nivi æſtatis calore ſolutæ. Eleganter et ingeniose poëta de nive ut de homine loquitur, ζωὴ ἐντεσσάμενα. Vide Intpp. *Hefychii* T. I. p. 1352.

C. *(CVI.)* Ap. *Athen.* X. p. 456. C. et in Append. Anthol. p. 512. St. *17. W. Ex *Athenaeo,* qui *Simonidi* hoc aenigma tribuit ex auctoritate *Chamaeleontis Heracleotae* ἐν τῷ περὶ Σιμωνίδου, apparet, jam veteres de horum verborum ſenſu vehementer dubitaſſe. Alii ex donario, hircum et delphinum inſculptos habenti, inſcripta fuiſſe putabant; alii earundem beſtiarum imagines in pſalterio fuiſſe dicebant, et verba, ἔνοχθον ac δωνδέους θηράοντα, de dithyrambo accipienda eſſe. (Cf. ad Ep. LVII. 2.). Alii totam rem in hunc modum explicabant: Morem obtinuiſſe in Iulide, ut, cum ſacra fierent, juvenis borem ſecari ſoriter. Quod officium cum quondam *Simonidi* delatum fuiſſet, ſeque, inſtante feſta, ſecurim ad fabri aerarii officinam tuliſſet, illum quidem dormientem, in terra autem otrem et forcipem, fibi invicem obverſa, offendiſſe. Tunc itaque poëtam, domum reverſum, familiaribus ſuis hoc aenigma propoſuiſſe. Verbis νωτὰς ἰφίσου arres ſignificari; τὸν εχτιλαν ἐσθὴν esse forcipem, qui καρκίνος vocatur; πατὴρ ἐκεῖνα de ſomno, quo ſaber oppreſſus fuerit; τὸν ſωμάτων denique de ſecari accipiendum eſſe. — V. 1. καττίς τ' ἰφ. Vulgo. et v. 2. ἐρίσαντα.

CI. (CVII.) Athen. L. X. p. 456. E. F. Τιμοκλέα δὲ καὶ ἕτερον ἐπίγραμμα Σιμωνίδης, ἵ παρέχει τοῖς ἀκτίρροις τῆς ἱστορίας ἀκριβεῖαν θαμά — — —. Relatum in Append. Anth. p. 913. St. °17. W. Diſtichon hoc aenigmaticum ita interpretatur Athenaeus, ut τέττιγες δεδμὲς ſit cantus certamen, ad quod Simonides diſcipulos convocabat. Qui eorum condicta hora non adeſſent, aſino, quo magiſter ad aquam advehendam utebatur, ſemimodium hordei (μέγα δεῖπνον) dare jubebantur. Aſinum vero Athenaeus judicat Epeum vocari, quod Epeus, ſecundum fabularum traditionem, Atridis aquam praebuerit; idque facientem eum in tabula picta conſpici. Παναρκίδες Epeus, Panopei filius, ap. Homer. Il. ψ. 665. Cf. Euſtath. ad Il. p. 1445. 48. et Suchforts in Steſichori Fragm. p. XXX. ſq.

§. 147.] CII. (CVIII.) »In Salmaſiana collatione »Anthol. Plan. cum Cod. Vat. margini adſcriptum Σιμω- »νίδης, nulla cum mentione Callimachi. Epigrammati, »quod praecedit in Planudea, quodque inter ἀδέσποτα »retuli DCLXXIX. nec Simonidis nec Callimachi ad- »ſcriptum nomen. Alia, forte accuratiori, collatione uſus »eſt Erneſti, cujus Callimachum vide p. 331.« Brunck. In Planudea p. 222. St. 323. W. Leonidae tribuitur. In membranis Bibl. Vatic. bis legitur. Loco priore p. 234. cum lemmate τοῦ αὐτοῦ. (Praeceſſit Epigr. Philippi.) Loco altero p. 257. τοῦ αὐτοῦ, ſcil. Σιμωνίδου, cujus ſolius nomen adſcriptum eſt priori diſticho Epigr. XXXV. quod hoc noſtrum proxime praecedit. Epigramma illud, quod in Planudea noſtrum praecedit, et cui initium: Τήμαι καὶ τωύτη — in Cod. Vat. ſatis longo inter-

vallo a nostra sejunctam, auctoris nomen non adscriptum
habet.   In nota *Salmasii*, quam exhibet *Ernest.* ad Callimach. p. 331. nr. LXXI. omnia perperam confusa Erroris fons et causa patebit consulentibus notas ad Ep.

Simonidis XXXV. — V. 1. ἡ γρνῖ vid. Sic Vatic. loco
pr. Poëta Plutoni injustitiam exprobrat, quod, naturae
legibus turbatis, puellam filiam ante vetulam matrem
ad inferos devocaverit.

CIII. (CIX.) Ex Cod. Vat. p. 614. edidit *Leo Allatius* p. 216. cum lemmate: Σιμωνίδου, καὶ μέτρον καὶ
τοῦτο τρεχαλιόν, πεντάμετρον κατὰ μετάθεσιν τῆς λέξεως. Qui
reliqua mutavit *Brunckius*, etiam τετράμετρον pro πεντα-
μέτρῳ debuisset scribere.   Pro καλλιεφόρον Cod. in utroque versu καλλιεφόρον praebet; idque repetivit *Allatius*.

CIV. (CX.) Ap. *Stobaeum* in Eclog. Phys. I. Tit. IX.
p. 232. ed. Heeren. p. 143. Grot. *Brunckius* exhibuit
emendationem *Piersoni* in Verisim. p. 132. Vulgo: καὶ
τ. ψυχὴ καὶ τὰ βίοτατα. *Grotius* dederat: καὶ τ. ὀμίχλη καὶ
τὰ βιότατα. Quum Codices lectionem βιότατα confir-
marent, *Heeren* recepit Grotii lectiones: ὅτι (ex Codd.
ap. Censer. οὗτοι) χρῆσθε ὅξὲ ὄδοντες καὶ καθότε ὀμίχλη καὶ
τὰ βιότατα.   Non tamen dubitaverim ψυχὴ praeferre,
quod a ψυχὴ proxime abest.   Firmatur etiam imitatione nescio cujus in Epigr. Addem. DCXV. ψυχὴ καὶ πῦτερα
ὁ πολλὰ χρόνος. ubi similia notavimus. De permutatione
vocabulorum ψυχεα et ψυχα vide quae dedit *Ernesti* ad
Callim. H. in Cerer. 46. p. 242. βαιὰ et βιαια confusa in
Sophocl. Oedip. Colon. 1199. ubi vide *Brunck.* — Ad
sententiam facit *Tibull.* I. 4. 18. *Longa dies molli saxa
peredit aqua.*

CV. (CXI.) Planud. p. 274. St. 396. W. In Cod.
Vat. bis exstat, p. 210. et 213. in calce paginae, alia,
sed antiqua, manu scriptum. Protulit *Suidas* v. ἀκωκή.

ubi male *ἀνατιτ.* habetur. De *Sophoclis* tragici morte
duplex eſt veterum traditio. Sunt, qui eum , *accepta*
tragicae victoriae nuntio, exſpiraſſe dicant. *Plinius* H. N.
VII. 54. p. 408. et alii, quos *Hardninus* laudat. Alii
eundem uvae acino ſuffocatum narrant. Hoc *Iſtro* et
Neanthe auctoribus diſerte tradit *Biogr. Anonymus* p. XI.
Καλλιππίδην ὑποκριτὴν ἀπὸ ἐργασίας ἐξ Ὀπούντος πάντα περὶ
τοῦ; ζόας, πέμψαι αὐτῷ ϲταφυλήν· τὸν δὲ Ϲοφοκλέα λαβόντα
καὶ βαλόντα εἰς τὸ ϲτόμα μέγα ὅτι ὁμφακίζουϲιν, ὑπὸ τοῦ ἄγαν
γήρως ἀποπνιγέντα τελευτῆϲαι. Idem ſecutus eſt *Sotades* ap.
Stob. Tit. XCVI. p. 526. 18.:

     Ϲοφοκλῆς μέγα ζηγὼν ϲταφυλῆς ϲτιγὼς τέθνηκε.

Et *Lucian.* de Macrob. T. III. p. 226. 30. Diverſas
has traditiones conciliare conatus eſt *Hardninus*, dicens,
Sophoclem, in illa laetitia, quam ex nuntio de victoria tra-
gica cepiſſet, vinum bibiſſe acinique hauſtu ſtrangulatum
eſſe. At ejusmodi interpretationes ſi admittendae ſunt,
nihil eſt in univerſa hiſtoria difficultatis, quod non expediri queat. Ingenioſius *Leſſingius* noſter, in Operibus
Tom. L p. 304. ſqq. fabulam de *Sophocle* acino uvae
ſtrangulato ex hoc ipſo Epigr. male intellecto profluxiſſe
arbitratur. Verba poëtae non proprio ſenſu explicanda
eſſe, ſed victoriam, poëtae a Baccho conceſſam, ſub
uvae imagine intelligi ; uvam itaque mortis dici cauſam,
quod poëta, nuntio de victoria accepto, ſubita morte
exſtinctus ſit. Agnoſcimus in hac explicatione *Leſſingii*
acumen, cujus ope ut ſaepenumero ea, quae ceteros
omnes fefellerant, inveſtigavit, ſic contra eodem crebro
a recta et ſimplici veritatis via deductus eſt. *Anacreon-*
tem eodem mortis genere periiſſe, narrat *Plinius* VII. 5.
Valerius Max. IX. 12. ubi certe allegorica interpretatio
locum non habet.

     CVI. (CXII.) Vat. Cod. p. 180. Primus protulit
Leo Allatius p. 214. *Kuſter.* ad *Suidam* v. ἥϲυχος. Antbol-

Reisk. p. 28. nr. 470.   Non veteris illius *Simonidis* carmen esse constat; sed nec illius nepoti cum *Reiskio* tribui potest.   Sacra Gallorum post Ol. CXXV. in Graeciam penetrarunt.   Jam *Antiocho M.* regnante, i. e. post Ol. CXXXIX. 2. vixit *Simonides Magnesius, Sipyli* filius, quem *Suidas* Antiochi res gestas scripsisse tradit.   Vide *Allatium* p. 217. *van Goens* Dissert. de Sim. p. 33.   Hic forrasse hoc Epigr. conscripsit, in quo Gallus, vi tempestatis sub rupem compulsus, leonem tympani sono in fugam compulisse narratur.   Idem argumentum tractarunt *Alcaeus Messin.* Ep. VIII. *Dioscorid.* Ep. XI. *Antip. Sidon.* XXVII. quod, ni fallor, totum e nostro expressum est. — V. I. 2. *Suidas* in κατέλυσεν sic profert: Σωμερίαν τις σταὶο κατέλυσεν δρμαλιης γλθεν ύπὸ σκιάδα. *Reiskius* γλθεν dedit, contra Cod. fidem, quam fecutus est *Kufter.* — V. 3. ἀπ' ἡμέξατο. Cud. Seq. versu τις καὶσγ. operarum fortasse vitio, κεῦλην ἐτφαλά, poëta dixit, ubi Gallus effugium non habebat. — Pro ἰατὸ λίων apogr. Lipf. ὑπὸ λ. male. — V. 5. 6. habet *Suidas* v. ήξατεν sic: αύτὴς ὁ κατεραμένη μ. τ. ἰσχίτο χ.   Hic in *Suidas* edit. p. ὁ legi, distinctione in fine versus posui, monuit *Brunckius*; nec aliter hunc verfum scribendum censebat *Toupius* in Cur. nov. p. 216.   In cod. est ὁ κατεραμένη et ἰσχὶθε. In marg. γρ. ὁ εχεθε.   Idque una cum lect. contextus exhibet *Allatius.*   Poteramus igitur superfedere conjectura *Reiskii*, αύτὴς ὁ κατεραμένος μ. τ. ἰσχὶ τὸ χειρ. — V. 7, αίμον est in apogr. Lipf. et ap. *Kufter.*   In Cod. ipfo et ap. *Allatium* legitur βεῖμον. *Dioscorid.* Epigr. XI. ὑδ βαρὺν ἐδ μέλισε λαεῖς ψέξων. *Antip. Sid.* XXVII. αύτὴς ὁ Σαμβύσης ἐφθέγγετ βαρύν.   Non erat, cur a Codicis scriptura recederetur, quae altera longe est gravior.   De fonitu vehemente et terribili *Eurip.* in Hippol. 1201. ἠχὼ, χθόνιος δε βροντὴ Διός, βαρὺν βρόμον μέθηκε.   De ipfo tonitru *Pindar.* Ol. II. 45. Semele ἀπολομένα βρόμῳ κεραυνοῦ. Et βροντὰ βαρύδουπον *Euripid.* in Phoen. 190,

Quo vero epitheto graviſſimum tonitru ſonitum pinxit, idem graviter ſonanti tympano tribuit in Bacch. 156. βαρυβρόμων ὑπὸ τυμπάνων. Idem in Helena 1363. junxit τύμπανα βαρεστενῆ et βαρόβρομον αὐλόν. Jam confer Aeſchyl. ap. Strabon. X. p. 721. C. τυμπάνω δ᾽ ἠχεῖ, ὡς ὑπογαίου βροντῆς φέρεται βαρυταρβής. — V. 8. Ἰ3ουσιν omnes, etiam Allatius. — ἱμερόεσσα. ad rei miraculum augendum. Antip. Sidon. l. c. Ὥρη ἐνὴρ, ut praeclare correxit Cl. Huſchke. — V. 9. 10. laudat Suidas in Δάτρον et Ἱρμα, qui utroque loco ὃς τάδ᾽ ἔργα habet. Allat. τάδ᾽ ἔργα. In apogr. Gothano ταῦτα, eraſo ι, quod in fine vocis appictum fuerat. — Ciucinnos Gallus dedicat ap. Antiſtium Ep. I. et Ep. inter ἀδίσο. CLXXIV. ὅτι τάδε Σκὰς Ἀλεξ-φάρατο καὶ ξανθὰς τὰς πρὶν ἔεσσε κόμας.

Ex Lect. p. 25.] CVII. (CXIII.) Servavit Ariſtoteles Rhetor. l. VII. 32. unde in Olympionicam ſcriptum eſſe apparet. Primum verſum iterum profert omiſſo vocabulo δικλᾶν l. l. IX. 31. In Cod. Victorii notatum, In quibusdam Codd. legi v. 1. πρόσθεν μὲν τροχίαν ἔχων ὤμοισι δικλᾶν· et addi praeterea verſ. tertium:

Νῦν δὲ κράτος φέρομεν μέγα πᾶσιν Ὀλυμπιονίκαις.

Simonidi hoc diſtichon vindicat Euſtath. ad Od. ξ. p. 545. 52. qui ἲς Τρύτον ἔξερε legit — Scriptum eſt in hominem infimi ordinis, qui, cum piſcibus vendendis vitam toleraſſet quondam, victoriam ex Olympicis reportavit. δικλᾶα jugum utrique humero impoſitum, quo onera ſublevata facilius portantur; cujus machinae uſus in ferendis piſcium corbibus vel praecipuus, docente T. Hemſterbuſio ad Heſych. T. I. p. 589. Vide etiam Berglir. ad Alciphr. l. I. p. 6. οὐδὲς οὖν ὀψῶναι πλησίον, καὶ τὰς δικλᾶας (vulgo τὰς αἶλας) ὑπωμίους ἀναλήμενοι, καὶ τὰς ἰχατέρωθεν ευορβίδας ἐξαρτήσαντες.

In hac fragmentorum Simonidis collectione non debebat omitti diſtichon, quod in τῶν Σιμωνίδου ἐπιγραμμά

τον ſerravit *Stobaeus* in Ecl. phyſ. L. I. IX. p. 230. ed.
Heeren. Vid. *Urſin.* Carm. IX. ill. Fem. p. 168.;

   Οὐα ἐστι μεῖζον βλάπτος χρόνῳ εἰδοτος ἔργου,
   ᾧ καὶ ὑπὸ στέρνοις κρίψεῖε ἰδαξε νόον.

Ap. *Grotium* p. 143. in marg. lemma eſt: *Incertus Coco.*
In Codd. *Heerenii* Λαμίνεν. ſortaſſe pro Ἀγάθωνος.,

   In Cod. Vatic. *Simonidi* tribuitur Epigr. quod *Branchius,* auctore *Diogene Laërtio,* *Empedocli* tribuit T. I.
p. 163. nr. II. — Ejusdem *Empedoclis* Ep. I. *Leo Allatius* p. 216. ad *Simonidem* auctorem refert. Vide
Suidam v. ἄκρον.

PHILIADAE MEGARENSIS.

   Ex Tom. III. p. 329.] Legitur hoc diſtichon ap.
Stephan. Byz. in ϴίσπεια. unde ſumſit *Euſtath.* II. β.
p. 201. 40. Utroque loco θ᾽ ἥ legitur pro τοί. — V. 2.
in *Holſten.* Cod. ἄρχη pro αὐχὴ. Scriptum videtur in
eos, qui a Perſis, verſus Athenas proficiscentibus, in
Theſpiarum incendio et vaſtatione interſecti ſunt. Probabile eſt, eos, qui Theſpiis relicti erant, cives urbem
contra hoſtium imperum defendiſſe, quamvis hoc diſerte
non traditur ap. *Herodot.* VIII. 50. p. 651.

TIMOCREON RHODIUS.

   I. Hoc ſcolion ſervavit *Scholiaſt. Ariſtoph.* Acharn.
v. 532. ubi Comicus Periclem ὥμοος dediſſe ait
   — — ὥσπερ σκαλιὰ γεγραμμένος,
   ὡς χρὴ Μεγαρέας μήτ᾽ ἐν γῇ, μήτ᾽ ἐν ἀγορᾷ,
   μήτ᾽ ἐν θαλάττῃ, μήτ᾽ ἐν ἠπείρῳ μένειν.

S

μεμάθηκας τὸν Σκολιῶν ποιητήν· Τιμοκρέων δὲ ὁ Ῥόδιος, μελο-
ποιός, τοιούτου ἐγραψε σκολιὸν κατὰ τοῦ πλούτου, οὗ ἡ ἀρχή·
ὤφελες — —. Quae *Suidas* habet v. Σκολιὸν T. III. p. 334.
fumta ex *Scholiis* ad Ran. 1337. ubi antiquius illud ad
Acharnenses Scholion exscriptum est. Nostrum carmen
Stephanus retulit in Fragm. Lyric. p. 396. Sic, ut *Br.*
dedit, distinxit *Alberti* Obss. phil. in N. T. p. 401. Initium Scolii laudat *Isidor. Peluf.* L. II. Epist. CXLVI. —
V. 2. μήτε ἐν γῇ. Suidas, et sq. verf. φανήμεναι. — V. 6. πάντ᾿
ἐν ἀνθρώποις καλά. omisso ἔστι Suil. et Schol. — *Brunck.*
in Notis ad Aristoph. Acharn. 533. fcribendum censet:

ὤφελές γ᾿, ὦ τυφλὲ Πλοῦτε,
μήτε γῇ — — —

omnes enim hujus fcolii verfus efle dimetros trochaicos
acataleclicos, praeter penultimum, qui catalecticus est. Paulo aliter hos verfus laudat *Isidor. Pelufiota* L. II. Ep.
CXLVI. Ἴσος γὰρ ἦν καλὸν μετὰ τὴν ἐπιστολὴν ἄρχεσθαι
λόγου καὶ ᾄδειν· Ἀπόλλων, ὦ Πλοῦτε, καὶ μήτε ἐν γῇ ζητεῖν,
μήτε ἐν θαλάσσῃ. — Ad sententiam ultimi versus cf.
Anacr. Od. XLI. 12. πόνημαι, μόνοι δι᾿ αὐτόν· τὰ δὲ χείρον,
ἀλλόμεσθα διὰ τούτων οἱ φιλεῦντες. *Teles* ap. Stob. XCI.
p. 510. 34. ἐξ αὐτοῦ δὲ αἱ πλεῖσται πονηρίαι, καὶ μυρία τὰ
κακὰ οὐκ ἂν ἦν, οἱ μὴ πλεῖτος ἦν (vulgo εἶεν)· γίνεται φόνος·
διὰ κέρδος, ἱερὰ συλῶσι, φίλια παραβαίνεται, πίστις ὑμολύεται.
Cf. *Horat.* III. Od. III. 49. fqq. *Theophyl. Simoc.* Ep. X.
χρυσὸς — δι᾿ οὗ μέγιστα κακὰ τοῖς ἀνθρώποις φανῶσιν.

II. Ex Cod. Vat. p. 614. edidit *Leo Allatius* p. 213.
„Ὅμοιον τῷ Σιμωνίδου. non quoad metra, quae plane diverfi
„generis, fi modo metra funt.“ *Brunck.* Miror, haec
quid fibi velint. Certe hoc diftichon, et *Simonidis* CIX.
fibi fimillima funt. Utrumque hexametro conftat, qui
verbis transpositis in tetrametrum trochaicum mutatur.
Elumbes funt *Timocreontis* numeri, fed numeri tamen,
nec in metri leges peccant, nifi quod in prima fede

tetrametri dactylus eſt, a quo tamen tetrametrorum
ſcriptores non penitus abhorruiſſe, inde patet, quod
Hepbaeſtio dactylum imparibus ſedibus conceſſum dixit.
Vide *Hermann.* de Metr. p. 115. — De ſimultatibus
inter *Timocreontem* et *Simonidem* quaedam notavimus
ad *Simonid.* Ep. LXI. p. 137.

A E S C H Y L U S.

I. Anthol. Planud. p. 201. St. 292. W. ■ Tetra-
■ſtichon hoc fragmentum eſſe elegiae, quam ſcripſit in
■ eos, qui ad Marathonem occubuerant, credit *Stanlej*
■ Comment. in vit. Aeſch. p. 707. ut et *Simonidis* Car-
■ men LI. particulam eſſe elegiae, quam in idem argu-
■ mentum ſcripſit *Simonides.* ■ *Brunck.* Idem, ſed dubitanter, dixit *Leo Allatius* p. 212. Verum haec intelligi nequeunt, niſi lectis, quae ap. *Biographum Aeſchyli*
habeutur: ἔγραψε δὲ (Aeſchylus) ὡς Ἱέρωνα τὸν Σικελίας
τύραννον, κατά τινας μὲν, ὡς ἐπ' Ἀθηναίων καταπτοηθεὶς,
καὶ ἡττηθεὶς νέω ὄντι τῷ Σοφοκλεῖ· κατὰ δὲ ἄλλους ἐν τῷ εἰς
τοὺς ἐν Μαραθῶνι τελευτήσαντας Ἐλεγείῳ ἡττηθεὶς Σιμωνίδῃ. At
in hoc tetraſticho non de iis agitur, qui in pugna Marathonia, ſed de aliis, qui ad Oſſam perierunt. Hoc probe
vidit *Heathius*, qui in Addend. ad Aeſchyl. in fin. non
antiquiori illi, ſed recentiori cuidam *Aeſchylo*, fortaſſe
Alexandrino, tribuendum cenſet hoc Epigramma. In
Cod. Vat. p. 245. lemma eſt: εἰς ὀτέρους τυμφάζους Θεσσα-
λῶν. *Opſoporus* in Theſſalos putabat ſcriptum, qui in
pugna contra Philippum caeſi, in ſuo agro ſepulti ſint.
Qui ſi Philippum, Amyntae filium, intellexit, fallitur;
is enim Theſſalos ſibi amicos habuit. Equidem in tanta
rei obſcuritate vanis conjecturis indulgere nolim. —

V. 3. ζῶν Vat. Cod. — V. 4. ἐμφιλοῦντι ἄτης. De fra-
S 2

tribus *Agasbias* LXXXIX. ξυνὰ ἐμφοβλαντο πάντ. Eleganter de Plataeënfibus, urbe everſa, occiſis — σᾶμ' ἀρατὸν
σάντραν Κσίμεθ' ἐχιννόμεναι. *Nicomed.* T. II. p. 283.

  II. Ex Tom. II. p. 523.] Servavit *Auctor Vitae*
Aeſchyli: ἀποθανόντα Γελῷοι πολυτελῶς ἐν τοῖς δημοσίοις μνή-
μασι θάψαντες ἐτίμησαν μεγαλοπρεπῶς, ἐπιγράψαντες οὕτως·
Αἰσχύλος . . . . Ipſi *Aeſchylo* tribuit, alterum diſtichon
laudans, *Athen.* XIV. p. 627. D. Αἰσχύλος, τηλικαύτην
δόξαν ἔχων ἐπὶ τῇ ποιητικῇ, οὐδὲν ἧττον ἐπὶ τοῦ τάφου ἐπι-
γραφῆναι ἠθέλησε μᾶλλον τὴν ἀνδρείαν, ποιήσας· ἀλκὴν . . . .
Prius diſtichon excitavit *Plutarchus* de Exſil. T. II.
p. 604. E. Non dubitari debet cum *Harleſio* (ad
Fabricii Bibl. Gr. T. II. p. 172. z.) loci apud *Athenaeum*
non memori, quin hoc ipſum Epigr. reſpexerit *Pauſanias* L. I. 14. p. 35. ubi Athenienſes de nulla unquam
victoria magis gloriatos eſſe ait, quam Marathonia: καὶ
δὴ καὶ Αἰσχύλος, ὅς οἱ τοῦ βίου τελευτήσαντος ἡ ποιητική, τῶν
μὲν ἄλλων ἐπεμνήσατο οὐδενός, ἥξετε ἐς τοσοῦτον ἥκων ἐπὶ ποιή-
σει καὶ πρὸς 'Αρτεμισίῳ καὶ ἐν Σαλαμῖνι ναυμαχίας· ὁ δὲ τό τε
ὄνομα ἐγράφθη καὶ τὸν πατέρα ἐγράφθη, καὶ ὡς τῆς ἀνδρείας μάρ-
τυρας ἔχοι τὸ Μαραθῶνι ἄλσος καὶ Μήδων τοὺς ἐς αὐτὸ ἀπο-
βάντας. — V. 2. πορφύρεον Γέλας. Hanc formam attigit
Stephanus Byz. v. Γέλα, ubi *L. Holſten.* p. 82. hujus
diſtichi non immemor fuit. Idem laudavit, de illius
regionis fertilitate agens, *Dorvillius* in Sicul. T. I.
p. 131. — V. 3. ἄλσος. Locus Marathonis herois, a quo
ille campus appellatus eſt. *Pauſan.* I 15. p. 37. et 32.
p. 79. — V. 4. βαθυχαίτεις. capillis promiſſis birſuti,
ut de Perſiae incolis *Ammian. Marcell.* XXIII. 6.

PINDARUS

Tom. II. p. 523.] Legitur ap. *Suidam* v. τὸ Ἡσιόδου γέρας T. II. p. 483. quod doctum esse *ex Aristotelis* Republ. tradunt Proverbia ex Cod. Vat. Cent. IV. 3. p. 315. Ἀριστοτέλης ἐν Ὀρχομενίων πολιτείᾳ διὰ τεθέαθαι φησὶ τὸν Ἡσίοδον καὶ ἐπιγέγραπται τοῖσδε τετράσι χαίρω — — —. Ex schedis Barberinis protulit *Wasse* ad Thucyd. L. III. p. 226; Cf. *Fabretti* p. 675. Tzetza ad Hesiodum p. 3. In his omnibus locis legitur μέτρον ἔχων. Merito haec displicuerunt *Gravio* in Lect. Hesiod. c. VII. p. 34. ubi ex Msto Vossiano corrigit — μέτρα χέων σοφίης. *Hominibus tradens sapientiam* sive *praecepta sapientiae*. Sed μέτρον σοφίης non est simpliciter sapientia, sed sapientiae summum, ipsa ejus mensura et perfectio; ut et ap. *Homer.* Il. Λ. 226. τῆς μέτρον non *juventus*, ut vulgo interpretantur, sed *flos juventutis*; quod indigetat *Eustath.* ad Il. p. 774, 28. Qui praestantissimum cognitionis genus colit, cum ἱκανῆς σοφίης μέτρον ἐνστήσαντι dicit *Solon* Fr. V. 52. Jam quis veterum dixit χέων ἀπὸ σοφίην, sive μέτρα σοφίης, pro *tradere*? Nec in verbis μέτρον ἔχων vitii sedes quaerenda est; (quamvis et *Gilb. Wakefield* in Silva crit. T. III. p. 97. μι γεν ἱκων sive μέτρα καρδᾶ tentavit; quibus conjecturis difficultas minime tollitur) sed in ἀνθρώποις. Vide, an corrigendum sit:

Ἡσίοδ᾽, ἀνθρώποις μέτρον ἔχων σοφίης.

μέτρον ἔχων, ut Epigr. Inc. DCCXXXV. γρεκιλων τέρματ᾽ ἔχοντα βίον. *Archestratus* ap. *Athen.* VII. p. 302. B. ἔχοντι δὲ τέρματα νίκης. — Sapientiam vero eximiam ἀμβροσίαν vocavit *Pindarus*, tanquam ex deorum fontibus haustam ipsamque immortalitate dignissimam. Idem Pyth. 4. 531. εἴπε παγὰν ἀμβροσίων ἐπέων. Inter alia translati usus

τοῦ λαμβάνοντος exempla λαμβάνοντος λέγων laudatur ab Euſtathio ad Il. p. 333. 13. — Quod ſi quis oppoſuerit
tot teſtium in eadem lectione conſpirationem, primum
Idem de Graviana lectione valere dicam, deinde hos
omnes teſtes pro uno habendos eſſe. Fons, unde
Paroemiographi hauſerunt, Ariſteles ſeit; quo forte
turbato, corruptela ad omnes permanavit. Unus ex-
ſcripſit alterum. Marmor autem, cui idem diſtichon
Inſculptum eſſe dicitur, nihil equidem moror, talia permulta a fraudulentis hominibus conficta, nonnunquam
etiam ab eruditae antiquitatis amatoribus facta eſſe probe
gnarus. Certe verſui a nobis concinnato,

λαμβάνοντος μέτρον ἔχων ſοφίης

ad amuſſim reſpondet verſus Solonis:

μαντεῖς ſοφίης μέτρον ἐπιστάμενος.

BACCHYLIDES.

I. Servavit Stobaeus in Eclog.
phyſ. I. 9. p. 11. Canter. p. 131. Gros. p. 166. ed.
Heeren. Ex Stobaei Cod. primus edidit Fulv. Urſinus
Carm. IX. ill. fem. p. 201. — V. 1. ſ' οἷς ex Cod. Vat.
cum Urſino edidit Heeren. — V. 2. οὔτ' ὕπαρ τ' Urſin.
Heer. ὕπαρ Cant. ὕπαρ Gros. — V. 3. ad Urſin. ωὰ-
φορος. Cant. et Gros. Noſtram Urſin. dedit. Senſus eſt,
mortales neque bona neque mala vitae ipſos ſibi ſumere,
ſed omnia in Fortunae manibus poſita eſſe. — V. 4.
ἐπιχέαντι Gros. Cant. quae verbi forma nec ipſa impro-
banda eſt, utpote antiquior, judice Weſſelingio ad Herodot. II. p. 132. 5. Conſule de verbo ἐπιχέαντι
et ἐπιχέουσιν Valckn. ad Herodot. IV. p. 331, 26. et inprimis Ruhnken. ad Tim. p. 104. ſq. — In fine αἶεν eſt
ex emendatione Urſini, pro αἰέν, quod Heeren. quo-

que in Codd. fuis invenit. Ap. *Hefych.* repetitur: Δαιμόλα.
βὰν μείζω. De Fortuna agi apparet, quocunque tandem
nomine *Bacchylides* illam appellaverit. Fortuna modo
hac, modo illac admovet νίφος *tempeftatem* interpretatur
Hermius. Miror, nihil a poëta additum effe, quo rem
accuratius definiret, ut ap. *Plutarch.* in Vit. Mar. T. I.
p. 414. νίφος τιςούτοι πελάμου καὶ ετςιρτὸν πάλμινοι. Quod
ex *Herodoto* videtur derivatum L. VIII. 109. p. 670.
Homer. IL. p. 243. ἐπὶ παλάμου νίφος τιρὶ πάντα πελύντιι.
Pindar. Ifthm. ϑ. 26. τραχεῖα νίφηε πελάμου. Quod convenit cum *Simonidis* Ep. LII. νιφάπε πελάμου τραχεῖα. —
Neque νίφος calamitatem in univerfum fignificare videtur, cum h. l. non folum de calamitatibus agatur, quas
Fatum admoveat, fed de quavis fortuna, fecunda ad-
verfave. His fore adducor, ut νίφος depravatum fufpi-
cer. Quid, fi fcriptum fuerit:

> λλ' ἐπιχρίωντι μείζοι
> ἄλλοτ' ἐπ' ἄλλον γὰρ
> ὁ πλάσφοε Ἀίδα.

Haec nobis gubernatoris imaginem fubjiciunt, qui navem, prout res poftulat, modo ad hanc, modo ad illam
terram convertit. Jam haec ipfa imago obverfabatur
Pindaro ap. *Plutarch.* de Fort. Tom. II. p. 318. A. qui
Divam, ubi Romam ingreffa fuerit, non amplius muta-
bilem folfe ait, οὐκ Ἀιτολῆς, κατὰ Πίνδαρον, οὐδ' ἰθωνει
ετρέψωνα πυδάλιον, ἀλλὰ μᾶλλον Εὐνομίας καὶ Πειθοῦς ἀδελφῇ.
Dio Chryfoft. Orat. LXIII. p. 591. Fortunam alii ἐπὶ
φορὸῦ ἱερύσαν, οἱ δὲ ἐπὶ σφαίρας, οἱ δὲ πηδάλιον Πλαταν κρατεῖν'
— τὸ δὲ πηδάλιον ἐφαπί, ὅτι κυβερνῷ τὸν τῶν ἀνθρώπων βίον ἡ
τύχη. Idem Orat. LXIV. p. 593. τῇ μὲν δεξιᾷ χειρὶ πηδάλιον κατέχει. — διότι τὴν βίον ὅμοι δὲ τινα μεγάλην ναῦς κυβερνῇ-
γῇ. *Vela* autem, τὰ λαῖφος, pro navi fimpliciter; plane
ut ap. *Horatium* L. V. Carm. 16. 59. *non hac Sidonii
torfiffent cornua nautae.* ubi *cornua* antennarum funt

pars, τὸ ἀφορᾷ. — Nec male etiam tibi Fortunam finxeris aura mutabili vela implentem, qualis imago est in *Eurip.* Oreste 340. Ὁ μέγας Τάλλος τὸ πάλαιον, ἐν Βρετοῖς Ἀνὰ δὲ λαῖφος ἅς τις ἀκάτου θοᾶς Τινάξας ἐσίμου, κατέκλυσεν. Similiter in Rheso 322. τόλα ἐξιόντος Ἄρης Ἐβρισεν λαῖφος τῆσδε τῆς μέγας αρίων.

II. Stobaei Flor. CVI. p. 567. Gesn. p. 451. Grot. Urfinus p. 202. V. 1. et 2. leguntur etiam Tit. I. p. 1. 28. Gesn. p. 5. Grot. Omnem felicitatem in animo tranquillo positam esse ait; quam sententiam plurimis locis egregie tractavit *Horatius* II. Carm. XVI. 25. *Laetus in praesens animus, quod ultra est, Oderit curare, et amara lento temperet risu: nihil est ab omni Parte beatum.* I. Epist. XI. 28. *navibus atque Quadrigis petimus bene vivere: quod petis, hic est, Est Ulubris, animus si te non deficit aequus.* — V. 2. pro ἐκτελέων fortasse non male correxeris — ἐκτελέων βίον, ut est ap. poëtam anonymum in *Athen.* L. XI. p. 453. B. ἐπὶ τὰς παρούσι τὸν βίον ἐκτελέων — et, qui faepe poëtarum formulis utitur, *Herodotum* p. 422. 63. ubi vide Intrpp. — V. 3. ὃς *Gesn.* ὃς *Grot.*, quod haud scio an genuinum fit: qui multa animo versas. Si ὃ admiseris, etiam ἐφῶα legendum videtur. — V. 4. Hujus versus emendatio *Grotio* debetur, (ante quem legebatur παρόναιγι νόντα) nisi quod παρ᾽ ἦμαρ dedit. — In fine versus idem μελλόντων χάριν ἐν ἰόντται αἴσᾳ, pro vulgato, μ. χάριν ἰόντι ἄγεται αἴσᾳ. Hic *Gesnerus* et *Urfinus* λόγη, ut sensu caſſum, omiserunt. Vide, an *Bacchylides* scripserit:

μελλόντων χάριν λόγῳ

ἰόντται αἴσᾳ — — —

Aeschyl. Prom. 436. ἐσκόπει ἰόντται αἴσᾳ. *Paul. Silent.* Ep. LXXXII. φωτὸς — δοχλέγῳ πὸϑεῖ ἐκτελούντων. *Arishophan.* Ran. 66. με ἐκπλήττει πόϑος Σιφαλίου. *Rhianus* Ep. I. Σημ᾽ ἐσιοῦσι μετηφαίη καὶ δίζεὶ. *Apollon. Rhod.* I. 1289.

βαφαὶς ντιλθεν ἄτη ϑυμὸν ἴων. *Sappho* in Schol. Pind. Pyth. 4.
408. Δαδε ναὶς ὁ χρουὸς, ἀσίση οἱ οἱς, ὠλὶ αἰς, λύωτοι ἢ
βρεσίες ὁρθου ἀρθετεντι ἀρσαιι.   Sic haec scribenda videntur, quae aliter tractavit *Valcken.* ad Amm. p. 102.

   III. Servatum in Flor, *Stobaei* Tit. CVI. p. 568.
Gem. 457. Grot. ἄτεραντ' e codicibus restituit *Grotius*.
— ἀνικὸν ἀρεαλλαν. *Sappho* Fr. X. ἔχει δ' ἀντὶ μ' ἢ Αναψαλὶς
ἀντη.   Exempla verbi ἀνειν, ad affectus translati, collegi in Animadv. ad Theocrit. p. XXII.

   IV. Apud *Stobaeum* Tit. XI. p. 136. Gem. p. 77.
Grot. *Ursin.* p. 201. Haec *Bacchylidis* verba veteri
lapidi insculpta reperit *Caylus Recueil d' Antiq.* Tom. V.
p. 134. — V. 3. κατα τε vulgo. κατα emendavit *Salmasius.* Lapis Lydius, quo aurum probatur, etiam χρυσιτης
vocabatur. χρυσιτης λίθος ἡ λεγομένη βάσανος ὁ Λυδία. Hesych. *Theocrit.* Eid. XII. 36. Αυτη ἱση ἔχει πετρη κρι-
μα, χρυσὸν ὁπόλη πειθόνται — λεγομαμεθοι. Similis color in
his *Theognidis* 491. ἐν καμὶ μὲν χρυσὸν τε καὶ ἀργυρον ἴδμεν
Ετλγες Τηναάεννα', ἀνδρὸς δ' αἶνος Θεῖξε νόει. Vide *Salm.* ad
Solin. p. 776. — Post κεχρηφένες vulgo τ' inseritur.

   §. 150.] *V.* Apud *Stob.* Tit. X. p. 127. Gem. 69.
Grot. *Ursin.* p. 201. — Vulgo ἀνθρώπω. In marg. *Gesn.*
ἀνθρώπων notavit. *Grotius* tacite recepit ἀνθρώπω, quod
vel sine codicis auctoritate fieri poterat.

   VI. et *VII.* Ap. *Stob.* Tit. XCVI. p. 528. Gem.
405. Grot. — Alterius fragmenti sententiam expressit
Posidipp. Ep. XVI. ἐν ἄρα τοῖσδε δυσὶν ἄδε αἱρεσι, ἢ τὸ γενέσθαι Μη'τκοτ', ἢ τὸ θανεῖν αντίκα τικτόμενον. *Plin.* H. N.
VII. 1. p. 369. *Itaque multi exstitere, qui non nasci
optimum censerent, aut quam ocyssime aboleri.* Plane
contrario sensu *Ursinus* p. 205. ex Codice *Stobaei* edidit: ϑνατοῖς μὲν φῦναι φέρισον, καὶ δ' ἐσλίου φάος 'Ἀρεὸς
ἐρφεσιδεῖν.

   VIII. Ap. *Stob.* T. CI. p. 549. Gem. 425. Grot.
Versum quartum solum laudat idem Tit. XCVI. p. 528.

                     S 5

Gesn. 405. Grot. — *Ursinus* p. 201. Similia comparavit *Barthius* ad *Claudian.* De Laud. Stilic. I. 24.
p. 188.

IX. Ap. *Stob.* Tit. LIII. p. 367. Gesn. 209. Grot.
ex Pacatinus. *Ursinus* p. 200. Facis bona recensen-
tur. — V. 1. Μ τε θ. *Ursin.* — τίκτει Εἰρήνα πλοῦτον.
Pausen. l. 8. p. 19. Ἀμφαδίωσας καὶ Εἰρήνα φέρετωσα πλοῦτον
παῖδα. ut egregie emendavit *Facius* pro πλοῦτον. *Pindar.* Ol. XIII. 8. Δίκα — καὶ ὁμόστροπος Εἰρήνα, ταμίαι ἀνδράσι
πλούτου Per pacem laetitia floret et cantus. *Hesiodus*
urbem pace florentem describens, primo loco ponit
viros — ἐν ἀγλαίαις τε χαροῖς τε Τάρψιν ἔχοντας, in Scuto
Herc. 272. Cf. *Homeri* Il. XVIII. 490. sqq. — V. 3.
ἀιελλαεῖν τʼ ἐ. β. 3. τίβοντα β. *Gesner.*, qui in marg. τίβοντα
conjecit: parum feliciter. *Grotius* δαδαλλον dedit, reliquis servatis. *Brunckius* recepit emendationem *P. Leo-
pardi* in Em. L. IV. 21. p. 114. — V. 4. ἐκτοξ omittit Ursin. — μηρίκες εὐτρίχων τε μ. Gesn. et Grot. —
Leopardus μηρία τῶν ς. — V. 6. αἴθαν ἐράχναι. Gesn. qui
v. octavo τίρσιε omittit, quam vocem *Leopardus* restituit
ex *Plutarcho* in V. Num. c. XX. p. 159. qui Numa
regnante tantam omnium fuisse felicitatem ait, ὥστε καὶ
τὰς πανταχῆς ὑπερβολὰς δοκεῖν πρὸς τὴν τότε κατάστασιν λέ-
γεσθαι· Ἐν δὲ εὐδιαρίτοις τέτρακεν αἴθαν δʼ ἀραχνᾶν ἔργα
[πέλονται]. καὶ τιμὰς ἀμύσσεται ἔγχεά τε λόγχατά, ξίφεά τʼ
ἀμφήκεα, χαλκίων δʼ οὐκέτι σαλπίγγων κτύπος, οὐδὲ συλᾶται
μελίφρων ὕπνος ἀπὸ βλεφάρων. Plura ex his *Bacchylidis* versibus derivata loca recenset *Clark.* ad *Homer.* Od. XVI.
34. ex quibus inprimis memorabilis est hic *Theocriti*
Eid. XVI. 96. ἀράχναι δʼ εἰς ὅπλʼ ἀράχναι λεπτὰ διαστήσαιν-
το, βοὰς δʼ ἔτι μηδʼ ὄναρʼ εἴη. *Tibull.* I. El. X. 49. *Pace
bidens vomerque vigens: at tristia duri Militis in tenebris
occupat arma situs.* Fortasse ejusmodi quid significabatur
etiam in versibus Inachi *Sophoclei*, quorum unum nobis
servavit *Suid.* in ἀράχνη T. I. p. 310. πάντα δʼ ἀγλαΐαν

ἀραχᾶι βρίθει. quamvis haec verba omnino locum parum
frequentatum describunt. Facetus eſt ſenarius *Cratini*
ap. *Suidam* l. c. de homine famelico: ἀραχνίον μεστὴν
ἔχει τὴν γαστέρα. Cui similis ille ap. *Catullum* XIII. non
sui Catulli *plenus facculus eſt araneorum*. Conſ. *Bocharti*
Hieroz. L. IV. 7. p. 1084. — Magis ad *Bacchylidem*
noſtrum faciunt haec ap. *Plutarchum* in Vit. Nic. Tom. III.
p. 217. Athenienſes longis bellis attriti ἤδεις μὲν ἤδ
τοτ τὰ τοιαῦτα χαρὸν ἀκούοντες· καιεῖδε δήμω μεν μένοτ ἐμπο
αλοντ κράζοντ· ἤδεις δὲ μεμνημένοι τοῦ εἰπόντος, ὅτι τοὺς ἐν
εἰρήνη καθεύδοντας οὐ σάλπιγγες, ἀλλ' ἀλεκτρυόνες ἀφυπνίζουσι.
— Ŧ. 151.] V. 9. σαλπίγγων κτύπος. Comparat *Barn.*
Martin. Var. Lect. II. 26. p. 50. *Horat.* in Epod. II. 5.
nec excitatur classico miles truci. *Tibull.* L. I. 4. *Martia*
cui somnos classica pulsa fugant. ubi *Heynius* Bacchylidis verſus sic conſtituit:

> χαλκέαν δ' οὐκέτι σαλπίγγων κτύπος· οὔτε
> συλᾶται μελίφρων ὕπνος ἀπὸ βλεφά-
> ρων, ὃς ἀμὸς ὃς θάλπει κέαρ.

— V. 11. ἀμὸς δὲ θάλπει. *Gottl.* in marg. θάλπει. Hoc
recepit *Gratius*, qui praeterea ἀμὸν ex ingenio dedit,
improbante *Koenio* ad Gregor. de Dial. p. 168. Servata
vulgari lectione ſenſus eſt: Qui rum, pacis tempore ſcilicet, peſtus mulcet. Sed cum *Heynio* ſcribendum ἀμὸν,
i. e. ἡμέτερον, quod *Br.* quoque verum eſſe cenſuit. —
V. 13. ὕπνος φλέγονται. *Sophocl.* in Oed. Tyr. 187. πόλις
δὲ λάμπεις συνέσευσά τε γῆρας ὁμαλέα.

X. Ap. Stob. Tit. CXXI. p. 610. Gesn. 503. Grot.
Urſin. p. 203. — μείζων ἢ κατ' εἰδώ. Cf. *Wassʒ* ad *Thucyd.*
L. VII. 75. p. 518. ed. Bip. *Herodot.* L. III. p. 200. 60.
τὸ μὲν εἰσάγεια ἦν μεῖζον κατὰ ἢ ὥστε ἀκούσαιεν, ubi *Valckenae-*
rius similia dedit, noſtro loco non omiſſa. — ἀφθέγκτων
ἀν' ἕαν nihil aliud eſt quam ἀφθέγκτων. Locutio similis
ei, qua *Herodotus*, quique eam imitati ſunt, paſſim

eruntur, ἑαυτὰ τοῖς κρατοῦσι, τοῖς μάλιστα ὑμνίας ὕμνους, quae cum fimilibus illuftrat T. *Hemfterh.* ad Lucian. Tom. I. p. 3. fqq.

XI. Servavit *Athen.* L. II. p. 39. F. Οὐ γὰρ ἀπὸ πάσης ἀθρούμενος καὶ πληρούντος τὸ ναυαγεῖσθαι καὶ φωνεῖτιν καὶ γελαωί-ζειν· ἀπὸ δὲ τῆς καλονύνης τὴν γνώμην, καὶ πρὸς τὸ ψυχῆς; τερπνόσης, ἢ γ΄ίνεται κατὰ τὸν μέθην. διὸ Βακχυλίδης φησὶ γλυκεῖ Ἀνάγκα κ. τ. λ. Ursin, in Fr. Lyr. p. 200. fq.—

Ad verf. 1. ubi vulgo γενομένα legitur, *Cafaubonus* haec notavit: »In primo verfu Bacchyllidis σεσωματία habent »etiam membranae antiquitatis venerandae. Non pof-»fum interpretari, nifi praepofitionem ἐκ vel ἀπὸ adjiciam. »Ο dulcis necessitas, quae venis et oculis ex poculis. Nam »σεσωμένα nihil aliud, quam κεκρωμένα et θερμάνα. Acce-»dam lubens ad libros alios, ubi γενομένα. Sed elegant »doctiores. Ἀνάγκαν vocat mellitissimus poëta τὴν θερμὸ-»ἀνάγκαν; cum, pote liberalius vino, homo suae fpontis »non eft, neque mentis fanae. Hanc necessitatem vocat »γλυκεῖαν, quia erat aliud olim ananca potionis genus, »cujus triftis necessitas. Plautus Rudente: *Paris potan-*»*do opinor. Nequeunas magnis poculis hac nocte eum in-*»*vifcavit. Credo, hercle, Anancaeo datum hoc quod bibe-*»*res.*« Haec *Cafaubonus*, cum quo confpirat *Salmaf.* ad Solin. p. 764. F. At nihil hic egiffe *Cafaubonum*, contendit gallicus *Athenaei* interpres *Le Febure de Ville-brune* p. 141. qui vertit: *La douce nécessité de boire une* *à peine en train, qu'elle calme la colère de Venus:* fecutus auctoritatem *Scaligeri*, qui ad *Tibull.* L. III. 6. 13. fic diftinguit: γλυκεῖ Ἀνάγκα σεσωμένα κύλικυν Θάλπει θυμὸν Κύπριδος. Ad perficiendam fententiam extrinfecus nihil affumendum: ἀνάγκαι κυλίκων pro *potandi necessitate* a poë-tarum ufu minime alienum eft. Blandam illam necessi-tatem, ubi five aliorum blanditiis, five noftri ipfius ani-mi propenfione ad rem aliquam faciendam impellimur, ἐπιανάγκην a veteribus vocatam, paucis attigit *Valcken.*

ad Hipp. p. 262. A. B.   Cum in toto hoc carmine suavæ
illusiones, quae bene potorum animos mulcent, descri-
bantur, alienus videtur ab h. l. sensus, quem secutus est
Villebrunius.   Aut fallor, aut depravatum est hujus
fragmenti initium, quod in hunc fere modum corrigendum esse suspicor:

> γλυκεῖ᾽ ἀνάγκα σπομένα κύλικι
> θάλπει θυμὸν Κύπριδος
> ἐλπὶς· αἰθύσσει δὲ φρένας
> χαρὰ μιγνυμένα Διονυσίοισι δώροις·

Blanda illa potandi necessitas, ubi exoritur, animum mul-
cet grata spe Veneris, et lætitia, Bacchi donis commista,
pectus suaviter commovet.   Haec expressisse dixeris Ovi-
dium in A. A. L. I. 237. *Vina parant animos, faciunt-*
que caloribus aptos; Cura fugit multo diluiturque mero.
Tunc veniunt risus, tunc pauper cornua sumit; Tunc
dolor et curae, rugaque frontis abit. — Illic saepe
animos juvenum rapuere puellae; Et Venus in vinis ignis
in igne fuit.   Horat. IV. Carm. XII. 19. *cadus — Spes*
donare novas largus amaraque Curarum eluere efficax.
Vinum, quod Veneri favet, *Ion Chius* ap. Athen. L. II.
p. 35. E. ὑλατον ὑπτιατον φαρυγκιστον ἰράνων vocat.   *Euri-*
pid. in Bacch. 272. οἶνον δὲ μεστὸν ἔρως οὐκ ἔστιν Κύπρις.
θάλπειν verbum in re venerea inprimis aptum. *Aeschyl.*
Prom. 592. Ἰναχεία θάλπει κέαρ Ἔρωτι. 650. ἱμέρου βέλει
πρὸς σοῦ τιθάλπεται.   Spes autem dicitur αἰθύσσειν, ut ap.
Aeschyl. in Choëph. 192. modo θάλπειν. *Charito* L. V.
p. 80. β. καὶ ἔλαμ δὲ τις ἐλπὶς ἔθαλπε τοὺς βαρβάρους.   Ex
Josepho τοὺς δὲ ὑποθαλπομένους ἐλπίδι laudat *Suidas* in θαλ-
πόμενοι. *Eustath.* ad Odyss. α. 167. λέγεται δὲ, ὅτι τὴν χαρο-
ποιὸν ἐλπίδα θαλπωρὴν λέγει, διὰ θάλπειν τοὺς πολλοὺς ἡ τῶν
ἀγαθῶν ἐλπίς. —   Denique Κύπριδος ἐλπὶς comparandum
cum verbis *Pauli Sil.* LXIII. de balneo, in quo viri mu-
lieresque separatim lavabantur: ἄγχι μὲν ἐλπὶς ἔρωτος —

V. 3. αἰθέσσι. ἡρίζει. αἰθέσσιν, λαμπίζιν. Σίμων Σοφοκλῆς,
αἰθάσσουσα. ὁρμῶντος. *Hefych.* — V. 5. ὑπεράνω νέφεσσα
μεσίμεσας, curas mortalium elevat, ἀναφίζει. *Hermesianax*
Eleg. v. 91. ἐν δὲ βαθείας ψυχῆς πευθερίησς ἐξετάθη᾽ ἀνίας —
ut hunc locum reftituit *Ilgen* et *Heinrich.* in Obff. p. 48.
Panyafis ap. Athen. L. II. p. 37. πάσας δ᾽ ἐκ κραδίας ἀνίας
ἀνδρῶν κλαινάζει. — V. 7. αὐτός, fi fincerum eft, pro μόνος
accipi debet. Qui vino fe proluerit, is fe folum urbium
expugnatorem, fe regem et dominum putat. *Horas.*
Epift. I. 5. 19. *Quid non ebrietas defignat? operta re-*
cludit: Spes jubet effe ratas: in proelia trudis inermem.
Sollicitis animis onus eximit: addocet artes. Foecundi cali-
ces quem non fecere difertum? Contracta quem non in
paupertate folutum? — V. 8. ἀδεῖ. Ex *Homero* Il. ε. 100.
ὄφρ᾽ οἶοι Τρωσὶ ληψὶ κυδέωμεν λάωμεν. et paffim. — V. 10.
μοναρχίησιν ἐναξῖ. *Plato* de Rep. IX. p. 573. C. καὶ μὴν ὅτε
(ὁ μεθωδαὶς) μανθάνσς καὶ δυνακευτικῆς τὸ φύσιν ἐνθρώπων,
κλλὰ καὶ θεῶν ἐπιχειρῖ τε καὶ ἐλπίζει δυνατὸς εἶναι ἄρχειν. —
V. 11. χρυσῷ. Haec fortaffe obverfabantur *Horatio* II.
Carm. XVIII. I. *Non ebur, neque aureum Mea renidet*
in domo lacunar. Alcaeus ap. *Athen.* L. XIV. p. 627. A.
μαρμαίρει δὲ μέγας δόμος χαλκῷ. — V. 14. ἐπ᾽ Αἰγύπτου
Aegyptum, ut terram fertilliffimam, laudat poëta. Vide,
quae collegit, et hujus fragmenti memor, *Barthius* in
Claudian. p. 133. — V. 16. &c. Vulgata lectio mihi
quidem fervanda videtur. Verba, οἶς πίνοντος ὁρμαίνει εἰναί,
referenda funt ad jucunda illa phantafmata, quae po-
tantis animo blandiuntur. Sic accepit quoque interpres.
gallicus: *Tant le plaifir lui agite le coeur lorsqu'il boit.*
ὁρμαίνωτα. ἐνθυμούμενον. *Suidas. Homer.* Il. κ. 4. ἐντὸς ἔφε
Τηλεμαχος, πολλὰ φρεσὶ ὁρμαίνοντα.

XII. *Athen.* L. IV. p. 178. B. Βακχυλίδης δὲ περὶ τοῦ
δύναμιν οἴνου φησίν᾽ ἔστη – –. *Urfinus* p. 202. — V. 2.
ἴφερ᾽ Athen. — 1. 152.] V. 3. Parœmiacum effe, ad-
τόμεταν δ᾽ ἀγαθοὶ ἀγαθῶν ἐπὶ δαῖτα: ἴασιν, *Athenaeus* docet.

In noſtro fragmento Hercules loquitur ad Ceyoem, Tra-
chinis regem, veniens, ut apparet ex *Zenobio* Prov.
Cent. II. 19. qui, poſito proverbio, haec ſcribit : οὗτος
Ἡράκλειτος ἐχρήσατο τῇ παροιμίᾳ, ὡς Ἡρακλέους διαφορη-
σαντος ἐπὶ τὴν οἰκίαν Κέυτος (). Κύτος. cf. *Apollodor.*
II. 7. 6.) τοῦ Τραχινίου καὶ αὐτὸς εἰπόντος. Hinc diſcimus,
parodiam illius verſiculi, quam *Athenaeus* profert, ἀντί-
μετρα δ᾽ ἀγαθὰ δειλῶν ἐπὶ δαῖτας ἴεντ, *Eupolidi* deberi. —
εὐδόξθεντ. bene inſtructas epulas. εὐοχθεῖν. τὸ ἔχειν. τὰθν-
μεῖν. πλήρη εἶναι. *Hesych.* ubi vide Intpp.

XIII. *Urſinus* p. 200. ex *Athen.* L. XL. p. 500. A. B.
Μνημονεύει δὲ τῶν Λακωνικῶν σκύφων Βακχυλίδης ἐν τούτοις, ποιού-
μενος τὸν λόγον πρὸς τοὺς Διοσκούρους, καλῶν αὐτοὺς ἐπὶ ξένια·
οὐ βοῶν — —. Illi ſcyphi Boeotici etiam Ἡρακλεωτικοί appellabantur, ut *Athenaeus* vult, ab Hercule, cui adver-
ſatur *Bacchias*, qui eosdem ab urbe Heraclea, ubi con-
ficiebantur, appellatos dicit, in Diſſ. de Phal. p. 64.

XIV. Servavit *Dionyſ. Hal.* de Compoſ. T. V. p. 30.
ed. *Reisk.*   Primum verſum excitat *Athen.* L. XIV.
p. 631. C. et ſeriores ſophiſtae paſſim. *Urſin.* p. 202.
Aelianus de animalibus agens, quae ſe ad pugnam exci-
tant, οὐ δίδοται, inquit, τοῦ σφιγγοντος καὶ ἱρούντος· οὐχ
ἵδρας ἔργον οὐδ᾽ ἐμβαλεῖ· in H. An. VI. 1.   Male quidam
de *Simonide* cogitarunt ap. *Lucian.* In Scytha §. 11. οὐχ
ἵδρας τελεῶν, οὐδ᾽ ἐμβαλεῖς ἔργον, ὡς ὁ Κιᾶς φησιν.   Omiſſo
ἔργον, ut in proverbiali locutione, *Achilles Tat.* V. 12.
p. 207. κάλλος γὰρ καὶ πλοῦτος καὶ ἔρως οἱ συνῆλθον ἐπὶ σε,
οὐχ ἵδρας οὐδ᾽ ἐμβαλεῖς. ubi vide *Salmaſ.* — οὐχ ἵδρα-
λαμπὶ dixit *Sophocl.* in Aj. 811.   οὐχ ἵδρας ἐγὼ, *Euripides* in Oreſt. 1292. quae attigit *Valcken.* ad Phoeniſſ. 591.
p. 221. — V. 2. Ἰτωνίας. Minervae nomen apud Boeo-
tios, *Pauſan.* L. III. 9. p. 228. IX. 34. p. 778. et
Theſſalos, vide *Alberti* ad Hesych. v. Ἰτωνία.   Eodem
cognomine deam appellat *Leonid. Tar.* Ep. XXI.

XV. Ap. *Plutarch.* T. II. p. 36. C. ubi similes sententias vide. *Urfin.* p. 203. δειλοί funt ignavi, nullius pretii homines, ut in Scolio *Praxillae* XIII. τοὶς ἀγαθοὺς φίλει, τῶν δειλῶν δ᾽ ἀπέχου. et frequenter ap. *Theognidem.* Cf. *Valiken.* ad Phoeniff. p. 365.

. *XVI. Clemens Alex.* Strom. V. p. 715. 9. ubi peffimo legitur ἀπὶ καὶ ἄλαι, quod dedit *Urfin.* p. 204. Veram lectionem fervavit *Eufebius,* qui hoc fragmentum ex *Clemente* laudat in Praep. Evang. XIII. 13. p. 678. Quo fenfu dii ἀνείροι dicantur, equidem ignoro; fed de finceritate lectionis dubito. Quid, fi *Bacchylides* cogitaverit de loco Homerico IL. ι. 341. οὐ γὰρ εἶπον Ἀτεοῦ, οὐ πίπουε᾽ αἴδεεα ἄλον· Τούτου᾽ ἐναίμονίς ἐλοι καὶ ἀιθαπᾶτοι κατ Αλεεται? Nonne probabiliter correxeris:

καὶ ἄναιμοι, μαλλὸν ἐπιθυμήσεις ἀπελοι.

Cicadam diis affimilans *Anacreon* Od. XLIII. 17. ἀπαθὴς, ἀναιμόσαρκος, ἐχεδὸν οἱ θεοῖς ὅμοιος. ubi apte comparant *Plutarch.* T. II. p. 167. E. Apud *Herodotum* III. p. 209. θεοὶ ἔναιμοι καὶ εαρκώδεις Aegyptiorum a Cambyfe ridentur.

XVII. Ap. *Clemens Alex.* Strom. V. p. 687. 16. ἕτεροι δὲ ἐξ ἑτέρων εοφὸς, τό τε πάλαι, τό τε νῦν, φηεὶ *Bacchylides* ἐν τοῖς Παιᾶνιν· οὐδὲ γὰρ ᾖᾶετον κἰήτου ἐπέων πύλας ἐξευρεῖν. Pofteriorem hujus fragmenti partem ex *Clemente* laudat *Theodoretus.* Therap. I. p. 477. unde haec feparatim pratulit, prioribus omiffis, *Urfinus* p. 204. Verba paulo obfcuriora funt. Priora illa, ἕτεροι δὲ ἑτέρων εοφὸς, proverbii vim habuerunt, ut apparet ex *Cyrillo* L. I. c. Julian.: *Atqui illud in praefentiarum dixiffe operat pretium exiftimarim, quod vere a quibusdam celebratur proverbium,* Sapiens alius ab alio. *Manifeftum enim, quod pofteriores a prioribus didicerint, et non priores a pofterioribus.* — Hinc verifimile eft, noviffima in hunc fenfum accipienda effe, ut poëta dicat, difficile effe,

nova

nova nec ante dicta reperire, five, tanquam per portas
quasdam, ad ea, quae nondum reperta sint, accedere.
Longe diverso senso *λεγειν διφερει* apod tragicos dicuntur.

¶. 153.] *XVIII. Clemens Alex.* Strom. VI. p. 745. 3.
ubi corrupte legitur *παρ' αυτι*, quod *Ursinus* et *Stephanus* emendaverunt. — V. 2. τῷ *ιδιωτι ιδιως επδεοντα*
Clem. qui in fine *ιδιως* exhibet. *Sophocles* Antig. 1311.
διπλεια δε συγκεφαλαι ιδη. δυστορον δεμας, ut *Archiloch.*
fr. XII. *ενδικε δυνηφεσιν εργμασι.*

XIX. Cod. Vat. p. 201. Edidit *Reisk.* in Auth. p. 62.
nr. 538. Victoriam deam poëta invocat, ut sibi in certamine musico palmam impertiat. — V. 1. *Νικα* est in
Cod. idque *Br.* restitui jussit pro *Νικη*, quod in contextu
dederat. Victoria *Παλλαντος* vocatur filia secundum
Hesiodum in Theog. 383. qui Pallantem ex Styge *ζηλον*,
Νικην, *Κρατος* και *Βιαν* progenuisse auctor est. Cf. *Apollodor.* l. 2. p. 6. Victoria etiam *Jovis* filia vocatur,
cum nihil diversa a Minerva. Vide *Aristid.* Hymn. in
Min. p. 29. et *Wernsdorf.* ad Himer. p. 717. sq. Au-
rora ut Pallantis filia *Pallantias* dicta ap. *Ovid.* Met. IX.
420. et Luna *Παλλαντος θυγατηρ*, *μεγαδουπετων διακτως*, in
Hym. Homer. in Merc. 101. ut probabiliter emenda-
vit Cl. *Ilgen*, quem inprimis vide p. 387. sqq. —
V. 2. *Κραναιαν.* Cod. Cranaa *ιδιως* Atticae. *Steph. Byz.*
Κραναη. — *Τα Αθηναι, οι μεν της Λακωνικης, Κραναιτον, δε
Καρυατος· οι δε της Αττικης, Κραναιας, ως Αθηναιος.* Vide
Luc. Holsten. p. 172. et *Alberti* ad Hesych. T. II. p. 338.
— V. 3. *επ' εντολαις* Cod. — In Anal. *Αθηναιοι* contra
cod. fidem, qui *Αθηναιοι* habet, quod reponendum. —
Νικεαν Cod. — V. 4. *Χρηρα* ἢ *Βακχειλιδος.* Cod. Prius
Reiskius jueri conatur. Alterum in marg. apogr. Lips.
emendatur.

XX. Cod. Vat. p. 150. Planud. p. 419. St. 554. W.
Ursinus p. 205. Eudemus Zephyro, qui ei grana
purganti secundus fuerat, facellum dedicat. V. 1. 2.

T

Suidas laudat in πάντοτε, l. e. Σπαρτιάτης, εὐξυνετός. *Casaubonus* in Lect. Theocr. c. XI. comparat hoc Epigramma cum Theocriteis Eid. X. 47. ut frumenta dicantur per Zephyrum *incrementum accipere, si tempestino fuerint densa.* quae *Columellae* verba sunt L. II. c. 20. Apud eundem haec sunt: *At ubi paleis immissa sunt frumenta, vento feparentur: ad eam rem Favonius habetur eximius, qui lenis aequalisque aestivis menfibus perflat.* ubi *Schneiderus* p. 123. in nostro Epigrammate ἐρχόμενον corrigit. Facit huc *Homer.* Il. c. 499. fqq. Il. v. 590. Θρώσκωσι κόμποι μελανόχροοι ἢ ἐριβώδει, Πνοιῇ ὑπὸ λιγυρῇ καὶ ἀκμηνέστερος ὀρῶη. — βωθεος Cod. In Anal. βωθεος.

TIMONIS MISANTHROPI
EPIGRAMMA.

In Vat. Cod. p. 252. et in Planud. p. 218. St. 317. W. sine auctoris nomine prostat. Ipsi *Timoni* vindicat (καὶ τοῦτο μὲν αὐτὸν ἔτι ζῶντα πεποιηκέναι λέγουσι) *Plutarch.* in Vit. Anton. Tom. V. p. 138. ed. Bry. et Auctor Anonymus Vitae Platonis, quae e Cod. Vindob. edita est in Bibl. Liter. et Art. Fasc. V. p. 14. — V. I. ἀπολήξας ψυχήν. De morte violenta *Tzetzist.* Orat. XX. p. 234. B. ἐπηύξατο ὡς τάχιστα τοῦ βιαμοῦ τῆς φύσεως ἀπαλλάξαι, οὐκ ἀπολήξας σύλλ ἀποσυνδέσας ἔτι κατέχοντος, ἀλλ' αὐτοῦ χαλάσαντος καὶ λύσαντος. Hinc apparet, non opus esse emendatione *Casauboni*, qui in schediis ἀπολήξας notavit. — V. 2. σύναμα. Plan. et Vat. In Vita Plat. Anonymi: Τίς δ' ἂν οὗ τ. Pro πείσεσθε, quod veteres editt. offerunt, *Steph.* πείσεσθε edidit. Vat. πείσεσθε. Cf. Ep. *Leonidae Alex.* Ep. XXXIX.

S C O L I A

Athenaeus, ubi multa Scolia, a retustissimis poëtis compolita, laudat, L. XV. p. 694. A. inter varias de horum carminum nomine sententias maxime probat eam, quam secutus est *Artemon Cassandreus*, qui σκολιόν appellatum ait, quod non ab omnibus conviviis, nec certo ordine servato caneretur; quicum conspirabat *Dicaearchus* ἐν τῷ περὶ μουσικῶν ἀγώνων, cujus locum, sed mutilum, profert *Suidas* in Σκολιόν Tom. III. p. 334. (Vide *Burette* in *Plutarchi* Tract. de Musica, Mémoires de l'Academ. des Inscr. T. XXIII p. 95. qui loca veterum diligenter collegit.) Alii opinabantur, σκολιὰ vocari μετὰ τὸν τῆς μελοποιίας τρόπον, ὅτινα σκολιός, ἔς· λέγεται γὰρ, τὰ ἐν ταῖς κωμῳδίαις εἶναι σκολιά, quae *Athenaei* verba sunt L. c. ab *Eustath.* ad Od. κ. p. 276. sic expolita: κατὰ τινα μελοποιίας τρόπον, ἣν, οἷα πλοκὴ, καὶ τρόπῳ τινὶ ἐπάλληλα ἀντιλαμβάνοντα, ἀλλὰ σκολιῶς ἐπαλλήλως. Haec forta ducta sunt ex *Didymo*, quem scimus in tertio τῶν συμποσιακῶν libro varias hujus vocabuli etymologias dedisse, ex *Etymol. M. v.* ubi *Hori* sententia expromitur, minime vera, ἀπὸ τοῦ μέλεσιν καὶ σκολιὸς ἔχουσι τὸ αἰσθητικὸν ἔμελον. Plura vide ap. *Interpp. Pollucis* VI. 108. ad *Hesych. v. σκολιόν*, et *Andr. Schottum* ad Procli Chrestom. p. 48. sq. *Cludius*, qui Scolia, ap. *Athenaeum* servata, interpretatus est in Bibl. Lit. et Art. Fasc. I. p. 84. sqq. et Fasc. III. p. 32. sq. carmina, certo metro conscripta, ipsa fuisse nuncupata contendit, quae vero numeros haberent ἀνάστρεπτος, σκολιά. Ejusmodi carmina cum in conviviis praecipue usurparentur, factum esse, ut σκολιὰ synonyma fierent ταῖς παροινίαις μέλεσι. *Proclus* in Chrest. p. 10. τὸ δὲ σκολιὸν μέλος ᾔδετο παρὰ τοὺς πότους· διὸ καὶ τραχεῖαν ἔσθ' ὅτε καλεῖται. *Schol. Aristoph.* ad Vesp. 1231. σκολιὰ τὰ παροίνια μέλη. *Saumaisii*; ex cujus inedita

Obff. in Terentianum Maurum particula decerpta legitur in Bibl. L. et A. Fafc. V. p. 21. fqq. Scolia nomen
accepiffe putat a pede *Scolio*, i. e. Amphibrachy, in illis
carminibus admodum frequenti, ut animadverterunt
Intpp. *Procli* l. c. Cognominis caufam inde repetit,
quod omnes reliquae partitiones, praeter folam Amphi-
brachi triplam, recti five ἰρθαὶ vocentur rhythmi. Vid.
Etym. M. in Δεχυαικός. Illis igitur oppofitum rhythmorum
appellatum effe σκαλιόν. — Ceterum illa Scolia maxime
probabantur veteribus, quae five exhortationem haberent, five fententiam aliquam vitae utilem. *Athen.*
p. 694. C. Vide, quae de his carminibus dixit *Mosc.*
ad *Tyrt.* Differt. II. p. 237. fqq.

§. 154.]. I. *Pittaci Mitylenaei* fervatum a *Diog.*
Laert. I. p. 49. τὸν δὲ φρόνιμον αὐτὸν μᾶλλον εὐλαβεῖσθαι
τῆλο· Ἔχοντα — — —. Repetivit *Brunckius* cum reliquis
Scoliis ad calcem Anacreontis an. 1786. p. 83. —
V. 2. Ed. Steph. ἰὼ et cod. reg. In cujus tamen marg.
ἐστι notatum reperitur. — V. 3. paulo impeditior fententia corruptelae fufpicionem movet. *Gilbertus Wake-*
field in Sylv. crit. Tom. V. p. 25. corrigit: ποτὲ γὰρ
αὐτὰ γνώσῃ διὰ εὐήματος: ἐστιν διχθαδὴν ἄχονα ἀφαίη
ἔχημα. *Animus duplex nihil, cui confidas, lingua effatur.*
Comparat Horatianum: *Post effert animi motus interprete*
lingua, A. P. III. γλῶσσα et ἀφθδὶς fimiliter junguntur
ap. *Theognid.* v. 355. ἐοχι νᾶον· γλῶσσα δὲ τὸ μείλιχον καὶ
ἀνίσθη· Δειλῶν τοι τελέθει ἐξετέρη ἀφαίη. Ad fententiam
vero inprimis facit id. v. 91. ᾗς ἐᾷ μηὶ γλώσσῃ διχ' ἔχει
νόου, οὗτος ἑταῖρος Δεινὸς, Κύρν᾽· ἐχθρὸς βέλτερον, ἢ φίλος ὤν.

II. Ap. *Diogen. Laert.* I. c. p. 48. Δέργα δὲ φωτῶν.
ἀνέρϊ διῶαι, ψησιν — —. — V. 4. γὰ θμνω τὸ θεῖσθαι. In hunc
modum *Thucyd.* VI. 11.: Lacedaemonii cogitare debent,
ὅτι ὑψίστη ἔτι καὶ νῦν, ἢν δύνωνται, εὐσίμωτοι ἡμᾶς τὸ εὐσίμορον
ἡμετέροις τὸ δεσόμενοι. Hoc ipfum Scolion refpexiffe vide-.

tur *Cratinus* — ἄνδρας σιφὶς χεὶ, τὸ τι παρὸ τρῆγη, ὅ;
αὐτὸς, Εἰς ὁ θάνατον ἰὸ τιθέσθαι — quae laudat, ubi formulam, τὸ παρὸ ἰὸ θέσθαι, illuſtrat, *Garacker* ad M. Antoa.
VI. p. 171. II. Vide praeterea *T. Hemſterh.* ad Lucian.
Tom. I. p. 495. ſq. et *Valcken.* in Hippol. p. 241.

III. Ap. *Diogen. Laert.* L. I. 85. p. 53. in Vita
Biantis: τῶν δὲ φίλων τῶν αὐτὸν σὺν ὀφεώλμαοι τάδε΄ λατρών — —.
In vulgata ſcriptura αἶκα μάσαι offendit *If. Cafaubonus*,
qui ἡ πα μάχης corrigit, Improbante *Marquardo Gudio*,
qui in literis ad *Menagium* datis legit ἐν ὀσλ[σ]ι ἀνικεῖ
μάσαι, in civitate deformata et afflicta maneas. Male.
Senſus eſſe videtur: Civitas ſi diſplicuerit, eam relin-
ques; ſi vero in ea manere volueris, omnibus placere
et ad reliquorum civium mores vivere ſtudeas. Hoc
tibi multum gratiae apud eos conciliabit. At hoc fieri
poſſe, ut unus omnibus placeat, negat *Theognis* v. 24.
λατρών δ᾿ οὔτα πᾶσιν ἀδεῖν δύναμαι. — οὐδὲ γὰρ ὁ Ζεὺς οὖθ᾿
ὕων πάντας ἰνδάνει, οὔθ᾿ ἀνέχων. Cf. 779. ſqq. Hoc ipſum
Scolium expreſſit veteris ſapientiae ſtudioſiſſimus *Eurip-*
des in Medea v. 222. χρὴ δὲ ξένον μὲν κάρτα προσχωρεῖν
πόλει· οὐδ᾿ ἀστὸν ᾔνεσ᾿, ὅστις αὐθάδης γεγὼς πικρὸς πολίταις
ἐστὶν ἀμαθίας ὕπο, quod nemo interpretum animadvertit.
Eadem fortaſſe obverſabantur Tragico, cum in *Alcmena*
ſcriberet: καὶ δ᾿ ἀρέσκειν τοῖς κρατοῦσιν· ταῦτα γὰρ δούλοις
ἄριστα. ap. *Stob.* Tit. LXII. p. 235. *Grot.* — V. 3.
ἀλλόκοτοι ἄνδ᾿. Mores ſuperbi, quales eorum eſſe exiſtimantur, qui τὰ κοινὰ νόμιμα non curantes, ſuo more vi-
vunt, ſaepe graviſſimam noxam acceperunt. ἀλλόκοτος,
ut ap. *Herodot.* I. 80. p. 40. ἀλλόκοτόν δη. VII. 39.
p. 529. ἄξιον οἱ λόγοισι. Vide *Maittaire* de Dial.
p. 119. C.

IV. Servavit *Athen.* XV. p. 695. A. Pro fragmento
longioris carminis, *Alcaei* fortaſſe, habuit *Bernard.*
Martin. in Var. Lect. III. 12. p. 65. ubi horum ver-

fuam fenfum explanat. Metrum eft Alcaicum; in primo autem verfu poft *in γᾶς* omiffum vocabulum trifyllabum, proprium fortaſſe nomen. Sententia eadem, quae in Scolio *Pittaci* II. fed magis exornata. Hinc profecit auctor incertus fenariorum ap. *Stobaeum* Tit. LIX. p. 227. qui certe non *Callimachi* funt: Ἧς ἤδη μὲν Θάλασσαν ἀνὰ τῆς γῆς ὀρᾷν, ἀ μέτρῳ, ἔστι, μὴ ωλάσσον μέλαμποῦ. *Oppian.* Hal. V. 348. *Lucretius* II. 1. Suave, mari magno turbantibus aequora ventis, E terra magnum alterius fpectare laborem. Cf. *Tibull.* I. El. I. 44. fqq. Verba, καὶ παλάμᾳ ἔχει, fi quis poffit, repetunt praecedentia, εἴ τις δύναιτο. παλάμᾳ. ἡ δύναμις. ἡ τέχνη. ratio, qua quid efficitur. Hoc fenfu vocabulum paffim occurrit ap *Pindarum*. *Ariftoph.* in Vefp. 643. καὶ δὲ εἰ σαυτὸν παλάμην Εἰς ὑπόφευξιν παλάμης. Quod vero in hoc verficulo eadem res bis dicitur, non valde mirabitur, qui fynonymorum ap. *Homerum* tragicosque poëtas cumulationem meminerit. Vide *Spanhem.* ad *Ariftoph.* Ran. 1189. et *Stanlei* ad *Aefchyl.* Choëph. 5. Haec ejusmodi funt, ut accedere nequeam ad fententiam doctiſſimi *Wakefield.* qui in Sylv. crit. Tom. IV. p. 63. ut tautologia vitetur, vertit: *Si quis habeas, unde vitam fuftentare poffit.* P. *Leopardus* in Emend. L. XII. c. 8. eadem verba vertit: *Si quis opes et artem habeas*; quod magis probandum. — ¶. 155.] V. 3. Hinc expreffus, Wakefieldio monente, *Horatii* locus I. Epiſt. XVIII. 87. *Tu, dum tua navis in alto eſt, Hoc age, ne mutata retrorfum te ferat aura.* Unde idem corrigit: τῷ φορῶντι ὑπάγειν δύτῃ, five τῇ φορούσῃ τρέχειν ἀπ' αὔρῃ. Equidem in vulgata acquiefco. τῷ φορῶντι, ἀνέμῳ fcil. τι, qui in portu verfatur, qualiscunque ventus attendam eft. Idem eft, quod vulge dicitur ἐρμάσθαι ταῖς φοραῖς, ut ap. *Teletem* in Stob. Flor. XCV. p. 523. Vide, quae collegit *Wolfium* ad Epiſt. ad Hebr. XIII. 5.

V. Habet *Athenaeus* L. XV. p. 694. E. et hinc *Eustathius* ad Od. ψ. p. 277. 5. — .V. 3. γρ. ἐν a *Br.* additum eſt. — V. 4. ἐλελθόντα κατέσαντα πάλιν *Athen.* librum
Euſtath. Hermannus de Metris L. III. p. 418. verſus ita
diſtinxit, ut ſyſtema exſiſteret, in ſeptem minimum
Scoliis obvium:

> εἷδ' ἴξεν, ὁπτῶς τις ἦν ἑκαστος,
>   τὸ στῆθος διελὼν', ἔπειτα τὸν νοῦν
>   ἐλθόντα, κατέσαντα πάλιν
>   ἄτερα φίλον νομίζειν ἄλλον φρενί.

*Illa, ὁπτῶς τις ἦν ἑκαστος, ad ἐλελθόντα pertinens, ſed ita, ut
quaſi eorum oblitus, rem repetas bis verbis, τὸν νοῦν. Neque a veteri Latino ſermone alienum eſt, iſta ſic verti:
aſinam, qualis quisque eſſet, poſtquam pectus aperuiſſet,
ſuam demum mentem licuret cognoſcere.* Quod ad metram
attinet, duo priores verſus Phalaecei ſunt hendecaſyllabi:

— — — ‿‿ — ‿ — ‿ —

Tertius eſt choriambicus dimeter, cujus in primo ordine
anapaeſtus eſt cum jambo

‿‿ — ‿‿ — | ‿ ‿ ‿ ×

Quartus denique duos ordines habet, primum logaoedicum, qui tertia arſi finitur, alterum dactylicum duplicem:

— ‿‿ ‿ ‿ — | — ‿‿ ‿‿

Sententiam *Euſtathius* comparat cum fabula de Momo,
qui Prometheum reprehenderit, ὅτι κλάσας ἄνθρωπον, μὴ
πρεττελασει τῷ στήθει καὶ πόλας, ὥστε ἐνεργοῦντα αὐτὸν φαί-
νεσθαι τὰς φρένας αὐτῶν, ἀλλ' ἀφανῆ κρυψίνοια εἶναι. *Scaliger*
hoc Scolion admovit *Propert.* L. III. 4. *O prima infelix
fingenti terra Prometheo! Ille parum cauti pectoris egit
opus. Corpore disponens mentem non vidis in arte. Recta
animi primum debuit eſſe via.*

VI. Athen. L. XV. p. 695. E. Hic *Hermannus*
προληπτεύηον corrigit p. 416. ut metri ratio poſtulat.

Idem fyftema, quod in praecedente Scolio, nifi quod ultimus verfus non in duos dactylos, fed in ordinem logaoedicum triplicem exit:

$$- \cup \cup - \cup \cup \mid - \cup \cup - \cup \cup$$

Hujus Scolii fenfum explicat *Suidas* v. ἐπὶ Λειψύδριον μάχη. Erat enim Leipfydrion locus in monte Parnetho, quem, Hippia Athenis regnante, Alcmeonidae cum aliis exfulibus communiverant. Ibi cum pugna fuperati effent, hoc in eos Scolion cani coeptum. Eadem narrat *Euftath.* ad Il. p. 351. 12. omiffo ultimo Scolii verfu, et *Hefych.* ἐπὶ Λειψύδριον. *Etymol. M.* in Ἐπιλειψύδρια μάχη. Conf. etiam *Herodotum* L. V. 62. p. 401. — V. 1. προειλόντερον *Etym. M.* — V. 4. Idem: ὅντε' ἔδειξαν ο. π. ἔσαν. *Suidas:* ὅντε' ὁ. σ. π. ἔσαν. *Athenaei* lectio elegantior eft.

VII. Nobiliffimum hoc carmen legitur ap. *Athenaeum* L. XV. p. 695. B. fine auctoris nomine. *Callifirato* affergit *Hefych.* v. Ἀρμόδιον μέλος, τὸ ἐπὶ Ἀρμοδίῳ σκόλιον ἐκαλεῖτο ὑπὸ Καλλιστράτου οὕτως ἔλεγον. Ad verba τὴ Ἀρμόδιον φίλτατ *Arifioph.* in Acharn. 977. *Scholiaftes* laudat verf. 5. φίλτατε Ἀρμόδιε, οὔτι που τέθνηκας, idque carmen ἐν τοῖς τῶν κοττὴ σκόλοις decantatum effe ait. De Harmodii et Arifiogitonis, tyrannicidarum, facinore, cujus laudem in dubium vocare conatus eft *Herodotus* L. V. 55. multi commemorarunt. *Arifiotelis* Polit. V. 12. *Juftin.* II. 9. *Thucyd.* VI. 54. fqq. ubi vide Inipp. et *Valckn.* ad Herodot. p. 398. 66. — In hoc quoque Scolio metri ratio ea eft quam indicavimus ad Scol. IV. — V. 1. ἐν μύρτου Hinc apparet, conjuratos tela abdidiffe in myrti ramis, quos, qui Panathenaicis intereffent, geftaffe probabile eft. *Robertus Loweſius*, qui bene de hoc carmine meruit in praeclaro opere de Poëfi Hebr. p. 17. ed. *Mich.* comparat *Arifioph. Lyfifir.* v. 633. καὶ φορήσω τὸ ξίφος τὸ λοιπὸν ἐν μύρτου κλαδί, Ἀγοράσω τ' ἐν τοῖς ὅπλοις ἑξῆς Ἀριστογείτονι. ubi Schol.: οὗτοι γὰρ ἐπὶ μυρσίνων κλάδων τὰ ξίφη

ἀνασπάσαντες τὸν τράχηλον κατέβαλον. Idem ſuſpicatur, hinc
fortaſſe ductum morem, ut, qui in convivio caneret
Scolion, myrti ramum manu teneret. *Plutarch.* T. II.
p. 615. B. C. De forma καλὸν pro καλῶ uſurpata vide
Salmaſ. ad Stat. Regill. p. 115. — V. 3. Vulgo κατα-
ρύτην. Genuinam lectionem, una litera deleta reſtitutam, habet *Loterb.* — V. 5. οὗτω τι τέθνηκε. *Aobra,*
Lectio a *Br.* poſt *Loterbium* recepta, debetur *Schol. Ari-*
ſtoph. in Acharn. 977. Hæc reſpexit *Ariſtides* T. I.
p. 80. ed. OXON. καλὸν δὲ καὶ ἡ εὐκλεὴς ὥστε Ἀριστίδην ᾖδειν,
ὅτι τὰ τέθνηκας λέγονται. Ex hoc loco colorem duxit
auctor Epigr. inter *Allen.* DCCXXXVII. οὐκ ἔθανες, Πρώτη,
μετέβης δ᾽ ἐς ἀμείνονα χῶρον, καὶ ναίεις μακάρων νήσους θαλίῃ
ἐπὶ πολλῇ. — V. 8. φασὶν τὴν ἐσθλὴν Διομήδεα Ἀρβεν. Otiō-
ſum epitheton omiſit *Loterbius,* quem *Br.* ſequitur. De
Achille in beatorum inſulas delato vide *Platon.* in Conv.
p. 179. E. cui praeivit *Pindarus* OL β. 143. Idem
Nem. 4. 12. Diomedem a Minerva inter immortales relatum narrat, ubi vide doctum Scholion. Hinc in inſula Diomedea pro deo colebatur, nec non ap. Thurios et
Metapontinos. — V. 11. b *Θυρίας.* in Panathenaeis,
ſecundum *Thucyd.* l. c. Vide *Perizon.* ad Aelian. V. H.
XI. 8. — ſ. 156.] V. 14. Ἀρμοδίου. Vulgo. et
verſ. ſqq. ἐναντίον, et ἱκανωτάτη. quae *Loterbius* emendavit.

VIII. *Aiken.* l. c. p. 694. D. „Videtur canticum
„eſſe ἐνίκων cujusdam poëtae, cui victoria obtigit in Pa-
„nathenaicis ludis, In quibus praemium victoribus daba-
„tur corona oleagina. Decerpebantur autem rami ex
„moriis illis, quae in arce erant, et quidem in Pandroſi
„templo. Vide Meurſii Cecrop. c. XXII. Sic Scolii
„verba intelligo, ἥκων δῶρον ἀπὸ θεᾶς, φέροντες παρὰ Παν-
„δρόσου. Si quis alius eorum eſt ſenſus, hunc non aſſe-
„quor. Certiſſimum ſaltem mihi videtur hic neque de
„Marathonia pugna, nec de Pane Phidippidi hamero-

T 5

»drome obviam facto, quam rem Herodotus narrat
»p. 486. agi. Schol. Pindari Pyth. III. r 38. haec ha-
»bet: πάντες γὰρ ὁ Πὰν τῇ Ῥέᾳ, ὡς αὐτὸς ὁ Πίνδαρος ἐν τοῖς
»παρακατωτέρω τὸν παιᾶνα φησὶν· ὁ Πὰν Ἀρκαδίας μεδέων,
»ὅπα τοῦ, ματρὸς μεγάλας ὀπαδὲ, σεμνῶν Χαρίτων μέλημα τερ-
»πνόν. Quod quatuor primae voces hujus scolii seu
»paeanis in Pindari quodam cantico eodem quo hic
»ordine fuerint, inde non sequitur, Pindarum hujusce
»paeanis auctorem esse, quod, qui eam toties laudat,
»Athenaeus non ignorasset, et si carmen hoc in Pindari
»melicis legisset, illius non suppressisset nomen, sicut
»nec Hybriae nec Ariphronis. In deorum compellatio-
»nibus religiosae quaedam erant formulae, solennia
»verba, a quorum ritu discedere nefas. Nullum credi-
»derim Pani cantatum fuisse hymnum, a quo absuerint
»haec verba: Πὰν Ἀρκαδίας μεδέων. Orphici hymni alius
»generis sunt, ubi de diis traduntur, quae solis initia-
»tis nosse et audire fas erat. Orphicus Pan plane di-
»versus a Pane vulgi Graecorum. Hic Arcadiae tutela
»contentus: illum Mystae invocabant σύμπαν, οἷ! θΑΛΑσ-
»σαν, Ut γᾶσαν παμφαινίωσαν, καὶ τὸρ ἀθάνατον. In Orphicis
»hymnis integri sunt versus Homerici, ut iste: ΚΛῦΘι
»Ποσείδαον, γαιήοχε, κυανοχαιτα, quem Homerus, ut pla-
»rimis aliis, ab antiquiori quodam poëta mutuatus est.«
Haec *Bruckius* contra *Schneiderum*, ut mihi persuadeo,
disputat, qui in Colloc. Fragm. Pindari p. 19. hoc Scolion *Pindaro* vindicat, idque in Panis, quo duce Athenienses Persas devicerant, laudem conscriptum existimat.
Hermannus de Metris p. 414. acute perspexit, duo hic
Scolia temere conjuncta esse, quorum prius ad usitatum
illud in Scoliis schema (vide ad Sc. V.) ita constituit:

　　　ὁ Πὰν, Ἀρκαδίας μεδέων κλεεννᾶς,
　　　ὀρχηστὰ, Βρομίαις ὀπαδὲ νύμφαις,
　　　　　γελάσειας, ὦ Πὰν, ἐπ' ἐμαῖς
　　　　εὐφροσύναις ἀοιδαῖς κεχαρημένος.

Quatuor priores ap. *Brunckium* versus in duos. Phalae-
ceos hendecasyllabos dispescendos esse, jam *Valckenarius*
perspexerat ad Phoeniss. 84. p. 30. qui etiam γελάσσας,
hilaris nobis adsis, restituit, ὀρχηστὰ est ex emendatione
Casauboni, cum vulgo ἱερώτερα legatur.   Illo epitheto
Apollinem ornavit *Pindarus* ap. Athen. L. II. p. 22. E.
Ὀρχηστὰ, ἀγλαΐας ἀνάσσων, εὐρυφάρετρ' Ἄπολλον.   Qui hic
ὀρχηστὰς vocatur Arcadiae deus, ap. alios est εὐρυνόμη,
ap. *Orpheum* Hymn. X. — V. 6. ap. *Athenaeum* corrupte
legitur: ἱν' ἱμαΐς εὐόψ. ἐσθλαῖς ὅπιθι.   Novissimam vocem
nihil aliud esse, quam depravatam praecedentis lectionem, statim apparet.   Ea omissa et metrum salvum est
et sensus optime procedit. — Alterum Scolion ex *Her-
manni* mente sic restitue:

> Ἐνιαύσαμεν, ἱὲ ἐρανθρωπῆς,
> καὶ νίκην ἥδεσαν θεοί, φέροντες
> παρὰ Πανδρόσου ὡς φίλην Ἀθηνᾶν.

Versus sunt Phalaecei. ἐνιαύσαμεν est ap. *Athenaeum*.
Ultimi versus sensus mihi quidem obscurus est. Ceterum
duo haec Scolia jam recte distinxit *de la Nauze* dans les
Mémoires de l'Acad. des Inscr. T. XIII. p. 514.   Et
nuper Cl. *Ilgen* in Opusc. variis Philolog. T. II. p. 75.
qui in distinguendis et emendandis versibus nihil fere
ab *Hermanno* discrepat.   V. 4. et 5. legit: γελάσας,
ἐν ἥβᾳ.

IX. *Athen.* l. c. p. 694. C.   Hujus carminis metrum, paucissimis immutatis, restitutum est ab *Hermanno* p. 414. — V. 1. ubi vulgo ἄνασσα legitur, non
hujus tantum vocabuli ultima syllaba elidenda, sed etiam praecedentis, Τρττογένει' ἄνασσ' Ἀθήνα. Vocem Ἀθήνα
omittit P. *Leopard.* qui in Emend. L. XII. c. 8. hoc
Scolion cum sequ. ex Cod. profert.   V. 4. et 5. vero
jungendi sunt:

> καὶ Διόνυσον ἀείρων, ὅ τι τε καὶ πατρῷα

— V. 3. denique τε post λιγέων delendum est. — Pro
ἀείρων Excerpta Hoeſcheliana ἀείρων habent.   ἱ ἀείρων θα-
νάτοι *Plutarch.* T. II. p. 110. E.   ἔτι τέτοις ἂν ὁ σοῖς καὶ
ἀγαθ ἄνδρας ἀειρόντων. Ibid. p. 110. F.   Iis malis, ad quae
ſapiens animum bene praeparatum habere debeat, Euripides annumerat — θνητὸς πάντας ἡμᾶς θανάτοις τ΄ ἀείρων
καὶ νοσῶν ἄλλαις ἰδέαις. ap. *Plutarch.* l. c. p. 112. D.   Cf.
Orph. 1030.

X. *Athen.* p. 694. C.   Quod ap. *Brunckium* legitur,
ʹΟμηρίαν, *Caſauboni* correctio est.   Vide *Heſychii* Intpp.
v. ὁμηρία.   Hac lectione Hendecaſyllabum corrumpi,
animadvertit *Vakken.* ad Phoeniſſ. p. 295. ubi comparat
Plutarch. T. II. p. 993. E. ἄγαγον αὖθις ἐκεῖνα καρποφόροις
ἐν ἑωρτίαις κώμοις στεφάνοισιν ὥρας. ubi tamen non
καλλιστεφάνοισιν, ut ille ſuſpicatur, ſed καλλικωστεφάνοισιν
legendum eſt. — V. I. P. *Leopardus* l. c. μῆτερ ἱλαρεῖαν
θαλία Δημήτρας exhibet; et mox τε ante καὶ inſerit. —
Hermannus p. 414. paucis immutatis hoc Scolion ſic
conſtituit:

> Πλούτου μητέρ᾽ ʹΟλυμπίαν ἀείδω
>
> Δήμητρα, στεφανηφόροις ἐν ὥραις˙
>
>   αἵ τε, καὶ Διὸς, Περσεφόνη,
>
>   χαίρετον, ὣ δὲ τάνδ᾽ ἀμφέπετον πόλιν.

V. 2. haud ſcio an corrigendum ſit:

> Δήμητρα στεφανηφόροις σὺν ʹΏραις.

ut ſe Cererem una cum Horis cantaturum eſſe profitea-
tur.   Horae junguntur Proſerpinae in *Orphei* Hymno
XLII. 7. Περσεφόνη συμπαίκτορες, ᾗσιν Μοῖραι ταύταις καὶ
Χάριτες κυκλίαισι χοροῖς πρὸς φῶς ἀνάγουσι, Ζηνὶ χαριζόμεναι
καὶ μητρὶ καρποδοτείρῃ. ubi, ut hoc obiter moneam, in
primo verſu ταύταις ineptam eſt verſus fulcrum. Fortaſſe
olim ſcriptum fuit: Περσεφόνη θαλερὰ (vel ſimile quid)
συμπαίκτορες, ᾗσιν Μοῖραι καὶ Χ. — In fine ap. *Athenaeum*
ἄμφεπον legitur pro ἀμφέπετον.

. ฿. 157.] *XL Athen. p. 694. D.* Hujus Scolii
metrum unius literae abjectione restituendum esse monet *Hermannus* p. 414. ut nimirum 'Αρτέλιν' ελασφάλεα
legatur. Vulgo v. 2. εναντα habetur. Dianam ἀγροτέραν.
colebant Athenienses, caprarum ei sacrificium stato die
peragentes. Vide *Perizon.* ad Aelian. V. H. II. 25. Hoc
Dianae cognomen, cum similibus, illustrat *Munkerus*
ad Antou. Lib. c IV. p. 36. et *Kuhn.* ad Tim. p. 223.

. XI. *Athen. p. 695. C.* Tres priores versus laudat
Eustath. ad Odyss. λ p. 454. 41. Ad hoc Scolion fortasse respexit *Hesych.* v. "Αρλιτι, Αἴας καὶ Τελαμῶνος ἐν τι
σκολίω γιγραμμένοι εἰς Αἴαντα, *Theopompus* ap. *Athen.* l.
p. 23. E Τελαμῶνος εἰωθύζοντες ἀλλήλοις μέλη. *Antiphanes*
ap. eund. L XI. p. 103. E cantionem postulat, non
antiquam tamen — τὸν τε Τελαμῶνος, ἣ δὲ τὸν Παιῶνα, ἣ δ'
'Απόλλον. Sententia expressa ex *Homero* Il. Α. 768η
ἠ ἐκφὶ δ' οὖ μέγ' ἄριστος ἔην Τελαμῶνιος Αἴας, "Οφρ' 'Αχιλεὺς
μήνιεν· ὁ γὰρ πολὺ φέρτατος ἔην. Unde *Sophocles* de eodem,
in fabula cognomine I 358. ἐν' ἀνδρ' ἄριστον 'Αργείων, ὅσοι
Τροίαν ἀφικόμεσθα, πλὴν 'Αχιλλέως. — V. 1. καί τε Τελ.
Αἴας αἰχμητά. *Eustath.* — V. 3. Δ. καὶ 'Αχ. *Athenaeus* et
Eust. et sic etiam r. 7. Recte emendatum esse μετά, cum
ipsa sententia docet, tum versus *Alcaei* ap. Hephaest.
p. 35. Χρωΐδα βασιλῆος γένος Αἴνω, τὸν ἄριστον πεδ' 'Αχιλλέα.
Depravatissimum esse hoc Scolion, judicat *Hermannus*
p. 415. idque aliis resectis, aliis transpositis, sic
emendat:

    Χαῖρε, παῖ Τελαμῶνος, Αἴαν αἰχμή-
-     δ' · ἐν Τροίαν σε λέγουσ' ἄριστον Δαναῶ
      μετ' 'Αχιλλέα τὸν Δαναῶν·
-     τὸν Τελαμῶνα πρῶτον, σὲ δὲ δεύτερον.

Primam vocem χαῖρε a praecedentis Scolii ultimo vocabulo χαῖρε absorptum esse putat. Vereor, ut vir doctissimus hoc paulo violentius remedium omnibus probatu-
rus sit.

L. XIII. *Athen.* p. 695. B. Auctor hujus Scolii incertus est, ut apparet ex *Pausaniae* verbis ap. *Eustath.*
ad Il. A. p. 247. 20. Ἀπὸ δὲ τοῦ ᾁδοντος Ἀδμήτου σκολίου
τι ἐν Ἀθήναις ἐν μέλεσιν, ὡς καὶ Παυσανίας φησὶ ἐν τῷ οἰκείῳ
λέξεως, λέγων, ὡς οἱ μὲν Ἀλκαῖον φασὶν αὐτό, οἱ δὲ
Σαπφοῦς, οἱ δὲ Πραξίλλης τῆς Σικυωνίας· ἀρχὴ
δὲ τοῦ μέλους αὐτῷ· Ἀδμήτου – – –. ἔοικε δὲ διὰ μὲν τῶν
ἀγαθὸν τὴν γενναῖαν καὶ φιλανθρωπον ὑποδηλοῦν Ἀλκηστίν, διὰ
δὲ τῶν δειλῶν τὴν Ἀδμήτου νόσημα, ἐξ ὧνπερ θανεῖν ὑπὲρ τοῦ
παιδός. Haec iisdem verbis habet *Eudocia* p 21. Eu-
stathii locus latebat *Branckium*, cum *Praxillae* hos versus tribuebat; Ede *Schol.* ad Aristoph. Vesp. 1231.
Ἀδμήτου λόγον, ὦ 'ταῖρε, μαθὼν τοὺς ἀγαθοὺς φίλει. Τούτῳ τί
ἥξεις σκολιῷ; *Schol.* καὶ τοῦτο ἀρχὴ σκολιοῦ· ἔστι δὲ ἐστι
τῶν δειλῶν κατέχων, τουτέστι, ὅτι δειλὸν ὀλίγα χάρις· καὶ ἐν
Πραγματι

       ὁ μὲν ᾄδει Ἀδμήτου λόγον πρὸς φιλότητ,
       ὁ δ' αὐτὸν ἀναγκάζει Ἀρμόδιου μέλος.

Deinde additur: κολακικὴ τὸ σκολιῷ· ἐν ταῖς Πραξίλλης
δὲ φέρεται συμπίνῃ. Ceterum *Praxillam* in Scoliis com-
ponendis insignem gloriam consecutam esse ait *Athen.*
p. 694. A. Ἀδμήτου μέλος in proverbium abiisse, discimus,
ex *Zenob.* Cent. I. 18. *Diogen.* II. 68. Versus sunt
choriambici cum basi, monente *Flor. Christiano* ad Aristoph. Vesp. 1231. *Murat.* ad Tibull. L. II. E. III.
qui tamen in eo fallitur, quod hos versus pro majoris
carminis initio habet:

       Ἀδμήτου λόγον, ὦ 'ταῖρε, μαθὼν τοὺς ἀγαθοὺς φίλει,
       τῶν δειλῶν κατέχου, γνοὺς ὅτι δειλαῖς ὀλίγη χάρις.

Sic hos versus constitutos dedit *Urset.* in Fragm. p. 53.
et *Branckius* quoque ad calcem *Anacreontis* p. 91. Cum
haec optime sic procedere nemo sit quin videat, minime
audiendus *Wakefield*, qui in Delect. Trag. Tom. I.
p. 257. corrigit: ἀπὸ τῶν δειλῶν δ' κατέχου· γνοὺς, ὅτι δειλῶν

διϑγη χάρις λενϊ. — V. 3. ἰλίγα χάρις. Euſtath. Pro ꝗꝏᵮ
in Schol. Ariſtoph. ꝏꝏ̈ϛ'. Ad ſenſum facit *Theognid*
v. 107. ἰαιλεύς δ' τὸ ἱρϐντι μετανσϑέτε χάρις ἐϛτὶν' ἰασϊ
γϐς ετεῖρϐν πϐνϐν ἀλλε πϐλϐϛ. Nicol. Damaſc. in Theſ.
Gron. T. VI. p. 3855. αἰοχϐϐν λὶ ἐστι λαιλϐι ϐϐϐνϐα ϐ
ϐϐγγϐμνϐϐτϐν ϐ ϐϊλϐϐ γϐνϐϐϑαι.   .?

  XIV. *Athen.* p. 695. A. atque ex eo *Euſtath.* ad
Odyſſ. p. 277. 3. *Brunckius* repraeſentavit lectiones
Valckenarii ad Phoen. p. 304. nec ab iis disceſſit in
editione *Anacreontis* p. 91. — V. 1. Excerpt. *Athen.*
praebent χϐϐϐ. Inepte *Caſaubonus* legit χόλα — primum hoc praeceptum eſſe dicens, ut ſerpente prehenſa
laxemus manum; nam poëtam monere, ut, ſi quando
cum homine improbo amicitiam contraxerimus, ſtatim
eam diſſolvamus. Haec nullius ſunt pretii, ut apparet
ex *Aeſopi* Fabula LXX. ϐϐϐϐϐϐϐϛ δ' ϐ ϐϐϐϐϐϛ ϐϐϐϐν
ϐϐϐϐϐϐϐ, ϐϐ ϐϐϐ ϐϐϐϐϐϐ ϐϐ ϐϐϐϐ ϐϐϐϐϐϐϐ — ϐϐϐϐϐϐϛ ϐϐϐ,
ϐϐ ϐϐϐϐϛ ϐϐϐϐ ϐϐϐ ϐϐϐϐϐϐ ϐϐϐϐϐϐϐϐϛ, ϐϐϐϐϐϛ ϐϐϐϐϐ' ϐϐϐϐϛ
ϐϐϐϐ ϐϐϐ ϐϐϐϐϐϐϐ ϐϐϐϐϐ ϐϐϐ ϐϐϐϐϐϛ ϐϐϐϐ. Aelian. H. A. XVI.
38. ſerpentibus quibusdam, Epheſi in antro nutritis,
eximiis ϐϐϐϐϐϐ ϐϐϐϐϐϐϐϛ ϐϐϐϐϐϐϛ, ϐϐϐϐ ϐϐϐ ϐϐϐϐϐϐϐϐϛ
ϐϐϛ ϐϐϐϐϛ ϐϐϐϐϐϐϐϐϐϐϐ ϐϛ ϐϐϐϐϐϐ ϐϐϐϐϐϛ ϐϐϐ ϐϐϐϐϐϐϐϐ.
Vocem ϐϐϐϐϐϛ pro poëtae nomine habeti, totumque
carmen inepte interpretatur *De la Naune* dans les Mémoires de l'Acad. des Inſcr. T. XIII. p. 512. ſq. —
V. 3. et 4. vulgo ſic leguntur: ϐϐϐα ϐϐϐ ϐϐϐ ϐϐϐϐϐϐ ϐϐ
ϐϐϐϐϐ ϐϐϐϐϐ. Noſtra lectio eſt in Excerptis. In quibusdam Codd. quibus *Caſaubonus* uſus eſt, legebatur: ϐϐϐϐ
ϐϐϐ ϐϐϐ ϐ. ϐϐ ϐϐϐ ϐϐϐ ϐ. ϐ ϐ. *Bentlejus* in Diſſ. de Aeſopi
Fab. p. 104. haec ſic ſcribenda eſſe cenſebat:

   'Ο ϐϐϐϐϐϛ ϐϐϛ ϐϐα, ϐϐϐϐ ϐϐϐ ϐϐϐ ϐϐϐϐν'
    ϐϐϐϐν ϐϐϐ ϐϐϐϐϐϐ ϐϐϐϐ ϐϐϐ ϐϐ ϐϐϐϐϐ ϐϐϐϐϐ.

Quae licet aliquam metri ſpeciem habeant, vereor tamen, ut ad certas leges revocari queant. Non niſi adhi-

justis nonnullis metri rationem restitui posse putabat
Hermannus p. 425. qui versus choriambicos cum basi
esse sibi persuasum habens, sic legit:

     Ὁ δὲ καρκίνος ὥς φησ᾽ ἄρα χαλᾷ τὰν ὁρᾶν λαβών·

     εὐθεῖα χρὴ τὸν ἑταῖρον μὲν ἔμεν, μὴ σκολιὰ φρονεῖν.

In hac correctione mihi displicet ἄρα, versui primo, metri fulciendi causa, insertum. Quid si poëta scripserit:

     Ὁ δὲ καρκίνος ὧδ᾽ ἔφησε χηλῇ τὰν ὁρᾶν λαβών·

     εὐθεῖα χρὴ ἔμεναι τὸν ἑταῖρον, μὴ σκολιὰ φρονεῖν.

Haec mihi satis probabilia esse videntur, nec elegantia
carent. Scriptum hoc carmen dialecto ionica, cujus
vestigium in lectione Cod. χαλᾷ. Facilis autem et lenis
mutatio τοῦ ἔμεν καὶ, sive, ut in Codd. est, ἢ μὲν καὶ, in
ἔμεναι. Scolion XIX. καλὰ γατά — κατθαρὰν θαρίαν νόον.
Prometh. *Aeschyli* 163. θυμὸς ἀγνώμωνι νόον. ubi vide
Stanlei p. 728. *Theognis* v. 89. ἤ με φιλεῖ, καθαρὸν θυμὸν
ἔχων νόον, ἤ μ᾽ ἀποειπὼν Ἐχθαίρῃ, ἀμφαδίην νεῖκος κειράμενος. —
Possis etiam legere, non minus leni mutatione:

     εὐθεῖα χρὴ ἔμεναι τὸν ἑταῖρον — —.

    §. 158.] *XV. Athen.* p. 695. D. Etiam hoc Sco-
lion consistit e binis versibus choriambicis cum basi;
quorum prior finitur verbo ὑποδύεται. Verba δεῖ καττὶ
αὐθ᾽ ἑνὸς ὀνεροΐνος paroemiaca sunt. *Aristoph.* Thesm. 528.
Τὴν παροιμίαν δ᾽ ἀπαινῶ Τὴν παλαιάν· ὑπὸ αὐθ᾽ γὰρ Παντὶ τοῦ
ῥητὸν; μὴ λάθῃ βήσσῃ, λέχριὰ. quae longe festivissima sunt.
Sophocles in Αἰχμαλώτοις ap. *Suid.* T. III. p. 558. ἐν καττὶ
γὰρ τε ὀνεροΐνος φρουροὶ αὐθ᾽. Huc respiciens *Aelian.* H. A.
XV. 26. εἰ γὰρ τοῦτο μὴ γίνοιτο, ὁ χῆρος ἄρατός ἐστι, ὑπὸ
καττὶ γὰρ αὐθ᾽ καὶ φύλαξ νᾶσος ὀνεροΐνος ἐστί. Hanc paroemiam *Zenobius* Cent. VI. 20. et *Diogen.* VIII. 59. ita
laudant, ut pro ὑποδύεται legant οἶδεν et καθεύδει.

    XVI. *Athen.* p. 695. F. Metrum idem, quod in
praecedente. Utrumque jam recte constituit *Brunck.*

                               in

In ed. *Anacr.* p. 92.   Color hujus fententiae fere eft,
ut in illo ap. *Terratium* dicto in Phorm. I. 1. 5. *Prae-
ferrim ut nunc fuas mores: adeo res redis: Si quis quid
reddit, magna habenda eft gratia.*

XVII. Atben. p. 695. E. De cothone vide ad *Archilochi* Fr. V. 1.   Vocem κάθων pro nomine proprio
habuit *de la Nauze* dans les Mémoir. de l'Acad. des Infcr.
T. XIII. p. 534.   Pro διάκων fcribendum puto διάκων,
ut pocillatorem alloquatur poëta. *Xenarchus* ap. *Atben.*
XI. p. 475. A. καλλίχρων, ἵγω, τὴ Διά, τὴ τὸν κλυθαρον.
Nec aliter legit *Adr. Junius* Anim. III. 7., quem *P.
Leopardus* exagitat in Em. L. XII. c. 8. *Infunde, minifter,
in vas.*

XVIII. Atben. p. 695. C.   Hinc *Euftath.* Od. ε.
p. 277. 10. — Pro εννήξα, quod ap. *Euftath.* eft, vulgo
εννίεα legitur. — V. 4. *Houfchelius* in Appendice Emend.
ad Damafc. p. 92. εννεφείται corrigit, quod ap. *Euftathium* legitur.   Ap. eundem pro ευτηφεντεφέρει legitur
ετγκατεσφέρει. Quam lectionem inde protulit *P. Leopard.*
Emend. XII. c. 8.   *Valckenarius* ad Phoeniff. p. 146.
veterem fcripturam fuifte putat hanc: εύχομ μ. μ. Χυε-
σφέρει εκφέρει.   Quod ex parte probat *Hermannus*, qui
etiam hic metrum choriambicum agnofcens, p. 319.
corrigit:

εύν μαι ξίφο, εννίβα, εννέφα, εοντεφαντεφέρει·
εύν μαι μανεφίτη μάτνα, εύν εσφέρον εκφέρεα.
Theognis v. 306. ἐν μὲν μανεφίνοις μάτεα μάτεομαι, ἐν δὲ
δικαίοις 'Ανθρώπων πάντων είμι δικαιότατος.

XIX. Atben. XV. p. 695. C.   Ut Scolion Atticum
hoc carmen profert, ultimo verficulo omiffo, *Dio Chryfoft.* Or. II. p. 32. (Tom. I. p. 95. *Reifk.*) apud quem
verfus aliter diftribuuntur. — V. 1. γνώμας διαφωνία.
Dio. In cod. tamen Parifin. διαφωνίαν. — V. 2. φερίενοι.
Dio, qui et v. 6. γνωτὰ καλὰ φερίεν legit.   Verfus fortaffe
fic conftituendi funt:

U

εἴθε λύρα καλὴ
γενοίμην ἐλεφαντίνη
καί με καλοὶ παῖδες φέροιεν
Διονύσιον ἐς χορόν.
εἴθ' ἄπυρον καλὸν
γενοίμην μέγα χρυσίον
καί με καλὴ γυνὴ φοροίη
καθαρὸν θεμένη νόον.

Haec duas ſtrophas efficiunt, quae ſibi ad amuſſim re-
ſpondent. Poëta ſe in rem quandam pulchram, ſplen-
didam, jucundam mutari optat, ut venuſti pueri pul-
chraeque puellae eum in pompis et feſtis ferant. χρυσίον
pro χρυσὸς eſt ap. *Ariſtoph.* Plut. 809. Ran. 732. χρυσία,
ὁ χρυσὸς. *Heſych.* ἄπυρον ad *Homeri* imitationem videtur
dictum, qui Il. ι. 122. inter ea, quae Agamemnon
Achilli redituro promittit munera, ἀπύρους τρίποδας numerat; ſi veteres audimus, τοὺς μὴ εἰς πῦρ χρησίμους, ἀλλ'
ἀναθηματικοὺς, κακουργεῖς, τοὺς ἀφ' ἡμῶν χάριν τιθεμένους ἐν τῷ
οἴκ. *Schol.* Il. ψ. 270. *Heſych.* φιάλην ἀπύρωτον· ἐκτὴν ἢ
ἀναθεματικὴν. Attigit hoc vocabulum *Hemſterh.* ad Polluc.
X. 8 2. p. 1252. Cf. etiam *Beckmann.* ad Ariſtot. de Mir.
Auſc. c. XLV. p. 88.

        ¶. 159.] XX. *Athen.* p. 695. D. , In hoc et ſq.
Scolio *Brunckius* ad Anacr. p. 93. ſq. metrum choriambicum recte reſtituit:

    Ἁ δὲ τὰς βαλάνους τὰς μὲν ἔχει, τὰς δ' ἔρωται λαβεῖν·
    κἀγὼ· ταῦτα καλὴν τὰν μὲν ἔχω, τὰν δ' ἔραμαι λαβεῖν.

id quod ante eum fecerat *P. Leopardus* in Emend.
L. XII. 9.

        XXI. *Athen.* p. 695. E. — βαλανεύς, qui balneum
ſuccendit et calefacit. Vide *Salmaſium* ad Scr. Hiſt. Aug.
T. L. p. 474. — πύλλας· Pollux X. 63. Εὔπολις τὸν
πύλλον τὸν ἐν τῷ βαλανείῳ μέτρον ἀνόμασεν, ὡς οἱ νῦν. λέγει
γοῦν ἐν τῷ Δαισάντι· Εἰς βαλανεῖον εἰσελθὼν μὴ ζηλοτυπῆσῃς

τὸν συναβαίνοντά σοι Ζὶς τὶν μάπτρον.   Hinc apparere videtur, σὶὰἰὴ pro ἰάκε apud eos, qui Eupolis aetate
praecesserunt, ap. feriores autem μάπτραν ufurpatam effe.
Nec tamen recentiores ab illo vocabulo abstinuerunt.
Lucian. Tom. III. p. 72. 17. τρεῖς καὶ οὗτος ὅτρηλες σοὐλιους
παρέχεται λοσκμίνη.   Disputavit de hac voce, nostro loco
non omisso, Salmaf. ad Solin. p. 847. —   De meretricibus similiter Alciphron L. III. 53. p. 420. ὅταν οὖν
τρίνσι· τοῖς λουτροῖς καὶ τοῖς σκεύεσι καστεῖν ακχρήμεϑα καὶ
(f. καὶ οὐχ) ὀνδε εἶπας δοκεῖ, οὕτω καὶ ταῖς εἰς ταῦτον ἑανεχρωται
μίσους τὸν βίον.

   XXII. Athen. p. 695. F. Ἐσθίων δὲ φησί τινας καὶ τὸ
ὑπὸ Ἀθρίου τοῦ Κρητὸς ποιηϑὲν· ὅτι ἦ εὕτως· "Ἐστι μοι . . . . ᾶ
Hinc protulit Euftath. ad Odyff. p. 276. 47.   Klotz ad
Tyrt. Differt. II. p. 238.   Illuftravit hoc carmen Koeppen in Anth. gr. T. II. p. 107.   Claditis de Scoliis Graec.
in Bibl. Lit. et Art. Fafc. III. p. 54. — ;   V. I. μέγας
ap. Athen. μέγα Euftath.   Vir fortis et generofus, qui
hic loquitur, omnes fuas divitias in armis positas effe
ait, quibus fibi omnia, quae ad vitam fuftentandam
opus fint, comparet.   Maximus Tyr. Diff. XXIX. 2.
Tom. II. p. 75. ubi milites agricolis anteponendos effe
ait, quia nemo eorum, qui e Spartanis ad infignem gloriam pervenissent, agriculturae operam dediffet: σκτυὰ
ταῦτα, ait, ἐλάστικὰ ταῦτα ὑπὸ κστἰλον σώζεται, τοῦτον
δὲρατα ὑπερμαχεῖ, ταῦτα δουλόδι ταῖς κρατοῦσι. et p. 77.
μὴ σύζηι γὰρ τῆς ἱστοτροίας ὁ γῆ μένει, τὰ φυτὰ μένει, τὰ
ἄνω. — Λακτία fecundum Euftathium ad Il. μ. p. 874.
47. ex pellibus non mollitis, ἐξ δωτεργάστον βυρῶν,
fiunt.   Herodot. VII. 91. p. 547. 71. Λακτίια εἶχον κστὶ
κστῖλον, ὁμοδότε κτεσημιμία. Vide Hefych. v. ibique Intrpp.
— τρίδαμμα χρωτὸς. Homer. Il. v. 288. σάκος, τὸ οἱ ἄρκεσε
λυγρὸν ἰλεϑρον.   Paul. Silent. Ep. XLVI. κστῖλα ταυρείην,
ὅρκος χρῶτ. — τούτῳ κρὖ.   Horum armorum praesidio
tutus, quae alii labore parant, ipfe poffideo.   His igitur

aro, messem facio, vineam torqueo. In eandem sensum,
mi fallor, *Archilochus* ap. *Athen.* L. I. p. 30. F, ἐν δορὶ μέν
μοι μᾶζα μεμαγμένη, ἐν δορὶ δ' οἶνος Ἰσμαρικὸς, πίνω δ' ἐν δορὶ
κεκλιμένος. ἐν δορὶ est *hasta armatus*. — V. 4. ὑπὸ δαί-
δαρπάλοις. Recte interpretatur *Cladius*. Sic *Hermesianax*
El. 36. καὶ μαλακὸν ὑπ' ὕπνον ὑπὸ πτερύγεσσιν. quem locum
a criticorum correctionibus vindicavit *Heinrich.* ad *Musae.*
p. 52. et nuper *Ilgen.* p. 295. — πατὰω ὑπὸ pro ἐπηρεφὲς
sive μέγγνος πατῶ, ut est ap. *Liban.* T. I. p. 138. A. —
Pro ἀμφίλας ap. *Athen.* ἀμφίλαφε· rectius ap. *Eustathium*
ἀμφίλας. — V. 5. πρόλας. ἐλατράλας:. *Hesych.* *Sophocrates*
ap. *Athen.* L. VI. p. 263. F. τὰς μὲν πρόλας, φησὶ, δουλείας
οἱ Κρῆτες καλοῦσι. πρόλας, τὴν δὲ ἰδίαν ἀφαμιῶτας, τοὺς δὲ
περιοίκους ὑπηκόους. *Hermon* in glossis creticis ap. eund.
p. 267. C. μνᾶται τοὺς οἰκετικοὺς οἰκέτας. Vocem πρόλας
Eustathius omittit, quam tamen alibi ex *Sophocrate* explicavit, ad Il. p. 1031. 5. — V. 6. post λαούλιν reperiuntur ap. *Athen.* verba πρόβλημα χρωτός, quae *Eustath.*
omisit. — στατυθέντες μάτην *Eustath.* Sed imperfecta est oratio
in verbis πάντες γὰρ στατυθέντες, ubi sine dubio legendum
est πάντες δὲ γο — στερὶ γούνασι στατυθέντες est ap. *Apollon.*
Rhod. IV. 93. — δ, quod propter syllabam praecedentem excidit, restituit *Hermannus* p. 338. qui versus
sic disposuit:

> Ἔστι μοι πλοῦτος, μέγα λίφος,
> καὶ ξίφος καὶ τὸ καλὸν λαούλιον, πρόβλημα χρωτός·
> τούτῳ γὰρ ἀρῶ, τούτῳ θερίζω·
> τούτῳ πατέω τὸν ἄδιν οἶνον
> ἀπ' ἀμφίλας, τούτῳ δεσπότης πρόλας κέκλημαι.
> τοὶ δὲ μὴ τολμῶντες ἔχειν
> ξίφος καὶ τὸ καλὸν λαούλιον, πρόβλημα χρωτός,
> πάντες δὲ γούνι στατυθέντες ἐμοὶ, κυνέοντι
> δεσπόταν, καὶ μέγαν βασιλῆα φωνέοντι.

XXIII. *Aristophani Sicyonio* hoc carmen tribuit *Athen.*
L. XV. p. 702. A. Tres priores ejus versus excitat

Lucian. Τ. I. p. 499. *Maxim. Tyr.* XIII. p. 239.   Ex
recentioribus multi hoc Scolion repetiverunt, quos vide
ap. *Fabric.* in Bibl. Gr. T. II. p. 111. ed. *Harl.*   Interpretatus est *Cludius* l. c. p. 50. qui recte comparavit
Hymnum *Licymnii* in Sanitatem, servatum ap. *Sextum
Empir.* adv. Mathem. p. 447. C. —   V. 2. σοὶ valgo.
valenta. Idem Gratias rogat *Theocrit.* Eid. XVI. 108.
τί γὰρ Χαρίτων ἀγαπατὸν 'Ανθρώποις ἀπάνευθεν; καὶ Χαρίτεσσιν
ἀμφ' ἀλαν. —   V. 4. Tu mecum propitia habites. *Pindar.*
Isth. I. 73. Προφρόνων Μοισᾶν τύχοιμεν. — εὑναιεν. Lyricus
ap. *Clem. Alex.* Strom. V. p. 731. de Justitia ait: *ἁφίσι
παῖδες ὧν μὴ τύχοντες εὑναιεν.* quem secutus *Oppianus* Hal.
II. 680. τῶν γάρ σε, ait, Δίκη, Θράσσουσα νεήσαι, Γνώτω
μεμφούσσι σωτηρίων ἀλλ' εὑναιεν. —   V. 5. Nihil sine sanitate
gratiam habet. *Licymnius* l. c.:

Τίς γὰρ πλούτου χάρις ἢ τεκέων,
   ἢ τᾶς ἰσοδαίμονος ἀνθρώποις (f. ἀνθρώπους)
   βασιληΐδος ἀρχᾶς;
τῶνδ' ἦ χωρὶς οὔτις εὐδαίμων ἔφυ.

Haec ejusmodi sunt, ut, nisi alterum poëtarum turpissi-
mum plagium admisisse credas, vix dubitari possit, quin
Sextus memoriae lapsu *Licymnio* tribuerit, quae *Ariphronis* sunt. *Orpheus* Hymn. LXVII. 9. de eadem
dea, οὔτε γὰρ ἐσθλῆς τε Πλούτος γλυκερὸς θάλλειεν, οὔτε
γήρως παλίνορσος ἄνηρ ὅτε γένοιτο ἀνήρ. —   V. 6. εὐδαίμων
valgo. Nostram in Excerpt. est; nec de hujus lectionis
veritate dubitare nos finit cum ejus elegantia, tum
Sexti auctoritas, tum denique locus ap. *Plutarchum*, cui
haec obversabantur T. II. p. 479. A. τὴν ὑγίειαν καὶ
ἀλλ'... τρίτον ἀγαθὸν καὶ θεωρίαν, ἧς χωρὶς οὐδὲ πλούτου φασὶν οὐδὲ
τᾶς ἰσοδαίμονος ἀνθρώποις βασιληΐδος ἀρχᾶς οἷναί τινα χάριν καὶ
ὄνησιν. —   ϒ. 160.] V. 7. τῶνδε. furtiva voluptas, quam
adeo furtivis Veneris retibus venamur. Puellae Veneris et illecebras εὐλάγχρων λίνοισι καὶ παγίδας vocat *Sosipa-
ter* Ep. III. Cf. ad *Meleagr.* Ep. IV. 1. — Σαφέσιν in re
U 3

Venerea admodum frequens.   Vide Intppl ad *Phaedr.*
IV. 4. *Dorvill.* ad Charit. p. 555. —   V. 12. Qui
tuis muneribus gaudent, iis omnia *inflar veris affulgeras.*
Horat. IV. Carm. V. 6.   Suavitatis et amoenitatis notio,
quae inest verbis ἴαρ Λέγων, ea augetur etiam apposito
Χαρίτων, quae veri venuſtatem ſuam tribuunt, quibusque adeo ver ipſum ſacrum eſt.   De puella, pulcritudinis eximiae, immatura morte exſtinĉta *Julian. Aeg.* Ep.
LI. Χαρίτων ἠξανθλησεν ἴαρ.   Anacreontis deliciae τὸ ῥόδον
ἴαρ, ap. *Antip. Sid.* Ep. LXXV.   *Meleager* ad puerum,
ἔα, inquit, ubi bilarem video, ἄθὸ τέθαλεν ἴαρ, Ep. XLIV.

A S T Y D A M A S.

_____

Ex Tom. III. p. 329.] *Suidas* T. III. p. 291. in
Εαυτὸν ἐπαινεῖς, ὥσπερ 'Αστυδάμας ποτέ.   'Αστυδάμας ἐδιδασκά-
σαντι ἐπὶ τραγῳδίας διδασκαλία Παρθενοπαῖον, ἠξίωσε ἐν' 'Αστυ-
δάμαν ἐλαῖναι καθίστειν ἐν θεάτρῳ·   τὸν δὲ εἰς αὑτὸν ἐπίγραμμα
ποιῆσαι ἐλαζόνευσαι τοῦτο·

ΕΙΘ' ἐγὼ ἐν κείνοις — — — —

διὰ τὴν τὴν ὑπερβάλλουσαν ἀλαζονίαν παρασκευάσθαι τὴν ἐπιγρα-
φήν·   καὶ παροιμία παρὰ τοῖς κωμικοῖς ἐγένετο, ὡς παρὰ Φιλήμων.
λέγεται δὲ καὶ κατ' ἐνιαυτόν τό, Εαυτὸν ἐπαινεῖς. Conf. *Scho-*
sam ad Zenob. Cent. V. 100. p. 151.   ubi *Philemonis*
verſus ſic exhibetur:

Εαυτὸν ἐπαινεῖς, ὥσπερ 'Αστυδάμας, γύναι.

ut etiam, auĉoris nomine omiſſo, legitur ap. *Athen.*
L. L p. 33. F.   De poena, Aſtydamanti irrogata, quaedam habet *Diogen. Laert.* L. II. 43. cujus depravata
ſunt verba.   Vide *Menag.* p. 96. ſq. —   Optat autem
Aſtydamas in hoc Epigrammate, ſibi contigiſſe, ut cum
iis, qui in poëtica facultate principatum tenere putaren-

tur, vitam ageret. πεδτα έξειν. Qui hoc dicendi genus
illuftrarunt *T. Hemfterhuf.* ad *Luciani* Tim. 35. T. I.
p. 400. fq. ed. Bip. *Wefseling.* et *Valcken.* ad *Herodot.*
IX. p. 727. 21. ἀζιεῖσθαι dicendum effe contendunt, non
φζειν. *Aftydamas* tamen, cujus locum nemo eorum meminerat, non dubitavit activa forma ut. — V, 3. ἐν
Ἀληθείης. ut ap. *Theocrit.* Eid. VII. 44. σῶι ἐν' ἀληθείη
στοιχιωθὺον ἐν Διὸς ἔρτις. — ἀφαθεὶς παρέμελλεα. fuperior
evaderem, omnes pone me reliquiffe judicarer. Verbo
παρεμελλῶσθαι fuperandi fenfu, vel potius fic, ut fuperandi conatum fignificet, ufus eft *Polybius* XII. 11. 4.

IONIS CHII FRAGMENTA

T. I. p. 161.] *I.* Servavit infigne hoc Elegiae
fragmentum *Athen.* L. X. p. 447. D. F. In Analectis
primus verfus eft ἐντάμετρος· Οἶνε ὑπεροτόμησι φίλος, ut
etiam ap. *Cafaubonum* p. 744. 65. In contextu *Athenaei*
legitur: τῷ δ' ἡμετέρῳ χείρῳ οἶνος φίλος ἃν ὑπεροτόμος μέγα
πρεσβεύων Διόνυσος, φησὶ ἴσως ὁ Χῖος ἐν τοῖς ἐλεγείοις. In fqq.
poëta exponit, quot bona vini inventio hominibus pro-
creaverit. Primum fermonis voluptatem auxit. Poëta
ap. *Athenaeum* L. I. p. 32. C. ἤ γὰρ ἔνος τῆ' ἀληθὶς, ἐν'
οὐ μόνον ἕκαστος αἰδεῖν, 'Αλλά τι καὶ λέγχε οἶνος ἔχειν ἰθέλει.
Scriptura verfus fecundi mihi depravata videtur. *Ionem*
fcripfiffe exiftimo:

  Θυμοθόρμιαι φίλος, μέγα πρεσβεύων Διόνυσος,
    ἀρχὴ καὶ πρόφασις παντολαπὴν λεγίων.

Vinum, unde hilares fermones originem ducant, eorum
ἀρχὴ recte dicitur. ἀρχὴ καὶ ἀρχή. *Plato* in Phaedro
p. 245. C. οἶον ἀρχὴν καὶ σπέρμα λαβόντες. *Plutarch.* T. II.
p. 48. C. σπέρμα τῶν πράξεων εἶναι τὴν διάθεσιν καὶ τὰ ἥϑη·
ἀρχὴν καὶ πηγὴν τοῦ βίου. Vocem ἀρχὴ hoc fenfu ufur-

potam tractavit *Valcken.* ad Herodot. p. 426. 98. —
V. 3. fortaffe αἴγε Π. corrigendum eſt. Graecorum con-
ventus, regum beatorumque convivia ex eo inde tempore celebrari coeperunt, quo vini cultura inventa eſt.
Varro in Anth. Lat. T. I. p. 538. LXXXIII.:

> *Vino nihil quicquam jucundius diis.*
> *Hoc aegritudinem ad medendam invenerunt:*
> *Hoc hilaritatis dulce feminarium.*
> *Hoc continet coagulum convivia.*

Ἰνδικον de diis accipit *Cafaubonus.* Vix recte. Nulla
certe cauſa, quae nos propriam hujus vocabuli ſignificationem hoc loco relinquere cogat. — V. 5. vulgo
ἐρρίζετο legitur, quod *Cafaubonus* in ἐρρίζετο mutavit;
non explicato ſenſu, quem ex hac emendatione emergere
putaverit. Quum vitis εἵλιξ, ἕλιξ, commemorentur,
admodum probabile eſt, poëtam admirabilem illam
vitium facultatem, claviculis ſuis proximas arbores com-
prehendendi, ſigniſcaſſe. Sed ſenſus non eſt integer.
Seq. verſ., quem ſibi obſcurum eſſe *Cafaubonus* fatetur, procul dubio corruptus eſt. In εἴδερε verbum latere ſuſpicor, quo praecedens enunciatio integra fiat,
arboris fortaſſe nomen. Tum ſcribendum exiſtimem:

> — — θαλερῷ παρατρίζετι πτόρθῳ
> ἄλλησι· ἀφθαρμοῖ — — — —

Nomus in Dionyſ. XII. p. 338. vitis recens nata χαμερὸς
ἕρπουσας ἑλίκεσσιν, Οἶνος γελόωσα ἄλοξα τὰς μετρέοντο μαστῷ·
p. 342. ἀμφὶ δὲ μηλείη ταρδοῖς ἀέλαις· ἀμφὶ δὲ συνῇ Χαίρεις
ἐματνλόεις ἱτορφύοιαι. *Ariſtaen.* I. 3. p. 8. ἀρουραι δὲ σαμ-
φύλοις ἐφθίμα τι καὶ ὑψηλοὶ τοραλίττουσαι αναφύρουσε. —
ἀφθαλμοὶ ſunt vitis oculi, ſive gemmae, a quibus orientes
ſefſe oſtendunt uvae, ut Cato ait ap. *Cicer.* de Seneꞔt. 53.
παῖδες ipſae ſunt uvae, tanquam vitis infantes. Sic *Chae-
remon* flores modo ἰσθμοῦ νέαιν ἴαρος, modo λειμῶναι νέαιν,
hederam vero βαιανρὸν παῖδα vocavit ap. *Athen.* L. XIII.

p. 608. E. *Cl. Philippi* Epigr. XLV. Ἰγξ τὸν ... φαρμασσω χάρω. Hanc interpretationem non dubito quin magis probaturi sint viri docti, quam *Westonis* Britanni conjecturam, qui in Hermesiana&e p. 37. αἰθέρος ἐνθαλπέοι corrigendum dicit, idque pro *solis* circumlocutione habet, ut ap. *Aristoph.* Nub. 284. υναι vero *solis filias* appellari — ἀμνώντες vocantur unae, quod in torcular conjectae, strepitum edunt. *Calpurnius* Ecl. I. 2. *Quamvis et medidis incumbens pervia racemis, Et spumans rauco fervescit musto susurro.* — V. 9. νέκταρ ἐμέλγεται, nectareus inde latex exprimitur. Hinc fortasse *Macedon.* Epigr. XXXII. εἰνὰς ὑπὲρ Οἰδίποτος ... Miror, neminem in μνῶν haesisse, nec epithetorum, quibus hi versus onerantur, abundantiam vitii suspicionem moville. Legendum puto:

νέκταρ ἐμέλγονται, νερθε λέβων, ἐνθρώσκει
ξενθι τοῦ χαίρων φάρμακον αἰτάμενος.

Vide, an hunc locum expresserit *Nonnus* in Dionys. XII. p. 346. Λιβρὸν ... ἐμέλγετο νέκταρ ἀπείρης· Καὶ φιλοσοφίαις γενέσεις νερθε βακχεῖον ἐμέλξες — —. Vinum vero τοῦ χαίρων φάρμακον, laetitia fautor, ut ap. *Clem. Alex.* Paedag. II. p. 179. ubi senibus meraciorem potionem permittit οἷον ἀναζωπυρώσει τῷ τῆς ἡλικίας φαρμάκῳ, ubi imitationem *Platonis* agnoscis, qui ap. *Athen.* X. p. 440. C. ἐπίσκοπος τῆς τοῦ γήρως αὐστηρότητος διωρίσατο τὸν οἶνον φάρμακον, ὥστε κράσιν ἡμᾶς καὶ ἰνθυμίας λήθην γίγνεσθαι. *Tibull.* L. 7. 37.

Hic liquor docuit, voces inflectere cantu,
Movit et ad certos nescia membra modos.
Bacchus et agricolam malto confecta labore
Pectore tristitiae dissoluenda dedit.

Nonnus Dionys. XII. p. 342. Ἀνὴρ νέκθος ὄχμα, ὅτο γενέθην ους ἔλλας οἶνου, Στυγνὸν ἐξελάνες ἐπεικέσσαι ὕγρον ὀχάγη. Quaedam hujus generis collegit *Gataker* in Misc. Adv.

U 5

p. 558. — V. 12. χαεσί. Nam, ut *Nonnus* cecinit L. XII.
p. 342. οἴνου μὰ ταριόντος, ἀδολέσχος ἐὰν χερῶν· secundum
vetus proverbium, quod vinum dicit τείθειν χερσὰν ὀδ
ἄδλοντας· quae *Eriphi* sunt ap. *Athen.* IV. p. 134. C.
Anacreon Od. XLI. 2. ἐνμελιδρομου δὶ Βάκχον, τὰν ἐμερόε-
τὸν χοφίας — δι' ἐν ἀγκαλέτται λόγῳ, δι' ἀγχευζῖ χ' ὁτια. — In
seq. versu copula desideratur; nec video, cur vinum
bonorum pectora magis quam malorum dicatur reclu-
dere. *Ion* scripsisse videtur:

       τὰν δ' ἐνίφθω βασιλευς· οἴνος ἔδαξε φρένας.

Eratosthen. Cyren. Ep. I. T. I. p. 477. Vinum ubi pectus
intravit — τὰ καὶ μακρομμένα φαίνει βασιλῆεν, ἐν δ' ἐνίφθω
πάντ' ἐλίναξε νέον. *Theognis* ap. *Stob.* XVIII. p. 160. ἐν
πυρὶ μὲν χρυσόν τε καὶ ἄργυρον ἴδρεις ἄνδρες ἐγνώκασιν, ἀνὶρὸς
δ' οἶνο; ἔδαξε νέον. *Ovidius* A. A. I. 241. vino *pote aperis
mentes*, atvo *rarissima nostro*, *Simplicitas*, *artes excu-
tiente deo*. Vide Intpp. *Theocriti* Eid. XXIX. 1.

     H. Integrum fragmentum exstat ap. *Athen.* L. XI.
p. 463. B. Versum 2. et 3. idem profert in eodem libro
p. 496. C. Explicavit et emendavit *Toup.* in Epist.
crit. p. 90. Convivas poëta alloquitur, eosque, ut Jovi
merum libent, hortatur. Augustum diis exaequans *Horatius* IV. Carm. V. 31. Romanus, ait, *alteris te mensa
adhibet deum*. Te *multa prece*, te *prosequitur mero De-
fuso pateris*. Hunc appellabant Διὸς σωτῆρος calicem,
qui post coenam miscebatur, teste *Athenaeo* L. XV.
p. 675. D. et *Diodor.* Sicul. IV. p. 249. ubi vide *Wesseling.* et *Pierson.* ad Moerin p. 72. — V. 2. ἀγατῷ
Athen. loco pr. — V. 3. *Athen.* προχόαισιν ἐν ἀργυρέαις
et προχοαῖσιν. Hic ubi mutato accentu προχόαισιν scripse-
ris, haud facile dictu erit, utrum poëta dederit. Unum
est, quod lectioni a *Brunckio* repraesentatae patrocine-
tur, quod *Athenaeus* p. 496. *Ionis* versum laudat, ad
illustrandam vocem προχόης. Conf. *Bergler.* ad Alciphr.

III. p. 378. sq. — In fine versus *Athen.* habet — ΄ ΄
μγντς ρἰνι ἰ. χειρῶν —. — quod *Brunckius* in Epist. ad
Mill. p. 63. sic corrigit: — ἰ δ' ἱκαντς Οἶνι ἔχων χειρῶν
ἰζέτω εἰς ἴλαφος. Rem minori molimine restituendam esse
judicavit *Temp.* qui in Epist. crit. p. 90. emendationem,
a *Brunckio* exhibitam, expromsit. Ejus verba haec sunt:
„Κρέτης sive *Chrysis* est nomen sacerdotis, quod ex Homero satis notum. *Lucian. de sacrif.* 3. T. I. p. 528.
„ταῦτα δὲ, οἶμαι, καὶ Κρέτης ἐπιστάμενος, ὅτι ἱερεὺς καὶ γέρων,
καὶ τὰ θεῖα σοφός. Nimirum hic sacra res agitur. Haud
„aliter *Eubulus* in *Ulysse* ap. *Athen.* L. XI. p. 478. — —
„Idem autem ἰζέτω εἰς Ἰλαφος et ἰζέτω Ἰλαφος. Huc manife-
„sto respexit *Horatius*, perpetuus graecarum elegantiarum
„sectator, *Carm.* II. 14. 26. Mero tinguet pavimentum
„superbo Pontificum potiore coenis." Hactenus vir acutissimus. *Weston* in Hermes. p. 40. tentat: ἰ δὲ χρεὼν Οἶνι
ἔχων χειρῶν ἀφίετω ε. ἰ. Aurum vero vini plenum in pavimentum effluet. Sed in hoc verborum contextu quid
verbo χειρῶν facias? Fieri tamen potuit, ut, quod Ille
scripsit, non recte enotaverim. Liber nunc non ad
manus est. — Quod ad nostram lectionem attinet, ar-
guta illa quidem; sed an ipsam poëtae manum praestet,
dubito. Praetulerim equidem *Brunckii* conjecturam,
sed ita, ut distinctione paululum immutata legatur:
        αἰρόντων· πρὸχεύσει δ' ἐν ἀγγορίμασιν ἵκαστος
        οἶνι ἔχων χειρῶν (ſ. ἐκρὸν) ἰζέτω εἰς ἴλαφος.
Vinum effundebatur ex πρὸχοις. *Antimachus* ap. *Athen.*
XI. p. 468. A. qui locus inprimis comparandus:
    — ἐν μὲν ὅλας, ἐν δ' ἀκμαῖδε μέσα χύσα
Ἀργυρέῳ κρατῆρι περιφραδέως κεράσαντες.
πλήρωσαν δὲ δέπαστρα θοῶς βασιλεῦσιν Ἀχαιῶν
ἐν χερσὶ σπεύδοντες, καὶ ἐκ λοιβῆν χέον οΐδας
χρυσέῳ προχόῳ.
§. 162.] V. 5. Heroës, quibus poëta liberi valet, rem
Argis agi, significare videntur. Ibi enim Hercules,

Alcmena et Persei progenies praecipuo honore colebantur. Heroibus autem pocula miscebantur in compotationibus, ut notum vel ex *Horatii* IV. Od. V. 34. sqq. Quis illa *Procles* sit, quem Ion inter heroas numerat, ignoro equidem. Cogites de Procle Heraclida, cujus progenies Spartae regnavit. — V. 10. αὐθέντερον. *fortius et confidentius bibet.* Vide Intpp. *Hesychii* v. μάζα.

III. *Diogen. Laert.* L. I. 120. p. 76. De Pherecyde, Pythagorae magistro, agitur. Quamvis non ignorem, in ejusmodi fragmentis, quae sensum integrum non habent, lubricam esse conjecturam de primis praecipue verbis, non multum tamen me a veritate aberrare puto, si *Ionem* scripsisse dico:

Ὣς ὁ μὲν ἠνορέῃ τε κεκασμένος ἠδὲ καὶ αἰδοῖ,
καὶ φθίμενος ψυχῇ τερπνὸν ἔχει βίοτον.

Sic justa est antithesis. *Hymn. Homer.* in Mercur. 37. ὃ γὰρ βροτέοιας πολυτέρπεσος ἴσσεσαι εἰπεῖν ζώοσ'· ἢν δὲ θάνῃς, τότε γ' ἐν μάλα πολλὰ λαλήσεις. *Callimach.* Ep. XLIII. καὶ ζωὸν φίλον ὑπορανήσας καὶ φθίμενον ὑμνήσεις. — Etiam sequentis distichi sensus imperfectus. Poetae mentem hanc fuisse puto: Si vera sunt, quae Pythagoras, quem omnes homines prudentia longe superasse constat, de mortalium post fata sorte dixit, dubitari nequit, Pherecydem, qui, dum viveret, fortis inprimis suis et modestus, etiam post mortem vita jucunda et beata frui.

IV. Sumtum ex *Plutarch.* Vit. Thes. c. XX. De Oenopione vide *Pausan.* VII. 4. et inprimis *Wesseling.* ad Diodor. Sic. T. I. p. 394. 49.

EMPEDOCLIS AGRIGENTINI
EPIGRAMMATA

---

§. 163.] *I.* Legitur in Append. Planud. p. 539. St.
14. W. ex *Diogene Laertio* L. VIII. p. 533. Ἄκρωνα
ἰατρὸν τόπον αἰτοῦντες παρὰ τῆς βουλῆς εἰς τὴν κατασκευὴν
πατρικὴν μνήματος, διὰ τὴν ἐν τοῖς ἰατροῖς ἀκρότητα, παρελθὼν
ὁ Ἐμπεδοκλῆς ἐκώλυσε, τά τε ἄλλα περὶ ἰσότητος διαλεχθεὶς
καὶ τι καὶ τοιοῦτον ἐρωτήσας· τί δὲ ἐπιγράψομεν ἐλεγεῖον, ἢ
τοῦτο· Ἄκρον ἰατρὸν Ἄκρων Ἀκραγαντῖνον κ. κ. . . . . . τάδε
δὲ τὸν ὕστερον στίχον οὕτω προφέροντα·

> Ἀκρότατον κορυφῇ τύμβος ἄκρος κατέχει.

τινὲς τινὲς Σιμωνίδου φασὶν εἶναι. Hoc distichon, quod Σι-
μωνίδειον appellat, *Suidas* protulit r. Ἄκρων Tom. I. p. 96.
ita ut ap. *Brunckium* legitur, *Euseb.* ad Odyss. p. 362.
πολλοὶ μὲν τις ἐπίγραμμα τοδαυτικὼς εἰς τὸν ἰατρὸν Ἄκρων
ἔγραφεν οὕτως·

> Ἄκρον ἰατρὸν Ἄκρον ἀκρότατον

ἑτέρως οὕτω γράφων ἑαυτὸν καὶ οὖν ἐκ τοῦ πικρότατόν.
Scopticum hoc Epigramma non putavit *Plinius*, qui id
respexisse videtur, scribens in H. N. XXIX. 4. *Alia factio
ab experimentis se cognominans Empiricam, coepta in Sicilia,
ab Acrone Agrigentino, Empedocli auctoritate commen-
dato.* Carminis auctor, sive *Empedocles* sive *Simonides*
fuerit, urbis Agrigenti, altis impositam locis, situm de-
pingit — κορυφὴς ἄκρος κορυφῆς ἀκρότατος, ut *Virgil.* Aen.
III. 702. *Arduus unde Acragas ostentas maxima longe
moenia;* an vero nominis etymologiam, τὰ ἄκρα τᾶς γᾶς,
respexerit, quae *Dorvilli* est opinio in Sicul. T. I. p. 88,
non dixerim.

II. Anthol. Planud. p. 240. St. 948. W. ἄδηλον.
Empedocli tribuit *Diogen. Laert.* VIII. p. 531, rectius,
quam Cod. Vat. qui id ad *Simonidem* retterorum refert

p. 318. *Pausaniae*, in cujus laudem conscriptum est, *Empedocli* inprimis carum fuisse, plures testantur ap. *Diogenem*, qui illam tradit suos de natura libros Pausaniae dedicasse his verbis: Παυσανία, σὺ δὲ κλῦθι, δαΐφρονος Ἀγχίτεω υἱέ. — Hunc Pausaniam Epigramma nostrum *ἀρ' οὔνομα* medicum appellat, id est, qui, *quod est, vere vocatur*, ut *Ovidius* altera Ponto IV. 13. 2. *heu veri vatis vita haec* scilicet. Acumen est, ut in *Eurip.* Phoen. 1500. Ἐκθνώσκεις, ἔρος ἐξ ἐπωνύμου, quod cum similibus illustravit *Valckn.* p. 242. sqq. — V. I. Παυσανίαν ἰητρόν. *Diogen.* scripsit etiam Vat. — Ἀγχίτεω Plan. Vat. — V. 2. τὸν δ' Ἀ. Vat. et Plan. In fine vers. ἰητρὸν τῆνε *Diogen.* ἰλαὸν ἐϋκτ Vat. Quod cum *Planudes* non intelligeret, emendare conatus est ἰλαὸν κλυτ. — V. 3. *Brunckius* dedit, ut ap. *Diogenem* habetur. In Vat. Cod. et in Planud. legitur:

ὃς πλείστους κρυεραῖς μεμαρμένους ὑπὸ νούσοις.

— V. 4. Παρσιφόνας. Plan. στερεφόνας. Diog. et Vat. Cod.

SOPHOCLIS EPIGRAMMA

Ex *Hieronymi Rhodii* commentariis *Athenaeus* narrat L. XIII. p. 604. F. cum *Sophocli* a puero, quem in deliciis habebat, pallium surreptum esset, et *Euripides* dixisset, se cum eodem puero rem habuisse, nullo tamen rerum suarum detrimento, *Sophoclem* hoc Epigramma scripsisse, in quo *Euripidi* adulterium tecte exprobraret. Respicitur in eo fabula de *Solis* cum *Borea* certamine, quam *Aesopus* narrat IV. Poëta pueri, quem deperibat, amorem et pulcritudinem Solis calori comparat. (Cf. *Philostrati* Epist. LXXII. p. 949.) Videtur igitur hoc dicere: Pallium abjeci equidem, ut viator, quam Solis amor, ut idem faceret, coëgit; tu tuum, servasti, quia puer, quicum in rem habuisse jactas, tantum abest, ut tibi faverit, ut potius, tanquam Boreas in illa fabula, omnem jam suae vim et violentiam in te effuderit. Causa illius contemtus fortasse continetur verbis, φιλοῦντι ἕτερον. Nisi forte verba, σὺ δὲ φιλοῦντ' ἕτερον βεβῶς ὁμίλεις, ad unam adulterii exprobrationem spectant; sed ita, ut historia quaedam, nobis incognita, indigitetur. In posteriore disticho verba, τὴν Ἔρωτα λατρότερον ἐνάγεις, ad puerum referenda sunt, pallii forem, quem Euripides tamen secum abducere non dubitaverat. Id ab eo prudenter factum Sophocles negat; praecipue cum eum mulieris quoque amore flagrare constet. Perperam latinus interpres verba, ἀλλοτρίαν ἐνίσπου, vertit: amorem alienum in vulgus spargas; cum sit de eo dictum, qui ἀλλοτρίαν ἔσπειρεν, i. e. γυναῖκα, arabat; qua dicendi formula nihil ap. Tragicos vulgatius. Cf. Erasmum Prov. Alienum arare fundum. Chil. III. 1. 42. Interp. Euripidis ad Phoeniss. v. 18. Sophoclis Oedip. T. 1210.

EURIPIDIS EPIGRAMMA.

Ex Tom. II. p. 57.] In Append. Anth. Pl. p. 574. St. 18. W. ex Athenaeo L. II. p. 61. B. Sensum et argumentum satis declarant verba Athenaei a Brunckio ipsi Epigrammati praefixa. Initium est, ut in Eurip. Phoeniss. ἃ τῶν ἐν ἄστροις οὐρανοῦ τέμνων ὁδὸν — Ἥλιε. et ap. Theognem in Stob. Flor. X. p. 126. Noster in Bellerophh. ap. eundem l. c.:

ὁ καλλιφεγγὴς λαμπρὸς αἰθέρος ὅτε δὲ
Ἥλιε, πεδαίρων πᾶσιν ἀνθρώποις εἶναι;
εἴτις τὴν ἄλλον τούτων' εἰς αὐτὸν μέγαν
λαθεῖν' ἀγαθαῖς;

EUENI PARII

ALIORUMQUE EJUSDEM NOMINIS POETARUM
FRAGMENTA.

I. 164.] Apud *Stobaeum* Tit. XX. p. 171. Gesn.
p. 103. Grot. Vulgo χειρότερον legebatur. Nostrum debetur *Grotio*. Subaudiendum videtur χρῆμα *Ira ipso*
furore gravius; ut ap. *Platon.* in Conviv. p. 316. G.
χαλεπὸν τοῖς ἀσθενέσιν ἢ μήτε δεινί. Vide de hac generis
enallage *Dorvill.* ad Charit. p. 244. et inprimis *Abresch.*
in Auctar. Diluc. Thuc. p. 330. Similes sententias collegit *Barth.* ad *Claudian.* p. 620.

II. In *Stobaei* Flor. XLIX. p. 354. Gesn. 197. Grot.
Sensus est, quem expressit *Cicero* de Offic. L. 19. *Sed*
ea animi elatio, quae cernitur in periculis et laboribus, si
justitia vacat pugnasque non pro salute communi, sed
pro suis commodis, in vitio est; nec enim modo id virtu-
tis non est, sed potius immanitatis omnem humanitatem
repellentis.

III. Integrum exstat ap. *Athen.* L. IX. p. 367. E.
Idem versum quartum excitat L. X. p. 429. F. Duo
priora disticha habet *Stobaeus* Tit. LXXX. p. 472. Gesn.
345. Grot. — V. 1. in antiquis editt. *Athenaei* mutilus
est. Eum ex Cod. sic scriptum profert *Theod. Canterus*
in Var. Lect. L. 8. p. 34. πολλοῖς δ' ἀντιλέγειν ἔσθ' ὑπὲρ τῶν
νόμων, λόγου ἴδιος καρπὶ πάντως δ. et in fine v. 2. οὐ ἀπὸ
τούτο ἰδίοις. Vitiosam pentametri scripturam perperam
probabat *Canterus*, quamvis melioris apud *Stobaeum*
lectionis non ignarus. In edit. Lugd. 1657. οὐ ἀπὸ
τοῦτο ἐν τῷ habetur. — V. 3. τοῦτο εἰς *Athen.* apud
quem in fine versus recte legitur εἰς ὁ πάλιν, quod
inde assumsit *Grotius* pro vitioso ὡς ὁ πάλιν. — V. 4. οὐ
μὴν. Proverbialis locutio, qua usus est *Euripides* in Suppl.
466. οὐ μὴν λωτὸν πᾶσ', ἴσον τλήμονα.

IV. Ari-

IV. Aristotel. Eudem. II. 7. τὸ βίαιον λυπηρὸν καὶ τᾶν,
ἡ ἐναγκαζόμενοι ποιοῦσιν ἡ πάσχουσι· ὅσπερ καὶ Εὔηνός φησι.

Πᾶν γὰρ ἀναγκαῖον πρᾶγμ' ἀνιαρὸν ἔφυ.

et Iterum in Metaph. IV. 5.   Legitur idem verfus in
fragm. *Theogn.* 464.   *Plutarchus* T. II. p. 1102. C.
cum *Eueno* tribuit, *Aristotelis* auctoritate, ut videtur,
commotus. Apud eundem in Eudem. L. VI. 10. leguntur hi verfus, a *Brunckio* praetermissi:

Φημὶ πολυχρόνιον μελέτην ἔμεναι, φίλε· καὶ δὴ
ταύτην ἀνθρώποισι τελευτῶσαν φύσιν εἶναι.

quos etiam profert in Eth. ad Nicom. L. VII. 10.

V. Ad verba *Charisii* ap. *Basilium Lupum* p. 38.
*Nimirum nullo consilio filios procreamus. Nam majo-
rem partem ex illis doloris et contumeliae capimus.* haec
notavit *Rubnkenius:* „Charisius Eueni, poëtae vetustissi-
mi, verfum, qui in proverbii consuetudinem abierat,
expreffit. Is ita legitur apud Plutarchum de Amor.
prol. p. 497. A.:

Ὅδε, ἔση λόγη παῖς πατρὶ πάντα χρόνον.

Apud Artemidorum L. 16. fuppreffo Eueni nomine fic:

Ὃς αἰεὶς ἡ λόγη παῖς πατρὶ πάντα χρόνον.

Rurfus alio modo apud Hermiam Comment. Mfc. in Platonis Phaedrum: θαυμαστὸς δὲ ἐγένετο Εὔηνος, καὶ ἄλλα-
χοῦ αὐτὸν ἐπαινεῖ· ἦ καὶ τὸ ἰαμβον (πεντάμετρον volebat
dicere) τοῦτον εἶπε·

Φόβος ἡ λόγη παῖς πατρὶ πάντα βίον.

Isaacus Casaubonus, tefte *Rigaltio* ad Artemidor. (p. 7.)
emendabat: Εὔην, ἔση λόγη παῖς π. π. χρ. Omnia miri-
fice pervertit *Desid. Heraldus* ad Arnob. I. p. 8. Ἡ ὕις,
ἡ λόγαις παῖς π. π. χ.   In metri leges peccat conjectura
Jac. Tollii Fortuit. c. XI. p. 84. Ὃς ὕιος ἡ λόγη παῖς πατρὶ
π. χ.   Quarum conjecturarum vanitate quando nihil

X

ad versus integritatem proficitur, dabimus veram et
germanam scripturam, quam, ut indicio cel. Abr. Gro-
novii cognovimus, Codex Artemidori Mediceus con-
servavit:

Ἡ δέ, ἢ λέγη ταῖς ποτρὶ πάντα χρόνον.

De cujus lectionis veritate tanto minus dubitandum,
quod eadem ferme in mentem venerat Valckenario nostro. Nec aliter legit Plutarchus, si I in ἢ mutes, et literas male divulsas conjungas. Ceterum a Menandro
etiam ap. Stob. p. 451. liberi patri dicuntur λέγη, φίλος,
θεωρίς· quem locum Georg. Fabricius comparat cum
Terentiano Adelph. V. 14. 13. *Duxi uxorem: quam
ibi miseriam vidi! nati filii: Alia cura.* Adde Barth.
Adverf. XXXIV. 19." — Optimam hanc lectionem in
Plutarchi contextu nuper exhibuit *Hjerrenbachius.*

T. 165.] *VI.* Cod. Vat. p. 595. Εὔηνον. In Planud.
p. 486. St. 630. W. sine auctoris nomine legitur. Vulgo
ἐν ἴδε λετεῖν. In Cod. Vat. ἐν ἴδε λετεῖν, unde *Brunckius*
λετεῖν scribendum putat. Simile est illud Anacreonti-
cum Od. XLVI. χαλεπὸν τὸ μὴ φιλῆσαι· χαλεπὸν δὲ καὶ
φιλῆσαι.

VII. "Hoc Eueno Ascalonitae tribuit Vat. Cod.
"(p. 368.) Exstat in Aristoph. Schol. ad Plutum 1130.
"ubi videnda sunt, quae notavit Hemsterh. p. 429. Illi
"genuina et veteris notae lectio esse videtur, quam e
"Cod. Msto ibi affert ὅσον ἐπιλείπει. Hoc librarius de
"metro male sollicitus in ἐντεῦθεν mutare potuit. In
"compositis prioris vocis ultima vocalis brevis produci-
"tur vi liquidae, quae posteriorem vocem inchoat ...
"Ἐπιτείνει tamen habet Vat. Cod. hic et in Leonidae
"Ep. LXI. quod ex hoc expressum." *Brunck.* Exstat in
Planud. p. 10. St. 18. W. et ap. *Suidam* in Ἀγαθὰ ἐπι-
τρέφοντες T. l. p. 354. Apud *Suetonium* in Vit. Domit.
c. XIV. Domitianus edicti de excidendis vineis propositi

gratiam feciſſe narratur, non ulla alia re magis compul-
ſus, quam quod ſparſi libelli eſſent cum his verſibus:

> Κἤν με φάγῃς ἐπὶ ῥίζαν, ὅμως ἔτι καρποφορήσω,
> Ὅσον ἐπισπεῖσαι Καίσαρι θυομένῳ.

Eum diſtichon latine vertit *Ovid.* Faſt. I. 357.:

> **Rode,** caper, vitem: tamen huic, cum ſtabis ad aram,
> In tua quod ſpargi cornua poſſit, erit.

Ejus non immemor fuit *Schurzus* ad Proverb. *ἀντίοισα,
χαίρει, τὰ γήρατα,* p. 369. Non ſupervacaneum erit monere, *Libero patri, vitis repertori, hircos,* vitibus per-
niciofos, *immolatos eſſe, proinde ut capita darent poenas,* quae *Varronis* verba ſunt de Re Ruſt. I. 2. 19.
*Laſtivum pecus ut viridi una uris Baccho, Das poenas:
nocuit jam teneri illa deo.*

VIII. et *IX.* Planud. p. 323. St. 463. W. In primo diſticho *Eumo* obverſatus eſſe videtur nobiliſſimus
locus ap. *Homerum* Il. γ. 156. — In altero Epigrammate acumen eſt in verbis *μόνος ὁ βότης* et *ἐπωπτίκεσιν
ἰδεῖν.* Venerem, quam Paris olim *ſolus* in Ida viderat,
Praxiteles nunc omnibus conſpiciendam dedit. Summam
illius ſtatuae pulcritudinem ita ſignificat, ut illam ab
ipſa dea nihil diverſam dicat. Sicuti enim Venus olim,
ita nunc Praxitelis opus Paridis ſuffragium aufert. Nudam fuiſſe ſtatuam, ex priore diſticho intelligitur.
Conf. *Heynium* in Comment. Soc. Reg. Tom. X. p. 106.

X. et *XI.* Cod. Vat. p. 476. *ἄθλου.* Planud. p. 303.
St. 443. W. — V. 1. *τὰ λοιπαστω* junctim edit Flor. —
In alterius diſtichi v. 2. Cod. Vat. *ἀντιλαμβάνει* habet.
Senſus eſt, ipſum Myronem mox operis ſui veritate et
pulcritudine deceptum, hanc ſuam buculam pro vivo et
ſpirante archetypo habitam eſſe, ad cujus ſimilitudinem aeneam ſignum finxerit.

XII. Cod. Vat. p. 459. ſq. *ἄθλου ᾿Αθηναίου. Reiskius*
hoc carmen in Tireſiae ſtatuam conſcriptum putabat.

Quae conjectura nititur depravata lectione verf. 7.
Agitur de Tiresia ex femina in marem mutato, quales
casus enarrat *Plinius* H. N. VII. 3, p. 375. et *Antoninus*
Liber. c. XVII. ubi p. 114. ed. *Verheyk* pro ἔτι καὶ τὸν
ἀνήρων καὶ τὸν μάντεων cum *Fonteinio* ἐναφομορεῖ, legendum eſt, sed sic: τῶν διαφομορεῖν μάντεων – quales verborum compositiones *Antoninus* amat. Ibidem p. 116.
legendum videtur: καὶ αὐτὸς ὑπὲρ ὑγιεττί, ἀλλ᾽ τῇ μῆξω
αὐτὸς σατάξει. De hyaena, ſexum mutante, agens
Aelian. H. A. l. 25. οὔκουν τὸν Κανία, καὶ τὴν Τιρεσίαν ἀπ-
χαλοῦς ἐπέδειξε, τὸ ζῆν τοῦτο, οὐ ἀίμσας, ἀλλὰ τοῖς ἔργοις
αὐτοῖς. Facete fabulam de Tiresia ridet Menippus ap.
Lucian. D. Mort. XXVIII. ἐρῶν μὶ σοι ὁ μέτρα ἐφανίσθη,
καὶ τὰ μέρεν τὰ γυναικῶν ἀπεφράγη, καὶ οἱ μαστοὶ ἀνετάδι-
σαν, καὶ τὸ ἀνδρεῖον ἀνεφύ, καὶ πώγονα ἐξήνεγκας; ἢ ἀντίκα
ἐκ γυναικὸς ἀνὴρ ἀνεφάνης; — V. 2. carminis noftri haud
scio, an comma ponendum ſit post κόρρ-ἡλα, ut jungatur
γάμων τὸν σπίσας, quandoquidem novis nuptis faces prae-
ferebantur. — ?. 166.] V. 3. In Cod. *Gudian.* Cum
puella in thalamum cum ſponſo intraſſet, depoſitis veſti-
bus, fubito vir apparuit. προσιδόντος χιτῶνας, veſtem interiorem, quam gerebat ea, quae mox προσῆλος ἄλοχος futura
erat. Cf. *Henr. Stephan.* in Voc. Herod. Κογχλίς. —
V. 4. λαβρὶς τύπτος νοταπι viritim vocant Laſus in Priap.
LXVII. — V. 5. Codex Vat. om. Ἀσφαλτίας. A Gothano
faltem apogr. abeſt. Herculem dicitur venerari, ſive
ut fortem deum ſimplicitur, ſive ut palaeſtrae praeſidem.
Vid. *Athen.* XIII. p. 561. C. — V. 7. Olim in patria
Tiresia vocabar, ut puella, et mitram gerebam, nunc
chlamyde utor, ut ephebus. In Codice non καλυκ, ſed
γαλακὶς legitur. Illud *Brunckius* ex emendatione *La*
Crozii arripuit. Temere, ſive urbem in Euboea, ſive,
quod *Brunckius* jubet, puellam ſigniſicari dicas. Mihi
in mentem venit:

— — νῦν δ' Χαρικλὼ
.. !1   τὴν κᾶρος ἐν μίτραις ἐσπ...αστ' ἐν χλαμύδι.

Chariclo mater est Tiresiae, cujus mentio ab hoc loco
non aliena. Hoc nomen, syllaba omissa. in Χαρτω depravatum, facile per pravam scioli solertiam in χαλκὲ
abire potuit. Conf. *Callimach.* H. in Lav. Pall. 67.
Apollodor. L. III. 6. 7. — μίτραι pro zona videtur positum, qua puellae solae utuntur.

XIII. Bis legitur in Vat. Cod. p. 375. sq. ἐ..εστσσω
est; p. 413. κόρων. In Planud. p. 86. St. 126. W.
etiam ἄδ...ν. Scriptum in hirundinem, quae cicadam,
quamvis ipsi multis rebus cognatam, ceperat. *Aelian.*
H. A. VIII. 6. ἐν δὲ ἆρα σύζ...ρτα καὶ αἱ...ῶ ἱᾶετα, αἱ ἄνσε
μὲν ταῖς λόγαις, ταῖς μέρψι δὲ αἱ μλιττω, ταῖς γε μὲν χελι-
δόσιν οἱ τέττιγες. — Hirundinem poēta puellam Atticam vocat ob noram de Philomela fabulam. *Apollodor.*
III. p. 270. *Himerius* Orat. III. 3. p. 432. ἐφίημι δὲ καὶ
ταῖς χελιδόσι ταῖς Ἀττικαῖς τὸν μῦθον λαλεῖν τὸν Θρήκιον. Παν-
ὑπὸς ap. *Hesiodum* 'Η. κ. Ε. 366. Vide *Bochart.* in Hieroz.
Tom. II. p. 63. sq. Quare autem μελίφθεγγος vocetur,
ignoro equidem. *Delicatis nutritam cibis* vertit *Brodaeus*,
sed causam epitheti non reddit. Ad vocis suavitatem
referendam esse, non dubito; sed fortasse depravatum
vocabulum, et legendum

.. ..   μελίφθογγος.

Hirundinis dulcem cantum laudat *Anacreon* ap *Hephae-*
stionem p. 22. ἡδύμελες, χαρίεσσα χελιδοῖ. Qui vocem ad
mellis instar dulcem habet, μελίφθογγος vocari potuit,
ut μελίφρων ap. *Lollium Bass.* Ep. I. μελίγηρυς. μελίφθογγος
et alia, quae persecutus est *Klotzius* ad *Tyrtaeum* p. 76.
— V. 2. In Vat. Cod. loco pr. mutilar est post τέττιγα,
loco posteriore τέττιγ' ἐστὼς δ. φ. νέωσιν. Hoc ipsum
Schmeisser reponendum censebat, cum in Planude legatur; τέττιγα στενοῖς· contra quam emendationem *Brun-*

X 3

dcius monuit, ἄττερος graecam vocem non esse. ἀντίος
est ex acutissimi editoris conjectura. Cf. *Homer.* Il. 2.
323. *Oppian.* Hal. L. III. 243. Ceterum in hoc carmine eorundem verborum in v. 1. et 3. repetitio non
immerito offendit *Gilbertum Wakefield*, qui in Silv. crit.
T. II. p. 145. correxit: καὶ δὶ καὶ δὲ ἀγκ⟨⟩. — V. 4.
τὴν ξίνην ἐξίγκα. Vat. Cod. loco pr. Hospites vocantur
hirundo et cicada, quoniam utraque per aestatis tantum
tempora in Europa versatur, hieme ingruente in alias
regiones commigrat. Mox in Planud. ἀρνὶν ἀιράκ, quod
habetur in Lectionibus Aldinae pr. Nam in contextu
illius editionis et in ed. Flor. ἀιρνὰ et ἀιρνὰ exstat. *Valckenaer.* ad Eurip. Hipp. p. 172. C. corrigit ἀιρνὰ ἀιρνὰ,
quod omnium plausus ferret, nisi Codex verissimam ser-
vasset lectionem, τὴν ἀιρνὰ ἀιρνά. *Plato* in Phaedro
p. 230. C. ἀιρνὰ τε καὶ λεγομένη ἀναγκαῖ τῇ τῶν τεττίγων
χωρ⟨⟩. — V. 5. ἀιγχὶ τ. Cod. Var. utroque loco. αἱ γὰρ
ἀιρμε. Etiam in animalibus sui generis animalia lau-
dere nefas putatur. *Aeschylus* ap. *Plutarch.* T. II. p. 286.
C. ἀιρνθες ἀιρνε τοὺς ἐν ἀγενέι φωγνόι; — Versu postremo
Cod. loco pr. ἀιρνθ, poster. ἀιρνθοι, et in fine ἀιρμνα.
Aliud agebat *Arnaldus*, cum in Animadv. p. 7. ubi
hunc versum profert, verba ἀιρμνας ἀιρμνα de ore
puellae egregie canentis explicaret.

XIV. Vat. Cod. p. 367. ἀιρνν ἀιρμνι fortasse
pro Ἀιρμν. Vide Epigr. VII. Planud. p. 97. St.
243. W. Troja, quamvis eversa, Homeri tamen carminibus aeterna est. — V. 2. Cod. Vat. τὴν – ἀιρμ-
γμν, in reliquis tamen vulgares formas non movens.—
V. 3. ἀιρνε τίρνε ἀιρθμ cineres, quibus per tot sae-
cula sepulta fui, me penitus consumserunt. Insolentius
dictum, ἀιρνε τίρνε, nulla tamen corruptelae suspicio.
Callimach. Hymn. in Apoll. 84. in ara ἀιρν γθθι ἀιρ-
πρνται ἀιγνα τίρνα. — In sequentibus gloriae aeternitatem, quam per *Homerum* consecuta est Ilium, satis

frigide significavit poëta, dicens, illam urbem portas
habere aeneas, quas nulla vis perrumpere queat. —
V. 6. pro μείσσμαι ἐν στόμασι *Wakefield* in Silv. crit. T. I.
p. 84. πλείσμαι posuit; nimis audacter. Probe se tuetur
vulgata lectio exemplo *Theognidis* v. 234. de gloria,
quam Cyrno suo conciliaverit, agentis: — Σοῖσιν τε καὶ
ἐλαττίησι πτερύσσιν 'Ἐν πάσαις, πολλῶν κείμενος ἐν στόμασι.
Antipater Thess. Ep. XXX. πολλάαι μοι κείσεαι ἐν ευλίε.
Eustath. de H. et H. XI. p. 478. καὶ ἦν τὸ καθ' 'Τεμένην
καὶ 'Τεμενίαν ὑμᾶς διὰ πάσαν γλῶσσαν διηγημα κείμενον.

XV. Vat. Cod. p. 514. Χάλων. In Planudea p. 180.
St. 264. W. ἄδεσιν est. Veteris Eunui videtur, et fortasse Elegiae particula. — V. 3. membranae Vatic. sic
habent: χαίρει κυρώμενος ἐπὶ τριοὶν οἰνόμασιν τέταρτος, quem
etumbem versum *Brunckius* merito repudiavit. Comparandus *Macedonius* ap. *Athen.* L. II. p. 36. B.:

> ἐν ταῖς συνουσίαις τε καὶ καθ' ἡμέραν
> τοῖς μὲν μέτρισι πίνουσι καὶ ευφραμένοι,
> εὐθυμίαν φέρει γ'· ἐὰν δ' ὑπερβάλῃς, ὕβριν· —
> ἐὰν δ' ἴσον ἴσῳ προσφέρῃς, μανίαν ποιεῖ.

ubi fortasse corrigendum:

> εὐθυμίαν γ', ἐὰν δ' ὑπερβάλῃς, ὕβριν,
> ἂν δ' ἴσον ἴσῳ προσφέρῃς, μανίαν ποιεῖ.

— V. 5. εἰ δὲ πολὺς πνεύσειεν. Si Bacchus vehementius spira-
verit. Ut Eurvas de Baccho, sic fere *Tibullus* de Amore.
L. II. 1. 79. Ab misero, quem hic graviter deus urges:
et ille Felix, cui placidus leniter efflas Amor. ubi vide
Heynium. Cf. *Burmann.* ad Propert. I. 1. 31. — πολὺς,
vehemens, illustrat *Abresch.* in Auct. Diluc. Thuc. p. 327. sq.
et *Valcken.* ad Hipp. p. 214. — In versus exitu Cod.
Vat. ἐπιτετραμμεν R. — V. 6. βαπτίζει δ' ὕπνῳ. Haec est
genuina Cod. lectio. In Planud. βαπτίζεται δ' ὕπνῳ, quo
metrum pessundatur. *Scaliger* conj. βάπτισεν. *Heliodor.*
Aeth. IV. p. 192. βουλὴ μέσην νύκτος ὕπνῳ τὴν πόλιν

X 4

βλαττίζει. *Clemens Alex.* Paed. II. p. 182. 29. ὑπὸ
μέθης βλαττιζόμενος εἰς ὕπνον. βλαττίζεσθαι enim et ii dicuntur, qui se largius invitarunt vino. *Plato* in Conv.
p. 176. B. καὶ αὐτός εἰμι τῶν χθὲς βεβλαττισμένων. Unde
Lucian. T. III. p. 81. 41. καρηβαροῦντι καὶ βεβλαττισμένῳ
ἔοικεν. Quaedam huc pertinentia de verbo βλαττίζεσθαι
vide ap. *Wetsten.* ad N. T. Matth. XX. 23. p. 437.

9. 167.] XVI. - Vat. Cod. p. 397. εἰς τινα γραμματικόν.
Primus edidit *Albert.* ad Hesychiom v. ἰσχυρότερον. *Reis-*
kius in Jenfam. p. 120. nr. 671. Scriptom in blattam
sive tineam, membranas rodentem. Mihi hoc carmen
nondum satis videtur emaculatum. φαλάγα blattam appellat, tanquam in obscuris lustris degentem. De feris
et reptilibus usurpatur. φαλάγες ἄγριοι *Theocr.* Eid. I.
115. φαλάγγες ὕλην *Nonn.* Dion. II. p. 48. φαλάγγ ἐρημαίη
Erycias Ep. IX. Hinc φαλάγιον, quod illustrat *Salmas.*
ad Solin. p. 223. — V. 2. *Brunckius* ἀτόμματα mallet
pro ἀδήματα. Mihi neutrum satisfacit. — V. 3. μελάν-
τερος, quo jure hoc epitheton *blattae* conveniat, non
dixerim. Veteres plura et plane diversa insectorum
genera commoni silphae blattaeque nomine appellarunt,
quae hodie difficulter distingui existimat *Schneiderus* ad
Nicand. Alexiph. p. 117. — ἡ φθορὰ de ipsis scriptorum operibus interpretatur *Brunck.* φθορ. λέγει. *Hesych.*
Reiskius, qui hanc scripturam vitiosam putavit, reddidit
in latinis, ac si φθόρα legisset. Si σινάδοκος scripsisset
poeta, nemo haereret. — τὴν φθοράν στῆσαι. De forami-
nibus, picturis et vestigiis vermium in libris accipit
Reiskius. — Vers. 6. in membrana sic scribitur: φλάσι-
μον ἐν ψιλῷ λῆμα ἐπ' ἐλεγχόντα. Quod *Br.* edidit, *Guieto*
deberi dicitur, cujus notam exhibuit *Albertus:* φθρι, hoc
est, ore, rostro. φλασιμον τίθεται alibi figuificatione pro ἐ
φθέγξατι, οὐ ψιλῶν δοιασμῶν, ἀλλ' ἐν ἐπαισχύνῃ. Paucos
fore existimo, qui huic sententiae calculum adjiciam.

Hoc video, finceram lectionem nondum repertam esse; quid vero legendum sit, non affequor.

ANTIMACHI EPIGRAMMA.

In Planudea p. 340. St. 480. W. legitur fine auctoris nomine. Ad Antimachum refert. Vat. Cod. p. 419. Quum vero nullum fit Antimachi epigramma in Anthologia, *Rubnkenius* exiftimavit, ofcitantem librariam Ἀντιμάχου fcripfiffe pro Καλλιμάχου, ut alibi paffim. Hanc ob caufam relatum eft inter Epigrammata Callimachi nr. LXXII. p. 331. Eft in Venerem armis indutam. — V. 2. ὑπότας. artifex, qui tibi tribuit, quod a natura et moribus tuis alieniffimum eft. In fqq. poëtae obverfabantur Homerica Il. ε. 428. Οὔ τοι, τέκνον ἐμὸν, δέδοται πολεμήϊα ἔργα·, Ἀλλὰ σὺ γ' ἱμερόεντα μετέρχεο ἔργα γάμοιο, Ταῦτα δ' Ἄρηϊ θοῷ καὶ Ἀθήνῃ πάντα μελήσει. — Cum verbis, ἔντεα σοὶ γὰρ Ἔρωτος, comparaveris Anacr. Od. II. 10. fqq. Venus ipfa ap. Colutham v. 159.:

ἔργα μάθοιμεν οὐκ οἶδα· τί γὰρ σακέων Ἀφροδίτῃ;
ἀγλαΐῃ πολὺ μᾶλλον ἀριστεύουσι γυναῖκες.

ad v. 90.:

μοῦνε Κύπρις ἄναλκις ὅτι θεός· οὐ βασιλήων
κοιρανίην, οὐδ' ἔγχος Ἀρήϊον, οὐ βέλος ἴσμεν·
ἀλλὰ τί δειμαίνω· σωμάτιον; ἐπεὶ μὲν αἰχμῆς
ἀντὶ θοὴν ἔγχεϊ ἔχουσα μελίφρονα δεσμὸν ἐρώτων.

— V. 4. ἐρωτάλων. mulierum inftrumentum. *Rufinus* a puerorum amore ad Veneris caftra tranfiens, ὡς, ait, δόρατα ἐπεὶ ἐρωτάλων Ep. XIV. — Pro δ' τέρψιν Planud. ἂ᾽ - τέρψεις. — V. 5. Cod. Vat. vitiofe καθιστραφὼ〈τι〉 lig, 1 feq. verfu ὃ δ' εὔχεται ἂν σὶς 'τ. In ed. Flor. εὐχέτον.

SIMMIAE THEBANI
EPIGRAMMATA.

---

§. 168.] I. Sine auctoris nomine in Planud. p. 275.
St. 398. W. *Simmiae Thebano* vindicat Vat. Cod. p. 210. sq.
Elegans carmen in *Sophoclem* Tragicom, quem Σοφίλου
(non Σοφίλλου, ut est in Vat. Cod. et ap. *Clem. Alex.* p. 63.
5.) filium vocat; apud *Diodor. Sicul.* XIII. p. 625. 34.
Θεοφίλου fil. est, quod recte emendavit *Meursius.* Ut
vitiosam scripturam defenderet, egregie argutatus est
Lessiugius in Vit. Soph. p. 23. sq. — ἀντίφα Μούσα de
poëtis usurpatum, multis placuit. Cf. *Alcaeum Mess. Ep.*
VII. *Antipater Sid.* Ep. LXVIII. et quos laudat *Valcken.*
ad Hippol. p. 284. E. — Verba, τὸν χοροῦ φιλήσαντα, hoc
quidem loco sensu proprio accipienda non sunt, sed respicitur ad priscorum poëtarum morem, qui ipsi chorum
solebant ducere. *Sophocles* autem ἀστέλλοντο τὸν ἐπίγραμμα
καὶ πονηρῶν διὰ τὴν ἰδίαν ἀσχημοσύνην, teste *Biographo Anonymo*; et praeterquam quod, Persis ad Salaminem su-
peratis, circa tropaea saltavit, in una tragoedia tantum,
in *Thamyride*, ἐκίνησεν αὐτὸς ἐκιθάρισεν, ut est ap. *Athen.*
L. I. p. 20. F. Cf. *Lessingium* in Vita Soph. p. 101. sqq.
— V. 2. laudat *Suidas* in ἐλεγεῖν Tom. II. p. 292. Idem
v. 3. et 4. profert in Ἀναπαίστοις T. I. p. 401. ubi δι-
θυράμβῳ et Ἀναπαίστοις habetur. Hoc idem legitur in φιλεῖν
T. I. p. 437. Utrumque vitium vitavit in Θεμίλλης T. II.
p. 211. sed aliud commisit, φιλεῖντε exhibens. Hoc a
Kustero vulgatae lectioni praeferri non debuerat, cujus
elegantiam tuetur *Meleager* I. 17. ubi vide not. Hederae,
quae vario et erratico lapsu serpit, τὸ φιλεῖντε tribuitur,
quod proprie pedum vitium significat. Expressius etiam
Philippus Ep. XLV. λάθρῃ, ἑρπυστόν, εὐκαλὴς τίλα,
κισσὸς, χαρίσεις Ἄγχισ τὴν ἱρισίην περιπλοκάδα χάριν. et
Erycius, qui nostrum locum ante oculos habuit, Ep. XLIL.

ἀλλ τοι Δυναμῷ οαῷ εἵμασι, ᾗς Σαθλλοιη, Εκκαίτας μαλοι
ποδς κακοὶς ἄκαττε τὸ δ α ς.   His accedat *Nonnus* in Dion.
XIL. p. 338. εἰς Φωτὴν ὑπιςτραλων ἀτι πόλα Αεξὶς ἰλλκανῶ
Κακαδε κεκαιστστος· ἰφὶ διιβράισστε μαρξέι.   Eleganter *Bo-*
darus a Stapel ad Theophr. L. IIL p. 275. contulit *Ovid.*
Metam. X. 99. *Vos quoque flexipedes hederae venistis.* —
ακαδὲ Ἀχαρλῖναι (Planud. Ἀχαρηίτναι).   Hinc duxit *Antip.*
Theff. Ep. XXV. de Aristophanis comoediis, αἴαιν Ἀχαρ=
τοὺς κακαδε ὑπὶ χλαφὲν τοιλβι δαιπο ἰπαγι.   *Euphorion* Ep. L
δὲ χαρῖθτι κὶ ακαδε κιθμοσι.   De Acharnis agens *Pau-*
sanias L. I. 31. p. 78. hujus demi incolae, inquit, ἕγκοσι
διβτοσσι Μελπθμανοι καὶ Κικαδι τὰ αὐτὴν θαυι, τὴν ακαδὴ,
σὺ Φατὴν, ἐπιαῦθα πρῶτοι φαντίοαι λέγοντς. — V. 5. Tu
quidem tumulo et parvo pulveris exiguo munere cohi-
beris; verum immortalia tua carmina aevum tuum
supra mortalitatis terminos extendunt.   Eadem senten-
tiâ ap. *Leonid. Tar.* Ep. C. αιτά μι Μόρα Κηρόσαι Μανδδὰ
σάντας ὑπ᾿ ἀελίοια.

II. Hoc quoque carmen ἄλλμαι est in Planud. p. 274.
St. 396. W.   Sed in Vat. Cod. p. 211. Σιμμίαι Θιβαίαι
nomen praefert.   Quaedam hinc in suum usum convertit *Antip. Sidon.* LXXII. — V. 2. χλαμρὰς κλακἁμνα,
Anacreon Od. VI. 5. κασσαῖι πλακάμαις insolentius dixit;
quod recte interpretatur *Fischerus* p. 31. sq. σὲχαίντα
ακαδὶς est. ap. *Morian. Schol.* Ep. III. — V. 3. vulgo
μἶλον legitur; nec aliter membr. Vat. Μῆλον una Flor.
ed. praebet, eamque, ut exquisitiorem, *Brunckius* merito adoptavit. Θάλλων nonnunquam vi transitiva gaudet,
ut ap. *Alexandr. Aetol.* V. 9. θαλλύσαι φίλον αἴν.   *Hefych.*
Θάλλουσα κιθμουσα. — Vitis φαλλῷς, acinis plena. Μῆλ
de acino uvae usurpare non dubitarunt veteres, quamquam invitis Grammaticis.   Vide Intpp. *Thomas M.*
p. 774. sq. — V. 4. Cod. Vat. αλίματα.   Ad vers. sq.
Scholion in Wechel. legitur hoc: σέφασται καὶ σὐτῶ τὰ
κατὰ γεγραμμένοι ἰν τοῖσι βίβλοιοι· καὶ᾿ δ κακσίαι, δε

quâ loco, γρ. φησιν Θεν. Verissima Scholiastae emendatio.
γρ. Θεδ
In Cod. Vat. legitur: *αναδινε.* In fine versus *μαμμραν.*
Hoc etiam Planud. habet et *Suidas* τ. *δμμγπ* T. l. p 139.
Sed idem in *αναδοτς* T. III. p. 117. *μαμρεμ* legit.

EUCLIDIS PROBLEMA.

Eſt in Appendice Planudeae, in quam jam ab Aldo
relatum eſt, p. 493. St. *3. W. Solutio problematis
haec eſt:

$$a + 1 = 2(b - 1)$$
$$b + 1 = a - 1.$$

$$\underline{\begin{aligned}q = 2b - 3\\ a = b + 2\end{aligned}}$$

$$\underline{\begin{aligned}2b - 3 = b + 2\\ + 3 \qquad + 3\end{aligned}}$$

$$\underline{2b = b + 5}$$

$$b = 5$$
$$a = 7.$$

PHILISCI EPIGRAMMA.

Ex Tom. I. p. 184.] Hoc Epigramma, quod servavit *Plutarchus* in Vit. Orat. T. II. p. 836. C. hoc loco
exhibendum esse monuit *Brunckius*, qui id post *Theocriti
Chii* Epigramma collocaverat. Pro inextricabili portento
habuit *Taylorus* in Lysiae Vit. p. LIX. quod non deter-
ruit *Laumpium*, quominus emendationem tentaret ad
Phalar. Epiſt. p. 273. 25. nec *Toupium*, cujus lectiones,
in Em. ad Suid. p. 304. prolatas, *Brunckius* adoptavit.

Quid praestitum sit a viris doctissimis, ut melius intelligatur, hoc carmen adscribam, ut ap. *Plutarchum* legitur :

> Ὦ Καλλίοπε θύγατερ, πολυλογγέρε, φροντίδι δείξεις,
> εἰ τι φροντὶς καὶ τι περισσὸν ἔχεις.
> τὴν γὰρ ἐς ἄλλο σχῆμα μεθαρμοσθέντα καὶ ἄλλως
> ἐν ἀδώασσι βίον σῶμα λαβόνθ' ἕτερον.
> δεῖ δ' ἀρετὰς πέφυκε τεκεῖν τινα Λυσιλάμωο
> θέντα κατασχόμενον καὶ σαφῷ κλάνατον.
> Εἰ τοτ' ἡμῖς ψυχῆς δικέας φιλέταιρον ἄνδρα
> καὶ τὴν τοῦ φθιμένου πᾶσι βροτοῖς ἀρετήν.

Marklandus, cujus emendationes *Taylorus* dedit in Vita Lysiae p. 156. sq ed. *Reisk. v.* I. omisso δ, quod versum onerat, Καλλιόπης θύγατερ emendavit, quibus verbis *Philiscum* Musam suam significasse putabat. Hoc *Reiskio* displicuisse, non miror; sed quod *Reiskio* in mentem venit, magis etiam improbaturus fuisset *Marklandus*. Scribendum enim putabat, ὦ Καλλιόπης τοῦ πολυλογγέρη, idque ad ipsum poëtam referebat, cujus mater fortasse Callippe vocata fuerit. *Toupius Marklandi* emendationem adoptans, difficultatem, qua premitur, non attigit. Seq. versus lacunam *Marklandus* ita implendam existimabat, ut εἰ τι φροντὶς τινανδὸν scriberet; *Toupius* eodem interposuit ex *Theognide* v. 767. χρὴ Μούσῶν θεράποντα καὶ ἄγγελον, εἰ τι περισσὸν εἰδείη σοφίης, μὴ φθονερὸν τελέθειν. Minus feliciter *Lennep.* :

> Καλλιόπης θύγατερ, πολυλογγέρε, φροντίδι δείξεις,
> εἰ τι φροντοῖς ἐγαθὸν, καὶ τι περισσὸν ἔχεις.

Quod nemo facile *Toupii* Invento praetulerit. Miror autem, viros doctissimos non offendisse in inepto illo, εἰ τι φροντοῖς φροντὶς, quod librariis deberi non dubito, qui versum forte mutilatum varia ratione, sed sine successu, implere conati sunt. Mihi, turpissimo emblemate ejecto et revocata voce, forte omissa, legendum videtur:

Ζηνὸς, Καλλιόπη, θύγατερ, πολυγηθέος, δεξίαμε,
    αἴ τε φρονεῖς, σαφέως καὶ τι σοφωτὸν ἔχεις.

Homeri Hymn. XI. Δὶς τίνος, ἄρχεο, Μοῦσα, Καλλιόπη
Id. XVII. 2. ὕμνει, Μοῦσα λιγεῖα, Διὸς θύγατερ μεγάλοιο. —
V. 3. Accusativum in hoc versu jam *Salmasius* in τῷ μεθ-
ορμισθέντι mutavit, qui nimirum praeclare intellexit,
v. 3. pro Λυσιδαίμονι scribendum esse Λυσίᾳ ὕμνον. *Lennep-
pius* tamen, quamvis et ipse hujus emendationis veritatem agnoscens, in nostro versu vulgatae patrocinatur, existimans, poëtam, cum haec scriberet, in
mente habuisse τὸν γὰρ δ᾽; ἄλλο σχῆμα μεθορμισθέντα Λυσίου
οὐ λυσίου διὶ vel simile quid; deinde vero non hoc scripsisse, sed Λυσίᾳ. Ejusmodi argumentis nullus facile locus
tam vitiosus est, quem non a criticorum emendationibus vindices. Idem tamen *Lennepius* praeclare illustrat
verba ἄλλος ἐν κόσμοισι βίου, i. e. ἐν ἄλλαις τάξεσι βίου vel ἐν
ἄλλοις βίοις. Nec *Marklandum* ἐν κόσμοισι νέον corrigen-
tem fugit, ista verba ad Pythagoricam metempsychosin
referri posse. — Hymnum, quo Lysiae virtutem cele-
braturus est, ἀρετῆς κήρυκα vocat, *virtutis praeconem*,
qui defuncto Lysiae *immortale sepulcrum* praebeat. Sic
Toupius quidem Hymnum ἀνάξιον a Philisco appellatum
putabat. Per se τάφος ἀθάνατος fortasse defendi possit;
certe μνῆμα ἀθάνατον dixit *Simonides* Ep. CII. μνημεῖον
ἀρετῆς ἀθάνατον *Phalaris* p. 276. Sed hymnus, qui
aeternum *sepulcrum* tribuat, non eleganter, ut *Toupius*
putat, sed inepte dictus. *Reiskius* conjecit: ἀντα ἀπο-
ταθθήσομ τι κλέος ἀθάνατον· quod languidum est. *Marklandus*: ὄντι μεταφθιμένου καὶ ζιζην· ἀθανάτοις 'ἣς τὸν
ἁμὲς φ. δείξας — · quod obscurum. *Lennep.* denique:
ἔντα μεταφθιμένῳ καὶ σοφῷ ἀθάνατον· quod frigidum. Quid
vetat, his doctorum virorum conjecturis et nostram addere, ceteris vel meliorem, vel certe non multo pejorem:

                                — — ὕμνον,
ὄφρα ἀποφθιμένῳ καὶ σοφὸς ἀθάνατος.

Hymnus per appofitionem *Lyfae defuncti gloria et immortale decus* vocatur. στέφος et στέφανος pro ornamento,
alπου, paffim obvium. Epigr. *Adion.* DCXLI. τόμβον ὑπὸ
τούτου γαμνὲς ἐνρέαντο θρέψες Ἀβων ἀμπέλους σύσοβἱης ὀρό-
φοιον.   Alterum altero illuftrat, qui dixit, νέαμος στέφη
στέφαντε δαρμὶς ἐπὶ ἀσσοῖ, *Euripides* in Antiope Fr. X.
Apud hunc poëtam decies faltem eodem fenfu occurrit.
Vide *Valcken.* ad Phoeniff. 1378.   Ut *Philifcus* στέφος
ἀθάνατον, fic *Antip. Sidon.* Ep. LXX. Πιηφθῶ στέφανον ἐπίζμαν
dixit. — V. 7. θοῖξαι fervavit *Toup.* Recte *Brunckius*
θοίξω dedit, in quod etiam *Lennep.* incidit.

THUCYDIDIS EPIGRAMMA.

Tom. II. p. 236.] In Planudes p. 273. St. 395. W.
auctoris nomine caret, quem indicat Cod. Vat. p. 215.
Thucydidi vindicat etiam *Thom. Mag.* in Euripidis Vita :
ἐτάφη μὲν οὖν ἐν Μακεδονίᾳ, κενοτάφιον δὲ αὐτῷ Ἀθήνησι γέ-
γονεν, ἐφ᾽ οὗ ἐπίγραφον Θουκυδίδης ὁ συγγραφεὺς, ὁ Τιμοθέος ὁ
μελοποιὸς τόδε· Μνῆμα .... Euripidis cenotaphium propo
Atheuas commemorat *Paufan.* L. 2. p. 6. et de ejusdem in Macedonia fepulcro *Bianor* Ep. XIII. — Magni-
ficam *Thucydidis* fententiam, univerfam Graeciam pro
Euripidis monimento habendam effe dicentis, expreffit
Tullius Gem. in Themiftoclem Ep. X. ἀντὶ τάφον Ἀττικὰ
θὶς Ἑλλάδα.   Cf. *Philippum* Ep. LXXXI. — Athenas
Ἑλλάδος Ἑλλὰς huic excitavit *Athen.* V. p. 187. E τούτο
δὲ παρωδεύοντές ἐστι τὴν Ἀθηναίων πόλιν, τὸ τῆς Ἑλλάδος
Μουσεῖον, ἐν ᾧ μὲν Πίνδαρος Ἑλλάδος ἔρεισμα ἔφη· Θουκυ-
δίδης· δὲ ἐν τῷ εἰς Εὐριπίδην ἐπιγράμματι· Ἑλλάδος Ἑλλάς·
ἡ δὲ Πόθος ἑστίαν καὶ πρυτανεῖον τῶν Ἑλλήνων. Hunc locum
exfcripfit *Euftath.* ad Homer. II. β. p. 215, 2.   Elegantem hanc dictionem plures imitati funt, quos laudat

Casaubon. in Theophr. Prooem. p. 13. *Dorville* ad Charit.
p. 120. — V. 2. Flor. ed. ἡ τάξ.   Reliquae veteres ρ.
Florentina lectio praeplacuit *Stephano*; altera *Brodaeo*.
— V. 3. Μούσαις vulgo.   Sed vera est Cod. Vat. scriptura: cum Musis, i. e. carminibus suis, saepenumero Atha-
nienses delectaverit, permultos sui laudatores invenit.

HIPPONIS EPITAPHIUM.

Ex Tom. IIL p. 330.] Hipponis Epigramma servavit *Clemens Alexandrinus* in Cohort. p. 48. 32.   Morte
se diis aequatum dixit, quod omnes deos revera homines, bene de mortalibus meritos, fuisse existimabat;
quare inter atheos numerari solet.   Vide *Athen.* XIII.
p. 610. B. et quae de eo disputat *Perizonius* ad Aelian.
V. H. II. 31.   Non satis constat; quo tempore floru-
erit; sed satis antiquus fuit; certe ante *Aristotelem* vixit,
qui eum commemorat.   Conf. *Fabricii* Bibl. Gr. T. II.
p. 658. ed. *Harl.*

PLATONIS PHILOSOPHI
EPIGRAMMATA.

T. 169.] I. In Planud. p. 210. St. 305. W. ubi
male adhaesit Epigrammati XXI.   In Vat. Coll. p. 313.
juxta leguntur, sed separata.   Sic etiam ap. *Diogen.
Laert.* L. III. p. 182. et *Appulejum* in Apolog. p. 416.
ed. Parif. qui hoc distichon in hunc modum vertit:

Astra vides: utinam fiam, mi fidus, Olympus!
Ut multis fic te luminibus videam.

Lusus est in nomine pueri, qui Ἀστήρ appellabatur. Hunc
Platoni in deliciis fuisse, plures dixerunt; Aristippus
eum

eom una cum philosopho astronomiae operam dedisse
tradidit ap. Diogen. p. 183. ex hoc ipso disticho, ut
videtur. — οὐρανίε ὄμματα. Stellae tanquam *oculi coeli et
mundi*, quibus mortalia contemplatur; vide *Burmann.*
ad *Ovid.* Metam. IV. 228. Arion, delphino vectus, cum
coelum, stellis distinctum, suspiceret, sic apud animum
suum cogitavit, ὡς οὐκ ἔστιν εἷς ὁ τῆς Δίκης ὀφθαλμός, ἀλλὰ
πᾶσι τούτοις ἐπισκοπεῖ αὐτὰ ὁ Θεὸς τὰ πραττόμενα περὶ γῆν τε
καὶ θάλασσαν, ap. *Plutarch.* T. II. p. 161. F.

    II. Vat. Cod. p. 99. Πλάτωνος εἰς Ἀγάθωνα τὸν μαθη-
τὴν αὐτοῦ. Ex *Diogene Laert.* L. III. p. 183. venit in Append. Anth. Plan. p. 526. St. °25. W. *Gellius* in N. A.
XIX. 11. *Celebrantur duo isti graeci versiculi, multo-
rumque hominum memoria dignantur, quod sint lepidissi-
mi et venustissimae brevitatis. Neque adeo pauci sunt
veteres scriptores, qui eos Platonis esse philosophi affir-
ment, quibus ille adolescens luseris, cum tragoediis quoque
eodem tempore faciendis praeluderet.* Τὴν ψυχὴν . . . . .
Eodem loco versio, sive potius amplificatio latina hujus
distichi, a Gellii, ut ait, amico composita, quam, cum
paulo sit longior, adscribere piget. — V. 1. ἴσχον *Gell.*
et Cod. Vat. ἔσχον *Diog.* Quod dicit, sibi Agathonem
exosculanti animam sponte in labia venire, plures postea
imitati sunt. *Phavorinus* ap. *Stob.* Tit. LXIII. p. 407.
τί γὰρ ἄλλο ποιοῦσιν οἱ τὰ στόματα ἀσπαζόντες, (ἢ) συνάπτουσιν
τὰς ψυχάς; αἱ γὰρ θύμαι, ἑκάστη τὸ σῶμα ὑπερβῆναι· τῶν δὲ
δειλῶν περὶ τὸ σῶμα Ἀντιφρῖν ὡς περὶ θύμας. Sic haec verba,
quae vulgo depravatissima sunt, corrigi posse videntur.
Aliam viam tentavit cl. *Huschke* in Epist. crit. p. 39.
Aristaenet. L. II. 7. p. 83. de puellae amplexibus, ἐγγὺς
μὲν τοῦ στόματος ἡ ἀμπλία, ἡ δὲ ψυχὴ τῶν θυρῶν. Id. L. II.
19. p. 102. φιλήματι ἐπισυνάπτοντες τὰς ψυχάς. τοῦτο γὰρ
θέλημα δέονται. . . συντίθενται αἱ ψυχαὶ διὰ τῶν στομάτων πρὸς
ἀλλήλας καὶ περὶ τὰ χείλη συνιᾶσθαι· καὶ ἡ μίξις αὕτη γλυκεῖα
γίνεται τῶν ψυχῶν. *Achilles Tat.* L. II. p. 57. αἱ τῶν στο-

μέτων συμβολαὶ αιριθμοντω καὶ τέμνουσαι κατὰ τῶν τρίπων τὴν
ιδεντι, Ἰκανοῖ τὰς ὑνχὰς τρὶς τὸ ζιμίμιατα. Ad *Propertium*
L. I. XIII. 17. *Et cupere aptatis animam deponere labris,*
Burmannus Platonis diſtichon commode admovit. Quaedam ex his exemplis protulit elegantiſſimus *Martinus*
in Var. Lect. IV. 7. p. 89.

III. Vat. Cod. p. 222. inter Sepulcralia legitur, ut
etiam in Planudea p. 289. St. 427. W. Idem carmen
cum inſigni varietate protulit *Diogen. Laert.* L. III.
p. 183. et *Appulejus* in Apolog. p. 417. ed Pariſ. qui
an prius diſtichon intellexerit, merito dubites. Sic
enim in latinum convertit:

> *Dixeris hic totum, cum nil niſi pulcher Alexis*
>   *Exſtitit, et versans quilibet in se oculos.*
> *Car, anime, os canibus monſtras, aſciiſque (ſive angiſque)*
>   *dolore*
> *Poſtmodo? non Phaedrum ſic prius amiſimus?*

Ad hoc carmen *Huetius* p. 88. ſq. notavit haec: „Si haec
poſt Alexis obitum ſcripta ſunt a Platone, ut viſum eſt
concinnatori Anthologiae et Interpretibus, omnino legendum eſt οὐτε τοριβλέπων· ἀορ̣δ, τί μήνσς κων̣ὶ ὁστίσς;
εἰν' ἀκέσας ὑστερον κ. τ. λ. ut ſenſus ſit: Nunc poſtquam
obiit Alexis, memini, me, dum viveret, dixiſſe id ſo-
lummodo, mihi videri pulcrum, et ſtatim in eum omnes
conjeciſſe oculos. Quid canibus os indicabas, o anime,
unde poſtea tibi doluit? — Sed aliam tamen ineſſe
ſuſpicor ſententiam. Scripta haec videntur a Platone,
cum Alexin ceteris ignotum, perſpecto ejus ingenio atque forma, ſibi delicias et amaſium deſtinaret. Nunc,
inquit, cum nulla eſt Alexis exiſtimatio, nullum nomen,
hoc tantum dixi: Pulcher es, o puer, et Jam omnes
ad eam adjiciunt oculos. Parum prudenter id factum
eſt a me, dum praeconio meo ad ejus amorem omnes
allicio, unde vehementer ſim doliturus. Annon ita

Phaedrum amifi? Itaque pro ὄντα; lego ὁ καί.ª Halle-
nus doctiffimus praeful, qui praeclare intellexit, hoc tetraftichon fepulchralium numero eximendum et inter
amatoria reponendum effe. Sed ei in hac ipfa fententia
tenebras objecit vitiofa lectio ὅτι, in qua omnes confpi-
rant, etiam *Appulejus* et Vat. membranae; fed quam,
e conjectura procul dubio, nihil enim monuit, *Brunckius* feliciffime emendavit. Νῦν ὁ τὸ πρῶτι (ὃν) Ἀλέξι.
*Ille modo defpectus puer, nunc praeconio meo confpicuus
eft factus, et omnes in eum convertunt oculos.* In ὄντα
latere ὁ καί, ante *Huetium* exiftimaverat *Stephanus*; fed
fruftra. Cf. *Callimach.* Ep. XXVIII.   In exitu pentametri
Planud. et Cod. Vat. habet: πᾶσι στρέφονται. Noftrum
eft ap. *Diogen. Jofeph. Scaliger* libri margini adfcripfe-
rat: καὶ πᾶντα πᾶσιν ἐπιστρέφονται.   Color in hoc difticho
idem ac ap. *Horatium* II. Epift. 19. 10. *Hoc fimul edixi,
non ceffavere poetae Nocturno certare mero, putere diurno.*
— V. 3. Sententia eft, ut ap. *Ovidium* I. A. A. 741.
*Non fatum eft, quod amas, laudare fodali: Cum tibi lau-
danti credidit, ipfe fubit.* In re fimili κακὰ τι μηρόν κακήν
ὁπτᾶ dicit *Sofipater* Ep. III. 7. — ἐπιθεις. *Planud.
Diog. Appul. Cod. Vat.* ἐπιθεις reponendum cenfebat *Stephanus.* Leniori remedio *Brunckius* ἐπιθεις, quae attica
fecundae perfonae terminatio eft. — οὐχ οὗτω θαΰσει
ἐπυθλευσιν. Sic erepta mihi puera puella mea eft. *Propert.*
II. 25. 2. Haud fcio, an *Plautis* epigramma obverfatum fit *Ovidio* III. Amor. 12. 5. *quam coepi folus amare,
Cum multis vereor ne fis habenda mihi. Fallimur, an noftris innotuit illa libellis? Sic erat; ingenio proftitit illa
meo.* Ibid. III. 11. 19. *Scilicet et populo per me comi-
fata placebas. Caufa fuit multis nofter amoris amor.*

    IV. Cod. Vat. p. 99. et *Diogen. Laert.* L. III. p. 183.
Plautis hoc difichum tribuunt. In Planud. p. 467. St.
607. W. *Philodemi* eft. Malum loquitur, ab amante
Xanthippae miffum. Amatoriam mala jaciendi confue-

rudinem, τὸ *μπαφεπελν*, illuſtravit *Cerda* ad *Virgil*. Ecl.
III. 64. et poſt hunc plurimi, quorum recenſum dedit
Elsnerus in Ohſſ. ſacris T. IL p 464. — *μγσ̄*. *Clemens
Alex*. Paedag. II. p. 211. 32. *ἄμα γὰρ μαρμίνεϑεν καὶ
τὸ ἄνϑοι καὶ τὸ κάλλοι*. — Pro *μᾶλλον Meric*. *Cafaub. μᾶλλον*
tentabat; fruſtra.

V. Cod. Vat. p. 99. cum *Diogene Laërt*. III. p. 183.
Platoni vindicat, cum in Planudea p. 486. St. 631. W.
ſine auctoris nomine proſtet. Malum puellae mittit,
quod eam de juventutis brevitate admonent. — V. 2.
μετάλει. Ad formoſum puerum *Philoſtratus* Epiſt XXXV.
p. 929. *μὴ ἐν μάλλοι, ἀλλʼ, ἕωι ἔξιστι καὶ ζῇς, μετάδοι ἡμῖν, ὡς
ἔχεις*. — V. 3. *γίγνεντα*. Planud. Cod. Vat. Pro *ταύτῃ*
Cod. Vat. *μετὰ*, quod pro gloſſemate habendum, et
ταῦτʼ αὐτό. — Seq. verſus idiotismum plures illuſtra-
runt; inter eos *Stephanus* de Dial. p. 51. et *Weſſeling*.
ad Herodot. I. 78. p. 87. qui noſtri loci non immemor
fuit. — *ἀι ἀλυγοχρόνιοι*. *Theognis* v. 1014. *ἀλλʼ ὀλιγοχρόνιον
γίνεται, ὥστερ ὄναρ, ἥβη τιμήεσσα*. *Galenus* in *ετρπ̣περ*. c. VIII.
*ἄμεινον ἀν̀ εἴη τι, ἡγουμένας τὴν μὲν μειρακίαν ὥπερ τοῖς ἡμοῖς
ἄνϑεσιν ἐοικυῖαν, ὀλιγοχρόνιον δὲ τέρψιν ἔχουσαν*. *Philoſtras*.
Epiſt. land. p. 929. *ἔστιν ἕαρ καὶ κάλλους καὶ φθίνει, ὁ δὲ μὴ
χρησάμενος ταῖς παρούσαις ἀκτῖσι, ἐν τῷ μέλλοντι μέλλων, καὶ
βραδύνων ἐν ἑαυτοῖς*.

· ¶. 170.] *VI.* Cod. Vat. p. 239. tanquam *Asclepiadis* exhibet, ut etiam Planud. p. 232. St. 337. W. Ut
Platonis profert *Athenaeus* L. XIII. p. 589. D. et *Diogen*.
Laërt. L. III. p. 183. Hoc quoque carmen Anthologiae
concinnatores in Sepulcralibus poſuerunt; in quo non
minus errarunt, quam in Ep. II. Recte *Brunchius* monuit, *Platonem* hos verſus luſiſſe in Archeanaſſam adhuc
viventem, cum qua, ſucco jam deficiente, conſueverit.
Quod ſi verum eſt, ut verum eſſe apparet ex imitatione
Rufini Ep. VIII. minus recte legitur verſo ſecundo
Ἴσχει· praeſens enim tempus requiritur. Hoc ipſum

praeſtat *Arbenæus*, qui ſic habet: ὡς καὶ ἐπὶ βοτίλων πικρὸς ἵκετεν ὕςως. Quam lectionem, verbo πικρὸς ſortaſſe in ἱκμὸς mutato, *Branchias* reponendam cenſebat. Langnet tamen nonnihil verbum ἵκετεν, praeſertim βοῦ praece- dente; quare *Wakefield.* In Silva crit. T. III. p. 52. ἔτ' ἴετι corrigit. In Planudes, in Cod. Vat. et ap. *Suidam* T. III. p. 272. in fontè legitur: ὡς καὶ ἐπὶ βοτίλων ὁ γλυκὺς ἵκετ' ἵκως. *Diogenis* lectioni adhæſerunt *Dorvillius*, qui hoc Epigramma translavit ad *Charit.* p. 206. ſq. et *Toupius* in Emend. in Suid. P. III. p. 529. qui bene fecerunt, quod lectionem ἱκμὸς praetulerunt alteri πικρὸ et γλυκὺς. *Lucian.* T. III. p. 344. ἱκμὸν τινα ἵρωτα ἱρῶν ἐνέγκαι. *Libanius* Orat. I. p. 6. καὶ με εἰσέρχετο ἱκμὸς τις ἕπω τῶν λόγων. *Planſin.* IV. 36. p. 372. φαίνεται δὲ καὶ Ἐρως τἱνι ἐν Σικελίᾳ δυναστεύειν, ἱκμὸν οὕτως ἔχων ἐς τὰς βοῦς τὰς ἐξ Σικελίας ἴντα, ὥστε καὶ διάλεγες πρὸς τὸν Ἡρακλέα. Ex hoc ſortaſſe *Platonis* loco colorem duxit *Aristaenetus* II. I. p. 73. ἀναδεῖ γὰρ καὶ ἐπιφθονῶτι σώματι οἱ πίτονς προςεζεύχθη ὁ Ἐρως. *Philostr.* II. Icon. I. p. 310. ἐξιζάνει γὰρ τι ἄρα καὶ βοτίλι πρᾶτὶ, γεῖνος μὲν τὰ στέλεχος ἱλακότα, τοῦτο δ' αὖ κιρνωΐτα τὸ εὐζύμενον τῆς καμπῆς. Fpigr. Adesp. LXII. ἡ μά γε ταύτας Θρᾳκὶ συναίρει καὶ πολίζειν ἵκως. Talem fere ſententiam ſuſpicor fuiſſe in loco lacero *Plutarchi* T. II. p. 770. C. οὐδὲ πελαιαῖς (vulgo πελαιαῖς) ἱκμάζεν καὶ βοτίεῖν, ἀλλὰ ἄχρι τάφων καὶ μνημάτων ἀναμένει. non canis ianibus et rugis aſſidet, nibil detrimenti poſſet, ſed uſque ad ſepulcra et cippos durat. — V. 3. ap. *Athenaeum* fere ſic legitur, ut *Branckius* edidit, niſi quod ibi eſt ἀναιτήσαντες — πρωτωτόρον et ἴετο. Parum abludit *Dio- gen.* ap. quem tamen πρωτωτόρον et ἄλλοτε habetur. In Vatic. Cod. totum hoc diſtichon a priore avulſum eſt. Adſcriptum legitur ſuperiori margini, alia, ſed antiqua manu, ſic ut eſt ap. *Diogenem*; deinde iterum ſeparatim poſt primum diſtichon Epigrammatis *Ausip. Sidonii* LXXXIII. in hunc modum: ὡς ὅτι ὑπὲρ ἄυθος ἐπιληφθέντες

ἰρωσαι Πρωτορλων (correctum ex προτορλλων) ἰωσας γλθετο
συγκαιλς. Ex utraque Codicis lectione novam conflavit
Salmaf. ad *Achill. Tat.* I. c. 10. p. 37. ἃς νίον ὕβης ἄνθος
ἀπωδρέψαντι; ἰρωσαι Πρωτωκλον δι᾽ ὅσως γλθετο συγκαιλς.
Planudea habet ἢ νίον ἡφήσασαι — Πρωτοβίλον βιωσὴς —
in reliquis cum Vat. membr. confpirans. ἰωσὴς eft in ed.
Flor. tribus Aldinis et Afcenf. δι᾽ ἴσης emendavit *Brodaeus*, idque recepit *Stephanus*. *Dorvillius*, repudiata
lectione Cod. Vat., cui tantum tribuere folebat, *Ais-
naeum* fequitur, προτοτίρον in προτωτλον mutato; fed
codicis lectiones, ut longe elegantiores, fine dubio re-
vocandas exiftimavit *Brunckius*, a *Toupii* fententia rece-
dens, cujus emendationes in Analectis repraefentavit.
Mihi lectionis in hoc diflicho diverfitatem, librariis certe
nullo modo tribuendam, reputanti prorfus videtur jam
olim duplex ejus recenfio exftitiffe, five ab ipfo *Platone*,
five a duobus auctoribus, fimili modo in eodem argumento ludentibus, profecta. Horum unus fcripferat,
ut eft in Vatic. Cod., paucis immutatis:

> ἃ νίον ὕβης ἄνθος ἀπωδρέψαντες ἰρωσαι
>   προτωβίλον, δι᾽ ἴσης γλθετο συγκαιλς.

ἄφι προτωβίλος eleganter dictum, metaphora a plantis
derivata, quae novo vere rurgefcunt. Comparat *Toupius* Epigr. *Philodemi* XV. οὔτω σοι καλλεσιν γομων θέρος,
αἰεὶ μελαίνει Κύπρος· ὁ παρθενίης προτοβαλὼν χάριτος. *Bernardus* in Epift. ad *Relskium* p. 342. προτωβίλον tentabat,
rufam primulam vertens. Scripfi autem ἃ νίον pro ἃ,
ne ab eadem vocula bini verfus inciperent. Altera et
fortaffe antiquior fcriptura haec fuit:

> ἃ δωλοι νεότητος ὑπεντιάσαντες δωλης
>   προτωτλον, δι᾽ ἴσης γλθετο συγκαιλς.

Hoc procul dubio expreffit *Rufinus* Ep. VIII.:

> ἃ νεότητι κατάφαλλα τὸ πρὶν θαυλικλον ἄνθος,
>   ὀνοῦτι προτόκλον ἱτρωγω ἐλαίφι.

In *navērŭm* cogitandum de nave recens inftructa, nec
dum imbuta pelago. Ut vita faepenumero cum mari
comparatur, et, qui vitam transigunt, *θαλλάττω τὸν βίον* dicuntur, (vide ad *Leonid. Tar.* Ep. XII.) fic puella, cum
in primo juventutis flore eft, vitae curfum ingreffa five
πρωτόπλως effe dicitur. Hoc notandum putavi, ne cum
Dorvillia de obfcoeno ufu vocabuli *τάλαν* cogites, quod
ali hoc loco alienum eft. — *διὰ πορκαῖσς ἔρχισθαι* paroemiae fpeciem habet. Laudat *Dorvillius* Epiftol. *Chion.*
XVII. 3 5. *διὰ πυρὸς βαδίζω.* Similia funt *διὰ ζῶντον, δι' αἷμα-*
τος, δι' ἡγξίων ἔρχεσθαι, quae illuftravit *Valcken.* ad Phoen.
p. 177. *Platonem* refpexit *Philodēmus* Ep. XV. de puella
furmofa, viro nondum matura:

> *Ουγγνωστι, Ανδερωτος, ἔως φλαος εἴα ἐπὶ νηρῷ,*
>   *μᾶντις ἧν ὁ μεγάλως αὐτίκα τυραννίς.*

Vix memorato dignum, quod *Weftonus* in Hermef. p. 47.
vitiofae lectionis *πρωτωτέρων*, quam unus *Athenaeus* habet, patrocinium fuscepit. Quis, frugibus inventis, utatur glandibus?

VII. Cod. Vat. p. 141: Planod. p. 421. St. 556. W.
Lais anus facta Veneri fpeculum dedicat. Imitando hoc
carmen expreffit *Julian. Aegypt.* Ep. III. IV. V. Hyper-
bole, qua *Plato* utitur, Laidem *univerfam Graeciam* lu-
dibrio habuiffe, in hac re fere folemnis eft. *Plutarch.*
T. II. p. 767. F. *ἔστι δήποτωῖν καὶ Λαΐδα — ὡς δυδραγε*
τῆ τόθρ τὴν 'Ελλάδα, μᾶλλον δὲ ταῖς δυεῖν ἐν περιμάχντος
Σικιλιαις. Propert. II. 5. 1. *Non ita complebant Ephyraeae*
Laidos aedes, Ad cujus jacuit Graecia tota fores. Gellius
N. A. L. 8. de eadem: *Commentusque ad eam ditiorum*
hominum ex omni Graecia celebres erant. Cf. Epigr. *hūw.*
DCXXVIII. — In exitu hexametri veteres editt. legunt
ἡ τῶν ἐρώτων. In Cod. God. *ἐρώτων. Brunckii* lectio eft
in Cod. Vat. eamque firmat imitatio Ep. inter *hūw.*
CCCXXXVII. *ἡ δὲ φέρουσα πόρπης ἐπὶ τυμάτος λαμψὰ ἐμωτ̄*

Y 4

Ἄξα περὶ κρεῖθρος. — Posterius distichon vertit *Ausonius*
Ep. LV.

 At mihi nullus in hoc usus, quia cernere salva,
  Qualis sum, nolo: qualis eram, nequeo.

Haec de Laïdis speculo, fortasse hoc ipsum *Platonis* carmen, in animo habuit *Claudian.* in Eutrop. L. I. 90.
*Haud aliter juvenum flammis Ephyreïs Lais Et gemino
donata mari, cum seria refundis Canitiei — Seque re-
formidat speculo damnare senectus.* Ovid. Medic. Fac. 45.
*formam populabitur aetas, Et placidis rugis vultus arabis
erit. Tempus erit, quo vos speculum vidisse pigebit, Et
veniet rugis altera causa dolor.* Ceterum in his verbis
idem color est, qui in dicto *Theocriti,* quod refert *Stobaeus* Tit. XXI. p. 176. 38. Θεόκριτος ἐρωτηθείς, διὰ τί εἰ
συγγράφοι, Ὅτι, εἶπεν, ὡς μὲν βούλομαι, οὐ δύναμαι· ὡς δὲ δύναμαι, οὐ βούλομαι.

VIII. Cod. Vat. p. 148. *Platoni* hoc Epigr. asserit,
quod in Planud. p. 437. St. 571. W. auctoris nomine
caret. Viator, quem, cum situ laboraret, vox ranae e
longinquo auditae ad fontem deduxerat, Nymphis aeneam
ranae imaginem dedicat. — V. 2. „In tribus Codd.
„Planudeae scriptum τὴν πέτρην, omisso substantivo.
„Horum in uno, qui fuit *Jani Lascaris,* margini ad-
„scriptum, τὴν ὑποκάτω πέτρας ἴσως. E conjectura est, quod
„legitur in editis Planudeam τὴν στεγάστην. Lectionem
„dedi Vat. Cod.“ *Brunck.* στεγάστην, quod deest in Flor.
et tribus Aldinis, primum reperio in Ascensiana. Verum
nec hoc, nec fortasse Vat. Cod. lectio poëtae manum
praestat, qui ranam aqua gaudere jam satis indicaverat
in primo versu. Nec omnino commodum epitheton
πέτρης ψυχρῆς, quod hoc loco non de aqua ex alto ca-
dente, ut *levis lympha* ap. *Horat.* in Epod. XVI. 48.
sed de aqua simpliciter dictum est. Mihi satis probabile est, in ΛΑΞΙΝ latere ΛΑΜΑΞΙΝ, cujus vocabuli

prima litera si serio omissa sit, nemo non intelligit, quam facile in alterum depravari potuerit. Puto igitur, *Planonem* scripsisse:

Ἄλμασι τὴν πέτραν τερπόμενον βατράχων.

Hoc quam accommodatum sit ad ranae naturam, monere nihil attinet. Recte etiam πέτραις ἅλμασι. *Oppian.* Hal. III. 101. ἐντύθεν ὄτεπ εὔτος ἅλματι κούφῃ δεμέσθαι *Longus* L. II. p. 58. ἅλλετο κούζα, βαλίζων ἄτεσα ἴετραε. *Heliodor.* L. IV. p. 191. ἄρτι μὲν πέτραις ἅλμασιν εἰς ὕψος αἰρόμενοι. — V. 3. In Planud. στυπόεις. In Cod. Var. in contextu legitur τυπόεις, et supra scriptum γρ. μορφόεις. Hoc verum. *Clemens Alexandr.* Strom. VI. p. 761. 9. μορφώσαντες ξύλα καὶ λίθους, χαλκὸν καὶ σίδηρον. Id. VII. p. 886. 4. ἀνθρωποε ἔχων — μορφούμενος τῇ τοῦ Κυρίου διδασκαλίᾳ. — Alteram lectionem τυπόεις metrum non patitur. *Archias* Ep. XII. ὁ πλάστας ἥμισυν ἔθρα τετυπωμένος. Ep. in Stat. Athlet. XVI. Tom. III. p. 21. ἰσχνὰ δὲ χαλκὸς ὧν ἔχιθν, ψυχὰν ἐσίω τετυπωμένος. — In fine versus scribe cum Cod. Var. ἴχυι. — V. 4. δυσσεδμίνος. Cod. Var. Vulgata elegantior. — V. 7. ἀπὸ μέλιτος, Cod. Var. qui etiam sequentem versum, in Planudea desideratum, praebuit in margine scriptum:

γρ. ἂν
οὔτε οἶδεν γλυκερὸν δε ἐσίδῃ παρέντων.

Ultimam vocem *Brunckius*, metro jubente, mutavit in μέλεον. Dubitare licet, an genuinam scripturam teneamus. — Ceterum hoc carmen elegantissimis Anthologiae Epigrammatis accensendum judico.

IX. In primis Var. Cod. foliis legitur. Planud. p. 333. St. 463. W. In celeberrimum illud Veneris simulacrum, quod a pluribus laudarum, describit *Cedrenus* p. 322. idque CPoli in Lausi Palatio stetisse ait. Cf. *Constantin. Porph.* de Them. c. XIV. et *Banduri* de Antiqq. CPol. T. II. p. 846. Ultimum distichon an

Y 5

recte duobus praecedentibus jungatur, dubito. Sensus
in quarto versu perfectus est; distichon adjectum acumen prorsus retundit, et ipsum languet. Nec profecto
antiquissimis temporibus hoc loco lectum est. Schedae
Krobaianae, quamvis in reliquis non magnam auctoritatem habent, recte hoc distichon a nostro carmine se-
junctum, Epigrammati *heavr*. CCXLVI. annectunt:

'Α Κύπρις τὰν Κύθηρ ἐν Κύθηρ εἶπεν Ἰδοῦσα·
     φεῦ, φεῦ, ποῦ γυμνὴν εἶδέ με Πραξιτέλης;
    Πραξιτέλης οὐκ εἶδεν, ἃ μὴ θέμις· ἀλλ' ὁ σίδηρος
     ἔξεσεν, οἷαν Ἄρης ἤθελε τὴν Παφίην.

Jam cum schedis *Krobaianis* conspirat *Ausonius*, cujus
haud paulo major auctoritas, Ep. LVII.:

  Vera Venus Cnidiam quum vidit Cyprida, dixit:
      Vidisti nudam me, puto, Praxiteli.
  Non vidi, nec fas: sed ferro opus omne polimus.
      Ferrum Gradivi Martis in arbitrio.
  Qualem igitur domino scierant placuisse Cythereu,
      Talem fecerunt ferrea caela deam.

Haec cum ita sint, versus 5. 6. *Platoni*, cujus ingenio
vix digni videntur, abjudicandos puto. Recentioris poetae venam produnt, qui *Platonis* ἔννοιαν arripuit, eamque, ut imitatores solent, amplificare conatus est. Qui
conatus quam feliciter cesserit, ipse vides. Nihil lan-
guidius responso ad deae interrogationem; nihil frigidius
acumine, quo ferrum, quod Martis est, Venerem sic
formasse dicitur, ut Mars eam et viderit et semper videre voluerit. Neque tamen hic loci subsistit Grammaticorum — nam Grammatici ingenio unice dignus est
ejusmodi lusus — ludendi pruritus, sed alius exstitit,
qui novum procuderet distichon, quo negaret, quod
illius distichi auctor dixerat, ferrum Venerem formasse:

οὔτε ἐκ Πραξιτέλους τετύχαται, οὐδ' ὁ σίδηρος,
   ἀλλ' αὐτὴ ἔστης, ὡς ποτε κρινομένη.

Nam nec hoc diftichon, *Platoni* vulgo tributum, ex
ejus ingenio profectum exiſtimo. In editione Flor. non
poſt *Platonis* Epigr. legitur, fed poſt Ep. *latere*. CCXLVL
fupra laudatam; quo ipfo conjectura noſtra nonnihil
firmatur. Qui Grammaticorum lufus, quales in Anthologia latina permulti occurrunt, non ignorant, conjecturae noſtrae calculum adjecturos fpero. — V. 3.
στρωσατε κρην, in conſpecto, quod vulgo eſt εν τῳ στρωθλιφ. -
Vide *Salmaſ.* ad Solin. p. 8. D. — V. 4. τω γραφιῃ.
Hoc vel ipfa Venus fugiebat. *Ovidius* Faſt. IV. 141.
Litore ſiccabat rorantes unda capillos. Viderunt Satyri,
turba proterva, deam. Senſit, et oppoſita texit ſua cor-
pora myrto. — $. 171.] V. 5. ἁ μὰ θἱμις. Tireſias ap.
Callimach. in Lav. Pall. 78. αντι μεν ελωθε κρανας, Εχετλιος
ουκ ιθελων ιδε, τὰ μὰ θἱμιδος. Quantum Artemis poſſit,
θλιφεν 'Ακταιον, ιθεν, ἁ μὰ θἱμις, ap. *Liban.* Or. V. Tom. I.
p. 234. ed. *Reisk.* Vide notata ad *Parmenionis* Ep. V.—
Verſu ult. *Brunckius* repraefentavit lectionem *Stephani.*
In Flor. Aldinis et Aſcenſ. ὁξιν' οιεν ἁγεῖ. Idem habent
ſchedae *Krobnianae.* In Vat. Cod. ὁξιειν οἰον ἁγει.

X. Planud. p. 233. St. 463. W. Vide, quae ad
praecedens Epigramma notavi, ad cujus ultimum diſtichon haec referenda videntur. Non ſtatuam, fed ipfam
Venerem eſſe ait; non marmor Praxitelis manu ferro-
que expolitum, fed deam Paridis judicium exſpectantem.

XI. *Brunckius* edidit ex emendatione *Menagii* ad
Olympiodori Vitam Platonis, in calce *Diogen. Laers.*
p. 585. ubi τὸ τῳ οὔτι εσωτω Zωκρατω legitur. Since-
rior lectio habetur etiam ap. *Thomam Mag.* in Vita
Ariſtoph. p. XIV. *Plato,* quem magnum ingenii Ariſto-
phanei admiratorem fuiſſe conſtat, (vide *Fabricii* Bibl.
Gr. T. II. p. 356. ed. *Harl.*) Gratias templum fibi in
Ariſtophanis pectore inveniſſe ait. τέμενος, ut conſeptum,
pro facello ponitur. *Hefych.* τέμενος· οἰκος ὁ μαναγραφιμενος

τόσος ννὶ ἀκ τκκὶν ἠ λοφὰν καὶ φαφὶς. Idem: τιμᾶς καὶ,
Conf. Kuhn. ad Polluc. p. 5. 18. Lennep ad Phalar. p. 78.
Numina et Virtutes templa in hominum anima habere
dicuntur. Theonoë, fanctissima mulier, in Eurip. Helena
1008. ἴσωτι δ᾽ ἱκρὰν τῆς αἰσας ἀφοὶ μἔγα ᾽ἓν τῇ χάστι. ubi
similia quaedam notavit Musgravius. Lactantius de Falsa
Relig. l. 20. *Firmius et incorruptius templum* (νέμστος,
ὅπος ἀδήλ' ν ανἴσαι) *est pectus humanum: hoc potius ornetur*
hoc veris illis numinibus impleatur. — At longe aliter,
quam apud *Thomam Magistrum* et *Olympiodorum*, hoc
distichon legitur in Vita Platonis, nuper ex Cod. Vindo-
bonensi edita in Bibl. Liter. et Art. Fasc. V. p. 11.:

> Aἱ Χάριτες τέμενός τι λαβεῖν, ὅπερ ἐὐχιον εὑρεῖν,
> διζὄμεναι, ψυχὴν εὗρον ᾽Αριστοφάνους.

Quae vulgatis longe elegantiora judicat doctissimus *Heeren*,
modo εὑρεῖν in ἀγλαὸν mutaveris. Sic igitur Gratiae
sibi non templum, sed agrum, quem colerent, quae-
sivisse dicerentur. Huc fortasse advocaveris Pindarica
in Pyth. VI. 1. 2. ᾧ γὰρ ἱλαρότιλος ᾽Αφοδίτας ᾽Αρούραν ᾒ
Χαρίτων ὑνετκαλἰζομαι. Hortos Gratiarum Χαρίτων κηπόυματα
habemus etiam in *Aristoph.* Avibus 1101. — ἀγλαὸν
elegans est acutissimi editoris inventum. Hoc verbum
ab iis, quae plantas irrigant aluntque (vide *Eichstädt* ad
fragm. Lytiersae p. 144.) translatum est ad alimenta
animi; quam metaphoram illustrat *Wyttenbach.* ad *Plutarch.* de S. N. V. p. 117. sq.

XII. Cod. Vat. p. 444. Planud. p. 92. St. 135. W.
— V. 2. τὸ δ᾽ Plan. Hujus carminis sententiam multi
vario modo repetiverunt.

XIII. Planud. p. 27. St. 41. W. Pan loquitur, in
arboris umbra, ad rivum collocatus. Imitatus est auctor
Ep. inter *alios*. CCLIX. — Ad vers. secundum, ubi
ενσκαλ legitur in Planud. *Scholiastes* notavit haec: ὀρίσσυσαν οἴμον· αὐτοῦ ἀμφιζεύσσι· ὀρίσσυσαν δὲ οἶον λὰ τὸ

φίλια. *Brunckius* fe haec verba, quamvis ab Interpp.
expofita, non intelligere fatetur, et fcribendum proponit αθον. In interpretatione vehementer fluctuat. Sive
enim de arboris cacumine, τῷ ἄκρῳ τῷ Μήλῳ, feu, fingulari pro plurali, αθον pro αθνος pofito, de pini fructibus, five denique de arbore ipfa accipiendum putat.
αθον jam *Hactius* invenit in marg. libri *Scaligerani*, id
vero pro pinu pofitum non temere probari poffe judicavit. Eleganter *Wakefield* in Silv. crit. Tom. I. p. 68.
τεκτικ αλθνα: corrigit, five φριστοντον τιθαν αλθνας ὁ. Z.
Hoc magis probaverim. Nam arboris difertam mentionem aegre defideramus. Epigr. b᾽rrr, CCLIX.:

ἔρχτο καὶ κατ᾽ ἐμὴν ἴζιο πίτον, ἃ τὸ μηλοζρὸν
τρίς μαλακοῖς ὑχεῖ κταλιμὸν Ζιφθροντ.

V. 3. 4. Cum haec fcriberet poëta, ei fortaffe obverfabatur locus *Sappbus*, quem fervavit *Hermog.* περὶ ἰδ.
L. II. 4. p. 400. ἀμφὶ ὕδωρ ψυχρὸν κελαδεῖ δι᾽ ὕζων μαλίων,
αἰθυσσομίνων (τε) φύλλων κῶμα καταῤῥεῖ. *Ouidius* Ill. Faft. I 8.
*Umbrofae falices volacresque canerec Fracrons fomnos et
leve murmur aquae.* Ejusmodi locis regionem circa An-
tiochiam abundare, narrat *Libanius* Orat. XI. Tom. I.
p. 284. ed. *Reisk.* καὶ διαχθροι ὀθθὲ τῶν περιεφμώνων ἐκείνης
τὰς ὁδοὺς, ἕνα πηγαῖς φυτραῖς καὶ ῥέουσε ἐπαντενηρίοις ἐπ᾽
ἀρχῆς οἷς τέλος διειλημμένοι, μετ᾽ εὐθυμίας τοὺς διακόρους
παρατίμπετε. Pro ἱμοῖς fortaffe ἡμῖ legendum.

XIV. Vat. Cod. p. 488. Planud. p. 335. St. 474. W.
Imitatus eft *Alcaeus Meff.* Ep. XII. — V. 2. Planud.
βαυζά. — V. 4. *Rubnken.* Epift. crit. I. p. 63. γυφὸν —
ζιῶος legendum fufpicatur, hunc *Platonis* verfum a *Lu-
cretio* expreffum putans L. IV. 592. *Unco faepe labro
eclamos percurrit bicanes, Fiftula fylveftrem ne ceffet fun-
dere Mufam.* Similiter *Heinrich.* in Obff. p. 97. γυφὸν —
ζιῶος legit. Epigr. Inc. CCXXX. γυφὸν ὑπὲρ χρυσίων χώ-
λος ἧἧε ἀνάνων. Speciofa funt haec; emendandi tamen

neceſſitatem non video. Certe et ὑγρὰ χείλεα dici potuit,
ut five *humida* intelligenda fint *labia*, five *labia leviter*
inumectamento; quam verbi ὑγρὸν fignificationem diferte
et enucleate tradidit cl. *Bork* in Comm. de Interpr. Vet.
Scr. p. 18. ſqq.

§. 172.] *XV.* Planud. p. 339. St. 479. W. *Platoni*
aſſerit. In Vat. Cod. p. 438. auctoris nomen deeſt.
In eadem Satyri et Amoris figna verfus funt *Ammonii*
II. T. II. p. 448. — V. 1. τηχθεντι et δαιδαλα Planud. —
Seq. vef. μετὴ θεατρείας in Planud. et in Vat. Cod. habetur. *Brunckius* audacter αμφι in contextu poſuit, abo-
lita omnium Codd. ſcriptura. Eleganter hoc dictum
eſſe de lapide fenfu carente, (vide *Valcken.* ad Ammon.
p. 133. ſq.) nemo facile negabit; fed hinc non fequitur,
poëtam hoc ipfum dediſſe aut debuiſſe dare. Nondum
mihi perfuafum eſt, vulgatam correctione indigere, cum
μετὴς, ut Latinorum *unicus*, faepenumero excellentiam
quandam fignificare fciam. Exempla 6 quis defiderat,
reperiet ap. *Weſtenium* ad N. T. I. p. 942. — πνεῦμα
βαλλων eſt pro *εμβαλλουσα*, quod ipfum in hac re ufurpa-
vit *Joann. Barbuc.* VI. ζωὴν ὁδε εμβαλε αμφω, et Ep. VII.
αϊθ᾽ ἐπι αμφω και ψυχὴν ἰδοης Σωκρατικην βαλλεν. — V. 3.
Vulgatum ἀμετρως ex Vat. Cod. egregie emendavit
Ruhnken. Epiſt. crit. p. 215. ubi verbum εϕια cum derivatis illuſtrat. Cf. *Spanhem.* ad *Callim.* H. in Dian. p. 162.—
V. 6. pro ἀντυγης etiam ἀντυγος, fed perperam, legi, notavit
Stephanus. Comparandus *Philoſtratus* Icon. I. 22. p. 796.
καθηδται δη ὁ Σατυρος, και ὑγραινεται τῇ φωτῇ λεγομεν περι
αὐτοῦ, μη ἐξεγειρεται και κακωση τὸ δραμενα. Quae cum
ſcriberet *Philoſtratus,* in mente fortaſſe habuit Epigr.
XVI. quod legitur in Planud. p. 340. St. 480. W. ubi
de Satyro, argenteo cuidam vafi infculpto, agitur. De
Diodoro fculptore vid. *Harduin.* ad *Plin.* T. II. p. 677.
Noſtrum diſtichon haud fcio an obverfatum fit *Plinio,*
cum de Stratocle fcriberet L. XXXIII. 12. eam *Satyrum*

in phiala somno gravatam collocaffe varias, quam caulaffe,
Eleganter Auctor Epigr. in Anthol. Lat. l. p. 62.:

Hujus Nympha loci, facri cuftodia fontis,
  Dormio, dum blandae fentio murmur aquae.
Parce meum, quifquis tangis cava marmora, fomnum
  Rumpere: five bibas, five lavere, tace.

XVII. Vat. Cod. p. 478. Planud. p. 350. St. 489. W.
In jafpidem, quinque boum imagines infculptas haben-
tem et aureo annulo circumdatam. Paucis verbis muta-
tis hoc tetraftichon fuum fecit *Polemo Rex* III. T. II.
p. 184. — V. 3. et editi et Cod. Vat. και τέχα. Formam βůίκοι cum fimilibus attigit *Pierfon* ad *Moer.*
p. 276. — μάνδρη, i. e. τῇ εφανίτη. *Longus* L. IV p. 114.
19. καθάπερ ἐν χρυσῇ εφανίτη ψυχῆς. Verbum μάνδρη praeclare reftituit *Böttigerus Schol. Theocriti* Eid. III. 43.
ἀντίμαντι ὑπὲ τῷ πατρὶ θυλάκω μάνδρην, ubi vulgo μάνδρω
legitur. Senfum perfpexerum in Spec. Emend. c. IX.
p. 41. genuinam autem lectionem reperire mihi non
datum erat.

XVIII. „Ut in Planudea p. 168. fic in Vat. Cod.
„permutata funt auctorum nomina praetixa duobus in
„hoc argumentum diftichis. Quod Platonis eft, Staty-
„lio Flacco tributum, quod hujus eft, alteri, his ver-
„bis: Πλάτωνος τοῦ μεγάλου, nulla Antipatri mentione.
„Fidem Salmafianae collationis fequor, a qua diverfam
„habuiffe neceffe eft cl. Dorville, quem vide in Charit.
„p. 701." *Brunck.* Planud. p. 116. St. 168. W. Στατυλλίου Φλάκκου. Cf. ad *Stat. Fl.* Ep. VII. Tom. II. p. 263.
cujus in Planudea lemma: Πλάτωνος· ὁ δὲ 'Αντιπάτρου. In
Vat. Cod. in extrema p. 364. legitur verfus: χρυσὸν
ἀνὴρ ἱλπων βρόχον αὐτὰς ὁ χρυσὸν et in margine Στατυλλίου
Φλάκκου. Sequens autem pag. incipit lemmato Πλάτωνος
τοῦ μεγάλου, cui noftrum diftichon fubjectum, et deinde
alterum, quod *Brunckius* inter *Statylii* carmina exhi-

bet, fine lemmate.   Priori autem in margine adfcripta
funt verba: Σιμωνίδου Φλιασίου· τοῦτο ἐις ἄνθρωπον ἀδ
νοδον μέλλοντα ἀπάγξασθαι κ. τ. λ.   Jam vides, unde ortus
inter *Salmafium* et *Dorvillium* diffenfus, qui nullo modo
folvi poterat, nifi ipfis membranis infpectis, five apographi omnium, quae unquam funt facta, fideliffimi ope.
Platoni noftrum diftichon tribuit *Diogen. Laert.* III.
p. 184.   Latine vertit *Aufonius* Ep. XXII.:

> *Thefauro invento, qui limina mortis inibat,*
>   *Liquit ovans laqueum, quo periturus erat.*
> *At qui, quod terrae abdiderat, non repperit aurum,*
>   *Quem laqueum invenit, nexuit et periit.*

XIX. Bis eft in Cod. Vat. p. 365. et 568. Planud.
p. 121. St. 175. W.

§. 173.] XX. Vat. Cod. p. 358. Ἀντιπάτρου, οἱ δὲ
Πλάτωνος. Sic quoque in Planudea p. 25. St. 38. W. ubi
tamen antiquiffimae editt. Στράτωνος legunt. Nux arbor,
prope viam pofita, de praetereuntium injuriis conqueritur.   Idem argumentum per amplificationem trafla-
vit *Ovidius* in Elegia, quae *Nux* infcribitur; ubi primus
verfus fic redditur v. 59. *Sponte mea facilis contexto*
nafcor in agro, Parsque loci, qua fto, publica parva via
eft. — παῖγνιον. pueri me per ludibrium lapidibus petunt. —   V. 3. laudat *Schol. Theocr.* VII. 138. —
V. 5. *Ovidius* l. c. v. 39. *Non odium facis hoc, fed fpes*
judalia rapinae. Suftineant aliae poma, quereatur idem.
et v. 107. *Fructus obeft, peperiffe nocet: nocet effe fera-*
cem, Quaeque fuit multis, et mihi praeda malo eft. Pro
ᾗ γὰρ Cod. Vat. εἰ γὰρ, et fq. verf. ἐκ ἀμφὶ ᾧ, quod etiam
Aldus in Codd. reperit, unde in duas Aldinas venit; et
Cod. Gudian. — ὕβρις pro damno, ut paffim. Vide
Alberti Obff. philol. p. 219.

XXI. Vat. Cod. p. 313. Planud. p. 210. St. 305. W.
Vide ad Ep. I.   Ad verbum fere *Platonis* ἰησίαν fibi
                                                    arro-

arrogavit auctor Ep. inter *Mſcr*. DCCXXXIII. *Appulejus*
in Apolog. p. 417. ſic vertit:

> Lucifer ante meus rutilans mortalibus Aſter,
> Heſperus e fato Manibus ecce nites.

Vertit etiam *Auſonius* Ep. CXLIV.:

> Stella prius ſuperis fulgebas Lucifer: at nunc
> Exſtinctus, caſſis lumine Veſper eris.

Acumen eſt in eo, quod pueri pulcritudine conſpicui
ſtellis comparantur; cujus comparationis fons ap. *Homerum* eſt Il. VI. 401. Ἀστερόπα ἐγέννητο, λλγναα ἀστέρι
καλῷ. *Euripides* ap. *Plutarch.* T. II. p. 1090. C. ἥ δ' ἄντι
θάλλων γέρει, ἱπτότης ἕως ἀστέρι. Minyae per urbem in-
cedentes apud *Apollon. Rhod.* l. 240. ἀστέρι δὲ νεότητι
μετέωρον. *Theodorid.* Ep. VI. ναῖε ἴσον ἀστέρι λάμπει.
Qui ſimilia cupit e Latinis, adeat *Burmann.* ad Anthol.
Lat. T. I. p. 669. De viris eximiis et in ſuo genere
praeſtantibus uſurpatam comparationem illuſtrat *Valckn.*
ad Hippol. p. 284. ſq.

    XXII. Vat. Cod. p. 222. Planud. p. 256[b]. Sc.
423. W. Dionis Syracuſani cippo inſculptum fuiſſe hoc
carmen, tradit *Diogen. Laërt.* L. III. p. 182. Antitheſis in prioribus duobus diſtichis non ſatis perſpicua eſt.
Hecubae quidem, ait, et Trojanis mulieribus fatum jam
inde ab earum natalibus lacrymas et mala deſtinaverat;
Dionis autem poſt egregie facta conceptas ſpes deorum
quaedam malevolentia praecidit. — Hic ergo antitheſis
in verbis eſt magis quam in rebus. Nonne etiam Tro-
janae mulieres ante belli initium omni felicitatis genere
floruerunt? nonne illas quoque multa deſignaſſe et
longas ſpes animo concepiſſe dicamus? Et quid eſt quod
poëta illis tantum naſcentibus mala et labores deſtinatos
fuiſſe dicat; quaſi, cum Dioni fatale fuiſſet ad ſperatum
finem pervenire, invida quaedam fortuna, ipſo fato invito, in eum irruperit? — V. 1. v. laudat *Suidas* v.

γεναμίνας Tom. I. p. 479. qui δέ τοτε legit cum Vatic.
Cod. Vulgo νοτι. — Μοιραι. Epigr. ἄλλαι. DCXXXI.
Ἀβρωπος ἥδε ταιρχίδα, Μαιρῶν ἐς ἐτίλλατι μήτος. — Ιξιτιαι
ἄκιλλας. ἴρα praecidarant. Hoc senſo Macedonii Ep. IV.
cum ſibi per quietem viſus eſſet puellam amplecti, Ἔρω;
κατὰ νόστα λεχίοας Ἐξίχαι φαλίην, ὕπνος ἐποτελλάσας. Euripides ap. Dion. Chryſoſt. p. 575. B. ἐπεὶ δὲ μίχθαν τῶν πρὶν
δαχίαι χάριν. Sophocles Philoct. 13. μὴ καὶ μάθη εἰφιτμα
ιἠαχίτι τὸ πᾶν Σόφιτμα. — V. 5. 6. Ipt verſus laudat
Appulejus in Apolog. p. 413. eusque ſic interpretatur:

   Civibus ingrati in patria laudate jacet meus,
   Qui infanum me animi reddis amore Dion.

XXIII. Vaticanus Cod. p. 245. Είς τοὺς Ἐρετριεῖς
τοὺς ἐν Ἐκβατάνοις καμόντας. Planud. p. 201. St. 293. W.
Sine auctoris nomine profert Philoſtratus in Vit. App.
l. 24. p. 31. In primo bello Perſico Datis, cum Euboeam
cepiſſet, multos captivos in Perſiam ad regem miſit, quibus Darios vitae ſedes aſſignavit in regione Ciſſia. Vide
Herodot. VI. 119. et Philoſtrat. l. c. In hos ſi ſcriptum
eſt Epigramma noſtrum, non ſatis apparet, quomodo in
medio Ecbatanae agro ſepulti eſſe dicantur, cum Ecbatana a regione Ciſſia Suſisque (vide Ep. ſequ.) ſatis longo
intervallo ſit diſſita. Niſi igitur alii Eretrienſium prope
Suſa, alii in agro Ecbatano collocati ſunt, Ecbatana
pro Media, haec pro univerſo Perſarum imperio dicta
videri debet. Ceterum de Perſarum more, totis popu-
lis, inſularum praecipue incolis, novas ſedes in remo-
tiſſimis regionibus aſſignandi, praeclare diſputavit Her-
ren in libro inſcripto: Ideen über die Politik — — der alten
Völker T. II. p. 364. — V. 2. Vat. Cod. κείμεθα ἐν μ.
Tres Aldinae μενέτη. — Philoſtratus, qui hoc tetraſtichon natarum Eretrienſium ſepulcro inſcriptum fuiſſe
ait, primum verſum ſic legit: οἵδε ποτ' Αἰγαίοιο βαρύβρομον
οἴδμα κλύοντες.

XXIV. In Planud. p. 201. St. 293. W. fine auctoris
nomine proflat.   *Platoni* afferit *Diogenes Laert.* III.
p. 184. εἰς τοὺς Ἐρετρικοὺς τοὺς σαγηνευθέντας. (Cf. *Valcken.*
ad Herodot. III. p. 273. 71.)   *Suidas* in 'Ἰωνίας T. II.
p. 142. et Cod. Vat. p. 245. — Pro εὐροίης unus *Sui-*
das εὐφυίας legit, idque vulgato praeftare judicat
Brunckius.

" 2. 174.] *XXV.* Vat. Cod. p. 246. Planud. p. 244.
St. 355. W. Elegans diftichon, cui comparandus praeclarus ap. *Petronium* locus p. 404. ed. *Hadrian. Sed non*
folis mortalibus morte hanc fidem praeftans. Illum bellan-
tem arma decipiunt: illum diis vota reddentem penorum
fuorum ruina fepelit: ille vehiculo lapfus properantem
fpiritum excuffit. Cibus avidum ftrangulavit, abftinentem
frugalitas. Si bene calculum ponas, ubique naufragium eft.

XXVI. Planud. p. 245. St. 355. W.   In Vat. Cod.
p. 246. lemma eft: εἰς ναυηγὸν, ὃν εὑρὼν τις ἐξέδυσε τὸν
ἱμάτιον.   Praedo, naufragos in litore excipiens (ut ap.
Phaedrum IV. 21. *tunc pauci enatant — Praedonis ad-*
funt, rapitur, quod quifque extulit: Nudos relinquunt.)
cadaveri — de defuncto enim verba accipienda videntur — veftem exuerat.   τερέτιζε φέρων. quando ex
omnibus bonis fuis undarum furor nihil ipfi praeter
hanc unam veftem reliquerat.   In hunc modum acceptis
verbis, non opus eft cum *Wakefieldio* in Silva crit. T. I.
p. 53. corrigas, ἡσυχῆ φέρων.   Nec cum eodem interrogandi notam in fine prioris diftichi pofuerim. Rectius
idem v. 3. particulam δ' excidiffe ratus, corrigit: *l. κα-*
λέψερε δ' ἀναββήτοις ἀκτῆσιν. Quamquam fic verba non pro
gravitate fua collocata effe facile fentias.   Si juftam
antithefin efficere voluiffet poëta, fcripfiffet:

ἔξερψε δ' ἀκτῆσί μ' ἀναββήτοις καλύψειν,

— V. 4. τίσσεν κέρδεος. tam *pufilli lucri caufa.* — V. 5.
ταῶς σιν. Vulgo. Sic quoque Vat. Cod. In Flor. ed. et in

Planudeae codd. quibus *Brunck.* usus est, μὴν. Hoc praetulit, optativum sine particula ἂν locum habere judicans,
ut in hoc Homerico: τίσειαν Δαναοὶ ἐμὰ δάκρυα. — Pro
φέροντο *Wakefield* corrigit φέροιτο, comparans *Homer.*
Il. λ. 137. φέροιτ᾽ ἂν, ἐν τεύχεα. *Matth.* Evang. XI. 8. οἱ τὰ
μαλακὰ φοροῦντες. — In fine carminis vulgo φέρει legitur, quod metrum jugulat. Μύσε est in Vat. Cod. et in
marg. γρ. φέρει. — Paene monere neglexeram; primum
quoque versum ex Vat. Cod. emendatum esse. Vulgo,
ἐν ᾗ ἀντθετε θάλαττα. Perperam in ed. Flor. θάλασσα,
quod *Br.* in Analectis exhibuit. Atticam formam restituendam monet in Lect. p. 31.

    XXVII. Cod. Vat. p. 246. Planud. p. 245. St.
356. W. Acumen versus secundi Ὀψοποιοῦς non assecutus est. Naufragos, dum praeternavigantibus omnia
bona et fausta precatur, eosdem de periculis, in quibus
versantur, monet. — V. 2. παρ᾽ ἐχθίστοισι Vat. Cod.

    XXVIII. Bis exstat in Codice Vat. Priore loco p. 213.
Leonidae; altero p. 289. *Platoni* tribuitur. (*Antipatro*
autem *Sidonio*, ut *Brunckius* ait, nusquam.) In Planud.
p. 272. St. 393. W. ad *Leonidam* refertur. — V. 1. Cod.
Vat. loco pr. ἥνιος ἦν, loco sec. ἄρμενος habet. Prius est
in Flor. Aldina pr. et Ascens. Alterum in Ald. sec. et
tertia. Lectioni ἄρμενος favet *Plutarch.* T. II. p. 1030. A.
ἐναργέστατα δὲ τοὺς ἐχθροὺς καὶ ευσεβίους, δὴ ἐναρμοσίαν τὴν
διαφορὰν εἴναι. ἡ δὲ τῇ Παλλάδι τοσαύτας τὰ ἐναντίων· ἄρμενος ἦν . . . ευχαρωτίαν ἥλιος ἐστι τὴν ἀρετὴν ἐγχέοντος.

    XXIX. In Vat. post titulum in pag. versa. „In
„lemmate Planudea p. 332. St. 471. W. addit haec
„verba: ὡρίθη δὲ ὑπὸ ὁδίτου Scribendum est, ut in Vat.
„Cod. ὑπὸ ὁδίτου, a viatoribus, quod primum hujus
„fragmenti versum spectat, ex quo intelligitur, viatores
„narrare, quid sibi in itinere contigerit. Hanc lemmatis
„partem, ut ineptam, et ad carminis intelligentiam in-
„utilem, omisi. “ *Br.* In Vat. Cod. nullum omnino lem-

ma adscriptum. In edit. Flor. desiderantur verba,
εὐέιδη ἰὼ ἰ. ἰ. quae primam accesserunt in Aldin. pr. —
V. 2. μέλισσιν. Rosis pulchrum puerum comparat Aristaenet. l. 19. p. 50. τραπούνερον καὶ τὼ μέλων, οἵσπερ ἴσισι
τὴν χροιάν.. — Pro Ξινθόγες edit. Flor. et tres Aldinae
Ξανθόγες: — V. 3. τοῦτον Cod. Vat. — V. 5. Similiter
ap. Modestinum in Anthol. Lat. I. XXXI. p. 16. Forte
jacebat Amor, victus parr alite somno, Myrti inter fru-
tices, pallentis roris in herba. In maxenesi μέλων. in rosa-
rum strato, ut delicatum docebat puerum. Vide Aelian.
V. H. IX. 24. — Verf. 7. pro λαγαῖς et Planud. et Cod.
Vat. λαγαροῖς legunt. Comparantibus Christodorum in
Ecphr. 385. ubi hanc versum expressit: ταυταρίνω γὰρ
Ἐλλαννα λαγαροῖσιν ἐπὶ στομάτεσσι μέλισσαι Κηρὸν ἀποιλάζεντο-
τι, verisimile fortasse videbitur, hoc quoque loco pro
λαγαροῖς legendum esse λαγαροῖς. Os canorum tribuere li-
cebat Amori, cujus διὰ λέλαμμα laudat Moschus I. 8.
canendi facultatem Bion III. — Ne quid tamen dissimulem; λαγαρὸν στόμα poëtae, λαρὸν puero suaviter osca-
lanti melius convenit. At quis in hoc verso tulerit tautologiam in ὑπερχότοις et λαραῖς? quis Ἰονίκ, prorsus alieno loco positum? Verisimilem emendationem suggerit
comparatio Apollinar. Sidon. Ep. XLVIII. de Pindaro: ηὑὶ
μένων ἀραλλῖς βευῆδε στρὶ γαλαντι δαφὲς Ἀττλαντα κηρῶντι,
Γλύκαρε, σὰ μέλος. Pro Ἰονίκ igitur δαφὲς scribendum
videtur; sive minima mutatione:

κηρῶντι δαφὲς λαροῖς ἐπὶ χείλεσι βαίνει.

quod, in tanta locorum, in quibus brevis syllaba vi
caesurae producitur, multitudine, ferri posse, nemo
dubitabit; sive verbis transpositis:

λαροῖς κηρῶντος λαραῖς ἐπὶ χείλεσι βαίνει.

quod etiam gratius ad aures accidit. Comparandus
Aelianus Var. Hist. X. 21. καθεύδοντι δαφὲς μελισσαὶ Τρυγ-
γίσι μέλιτος ἐν ταῖς χείλεσιν αὐτοῦ καθίσασαι ὑπέβον, τὸν τοῦ

Πλάτωνος εὐγραττίτεν μεντευμένων ἐννοίδεν. Anthol. Latin.
T. I. p. 365. 29. Laeta cohors apium subito per rura jacentis Labra favis texit, dulces fusura loquelas.

I. 175.] XXX. Ut incerti auctoris exstat ap. Stob.
Tit. LXI. p. 588. 29. Gesn. 251. Grot. - In Planud.
p. 11. St. 20. W. lemma est: Μενεκλέους, οἱ δὲ Πλάτωνος
In Vat. Cod. p. 364. Μενεκλέους, Platonis nomine omissο.
Fortasse olim Μενεκλέους fuit scriptum. Exhibet Diogen.
Laert. in Vita Plat. III. p. 184. — V. 1. Μούσαν vulge
et in Cod. Vat. Ad Thomam M. confutandum, qui
vocem μούσαν tanquam minus atticam damnat, non satis considerate hoc verso abusi sunt Intpp. Utitur tamen
ea Lucianus T. II. p. 116. ἐφθέγγετο γάρ τι ἐν τραχὺς καὶ μουσικώτ
γοστὸν τὸ μούσαν. Ex locis a Wesselingio collectis ad N.
T. 1. p. 363. apparet, huic vocabulo fere contemtus
notionem adhaesisse. — V. 2. ἱερόν Diogen. ἱερόν Vat.
Cod. Utrumque est a librario metro perperam timenti.
Passim in hoc opere notabimus pentametros, in quibus
poëtae eadem licentia usi sunt. — Ut hic Ἔρως ὑμέτερ
ἀφαιρήσομαι, sic Bion Fr. XVII. 6. scripsisse videtur: Εἰ
εἰ μή δε τοι αγαθὸν καὶ ἐκαθάλσαν ἄνθεσσι ἥμερτ, ubi vulgo ἀέρισσι
legitur. Cf. Meleagr. Ep. LXXXIX. 5. — V. 3. αἱ Μοῦσαν.
Diog. Μοῦσαν habet Ald. pr. et Junt. κάτρ Cod. Vat. —
Verba Ἔρως τὰ σταφύλια τοῦτα perperam accepit Intrp.
Diogenis. Verum sensum aperuit Moseg. p. 151. Grotius vertit: As Veneri Musae: Marti jactare memento
Telia: nam nobis non volat ista puer. Color, ut in Theodori Cyrenaici verbis ap. Ciceron. Tusc. Quaest. I. 43.
Illis, quaeso, inquis, ista horribilia minitare, purpuratis
suis. — V. 4. ὑμῖν δ᾿ οὐ Planud. et cod. Gud. ὑμῖν οὐ
Vat. Apud Lucian. D. D. XIX. 2. Amor sibi nihil in
Musas juris esse ait: αἰδοῦμαι αὐτάς᾿ σεμναὶ γάρ εἰσι καὶ
διά τι θεωρίζομαι καὶ περὶ ᾠδὴν ἔχουσι, καὶ ὑπὸ τοπλευραμαι
γοιλάσω αὐταῖς, σωλήμμσας ὑπὸ τῷ μέλους.

PLATONIS JUNIORIS
EPIGRAMMATA.

I. „Cod. Vat. p. 359. fq. ubi primum diftichon pa-
„ginam finit. Sequens pag. a difticho incipit ἀμφω μεν,
„ad quod adnotavit librarius: εἰς τὸ αὐτὸ, περὶ τι τοῦ
„πυφλοῦ καὶ τοῦ χωλοῦ, ὅτι ἑκάτερος τὸ ἐλλιπὲς θάτερον.
„Hoc et in aliis facere confuevit, quum in duas paginas
„divifum eft Epigramma, in altera argumentum iterum
„reponit. Hoc Planudi fraudi fuit. Quare autem al-
„teram Epigrammatis partem Antiphilo tribuerit, nefcio.
„Unum effe manifeftum eft.“ *Brunck.* Planud. p. 4. St.
9. W. primum difdichon *Platoni juniori*, reliqua *Anti-
phile* tribuit. *Ilgen* in Opufc. Phil. Tom. II. p. 82. hiftoriam, quam hoc Ep. narratur, primum tractatam putat a
Leonida Tarentino; huic enim tribuit Epigr. quod inter
Leonidae Alexandrini carmina pofuit *Brunck* nr. XXXIV.
Platonem igitur, qui eandem hiftoriam exornaverit, diverfum effe a Comico et ad recentiorem aetatem depri-
mendum. De noftro autem Epigrammate idem judicat,
in duo dividendum effe, quorum prius terminetur v.
quarto, *Platoni*, pofterius inde a verfu quarto *Antiphilo*
tribuendum. In lemmate Vat. Cod. quod *Brunckius*
protulit, librarii ofcitantia nomen Ἀντιφίλου omiffum effe
ante verba περὶ τοῦ τυφλοῦ, quorum cum illo nomine
fimilitudo librario fraudi fuerit. In hujus conjecturae
gratiam v. 5. ubi novi Epigrammatis initium effe ftatuit,
τυφλὸς ἔφη corrigit. Ingeniofa haec effe, non nego; an
vera fint, dubito. Admiffa enim verfuum divifione,
quam *Ilgenius* fieri poftulat, neutrum horum Epigrammatum mihi perfectum et integrum effe videtur, quamvis probe intelligo, expofitionem, quam vocant, hifto-
riae in hoc carmine, fic ut apud *Br.* eft, lecto, nimis
verbofam effe. At hoc poetae vitium fuerit. Quod

Z 4

verſu quarto epigrammaticae concluſionis ſpeciem eſſe
videtur, id, finem Epigrammatis hoc loco ſtatuendum
eſſe, non evincit. Vide *Leſſingium* de Epigr. Tom. I.
p. 149. Vera conclaſio eſt in ultimo diſticho; tertium
diſtichon eſt uberior explicatio eorum, quae praeceſſe-
rant, inprimis verborum — ἄλλον δ᾽ ἄλλος ὑπερέφιγ. Rem,
ni fallor, conficit imitatio *Philippi* Ep. LXIX. :

> Δαφὲς ὁ μὲν τρίτοις, ὁ δ᾽ ἀφ᾽ ὑψηκαον· ἀμφότεροι δὲ
> εἰς ἀνέτους τὸ σέγκτε διλεῖς ὑφάλωσα.
> τοφάδε γὰρ ἀντὸγνοιεν ἐτιμαλλοιεν βλέψος αἴρον,
> τοῖς κολποι φανελς ἐκτρατὸν ἀρθοβάστι·
> οὐότα δὲ ταῦτ᾽ ἰδόλαζε παρὰ πάντα-λιως ἑκάτρος
> ἀλλάλους παρέτας ταλλαστὶς εἰς τέλεον.

Vides, *Philippum* tria diſticha 3 — 8. noſtri Epigrammatis
expreſſiſſe. Quod ſi aliquid reſecandum eſt, ſerva-
verim equidem diſtinctionem Planudeae. — V. 4. ἡ Vat.
— V. 5. αἴρον. Id. Pro ἀρθοβάστι Br. ſuſpicatur ἀρθοβάστι
ſive διφοβάστι. Cod. Vat. ἀντιβάστι.

II. Planud. p. 350. St. 490. W. Sine auctoris nomine habetur ap. *Schol.* in *Eurip.* Oreſt. 593. —
V. I. ἀμελθῦττι et in lemmate ἀμελθέτω Cod. Vat. Veri-
ſimile eſt, quo tempore ſcripti ſunt vetuſtiſſimi libri,
„qui ad nos pervenerunt, hanc formam magis fuiſſe in
„uſu, et alteram per *r* fere antiquatam. Nam obſer-
„vavi in Dionyſii Periegeſi v. 1132. in duobus Codd.
„vetuſtiſſimis ſcriptum eſſe γινεσφὸν ἀμελθεντα δε᾽ ὑψαν
„παρεξάφειαν, ubi edit. praeter Aldinam habent ἀμελθε-
„εντα. Sed in ἀμελθεντα penultima corripitur; itaque metro
„ſic flagitante ἀμελθεντες hic reponendum eſt. „ *Brunck.*
ἀμελθεντες eſt etiam in Planudea. Notum eſt, amethy-
ſtum in amuletorum numero fuiſſe habitum, quo homines adverſus ebrietatem muniri exiſtimabant; quin
omnia, quae obrietatem prohibebant ſive prohibere pu-
tabantur, hoc nomine appellabant. Vide *Kreſſium* ad

Plutarch. de Aud. Poët. p. 102. *Casaubon.* ad Athen. L.
25. p. 74. f.   Varia amethysti genera deſcribit *Salmaſ.*
ad Solin. p. 398. G.   Cf. *Martini* in notis ad Erneſtl
Archaeol. p. 157. ſq.   Cum carmine noſtro conf. *Aſclepiad.* Ep. XXXIII. —   In v. 2. valde diſcrepant membranae Vaticanae, in quibus bis exſtat hoc diſtichon
p. 478. et 568.   Loco pr. legitur ἡ νάφον σνίσω μ' ἢ,
Loco ſec. ἡ σννάτω νάφαια. Utrumque vulgata deterius.
    III. Vat. Cod. p. 479. Planud. p. 351. St. 490. W.
Ludit poëta in nomine Hyacinthi, quod lapidis eſt et
pueri ab Apolline amati.   Luſus pro meo quidem ſenſu
vehementer frigidus.

SPEUSIPPI EPIGRAMMA.

    ¶. 176.] Anth. Planud. p. 283ᵇ. St. 418. W. Pau-
cis immutatis iterum legitur inter *libr.* DXLIV. ſic:

        γαῖα μὲν ἐν κόλπαις κρύπτει τόδε σῶμα Πλάτωνος·
            ψυχὴ δ' ἀθανάτων τάξιν ἔχει μακάρων.

Animam *Platonis* ad beatorum ſedes tranſiiſſe dicens,
ex ipſa magiſtri philoſophia eum *μακάρων κραῖιον τάξιν* tenere ait.   De voce *τάξις* ſenſu Platonico uſurpata conſule *Lennep.* ad Phalar. p. 102. ſq.

AESCHINIS EPIGRAMMA.

    Vat. Cod. p. 802.   Edidit *Reiske* in Anth. p. 62.
nr. 539. cum hac nota: „Illius cui tribuitur eſſe, ſpon-
»dere non auſim.   Memini carmen hoc alibi quoque
»legiſſe, verum, ubi legerim, non poſitus ſuggerit me-
»moria.“   Valens, quo per totum annum laboraverat,

cum nemo medicorum fanare poffet, in Apollinis templum *Aefchines* fe contulit, ibique tribus menfibus fanatus eft. Hoc Epigramma tabulae votivae infcriptum fuit, a poëta in Aefculapii templo dedicatae. Plura fuerunt illius dei templa, ubi facerdotes aegrotis operam dabant, interque ea nullum facile antiquius illuftriusve illo, quod Epidauri fuit. Vid. *Paufan.* L. II. 26. p. 169. fqq. *Strabo* L. VIII. p. 258. illuftrem effe urbem ait, καὶ μάλιστα διὰ τὴν ἐπιφάνειαν τοῦ Ἀσκληπιοῦ θεραπεύειν ἴσσους παντοδαπὰς τεπιστευμένου, καὶ τὸ ἱερὸν πλῆρες ἔχοντος ἀεὶ τῶν τε καμνόντων καὶ τῶν ἀνακειμένων πινάκων, ἐν οἷς ἀναγεγραμμέναι τυγχάνουσιν αἱ θεραπεῖαι, καθάπερ ἐν Κῷ τε καὶ Τρίκκῃ. E recentioribus de hoc templo, in quo noftram tetraftichon infculptam fuiffe probabile eft, difputarunt *Sprengelius* in Hiftor. Medic. Tom. I. p. 128. *Villoifon.* in Prolegg. Homer. p. LI. fqq.

ARISTOTELIS
POEMATA.

§. 177.] *I.* Hunc Hymnum in Hermiam confcriptum fervavit *Diogen. Laert.* Vita Ariftot. V. p. 272. ubi ex *Phavorini* Παντοδαπῇ Ἱστορίᾳ narrat, *Ariftotelem* propter hunc ipfum Hymnum a Demophilo impietatis accufatum effe. Non Hymnum, fed Scolion effe, contendit *Athenaeus* L. XV. p. 696. B. ubi inter alia Scolia hoc quoque profert. Idem exftat ap. *Stobaeum* Flor. Tit. I. p. 2. Gem. 6. Grot. Poftea faepius repetitum eft: a *Scaligero* in Poët. I. 44. *Maittaire* in Carm. Mifc. p. 34. *Hurdio* in Comment. ad *Horatii* A. P. p. 166. edit. vernac. Singulari differtatione illuftravit *Koeppen* Hildefiae 1784. et poft illum *Cludius* in Bibl. L. et Art. Fafc. III. p. 33. fqq. Criticis notis noviffi-

me instruxit *Buhle* in *Aristotelis* Opp. Tom. I. p. 32. sqq.—
V. 1. 2. qui vulgo junctim leguntur, *Maurgius* in dus
divisit, ejusque sententiam secutus est *Brunckius*. Vir
doctus ap. *Richardum Hurd*, quem Tyrwhittum esse
suspicor, veterem scribendi rationem retinuit, *Brunckio*
non improbante, qui ejus lectiones expressit ad calcem
Carm. *Anacreontis* ed. an. 1786. p. 81.:

'Αρετὰ πολύμοχθε γένει βροτείῳ'

qui versus est anapaesticus logaoedicus. — V. 3. βίου
corrigit *Sylburgius*, levi emendatione, quam in textum
recipere dignatus est *Buhle*, praeclaram dicens.· Idem
tamen v. 10. χρυσοῦ et v. 11. ὄντος servavit. Recte se
habet vulgata et Sylburgiana elegantior est. *Euripid.*
Orest. 834. ελπίδες θέσφατα ἐμφάσει. Sensus non est,
quod putasse videtur *Sylburgius*, virtutem omnium rerum, quae in vita expetuntur, pulcherrimam esse; sed
βίος pro hominibus positum est, quibus nullum Νέμεσις
virtute praestantius. Jam haec ita videa dicta, ut ap.
Eurip. in Heraclid. 477. γυναικὶ γὰρ σιγή τε καὶ τὸ σωφρονεῖν κάλλιστον, quibus multa ubique similia reperiuntur.
βίος de humano genere illustrat *Davisius* ad Max. Tyr.
p. 539. et *Reitzius* ad Lucian. T. II. p. 710. Latini
item eodem sensu dixerunt. Vide *Burmann.* ad Phaedr.
praef. ad L. I. p. 4. — V. 5. ζηλωτὸς ἐν Ἑλλ. Diog. et
Stob. quam lectionem, dorica forma in ζαλωτὸς restituta,
servavit Anonymus ap. *Hurdium*, qui proxima sic constituit:

καὶ πόνους τλῆναι μαλερούς ἀκάμαντας.

Quo facto bini hi versus, 5. et 6., sibi ad amussim respondent, compositi nimirum e syzygia trochaica, et
dactylico logaoedico, qui simplici trochaeo terminatur.
Casaubonus ex *Stobaeo* post μαλερούς inseruit καὶ, quo
versus pessumdatur. — V. 8. desideratur, quid virtus
animo injiciat. Omissum est verbum, quod feliciter sup-
plevit Anonymus ap. *Hurdium*, scribens:

τοῖο διὰ φητ᾽ ἴρατα μάλλον·

unde versus exsistit decasyllabus Alcaicus, qualis hic est
ap. *Hephaestionem*: καὶ τις ἐπ᾽ ἀργαλέων ἀλύει. Seq. autem versum idem in hanc modum constituit:

καρποῖο φέρεις τ᾽ ἀθάνατον·

qui versus est jambicus dimeter catalecticus, cum dactylo in tertia sede. Hujus lectionis vestigia sunt in *Diogen.*
καρποῖο διὰ ἀθάνατον legente, quae scriptura vereor ut sensum efficiat integrum ; certe vehementer languet.
Fortasse tamen rectius scribas, καρποῖο τ᾽ ἀθάνατον φέρεις,
versu choriambico. In ἀθάνατον prima producitur, more
Homerico. — V. 10. *Diogen.* πρῶτον, *Stobaeus* πρώτοισα
habet. *Brunckius* recepit lect. *Athenaei* πρῶτον. Utilita-
tem, quam virtus parit, poëta omnes divitias, nobilita-
tem et otii suavitatem longe superare dicit. Hic locus
obversabatur fortasse *Libanio* in Or. V. Tom. I. p. 225.
ed. *Reisk.* δοκεῖ δὲ μοι παρὰ τοῖς θεοῖς ὅπως χρεπτον προτι-
μηθῆναι, εἰ δὲ καὶ διπῆ ἀγαθὸς τότὲ δε ἐν οὖσι περὶ τούτων τὸ
φίλον, συνέπεσε· τοῦτο μᾶλλον ἢ κεῖνο γεγόνασος. Sine
causa idonea *Sylburgius* mendum subesse putabat vocabulo γοῦν, quod de majoribus generisque nobilitate
accipiendum est. Vide *Gronov.* ad *Herodot.* I. 38. 5. —
V. 11. μαλακαυγητοῖα. *Diog.* *Stob.* μαλακαυγῇ· τοῖα δ᾽.
Maittaire μαλακωτέροισι conjecit. *Brunckianam* lectionem
etiam *Anonymus* minima mutatione ex vulgata scriptura
elicuit. Idem, quod μαλακοῦ ὕπνου, *mollis somni.* Vide Intpp.
Theocriti Eid. XV. 125. — V. 12. σὺ δ᾽ ἵπιαν *Athen.*
σὺ δ᾽ ἱπαὶ ἐν Δ. *Diog. Stob.* Hercules et Ledae pueri tanquam exempla fortitudinis junguntur ap. *Horat.* II. Ep. I.
5 – 10. et I. Od. XII. 25. *Dicam et Alciden patruisque*
Ledae. — V. 14. Expressa est lectio *Athenaei.* Qui rebus gestis suam vim, i. e. se ipsam sciebantur. Ferri
possunt haec. ἐργεῖον, ut δίφρον, crebro sensu translato
usurpatur. Vide ad *Meleagr.* XXIV. 6. Sed pro meo
quidem sensu longe elegantior est lectio *Anonymi,* ἔργα

τῶν ἀγαθόντις, ex *Diogen.* et *Stobaeo* derivatam, ubi legitur ἔργοις ἀναγαπῶντος: *Rebus fortiter gestis, quaenam eb voles, panegericentur:* ἀναγπέων, ut κυρίαπαι. Versum autem in hunc modum dispescendi videntur:

> ἔργοις τῶν ἀγαπῶντες
> θνατῶν· οὐτε δὴ τέθεις Ἀχιλλεύς.

Prior est choriambicus; alter hendecasyllabus Alcaicus five dactylicus logaoedicus, prima syllaba in θνατῶν producta; quo nihil in arte frequentius. — V. 15. τοῖς Με-Alii τι.. Pro θνατὸς *Gesias* τέλης habet, in describendo hoc carmine id, quod saepe legerat, Ἀίδη τέλης, vulgati lectioni forte substituens. Nam eam prudentem et scientem vulgatam mutasse, non puto. — V. 17. μορφᾶς. Tua pulcritudine illectus Hermias quoque vitam pro nihilo duxit. μορφᾶς pro pulcritudine, ut v. 4. Vid. *Clarius* l. c. p. 37. Paulo durior dictio in verbis φαέω χερσὸς αὐγᾶς *solis lumen privavit,* pro ἐστέρησεν ἑαυτὸν τοῦ βίου. Sensum explicat *Athenaeus* l. c. p. 696. καθὼς ὁμολογοῦντος τοῦ γεγραφότος, τετελευτηκέναι τὸν Ἑρμίαν, δι' ὃν εἴρηται· οὗτε γὰρ φ. π. *Maittaire* scribendum putavit χερσῶ αὐγᾶς. Post μορφᾶς *Stobaeus* καὶ omittit, qui mox ἐστρφον habet. — V. 20. Vulgo καὶ γάρ. Nostrum est ex emendatione *Casauboni,* qui sic ap. *Athenaeum* reperit scriptum. Versus fortasse sic distribuendi:

> ἑτέρας ἱκέλον χέρεσιν
> αὐγᾶς τυτρὰς ἰπθίμας
> ἔργοις ἰθάνατόν τε μιν —

Primus est hendecasyllabus Alcaicus, qui in hoc carmine regnat; quare et v. 12. sic scripserim:

> σῶ δ' ἱντ' ἰδε Διὸς Ἡρακλέος.

Bini frequentes choriambici. — V. 21. ἀιξίμενον *Diog.* et *Stob.* Hic etiam ἰθάνατα legit. Alterum est exquisitius. ἀιξέμεν pro *celebrare* apud *Pindarum* frequenter obvium. Musae dicuntur Jovem hospitalem celebrare,

quia *Aristoteles* Hermiae hospitalitatis jure conjunctus
erat. Hermiae, in quem hic hymnus conscriptus est,
meminit *Lucian.* T. II. p. 357. Aristoteles εἰς παράδεισον
Ψευδόμενος Ἑρμείαν, τὸν εὐνοῦχον, τὸν ἐκ τοῦ Ἀταρνέως τύραννον.
Eum, quia eunuchus erat, non ferre potuisse, si quis
cultellum sive exsectionem commemoraret, narrat *Demetrius* de Elocut. c. 293. p. 114. Servus primum fuerat Eubuli; quem consiliis suis callidissimis ad urbium
Atarnae Assique tyrannidem erexit. Post domini obitum ipse imperium in iisdem urbibus exercere Persasque
que lacessere coepit. Quod cum per aliquod tempus
fecisset, a Mentore, Memnonis, Persarum ducis, fratre
captus et in Persiam abductus est. Ibi eum regis jussu
interemtum esse tradunt. Vide *Diodor. Sicul.* L. XVI.
52. p. 122. ibique *Wesseling. Straboe.* L. XIII. p. 420.
De nominis orthographia, alii enim Ἑρμίας, alii Ἑρμίας
scribunt, praeter *Wesselingium* l. c, consule *Valck.* ad
Herodot. L. I. p. 77. 53. Facit hoc etiam *Suidas* in
Ἀριστοτέλης Tom. I. p. 327. Θυγατέρα δὲ (ἔσχε) ἀπὸ Πυθιά-
δος, τῆς θυγατρὸς Ἑρμείου· ὃς καὶ (l. γε) Σκηλίας ἂν αὐτὴν
ἔπεμψε (fuit Hermiae soror et filia adoptiva secundum
Aristoclem ap. Euseb. in Praep. Eu. XV. 2. p. 793. A.)
— — ἔσχε δὲ καὶ υἱὸν Νικόμαχον ἐξ Ἑρπυλλίδος παλλακῆς, τὸ
ἐγένετο μετὰ Πυθιάδα· τὰς Ἑρμείου τοῦ εὐνούχου, ὅστις τὸ
ἄρχων Ἀταρνέως, (χήρα δὲ αὐτῷ Τραλλέος) Εὐβούλου δὲ τοῦ ἐσθη-
τοῦ δοῦλος γεγονώς, ἔλαβε καὶ αὐτοῦ Ἑρμείου παιδικὰ γενό-
μενος Ἀριστοτέλους. Hermiam pellicem habuisse, sine causa
in dubium vocat *Buhlius* in Vita Aristot. Tom. I. p. 91.
cum vel hodie nihil apud Asiae eunuchos frequentius
sit. — Vers. 24. desideratur ap. *Stobaeum.* Pro βεβαίου
Athen. βεβαίαν.

    9. 178.] *II.* Ex *Diogene Laert.* V. p. 272. venit
in Append. Anth. p. 525. St. °24. W. In eundem
Hermiam scriptum. ἀνδρὸς δαίδων. Mentoris, qui Hermiam fraude circumventum cepit. *Polyaen.* Strateg.

L. VI. p. 461. ed. *Casaub.* — In nonnullis Codd. ἐπιγράφεται repetitur.

EPITAPHIA IN HEROAS HOMERICOS.

III. Haec Epigrammata e vetere quodam Codice
Bibl. Mediceae primus edidit *Stephanus* ad calcem Antbol.
p. 497 — 502. (p. 5 — 8. Wech.) cum lemmate: τοῦ
ἑκάστος τῶν Ἑλλήνων ἡρώων τέθαπται καὶ τί ἐπιγέγραπται τῷ
τάφῳ. Postea *Stephanus* eadem repetivit post *Homeri et
Hesiodi certamen* 1573. , Jam antea haec disticha *Ari-
stoteli* vindicaverat, eaque separatim ediderat *Guil. Canterus* Basil. 1566. 4. et Antwerp. 1571. 8.　Partem
ea constituisse operis Aristotelei, quod Peplum inscripse-
rat, apparet ex *Eustathio* ad II. β. p. 218. ἱστορεῖ δὲ ὁ
αὐτὸς Πορφύριος, καὶ ὅτι Ἀριστοτέλης εὐσύγγραμμα πραγματευ-
σάμενος, ὥσπερ Ἰλιάδα Πέπλος, γενεαλογίας τε ἡγεμόνων δέξυντα
καὶ τοὺς ἰαθέντων κρηῶδῶν, καὶ ἐπιγράμματα εἰς αὐτοὺς, ἃ καὶ
ἐπιγράφεται ὁ Πορφύριος ἐν τοῖς εἰς τὸν Ὅμηρον, ἀτλῆ ὄντα
καὶ οὐδέν τι σαφὲς καὶ ἐλλιμπαῖον ἔχοντα. διστίχῳ δὲ τὰ ὅλα
ἐκεῖνο λέγα τῶν μηδέντος εἰς τὸν Αἴαντα. ἔσως μὲν ὁ ἐπιγραμ-
ματοποιὸς ἐξελοτιμήσατο ἱστορούσης εἰδὼν τῷ σεμνῷ ἐπὶ τῷ
λαμπρῷ Αἴαντι σαλολογῆσαι, τοὺς δὲ ἄλλους ἧττον σεμνῶς.
Ausonius Burdigalensis, qui bonam horum Epigrammatum partem in latinum sermonem convertit, eorum
auctorem ignorasse videtur, cum in praefatione scriberet: *Epitaphia — scilicet titulos sepulcrales, heroum,
qui bello Trojano interfuerunt. Quae antiqua cum apud
philologum quendam reperissem, latino sermone conversi-
tiramu*, qui *Icvαφίαν σύμμετρον* complexus sit, inter *Aristotelis* opera memorat Biographus Anonymus in *Aristot.*
Opp. T. L p. 66. ed. Bip. et plures, quos vide ap. *Fabri-
cium* in Bibl. Gr. T. III. p. 275. sq. Non philosophi,
sed alterius *Aristotelis* foetum esse, contendit *Patricius*
in Disc. Perip. Tom. I. p. 18. et 49. praeeunte *Tzetza*
ad Hesiod. p. 13. Ἀριστοτέλης γὰρ, ἢ ὁ φιλόσοφος, μᾶλλον

ἃ, εἶπεν, ἐ τοῖς πίνλοις ἐυττέξας, ἐν τῇ Ὁππωνίων συσπίξε in quibus verbis fuo more hallucinatus eſt Grammaticus. Conf. *Puſis.* ad Leges Art. p. 94. Peplum hoc carmen ſive potius carminum contextum appellatum eſſe ab illo velo, quod in Panathenaicis circumferebatur, cuique praeter ipſius Minervae facinora heroum res geſtae intextae erant, docet *Fabricius* l. c. not. *1.* Cf. *Caſaubon.* in Ariſtoph. Eqq. 564.

'1. De *Penelco*, Boeotiorum duce, vide *Pauſan.* IX. 5. p. 733. *Heyne* ad *Apollodorum* L. III. p. 725. De nominis forma quaedam dedit *Euſtath.* ad Il. β. p. 200. 21.

2. *Aſcalaphus* et *Ialmenus* inter Helenae procos numerantur ap. *Apollodor.* p. 239. Illum in Palaeſtinam translatum ibique fepultum eſſe, ſingebant nonnulli, fecundum *Euſtath.* ad Il. α. p. 1009. 32. Cf. *Scaliger.* ad Hieronym. Chron. p. 74. ſq. — *Ialmenum* commemorat *Homer.* Il. β. 512. Οἳ δ' Ἀσπληδόνα ναῖον, οἳ' Ὀρχομενὸν Μινύειον· Τῶν ἦρχ' Ἀσκάλαφος καὶ Ἰάλμενος, υἷες Ἄρηος.

3. *Τὸν Αἴαντα Steph.* In Myccono fepultus eſſe dicitur *Ajax,* quod Gyrae rupes, in quibus periit, pars hujus inſulae fuiſſe dicuntur. Vid. *Euſtath.* ad Od. δ. p. 183. 23.

4. *Elephenor,* dux Abantum, Il. β. 540. Cf. *Schol.* ad Lycophr. 1034. ſqq. Ab Agenore interficitur Il. δ. 463.

5. *Meneſtheus,* dux Athenienſium, Il. β. 552. De forma Πετεὼς vide *Sylburg.* ad Etymol. M. p. 666. 42. et *Heyne* ad Apollodor. p. 725.

6. Ex loco *Euſtathii* fupra laudato apparet, falli, qui hoc carmen *Aſclepiadae* tribuunt. Vid. Planud. p. 237. St. 344. W. Etiam Vat. Cod. p. 227. Ἀσκληπιάδου. Ex noſtro expreſſum eſt Ep. *Maſfalcas* XIV. Idem ante oculos habuit *Auſip. Sidon.* Ep. LXV. Habemus hic Virtutem, Ajacis fepulcro aſſidentem; quam divam qua ſpecie exhibuerint, latet. Simulacrum ejus circumferebatur in pompa Dionyſiaca Ptolemaei, narrante *Athenaeo.*

L. V.

L. V. p. 201. D.   Epigramma noſtrum vertit *Auſonius*
Ep. III. p. 191. ed. *Toll.*:

> *Ajacis tumulo pariter tegor obruta Virtus,*
> *Inlacrymans buſtis funeris ipſa mei:*
> *Incomtas lacerata comas, quod pravus Atrides*
> *Cedere me ſtructis compulit inſidiis.*
> *Jam dabo purpureum claro de ſanguine florem,*
> *Teſtem* *gemitu crimina Judicii.*

V. 3. εἰ παρ᾽ Ἀ. Cod. Vat. Tzetza, qui hoc tetraſtichon
excitat ad Poſthomerica v. 489. legit: θυμὸν ἄχει μεγάλῳ
βεβαρημένον, ὡς παρ᾽ Ἀ. *Quintus* Sm. IX. 455. ὡς ἄρ᾽ ὑπ᾽
ἀπηνέα βεβαρημένον ἄλγεϊ θῶτα. *Stephan.* in Cod. Med.
etiam ὡς παρ᾽ Ἀ. reperit. — *Andr. Pierſon* ad Moerin
p. 65. pro *Voluptate* accipit, collato Epigr. *Mnaſalcae*
XIV. Verum hujus carminis diverſa eſt ratio. *Doloſus*
Ulyſſes ſortem vicerat Ajacem non robore et ſtrenuitate,
ſed oratione ad fallendos animos apte compoſita, et
fraude, quippe qui judices corruperat. *Pindar.* Nem.
VII. 44. — Pro ἡμῶν αἱρεῖται Cod. Vat. ὑπὸ δάκρυα.
Idem *Brunck.* invenit in optimo Planud. Codice.

I. 179.] 7. Teucer in inſula Cypro, ubi urbem
Salamina condiderat, obiit.   Vide *Schol. Pindari* Nem.
IV. 77.

8. Διομήδης. *Steph.* Diomedes ſepultus in Diomedeia
inſula. Cf. *Scholia* ad *Lycophr.* 601. *Strabo* VI. p. 284.
— *Auſonius* Ep. VI. p. 193.:

> *Condisur hic, genitore bono melior Diomedes,*
> *Crimen ob uxoris pulſus dotalibus agris,*
> *Argyripam, clarosque viris qui condidit Arpos:*
> *Clarior, urbe nova, patrias quam ſede vetuſta.*

In *Schol. Tzetzes* ad Homer. 113. verſu primo legitur:
τὸν κάντρεσε ἀρέτοιτοι i. A. — In Cod. Antbologiae Con-
ſtantini Laſcaris, ſecundum Iriarten, habetur: τὸν κάν-
τρον ἀρέτοιτοι ἐν ξζθυίαν Διομήδης Ἡ.Ι. π. υ. θρηνημένη.

9. Sthenelus et Euryalus junguntur ap. *Homerum* Il. δ. 564. ς. Vide notas ad *Apollodor.* L. p. 168. In hunc est Ep. *Ausonii* X. p. 197.

10. *Auson.* Ep. L. p. 190.

12. Menelaus in beatorum sedes traductus est, secundum *Homer.* Od. δ. 561. sqq. Cf. *Heyne* in Opusc. Academ. T. L. p. 395. sqq. Valde hoc distichon amplificavit *Auson.* Ep. II. p. 191.

13. 14. Prius imitatus est *Auson.* Ep. VIII. p. 195. Ad alterum haec notavit *Brunckius:* »Nestor, Neici »filius et Chloridis inter ἰμιθέους, οἵ; ἐκ θεᾶς καὶ ἀνθρώπων »σώματος φύναι λέγονσι, censeri non potest. Praeferenda »igitur lectio, quam servavit *Eustathius* p. 296. φέρτατος »ἀμείψων. Ad haec enim duo in Nestorem Epigrammata »respicit, quae memoriae lapsu pro uno habet: ὁπλὰς δὲ »ὁ τὰν τοῦ γήραντος ἀρετὴν, καὶ τὸ εἰς αὐτὸν καλκὸν ἐπίγραμμα, »ὥστε καὶ φέρτατον ἀμείψων λέγει αὐτὸν, καὶ βαθύνοντι, καὶ »ἱυχὴν ἐν σώματι θεῖον ἔχοντα, καὶ ἄλλα λέγεθαι.«

15. Antilochus, patri in pugna cum Memnone auxilium ferens, occubuisse dicitur ap. *Pindar.* Pyth. VI. 28. sqq. Sed diversa fuit ap. veteres de Antilochi morte traditio. Vide notata ad *Tzetzes* Posthom. 261. p. 121.

I. 180.] 16. De *Agapenore* vid. Il. β. 609. *Heyne* ad *Apollodor.* III. p. 724.

17. *Amphimachum* et *Diorem* inter Graecorum duces recenset *Homer.* Il. β. 620. 622. Ille interfectus est ab Hectore Il. ν. 185. Hic a Piro Il. δ. 517.

18. *Thalpius* et *Polyxenus* Eleorum duces. Il. β. 620. 623.

19. *Meges* fil. Phylei, qui Δουλιχίου ἀνετάσσετο πατρὶ χωρὶς, Il. β. 629. Pictus erat in Polygnoti tabula, *Pausan.* X. 25. p. 860. Eum in undis periisse, si quis praeterea tradidit, ignoro. — Φυλέος, quae *Stephani* lectio est, *Cuperus* sine causa idonea in Φυλέως mutavit, quo versus pessumdatur.

20. Ulyſſes a filio Telegono interfectus, in Inſulam Aeneam, quam vῆσον τὴς Τυῤῥηνίας vocat Schol. in Odyſſ. ε. 32. deportatus ibique ſepultus eſt, ſecundum *Hyginum* Fab. CXXVII. aliasque, quos laudat *Munkerus.* — Nec hoc nec ſeq. diſtichon, ſed aliud, quod periit, ante oculos habuit *Auſon.* Ep. VIII. 22. . *Steph.* ξύμφωνη habet. Sed Ἀνήφαίμονος ſcribendum erat ex Il. ϐ. 638. De Andraemone multa diſputat *Verheyk* ad *Anton. Liber.* c. XXXII. p. 214. ſq. — Locutionem ἀδικ πατάχη, quae recurrit Ep. 35. et de qua dubitabat *Maresori* Anecd. Gr. p. 33. confirmat *Burmann.* in Miſc. Obſſ. Vol. I. 1. p. 14. ſq.

23. Habet *Diodor. Sic.* Tom. I. p. 395. ubi Idomeneum et Merionen a Cretenſibus ut heroas coli et in belli diſcriminibus invocari narrat. Ex apogr. Lipſ. protulit *Leich.* in Carm. Sep. p. 4. Vat. Cod. p. 253. cum *Diodoro* conſpirat in ἴρι (cf. Ep. 10. et 34.) et ἐγώ τοι pro τῶ. Vulgatam tuetur *Brunckius.* τῶ poſitum pro αὐτοῦ ſeu τούτου, ut Ep. 9. — Male *Leichius* Ἰφθίμου, *Molus,* Deucalionis filius, Idomenei frater. Vid. *Apollodor.* III. 3. p. 181. ubi Μόλος ſcribitur. Sed vide *Heyn.* p. 543.

24. Tlepolemus, dux Rhodiorum; de quo praeclarus eſt locus *Homeri* Il. ϐ. 655. Interficitur a Sarpedone Il. ε. 655. ſqq. Qua auctoritate Rhodi ſepultus eſſe dicatur, ignoro.

T. 181.] 25. Obſcurum nomen Delpyli, quem Ὀρμένιον vocat *Ariſtoteles,* ſive ab Ormeno, Amyntoris patre, oriundum, ſive ex urbe Ormenio, ab Ormeno condita. Vide *Weſſeling.* ad *Diodor. Sic.* IV. 37. Erat etiam Ormenus Trojanus Il. μ. 183.

26. De Nireo Il. ϐ. 674.

27. *Phidippus* et *Antiphus* junguntur ap. *Homer.* Il. ϐ. 676.

28. Achillem plurimi in Sigeo promontorio sepultum tradunt. Alii aliter. Vide not. in *Tzetzae* Posthom. 465. p. 140. — Vitiosus est pentameter. Fortasse res, boam Πρωτωνίς ex gloßemate irrepsit.

29. Musas ad Achillis tumulum sudisse carmina indicat *Homer.* Od. *ω.* 60. sq. *Arctinus* ap. *Proclum:* καὶ ὅτις ἀξιομάχη τὸν Μαλέαις καὶ ταῖς ἀλλήλαις θρηνεῖ τὸν παῖδα. Cf. *Quint.* L. III. 592. sqq.

30. Patroclus simul cum Achille conditus, secundum *Homer.* Od. *ω.* 73. Vide ad *Tzetzam* l. c. 421. p. 135.

31. Novi Podarcen Iphicli fil. ex *Schol. Homer.* Od. *λ.* 289. quem fratrem Protesilai fuisse et quadraginta naves Trojam duxisse narrat *Homer.* Il. *β.* 704. Ille, de quo hic agitur, fortasse fuit filius ejus *Actoris,* quem commemorat *Pausan.* VIII. p. 629. Sed hujus filios Eurytum et Cteatum vocant veteres. Vide *Heyne* ad *Apollodor.* II. 7. 2. p. 450. et eundem de diversis Actoribus L. III. p. 737.

33. *Eumelus* ap. *Homer.* Il. *β.* 714.

§. 182.] 34. Monimentum et sacellum Machaonis Gereniae in Peloponnefo vidit *Pausan.* III. 26. p. 278. Podalirium in deorum numerum relatum esse, probabile est, cum Aesculapii filius fuerit. An veterum aliquis hoc diserte tradiderit, ignoro.

35. Hic non Ὀρχομένην scripfit *Aristoteles,* sed Ὀρμένιον, ut apparet ex *Homer.* Il. *β.* 734. Cf. *Eustath.* p. 251. Harum urbium nomina passim permutata sunt.

36. De *Polyporte* et *Leonteo* vid. Il. *β.* 740. et 745. Eos in Media sepultos esse, ex Νέστος procul dubio habuit noster, ut plura alia.

37. Guneus ap. *Homer.* Il. *β.* 748. Eum in Libyam delatum esse, tradit *Lycophron* 902. ubi vide *Schol.*

Secundum alios in undis periit, quos *Aristoteles* sequitur. Hoc Epigr. expreſſit *Aufonius* in priore diſtiche
Epigr. XI.:

 Graea ponras habet, tumulus fua corpore nomen.
 Fama bomines inter, coelum animus repetit.

38. „Diſtichon hoc refpexiſſe videtur *Euſtathius*
„p. 17. ubi, poſtquam diverſas nominis Ἥρως etymo-
„logias protulit, poſtremam hanc addit: εἰ δὲ ἀπὸ τοῦ
„ἀέρος, ὡς ἰσχύεται ἔν τοι τῶν παρὰ Πορφυρίῳ ἐπιγραμμάτων,
„ἐν ᾧ αἰνεῖται τὸ· σῶμα μὲν ἐν πόντῳ κεῖται· πνεῦμα δ' ἀὴρ
„ἠδ' ἔχει. Unde ſcribendum videtur:

   „Σῶμα μὲν ἐν πόντῳ Προθόου Τευθρηδόνος υἱοῦ
     ναύτας ἐκολαύσατον· πνεῦμα δ' ἀὴρ ἰσέχει.
„Notanda vox ἐκολαύσατον, qua carent Lexica.“ *Brunck.*
Prothoum quoque in Libyam perveniſſe, narrat *Lycophr.*
902. *Apollodorus* autem, cum ad Capheream rupem
naufragium feciſſe, et Magnetes, qui cum eo eſſent, in
Cretam delatos eſſe. Vide Fragm. p. 1038.

40. Automedon, Achillis auriga, in agro Trojano
fepultus. Vixit tamen adhuc in Trojae excidio. *Virgil.*
Aen. II. 477.

41. Hectoris cineres, fecundum oraculi monitum,
in Boeotiam delatos, ibique ad aquam, quae Oedipodia
vocatur, conditos narrat *Paufan.* IX. 18. p. 746. Cf.
Tzetzes ad Lycophr. 1194. Utrumque locum laudat
Brunckius.

42. Pyraichmes, dux Paeonum in Trojanorum ex-
ercitu. Il. β. 848. Interfectus eſt a Patroclo in pugna ad
naves. Il. π. 287.

Ʌ. 183.] „Quae fequuntur, aliorum heroum epi-
„taphia ex Ariſtotelis peplo non funt, fed quia ejusdem
„funt generis, prioribus ea librarius addidit. Inter
„ἀθλήματα melius repoſita fuiſſent. Sed facile credide-
„rim, ex *Ariſtotelis* peplo deſumtum eſſe illud, quod
„inter ἀθλήματα exſtat DCXXII.“ *Brunck.*

43. Interpretatio hujus diftichi petenda ex *Homer.*
Il. σ. 640. Hercules

— ἀπό᾽ ἀιϑέι διηχ᾽ ἵππων Λακμίδοντος,
ἐξ οἶσι σὺν νηυσὶ καὶ ἀνδράσι παυροτέροισιν,
Ἰλίου ἐξαλάπαξε πόλιν, χήρωσε δ᾽ ἀγυιάς.

Apollodor. II. 6. p. 148.

46. Orpheum a mulieribus discerptum ejusque caput, fluftibus traditum, in Lesbum delatum efte, poëtarum fert traditio. *Musas ejus collecta membra fepultu-*
rae mandaffe, narrat *Hygin.* in Poët. Aftron. VII. p. 372,
ex *Aefchylo,* ut apparet ex *Eratofth.* Cataft. XXIV.

48. In Atalantam, Iafi filiam, quae apri venationi
interfuit. Vide *Heyn.* ad *Apollodor.* I. 8. p. 119.

THEOCRITI CHII

EPIGRAMMA.

T. 184.] Prius diftichon habetur ap. *Diogen. Laërt.*
V. p. 274. ἐνίσταντο δ᾽ εἰς αὐτὸν (*Ariftotelem*) ἐπίγραμμα
καὶ Θεόκριτος ὁ Χῖος, οὕτωσι ποιήσας, ἅς φησιν Ἀμβρύων ἐν τῷ
περὶ Θεοκρίτου᾽ Ἑρμίου . . . Ibi pro πρίμα legitur σῆμα.
Et fic hoc diftichon relatum eft in Append. Anthol.
p. 523. Sl. Integrum exhibetur ap. *Eufebium* in Praep.
Euang. XV. 2. p. 793. A. unde alterum diftichon adji-
ciendum vidit *Huetius* p. 81. Hinc v. 2. πρίμα editum
eft. De Hermia Eunucho vide ad *Ariftotelis* Scolion
v. 18. p. 177. — βορβόρου. *Plutarchus* de Exilio T. II.
p. 603. C. Ἀριστοτέλην δὲ λελοιδόρηκε Θεόκριτος ὁ Χῖος, ὅτι
τὴν παρὰ Φιλίππῳ καὶ Ἀλεξάνδρῳ δίαιταν ἀγαπήσας — εἵλετο
ναίειν ἀντ᾽ Ἀκαδημίας βορβόρου ἐν προχοαῖς. Quem locum explicavit *P. Leopardus* Emend. IX. 3. p. 229. Acumen
eft in ambiguitate vocis βορβόρος, quae et flavium Macedoniae fignificat, fecundum *Plutarchum* l. c. et coeni

voraginem.   ἐν βορβόρῳ κεῖσθαι dicuntur impii, quos
Lactantius L. VII. 7. in *tenebricosis locis atque in coeni*
voraginibus poenas luere dicit; docente *Wyttenbachio* ad
Plut. de S. N. V. p. 137. ubi noſtri loci non immemor
fuit.   De animis ignorantiae tenebris immerſis *Plato* de
Rep. VII. p. 488. B. ὁ διαλεκτικὴ μέθοδος — τὸ ὄντι ἐν βορβόρῳ τινὶ βαρβαρικῷ τὸ τῆς ψυχῆς ὄμμα κατορωρυγμένον ἠρέμα
ἕλκει καὶ ἀνάγει ἄνω. — — Non omitti debet, primum hujus
Epigrammatis verſum ap. *Diogenem* ſic legi:

      Ἑρμείου εὐτέχνου δ᾽ Εὐβούλιον ἅμα ἑαυτῷ.

ᵖ H I L I S C I   E P I G R A M M A.
Vide ſupra p. 168.

C H O E R I L I   E P I G R A M M A.

Ꝗ. 185.] *Brunckius* hoc Epigramma edidit, prout
legitur ap. *Straben.* L. XIV. p. 672.   Ex *Chryſippi*
commentariis laudat, auctoris nomine omiſſo, *Athen.*
L. VIII. p. 336. A. qui idem a *Choerilo* ex chaldaica
lingua expreſſum eſſe ait L. XII. p. 529. F. Ex lingua
barbarica in graecum ſermonem hos verſus translatos
eſſe ὑπὸ τινος Ἕλληνος, dixit *Diodor. Sic.* II. 23. p. 137.
ubi vulgo nihil niſi v. 4. 5. leguntur.   Reliquos addidit,
v. 6. excepto, *Weſſelingius* ex *Tzetzae* Chil. III. 453. Cum
inſigni varietate habentur in *Schol. Ariſtoph.* Av. 1022.
Non omittenda eſt parodia *Chryſippi* ap. *Athen.* L. VIII.
p. 337. A.ᵃqui ſic ſcribendum eſſe pronuntiabat:

  Εὖ οἶδας, ὅτι θνητὸς ἔφυς, σὺν θυμὸν ἄεξε,
  τερπόμενος θαλίῃς· θανόντι σοι οὔτις ὄνησις·
  καὶ γὰρ ἐγὼ σποδός εἰμι, πρὶν πλεῖστα καὶ ἐσθλὰ,
  τοῖσ᾽ ἔχω, ἰσσ᾽ ἔμαθον καὶ ἐφρόντισα, καὶ μετὰ τούτων
  ἐσθλ᾽ ἐνσθον· τἆλλα πάντα καὶ ὄλβια πάντα λέλειπται.

In eundem fensum pofteriores verfus immutavit *Crates*
Fr. V. p. 187. Vide *Stephan.* in Praef. ad poëmatia,
quae συμφύλια vocantur, ad calcem *Certam. Homeri et
Hefiodi.* — Tres pofteriores hujus carminis verff. exftant in Cod. Vat. p. 254. Integrum in Anthol. Planud.
p. 217. St. 316. W. — V. 1. τὰs *Stephan. Arhen.* Plan.
δ, *Stephan. Schol. Arift.* qui initio verfus fcribit οὖ *Salmaf.* —
συνέφησεν *Salmaf.* Sunt, qui fere nihil, nifi quod his
verbis continetur, Sardanapali tumulo infcriptum fuifle
dicant. *Plutarch.* T. II. p. 336. C ἀναθέντες αὐτοῦ
ἀνδριάντα οἷάπερ κατακροτοῦντος ἰσχυρομένην βαρβάρων), καὶ
τοῖς δακτύλοις ὑπὲρ κεφαλῆς αὐτοῦ ὑποκρούσαν, ἐπέγραψαν·

Ἔσθιε, πῖνε, ἀφροδισίαζε· τἄλλα δὲ οὐδέν.

Cum quibus cf. *Apollodor.* in Fragm. p. 1081. et ibi
Heynium. Ex Sardanapali, digitis concrepantis, geftu
explicanda funt verba, quae ejus epitaphium conftituiffe,
narrat *Suidas* T. III. p. 287. Ἐν Νίνῳ ἐπὶ τοῦ μνήματος
αὐτοῦ τοῦτ' ἐπιγέγραπται· Σαρδανάπαλος ὁ Ἀνακυνδαράξεω παῖς
Ἀγχιάλην καὶ Ταρσὸν ἐν ἡμέρῃ μιῇ ἐδείματο· Ἔσθιε δὲ, ὦ ξένε,
Ἔσθιε καὶ πῖνε καὶ παῖζε· ὡς τά γε ἄλλα τὰ ἀνθρώπινα οὐκ
ὄντα τούτου ἄξια. ut hujus quidem digna exiftimem.
Hoc epitaphium in mente habuiffe videtur *Alexis* ap.
Plutarch. T. II. p. 21. D. E:

Τριῶν δ' εἰσὶν αἶγε τὰs δυνάμειs κεκτημέναι
τὰs ὡς ἀληθῶς συντελούσαs τῷ βίῳ·
τὸ πιεῖν, τὸ φαγεῖν, τὸ τῆς Ἀφροδίτης τυγχάνειν·
τὰ δ' ἄλλα προσθήκαs ἅπαντα χρὴ καλεῖν.

Talia ad fervum Admeti erudiendum expromit *Hercu-*
les ap. *Eurip.* in Alceft. 790. fqq. — V. 2 *Scottos* ex.
Athen. Planud. Cod. *Dindor.* — V. 3. *crudeli ejus.* Haec
obverfabantur *Phoenici Colophonio* in Iambis ap. *Athen.*
L. XII. p. 530. F. ubi Ninus loquitur:

Νῦν δ' οὐκέτ' οὐδὲν· ἀλλὰ γὴ συνείλοφα·
χ' ἁπάντ' ἀφίκατο   *   *   *

.

ἔχω γ', ἅσσατον ἔδαισα, χἀπαϑεσ' ἅεισα · — —
σπολὰς δὲ πολλὰ χὰ μετριοφόρε κεἴμαι.

Pro βασιλίσσας *Schol. Arist.* βασιλῆος legit. — V. 4. τόσσ'
ἔχω. *Plutad.* Vat. Cod. *Dio Chrysost.* qui hunc verf. cum
feq. laudat in Or. IV. p. 81. *Plutarch.* T. II. p. 330. F.
τοῖς Σαρδαναπάλου μνημείοις ἐπιγέγραπται · τόσσ' ἔχω, ὅσσ'
ἔφαγον καὶ ἐφύβρισα. — Pro noviffimo hoc verbo Vat.
Cod. τε καὶ ἔτισα. Reliqui omnes, ut *Strabo.* — Pro
ἔρατα, *Dio Chr.* et *Schol. Arist.* ἱμέρταν habet. — V. 5.
τόσσ' ἱλάσσω. Vat. Cod. Plan. quod originem duxit ex
Crassi parodia:

ταῦτ' ἔχω, ὅσσ' ἔμαϑον, καὶ ἐφρόντισα καὶ μετὰ Μουσῶν
εἰμι' ἱλάσσω ·

unde in Vat. Cod. etiam venit: τὰ δὲ πολλὰ καὶ ὄλβια
τέρπε ἔμεϑεν. In marg. tamen οὐ τὰ Ἀλσιττται fere ut
ap. *Dionem Chr.* τὰ δὲ λοιπὰ καὶ ὄλβια πάντα Ἀλσιττται.
Athenaeus: τὰ δὲ πολλὰ κ. ὄ. π. Ἀλιντται. — οὖτος legit
Strabo, Schol. Arist. Diodor. Hos verficulos in latinum
fermonem transtulit *Cicero* in Tuscul. Quaest. V. 35.:

Haec habeo, quae edi, quaeque exfaturate libido
Hausit: at illa jacent multa et praeclara relicta.

Eosdem refpexit de Finibus II. 32. *Corporis autem voluptas fi etiam praeterita delectas, non intelligo, cur Aristoteles Sardanapali Epigramma tantopere derideat, in quo
ille rex Assyriae glorietur, fe omnes fecum libidinum vo-
luptates abstulisse.* — Ceterum *Clemens Alexandr.* Strom.
II. p. 491. hos verfus fic profert, ut v. 3. poft verf. 5.
ponat; idque fecutus eft *Theodoret.* de Curat. Gr. Aff.
L. XII. quem *Potterus* laudat. — Verf. 6. defideratur
ap. *Diodor.* Apud *Athen.* legitur: ἦλε παρὰ φύσιν παραλ-
ναται' σύλλυσιν' αὐτὰς Ἀσσυρου, καρτέρωσα δ' ὁ θλίων τὴν ἀντὶ-
φοσιν χλῶτον. In *Schol. Arist.* autem et ap. *Eudocium* p. 372.:
παραίνεσις σύλλυσιν' ἑσθλὰ Καρτέρωσα δ' ὁ θλίων σοφίης τὸν
ἀντίφροσι πλῶτον. — Senfum totius Epigrammatis com-

Aa 5

plexus est auctor distichi in Anth. Lat. III. 146.
p. 594. quod *Epicuro* inepte tribuitur:

> *Cum te mortalem noris, praesentibus exple*
> *Deliciis animum; post mortem nulla voluptas.*

AGIDIS EPIGRAMMA.

———

Vat. Cod. p. 167. Planud. p. 436. St. 569. W.
Meidon, venator et auceps, Phoebo artis suae instru-,
menta dedicat. In Planud. viri nomen Μείδων scribitur.
— ἔργον ἐξ ὀλίγων. ex parvo lucro. ἔργον de foenore
passim occurrit. Vid. Graec. Lect. Hefiod. p. 9. et
ἐπαγγελματικὸς de quaestu, saepe inhonesto, ut docuit
Valcken. ad *Herodot.* I. p 48. 43. Color, ut ap. *Leonidam Tar.* Ep. VIII. ἐξ ὀλίγων ὀλίγον μείζον ἀπαρξόμεθα.

CRATETIS FRAGMENTA.

———

¶. 185.] *I.* Sine auctoris nomine exstat in Planud.
p. 38. St. 56. W. et ap. *Stob.* Tit. LXI. p. 391. 6.
Gesn. 259. Grot. *Crateti* asserit Cod. Vat. p. 442. et
Diogen. Laert. VI. p. 356. ubi legitur:

> ἔρωτα παύει λιμός· εἰ δὲ μὴ, χρόνος·
> ἐὰν δὲ τούτοις μὴ δύνῃ χρῆσθαι βρόχος.

Et fic fere *Suidas* in Χράτης Tom. II. p. 473. qui fecundum versum etiam corruptius legit:

> εἰ δὲ μὴ τούτο δύναται βρόχος.

Menagius comparat *Juliani* Orat. VI. p. 198. D. οἱ λαο-
γράφοι νόμοι καὶ Κράτητος ὑπὲρ τούτου ὧδε ἐπιμαρτυρεῖ· ἔρωτα
λύει λιμός, ἢν δὲ τούτῳ χρήσθαι μὴ δύνασαι, βρόχος. quae fa-
vent lectioni ap. *Diogenem*. Quid *Clemens* legerit *Alexan-*

drians, non apparet. Ejus verba haec sunt in Strom.
II. p. 493. 4. οὗτος ἐν ἄλλοις εὐθυμμένως γράφει· τῶς εἰς
τὰ ἀφροδίσια καταταχίτου ὁρμῆς καταλαγμα εἶναι λιμὸς, εἰ δὶ
μὴ, βρόχον. Quae reperens *Theodoretus* Therap. p. 671.
αντέκαψμα scribit. — Quod autem dicit, famem amoris
esse remedium, hinc fortasse repetivit *Marc. Argent.*
Ep. XV. εἶνας ὃν οἶσθ᾽ ἔρᾶς· λιμὸς· φάρμακον εἶσι ἔχει. Vide
notas ad *Callim.* Ep. XIV. 5. *Plutarch.* ap. *Stob.* XCIII.
p. 513. 31. ἐλίθρωτο λιμᾶς βδέλυγσα μαχίμεν. Nam ἐν
πλησμονῇ Κύπρις· ἐν δὶ τοῖς κακῶς πρᾶσσουσιν οὐκ ἔνεστιν
'Ἀφροδίτη βροτοῖς, secundum *Euripidem* et *Antiphanem* ap.
Athen. L. I. p. 28. F. Conf. *Liban.* Orat. XIX. p. 509. A.
et quae collegit *Wetsten.* ad N. T. II. p. 290. *Ovidius*
Remed. Amor. 749.:

> *Non habet unde suum paupertas pascat amorem:*
> *Non tamen hoc sensi est, pauper ut esse velis.*

II. Servavit hos versus de vita Cynica *Diogen. Laërt.*
VI. p. 354. unde eosdem protulit et passim illustravit
P. Leopardus Em. XVIII. 2. Primum et secundum
Stephanus in Praef. in poëm. quae παρῴδιας vocantur
p. 82. ex *Homero* ductos notavit, Odyss. τ. 172. Κρήτη
τις γαῖ᾽ ἐστι, μέσῳ ἐνὶ οἴνοπι πόντῳ καλὴ καὶ πίειρα, περίρρυτος.
quod nec *Appulejum* fugit in Apologia p. 439. ed. Parif.
Verf. I. laudat *Demetrius* περὶ Ἑρμην. c. 259. p. 191.
ubi pro πόλις ὃ. legit γαῖ᾽ ἐστι, ut ap. *Homerum* est. Ad
totum hunc locum respexit *Clemens Alex.* Paedag. L. II.
10. p. 226. 10. ἐζίλωθεν οὖν ἐκφέρουσιν χεῖ τὴν πολλὴν τῶν
ἐγχρῄζων καταφρόνησιν· οὐ γὰρ εἰς τὴν Κρήτητος πήραν μόνον,
ἀλλ᾽ οὐδὶ εἰς τὴν ἡμετέραν πόλιν ἀσκηταί, οὐ πομφὸς τρυφῆσαι,
οὐδὶ μέχρις κόρου, ἐνὶ ᾗ ἀγαλλόμενος, αἳ δολιχὴ πύρ·α, ἀλλ᾽
οὐδὶ ἄλλα τι τοιοῦτο εἴωθε ζητεῖν. — Pera hoc loco accipienda de vita cynica, quae in media rerum vanitate
medioque faftu unum perfugium esse dicitur. Hanc
vero vitam nemo stultus nec cinaedus profiteri am-

pleſtique audet; ut adeo ibi ab ejusmodi hominum
conſortio remotiſſimus vivat. — Ap. *Diogen.* ατρίλετος
legitur; quod *Stephanus* emendavit probante *Cesaubono.*
Vitae cynicae ſordes, ſtrος, paſſim memorantur. *Antip.*
Sidon. Ep. LXI. de Cynico, ſecta, quam profitebatur,
indigno, αλάζει — το χόλον ρυήσει είπε ποταλσχμίνον ſεθει
Διπλάλιος. Cf. *Leonid. Tar.* Ep. X. 3. Apud *Petronium*
c. XIV. ſortaſſe olim lectum ſuit:

Ipſi qui Cynico traducunt tempore cornu,

ubi vulgo *cornu* habetur; quamquam nec hoc penitus
rejiciendum videtur. — In verbis ιπαγαλλόμενος πυχ̂οῖς
reſpicere videtur Homerica in Il. β. 462. ι̂ѳа και ι̂ѳа
ποτῶνται αγαλλόμεναι πτεςύγεσσι. — V. 6. ἐπὶ τούτοις et in
fine περὶ αίματος, οὐ περὶ δόξης, contra auctoris mentem
Diogen. Emendatior lectio debetur *Meibomio.* De ejusmodi bonis, ait, qualia vita Cynicorum praeſtat, homines inter ſe digladiari non ſolent, ſed de nummis et
gloria. Diogenes ad Cratetem ap. *Lucian.* Dial. Mort.
XL. οὕτω πάντοτε σκξάμη 'Αντισθένης ἐπαθασπί., ὃς ελεφαντ-
μέωσας τῆς ρικτοφίας αὐτοῦ — οὗτο, οὕτω, εῖ, ὦ Κράτες,
ἐπιѳύμεις αλεφορωσῶν ἀπὸ τὰ πτώματα, και τὸν αἰῶνα και τὴν
πῆςαν χοίνικας δύο ѳερμῶν ἔχοντας.

III. Etiam hoc ſervavit *Diogen. Laërt.* L. VI. p. 355.
Ut hic *Crates* a divitibus magnas ſummas fieri ait in res
viles et turpes, in utiles aut nullas aut minimas, ſic
Juvenalis in regum aedibus omnia pluris fieri docet,
quam honeſtarum artium praeceptores, Sat. VII. 184.
Quamcunque domus, veniet, qui ſercula docte Componas:
veniet, qui palmentaria condit. Hos inter ſumtus ſeſter-
tia Quintiliano Ut multum duo ſufficient; res nulla mi-
noris Conſtabis patri, quam filius. *Cratetis* verſus *Brun-*
ckius edidit ex emendatione *Marui* in Var. Lect. IX. 20.
p. 223. ante quem τάλαντα δύο legebatur. πῆρη eſt ex
emend. *Stephani,* pro πῆρης. — Uſum verbi τιѳῶται, quo

in rationes referre significat, illustrat *T. Hemsterh.* ad
Lucian. T. II. p. 412, ed. Bip. nostri loci non immemor. — αττϊν *Menagius*, si per metrum fieri posset,
in χαιρϊν mutari vellet. Male. αττϊς de vanis promissis
et jactationibus, ut Latinorum *famae*. Vide *Erasmum*
in Prov. *Famam vendere*, Chil. I. 3. 41.

IV. Bis exstat in membranis, in primis foliis post
titulum, et p 504. Planud. p. 15. St. 26. W.   Ex
Hymno in Frugalitatem desumtum esse, discimus ex *Juliani* Orat. VI. p. 199. qui v. 1. διττοττα, σαϊῶν ἱντρῶν δ.
legit. ἱγάτηρα, nostro quoque loco allato, illustrat *Toup.*
in Cur. nov. p. 267. — Λοτίλιςα. *Julian.* Pro ἱννοα
Julian. et Cod. Vat. ἱγγοα. Ad nostrum respexit *Axio-
nicus* in Phileuripide ap. *Athen.* VIII. p. 342. A.   apud
quem ingens piscis — εἶτοι ἱδυαϊγοιν καὶ λιχτοι ἱντρῶν.—
V. 3. Cod. Vat. utroque loco τιμάωτι. male.

·*V.* Cod. Vat. p. 254.   Ad Epigramma *Choerili*
p. 185. laudavimus parodiam *Chrysippo* ab *Athenaeo* tributam, in qua hoc ipsum distichon occurrit, hac una
diversitate, quod ibi μετὰ τούτων 'ΕϊΘΛ' ὃτιαΘεν legitur.
Cratati diserte tribuit *Plutarch.* T. II. p. 546. A. et
Diogenes Laert. VI. p. 356. Apud utrumque recte legitur, μετὰ Μουσῶν εἱμι' ἱλλητ. Hos versus ante oculos habuit *Callimach.* Fr. CVI. p. 479. ed. Ern. ap. *Stob.*
LXXIX. p. 467. Gesn. 343. Grot.:

Καὶ γὰρ ἱγὼ τὰ μὲν, ὅσσα παρύετι τίμας ἱταιρα,

Ξάνθο, σὺν εὐάϊμοιε ἀρρὸ λίγω στεφάνοις,

ἅτοσι τότ' ἱγίνοττο ταρυχρίμ', ὅσσα τ' ἱδόντοι

ἱ.λΘι, μεαἱρφϊν τ' εἰς ἀχάριστοι δίο,

καὶ τῶν οὐδὲν ὅμοτῖν ἱκ αὐριον· ἱσσα δ' ἱκοταῖε

οἱκαϊἱμητι, ὅτι μοι μοῦσα πάρμετι τάλτ.

Colorem hinc duxit etiam auctor Ep. inter *Meleagri*
DCLXXXVII. p 298. — In Vat. Cod. pro τύφος legitur τάφος. Cf. Epigr. *Choerili* v. 5. τάφος hoc loco id,
quod αττϊς. Vide *Gataker.* ad M. Anton. II. 17. p. 58.

§. 187.] *VI.* Ex *Cratetis* μουσικῆς τεχνίας hos verfus profert *Julianus* in Orat. VI. p. 199. D. et VII.
p. 213. B. C. Horum verſuum auctorem cum Cratete,
longe antiquiore, quem Olympi diſcipulum fuiſſe tradunt, confudit *Meurſius* in Bibl. Gr. p. 1329. Eſt autem totus hic locus parodia Elegine *Solonis* ap. *Stobaeum*
Tit. IX. p. 65. Grot.:

Μνημοσύνης καὶ Ζηνὸς Ὀλυμπίου ἀγλαὰ τέκνα,
    Μοῦσαι Πιερίδες, κλῦτέ μοι εὐχομένῳ·
ὄλβον μοι πρὸς θεῶν μακάρων δότε, καὶ πρὸς ἁπάντων
    ἀνθρώπων αἰεὶ δόξαν ἔχειν ἀγαθήν·
εἶναι δὲ γλυκὺν ὧδε φίλοις, ἐχθροῖσι δὲ πικρόν·
    τοῖσι μὲν αἰδοῖον, τοῖσι δὲ δεινὸν ἰδεῖν.
χρήματα δ' ἱμείρω μὲν ἔχειν, ἀδίκως δὲ πεπᾶσθαι
    οὐκ ἐθέλω· πάντως ὕστερον ἦλθε Δίκη.
πλοῦτον δ' ὃν μὲν δῶσι θεοί, παραγίγνεται ἀνδρὶ
    ἔμπεδος ἐκ νεάτου πυθμένος εἰς κορυφήν.

V. 3. χ. καὶ εὐτυχῆς l. *Jul.* loc. pr. ἀμφ' εὐτυχῆ. loco ſec.
ubi in fine legitur: καὶ δότε χωρὶς Δουλοσύνης ἢ δὴ λ. δ. φ.
χόρτος de animalium paſtu ad humanum victum, vilio-
rem tamen plerumque, transfertur. Vide *Athen.* L. III.
p. 99. F. et *Caſaubon.* c. XXI. Interpp. *Pollucis* VI. 43.
p. 587. — Intemperantia δουλοσύνης, ut *omnis turpitu-*
dinis, mater, ſecundum *Linum* ap. *Stobaeum* p. 37. Grot.
Cf. *Valcken.* in Diatr. p. 282. Crates. autem praecipue
ad paraſitorum ſervitudinem reſpicit. Huc etiam referenda verba verſus 5. μὴ γλυκερὸν τίθετε, quod paraſitis
et aſſentatoribus proprium. — V. 6. πανδόκῳ εἶναι. ſive
ἴλεω, ut loc. ſec. habetur. Divitias inutiles, quibus, qui
eas congeſſit, indormit, neſciens ſcilicet — *quo valeat*
nummus, quem praebeat uſum. Ejusmodi divitias κωφὸν
πλοῦτον vocat *Theocris.* Eid. XVII. 106. *Plutarchus*
de Cup. Divit. T. II. p. 525. D. εἰ δὲ τοσαῦτα πράγματα
συλλέγεις, καὶ ταράττεις καὶ στρεβλοῖς σεαυτόν, ἀγελίαν βίον ζῶν,

Democritus ap. *Stob.* Tit. XVI. p. 154. 19. οἱ ἀνθρωποὶ τὴν τὴς μελίσσης ἀίτω (sic recte margo: vulgo εἴτοι) ἔχουσι, ἐργαζόμενοι, ὡς ἀεὶ βιωσόμενοι. αὕτη esse videtur vita aerumnae et querelarum plena. Cf. *Callimach.* Hymn. in Pall. 94. ibique *Spanhem.* p. 689. et *Rubnken.* Epist. crit. II. p. 167. — V. 8. πλωτὴρ ἀπιὼν. *Julian.* loco sec. — V. 11. οὗ ἀπιθάνας. *Horat.* III. Carm. XXIII. 17. *immunis aram fi tetigit manus Non fumtuofa blandior hoftia, Mollivit averfos Penates Farre pio et faliente mica.*

VII. Diogen. Laert. VI. p. 356. Fugit *Brunckium,* haec integriora legi ap. *Teletem* in Stob. Flor. XCV. p. 524. 47. εἰ δὲ πάντων τις τῶν τοιούτων ὑπερέχειν γλίχοιτο, ἐν πολλῇ ἂν εἴη ἀδικίᾳ καὶ ἀπανθρωπίᾳ· οὐκ εἰδὼς· γὰρ κρέτης·

> Οὐκ οἶσθα, (φησὶ) τίνα δύναμιν φίλατο ἔχει
> Θέρμων τε χλωὴ καὶ τὸ μηλώδὲς μέλλον.

τῷ ὄντι γὰρ μεγάλων καὶ ἐξηλλαγμένων καὶ μετὰ τύχης καὶ θέρμων, καὶ λαχάνων καὶ ὕδατος μαλιστα φροντίζειν. Sic hos fenarios, ut ex *Ariftotele* petitos, profert *Salmaf.* ad Solin. p. 326. quem magni viri errorem repetivit *Gonfal. de Salas* ad Petron. c. 14. notatus propterea a *T. Hemfterh.* ad *Lucian.* T. II. p. 518. ed. Bip. qui tamen erroris fontem ignorabat.

VIII. Ex *Diog. Laert.* VI. p. 359. Vulgo legitur βαίνων εἰς Ἀ. δ. κυψὲ ἀφρὰ διὰ γήρας. Noftrum eft ea emendatione *Cafauboni,* cujus etiam alia conjectura proftat, βαίνων τ᾽ εἰς κύμα, ὡς ἀνηλὲ διὰ γήρας, priori non anteferenda. *Homerus* Od. ρ. 16. ὃς δὴ γήραϊ κυφὸς ἔην καὶ μογία ἤῃν. Ipfe autem Crates annorum pondere gravatus κυφὸ erat. *Appulej.* Florid. XIII. p. 788. ed. Parif. *Campus interfcapilium Cratis retexiffet, quod erat amsfum gibbera.* Philofophos Strepfiades τοὺς ὠχρίᾳ᾽ ἐγκεκριότας vocal ap. *Ariftoph.* in Nub. 191. De fene *Phanias* Ep. IV. Tom. II. p. 53. — ἐπὶ τὰς᾽ οἳ ἂ πολυκαρπεῖς᾽ ἰδὲ κ᾽ εἰς Ἀιδου ἔχετο, κυφαλλα. quae ex *Cratetis* loco expreffa videntur.

§. 188.] IX. Ex *Diog. Laert.* VI. p. 359. ubi vulgatam lectionem — τὴν κλεψίαν καὶ τὴν ὑπίαν δ' αὖ ἀνέλωντι τῇ τέχνῃ — *Casaubonus* sic, ut ap. *Brunckium* legitur, emendarit. Consule de hoc loco|*Perizonium* ad Aelian. V. H. III. 6.

X. *Diogen. Laert.* VI. p. 360. καὶ Ἰηγατέρα ἐξίδους μαθηταῖς αὐτοῦ, πείρασις, ὡς αὐτὸς ἔφη, ἐπὶ πεῖρα ἡμέ: τριάκοντθ' ἡμέραι. *Grotius*, qui totum hunc locum ex *Menandro* desumtum putavit, cujus senarii praecedunt, *Diogenis* verba in senarios cogere conatus est: καὶ Ἰηγατέρ' ἐξίδους αὐτοῦ, ὡς ἔφη Αὐτὸς, ἐπὶ πεῖρα ἡ. ἡμ. ἡ. Noſtrum debetur *Toupio*, qui, cum verba μαθηταῖς αὐτοῦ a cod. regio abeſſe videret, praeclare πείρασις in καὶ mutavit, in Em. in Suid. Tom. I. p. 199.

Ejusdem *Cratetis* fragmenta laudat *Clemens Alexandrinus* Strom. L. II. p. 492. 30. ὅτι Θηβαῖος Κράτης·

Τὸι ἰδ, φησί, κράτει, ψυχῆς ἔθει ἀγαλλομένη·
οὐδ' ὑπὸ χρυσίου δουλουμένη, οὐδ' ὑπ' ἐρωτος
τηξιμελῶν· οὐδ' ἔτι συνέμπορεί εἰσι φιλόβρι.

καὶ τὸ ἴλον πεπείγει·

Ἡδονὴ ἀπαρακαλέοις ἡδονλωντι καὶ ἄπαντων
ἀθανάτων βασιλικον ἐλευθερίαν γ' ἀγαπῶσι.

Hic, verſo primo, ψυχῆ ſcribendum videtur, ad quem vocativum participia referenda ſunt. Pro χρυσίου *Sylburg.* χρυσίου corrigit, et ſq. verſu οὐδ' ὑπὸ συνέμπορον εἰσι φιλόβρι. Vereor, ut hoc remedio perſanatus ſit locus. In altero fragm. ἄπαντα legitur ap. Theodoret. in Therap. p. 671. Idque praeſciebat *Sylburg.* Vulgatam tuetur *Heſych.* ἄπαντες. ἀκατάλληλος. quamvis et ibi de ſinceritate lectionis dubitatur.

AESCHRI-

AESCHRIONIS EPIGRAMMA.

¶. 189.] Plurimum lucis hoc carmen lucratur ex verbis *Athenaei* L. VIII. p. 335. C. D. Φιλαινίς, ἧς ἔι ἀναφέρεται τὸ περὶ Ἀφροδισίων ἀκόλαστον σύγγραμμα, ἥντιπ φησὶ ποιῆσαι Ἀισχρίων ὁ Σάμιος: ἱαμβοποιὸς Πολυκράτη τὸν σοφιστὴν ἐπὶ διαβολῇ τῆς ἀνθρώπου, συσσωρεύσαντας γενέσθαι. Ut *Aeschrio Samius*, sic *Dioscorides* quoque Philaenidis famam salvam praestare conatus est Ep. XXVI. Hoc *Schneiderus* referebat locum *Quintil*. III. 7. p. 148. *Es si quod est exemplum deforme posteris traditum, quale libidinis vir Perses (Polycrates conj. ille) in muliere Samia instituere ausus dicitur primus.* Philaenidis, quamvis innocentis, nomini adhaesit macula, quam Polycrates ei adspergere conatus est. Cum aliis meretricibus, eximiae calliditatis, Φιλαινίδα τὴν Λευκαδίαν commemorat *Athen.* V. p. 220. F. eidemque Lesbicae lasciviae inventum tribuitur ap. *Lucian.* in Amor. 28. p. 290. ed Bip. Φιλαινίδος ἀσελγήματα ἐρωτας ἀποκηρύττοντα. ubi *Scholiastes* monet, *Philocratem* comicum Philaenida, ut tribada, tradidisse. Ejus nomen cum Elephantines nomine jungitur ap. *Suidam* in 'Ἀστυάνασσα· Ἑλένης τῆς Μενελάου θεράπαινα· αὕτη πρώτη τὰς ἐν τῇ συνουσίᾳ κατακλίσεις εὗρεν καὶ ἔγραψε περὶ σχημάτων συνουσιαστικῶν· ἣν ὕστερον παρεζήλωσαν Φιλαινὶς καὶ Ἐλεφαντίνη. *Elephantidos libelli* commemorantur in Lusibus Carm. III. 2. et ap. *Martialem* L. XII. 43. Tanquam nihil ab his diversos, nec argumento nec translationis genere, Philaenidis libros laudant Lusui Carm. LXIII. Cf. *Casaubon.* ad *Sueton.* Vit. Tib. c. XLIII. — Ceterum nostrum Epigramma in Planud. p. 222. St. 323. W. ἀδέσποτον est. In Cod. Vat. p. 247. legitur cum lemmate: ἀδέσποτον, οἱ δὲ Σιμωνίδου (ex Σαμίου fortasse depravatum: *Aeschrio* enim Samius fuit) εἰς Φιλαινίδα τὴν Ἐλεφαντίνης ἑταίραν, τὴν γράψασαν δι' αἴσχους τὰς γυναικείας

Bb

μίξας ἰκάνας, δ᾽ ἃς καὶ καμφθεῖται παρὰ τὰς δι᾽ Ἀθήναις σοφῶν. — V. 1. ἡ 'κίβατος, *nobilis inter homines facta.* κίβατος et περίβατος: in malam partem pleromque accipi, docuit *Valckn.* ad Ammon. p. 65. sq. Sic *nobilis* de famolis paffim; ut *nobiles cinaedi,* in Luſibus XXV. Vide *Burmann.* ad Anthol. Lat. II. p 500. ἡ 'καύτατος Νικαῆ eſt ap. *Asclepiad.* Ep. XIV. et ap. *Anacreontem* Fragm. XIII. καὶ μ᾽ ἐκίβατεν κατὰ γείτονας ποιήσεις. Noſtram locum attigit, ubi de κίβατος agit, *Duker,* ad *Thucyd.* L. VI. 16. p. 360. ſq. ed. Bip. — V. 2. ακειμωμαι. Vat. Cod. — V. 3. Philaenidis ſepulcrum in litore maris, et quidem in promontorio quodam fuiſſe apparet. — V. 4. Vulgo λέχη pro λέσθη, quod et *Asben.* habet et Vat, Cod. λέσθα. χλόη, ὀλιγωρία. αλοχε:λογία. *Hefych.* ἐπὶ γάλακτι καὶ λέσθη *Herodot.* VI. 67. Formulam γάμον ποιῶ *Weſſelingius* comparavit cum Herodoteis, ἐκτίσας δὲ γάματά με ἔθου, et οὐ καίρεντις γιλωτά με θήσεσθε, L. VII. p. 605. — Paulo rariorem formam τὴν Ζῆν Planud. commutavit cum vulgari τὴν Ζῆν', quod in Vat. Cod. fine apoſtropho legitur. *Euſtath.* ad Od. α p. 14. 53. καὶ δεῖ τοῦ Ζεὺς ἐστι καὶ αἰτιατικὴ παρὰ Πολυκράτει τῷ σοφιστῇ μονοσύλλαβος τὴν Ζῦν, περατουμένη κατὰ τὸ Δίς, Δῖν. Qui locus eſt memorabilis propter auctoritatem Polycratis, ejusdem, quem Philaenis infame illud opusculum ſcripſiſſe ait. Vide de eo *Suid.* in Παλικράτης. — Pro ad μὰ τοὺς Vat. Cod. a pr. mano κὶ δὶ τ. habet. — V. 8. παπάλαμα. παπάλαξ δν καλίᾳ. *Hefych.* In marg. Vat. notavit quidam φιλοφίαν. Vide, quae de hoc vocabulo notavit *Valckn.* ad Eurip. Hippol. p. 208. E. — V. 9. οἱ ἔγραψεν αὐτὸ δ᾽ οὐκ ς. *Planud.* In Vat. Cod. οἱ ἔγραψ᾽ ἐγὼ δ᾽ οὐκ εἶδα. Ex his οἷα praeferendam videtur lectioni ap. *Asben.* ſeen.

PHILETAE FRAGMENTA.

I. Cod. Vat. p. 179. Φιλητᾶ Ἐρμίου. Edidit *Reisk.* in Anthol. p. 26. nr. 463. Nicias meretrix Veneri quae-dam muliebris ornatus dona cum mysticis quibusdam inftrumentis dedicat. — V. I. τεντεωσαλησε και Ἰσί. 'Cod. Vat. Prius tacite mutavit *Reisk.* Ἰσί autem ut in ἱρι ᾶλλον mutaretur, neceſſarium non putabat. — V. 2. idem, cum in apogr. Lipſ. ἡς ωεν inveniſſet, ὡς ωεσι edidit, quod margo illius apogr. praeftat. Noſtrum in membranis eſt. — χαίτας ὀπισίγματα cincinni viden-tur, ex crinibus fuppofititiis. Cf. *Simonid.* Ep. CXII. 16. — Mox ωρ αι ἰ. Cod. Speculum pellucidum, nondum rubigine laefum ac corruptum. *Callimach* Hymn. in Lav. Pall. 21. Κυπρις δια υγια χαλκον ἑχοσα. *Nonnus Dionyf.* V. p. 175. και τοτε χαλκον ἑχουσα δια υγια τερπετε κουρη. — V. 5. Ἀκριτα Cod. qui verſ. fq. ἀλλ' ἐουσι τασας Κ. exhibet, ut ap. *Reiskium.* Mihi non dubium videtur, quin de-pravata fint verba ἀλλ' ἐουσι. Quod fi corrigere velis ἀλλ' ἐετραι, facile tamen fenties, verbum compofitum hic non fatis commodum eſſe. Quum verba, ἀ τ' οι ξαιντρα τρις ἐλιρας, nos dubitare non finant, quin inftru-menta intelligenda fint, quibus mulieres ad reftinguen-dam libidinem utuntur, mihi in mentem venit fcribere:

> ἀ τ' οι ξαιντρα τρις ἐλιρας
> ὀπιλλεμα ταὶσας Κυπριδος ὀπτασιην.

Ἰσλα de omni inftrumentorum genere ufurpari, nemo ignorat. ὀπιλλεμα autem, μορφη σωσα, in hoc rerum con-textu non ineptum foret. Ultima hujus vocaboli fyllaba vi caefurae producitur. Ne quid tamen diſſimulem, paulo longius haec conjectura recedit a Cod. ductibus, quam ut mihi penitus fatisfaciat. Sagacioribus igitur hunc locum relinquo emaculandum. κουρε Κυπριδος de

omni libidinis genere accipe. ἱστασία. ϑαμφία, φαντασία.
ϑαμα. *Hesych.*

II. Cod. Vat. p. 283. φιαντα ϑμπλα. Edidit *Alberti*
ad Hefych. v. μητάρος. *Reisk.* in Anthol. p. 139. nr.
712. In puellam immatura morte exſtinctam. Puellae
ſtatua tumulo impoſita fuiſſe videtur. — V. 1. *Reiskius*
perperam vertit: *Cippus banc tumulum premens* βαρύϑεν
ſignificatione paſſiva gaudet. Intelligo columnam, quam
ſtatua impoſita premit. — V. 4. ετιλέμ habet *Reisk.*
In Cod. ετιλλ, poſtrema ſyllaba omiſſa. Senſus eſt:
Ne lugeas: hac immatura morte multis, quae in longiore vitae curſu mortalibus imminent, malis erepta ſum.

Ex Tom. II. p. 523.] III. *Stobaeus* in Flor. LVII.
p. 376. 43. Gesn. 227. Grot. Hominis in medio mari
verſantis verba eſſe videntur; niſi fortaſſe ex Elegia
ducta ſunt, ubi allegoriae inſerviebant, fere ut ap.
Theocrit. Eid. IV. 43. — φανίεται. Dii nos aliquando in
portum deducent. τίμενος de *fretis tenso permisus*,
quando venti imperant undis, explicat *Kayserus*, qui
Philetae fragmenta collegit et illuſtravit, p. 46. Hanc
interpretationem fulcire conatus eſt *Heinrich.* in Obſſ.
crit. I. p. 51. Poëta, qui vocem τίμενος apud *Homerum*
faepius de portione agri regibus tributa legerat, non
dubitavit *vensorum regnum bádam τίμενος* vocare, ut
αἰϑέρος τίμενος *Aeschyl.* in Perſ. 365. Vocem diſerte interpretatur *Euſtath.* ad Od. ζ. p. 265. 10, et paſſim.
Dictionis inſolentia commovit *Valckenarium*, ut in Diatr.
p. 239. C. corrigeret — τὸ μένος, quod nec vim habet,
et antitheſin corrumpit, quae eſt in verbis γαῖα et ἀτέρων
τίμενος. Aliquando terram videbimus, nunc nihil niſi
pontum et aërem videre licet.

IV. Legitur ap. Stob. Tit. περὶ γεωμετρίας LXXIX.
p. 469. 2. ex *Philetae* Παγνίοις, i. e. Luſibus poëticis,
carminibus amatoriis. Sic *Simmiae* carmina figurata, in
quibus nihil joculi, σωτμα appellat *Hephaestio* in Enchir.

p. 65. ed. Parif. Quod propter eos moneo, qui jocofa
carmina a Philera conscripta fuisse existimaverunt. Fuerunt, qui in hoc quoque tetrasticho aliquid jocosi suspi-
carentur; sed frustra. Sensus non est integer; nec, quid
poëta voluerit, citra dubitationem pronuntiari potest.
Hoc viden, Kayseri interpretationem contortam esse, qui
sententiam esse pronuntiat : Nonnisi ornata oratione,
i. e. eloquentia et poëfi moveri possum. Hanc ut aliquo
modo extundat, sub αληθης nomine poëtam ipfum intelligit. Recte vidit Heinrich. in Obss. p. 52. aluum loquentem induci. Suspicari licet, versiculos quosdam huic
arbori incisos efficere, ut speret, se non rustica securi
excisum, sed a poëta quodam ad nescio quem usum adhibitum iri. Sensus enim in fine non perfectus. —
V. I. αγρωντες Germ. ανοφωλιες. ανηθε και παρεμενος,
Eustath. ad Od. λ. p. 158. I. Cf. p. 216. 20. lugu-
rium videtur Brunckio αιρεω — αιρομενος. Hinc conjicit
αμφοτεμων μανδαη. — V. 3. poëtae descriptionem continet. In verbis και πολλα μογεσας haerebat cl. Heinrich,
eaque prorsus ακριαδενωσα esse pronuntiabat. At mihi
secus videtur, magisque placet vulgata lectio, quam
ipsius docti viri conjectura πολλα μεσας. Profecto qui ad
poëticae facultatis fastigium nititur, non desidia ad id,
quod quaerit, perveniet, nec satis erit dixisse — ego
mira poëmata pango. Labore et diligentia opus est; id
est πολλα μογεσας, multis laboribus exantlatis, is, cui natura divitem venam tribuit, ad id, quod in arte summum est, escendet. Jam vides, vulgatam lectionem non
temere sollicitandam esse. Verum praeterea sic locutus
est Manilio in Apotelesm. I. §. ad Ptolemaeum :

παντας ανντος εων και εν υμνει πολλα μογεσας,
εωεως του βιβλιος, ασπερ ιδμον, ασπερ εντεξα,
Τας ου υπο τιμεω κιμετεω εφωτερ μεγ᾽ εωεης.

Theogris v. 71. αλλα μετ᾽ εσθλων ιων προλεγεω πολλα μογεσας,
και μετρφε ανοτι, Κυρν᾽, ελιη ευτελεσεω. Hermefianax in

Elegia v. 35. Μίμνομαι δὲ, τὸν ἠὶν ὃς ὁ ῥίγετο, καλλὸ ἀωνιαλὲς
'Ηχεῖ, καὶ μαλακοῦ πνεῦμ' ἀπὸ κουραμάτρου. Epigr. ἄλλου.
DXCV. καλλὰ μηγίεος Πάνων διαπτορῶν βιβλων ὑτοῦα μῶν.
Cf. *Valckenaer.* ad *Euripid.* Phoen. p. 265.

　　Ex Tom. II. p. 524.] *V.* Ex *Stob.* Tit. CXVII.
p. 597. Gesner. ubi vitiose ἱτρωτὸν τὶς ἄλλον 'Ηίωσα —
legitur. Noſtrum eſt ex *Scaligeri* emend. ap. *Grotium*
p. 487. Admovit hunc verſum *Burmannus Propertio*
L. II. 20. 74. *Conceſſum nulla lege redibit iter*; eumque
cum fimilibus comparavit.

　　VI. Ex *Stob.* Tit. CXXIII. p. 613. Gesn. 509. Grot.
Vulgo legitur μέγα μέτρεια, quod *Kaiferus* p. 49. explicat per μέγα τι, adſtipulante *Heinrichio* p. 53. Utrumque veros hujus diſtichi ſenſus feſelliſſe videtur. Poëta
amicum amicamque rogat, ut ſunus ſuum lacrymis de-
corent, avolanti animae amicum aliquod verbum accla-
ment, et defuncti nonnunquam meminerint. *Tibullus*
L. I. 61. *Flebis et arſuro poſitum me, Delia, lecto, Tri-*
ſtibus et lacrymis oſcula mixta dabis. Deinde addit, quod
Philetas μέτρεια ελαύσαι egregie illuſtrat: *Tu Manes ne*
laede meos: ſed parce ſolutis Crinibus et teneris, Delia,
parce genis. Conf. *Propers.* I. XVII. 20. ſqq.　Quod ſi
Philetae diſtichon in hunc ſenſum accipiendum eſt, non
locum habet μέγα τι. Quamvis autem non poſſum, quin
vulgatam depravatam exiſtimem, non tamen puto, ſin-
ceram lectionem a *Brunckio* reſtitutam eſſe. Legendum,
ni fallor:

　　　Ἐς θυμοῦ κλαύσαί με τὸ μέτρεια — —

Hoc in μέγα μέτρεα abiiſſe, nemo mirabitur. τὸ μέτρεα
autem pro μετρίως eleganter dictum, ut τὸ κολλὰ ap.
Hegeſipp. Ep. VI. 3. ἱ τὰ κολλὰ μελίφρων. τὸ μέγιστα, τὸ
'ἔσχατα illuſtrat *Valckn.* ad *Herodot.* VII. p. 613. 79.
'μέγα depravatum in verſu *Bacchylidis* ap. *Schol. Apoll.*
Rhod. III. 471. ubi ſcribendum: 'Αμάτα δηλοφόρος τούτοις

μολυνομάχου δέ; ατος. Vulgo ἐρέσβέρον et μεγαλαμέλετο legitur.

VII. Ap. *Stobaeum* eodem, quo praecedens, loco; ubi ex Epigrammatibus ductum esse notatur. Vulgo νόμοι et νόμοι. In marg. *Gesner. Ισομε.* Senſum explicavit *Kayſerus* p. 44. Non intolerabile videri debere, ſi is, qui bona multa ſit expertus, malis afficiatur.

VIII. Ex *Stobaeo* Tit. CXXIII. p. 615. 1. *Gesner.* 511. *Grot.* Duo haec diſticha, quae vulgo junguntur, *Kayſerus* p. 37. ſeparavit, Frobenianae collectionis p. 187. auctoritatem ſecutus. Recte; nam ſententiae non cohaerent. — χρόνος, tempus, cui a Jove datum, ut mortalium dolores leniat, iisque remedium adhibeat. ειεσους idem eſt, quod πεπαίνει, quo verbo *Plutarchus* in eadem ſententia utitur T. II. p. 102. A. ἡ τινὴ οὖν κλ. χρόνος, ὁ πάντα πεπαίνειν εἰωθώς, ἡ γίγεται τῇ συμπαθῇ — κλλδε ἴχειν ὑπέλαβεν τῶν παρεμφθεντικῶν τοι μεταδοῦναι λέγειν πρὸς ἄπεσι τὰς λύπης. Neque differt a μαλθάσσειν, quod poëta ap. eundem habet:

ψυχῆς νοσούσης εἰσὶν ἰατροὶ λόγοι,
ὅταν τις ἐν καιρῷ γε μαλθάσσῃ κέαρ.

Euripides in Herc. Fur. 298. ἀλλ' ὡς λέγουσι τόνδε μαλθάξαιμεν ἄν.

IX. Servavit *Stephan. Byz.* v. Φλιοῦς. — Φιλίτας δὲ φησι, Φλιοῦς πόλις ἐστὶ τοῦ Διονύσου φιλ** υἱὸς Φλιοῦς, ἣν αὐτὸς Ἡσίμετο κατάλοφος. quae *Salmaſius* emendavit ſic, ut in Analectis leguntur; vide *L. Holſten.* in *Steph.* p. 347. Sed vitium reliquerat in Φλιοῦς, a *Bruckio* ſublatum ad *Apollon. Rhod.* I. 115. p. 10. ubi Φλίας corrigit; cujus emendationis veritas apparet ex *Pauſan.* L. II. 12. p. 139. ubi de Phliante, Dionyſii filio, agit. Vide *Burmann.* in Catal. Argon. v. *Phlias.* — Ἀπολλοφος *Heynius* ap. *Kayſerum* ad ετλις refert; quae ſtructura cum paulo ſit durior, *Heinrich.* in Obſſ. p. 55. Ἀπολλοφος corrigit.

Tenedum olim λεύκοφρυν appellatum esse, ἀπ ἀσσώλη δόρφου ἔχουσαν, docet *Eustath.* ad Il. β. p. 333. 30.

X. Legitur ap. *Athen.* L. II. p. 71. A. et *Antigon. Caryst.* c. VIII. ubi vide *Beckmann.* qui veterum loca de tibiis ex hinnuli ossibus collegit. τοῖς ὀστοῖς φησὶ habet *Aristoph.* in Acharn. 863. Notavi quaedam huc pertinentia ad *Ansip. Sidon.* Ep. XLVIII. — *Philetas* dicit, ossa hinnuli sonum edere, nisi casso vulneratus fuerit. Ad ineptam hanc fabulam respicit *Hesych.* in νέβρος. ἔπαυσα, ἐφ᾽ ἧς ἐὰν πληγῇ νεβρὸς, ἀχρεῖα ἴσχει τὰ ὀστᾶ τῆς νέβρος. Ubi Intpp. nostrum locum non neglexerunt. Male hos versus interpretatur *Bodaeus a Stapel* ap. *Theophrast.* p. 623.

XI. *Athenaeus* L. XV. p. 678. A. ἀλλὰ μὲν καὶ Ἰδυμα τινὰ καλούμενον οἷα στέφανον ὑπὸ Επκουλίου, ὡς φησι Τιμαχίδας ἐν ταῖς γλώτταις. Φιλήτας δὲ οὕτως γράφει· Ἰδυμα ἐν τῇ Επκουλίᾳ στεφάνωμα τίθησι.

Σττψα᾽ ἀμφιτιθεῖμε . . . .

Brunckius Casauboni correctionem recepit. Glossam *Philetae Kayserus* posuit in ἀντώνοις p. 78. versus omisit, quos *Athenaeus* poëtae diserte non tribuit. — Quae sequuntur fragm. leguntur in Lect. lir. p. 234.

XII. Ex *Philetae* Herme laudat *Stobaeus* in Eclog. Phys. l. 5. p. 156. ed. Heeren. p. 128. Grot. Necessitatem etiam in deos imperium exercere, plures dixerunt; interque eos *Moschion* ap. *Stob.* l. c. cujus versiculi sic videntur corrigendi: ᾗ καὶ θεῶν κρατοῦσα καὶ θνητῶν μόνη, Ἀνταία Μοῖρ᾽ ἄτρωτα ἀντέτανεν βροτῶν. Vulgo verbis transpositis: Μοῖρα Ἀνταῖς ἄτρωτα.

XIII. Ap. *Stob.* Tit. CIL p. 556, 31. Gesn. p. 429, Grot. Lemmata in margine turbata *Kayserum*, qui *Grotii* editionem consulere neglexit, in errorem abduxerunt. Hoc enim distichon omittens, quod procul dubio *Philetae* est, incerti cujusdam hexametros, qui

ap. *Stobaeum* proximum locum habent, inter *Philam*
fragmenta retulit nr. III. p. 38. Priora verba, *τὸν δ' ἀπ*
αιεον, vitium traxiffe videntur. Putabam

$$\tilde{ν}ν \ δ' \ ἄλγος \ αἴεον.$$

Succeffionem quandam malorum, quorum aliud alio ex-
cipitur, fignificat. Priore nondum fuperato, aliud norum exoritur, neque ullum unquam eſt intervallum,
quo animus pace et tranquillitate fruatur. — *ἄλλο νωβις*
Ap. *Gesner.* *νοωβις* quod in *νωβρ* mutandum cenfebat.
Lectio marginis, quam *Brunckius* recepit, veriſſima eſt.
Idem vocabulum depravatum videtur in loco, noſtro
fimillimo, *Alcaei* ap. *Heraclid.* in Alleg. Homer. p. 15.:

τὸ δὲ δὴ οὖ γε νῶμα τᾷ προτέρᾳ νεμωστίζει.

ubi fi correxeris:

τὸ δ' οὖ γε νῶμα τᾷ προτέρᾳ νωρὶς στοίχει·

fenfum habebis fere eum, quem *Philetas* efficere voluit.
Ejusdem *Alcaei* praeclarum fragmentum, ab *Heraclide*
eodem loco fervatum, ubi civitatem a tyrannis exagita-
tam cum nave comparat in tempeftate laborante, hac
opportunitate emaculabo, numerisque fuis reftituam,
praeeunte *Barthio* ad Claudian. in VI. Conf. Honor. 138.
p. 735.:

τὸ μὲν γὰρ ἔνθεν νῶμα κυλίνδεται,
τὸ δ' ἔνθεν· ἄμμες δ' ἂν τὸ μέσον
ναῒ φορεύμεθα σὺν μελαίνᾳ,
χειμῶνι μοχθεῦντες μεγάλῳ· κακὸν
τρόμωμεν ὁ γ' ἄντλος χ' ἱστοπέδαν ἔχει·
λαῖφος δὲ πᾶν ἄζηρατον ἄϊς,
καὶ λακίδες μεγάλαι κατ' αὐτό.

V. 5. vulgo fine fenfu καλίν fire *αδαι νωρὶ μὲν γὰρ*
ἄντλος ἴσσον. quod tentavit *Valckenarius* ad Ammon.
p. 114. *μέλλον τὸν μὲν γὰρ* — nulla metri ratione habita,

Bb 5

quod in exitu versus spondaeum non patitur. Sensus
emendationis nostrae est, undas jam puppim intrasse et
ad eum locum penetrasse, in quo malus erigitur. ἄντλος
ἀγρὸς marinus, quam fluctus agitati in navem involvunt.
Aeschyl. VII. c. Theb. 796. — De ἄχρηστος cum nemine contenderim.

XIV. Scholiast. Theocrit. Id. II. 120. μέγα ἔχων ἐν
κάλλεσι τὰ ἐρέσμια καὶ ἔρωτε; ποιητικά. λέγω δ᾽ ἐν τούτῳ, καθὰ
ὑπὸ Ἀφροδίτης δεδόμενα τῷ Ἱππομένει μῆλα ἐκ Διονύσου, εἰς
στεφανοῦνται· ταῦτα δὲ εἰς ἔρωτα τὴν Ἀταλάντην ἐνίκησαν, ὡς
Φιλήτας φησί· τὰ οἱ . . . . . Philetae locum Casaubonus
in Lect. Theocrit. c. III. in Codd. sic scriptum invenit:

    Μῆλα ἐφ᾽ ἐρωτ κάλλεσσι, τὰ οἱ ποτε Κύπρις ἔλειπεν
    ἔργα Διονύσου ἔκατι ἀπὸ αροτύρων.

Perperam scriptum hoc distichon profert *P. Victorius* in
Lect. XXXVII. 13. Cum *Propertio* I. 3. 24. sed vix
apte, comparavit *Burmann.* p. 38. De malis, Bacchi invento, vide *Athen.* L. III. p. 82. D.

XV. Strabo L. III. p. 255. B. de Balearicis fundito-
ribus agens, εὐανδροῦς; ait, περὶ τῇ κεφαλῇ τριζὶ μελαγχαίνας, ἐχαίρον οὕτος, ἐξ οὗ τελεύτα τὰ σχοινία· καὶ Φιλήτας τὰ
ἐν Ἑρμηνείᾳ (fortasse Ἑρμῇ) Λεσγαλέος . . . . Hic cum vulgo
ἀρχαὶ ἰδὲς legatur, *Xylander* et *Casaubonus* λεπτὰς ἰξῦς cor-
rexerunt; a quibus discedens *Salmasius* in Plin. p. 186. C.
totum locum sic constituit, ut in Analectis legitur. Ap.
Strabonem enim pentameter habetur sic: ἰδὲς ἀλείτας
ἄκρα μελαγχαίνων. ἅμα tanquam verissimam *Salmasii*
emendationem probavit *Kuysterus,* ignorans veriorem
correctionem *Tyrwhitti* in Not. ad Strab. p. 10. ζάμα
μαλαγχαίνων legentis. Hanc firmant ipsa *Strabonis* verba,
ὡς σχοίνω Κρητικόν μαλαγχαίνας·

  XVI. Ap. *Strabonem* Tit. CII. p. 556. Gem. 429.
Grot. Corruptissimum vulgo fragmentum. — V. I. τῷ οὐ
μοι τολμᾷ τολᾷς ὑπὲρ οἴδι 5. Vulgo. *Generus* in marg.

propofui correctionem τῇ αλλὶ τιάζω γ. ὅ. ἢ 3. Grotius dedit: τὰς δ᾽ αἴρω τατω γ. ὅ. ἢ 2. male inferens formam doricam τα΄:, quae hic locum non habet; ut recte vidit Kayferus p. 54. Probo Brunckii modeſtiam, qui depravatas lectiones retinere maluit, quam incertas in contextum invehere. Veſtigiis vulgatae inhaerens corrigendum duco:

> Ἄτῃρας πολλῶν γαίης ὕπερ ἠδὲ θαλάσσης,
> ἐν Διὸς αἰπεινῶν ἐρχομένων ἐτέων.

Annis, Jove moderante, procedentibus, per maria et terras vagatus nunquam non malis et calamitatibus obrutor. Verbo πράσσω utitur *Sophocles* in Ajace 269. νοσοῦντος ἀπόπαυσθα τὸν. 384. καίπερ ἐ ᾽ ἀτώμενος. Antig. 17. οὐδ᾽ εὐτυχοῦσα μᾶλλον, οὔτ᾽ ἀτωμένη. — Pro ἔρχομαι ἐν *Gesnerus* tentabat ἐρχομένων, fenfu non fatis aperto. — V. 3. vulgo τότ᾽ ἐπὶ μ. πολλὰ κακῶν φέρει, ἀλλὰ φέρουσιν ἐπανθα, quae *Brunckius* ad *Grotii* mentem emendavit. τέλος τε In marg. Gesnerianae edit. proponitur. At fic faltem δεῖ scribendum erat, ὀδεῖ Μοῖρα τέλος τι κακῶν ἐπιφέρει, quod recte monuit doctiſſimus *Heinrich* p. 55. qui fervata antiqua lectione μαλθῷ τι κακῶν legit: *nequa Parca mihi mifero quidquam ex malis demit.* — μᾶλλον ἐπανθα veriſſime emendatum eſt. Vide notam in Exercitatt. crit. T. II. p. 195. Animadvertant diligentiores in hoc verfu fyllabam brevem in thefi productam, cujus licentiae exemplum fupra notavimus in Ep. Piesen. XXX. 2. τοῦτο eſt pro τούτοις, i. e. ταῖς ἄδε ταρτῶσιν. Quod monet, ne quid cum *Heinrichio* novandum exiſtimet.

MNASALCAE EPIGRAMMATA.

v. 190.] *I.* Cod. Vat. p. 590. Prius diſtichon ex-
promſit *Alberti* ad *Heſychium* v. μήσστα. Totum edidit *Warton* ad *Theocritum* T. II. p. 101. Virem poëta rogat, ut
pampinos in Antileontem dormientem decutiat. Fingit,
puerum menſe autumnali, ἐν τοῖς φυλλοχύοις μησὶ (vide
Arnald. Lectr. gr. p. 187.) ſub vitis umbra dormitum
ire. Tum pampini in eum decidentes venerationis
ſignificationem habere videntur. Nota ſunt, quae de
φυλλοβολίη dixit *Caſaubon.* ad Sueton. Vit. Ner. c. XXV.
Oudendorp. ad Appulej. Met. II. p. 126. De Fauno
Horat. III. Carm. XVIII. 14. *Spargis agreſtes tibi ſylva
frondes.* Quem igitur honorem deo a ſylvis vult praeſtari Latinus, idem *Mnaſalcas* Antileonti ut contingat
precatur. φυλλοβολούμενος καὶ θαυμαζόμενος jungitur ap.
Philoſtr. T. II. p. 591. Apud *Pauſaniam* L. IV. 16.
p. 319. jam dudum correxeram: Ἀριστομένει δὲ, ὡς
ἐπιστρέψειν τὴν Ἀρκάδων, ταυτίαις αἱ γυναῖκες καὶ τὰ ὁραῖα
ἐπιβάλλουσαι τῶν κλάδων — ubi vulgo ἀνδρῶπον legitur.
Idem nunc etiam doctiſſimo *Facio* placuiſſe, lector. Antileon, ſub vitis umbra jacens, imaginem praeſtat ſimi-
lem ei ap. *Claudianum* XXXI. 1.

  — *Vinus quaeſitam frigore ſomnos
  Vitibus intexis gremio ſucceſſerat antri:
  Denſaque ſuderent per gramina ſudores artus,
  Acclinis florum cumulo. Criſpatur opaco
  Pampinus et miscet udatim versiles uvas.*

Anacreon Od. LII. 16. puellam ὑπαλὴ δίμας χνθείσαν,
ἔμπροσθε ὑποφθα φάλλων, ἀπαμπακᾶται ἐς ὕπνον. — Finis au-
tumni ſignificatur verbis ἐσπέρων Πλ. δομάδων. Vide *Spam-
hem.* ad *Callimach.* p. 134. *Salmaſ.* in Plin. p. 524. C.
— In ſine rogationis cauſam poëta reddit, quod vitis

nonnunquam pulcris omnia concedere folent. Haec
ad fabulam de Ampelo, Bacchi deliciis, referenda effe,
me monuit *Boettigerus*. Vide *Nonni* Dionyf. XI. p. 308.
ubi Ampeli in vitem metamorphofis defcribitur. His
praemiſſis varietatem lectionis indicabimus. In Codice
legitur ἐ ἔρωσι, μένοντι φ. Hoc ferri poſſe, exiſtimabat
Alberti, μένοντι pro *forte* accepto. Lectio eſt ex emendatione *Guyeti* (five *Salmaſii*), qui enallagen ſtatuebat
pro: ἐρῶσαι, lectio φύλλα χαμαὶ ἐντόλετε βαλέεθαι, φθ·ευ-
λόντι τὴν Πλειάδα, μένον — —. *Wartonus*, fervata Codicis
lectione, interrogandi fignum in fine diſtichi ponit, ver-
titque: *O vitis, num quid frondes (pampinos) in humum
feſtinans proſternere (dejicere) Timariſti hyemalem Pleiada
occidentalem.* Mihi in μένοντι latere videtur epitheton: pro
ſteſſαι autem deſτεσαι legendum eſſe: *Cum pampinos de-
cutere properes, timens nimirum Vergiliarum occaſum.* —
Mox junge μένον βρυσιστὴ 'A. i. e. ἄστε βρυσιστὴ. Ex-
fpecta, dum Antileon in umbra tua dormiat; tum folia
in eum ſpargas. *Antileontis* nomen illuſtre in fabulis.
Vide, quae ex *Phania Ereſio* narrat *Pariſbnius* in Erotic.
c. VII. Pro ἐσ' ἔντι in Cod. ἔτεστι legitur. — Ampe-
los amoris fui fructum Baccho conceſſerat, ἐχαρίζετο.
Cf. *Ruhnkh.* ad Tim. p. 274. fq. *Warton.* In Addendis
p. 352. ex marg. cod. Bodlejani notam affert: *Forte
legendum:* ἐσ' ἔτι ταῖς μαλᾶις πάντα χαρίζονθαι. Hoc quoque diſtichon a fagacioribus melius conſtitutum iri fpero.
— II. Val. Cod. p. 165. Edidit *Reiske* in Anthol.
p. 11. nr. 420. qui hoc Epigramma in Alexandri M.
fcutum fuſpicabatur compoſitum. Vix vere. — V. 1.
laudat *Suidas* v. ἧσο. Eſt in verbo ἧσο quietis et otii
fignificatio. *Hegeſippus* Ep. III. ἄστης ἐπὸ βρυτίου ὑπὸ
Τιμάρου ε ἤμαι Ναϊ ὑπωρο̄ίας Πλειάδες. *Anyte* Ep. I. baſta
ἐπὶ μαρμαίρου ἴθμα ὑμῖν ᾶ αἰτίν. *Propert.* II. 19. 44. *Et
vetus in templo bellica parma vacat.* Verba κάθηθαι et κατ-
εθαι de rebus hominibusque a negotiis vacantibus illuſtrat

Graevius iu Lect. Hefiod. c. II. p. 54. fq. *Lennep.* ad
Phalar. p. 253. — V. 4. Codex μαρμαίνον χ. οὐα
λαβινεο γίνοι. quod vitiofam efle, nemo non videt. γίνοι
enfibus et fecuribus tribuitur, non item fcutis. *Reiskius*
tamen dedit, μαρμαίρον χ. οὐα λαβινεα γίνοι — prius ex
emendatione fua, alterum ex apogr. Lipf. At poëta
loquitur, non fcutum. Recte igitur μαρμαίρον (α et ον
frequenter permutantur in Codd.) et λαβινεοι emendatum eft; quo facto γίνοι quoque corrigendam erat;
cujus vocabuli elegantior correctio reperiri vix poterit
ea, quam *Brunckius* dedit. Nofter Ep. III. 3. γυραλλα
ἴτον σαλμαι ἀπο. *Anyta* Ep. XX. ἀλλ' ἴλατ' ἀμφ' ἐτέρῳ ςγὼν
αναλλουσαι ἴτον. *Hefych.* νίλτα, λοτὶς ἴτον αἰα ἴχονοι. Phoe-
nices λαυιλας ἴτον: οὐα ἰχμέαςι οἶχω fecundam *Herodotum*
VII. 89. p. 546. ubi *Wefflingius* hoc vocabulum illuftrat. Mnafalcas hoc fcutum commendans, quod οὐα
λαβινεον ἴτον, non hoc dicit, id nunquam pulvere con-
fperfum efle, (ap. *Hegefipp.* Ep. III. λατὶς ςυλλλαςι μυταν-
μίτα λα σαίρμαι in laudem dicitur) fed id nunquam heri
brachia reliquifle. Cogitandum de athletis, qui, fuperati, ἐν χλνι οὐαι dicuntur; quare ap. *Alcaeum Mefl.* Ep.
IX. Clitomachus laudatur, qui — οὐα λαβινεον λαμαλλαι,
δικλλ νακαίσας λντος, νοῖς τρισσοῖς ἐνθηλλοι οἶαι ἀντοφῇ,

III. Var. Cod. p. 192. Edidit *Holften.* ad Steph.
Byz. p. 349. *Reisk.* in Anthol. p. 50. nr. 510. nec non
Kufterus ad *Suidam* T. I. p. 66. Alexander Phylleufis
Apollini fcutum, quo multum ufus erat, dedicat. —
V. 1. *Brunckius* in Analectis dedit ὀυλλον, ut *Holften.*
habet; fed ὀλλλον corrigit in Lect. p. 34. ex Cod. Vat.
qui ὀνλλος legit. Sic jam *Reiskius* et *Kufterus* ediderant.
Phyllus erat locus Theffaliae, ἔνθα Ἀπόλλωνος τοῦ Φυλλαίου
ἱερόν. *Strabo* L. IX. p. 665. Vide doctam *Heinfii* notam
ad *Ovid.* Heroid. XIII. 35. — Pro αἰα Cod. Ιλα, quod
unus *Holften.* fervavit. — V. 3. 4. laudat *Suid.* in ἴτον:
Idem v. ultimum habet in λίσσομαι. — In δοτὶς γυραλλα

praeivit *Homer*. Od. χ. 184. ἐλεἰς γίρω, quod multi imitati sunt. Quaedam hujus generis notavit *Valcken.* ad Phoeniss. p. 38. et ad Adoniaz. p. 316. C. Adde Intpp. *Casali* LXVIII. 46. — V. 5. ἐς praebet Cod. In *Suid.* edit. pr. et ap. *Holsten.* alc legitur. *Brunckius* corrigit ἐς. *Salmas.* ἐς ἐτυχεν, quod longius abit. — V. 6. Φωταμωτὶ junctim *Holsten.* et ἐπιθύωι, ut in Cod. habetur.

IV. Cod. Vat. p. 164. Μνασάλκεω. Sine auctoris nomine legitur in Planud. p. 443. St. 576. W. Cliti scutum, nescio cui deo dicatum, loquitur. — V. I. τῇδε. hic in templo, parieti affixum. νότῳ. Passim de scutis. Vide *Bergler.* ad *Aristoph.* Acharn. 1123. *Themistius* Orat. XXII. p. 266. A. καὶ τὴν Ἀχιλλέως ἀσπίδα, ἣν ἀναθεἰς Ὅμηρος ἐν τῷ νάτῳ φέρουσαν ἔλαν τὴν οὐρανόν. Sic enim illum scripsisse puto, non, ἐν τῷ νώτῳ (ουτω per compendium) φέρουσαν. — §. 191.] V. 3. Hunc locum et praecedens Epigr. expressit *Paulus Silens.* Ep. XLIX. — δεξαμένη. *Suid.* qui h. v. laudat in κάρπες T. II. p. 236. et Cod. Vat. Verbum κάρπες illustrat *Casaubon.* ad *Athen.* I. p. 56. 49. — V. 5. Vulgo κλεινοῖο. In ed. Flor. κλεινοῖα. *Brunckius* autem in tribus *Planud.* codd. κλεινοῖο reperit; idque etiam Vat. Cod. praestat. Hoc vocabulum, accentu retracto, recte in κλεῖνος mutatum esse, nemo dubitabit.

V. Cod. Vat. p. 193. Edidit *Reisk.* in Anth. p. 51. nr. 514. et *Kuster.* ad *Suid.* T. II. p. 27. Depravatum fuit hoc carmen jam in *Suidae* codicibus, qui singulos versus sine memorabili varietate laudat. V. I. in ἥσατο. V. 2. in δεύτερχι. V. 3. in ἀνεθήκαμεν. V. 4. in μαιμάσσειε et ἐγχείαμεν. — In v. I. Cod. τοῦτό τοι habet a pr. manu. — V. 2. *Brunckius* se hunc versum sic dedisse ait, ut in Vaticano esset. At in Gothano apogr. legitur: τοῦτο σὺ δ' ἐυθύρου ταῦτ' ὑ. ρ. Plane, ut in apogr. Lips. nisi quod ibi ἐπίρεεχε vitiose scribitur. *Suidas:* ὑπέρεχε. ὑπερμάχει, προΐστατο. σὺ δ' ἐυθύρου τοῦδ' ὑπέρεχε μᾶλον. *Kuster.:* τοῦτο φέρ' εὐθ'. *Reiskius:* ἔτεινε, σὺ δ' εὐθύρου

τουτ' ωστε ληγε φλον. cujus in vicem, o domine, praesto ipsi
pileum e villum capearis abundantem. Jam Brunckium
audiamus: »Scribe: τουτι το δ' ειδ'ηρυο χειρ' υπερφυη φυου.
»Primum manifestum, scribendum esse φυου, arcus. Vena-
»trix est dedicatio. τουτο elliptice positum pro sub τουτο.
»Deinde τοῦ, quod habet Suidas, licet melius codicis
»lectione τοῦ, hic valde friget, ωστε φυου, bajuxta arcus,
»absurdissc. υπερεχεν aut υπερισχεν absolute vim significa-
»tionem protegendi induere potest. Homerus, quan-
»tum recordor, accusativum χειρα semper addit. Idem
»est, quod υπερθεν εχεν, quod nihil significat, nisi χειρα
»aut χειρα adjunctum habeat.« Vereor, ut haec multis probentur. τουτο sive depravatum est, sive ad lacunam, explendam temere additum. Quod si posterius
hoc recte statui, nec δυιπερφυη vitium traxit, equidem in
prima versus sede χειρα posuerim. φυου non adopto; sed
scribendum suspicor:

χειρα εδ δ' ειδ'ηρυο τουτ' υπερφυη λησον.

Tu vero hanc ferarum plenam sylvam tuearis, precor,
δριον. ιλη. θρος. χαρτες. δρυμος. Hesych. ιελα. συνδενδρον
τοπος και χλοωδες. Idem. Duplex hujus verbi forma fuit,
δριος, λησον. Illam habemus in Homeri Od. ξ. 353. δριος
εν πολυανθεος υλης. Simmius Ep. IV. υλσον δριος εσκιον.
Locutionem Homericam de diis, humanarum rerum custodibus, qui, cum pericula propulsant, χειρα υπερεχεν
dicuntur, illustrat T. Hemsterh. ad Lucian. T. I. p. 359.
ed. Bip. — In fine hoc carmen mutilum esse, particula
ειτε, semel posita, indicat. Suidas quidem ητε legit.
Raisk. ητε. Verum nec sic sensus integer. — V. 4.
»Vertit Kuster. ap. Suidam: Mirum in modum praedae
»icupidos ad cursum excitans canes. Male. λγαιω est
»verbum neutrum, significans εννοιω, ινολγομαι, λαγγω.
»In μαιμωσαις κυσι est ellipsis praepositionis εν.« Brunck.
λγαλειωσα corrigit Reiskius, ut sit voce intendens.

VI. Cod.

VI. Cod. Vat. p. 142. Planud. p. 442. St. 575. W. Promachus Phoebo arcum et pharetram, fed hanc fiue fagittis, dedicat. Prius diftichon excitavit *Suid.* ad λοξίτηρα T. II. p. 129. — V. 3. στηράντα vitiofe *Steph.* et, nifi fallor, etiam Florent. Aldinae et Afcenf. στηράντας. Expreffit hoc carmen *Callimach.* Ep. XVIII. — ἀπὸ ξοίνα derivatum ex *Archilocho.* Schol. *Sophocl.* in Elecfra 96. et hinc *Suidas* in ξίνα· — ξίνα Ἄρεος τράματα καὶ φόνω, καὶ Ἀρχίλοχος· Σείνα δοσμνάοσ λυγρὰ χαριζόμενος. Unde apparet veritas emendationis δοσμνάτας, quam *Brunckii* Ingenio deberi fufpicor. In Planud. et Cod. Vat. δοσμνάτον legitur. Manifeftum eft, aliquid ad ἀτέρας defiderari. *Homer.* Il. s. 100. δοσμνάτες δ' ἀτέρες σχέλλο είνται.

VII. Cod. Vat. p. 411. Planud. p. 3. St. 7. W. cum lemmate: Μνασάλκου τῇ Ἀφροδίτη, quod *Huetius* In σύρηγγι mutat. Rectius lemma concipitur in Vaticano: εἰς σύρηγγα ἀνατέθεν ἀνάθημα τῇ Ἀφροδίτη. Poëta, fiftulam paftoritiam in Veneris templo animadvertens, ei inter Amores et Cupidines locum effe negat. Non fatis video, cur poëta fiftulam a Venere tantopere alienam exiftimaverit, cum longe maxima pars bucolicorum carminum in amatorio argumento verfetur. Fere fufpicor, fenfum fubeffe paulo reconditiorem, quem fufpicari magis, quam intelligere poffumus. — V. 3. ἤδ' ἐπ' Steph. In Vat. ἤδε οὖτ' ἄγκεα. Saltus et pafcua intellige, regiones incultas et agreftes, et agrefti Mufae convenientes. — V. 4. νέμεται vulgo. Vat. Cod. μένεται, quod emendationi Brunckianae locum dedit.

VIII. Cod. Vat. p. 412. "Εἰς τὸν Ἀφροδίτης ναὸν τὸν ἐν Κνίδῳ. de cujus lemmatis veritate fides apud librarium neflo." *Brunck.* In Planud. bis exftat, p. 71. et 341. St. 104. et 481. W. — V. 1. διαβάντι pro ἀγχοῦ videtur pofitum. Proprie enim litus, ad quod fluctus allabuntur, διαβάντον eft. — Pro αγλαεσσαν Cod. γλαυκὴν legit.

— V. 3. ἀγνίζων et ἧς ἄνι idem Cod. In Planud. loco
priore ἧς, altero ἧς legitur.

¶. 192.] IX. In Planud. p. 49. St. 71. W. auctoris
nomine caret. Muusbicus tribuunt membranae Vatic.
p. 568. unde edidit Zenobeti in Not. ad Meleagri Eid.
p. 21. Hirundini querelas nunquam definentes exprobrat. Nullrum carmen ante oculos habuiſſe videtur
Paschalius Fp. 1. — V. 1. μεταφωνίς. Cod. Vat. Stardum
κέμωως φωνή Planud. quod Brunckius ex Pamphili Epigr.
defumtum putat. Cl. Sonnzzg in Hiſtor. Poëſ. brev. p. 15.
ſuſpicatur : ἐραλζ μυφομίω – φωνζ. — V. 2. Τηφόν.
Cod. Vat. — V. 3. ζωτόν. Planud. — V. 4. ἀ Vat.
« Cod. αἶνοι καὶ κατόνιν Θάφνα. quod probat Dorville
» Vann. crit. p. 188. Veram lectionem habet Plauudes,
» mutando τὸ in καὶ. Rariſſime Μόφρι priorem corripit. «
Brunck. Initio verſus Cod. Vat. νῶς legit; quod Ze-
nobessi dedit.

X. Cod. Vat. p. 235. Planud. p. 265. St. 382. W.
Locaſtae mortem deplorat. Imitando haec expreſſit
Archias Ep. XXIX. Prius diſtichon laudat Saidas in
ἀγνοθόγγοις T. II. p. 445. alterum in ζωθός T. II. p. 647.
ubi ζωθός et ήϊὴ legitur. Utrumque etiam Vat. habet;
ubi tamen a man. pr. ζωθάν erat. ήϊὴ eſt in Planud. —
μίαν πρῶτον egregie illuſtrat Hufebke in Epiſt. crit. p. 9. ſq.

XI. Vat. Cod. p. 235. Leichius in Carm. ſepulcr.
p. 29. Reiik. in Anth. p. 75. nr. 572. In locuſtam,
quam defunctam Democritus prope viam ſepeliverat
Brunckius notavit haec: » Edidit Dorville ad Chariſ.
» p. 516. ex melioribus, ut ait, libris, ex quibus tamen
» non ſunt omnia, quae dedit. Nam v. 1. in Cod. ſcri-
» ptum ἄκα, quod forte mutandum non erat, cùm dorice
» idem ſit quod ἄκα: hoc margini adſcripſit Salmaſius, et
» recepit Dorville; male. Nam ſi quid mutandum erat,
» cum Saida ſcribendum erat ἄκα. V. 2. Cod. ἄγγυικα,
» ſolito librariorum more pro ἄγγικα, producta media:

»ἀργιλος est in *Suidas* edit. principe. Ἀμφι πλαυοθεν ea
»emendatione est, ut et τανοτερον seq. verſu. Cod. habet
»ἀμφιθανουσαν et τανοτεργον. Animadvertendum eſt, in
»idem argumentum exſtare *Phetani* Epigr. infra p. 257.
»ubi videmus, tumulo conditam fuiſſe locuſtam ἀγγυθεν
»Ὠρωπου. Si Oropus eſt urbs Macedoniae prope Am-
»phipolim, Ἀργιλος hic v. 2, vera eſt lectio, intelligenda
»de Argilo Macedoniae urbe cis Strymonem, non longo
»ab Amphipoli intervallo diſſita, ita ut locuſtae mona-
»mentum in via aggeſtum, et inter ambas urbes fere
»medium, ad utramque pertinere. viſum fuerit: quae
»ſi pro veris haberi poſſunt, ſic prius diſtichon ſcriben-
»dum eſt:

> »Ἀργιλα Ἀμπολιτεω μελεοτερον ἡδε θανουσαν
> »Ἀργιλος λαιγβον ἀμφι αλευθεν ἔχει.«

Haec *Brunckius*; quae dubio carent. Sed falſum eſt,
quod dicit, in Codice ἀμφιθανουσαν haberi, quod fortaſſe
in uno aut altero apographo per oſcitantiam ſcriptum
eſt. Vitioſam lectionem ἀργιλος agnoſcit *Suidas* in ἀρ-
γυλλιος, ubi prius diſtichon excitavit; ſed quam ſaepe
lexicographi librariorum vitiis decepti fuerint, omnes
ſciunt. Pro μελεοτερον *Leichius* μετωτερον exhibuit; graviter propterea a *Dorvillio* vapulans. In τανοτεργος (ſic
Cod.; *Leichius* τανοτεργον edidit) *Dorvillium* arguatur,
eum locuſtam non modo veſperi, ſed illa ipſa veſpera,
qua moritura erat, quaeque ipſi ultima fuit et τανοτε-
γος, cecuiſſe ait. Dubitat tamen, an non τανοτατος
corrigendum ſit. Fefellit virum doctiſſimum ſtructura
particulae καὶ, quae hoc loco non intendit, ſed cum μι-
λεθον jungi debet: ὃς ἱνα μελλω; καὶ πᾶν μελλεθον ἔχει. —
Ἰδιευω. cum canens inciperet. Ἰδειν, βούλεται. ἱτοριμῆ. Heſych. Homer. Od. ε. 408. ἰδυεν β' ἀκαλιζει. Herodot.
III. 39. p. 215. ἱστω τῆς Ἰδιεως ετρατευεδαι, τά. τα οἱ
ἐχαιρε τοτυχλαν

XII. Cod. Vat. p. 232. Planud. p. 241. St. 349. W.
In Poemandri aucupis mortem. Rem exornat, aves in
posterum eodem loco fessuras esse dicens, ubi ipse olim
arundines struxerit. — V. 2. *δειλαι πλατάνοι, quae grata*
eris avibus, aucupis insidias non amplius timentibus. In
hunc fere sensum epitheton accepit *Brodaeus*, qui *tutae*
vertit. Disertius quid requirebat *Wakefield* in Silv. crit.
T. I. p. 53. *ὑπὲρ ἀδδεῖσκ ἰζόμενοι πλατάνοισ* corrigens.
Hesychius: ἀδεῖς· ἄφοβοι· ἀδεές. quae glossa respicit. Il. *φ*. 117. *εἴσομαι ἀδεὴς τ᾽ ἔσται.* *Nihilque meremus in*
hac platano confidebis. At aves nihil metuere, Poeman-
dro mortuo, ex reliquis satis intelligitur, neque expressam hujus rei significationem desideraverim. Nondum me poenitet conjecturae, nisi verae, certe verisi-
milis:

      τῶδ᾽ ὑπὲρ ἀγρεύας ἰζόμενοι πλατάνοισ.

Leonidas Tar. Ep. XXXIV. *τὸ σαῦλος ἀγρεύας στὶ κατὰ*
πλατάνοισ. Diodor. Zon. Ep. IV. *κατ᾽ ἀγρεύας πλατάνοις.*
Casaub. in not. msc. *ἀγρίας* conjicit. — V. 3. *ὁ Μέλας.*
Cod. Vat. In fine vers. *add τι πέτον* ed. Flor. tres Aldinae
et Ascens. — V. 4. *ἐν᾽ ἀγρευτῇ* z. *καλάμᾳ* Planud. Nostrum est in Cod. Vat. et ap. *Suidam*, qui hunc versum
cum praecedentis exitu laudat v. *πέτον* T. II. p. 616.

    XIII. Cod. Vat. p. 238. *οἱ αἴθωσι ἄρπη.* Planud.
p. 268. St. 386. W. Versum primum habet *Suid.* in
εὐθύτερος. Brodaeus haec notavit: *Mergi mansuefacti*
perniciter ambulantis, fortasse et pedisecae nomen est. Ἵπ-ια
ἄσιος, tanquam volens, non ambulans. Plura sunt, quae
me in his verbis morentur. Primum quidem mergos
nandi volandique pernicitate praestare novi, sed mergum mansuefactum et currendo excellentem nusquam
reperi. Qain nec multum in terra versari videntur;
quippe qui plerumque in fluctibus habitent, et in rupibus marinis nidificent. Vide *Aristot.* H. A. V. 9. Hinc

Callimachus Fragm. CXL p. 483. de nauta – ἀμὲς αἰὰν κύμασιν αἰθύιαις μᾶλλον ἑρπούσαντα. Cui simile est illud *Leonidae Tar.* Ep. XCL de piscatore: τὸν αἰθύιας πλέοντα τεθάμμαι.· Jam, quaeso, fieri posse putas, ut aviculae ex aquaticarum genere γένος διαφέροντι, genu levissimum et in terra nutritum, tribuatur? Nec de nandi pernicitate haec accipere patitur epitheton πεδότριψ, quodque versu ultimo dicitur, illam avem διατρέχειν τρίβον perfecisse. — Alterum, quod in *Brodaei* interpretatione non concoquo, sunt verba ἴχνος ἴσος, tanquam volans, non ambulans. Infuerre voluit vir doctissimus comparationis vitium, secundum quam mergus, ut avis, longissimam viam confecisse dicitur. Nihil ineptius! Dixeris fortasse, ἴχνος h. l. explicative sumendum esse, ut par erat avem fecere. Hoc quoque ineptum est; et quidem duplici de causa. Primum, si nihil faciebat αἰθύια nostra, nisi quod ipsius naturae consentaneum erat, inepte poëta eam admiratus est; deinde minime de virtute agitur inter aves communi, sed de ea, quae non nisi struthiocamelis aliisque paucissimis a natura tributa est. Non igitur dicere poterat, mergum, quod avis fuerit, longissima itinera potuisse conficere.. Jam vides, quot difficultatibus hoc epigramma laboret, si in avem conscriptum dicas. Quae aut omnes aut plurimae evanescent, ubi vocem αἰθύια de equa, pedum pernicitate excellentia, nomine mecum accipies. Nomina equis cursoriis, cum ab aliis, tum ab avibus derivata, fuisse imposita, satis constat. Ap. *Archiam* Ep. XXIV. ejusmodi equus vocatur Αἰετός. Apud *Pausan.* VI. 10. p. 476. κίσσᾳ. Alia vide ap. *Salmas.* ad Solin. p. 629. sq. Equorum tumuli passim commemorantur. Epigr. *Anyta* XV. *Pausan.* III. 20. p. 262. Nihil porro aptius, quam equam πεδότριψ vocari, (conf. *Valcken.* in Diatr. p. 107. C) ejusque genus διαφέρειν καὶ ἐν χέρσῳ τεθράμμενον dici. Jam denique nihil inepti in comparatione ἴχνος ἴσος, quod equo honorificum est, avem cele-

ritute exæquare. *Arbias* Ep. XXIV. ἰχθυημι ατμαλι
derevtrait ἰαελεν. *Alise vellus equo*, *Silius* L. XII. 67.
Cf. *Bocbart.* in Hieroz. T. I. p. 162. Unum fupereft,
quod lectorem moretur, quod equus dicitur πολλαῖς
πλευεν ἰσθμοισιν μάσας ὑπέρ, quod de certamine equi cum
nave per undas labonte prorfus accipi non poteft. Sed
de *longitudine* viae agitur, quam ille percurrebat, μέσσε
ἰσθρωμα, l. e. ἴσον, πλευε. Quantum itineris naves con-
ficiunt in mari, tantum hic equus in terra conficiebat.
Hanc interpretationem veriffimam effe, apparet ex feqq.
πολλάχω ἱμπανθωνα υρίζει. *Oppian.* Hal. L. III. 37. Ηνθε
δ' ζινόεσσι δολιχηι νόρει. Idem L. IV. 101. τελεσσαις μεμα-
ημένοι ὅσπες κέθλον – βολιχὸν τέλος ἱχανδωσι Ἀξαντορη.
Aefchyl. Prom. 284. ὅσσα βολιχῆς νήσσα νελίσθω δμπειρότα-
μενος. Non igitur celeritas tantum, fed etiam robur et
firmitas in hoc equo laudantur. Jam confer *Pindarum*
in Ol. o. 35. qui equum et navem in celeritatis fignificatione junxit: καὶ δράμαρας ἴσσον δάεσσι καὶ τοᾶς ὑπερτέ-
ρον, ναυτᾶ ὑπμελίαν νάμθα ταύταν. Ne autem in πολλαῖς
πλευεν haereas, pofitum eft pro πολλαῖς. *Euripid.* in
Iphig. T. 362. ὅσας γυαῖεν χθάρας θξαιδημαι· ubi *Barnef-
fius*, dictionis elegantiam ignorans, ἴσαως notavit in margine. Ex *Euripide* profecit *Callimach.* Hymn. in Dian. 27.
πολλὰς δὲ μάτρι διανδέεετο χεῖρας. quam lectionem contra
Branckium, qui eam male fano librario deberi exiftimabat, egregie tuetur *Ruhnken.* in Epift. crit. II. p. 142.
Sophocles ap. *Stobaeum* p. 163. 27. πολλὰς γλῶσσαν ἰσχίος.
Non aliter locutus eft *Theocrit.* Eid. XVI. 71. οὗτω μόνος
ἔγων καμ' αθρωτὸς ὑδί ἰναντοῖς· Πολλοὶ κινθνεῦτα ὅτι τρεχθε
ἁρματος ἴπτου. Crebro adhuc *Phœbi* currum equi trahens.
Appulej. in Metam. VIII. p. 518. ed. *Oudend.* Et cum
facras aper invadit jacentem, ac primo lacinias ejus, mox
ipfam refurgentem motro denso laviavit. Attigit hunc dicendi ufum *Vakkrn.* ad *Herodot.* VI. 125. p. 496. et
Toup. ad *Longin.* p. 283.

¶. 193.] XIV. *Anthol.* L. IV. p. 163. A. φωτεῖν
γοῦν σε καὶ τοῖς παρατλουῶσαις ἡ ἀδετὴ παραμελεῖτται, ὡς φησι
Μνασάλκης ὁ Σικυώνιος᾽ ἀν᾽ ἐγώ .... Eusibius ad II. p.
p. 216. laudato Epigrammate *Aristotelis* nr. 6. p. 178.
hanc quoque ejus parodiam profert, quam, secundum
eum, τὴν κατὰ ἀδετὴν φιλοσοφίαν ἔγραψεν. Fingitur Virtus lugentis habitu Voluptati adsidere et conqueri, quod
ἡ Τέρψις sibi anteponatur. Opponuntur sibi ἡ ἡδονὴ, Epi-
cureorum voluptas, quae multas virtutis partes habet,
et ἡ τέρψις, corporea voluptas, in qua nullus virtuti locus. Speciem quandam τῆς ἡδονῆς posuerat τὴν τέρψιν Pro-
dicus in *Aristotel.* Top. II. 6. eoque verbo praecipue
voluptatem, quae e concubitu percipitur, significari, docet *Valckn.* ad Hipp. p. 271. C. τὴν τέρψιν, quae in
sensuum oblectatione est posita, sectabantur Cyrenaici;
τὴν ἡδονὴν Epicuri discipuli. *Cicero* de Finibus II. 13.
Omnisque simplicis sensoriae motum, in quibus nulla inest
virtutis adjunctio, omnino a philosophia semovendus putabo: primum Aristippi Cyrenaicorumque omnium; quos
non est veritum, in ea voluptate, quae maxime dulcedine
sensum moveret, summum bonum ponere, contemnentes
istam vacuitatem doloris. (i. e. τὴν ἡδονήν.) Stephanus hoc
Epigr. retulit in Planud. Append. p. 524. St. °24. W.

XV. Cod. Vat. p. 216. Planud. p. 270. St. 390. W.
sine auctoris nomine. *Chersia Orchomenio* hoc Epigramma a quibusdam tribuebatur, si fides *Pausaniae* L. IX.
p. 787. qui, ubi Hesiodi ossa, prius in agro Naupactio
sepulta, oraculi monitu Orchomenum translata narrat,
hos versiculos profert. Conf. *Plutarch.* in Conviv. VII.
Sap. T. II. p. 162. E —. V. 3. *Brunckius* exhibuit
lectionem *Pausaniae.* In Planud. et Vat. ἐν ἀνδράσιν αἱ δὲ
ἱεροὶ. — V. 4. ἐν βασιλῆ εὐφήμι. *Sophocles* in Oedip. Tyr.
509. Oedipus σοφὸς ὁ᾽ἔφυ, βασιλῆ δ᾽ εὐδόκιμος.

XVI. Planud. p. 194. St. 290. W. In Cod. Vat.
p. 243. lemma est: Εἰς ταὼν μετὰ Ἀνωτῶν τελευτήσαντας

ἐν Ἑσπερίδων. Ad hos referre non patiuntur verba
— πάντας ἐν' αἰχμὴν ἀσπὴν ἔχουσα. quod nec de Sparta,
nec de Graecia verum eſt. *Brodaeus* de Thebis ab Alexan-
dro dirutis interpretandum ſuſpicatur; quae interpretatio
non magis procedit. Vanum eſt in talibus bariolari. —
ἀσπὴν. L. e. ζωγρέω. Hymn. Homer. in Cerer. 217. τέτλα-
μεν ἄνθρωποι· ἐπὶ γὰρ ζωγρὶς ἀάχετα αἴτιος· *Alcaeus Meſſ.* Ep.
XVI. ὁ μὲν Ἑλικῶνα δνίαν ζωγρὶ ἀέχων θάνον.· Similia collegit *Kloss.* ad Tyrt. II. p. 37. — V. 2. ἀμφ' ὀλλύντι
Vat. — V. 4. in marg. Wechelianae: γράφεται καὶ ἐν τισιν
ἀντίβ... ἀντὶ πατρίδος.

XVII. In Cod. Vat. p. 285. legitur poſt Epigr.
Aayro XXII. item in puellam immatura morte exſtinctam
conſcriptum. Hinc conjectura enata eſt neſcio cui, qui
Codicem tractavit, et in marg. notavit haec: ἡμὶ νομίζω,
ὅτι ἡ ἐπιγραφὴ τὸ Παρθένον ἀπριβίαν καὶ τὸ Αἰ αἱ
παρθενίας. Fruſtra. De diverſa in utroque puellis
agitur; quod vel nomina indicant. Ceterum haec duo
Epigrammata ſola excipiunt etiam in Planud. p. 263. St.
979. W. — V. 1. „Corruptum eſt hoc tetraſtichon,
„quod ſine melioribus libris reſtitui non poteſt. Non
„intelligo, cur virginitas dicatur ἀκαμάτη. Pro ἀκαμὴ
„ſenſus, ſi vere bariolor, ἀκαμάτου requirit. ἀλλάξομαι, ſi
„genuinum eſt, non eo ſenſu, quo a Grammaticis acci-
„pitur, ſed pro ἀλλαξα hic poſitum.“ *Brunck.* Antequam corrupti hujus carminis emendationem aggrediar,
varietatem lectionis enotabo. — V. 2. ἀκαμὴν Vat. Cod.
a manu ſec. et edit. Flor. ἀκαμὴν tres Aldinae; quae etiam ἀκαμάτη cum Flor. et Aſcenſ. legant. In verſ.
praeced. *Stephan.* mutato accentu ἀντὶ corrigit, ut ſit
ἀντιλάμπω. In his itaque nihil praeſidii. *Joſephus Scaliger,* cujus ab acumine aliquid opis exſpectabam, reliquis
omiſſis v. 3. ναμλάμπω corrigit; quod ſpeciem habet.
Emendationum, quas olim expromſi in Emendatt. in
Ep. Gr. p. 9. me nondum poenitet, quamvis eorum

reriunum spondere non aufim post ea, quae vir elegan-
tiffimae doctrinae, *Eichstadt*, in Specim. Quaest. philolog.
p. 72. de eodem carmine disputavit.   Adfcribam Epigramma, ut ex *Eichstadtii* mente corrigi debet :

> Αἱ αἱ Παρθενίας ὀλοόφρονες, αἱ στε φαιδρὰ
> ἑλκεσιν ἀλολόν, ἱμερόεσσα Κλεοῖ.
> Εἴρμος ἡμιοβόμεναι χρόα δάκρυσιν ᾗδ᾽ ἐπὶ τύμβῳ
> Λᾶας Σειρήνων ἕσταμες ἀδδλιμοι.

Παρθενίας versu *primo* vir doctissimus pro παρθένους five
καρθενικὰς positum cenfet (cf. *Musgrav.* ad *Eurip.* Hecub.
448.) et de Parcis intelligit, quae Cleus fila ante tempus ruperint (ἑλκεσιν).   Ad versum *tertium* comparat
Antip. Sidon. Ep. CIV. οὐ δὲ ξαίνουσα παρθικὰς ἱεκρυσιν. In
his quaedam mihi videntur vera, omnia ingeniofa. παρθενίας pro Parcis a poëta esse positum, vix crediderim,
cum in plurimis locis, quae eandem fententiam continent, nihil fimile reperiam.   Jam vero hoc a nullo fe-
quioris aevi Epigrammatario, qui *Maafalces* Epigrammata faepe ad imitationem vocaverunt, expressum esse,
vix credibile videtur. — Equidem olim hoc carmen in
hunc modum constitueram :

> Αἱ αἱ Περσεφόνας ὀλοόφρονες, ἅ σ᾽ ἀπὸ φαιδρᾶς
> ἥρπασ᾽ ὁμηλικίας, ἱμερόεσσα Κλεοῖ.
> ἄμμες ἡμιοβόμεναι δὲ παρηΐδας αἰδ᾽ ἐπὶ τύμβῳ
> Λᾶας Σειρήνων ἕσταμες ἀδδλιμοι.

Videamus fingula.   Proferpina puellam aequalibus fuis
eripuiffe dicitur.   Eadem fententia in Epigr. *Meleagr.*
DCCXXIII. οὐδ᾽ Ἡρακλείτῃ κατέχει ἀδνις, ἣν βρεφὸς ᾿Αΐδας
ἥρπασεν ἀδβίον ἅνακι ἐξ ὑγρότητος. Proferpinam omnia pulchra
fibi arripere, queritur Venus ap. *Bionem* Eid. n. 54. fq.
Ausbol. Lat. T. II. p. 111. *Ingrata Veneri fpondebam
munera fupplex, Eropsa, conjux, virginitate tibi. Per-
fephone vota invidit pallida nofiris, Et praematuro funere*
Cc 5

se rapuit. Haec ad verbum fere cum noftris conveniunt.
Nunc tamen minori mutatione correxerim: ⋅ ⋅⋅ ⋅

    Αἱ αἱ Πηρεφάτας ὀλεκτρόνες· ἅ σε φωλήτιν
      εἵλετεν ἀπαίας, ἱμερόεσσα πλόαι.

quae jucundam suam juventutem ad inferos detraxit.
Verba εἵλετιν, ἑλκέειν et ἁρπάζειν, *ad fe srabere, rapere,*
docere, illuftravit *Abrefch.* In *Lect.s. Arifbacs.* p. 369. —
detulit. se ipfam, flore juventutis confpicuam. Sic fere
Paull. Silens. Ep. LXXXIII. *αἱ, αἱ λευγαλέη καὶ ἀμείλιχος*
Θνῆλε Μοῖρα, Μηθ' ἐραττς ὥρῃς, δύςμορε, φειςαμένη. Epigr.
dlter. DCLVI. *ἀλλά σε τηλίκδε καὶ ζάενττος ἄλεσε δαίμων,*
Ἰλλαίετ᾽ ὀλίγην ἀκτενδὲ ἱντιαν. Ibid. DCLXXIII. *Ἄιδτς μὲν*
σύλατεν ἐμὰς πότητος ὀπώρην. — V. 3. meam conjecturam
παρείστε nondum repudio. Hoc vocabulum primum in
παρεισε; mox in περὶ ὅτε depravatum, facile mutari potuit
in *περὶ ἴδαμεν.* Jam nihil frequentius, quam *ἁρπάσαι,*
ξιλ.αν, δρόντων παρειάς, in lucta. *Aefchyl.* in Choëph. 22.
σφίσσι παρεῖς φοίνιισ᾽ ἀμυγμοῖς· Ὅνυχος ἄλοκι νεοτόμος. Nefcio
quin ap. *Suidam* v. *ἁμύσστιν* ποτὲ μὲν τοῖς ὄνυξιν ἁμύσσων
τὰς παρειάς. *Euripides* in Hecuba 655. *δρύπτεται δὲ παρειάν,*
Δίαιμον ὄνυχα Τιθεμένα σπαραγμῷ. *Perfa* Ep. VI. *ἀλλ᾽*
ἀαματοῖ κατακεβύνσα παρειάς. *Apollon. Rhod.* L. III. 672.
δρύψε δ᾽ ἑκάτερθε παρειάς. ἁμύσσειν παρειὰν tanquam locutionem crebro obviam commemorat *Euftath.* ad II. α.
p. 71. 15. Adde *Nomum* in Dionyf. XI. p. 1026.
χωιφβίη νίλλωσα κέμητ ἄμυξε παρειάς. et quae dedit *Gata-*
cher. ad M. Antonin. L. XII. p. 354. — Pro *alte* autem
ne dubites quin cum *Eichftaedtio ἅτε* feribendum fit. —
Seq. verfu vide an jungi poffit *εἰδάλιμοι λᾶες Σειρήνων,* pro
pulchris Sirenum fimulacris. i. e. *λᾶες Σειρήνων εἰδάλιμων.*
De Sirenibus, quae ornamenti caufa tumulis imponeban-
tur, vide notata ad Epigr. *Erinnae* II. 1.

    XVIII. In Planud. p. 256ᵃ. St. 414. W. auctoris
nomine caret. *Mnafalcae* vindicat Vat. Cod. p. 284 fq.

Εἰς Ἀριστομένην περὶ γάμου τελευτήσασαν. — V. 2. ɴValde
ɴdisplicet κεκλιμένα, quod verſ. 4. repetitur.   Nam in hoc
ɴſic habet Cod. Vᴀᴛ. recte, ἡ κεκλιμένη καλλέως ἐπὶ τύμβῳ
ɴ——— εἰ ἐν κεφαλῆς.   Sed priore loco genuinum eſſe
ɴnon puto.   Scripſit forſan poëta Ἀραῖον δωρηθὲν πρὸ γάμου.ɴ
Brunck.   Mihi in ſecundo verſu nihil mutandum videtur, cum elegantiſſime ſit dictum κεκλιμένη πρὸ γάμου de
ea, quae ante nuptias occubuit.   Antip. Sidon. LXXXIV.
αἳ νέδον, — εἰθ᾽ ὑπὸ δαιμονίων δούρατι κεκλιμένη.   Timon
defunctus, ἐρημάζω, inquit, ὕπνῳ κεκλιμένος.   Tryphiodor.
394.   ἐν Πολυξένῃ, ed. M πατρῴοις ὀγγύθι γαίης ἐκκλιμένη
ὀλίγον ἀπερύσαμεν.   De urbibus hoſtium vi expugnatis
paſſim κλιτεῖσθαι uſurpatur.   Hermeſianax Eleg. 54. δωρεῖ
κεκλιμένων πατρίδα.   Tullius Germ. Ep. V. Graecine gloria
Μακεδονίοις ἔγχεσι κεκλιμένη.   Sic igitur puella, quae ante
nuptias vi mortis periit, recte dicitur κεκλιμένη πρὸ γάμου.
Multo minus idem verbum quarto verſu repetitum placet.   Fortaſſe ſcribendam:

καλλὰ ἀπορομένω νεκδεὶ ἐκ κεφαλῆς.

Quintus Smyrn. IX. 477. ἀμφὶ δὲ μήτηρ Πολλὰ ἀπορομένη
κτιϲᾶ ἰκούτεσι τύμβῳ.   Callimach. H. in Apoll. 20. αὐτὸ
Θῆτις Ἀχιλῆα κιθόρεσαι αἵτινα μήτηρ. — V. 3. in Planud.
ſic eſt: δὲ ἐπὶ τύμβῳ τ. κεκλιμέναι.   Pro κατακλίτεσαι
(matri ſuas lacrymas relinquntur) Opſopoeus κατακλείσται
corrigit.   Fruſtra.   Idem in ἐν κεφαλῆς matris, Eccepha-
lae, nomen latere putabat.   ἐκ κεφαλῆς κατέων ſimile eſt
Homerico Il. XVI. 584. Τρῶας δὲ κατανεῖθεν λάβε νὄντα.
ὅ ἐστι κατὰ κεφαλῆς λάβε νὄντας.   Euſtath. — Inter tertium
et quartum verſum Vaticani Cod. margini adſcriptum
δεῖτεις.   Non exiſtimaverim, aliquid deeſſe.

————

NOSSIDIS EPIGRAMMATA.

¶. 194.] *L. Vat. Cod.* p. 112. Edidit hoc carmen *Bentlej.* in Notis ad *Callimachi* Ep. XXX. *Wolf.* in Fragm. Poëtr. ubi *Nossidis* carmina collegit, p. 82 — 91. *Olearius* Poëtr. graec. p. 42. et *Reisk.* in Miscell. Lipf. Tom. IX. p. 311. nr. 340. Amore nihil praestantius esse; quibus autem Venus non favorit, eos omni pulcritudinis senfu destitui. — V. 1. Cod. habet: ἔρωτα τᾶσ Ἴαβαν. et sic *Reisk.* reperit in schedis *Dorvill.* quibus Vir doctus adscripserat haec: *Pro* τᾶσ Ἴαβαν *lego bis* ἔρωτος. *Vox* ἔρωτος *ab imperito librario sublata propter praecedens.* τᾶσ Ἴαβαν *versus respuis.* μένας *forte* τέρας. *Ordo:* οὐκ αἰδεῖ ἥδιον ἐσσῖνας οὐκ ἠ ΄ῶν ἱστίν. *Rosam Veneris florem esse, notum est.* - In apogr. Lipf. δὲ Ἴαβαν fine sensu. Sic *Bentlej. Wolf. Reisk.* Mira aberratio. — V. 2. ἔρωτα, Prae amore etiam mel sordet. Ipso melle amor est dulcior. — V. 3. Pro τᾶσ *Bentlejus* τᾶσ conjicit; cui *Reiskius* multa veterum loca opposuit, ubi τίς pro ὅστις est positum. Pro ἀμᾶσ Cod. Vat. ἀμᾶμεν, et v. quarto μένα ἀπὸ θεα. *Olearius* pessime dedit: οὐκ αἰλιν μένα δ᾽ ἀπὸ θεα. *Bentlejus:* οὐκ αἰλεν μένα τ᾽ ἀπὸ θεα κ.ς. Longe melius *Reiskius* μένας. Quam dulcis sit amor, nonnisi ii intelligunt, quos Venus amat. Hi enim soli Veneris munera recte aestimant. Pro muneribus Veneris rosam posuit, praestantissimum florem, Veneri sacrum. *Alciphron* L. III. 1. p. 276. τὰ χείλη ἢ, τὰ ῥόδα τῆς Ἀφροδίτης ἀνατ̇ μένας τῶν κόλπων, διεκθαρται. Vide *Fischer.* ad Anacr. V. 2. p. 25. *Wakefield* in Silv. crit. T. 1. p. 54. τᾶς corrigit, quo verborum structura longe evadit facilior. Verum hanc ipsam ob causam de veritate hujus conjecturae dubito. Quod ad metrum attinet, ferri possit syllaba brevis in thesi producta. Vide ad *Platon.* Ep. XXX. 2.

II. Vat. Cod. p. 192. unde protulit *L. Holstun.* ad *Steph. Byz.* p. 186. *Bentlejus* in Differt. de *Phalar.*

p. 198. et ad ejus mentem emendatum *Wolf* in Poëtt.
fragm. p. 84. *Dorville* in Sicil. T. I. p. 274. *Reiske*
in Anthol. p. 50. nr. 511. Ad *Suidam*, qui prius distichon laudat in Θεὸς, *Κάστωρ* integram Epigr. appo-
fuit. Theophilis, Cleuchae filia, Noſſidis mater, Junoni
Lacinize veſtem byſſinam, quam ſimul cum filia texue-
rat, dedicat. — V. 1. Ἀμαλίων Cod. i. e. Ἀμαλίων. *Suidas*
Ἀμαλίων, quod ex illa ipſa orthographia, quæ productum
per ω ſcribebatur (vide *Brunck.* ad Ep. *Mnafalcae* XI. 2.)
ortum eſt. Simili errore ap. *Paufan.* VI. 13. p. 171.
ed. *Facii* pro Ἥρη Λακίνιη vulgo Ἀκιλαμενίη legitur;
quod vitium, indicatum ab *Ignarra* in Comment. de
Palaeſtra Neapolit. c. II. p. 32. not. 9. a noviſſimo editore ex auctoritate Cod. Vindob. ſublatum non eſſe miror. Templi Junonis Laciniae, ipſa Crotone, in cujus
urbis vicinitate ſitum erat, illuſtrioris, deſcriptionem dedit *Livius* XXIV. 3. Ejus ruinas vidit et deſcripſit *Riedeſel*
in Itiner. per Magnam Graeciam et Sicil. II. p. 191. ſqq.
In hoc templo panegyrin fuiſſe, ab omnibus Italiae
inferioris Incolis celebratam, narrat *Athen.* XII. p. 541. A. B.
Veterum loca collegit *Delacerda* ad Virg. Aen. III. 552.—
ɨ pro d Cod. Vat. et *Suid.* — V. 2. In cod. ſcriptum καθορῆ-
σθε. Salmaſius in margine: καθορῆς ἂν καθορῇς? places
a prius. Recte. καθορῇς doricum eſt et genuinum. *Brunck.*
In apographo Gothano καθορῇς habetur; et ſic *L. Holſten.*
καθορᾷς *Suid.* καθορῇς, in ſchedis *Dorvill.* repertum, edidit *Reiskius.* Epigr. IX. habemus καθορῇς, ſine ulla lectionis diverſitate. *Theocrit.* Eid. VI. 22. ποθόρημι. — Pro
κατομένα plura apographa κατομένα, *Suidas* κατομένα,
Holſten. et *Brucl.* κατομένα legunt. — V. 3. laudat *Suidas* v. φύρμη et iterum v. εἶμα. Priore loco legit: διffᾳ
φ. εἶμα δι. altero: εἶμα τὰ τὰ παρὰ πόλλῆ ὑγανοῖς ἔφανα.
In Cod. Lipſ. vitioſe τὰ παι παρά. — V. 4. Θεσφιλὶς d κα.
Cod. et *Holſ.* Varias apogr. aberrationes enotare nihil
attinet. Θεσφιλὶς dedit *Kuſter. Dorvill.* et *Bruckj.*

III. Cod. Vat. p. 193. fq. ἐς Νεανίΐας. quod incertitudinem circa auctorem indicare videtur. Edidit *Kuster.* ad *Suid.* v. 'Ιωνίς, ubi verf. 3. excitatur; et hinc *Bidlius* ad Hesych. v. ἐπιστοφμίνη. *Olearius* in Differt. de P. Gr. p. 42. *Wolf.* p. 88. *Dorville* in Misc. Obs. T. VII. p. 122. *Reiske* in Anthol. p. 54. nr. 519. Dianam Lucinam poëtria precatur, ut Alcetidi parturienti opem ferat. —
V. 1. Cod. ἐχτευς. — Ortygia five illa insula est, quam haud longe a Delo sitam tradit *Strabo* X. p. 480. five lucca prope Ephesum, eodem nomine appellatus, ubi Latona post partum lavisse dicitur. Vide *Strabon.* XIV. p. 639. Ephesii ap. *Tacitum* Annal. III. 61. *non, ut vulgus crederet*, inquiunt, *Dianam atque Apollinem Delo genitos; esse apud se Cenchrium amnem, lucum Ortygiam, ubi Latonam partu gravidam et oleae, quae tum etiam manet, adnisam edidisse ea numina.* Erant, qui Apollinem in Delo, Dianam in Ortygia natam esse dicerent. Vide *Spanhem.* in Callim. H. in Del. 255. p. 543. Cf. *Antipatr. Sidon.* Ep. XXXVI. — V. 2. Cod. junctim ἐναντίθεν χαρίτων. *Olearius* cum in suo cod. invenisset ἀγλαΐθεν χαρίτων, hinc extudit correctionem ἀγλαΐθεν φαρέτρην. Nihil vidi infelicius. Cum vulgo Nymphae Dianam comitentur, *Noffis* eidem deae Charites adjungit, fortasse propter eximiam Dianae pulcritudinem. Talia multa poëtae sine exemplo finxerunt. Conf. *Heynium* ad *Virgil.* Aen. I. 71. in Excurs. II. *De Nymphis Junonis comitibus.* Gratias antiqua religio Junoni addiderat; vide *Paufan.* II. 17. Eas fibi postea Venus vindicavit. Apud *Callimachum* Diana Mercurio arma fua fervanda credit, in Hymn. in Dian. 143. — Rogatur dea, ut arcum deponat, quo mortem infert, cujusque nullus ei usus est, cum Lucinae muneribus fungitur. Puerpera ap. *Phaedimum* Epigr. III. Dianae gratias agit, quod fine arcu venerit, ἀρχαῖ ἀνωθε ὑπερέαχαι Χάραι, ἄτιρ τόξων, ἄστρια, κανομίνα. — V. 3. *Suidas* laudat in 'Ιωνίς et item

rum in γε�⸗ — Dianam tibi finge a venatione redeun-
tem, pulvere et fanguine confperfam; quare fe abluit,
ut venatores opere perafto folent. *Apollon. Rhod.* II.
937. Παρθενίων — ερμίτατον σοταμοῦ — ἢ ὅτι αὐτὸν Λατοῖς,
δηρεθεῖσα ὑπ' αὐτοῦ οἰκημαβαμεν 'Οτ ὄφρας ἰμφτεθεῖσαι ἐκαλύψατα
αὐθτιεσιν. Inprimis autem grata Dianae *materna Inopi*
unda fecundum *Valerium Flacc.* V. 105. Cf. *Callimach.*
H. in Dian. 171. — V. 4. 'Αλατριν *Olear.* 'Αλατρις eft
ab 'Αλατρας, quod Macedonicum nomen effe notavit
Schneiderus. Vide *Athen.* X. p. 436. E. — Laudat
hunc verfum *Wetften.* ad N. T. II. p. 467. ubi verba
λύειν τὰς ὀδῖνας exemplis allatis illuftrat.

. *IV.* Cod. Vat. p. 412. *Noffidi* vindicat; nam in
Planudea p. 341. St. 480. W. fine auctoris nomine
proftat. Legitur praeterea ap. *Dorvill.* ad Charit. p. 51.
Olear. Diff. p. 43. *Wolf.* p. 90. *Reisk.* in Anth. p. 174.
nr. 799. Polyarchis meretrix e divitiis, quas fibi corporis quaeftu paraverat, Veneri ftatuam dedicavit. Meretricum, quae Veneri templa et ftatuas dedicaverint,
exempla collegit *Athen.* XIII. p. 572. Ejusmodi famam
in infula Samo fuit, ὅ τι ἑταίρα Ῥόδωπτε αἱ συναχμαβύσει-
σαι Ῥοδωπεῖ, ὅτι ἐκτελέψει τὴν Σάμον, ἐργασάμεναι Ἰα-
νᾶς ἀπὸ τῆς ὥρας. Noviffima verba commentarii loco
funt noftris ἐκπορφύρει μᾶλλα τοιλλε ετθεῖς ὑπ' ἀλαίεν σώμα-
ματτα ὑγιαίας. — V. 1. ὀλδαμεν. Vulgo. — V. 2. δε χρ.
Planud. ὁ χρ. Vat. φρέτας ἔλουσι. ἰθλετεν *Hefych.* χρυσοῦ
λαλελάσν, id eft δεδαιδαλμένον. ftatuam auream, ftudiofe ela-
boratam. — V. 3. πολλετγῖς. *Planud.* et *Reisk.* ἐκπορφύ-
ρίκα *Planud.* et Vat. Quidam ἐκπορφύρικα dederunt.

T. 195.] *V.* Vat. Cod. p. 194. Ad *Suidam*, qui v.
λαυδάνεν verfum fecundum et tertium laudat, integrum
Epigr. edidit *Kuftar*, et ex eo *Wolfius* p. 88. *Reiske* in Anthol. p. 54. nr. 521. Samytha Veneri comae redimiculum
dedicat. αευφόλμεν. — εαθεκθλεν δεσπώτηχεμ. *Hefych.* Qui
ejusmodi redimicula texebant, ωευφολωντλωι appella-

bantur, et εσυχοφόντες, ᷒ Pollux ᷒dex, X. 192. ἴτω
Δημοσθένης εἶπε ταεχνφόντες, τοὺς πλίοντας τοὺς τοταφη ετ
αρ ζέλεσς θιοθετει. στεσνφέλεσε Μιλησιος ut magni pretii
commemorat Alkiphr. I. 6. p. 26. — V. 1. Χαίρεις ἐν
τοι ἰ. εἴρηκε Cod. Emendatiorem lectionem dedit Kaſterus. — V. 2. 3. Suidas laudat etiam in Σαμάθαπ
Apogr. Lipſ. Σαμάθος. Pro ᷒ϛ᷒ legendum videtur ϋεδεπ
Certe in Cod. ὰ ſuperſcriptum τῷ ζ. Apud Antip. Sid.
LXXXII. 4. Ἀνθέων σαφόφαλος. — V. 4. Omnes ante
Reiskium τούτῳ legunt. In Cod. tamen recte τοῦ τῷ.
Ἄλανα, τὴν Ἀλανη. Heſych. Habemus igitur h. l. nectar
unguenti loco adhibitum. Patroclum interfectum The-
tis accurate et ambroſia inungit ap. Homer. Il. τ. 3ϛ.
ubi vide Euſtath. Cf. Athen. I. p. 39. A. B.

VI. Cod. Vat. p. 166. Edidit Brunkjus ad Phalar.
p. 19ϛ. Wolf. p. ϛ6. Reisk. in Anthol. p. 12. nr. 431.
Locrenſes poſt pugnam cum Brutiis arma hoſtium in
deorum templis ſuspendiſſe dicuntur. De hiſtoria Brutiorum, qui ap. Graecos modo Βρέττιοι modo Βρύττιοι ap-
pellantur, conſule inprimis P. Leopardum Emend. L. IV.
12. p. 104. ſqq. Eorum major pars, quae ex fugitivis
conflaxerat ſervis, latronum more vivebat; populos cir-
cumjacentes frequentibus incurſionibus vexabat, nonnullos ſuperabat. Hoc factum circa Olympiad. CVI.
quo tempore eos cum Locrenſibus quoque pugnaſſe, non
incredibile eſt. Circa idem tempus primum in civitatem coiiſſe, et Brutiorum nomine appellati eſſe videntur.
Vide Brunkj. loco citato. Difficultas tamen oritur ex
Diodor. Sic. XII. 22. p. 492. qui ad exitum Ol. LXXXIII.
Βρεττίους, Sybaritarum hoſtes, commemorat. Cf. Weſſe-
lingium. — V. 1. Cod. vitioſe Βρύττοι. Apographa varie
discrepant. — V. 3. ὁριστσται ex cod. notavit Olearius.
Sed in Vat. noſtrum eſt. Praedicant arma Locrenſium
virtutem. — καθη. Brutiorum, qui in fuga abjecerunt
clypeos.

clypeo. πεθϊῦτε. *Lεαιιdas Tar.* Ep. XXIV. αδμ.... — πεθιτεται ὑμας ἱετεσε τε και ἀτιχτε.

VII. Cod. Vat. p. 206. Hoc quoque edidit *Bras-lejas* in Differt. de Phalar. p. 199. ad cujus mentem emendatam dedit *Wolf.* p. 86. Ejuidem refligia preffit *Brunckias. Reiske* Anthol. p. 67. nr. 550. *Valcken.* ad Adoniaz. p. 375. A. In Melinnae, Noffidis, ut videtur, filiae, imaginem. — V. 1. Αϊτομλλττα. *Ipfiffima Melinnae,* ad vivum expreffa. *Lacian.* Tom. III. p. 13. Αϊτϑεδα τρ ελμμρβρ — μρμεβμετες. Similia dedit ad *Luciani* Timon. *T. Hemfterb.* T. I. p. 434. ed. Dip. — Pro τετηετα vitio typogr. ap. *Valck.* τετητα. — V. 2. ἀμε. Cod. unde in apogr. *Brust.* ἀμε, qui apud repofuit. *Reiskius* ὁ με dedit. *Valckenar.* ἀμμε, quod eodem redit. Ceterum ἀμε et apud ſcribitur. Cf. *Korniam* ad *Gregor.* p. 110. — V. 3. ἀτομες. Vide notata ad *Cornel. Longin.* T. II. p. 200. — Cod. τρειξεται. Dorismum *Bruslej.* reflituit. — V. 4. πιλm Cod. et fic omnes praeter ap. Lipf. quod πιλm praeftat. Verfus expreffus ex *Hefiodi* Opp. et Diebus 235. ubi poëta de civitate, moribus et difciplina florente, agens, τικτωσιν li γυναικες, inquit, ἐοικτα τεκνα γονευσι. Unde *Horatius* IV. Odar. V. 23. *laudantur fimili prole puerperae. Catullus* Epithal. v. 201. *parvulas — Sis fuo fimilis patri Manlio — Et pudicitiam fuae Matris indicet ore.* quod expreffit *Martial.* VI. 23. Ejusmodi liberi ἀπόγραφα et ἀντιμετάγματα patrum vocantur. Quaedam huc pertinentia collegit *Abrefch.* in Lect. Ariſtaen. p. 119. ſqq. At in his omnibus exemplis et aliis, quae praetereo, de fimilitudine liberorum cum patre agitur. Patrem enim referre debent, matris pudicitiam vultu indicatori. Similitudo cum matre, quam *Noffis* in Melinna fua praedicat, nihil ad rem facit. Mater enim nunquam incerta.

VIII. Cod. Vat. p. 206. Edidit *Olearius* in Diff. de poët. p. 43. *Wolf.* p. 90. *Reiske* in Anth. p. 67. nr. 551.

D d

Hoc Epigr. in mulieris effigiem conscriptum, in membranis vehementer depravatum est. — V. 1. τινὥθε τα ϱαιδλικι σἴατο ϱῆ. Cod. et apographa. Olearius hinc fecit: τγιῆθο᾽ σαϱιιθθαι σ᾽λατα μὶν γάϗ. quod ficulneum est auxilium. Reliķs: Σαριγὶλιθος σ̀λότι σσιτὶ — ϱαϱθῆ καὶ μεγαλευσϊνϱ. Hanc Smyrthidis imaginem, quisquis ipsam quidem noris, statim vel e longinquo agnoscit a formae et liniamentis adumbrata animi celsitudine. Nostra lectio unde fluxerit, clarissimus Editor indicare noluit. Minori mutatione, nec sensu pejore corrigendum existimo:

Γωπὶα καὶ τγνῆθε Σιϱαιθιθος σ̀λιτσαι Ῡϱμα.

Seq. versu ϱϱϗᾷ verbum est, non substantivam: Effigies exprimit et adumbrat puellae nobilem animum. In fine versus Cod. μεγαλευσϊνμν. Hoc Olearius in μεγαλεϋϱεσϊνϱ mutavit. — V. 3. ει в Relik. ex apogr. Lips. Idem mox τίτιε Σ᾽ Γλισαι᾽ Ιϱῖτ. Non opus erat. ιϱῖτ est ex codice.

IX. Cod. Vat. p. 460. Nossidi asserit, cum in Planudea ἄδιλατ fit, p. 301. St. 441. W. Ad Dorvillii mentem emendatum exhibet Wolf. p. 84. In Planudea et in Cod. Val. Ͽαῖϱ᾽ λγετᾶς legitur. Nostrum Scaligeri codici adscriptum probat Harlias p. 39. idque ipsum reposuit Dorvillius. Brunckius Τιμαϱϊτας verum putabat. — τὸ ταῦϱτ. In hujus mulieris vultu nobilia quaedam superbia cum suavitate et amoenitate commixta videbatur. Idem Anacreon in Bathylli sui effigie a pictore vult praestari Od. XXIX. 18. μλλατ ὕμμα τοϱγὸν ἴστα Κϱμϱαϱϑνϛτον γαλήτϱ, ubi vide Fischerum p. 116. — λγετοϱλ. Blandos oculos similiter, ita tamen, ut lyricum agnoscam, describit Pindar. Pyth. θ. 66. λγατῇ χμαϱτι γελάσαις Ὀϱϱτι. — V. 3. λειδάσεα. Plan. Haec tabula vel canem fallat. Suavis imago. Verbum εχϱτου de canibus, qui heris adulantur, eleganter illustrat Valcken. ad Hippol. p. 256. Cf. Interpp. Antonini Liber. c. XXXV. p. 239.sqq. edit. Verheyk. — V. 4. τιϱὄϱϱϛϛτ. Val.

§. 196.] X. Cod. Vat. p. 460. Edidit *Olearius* in
Diss. de poëtr. p. 43. *Wolf.* p. 90. et *Valckenaer* ad
Adoniaz. p. 375. A. B. — V. I. *Olearius* Καλλιθρονίον
in suo apogr. invenit, idque in Καλλιθρονος & mutavit.
Ineptae huic lectioni ut sequentia responderent, *Wolf.*
olato corrupit in onen, γραψαμένα in γραψάμενος. *Brunckius*
edidit verissimam membranarum lectionem, quam etiam
Valckenarius praestat ad Phoeniss. p. 196. et Adoniaz.
l. c. — Callo mulieris nomen esse videtur, quae tabulam pinxerat. Sed desideramus mentionem ejus, cujus
effigies in tabula repraesentabatur.   Vide, an scribendum sit:

Τὴν τίνεσα Κένθαι Καλλὼ ἔθμεν τῆς Ἀφροδίτας — —

Junge: Καλλὼ γραψαμένα ιδίαν Κένθαι ἐνέθηκα τὸν τίνεσα.
Nisi forte Callo suam ipsius imaginem in templo Veneris
dedicasse dixeris. — V. 3. *Olearius* εὔχαρις edidit, cum
in apogr. ἢ' ἔχαρις reperisset.

XI. Cod. Vat. p. 321. Hinc edidit *L. Holsten.* ad
Stephan. Byz. v. Ἀσωπός. *BensleJus* in Dissert. de Phal.
p. 198. *Wolf.* p. 84. *Reiske* in Anthol. p. 124. nr. 678.
Obscurum Epigramma et insigniter depravatum. —
V. 1. ap. *Holstenium* typographorum vitiis inquinatum
legitur, quae enotare nihil attinet. Μετακλέων codex. —
V. 2. τὴν Ξανθοὺς χαρίτων ἄνθει ἐπευθόμεναν. Cod. Postremum vocabulum *Wolfius* immutatum vertit; *Reiskius*
ἄνθει, quae procul dubio sincera est lectio, mutavit in
ἀγχοῦ, ut sensus sit: *Sapphus gratias ab ipso fonte bau-
tam;* cujus interpretationis fidem sit apud ipsum auctorem.   Idem de ξανθὴν cogitavit.   *Brunckius* audacter
totum versum immutavit, nulla mutationum ratione
reddita.   Sed vereor, ut ei emendandi conatus satis feliciter cesserit.   *Nossis* et *Sappho* aequales non fuerunt;
nec adeo illa hospiti mandata ad Lesbiam dare potest.
Codicis lectionem ἐπευθόμεναν defendere conatus est

Toupius in Emend. in Hefych. P. III. p. 146. ubi integrum carmen profert. ἱππότην effe ignis uſum alicui impertire; hinc ἱπποδμωσις participantes, ἱππόζετ.... ἱξάνη. ἱπποδμηται ληγάς. ἱππνιφάματα. *Hefych.* *Aelianus* ap. *Suidam* v. ἱππότημα· καὶ τοα ἐξ αὐτοῦ διδασκαλίαν ἀναδμασιν. αὐτὸ ἐμμηέαντι ἐκ τὸ τὸ καὶ καλῶς. Tum igitur fenſus foret: *Si forte Mitylenen proficiſceris, ut ibi reliquias Sapphus perſequaris et quaſi latentes in cinere igniculos excites.* Hoc an fenſum efficiat idoneam, videant alii. Mihi *Noffis* fcripſiſſe videtur:

τὰν Σαπφοῦς χαρίτων ἄνθος ἐμπνεόμενοι.

χάριτες nimirum funt carmina, et ἄνθος χαρίτων praeftantiſſima carmina, qualia Sappho cecinit. Epigr. ἀλλέπ. DXIX. Σαπφοῦς Ἀσιάδος χάριτις. *Leonidas Alex.* Ep. XIII. Caefari tertium carminum fuorum volumen dedicans, τὴν τριτάτην, inquit, χαρίτων ἀπ' ἐμῆ πάλι λάμβανε βίβλον. Auctor Ep. Incerti DXXXIV. Euripidis tragoediis immortalem laudem augeratur, ἰτὼ Ὁμηρίαις ἀνάσοις χάρισι. *Macedon.* Ep. XXXVIII. εἰ μὴ Ὁμηρίαν ἠγάσθου χαρίτων. Jam qui fruiturus eft carminibus, recte dicitur — ἀμφόμενος ἄνθος χαρίτων. Epigr. inter ἀλλέπ. DXIX. 5. 446 τε πανθοῖς, Ἴβυκε, καὶ σαίδων ἄνθος ἐμπνεόμενος. ' DLX. παιδίαν Μανίλιον ἄνθεα ὀρυθόμενοι. DLXXXV. ἄλλοθεν ἄλλα Ἰατρῶν προτέρων ἄνθεα ὀρυθόμενοι. *Meleager* Ep. II. χερσὶ τρυγήσας πανίδων ἄνθος. — V. 3. εἰπεῖν. fac, ut *Mitylenaei* fciant. Codex φίλαν τέναι τε. Pro λοιρᾶ γᾶ, quod in Cod. effe videtur; in apogr. enim neftro ductus funt obfcuriores; alii Λάμφεια legant. *Brunkjus* hunc rerfum fic conftituit εἰπεῖν, ὡς Μοῦσαις φίλα τήρ τε Λάμφισσα Τίκτεν Ἰσαΐ (i. e. ἴσας, χάριτας fcil.), ὅτι δ' οἱ — mulierem Locrenfem carmina facere, illius carminibus familia. Mira communifcitur *Reiskius*, quae defcribere piget. — V. 4. Cod. τίετεν ἴσας δ' ὅτι μαι ρ. *Brunkejo* debetur ὅτι δ' οἱ cujus reliqua in huc diftiche- reftituendo terminia

Brunckii lectionibus, quae elegantissimae sunt, non
antepono.

XII. Cod. Vat. p. 269. Exstat in Anth. Planud.
p. 208. St. 302. W. unde *Urfin.* in Fragm. et *Wolf.*
p. 82. In Rhinthonis Syracusani tumulum. — V. 1.
καταφὴ γελάσας. propter scribendi genus, quo usus est.
πολλὰ καὶ καταφὴ ἐξηρύθη γέλως. *Longus* II. p. 34. πάνυ
καταφὴ γελάσας. ubi vide *Villoison.* p. 96. — V. 3.
Μουσάων ἐνδοτάτη. *Hermefianax* Eleg. 49. ἡ δ᾽ ἐκτὸς ἐνδότητος
γέλασεν, *Alcaeus Sappho amabat.* Euripidem τὸν σατύρ
μελάγχρω ἐνδότω vocat Auctor Ep. Inc. DXXXV. Poellam
γλωκερὴ ἐνδοτίτα vocat alius Ep. DCCXVIII. In fine versus *Planud.* κατύχων legit. In marg. Wechel. κεφίχθαν. Sic
etiam *Casaubon.* in not. msc. *Toupius* Em. in Suid. P. III.
p. 400. κατύχων tentabat, quod idem esse ait ac κατύχων.
Lectionem κεφίχθαν probat *Burmannus* ad Anthol. Lat.
T. II. p. 99. eamque secutus est *Grotius: coronis Ex*
tragicis hedera est proprie capta mihi. Sed unice vera est
lectio Cod. Vat. φιλύχων. Scripserat *Rhinthon* φιλόχων, ideo
dictus φλυακογράφος, quam vocem *Toupius* restituit Hesychio: Ἰσσύτες, ἐγχαθθη, παρὰ Ῥίνθωνι Ταραντίνω φλυακογρά-
φω, pro φιλύχω. Italiotae (vide *Salmas.* ad Script. Hist.
Aug. T. I. p. 845. et *T. Hemsterh.* ad Hesych. v.
φλυακταν) μιμητὰς appellabant φιλύχας, docente *Eustathio*
ad Il. p. 836. 46. De φλυακογραφία, quam etiam hi-
larotragoediam vocant (vide *Suidas* v. Ῥίνθων) disputavit
Cuperus in Obs. L. I. 10. p. 74. sqq. *Casaubon.* ad
Athen. III. 9. p. 167. *Salmasius* ad *Solin.* p. 76. F. G.
et nuper *Eichstadt* de Dramate Comico-Sat. p. 43. qui
illius carminis naturam et a similibus diversitatem disser-
te explicuit. *Rhinthon* cum res tragicas comicis miscue-
rit et temperaverit, cum rebus tum verbis, recte dicitur Ῥίω κοσθα ἡμησκθαι, coronam sibi propriam et peculiarem. Usus autem fuerat multis verbis insolentiori-
bus ex patria dialecto; ut apparet ex glossis ab *Hesychio*

Dd 3

aliisque ex *Rhianbonis* operibus prolatis. Hanc ob causam veram puto emendationem *Toupii* in Epigr. Anthol.
Lat. I. p. 423.:

> *Rhianbonicorum amator iste verborum,*
> *Iste, iste rhetor — —*

ubi vulgo *Corinthiorum* legitur. Minus vere *van Eldick*
in Susp. Specim. p. 45. *Homericorum* corrigit.

ANYTES EPIGRAMMATA.

t. 197.] *I.* Cod. Vat. p. 164. Edidit *Küster*. ad
Suidam v. κράνεια, ubi primum distichon legitur. *Wolf.*
(qui *Anytes* Epigrammata collegit partim ex Planudes,
partim ex *Olearii* Diss. de Poëtr. partim ex Comment.
Küsteri, Holstenii et aliorum) p. 112. *Reiske* in Anthol.
p. 10. nr. 417. Echecratides Cretensis hastam in Minervae templo dedicat. Conf. Ep. *Nicias* I. T. I. p. 248.
— V. 1. κράνη epogr. Lips. κράνεια. in σφαγίας ἄφρ. Suid.
Conf. *Pollux.* V. 20. *Xenoph.* de Re Equestri XII. 12.
De Venat. X. 3. — V. 2. ἐφ' ἄντγα. Mire in hoc vocabulo Interpretando hallucinati sunt Intrpp. quorum
somnia vide, si tanti est, ap. *Wolfium.* *Armeam cuspi-
dem* significari, docuit *Küsterus.* Idem est ἄντξ et σύντοξ.
Schol. Apollon. Rhod. IV. 1679. σύντοξ ἐστὶ κυρίως τὸ ἄκρον
τῶν κεράτων· καταχρηστικῶς δὲ πᾶν τὸ εἰς ὀξὺ λῆγον. De an-
chorae cuspide ἄντξ usurpavit *Plutarch.* T. II. p. 247. B.
Pro δαίων, quod *Küstr.* habet, Cod. δαίων, veteres *Suidae*
editt. δαίων legunt. — V. 3. εἰμέναν Cod. Vat. ὑμέναν *Küster.*
Nostrum jam *Reiskius* dedit ex emend. Viri docti in
Schedis Dorvill. Cf. ad Ep. *Mnasalcae* II. ἱερὸν κατ' ἀγαθίνον
τῶ' καθευδοντ, ἱερὸν φασιν δ. — V. 4. laudat Suid. in ἄντγα
T. II. p. 64. ubi ἄντγαν exhibet.

II. Cod. Vat. p. 167. Primus edidit *L. Holstin.*
ad Steph. v. Τεγέα p. 317. *Wolf.* p. 110. *Reiske* in
Anthol. p. 15. nr. 441. *Cleobotus* Minervae lebetem
aëneum, Aristotelis opus, dedicat. — Verf. 1. et partem secundi *Suidas* profert v. βοηχαλκος et Ἐρμοτιβουλος,
fic enim viri nomen in veteribus *Suidas* editt. depravatum est. βοηχαλκς. την μίζην λέβητα, Hefych. βουν χαλκν
Suid. *Olearius* non Intelligens, Ἐρμοτιλλα, quod Cod.
praestat, doricam genitivi formam esse, Ἐρμοτιλος legendum esse temere pronuntiabat, eumque secutus est *Wolfius.* — V. 3. πλατύνει. In Vat. Cod. Ιθάγενι, unde scribendum erat Ιθάγενι, ut in *Niciae* Ep. IX.ᵃ *Brunck.*
Confer *Kœn.* ad Gregor. De Dial. p. 30. Aristotelis
Clitoril ex Arcadia, Aristotelis filii, nomine augendus
artificum catalogus ap. *Junium.* — Pro γενέτη Cod.
γενέτη. Marg. apogr. Lipf. γενέτη exhibet.

III. In Planudea bis exstat p. 364. et 441. St.
503. et 574. W. Apud *Urfin.* p. 57. *Wolf.* p. 96.
In Codice Bibl. Medic. ap. Bandin. T. II. p. 102. hoc
carmen λέβητος est, describentis errore, qui disticho,
quod in Planudea praecedit, Ἀνύτης nomen adscripsit.
Theodotus Pani et Nymphis, quae ipsi sitienti aquam
monstraverant, donum dedicat. — V. 1. Planud. loco
pr. τηλε, quod emendatum in ed. filiorum Aldi. Loco
fec. τηλε est in Flor. tribus Aldinis et Ascens. — Nymphae αὐλιάδες eaedem sunt, quae ap. *Orpheum* Hymn. L.
Νυσιάκαι, Νυμφαι vocantur; dictae ab αὐλις, stabulum. Pro
εὐκραές T. *Hemsterh.* ad *Lucian.* T. II. p. 347. ed. Bip-
malit εὐκραες sive εὐκρατες, nisi fuerit ἐπὶ εὐκραές. Locum
editum significat. Cf. *Theocrit.* Eid. I. 69. et IX. 11. —
V. 3. Planudea loco pr. sic exhibet, ut hic legitur. Loco
fec. αἳ μιν ὑπὸ ζαθέαν θριγκον, quod *Urfinus* secutus est.

IV. Cod. Vat. p. 201. Planud. p. 48. St. 70. W.
Urfinus p. 56. *Wolf.* p. 92. Pueri, hircum frenan-
tes, certamina instituunt circa fanum dei. Frenatis hir-

eis insidentes Amores et de palma, ut videtur, certan-
tes conspiciuntur in Picturis Hercol. T. II. Tab. 44.
Poetam catulos Melitenses in hippodromo exercentem
habemus ap. *Philostr.* II. Icon. XVII. p. 839. Facit huc
Hesych. in ἱππότερ μέλαν, ῥοσιπερ τῶν στρωτῶν· ἱππότερ
καὶ ἱππιωτερικὸς· οἱ γὰρ τῶν βαταλῶν νἱοὶ στρῶτοι ἐπὶ τῶν ἀγρίων
ἱππαλῶν ἱμάλθανον. — V. 2. De ὄνασις vide Intpp. *Pollucis*
I. 185. p. 116. qui nostrum locum ad stabiliendam
Pollucis lectionem advocant. ὄνας per metaplasmum pro
ὄνασις dictum. Conf. *Munker.* ad *Anton. Liber.* c. XLI.
— V. 3. ταλέοντι. per lusum et lasciviam equestria
exercent certamina. ἔτυα in nonnullis antiquis editt.
— Θεῷ παρὰ πᾶν. An Neptuni? qui sub ἵππιος nomine
colebatur ap. Thebanos et Arcadas, docente *Pausan.*
VIII. 37. p. 677. Vide inprimis, quae de Neptuno
Equestri disputavit *Ilgen* ad Homer. Hymn. p. 256. sq.
Si conjecturis indulgere liceret, corrigendum dixeris
Ὀνᾷ, ut Minerva Hippia significetur, quae apud Tegeatas, in *Anytes* patria, colebatur. Vide *Pausan.* VIII. 47.
p. 695. — In v. 4. haereo. Quid enim? pueri certamina instituunt, ea de causa, ut hircus eos portet?
Ferrem, si poetria dixisset: Frena tibi imposuerant, ut
illos lascivientes portes. Sed versu tertio interjecto
sensus exsistit subabsurdus. Fortasse vitium latet in ἔτυα,
et legendum:

ποθ᾽ αὑτοὺς φορέως ἔτυα τυρναίοντας.

τυρνα verbum proprium in re equestri, de equis, qui leni
mora moventur. De puella, quae *ludis exsultim volas
lasciis equae trima campis* (*Horat.* III. Carm. XI. 9.), ὥς τε
πωμάτος τε βότρυσι κούφα τε στιρύδεσι ναίζεις, Amorem Od.
LXI. 10. quod ante oculos habuit *Antorrasa* ap. *Aelian.*
H. A. XII. 9. ἐν παιζούση φίλας τυρνθείσα λοιδῆ νέφος, πωθα
στύλλεται *Longus* II. p. 58. ἄλλοτε πωθα βαλίζον ἄτερ
ἔχετον *Asclepiades* Ep. XXX. οὗτως δ᾽ αὐτῆς Μηρὶς ἱπναλῆεν
τυρθα τυρναίοντας. Simile est λαλαι ἀφαλλόμεναι ap. *Alciphr.*

l. 10. p. 38. ἀνθὴ ὀνειρᾶντες ap. *Julian. Bas.* Ep. II.
Pro *ὅταν* ſuſpicaris *νόνα* legendum eſſe; ut eſt ap. *Se-*
cundam Ep. I. Tom. III. p. 5. de Amoribus deorum arma geſtantibus, ὅπλα θέρουσι θαῖε τῶνε ἀγαλλόμενοι. Notandum, ap. *Urſinum* αὐτὸς et ναρθμενοι legi.

§. 198.] *V.* Cod. Vat. p. 379. In Planudes bis
legitur, p. 56. et 340. St. 81. et 480. W. *Urſinus* p. 56.
Wolf. p. 92. Conf. Epigr. inter Μθεν. CCLXV. Fortaſſe
hinc colorem duxit Auctor Epigr. inter Byzant. XXIII.
In Veneris marinae ſtatuam, ad litus maris poſitam. —
V. 2. ἰρὴς. Cod. ut dialecti ratio poſtulat. Vulgo ἐρὴν. —
V. 3. ναύτησι Cod. et Planud. loco pr. ναύσι ed. Flor. et
Ald. pr. Venus navigationis praeſes, unde ei templa
et ſtatuas in litore ponebant. *Pauſan.* VII. 21. *Jani* ad
Horat. I. Carm III. 1. — V. 4. θαμιζίνες ed. Flor. Al-
dina pr. Aſcenſ. θαμιζίνες ceterae edit. et *Urſin.* Cogita-
bam olim:

　　— — Ἀμφὶ δὲ πάντες
　　παλάδες — — —

ut *Satyr. Th.* Ep. VI. γαλαμψὴν δὲ θάλασσα παλάδας. et *Lu-*
cretius de Venere L. I. 6. *Te, dea, te fugiunt venti, te,*
nubila coeli Adventumque tuum; tibi ſuaves daedala tellus
Submiſſis flores, tibi rident aequora ponti. Sed
ne quid motes, vetat *Antipater Sidonius,* qui hoc carmen
expreſſit Ep. LIII. ubi Venus — αὐτὴν γὰρ, ait, ἐκ μέσεν
θαμιζόντι Κύπρω καὶ ναύτας σὶς ἡμὶ σαζημένας. Arguatur,
pro meo quidem ſenſu, *Leſſingius,* qui in praeclara diſputatione de Epigrammate Tom. I. p. 321. ex *Antip.*
Epigr. manifeſtum eſſe ait, mari aeſtuante Veneris ſimu-
lacrum in templi ſummitate fuiſſe expoſitum, ut nimirum
undarum tumultus Veneris adſpectu leniretur. Multo
minus probanda ſunt, quae hinc ad illuſtrandum *Muſaei*
locum profert. — V. 4. λαμψὴν. Planud. loco pr.

VI. In Planud. p. 27. St. 42. W. ſine auctoris nomine praefat. *Antipas* aſſeris Cod. Vat. p. 404. ſq. In

latrum umbrosam prope fontem. — V. 1. τάςδε Μέρνσί. Vulgo. In Vat. ὑπὸ καλὰ Μέρνος, unde suspicor, Anytem scripsisse:

'Ἴζευ τάςδ' ὑπὸ καλὰ δάφνης εὐθαλέα φόλλα.

Nonnihil enim offendor vulgata; ἴζευ ἕκας. Hermocreon Ep. II. ἴζευ ὑπὸ ἐνίερλν πλάτανν, ξίνε, τάνδε παρέρπων. — V. 3. Agricolas inprimis alloquitur, et qui per aestum labores exercent, γυῖα λελμαίνοντα, i. e. λυθμαίνον. Cf. Ep. III. 3. et Epigr. Mìsc. CCLX. ἄμπαυσον μογερὸν μελλ-θαὰκ γυῖα ἐλον, Μηχί σε καὶ Ζεφύρεια πτασσομένα πίτνε αὔραις Θίλξει. Marianus Ep. III. ἄμπαυσον καμάτου γυῖα πολυ-πλανέος.

VII. In Planud. p. 336. St. 475. W. Ap. Ursin. p. 56. et Wolfium p. 94. In locum amoenum et subfrigidum. Simillimum est Ep. Misc. CCLIX. Cum in hoc aliisque eiusdem argumenti carminibus, quae compares licet in ed. Steph. p. 335. sq., nunquam non disensu arboris cujusdam mentio fiat, hic quoque in eam suspicionem adducor, ut pro στεφαν legendum existimem στελλαν. Quo facto contextus, ni fallor, nonnihil juvabitur:

Ἑου', ὑπὸ τὴν στελλαν τετρομίνα γᾶ' ἐπάνευσον ·
αἶδ τι ἐν χλωραῖς στεύθμα θρυεῖ πετάλοις.

Theocrit. Eid. I. 21. λάσχ' ὑπὸ τὴν στελλαν λελάμεθα, quod expressit auctor Eidyllii inter Theocritea XX. 12. Eidyll. VII. 135. πολλαὶ δ' ἄμμιν ὑπερθε κατὰ κρατός ἑνδόντι στ Αἴγειρω στελλαι τε. Aristaenet. I. Ep. X. p. 25. μέσων δὲ φυγραῖς υπευαθίρμενος ἡ στελλαις ὁμίλει ναῖδα. Si quis tamen vulgatam defenderit, non admodum repugnaverim. — V. 2. στι δὰ. Planud. Male, ut apparet ex comparatione Theocriti Eid. I. 2. — τετρομίνα γυῖα. De operario domum redeunte Apollon. Rhod. I. I. 1174. αὐτὰρ ὅ ἐν στεαλῇ τετρομίνα γούνατ' ἀνεχὼν λετανδὰς καονρει. Herodot. VII. 12. οἱ ἄντην τετρομίσαι τε τελατατρφώ σε καὶ δειλῇ.

VIII. Planud. p. 336. St. 476. W. Ap. Urfin. p. 57. *Wolf.* p. 94. In Panis tibia canentis fignum, in loco folitario et agrefti collocatum. — V. 1. αὐδῆεντος idem quod αὐδῆεσσαν, i. e. ἠχηεις. Eft ex his compofitis, in quibus altera pars nihil fere ad fenfum confert. αὐδῆεντος τρίποδα pro αὐλῶν dixit *Sophocles* in Ajace 1404. Quare cum *Walfio* αὐδῆεντι legendum effe non puto. Idem βόναξ perperam interpretatur de arundine, lyrae chordis fuppofita. Dubitari non poteft, quin fiftula fignificetur. Vide notata ad *Theocriti* Ep. II. στομίωτον δόνακα vocat *Alcaeus Meff.* Ep. XII. αὐλὸς *Antip. Sid.* Ep. XLVIII. Ab his longe diverfus δόναξ ὀνάκριος, de quo *Kufterus* egit ad *Ariftoph.* Ran. 235. Fefellit virum graece non valde doctum ufus verbi κρέκειν de tibiis ufurpati. *Ariftoph.* in Avibus 682. ἀλλ᾽ ὦ καλλιβόαν κρέκουσ᾽ αὐλὸν φθέγμασιν ἠρινοῖς. *Suidas* v. κρέκουσα, αὐλοῦσα. κυρίως δὲ κρέκειν τὸ τὴν κιθάραν κρούειν. Hoc ipfum verbum κρέκειν, quod de iis, qui citharam pulfant, proprie ufurpatur, fatis frequenter ad tibicines translatum occurrit. Vide notata ad *Alcaeum Meff.* Ep. X. — V. 3. Hoc difticho Pan refpondet; in Analectis interlocutorum figna non appofita funt. — V. 4. νέβρου στάχης, ἀρίστα, quae facillem partam fecit juvencis faciens. Lectionem hanc ihabent duo codices Planudeae, quae fi cui non placuerit, editorum lectionem affumat νεβρίην. *Brunck.*

IX. Cod. Vat. p. 409. Planud. p. 342. St. 482. W. Ap. *Wolf.* p. 96. In Mercurium, prope horreum, in trivio, pofitum, non longe a litore. Mercurius horreorum cuftos occurrit in Ep. *Leonidae Tar.* LVI. et inter ἄδηλα. CCXXXV. Eft *Hermocreontis* Ep. in Mercurium fub platano collocatum, ἀγρῶν καρποτόκων φύλακα καὶ σταθμῶν. — 1. 199.] V. 4. Vulgo legitur: οὐαρανᾷ κήδων, in quo haefit *Anonymus* Biblioth. Bodlej. qui δοκεῖν δ᾽ οὐρανῷ κήδων αὐτὰς ἐρημνᾷς. Sed δοκεῖ ad δοκεῖν intelligi debet. Noftra lectio fluxit ex Cod. Vat. qui ἀνρανᾷ

praebet. *ὕδατος ἄχος, aqua pura et limpida*; idem quod
ἄχερωτον.

X. Cod. Vat. p. 478. Edidit *Olearius* in Differt.
p. 11. *Wolf.* p. 114. cum lemmate: *εἰς τράγον χαλεπόν*.
Dubito, an rectе. — V. 1. Cur, quaeso, hircus *ἐρημίοις
τράγος* vocatur, qui Baccho infestus est, et ad ejus aras
mactatur? Nam quod Bacchus in illa deorum fuga,
quam Typhoeus fecit, in capro latuit (*Ovid.* Metam. V.
329.), ad hunc locum nihil facit. — *ὡς ἀγερώχου. Philostrat.* Icon. I. IX. p. 777. pictor capras *ὀκτωφρόσας
καὶ ἀγερώχους γέγραφεν.* Idem II. Icon. XI. p. 828. Pana
nobis fingit *ἀναθρώσκοντα κατὰ τοὺς ἀγερώχους τῶν τράγων.*
— V. 3. in Cod. Vat. *ὅτι οὐ θάμ'* habetur; quod *Olearius* fic immutavit: *οὐλόστι' ὅτι οὐ θάμ' ἐν οὔρεσιν ἁμῷ περ
ἄδε.* Pessime. Hanc tamen lectionem *Wolfus* in contextu exhibere non dubitavit. Jam vide, quam eleganter, quamque vere *Brunckius* hunc verf. emendaverit.
Junge: *ὅτι Νάξ οἱ θαμὰ ἴδεστε βρήγησαν ἁμῷ. περῷᾶ.*
Venus ex undis emergens *οὖτα τοῦ κατὰ λευκὰ περῷᾶ
χερσὶν ἐλαίας Μενέρχαν* apud *Democrit.* T. II. p. 260.
Gemmam, ubi Faunus hircum barba tenet, vide ap. *Leo-
nard. Agostin.* ut. 176. — V. 4. *εἰς* Cod.

XI. In Planud. p. 266. St. 383. W. *Urfin.* p. 58.
Wolf. p. 104. In gallum gallinaceum, cui fur guttur
fregerat. Prius diftichon *Suidas* laudat in *ἐρίσκον*, alterum in *βλῆμα* et *οἶνος.* — V. 1. *ἐνωπαῖς ἐνοπήν.* Ita
dictum, ut *νελλαῖς χερσὶ* ap. *Callim.* H. in Dian. 27. Vide
not. ad *Maasolc.* Ep. XIII. Ductum ex *Homer.* Il. a. 455.
ὀλοοῦ — περὶ ἐνοπὴ ἐνατὴ βαλόντες. quae fimilibus locis
allatis illuftrat *Toup.* in Epift. crit. p. 95. — *ἐρίσσαν
Euripid.* Iphig. T. 289. 411 — *ἐνεραῖς ἐρίσσει.* Ion. 161.
Ἀίδας ἐρίσσει νέκυας. Aeschylus in Agam. 52. *ἐναρρίσσων
κτυπισοῖσι ἐρισσόμεναι.* — V. 2. *ἐρίθου. Urfin.* — V. 3. *οἶνος
ἀλέκτωρ κανούργος. λιστής. Hefych. Suidas* pro nomine
proprio furis habuit. De quavis mora ufurpari docemis

Spanhem. ad *Callim.* H. in Apoll. 92. cui affentitur *Valck.*
ad Hipp. p. 268. C. D.

XII. Cod. Vat. p. 239. ex quo illud edidit *Zeno-
betii* ad Meleagri Eid. p. 10. *Kufter.* ad *Suid.* qui v.
πορέσσω fecundum diftichon excitat. *Wolf.* p. 110.
Reiske in Anthol. p. 77. nr. 575. In delphinum, quem
unda maris in arenam detulerat. — . V. 1. παιλάγγεσσι.
»Haec eft codicis fcriptura, quam vix puto veram effe.
»Sufpicor, a poetria fcriptum fuiffe πλωτῆσι ππερύγεσσι,
»quod ex *Homero* petitum Il. β. 462. l'innis exfultat
„delphinus et fe oblectat, quando ludibundus caput
»fupra fluctus erigit et faltu ex unda prorumpit. "*Brunck.*
Mihi in mentem venerat: .

         οὐδέτι δὲ πλωτῆς ἐκπαλλόμενος παλάγγεσσι.

non amplius in undis fubfilirai. *Arcbias*, qui hoc Epigr.
expreffit, XXX. οὐδέτι παφλάζοντα ἐπέσσει βυθὸν ἅλμης —
ὑγρὸν ἀναβλύθεις ἅλμα παφὰ ςκαφίει. *Arion* in Hymno v. 7.
καλιῖτες — ἁκαφὰ ἐκπαλλόμενοι. *Oppian.* Hal. L. II. 544.
pifces ὑποστρέψαντα δελφῖνες (delphini) τηλόθεν ἅλματα διιιὰ
καὶ ἐσθματα φωινόμενοι. Ib. 589. ἅλματε δεφὶ ἐπιρρέφωνται
ἐκτελάσσω. — V. 3. πφὶ ςκαλμοῖσι Cod. ut edidit *Kufter.*
πφὶ ςκαλμεῖς *Zenobetti.* Noftrum *Reiskii* acumini debetur. *Suidas* πφὶ ςκαφθμοῖσι. Junge: πφὶ ζέλιη πός. ad
navis marginem. ζέλιος de cujusvis rei ora et extremitate
ufurpatum exemplis illuftrat *Moilius* ad Long. p. 14.
Schwebel. ad Mofchi Eid. p. 139. — V. 3. πωφύεσσω
Cod. fuperfcripto v. unde in apogr. Lipf. πωφέεσσω. Cod.
lectionem habet *Suidas*, hac interpretatione adjecta:
ἀφοὶφῶς καὶ μετὰ ἐχυ τὰς πωὰν δατάσσω. Quod huic loco
optime convenit. *Euphorion* in *Schol.* ad Nicandri Theř.
p. 13. ζεφόφου μέγα πωφέξαντος. Aliam explicationem
Kufterus dedit, fed eam contortam, quam repetere piget.
Reiskius, qui in hoc verbo verum vidit, mox τλμὰ πεφ-
φωφῇ perperam interpretatur: unis me oblectans familius;

cum amplecti debuisset *Kasteri* sententiam, 'qui haec
verba de delphini effigie, in puppi navis expressa, docte
explicuit. Ejusmodi effigies πρτοπαι appellabantur.
Vide *Salmas.* ad Solin. p. 402. sqq. Praeter aliorum
autem animalium species delphini praecipue imago in
hunc usum adhibebatur. — V. 6. μαδιτόν. Vir doctus in
schedis *Dorvill.* conjecit αὐρᾳ ᾗ ὑ βαζιφ τὰιλε π. ᾗ. Pa-
rom feliciter. Vulgatae lectioni patronus exstitit *Reiske*,
qui rasilem ripam, sive ripam, quae ab alluentibus undis
raditur, vel denique facile percellendam interpretatur.
Dum quis probabiliora attulerit, scribendum existimo:

> αὐμας ᾗ ῥαντὰν τὰιλε παρ' ηίόνα.

Syllabam brevem produci ante ῥ, satis constat. Vide
Brunck. ad *Aeschyli* Prom. 1031. et ad Hippol. 462.
Brunckius in Lect. p. 148. corrigit κρυσαλὸν ηίόνα,
collato *Tullii Laur.* Ep. II. ἔρρωσι δ᾽ εἰς κρυσαλὸν τὰιλε
παρ' ηίόνα.

XIII. Cod. Vat. p. 381. Edidit *Olearius* in Dissert.
p. 10. et ex eo *Wolf.* p. 114. *Reiskius* inter Jensiana
nr. 682. p. 125. In Proarchum, qui pro patria fortiter pugnans perierat. Prius distichon *Brunckius*, membranarum fide neglecta, audacter immutavit. Codex sic
habet: Ἡδε μὲν σε Πρόαρχε ἴσαν πάλιν τότε μητρὸς θνίλα —
et sic *Jensius.* Hos versus *Heringa* Obss. p. 263. in
hunc modum emendavit: ἥδε μὲν σὺ, Πρόαρχ᾽, ἵκ ἐντὸκα,
ὅτε ματρὶ θνίλὰ ὄν. ut nomen matris sit *Phidias.* Recte
doctissimus auctor huic suae conjecturae parum fidit.
Paulo melior est ea, quam *Brunckius* in contextum recepit, cujus auctor est *Olearius.* Sed primum violenta
est medicina; deinde cum Proarchus in pugna perierit,
poëta vix dicere potuit, eum periisse ἐν ῥᾗ πάλιν.
Equidem codicis lectioni inhaerens, correxerim:

> ἥ ῥα μὲν σε, Πρόαρχ᾽, ἴσαν᾽ ὑ δαὶ, θνμὰ τε μητρὸς
> θνίλας ἐν δνθαρᾗ σταλεν ἴδεν φθίμενος.

Victus sua se perfidia, et maricas matris suae Phaedram domum tristitia et luctu opplevisti. Prius hemistichium, quod unius literae additione restituimus, ductum ex Andromaches ad Hectorem oratione Il. ζ. 407. ἀμμόρως, φθίσει σε τὸ σὸν μένος. *Anacreon* Ep. LXXXII. καὶ σὺ, Κλεηνορίδη, πόθον ἀλλοίσ πατρίδος αἴης. *Simonides* Ep. XCVI. ἀλλὰς καὶ Κλεόδαμον — ἤγαγεν εἰς θάνατον. Deinde quantillum interest inter ΣΣΕΑΝΠΑΛΛΟΝΑΤΕ et ΟΛΕCΕΝ ΔΛΙΑΔΝΑΤΕ, in oculos incurrit. — De nomine matris, utrum Φαίδρα fuerit an aliud, cum nemine disputaverim.

§. 200.] XIV. „Plinii error, T. II. p. 651. qua „Myronem puellam in Myronem statuarium mutavit, „et artifici huic opus, cicadae scilicet et locustae monu-„mentum, quod fecit nunquam, attribuit; jam a viris „doctis notatus. Sed absque judicio iidem ex hoc Plinii „loco Erinnes esse volunt hoc Epigramma, quod Any-„tae diserte tribuunt membranae veteres. Quidni illi „etiam adscribunt Argentarii Ep. XXIX. quod ex hoc „aut alio vetustiori in idem argumentum expressum est? „Si in hoc etiam aliquid lusit Erinne, deperditum est „illius carmen." *Brunck.* In Cod. Vat. p. 239. lemma est: Ἀνύτης, εἰ δὲ Ἀσκλῆς. ut etiam in Planud. p. 265. St. 382. W. *Wolfius* inter Erinnae carmina exhibuit. Locus *Plinii*, quem *Brunckii* nota respicit, est L. XXXIV. 19. 3. *Myronem — fecisse et cicadas: monumentum ac locustas, carminibus suis Erinna significavit.* — V. 1 – 9. *Suidas* excitavit in ἐρπύζετε, qui τῇ et μόρα habet. Cod. Vat. a pr. man. ἐρπύζετε. — κπῆσιν. Hinc fortasse Auctor Epigr. inter Mel. 416. τέττιγα τ᾿ τὴν Νυμφῶν παροδῖτα† θρέπτρα.

XV. Cod. Vat. p. 237. τίς ὑπνεν πολυμετέρων Δάμιδος. Planud. p. 205. St. 298. W. ἀπὸ Μαιδαίνα τάφον. Prius distichon habet *Suidas* in ἔμπνοον et iterum v. Μαιάδιος ἵππος. Alterum v. τέλεσεν sive potius τελέσαιτο, quae non omissa est a librariis. Pro nomine proprio equi

‥‥‥1

v. Μινύδαν accipiendum esse, putant Planudes ac interpretes, et Ursin. p. 58. probante Brunckio. Viri Spartani nomen Μινύδαιος habet Thucyd. p. 208. 56. In Planud. male ἔλεστο et ἴστα. Hoc Scaliger in ἴστα, dorica terminatione, mutandum censebat. Saidas loco pr. σῶμα τῆδε ἔθηκεν Μενέλαν s. loco altero sic, ut in Cod. Vat. est, nisi quod σῶμα legit. Hoc depravatum ex σῆμα facit huc Diodor. Sic. T. I. p. 607. 70. ubi Agrigentinorum luxuriam manifestam esse ait, eum in aliis rebus, tam ἐν τῇ κατασκευῇ τῶν προνάων, ὅτνα μὲν λιλευκώς ἔτνσκε κατεσκεύασεν, τὰ δὲ καὶ τοῖς παρθένων καὶ παίδων ἐν ἄλλαις ἐργασαμένας ἐργάσησθε. — V. 2. Cod. ἱκόμην. — V. 4. Cod. Vat. ἔιστ' a pr. man. nec aliter duo regii Planud. Suid. et Ursin. Scaiget ἐθαλλίθις. Cf. Dorvill. ad Charit. p. 56. sq. In tribus Aldin. et Ascens. etiam ἔιστ'. — Pro ἴσωσι Cod. ἴσσεσι. Sed quid est, quod Anyte terram equi sanguine humectatam ἀργαλέαν vocet? Apud Suid. ἀργυρέαν legitur; quae depravatae lectionis nota est depravatio. Comparantibus Euripidis Phoen. 2163. ἔμφρ' δ' ἴδωσιν γαῖαν αἵματος ῥοαῖς; recte emendasse videbor:

    ἐπὶ δ' ὁλαλᾶν βάλεν ἴδωσι φόνα.

Fortasse etiam ap. Demogeram Ep. IX. legendum:

    ἔερσην ὑπὸ ἔνρὶν αἷμα χέαντα αὐτὸν.

ubi vulgo ἔετεν est. Quamvis in hoc loco vulgatam facile tuearis.

XVI. Cod. Vat. p. 309. Ἄντος μελετοῖ οἷς ἄτερ ἐπὶ παρθένου τελευτησασαν. In Planud. p. 263. Sr 379. W. sine auctoris nomine prostat. In statuam puellae ante nuptias defunctae. — V. 2. μαρμαρίνας Planud. In Cod. Vat. non, ut Dorvill. ait ad Charit. p. 410. μαρμαρίω, sed μαρμαρίνω legitur. — V. 3. ἐχουσαν Planud. Vat. μάτρον τεὸν. ejusdem staturae et pulcritudinis. εἰδῶνε ἰσομέτρητον vocat Plato in Phaedr. p. 235. E. Itaque ironice

Plin.

Plin. XXXIV. 9. ubi vide *Harduin.* T. II. p. 642. —
V. 4. »Nomen puellae eſt in libris editis Θεγνωτις,
»quod a graecorum nominum compoſitione alieniſſi-
»mum. Ideo Salmaſii emendationem recepi.« *Brunck.*
Θεγνωτος· φθέγχτα — Planud. et Cod. Vat.

XVII. Cod. Vat. p. 285. Ἀντης Μιτυλεναιας εἰς τὰς
γ παρθενους Μιλησιας τὰς ὑπὸ Γαλατῶν φθαρθείσας. Planud.
p. 253. St. 379. W. ſine auctoris nomine. Ex *Oleorii*
Diſſert. p. 10. repetivit *Wolf.* p. 112. Facinoris, quod
hoc carmine celebratur, mentio fit ap. *Hieronymum* L. L.
adverſ. Jovian. p. 186. *Quis valeat ſilentio praeterire
ſeptem Mileſias virgines, quae, Gallorum impetu omnia
vaſtante, ne quid indecens ab hoſtibus ſatiſarent, turpitu-
dinem morte fugerunt.* Ceterum haec Gallorum in Aſiam
incurſio inter praecipua fabularum Mileſiacarum argumenta fuiſſe videtur. Cf. *Parthen.* Erot. c. VIII. —
V. 1. τὰν ἀθρόετον τὴν ὕωτον γαλατῶν Planud. nec aliter
Vat. niſi quod τὰν ἀ. γαλάτων praebet. Eleganter haec
correxit *Brunckius*; membranarum tamen lectionis veſtigia eo ducunt, ut ſcriptum fuiſſe putes:

τὰν ἀθρόετον,
τὰν ἀ.ὑων Γαλατᾶν ὕβριν ἐκπεφύγαμεν.

Quod non ſine gravitate eſt. — V. 3. ἁ ἡ φωτὰς Plan.
ἁ φωτος Vat. Hoc gloſſator in marg. interpretatur ἀντὶ
τοῦ φωάτατος· cujus explicationis apud ipſum fit fides.
In Aldin. ſec. ἁ ἡ φωατὸς, ubi *Scalig.* correxit: ἁ ἡ
φωατὸς. Quod Brunckiana lectione non deterius. —
V. 5. Puellas, quas loquentes inducit *Anyte*, manum
ſibi intulerant, ut Gallorum libidini ſe ſubducerent. In
eius haereo, quod congreſſum interpretatur *Brodaeus*,
ſine auctoritate. Pro γάω; nonnunquam ponitur; ſed
haec ſignificatio ab hoc loco aliena eſt. Quare vide, ne
ſcribendum ſit:

- ἁ γὰρ ἡμετερων δημον τὰ δοτεαφλς — -

Ee

scelessum conjugii vinculum; eam lis nimirum, qui earum civitatem expugnaverant, parentes occiderant etc.
Conf. *Herodot.* I. 145. p. 72. *Antipater Sidon.* Ep.
LXXXV. ε ερῖν ἔϑνατο Ιδεαι ἁμανιο ναρϑνλαι. Nonnunquam ἄμμα pro μίτρε ponitur. Vide *Spanhem.* ad *Callim.*
H. in Jov. 21. — Mox Cod. οὐδ᾽ 'Γμεναίου νυμφίον. In
marg. ὑμέναιοι νυμφίου. Prius est in Planud. ubi *Scaliger*
recte emendavit ὑμέναιον νυμφίον. Conf. not. ad *Meleagr.*
Ep. CXXV. 1.

    XVIII. Cod. Vat. p. 309. Planud. p. 288ᵃ. St.
416. W. Ap. *Ursin.* p. 58. *Wolf.* p. 102. Vix integrum carmen. Comparandum *Simmiae* Ep. III. p. 204.
Aeschyl. Agam. 1565. ϑυγάτερ — Πατὴρ᾽ ἀντιδεσμα —
περὶ Κείρα βαλοῦσα φιλάσῃ. — V. I. ἀ ορ. Vat. —
1. 201.] V. 3 μέλας. Planud. et Vat. a man. pr. μέλαν
ὄμμα ne de colore accipias; est oculus tenebris obductus,
ut morientis. — καλύπτει ϑάνατος, Homericum Il. ε. 553.
τὸ δ᾽ αὖϑι τέλος ϑανάτοιο κάλυψεν.

    XIX. Cod. Vat. p. 257. In marg. et ibid. in con-
textu p. 234. Planud. p. 288ᵃ. St. 416. W. Apud
Wolf. p. 102. In puellam parentibus immatura morte
ereptam. Hoc tetrastichon *Haesius* p. 28. jungendum
putabat cum Epigr. *Persae* VI. quod in Planudea sequitur, et utrumque *Persae* tribuebat. Jungim haec exi-
bibuit, ut *Aayres, Ursinus* p. 58. Non persuadet. Utrumque est integrum. — V. I. εἵματι Cod. Vat. In fine
vers. ἀμνὰ Planud. et sq. versu ἀμφιμον. Hoc etiam Vat.
habet loco sec. — ϑοχὴν ἡγκαλίσσατο. De ϑοχαπαγῖς acci-
cipit *Wolfius.* Perperam. Moris erat, mortui nomen
repetita voce pronuntiare, ut, si fieri posset, vocantium
voce audita, in vitam rediret. Hoc erat *conclamare.*
Odyss. ι. 65. περὶ τινα τῶν διαλλὰ ετάρων τρὶς ἱκασιον ἀμενα
Virgil. Aen. III. 68. *Animamque sepulcro Condimus et
magna supremum voce ciemus.* unde *Aufon.* in Praef.
Parent. 10. *Voce ciere animas funeris instar habet.*

XX. Cod. Vat. p. 242. 'Ανυτόγρα. Quod ignoravit
Brunckius, qui carmina assignare solet auctoribus, quos
Vat. indicat. Planud. p. 202. St. 295. W. Anytae tribuit. Est in Amyntorem, Philippi filium, qui socium
in pugna defendens, ipse perierat. Reisk. in Notitia
Poët. p. 193. de Amynta, Alexandri avo, cogitabat,
non tamen dissimulans difficultatem, quibus haec interpretatio praemitur. Non recte faciunt, qui ubique in
his Epigrammatis illustres et magni nominis viros quaerunt. — V. 2. πλεγείς Cod. et Planud. Brodaeus et
Opsop interpretantur, quasi ελεγείς legerint. Male Hu-
gesippus Ep. III. εχλεγείς in πολύμοα. — μάχας Plan. et
Vat. a pr. man. — V. 4. ἐπιποτίραν ed. Flor. Ald. pr. et
Ascens. idque Ursinus secutus est p. 57. ἀμε' ἐτέρᾳ
donae Aldin. et Said. in Voc T. II. p. 159. Nostrum
est in Vat.

XXI. In Planud. p. 236. St. 342. W. ἄδελον est.
Anytae asserit Cod. Vat. p. 292. In servi tumulum.
Nomen Μάνης servis proprium. Sententia est, ut ap.
Lucret. III. 1047. Scipiades – Ossa dedit terrae, proinde
ac famul infimus esses, qui hoc Etaia debuit; et apud
M. Antonin. L. VI. 24. p. 184. 'Αλέξανδρος ὁ Μακεδών καὶ
ὁ ὀροκόμος αὐτοῦ ἀποθανόντες εἰς ταυτὸ κατέστησαν, ubi vide
Gataker. qui etiam in Miscell. Adv. Posth. c. XXXV.
p. 790. Epigramma nostrum excitavit.

XXII. Cod. Vat. p. 185. Planud. p. 263. St. 379. W.
neglecto derisma. In Antibiam puellam, quae a multis
procis expetita, ante nuptias obierat. — V. 3. ἐπιστᾶναι
βηχάδες. Planud. et Wolf. p. 300. Ursinus τιστᾶς βηχά-
δας corr. — V. 4. θάλαιον. Plan. Mors omnium spes
evertit. Hegesipp. Ep. VI. εἴ τοτε γά' ἐπέλπεται. Philippus
Ep. LXII. ὑφελε τὰν νύσσαν ιξαλέκασι βίον.

XXIII. ≫Εσθω apud Pollucem V. p. 502. cujus
ahaec sunt verba: καὶ γὰρ ὁ Τρυιίτης 'Ανύτη Λεσβίδα λέξας
πλησσάτοιμαι, ἣν δὲ τῷ πάθη φέρουσ' ἀντιγράφων· ἄλλα λέκτω

»αι) σκύλακι τῇ παρὰ δάμον. Metro fulcram inferuit
»Salmasius et. In faemina legitur καὶ ἀποσκύλακι. In veteri
»Cod. scriptum μάια σκύλακι. Scribendum Μαῖρα σκύλα-
»κι seu potius veteri more σκύλακι. Μαῖρα canis no-
»men proprium. Hesychius: Μαῖρα. κύων. τὸ ἄστρον. Ubi
»vide Intpp. et praesertim Munkerum ad Hygin. p. 234.
»not. 2. edit. in 4to. Nihil verius hac emendatione,
»quae Schneideri mei sagacitatis specimen esto, cui de-
»betur. Λακρὶ autem in versu 2. scribendam. Non est
»enim, ut male accepit Pollux, canis proprium nomen,
»sed gentile: ipse capitis initio: γένεσθε κύνας Λακωνικὰς,
»— Λακρίδας. Oppianus, ubi de canum generibus agit:
»Λακρὶ, χαροποί τε Μολοσσοί. Totum distichon itaque sic
»scribendum:

    »πᾶσα δύναντι, Μαῖρα, σκύλακι τῇ παρὰ δάμον,
    »Λακρὶ, φιλοφθόγγων αἰνοτάτη σκυλάκων.«

Brunck. αἰνοτάτη vulgo. — V. 4. In vett. edit. τὸ
Ἀμφιλόχων. Canis, cujus sepulcro haec inscripta fuerunt,
viperae morsu perierat.

MYRUS BYZANTINAE

RELIQUIAE.

---

§. 202.] I. Vat. Cod. p. 162. unde edidit Olearius
in Diss. et hinc Wolf. p. 24. Reisk. in Anthol. p. 9.
nr. 415. In uvam Veneri dedicatam. — V. 1. ἀπὸ
σαυτᾶ. Vide not. ad Persas Ep. II. — τᾶς Ἀφρ. Scho-
dae Lacroz. — V. 2. Διονύσου. Wolf. et Reisk. συαγρον
Cod. — V. 3. μάτηρ. Martial. XIII. Ep. 46. Villa ma-
ternis faeramus procagna marris. Etiam ap. pedestres
scriptores arbores, respectu fructuum, matres vocantur.
Exempla collegit Geneclaus. de Stilo N. T. p. 104.

II. Cod. Vat. p. 174. Planud. p. 411. St. 547. W.
modo Ursina p. 42. et Wolf. p. 30. Nympham precatur,
ut Clemyeno faveant, qui ipsis simulacra sub pinu ponenda curaverit.　Latinam hujus carminis interpretationem habemus in Anth. Lat. V. 215. utrum veterio
an recentioris poëtam, non constat. Imitatus est Herme-
creon Ep. I. T. II. p. 252. —　V. 1. Hamadryades vocantur *τυχοιαι αλγεαι*, propter arbores ad flaminis ripam
confitas et ab ejus aqua nutritas. —　V. 2. *ἀμφίτομα*
Planud. et Cod. Vat. quod cum frigeat et librario de
metro male sollicito deberi videatur, *Toup.* in Em. ad
Suid. p. 156. *ἀμφιτομα* scripsit.　Pro *ποιων Wakefield* in
Silva crit. T. III. p. 12. *ἀκροις* conjicit, quod et ipsum
elegans, sed codd. lectioni non praeferendum. *ποιυφορον*
χάριτες dixit *Himerius* Orat. I. 19. p. 360. quas *Sappho*
ιολοκτυχας vocavit. —　V. 4. cum parte tertii laudat
Suidas in *ἰοχμο* T. II. p. 32.

— III. Servavit *Athen.* L. XI. p. 490. E. unde *Wolf.*
p. 28. *Eustath.* qui *Athenaeum* compilavit, quaedam ex
hoc fragmento laudat ad Il. α. p. 1484. 43. Idem excitavit verf. 9. et 10. ad Od. ρ. p. 475. 13. ubi pa-
lumbes commemorantur *ταὶ ἀμβροσιαν Διὶ πατρὶ φερουσαι.*
Myro eas hujus officii causa a Jove inter astra relatas
Pleiadasque appellatas esse ait.　Vulgo Pleiadum originem longe aliter referunt *Eratosth.* Catast. c. XXIII.
Schol. Theonis in Arat. Phaen. 254. et *Schol. Homer.*
Il. σ. 486. Nostram fabulam respexit *Plutarch.* in Conviv.
VII. Sap. T. II. p. 156. F. *εἰ τὴν ἀμβροσιαν τῷ Διὶ πελειά-*
δες ψατε κομιζουσιν — τὰς Πλαγατὰς ὑπερρεπόμεναι μέλις και
καλατῆς. —　V. 3. *ἀντρῳ.* De Jove in antro montis Idae
nutrito omnia nota.　Vide *Barth.* ad *Claudian.* in IV.
Conf. Honorii 197. p. 603. —　Quae illa petra fit, unde
v. 5. aquila nectar afferre dicitur, equidem ignoro.
Suspicari poffis *in ωτγῆ.* Sed in hac fabulae obscuritate
omnis conjectura lubrica. —　V. 6. *ωτγῆ* ap. *Athen.* et

Ursa. Nec *Scaliger* quidquam mutavit, qui totum hoc fragmentum laudat ad *Manil.* L. l. p. 25. *verba* debetur *Camerario.* — V. 7. τὸ καὶ legit *Eustath.* et per hoc interpretatur. — *νικώσας* Jovi victoriam de Titanibus portenderat aquila. secundum ea, quae *Hygin.* Poët. Astron. XVI. ex *Aglaosthene* narrat, qui Naxica scripsit: *Jovem Cretae surrexisse, Naxum delatum et ibi esse nutritum: qui postquam pervenuit ad virilem aetatem, et voluerit bello lacessere Titanas: sacrificanti ei aquilam suspicatum: quo auspicio usum esse, et eam inter astra collocasse.* — $. 203.] V. 9. καὶ τρέφουσι ατα. *Eustath.*

MENANDRI EPIGRAMMA.

Cod. Vat. p. 218. Anthol. Plan. p. 197. St. 287. W. — V. 2. Cod. vitiose *ἱκανὸν* ἐ ὕ λ. *Lucretius* L. III. 14. de Epicuro: *Nam simul ac ratio tua coepit vociferari, — Diffugiunt animi terrores: moenia mundi Discedunt.*

Finis Partis prioris Voluminis primi.